道路交通事故深度调查实战常用法律规范汇编

第二分册 车辆管理相关法律规范

公安部道路交通安全研究中心 编

人民交通出版社股份有限公司
China Communications Press Co.,Ltd.

图书在版编目(CIP)数据

道路交通事故深度调查实战常用法律规范汇编. 2, 车辆管理相关法律规范／公安部道路交通安全研究中心编.—北京：人民交通出版社股份有限公司，2018.1（2024.12重印）
ISBN 978-7-114-14479-0

Ⅰ.①道… Ⅱ.①公… Ⅲ.①道路交通安全法—汇编—中国 ②机动车—交通运输管理—法规—汇编—中国 Ⅳ.①D922.149

中国版本图书馆 CIP 数据核字(2018)第 004141 号

Daolu Jiaotong Shigu Shendu Diaocha Shizhan Changyong Falü Guifan Huibian

书　　名：	道路交通事故深度调查实战常用法律规范汇编
	第二分册　车辆管理相关法律规范
著　作　者：	公安部道路交通安全研究中心
责任编辑：	赵瑞琴　陈　鹏　徐　菲
出版发行：	人民交通出版社股份有限公司
地　　址：	（100011）北京市朝阳区安定门外外馆斜街3号
网　　址：	http://www.ccpcl.com.cn
销售电话：	(010)85285857
总　经　销：	人民交通出版社股份有限公司发行部
经　　销：	各地新华书店
印　　刷：	北京科印技术咨询服务有限公司数码印刷分部
开　　本：	787×1092　1/16
印　　张：	11.5
字　　数：	206千
版　　次：	2018年1月　第1版
印　　次：	2024年12月　第4次印刷
书　　号：	ISBN 978-7-114-14479-0
定　　价：	125.00元（共5册）

（有印刷、装订质量问题的图书由本公司负责调换）

前　言

2017年6月以来，公安部交通管理局部署各地公安机关交通管理部门在全国范围内贯彻实施《道路交通事故深度调查工作规范（试行）》，各地积极行动，大力推进道路交通事故深度调查工作。从各地反映情况看，道路交通事故深度调查涉及的法律规范"体系庞杂""分布散乱""适用复杂"，办案中普遍存在查找难、理解难、适用难等问题，亟须将深度调查工作中常用的法律规范进行全面系统梳理，提炼汇编成册，供各地实战应用。

习近平总书记在党的十九大报告中指出，要"坚持依法治国、依法执政、依法行政共同推进，坚持法治国家、法治政府、法治社会一体建设"，强调"树立安全发展理念，弘扬生命至上、安全第一的思想，坚决遏制重特大安全事故"。因此，如何运用好道路交通事故深度调查制度，提升办案水平，严格责任落实，切实推动政府进一步强化交通安全综合治理工作，是摆在各地公安机关交通管理部门面前的重要任务。为此，公安部道路交通安全研究中心从"推动良法实施、促进善治共治"出发，运用"检察官思维"和"法官思维"，从司法实践入手，深入分析了50余起一次死亡3人以上典型事故判例，结合5起在办案件，对事故深度调查工作中暴露出来的问题进行了梳理和剖析。在江苏、湖北、四川交警总队，武汉、深圳交警支队等执法规范化建设合作基地领导的支持和指导下，公安部道路交通安全研究中心与5个单位的执法和事故骨干深入细致地剖析梳理了道路交通事故深度调查过程中法律规范的适用规律、频次和方法。最终收集整理了道路交通事故深度调查相关的81部法律规范，梳理汇编形成了《道路交通事故深度调查实战常用法律规范汇编》，为各地办案提供参考和索引。

本汇编分为5册：《道路运输相关法律规范》《车辆管理相关法律规范》《道路管理相关法律规范》《客运企业法律责任相关法律规范》《危险货物运输企业法律责任相关法律规范》，内容涵盖"道路运输""车辆管理""道路管理"三大行业领

域以及"客运企业"和"危险货物运输企业"两大责任主体,涉及刑事、行政、民事三大法律责任的追究,汇总了法律、行政法规、部门规章、规范性文件以及司法解释等最新规定,方便查阅参考。

在编纂过程中,云南交警总队和高速交警支队为本汇编提供了有力支持,在此表示感谢。

汇编如有遗漏和不当之处,欢迎广大读者批评指正。

公安部道路交通安全研究中心

2017 年 11 月

《道路交通事故深度调查实战常用法律规范汇编》相关人员名单

编审委员会主任： 尚　炜

编审委员会副主任： 李晓东　陈玉峰　姚　俊　叶建昆　徐　炜

主　　　　编： 黄金晶　赵司聪　罗芳芳

副　主　　编： 戴　帅　周文辉　周志强　刘　君　刘　艳
　　　　　　　　王大珊　顾志坚　廖　峻　陶劲松　项　辉
　　　　　　　　黎晓波　宋　嵘　陈建华　陈　俊　胡　希

参　编　人　员： 黄　婷　韩　雪　张得杰　王颂勃　王晓兴
　　　　　　　　贾进雷　杨　洋　王　奉　邹　艺　王　婧
　　　　　　　　刘金广　舒　强　丛浩哲　胡伟超　饶众博
　　　　　　　　毛圣明

总 目 录

第一分册 道路运输相关法律规范

中华人民共和国道路运输条例　国务院令第 666 号
道路运输车辆动态监督管理办法　交通运输部令 2016 年第 55 号
道路货物运输及站场管理规定　交通运输部令 2016 年第 35 号
道路旅客运输及客运站管理规定　交通运输部令 2016 年第 82 号
道路旅客运输企业安全管理规范（试行）　交运发〔2012〕33 号
道路危险货物运输管理规定　交通运输部令 2016 年第 36 号
危险化学品安全管理条例
放射性物品运输安全管理条例　国务院令第 562 号
放射性物品道路运输管理规定　交通运输部令 2016 年第 71 号
易制毒化学品管理条例　国务院令第 666 号
剧毒化学品购买和公路运输许可证件管理办法　公安部令第 77 号
民用爆炸物品安全管理条例　国务院令第 653 号
道路运输从业人员管理规定　交通运输部令 2016 年第 52 号

第二分册 车辆管理相关法律规范

车辆生产企业及产品生产一致性监督管理办法　工业和信息化部令第 109 号
关于进一步加强道路机动车辆生产一致性监督管理和注册登记工作的通知
　　工信部联产业〔2010〕453 号
商用车生产企业及产品准入管理规则　工产业〔2010〕第 132 号
专用汽车和挂车生产企业及产品准入管理规则　工产业〔2009〕第 45 号
罐式车辆生产企业及产品准入管理要求　工业和信息化部公告 2014 年第 48 号
新能源汽车生产企业及产品准入管理规定　工业和信息化部令第 39 号
摩托车生产准入管理办法　国家经济贸易委员会令第 43 号
摩托车生产准入管理办法实施细则　国家经济贸易委员会公告 2002 年第 110 号
机动车登记规定　公安部令第 124 号

二手车流通管理办法　商务部、公安部、国家工商行政管理总局、国家税务总局
　2005年第2号令

机动车安全技术检验机构监督管理办法　国家质量监督检验检疫总局令第121号

道路运输车辆燃料消耗量检测和监督管理办法　交通运输部令2009年第11号

机动车维修管理规定　交通运输部令2016年第37号

机动车强制报废标准规定　商务部、发改委、公安部、环境保护部令2012年第12号

报废汽车回收管理办法　国务院令第307号

缺陷汽车产品召回管理条例　国务院令第626号

家用汽车产品修理、更换、退货责任规定　国家质量监督检验检疫总局令第150号

摩托车商品修理更换退货责任实施细则

校车安全管理条例　国务院令第617号

中华人民共和国大气污染防治法

农业机械安全监督管理条例　国务院令第563号

中华人民共和国特种设备安全法

特种设备安全监察条例　国务院令第549号

第三分册　道路管理相关法律规范

中华人民共和国公路法

公路安全保护条例　国务院令第593号

城市道路管理条例　国务院令第676号

公路建设监督管理办法　交通部令2006年第6号

农村公路建设管理办法　交通部令2006年第3号

收费公路管理条例　国务院令第417号

公路水运工程质量监督管理规定　交通运输部令2017年第28号

公路工程竣(交)工验收办法　交通部令〔2004〕年第3号

公路工程竣(交)工验收办法实施细则　交公路发〔2010〕65号

公路养护工程管理办法　交公路发〔2001〕327号

建设工程勘察设计管理条例　国务院令第662号

建设工程质量管理条例　国务院令第279号

路政管理规定　交通运输部令2016年第81号

城市照明管理规定　住房和城乡建设部令第4号

超限运输车辆行驶公路管理规定　交通运输部令2016年第62号

公路超限检测站管理办法　交通运输部令2011年第7号

第四分册　客运企业法律责任相关法律规范

中华人民共和国刑法(节选)及相关司法解释、规范性文件
中华人民共和国民法通则(节选)及相关司法解释
中华人民共和国侵权责任法(节选)及相关司法解释、规范性文件
中华人民共和国合同法(节选)
中华人民共和国旅游法(节选)
中华人民共和国安全生产法(节选)
中华人民共和国道路交通安全法(节选)
中华人民共和国道路交通安全法实施条例(节选)
中华人民共和国道路运输条例(节选)　国务院令第666号
生产安全事故报告和调查处理条例(节选)
道路旅客运输企业安全管理规范(试行)　交运发〔2012〕33号
道路运输车辆动态监督管理办法(节选)　交通运输部令2016年第55号
道路运输车辆技术管理规定(节选)　交通运输部令2016年第1号
道路运输从业人员管理规定(节选)　交通运输部令2016年第52号
道路旅客运输及客运站管理规定(节选)　交通运输部令2016年第82号
国务院关于加强道路交通安全工作的意见(节选)　国发〔2012〕30号
公安部、交通运输部关于进一步加强客货运驾驶人安全管理工作的意见(节选)
　　公通字〔2012〕5号
交通部关于加强节假日汽车旅游客运安全管理等有关事宜的通知
　　交公路发〔2000〕196号
交通运输部关于进一步加强道路包车客运管理的通知(节选)
　　交运发〔2012〕738号
交通运输部、公安部关于进一步加强长途客运接驳运输试点工作的通知
　　交运发〔2014〕2号
交通运输部关于加强长途客运接驳运输动态管理有关工作的通知(节选)
　　交运函〔2015〕658号
交通运输部、公安部、国家安全监管总局关于进一步加强和改进道路客运
　　安全工作的通知　交运发〔2010〕210号
交通运输部关于印发《道路客运接驳运输管理办法(试行)》的通知
　　交运发〔2017〕208号
交通运输部关于深化改革加快推进道路客运转型升级的指导意见(节选)
　　交运发〔2016〕240号

交通运输部办公厅关于全国道路客运、危货运输安全生产整治实施工作的通知(节选)

　　交办运〔2014〕179号

第五分册　危险货物运输企业法律责任相关法律规范

中华人民共和国刑法(节选)及相关司法解释、规范性文件

中华人民共和国民法通则(节选)及相关司法解释

中华人民共和国侵权责任法(节选)及相关司法解释

中华人民共和国治安管理处罚法(节选)

中华人民共和国道路交通安全法(节选)

中华人民共和国消防法(节选)

中华人民共和国安全生产法(节选)

中华人民共和国反恐怖主义法(节选)

中华人民共和国突发事件应对法(节选)

中华人民共和国固体废物污染环境防治法(节选)

中华人民共和国道路运输条例(节选)

危险化学品安全管理条例

易制毒化学品管理条例(节选)　国务院令第666号

道路危险货物运输管理规定(节选)　交通运输部令2013年第2号

道路货物运输及站场管理规定(节选)　交通运输部令2016年第35号

剧毒化学品购买和公路运输许可证件管理办法(节选)　公安部令第77号

道路运输车辆动态监督管理办法(节选)　交通运输部令2016年第55号

道路运输从业人员管理规定(节选)　交通运输部2016年第52号令

道路交通安全违法行为处理程序规定(节选)　公安部令第105号

机动车驾驶证申领和使用规定(节选)　公安部令第139号

机动车强制报废标准规定(节选)　商务部、发改委、公安部、环境保护部令2012年
　第12号

国务院关于加强道路交通安全工作的意见(节选)　国发〔2012〕30号

国务院办公厅关于印发危险化学品安全综合治理方案的通知(节选)
　国办发〔2016〕88号

国家安全生产监督管理总局、公安部、交通部关于加强危险化学品道路运输安全
　管理的紧急通知(节选)　安监总危化〔2006〕119号

交通运输部关于进一步加强道路危险货物运输安全管理工作的通知
　交运发〔2014〕88号

交通运输部、公安部、国家安全监管总局关于进一步加强道路运输安全管理工作的

通知(节选)　交运明电〔2016〕35号

道路运输车辆技术管理规定(节选)　交通运输部令2016年第1号

交通运输部办公厅关于全国道路客运、危货运输安全生产整治实施工作的通知(节选)
　　交办运〔2014〕179号

国家安全监管总局、工业和信息化部、公安部、交通运输部、国家质检总局关于在用液体
　　危险货物罐车加装紧急切断装置有关事项的通知　安监总管三〔2014〕74号

交通运输部关于加强危险品运输安全监督管理的若干意见
　　交安监发〔2014〕211号

目　录

车辆生产企业及产品生产一致性监督管理办法　工业和信息化部令第109号 ………… 1
关于进一步加强道路机动车辆生产一致性监督管理和注册登记工作的通知
　　工信部联产业〔2010〕453号 …………………………………………………………… 3
商用车生产企业及产品准入管理规则　工产业〔2010〕第132号 …………………… 7
专用汽车和挂车生产企业及产品准入管理规则　工产业〔2009〕第45号 ………… 11
罐式车辆生产企业及产品准入管理要求　工业和信息化部公告2014年第48号 ……… 14
新能源汽车生产企业及产品准入管理规定　工业和信息化部令第39号 …………… 17
摩托车生产准入管理办法　国家经济贸易委员会令第43号 ………………………… 22
摩托车生产准入管理办法实施细则　国家经济贸易委员会公告2002年第110号 …… 26
机动车登记规定　公安部令第124号 …………………………………………………… 33
二手车流通管理办法　商务部、公安部、国家工商行政管理总局、国家税务总局
　　2005年第2号令 …………………………………………………………………………… 51
机动车安全技术检验机构监督管理办法　国家质量监督检验检疫总局令第121号 … 56
道路运输车辆燃料消耗量检测和监督管理办法　交通运输部令2009年第11号 …… 62
机动车维修管理规定　交通运输部令2016年第37号 ………………………………… 67
机动车强制报废标准规定　商务部、发改委、公安部、环境保护部令2012年第12号 … 78
报废汽车回收管理办法　国务院令第307号 …………………………………………… 81
缺陷汽车产品召回管理条例　国务院令第626号 ……………………………………… 86
家用汽车产品修理、更换、退货责任规定　国家质量监督检验检疫总局令第150号 …… 90
摩托车商品修理更换退货责任实施细则 ………………………………………………… 97
校车安全管理条例　国务院令第617号 ………………………………………………… 101
中华人民共和国大气污染防治法 ………………………………………………………… 109
农业机械安全监督管理条例　国务院令第563号 ……………………………………… 128
中华人民共和国特种设备安全法 ………………………………………………………… 137
特种设备安全监察条例　国务院令第549号 …………………………………………… 152

车辆生产企业及产品生产一致性监督管理办法

工业和信息化部令第 109 号

根据《国务院对确需保留的行政审批项目设定行政许可的决定》和《汽车产业发展政策》,工业和信息化部制定了《车辆生产企业及产品生产一致性监督管理办法》。现予以公告,请有关单位遵照执行。本管理办法自 2010 年 7 月 1 日起实施。以前发布的相关规范,与本管理办法不一致的,以本管理办法为准。

第一条 为切实维护国家、社会和公众利益,完善《车辆生产企业及产品公告》(以下简称《公告》)管理制度,规范车辆生产企业行为,根据《国务院对确需保留的行政审批项目设定行政许可的决定》和《汽车产业发展政策》,制定本管理办法。

第二条 国家对车辆生产企业实施生产一致性监督管理制度,中华人民共和国工业和信息化部(以下简称"工业和信息化部")依法对《公告》内车辆生产企业及产品生产一致性进行监督管理。

第三条 车辆生产企业是生产一致性管理的责任主体,应当建立和完善生产一致性管理体系,保证车辆产品一致性,即保证实际生产销售的车辆产品的有关技术参数、配置和性能指标,与《公告》批准的车辆产品、用于试验的车辆样品、产品《合格证》及出厂车辆上传信息中的有关技术参数、配置和性能指标一致。

第四条 车辆生产企业应当编制、执行、适时调整《企业生产一致性保证计划》(编制要求见附件 1),并存档、备查;定期编制《企业生产一致性信息年报》(编制要求见附件 2),并存档、备查。

第五条 工业和信息化部通过指导编制并监督实施《企业生产一致性保证计划》、检查《企业生产一致性信息年报》、组织生产一致性监督检查等工作,对《公告》车辆生产企业及产品进行生产一致性监督管理。其中,生产一致性监督检查将在车辆生产、销售、注册登记等环节进行。

工业和信息化部委托相关中介机构承担生产一致性监督管理的技术性工作。

第六条 工业和信息化部每年制定并公布生产一致性监督检查年度工作方案,确定该年度重点实施生产一致性监督检查的企业范围、产品类型及项目,并组织实施(生产一致性监督检查实施细则见附件 3)。必要时,工业和信息化部可根据实际情况制定专项工作方案,作为年度工作方案的补充。

第七条 生产一致性监督检查结果由工业和信息化部通告车辆生产企业。车辆生产企业对生产一致性监督检查结果存在异议的,可以向工业和信息化部提出申诉。工业和信息化部将及时处理车辆生产企业申诉,并将结果通知有关车辆生产企业。

第八条 车辆生产企业可以主动向工业和信息化部申请生产一致性监督检查,经检查符合生产一致性要求的车辆生产企业,其产品在工业和信息化部备案后,在办理车辆注册登记时可申请免予安全技术检验。

在本管理办法实施前已获得的产品备案继续有效。同一生产一致性保证体系下的新产品及改进产品,可自动获得备案。

第九条 自本管理办法实施之日起,车辆生产企业在申报产品《公告》时,不再报送定型试验中的道路可靠性试验内容。

第十条 对于不能保证产品生产一致性的车辆生产企业,工业和信息化部将视情节轻重,依法分别采取通报、限期整改、暂停或撤销"免予安全技术检验"备案、暂停或撤销其相关产品《公告》等措施。

关于进一步加强道路机动车辆生产一致性监督管理和注册登记工作的通知

工信部联产业〔2010〕453号

各省、自治区、直辖市及新疆生产建设兵团工业和信息化主管部门、公安厅(局):

为加强和规范《道路机动车辆生产企业及产品公告》(以下简称《公告》)管理,严格机动车登记工作,2008年11月,工业和信息化部与公安部联合发布了《关于进一步加强道路机动车辆生产企业及产品公告管理和注册登记工作的通知》(工信部联产业〔2008〕319号)。为进一步加强《公告》生产一致性监督管理和机动车登记注册工作,现就有关事项通知如下:

一、关于加强监督管理和严格注册登记的要求

国家汽车产业主管部门根据《车辆生产企业及产品生产一致性监督管理办法》(工产业〔2010〕第109号,以下简称"109号文件"),通过制定、实施生产一致性监督检查工作方案,并会同公安机关交通管理部门在生产、流通和注册登记等环节对车辆企业及产品生产一致性开展监督检查,并对违规企业及产品进行处理。

各地汽车产业主管部门要加强对辖区内车辆生产企业的监督管理,及时解决车辆生产企业及产品在生产一致性方面出现的问题,对生产一致性监督管理中发现的新情况、新问题及辖区外车辆生产企业的问题要及时报告工业和信息化部。

各地公安机关交通管理部门要按照《机动车运行安全技术条件》(GB 7258)、《道路车辆外廓尺寸、轴荷及质量限值》(GB 1589)、《机动车登记规定》(公安部令第102号)及《机动车查验工作规程》(GA 801—2008)等规定查验车辆,审核机动车所有人提交的有关资料,办理机动车注册登记。审核机动车所有人提交的有关资料,应包括核查和比对《公告》信息、随车配发的机动车整车出厂合格证、机动车外部彩色相片和车辆识别代号拓印膜。

对符合要求的,要收存相关资料,按规定办理机动车注册登记。对未按规定列入《公告》或超过《公告》有效期出厂、或车辆技术参数不符合有关国家标准、或车辆技术参数和相片与《公告》不一致、或车辆识别代号拓印膜和实际车辆不一致的产品,不予办理注册登记。对违规产品取证后按照《机动车查验工作规程》(GA 801—2008)记录具体信息,并录入机动车登记信息系统。

工业和信息化部、公安部在不断完善国产机动车合格证信息管理系统的基础上,将进一步增强对违规车辆产品的信息通报功能。公安部将各地公安机关交通管理部门报送的违规车辆产品信息,定期通过合格证信息管理系统通报工业和信息化部。各地汽车产业主管部门也要定期将收集到的违规车辆产品信息报工业和信息化部。工业和信息化部对违规企业及产品进行处理后,将处理意见及时反馈公安部。工业和信息化部、公安部定期向社会公布违规车辆生产企业及产品的相关情况。

自2010年10月1日起,所有轿车产品以及经工业和信息化部批准、具备生产一致性保证能力的企业生产的其他乘用车、两轮摩托车等车辆产品,在办理机动车注册登记前,不再要求进行机动车安全技术检验。但出厂后两年内未申请注册登记,或者注册登记前发生交通事故的,仍应当进行安全技术检验。

二、关于加强企业生产一致性管理的要求

车辆生产企业是保证生产一致性的责任主体,要严格按照109号文件的要求,制定并不断完善具有明确管理措施和技术手段的生产一致性保证计划和生产一致性的运行评价制度,确保生产一致性保证体系在产品设计、采购、生产、销售及售后服务等环节的有效运行。

车辆产品设计时应符合国家有关政策和标准的规定。其中载货汽车和半挂车的载货部分,不得设计成可伸缩的结构,整备质量与总质量的关系应真实合理。汽车、挂车以及组成的汽车列车外廓尺寸要符合《道路车辆外廓尺寸、轴荷及质量限值》(GB 1589)的规定,各类客车的设计要求要符合本通知有关规定。

车辆生产企业要严格在《公告》批准的整车产品生产地,完成整车产品的完整制造过程。委托加工或采购的侧面及后下部防护装置、载货车的车箱、各类罐体、长途客车和旅游客车的汽车行驶记录仪、车身反光标识、三角警告牌以及参展车辆等产品,必须在《公告》批准的整车产品生产地,按照国家强制性标准要求完成装配和配置后方可出厂。

企业申报《公告》时,要提供车辆主要总成和系统的相应数据。其中装备 ABS 防抱死制动系统的产品要提供产品生产厂家、型号,并在"其他"栏中标明;装备侧面及后下部防护装置的产品要提供完整照片和与车体相连接部位的特写照片,并在"其他"栏中标明所用材料材质和尺寸参数。

车辆生产企业要规范整车出厂合格证式样。自2011年1月1日起,汽车(不含三轮汽车和低速货车)、半挂车产品出厂配发整车出厂合格证时要随车同时配发实车车辆识别代号的拓印膜(2份)、实车拍摄的机动车外部彩色相片(2张,拓印膜和相片的样本附后)。

严禁底盘等非完整车辆在道路上行驶。

三、关于提高客车安全性的要求

为提高客车运行的安全性,有效抑制交通事故的死伤率,要进一步提高客车有关安全技术要求。具体要求是:

(一)自2011年1月1日起,新申报《公告》的卧铺客车产品应装备符合标准规定的缓速器、限速装置、防抱死制动系统和汽车行驶记录仪,车身应为全承载整体式框架结构,所有车轮均为无内胎子午线轮胎,且前轮制动系统应装备盘式制动器,发动机后置的卧铺客车产品还应装备发动机舱自动灭火装置。新出厂长途客车和旅游客车必须按规定装备汽车行驶记录仪。

(二)客车、特别是公交客车生产企业在更换或调整涉及安全、环保等性能的总成、部件时,要严格按照"同一形式判定"和"同一型号判定"的原则,开展产品设计、申报和生产,不得擅自更换总成、部件。杜绝违反生产一致性要求,指定特定生产企业和供应商的"点单式"生产方式。

(三)客车生产企业应按照上述要求对《公告》中客车产品进行清理,并将清理结果于2010年12月1日前报工业和信息化部。不符合上述要求的客车产品2011年3月31日前从《公告》中撤销,生产企业不得再生产、销售,公安机关交通管理部门不得再办理注册登记。自2011年4月1日起,生产、销售的各类客车产品均应符合本通知要求。

四、关于近期开展监督检查的工作安排

根据近期道路交通安全和车辆生产企业存在的突出问题,工业和信息化部和公安部决定将大中型客车、货车类产品的安全性能作为近期生产一致性监督检查的重点。具体部署如下:

(一)车辆生产企业要依据国家有关政策和强制性标准的规定,对已生产尚未出厂,或者已经出厂但未销售的大中型客车、重中型货车、商品车运输车和挂车类产品开展一次全面排查,其重点是产品的尺寸参数、重量参数、防护装置强度、车辆配置的反光标识和 ABS 装置等的符合性,以及异地配装侧面及后下部防护装置、载货车的车箱、罐体等行为。对违规产品要立即停止生产、销售,按照规定整改后方可出厂或销售。对已经销售或注册的违规产品,车辆生产企业要按照国家法律法规,采取有效措施进行整改。

(二)工业和信息化部在 2010 年 12 月底前,对《公告》内车辆产品进行一次清理审查,确保《公告》内所有车辆产品符合国家标准和生产一致性的要求。对不符合有关国家标准及规定的车辆产品,一律予以撤销,并不得在撤销《公告》后以同一车辆型号再次申报《公告》。

(三)自 2011 年 1 月 1 日起,对发生重特大交通事故的车辆,汽车产业主管部门、公安机关交通管理部门要对车辆产品一致性进行专门调查。对存在产品不一致的,要对有关车辆生产厂家进行生产一致性监督检查。

(四)工业和信息化部会同公安部,将对市场管理、环保、质量、召回、交通运输等领域反映的问题逐一进行分析和处置。被确认为重点监查的违规产品,将责令车辆生产企业无条件收回,并撤销违规产品《公告》,停止上传该车型机动车整车合格证信息,停止办理该车型注册登记,暂停有关车辆生产企业申报新产品《公告》6个月;情节严重的,撤销车辆生产企业准入许可。

(五)各地汽车产业主管部门和公安机关交通管理部门要配合做好此次监督检查工作。

工业和信息化部、公安部此前下发的相关规定与本通知不一致的,按照本通知执行。

商用车生产企业及产品准入管理规则

工产业〔2010〕第 132 号

根据《国务院对确需保留的行政审批项目设定行政许可的决定》和《汽车产业发展政策》的有关规定,工业和信息化部制定了《商用车生产企业及产品准入管理规则》,现予以公告,请各有关单位遵照执行。

本规则自 2011 年 1 月 1 日起施行。本规则施行后,与本规则不一致的,以本规则为准。

第一章 总 则

第一条 为规范商用车生产企业及产品的准入管理,维护商用车产品市场竞争秩序,推动汽车产业结构调整和优化升级,促进企业技术进步,根据《国务院对确需保留的行政审批项目设定行政许可的决定》《汽车产业发展政策》和《汽车产业调整和振兴规划》的有关规定,制定本规则。

第二条 在中华人民共和国境内从事境内使用的商用车产品生产的企业(以下简称"商用车生产企业")及其生产的商用车产品,适用本规则。

本规则所称商用车产品,是指整车(包括底盘)为自制的、国家标准 GB/T 3730.1—2001《汽车和挂车类型的术语和定义》中第 2.1.2.1 款(客车)、第 2.1.2.2 款(半挂牵引车)、第 2.1.2.3 款(货车)所定义的车辆。

本规则还适用于在采购的完整车辆或二类、三类底盘基础上制造完成的、国家标准 GB/T 3730.1—2001《汽车和挂车类型的术语和定义》中第 2.1.2.1 款(客车)所定义的车辆,即改装类客车。

第三条 工业和信息化部负责实施商用车生产企业及商用车产品准入管理。

第二章 准入条件及管理

第四条 工业和信息化部按照商用车产品类别,对商用车生产企业及产品准入实施分类管理。商用车生产企业应当按照批准的产品类别组织相应产品的生产、销售。

商用车按照产品类别分为货车类、客车类产品,其中货车类产品包括轻型货车、中重型货车,客车类产品包括轻型客车(含改装类)、大中型客车(含改装类),具体见《商用车类别划分表》(附件1)。

第五条 商用车生产企业的投资项目应当按照《汽车产业发展政策》和国家有关投资管理规定,先行办理项目批准手续后,方可申请准入。

第六条 商用车生产企业准入条件:

(一)符合国家法律、法规、有关规章和国家产业政策、宏观调控政策的规定。

(二)具备一定的规模和必要的生产能力和条件。

(三)具备必要的产品设计开发能力。

(四)所生产的产品符合有关国家标准及规定。

(五)具备保证产品生产一致性的能力。

(六)具有产品销售和售后服务能力。

申请商用车生产企业准入的,应当符合《商用车生产企业准入条件及审查要求》(附件2,以下简称《准入条件》)中规定的具体准入条件。

具备一定条件的大型汽车企业集团,在企业集团统一规划、统一管理、承担相应监管责任的前提下,其下属企业(下属子公司及分公司)的准入条件可以适当简化,具体见《汽车企业集团下属企业的准入条件及审查要求》(附件3)。

各类商用车生产企业的生产能力及设施要求,具体见《商用车企业的生产条件、设备要求》(附件4)。

第七条 商用车产品准入条件:

(一)商用车产品符合安全、环保、节能、防盗等有关标准、规定。

(二)商用车产品经工业和信息化部指定的检测机构(以下简称检测机构)检测合格。

(三)商用车产品未侵犯他人知识产权。

第八条 申请商用车生产企业准入的,应当提交以下材料:

(一)《商用车生产企业准入申请书》(附件5)一式2份。

(二)企业法人营业执照复印件(或者办理过程中的证明文件),中外合资企业还应当提交中外股东持股比例证明。

(三)质量手册(全文)及程序文件(目录),质量体系认证证书复印件或近期质量体系认证计划。

(四)关于企业具备商用车产品设计、生产、营销、售后服务能力、零部件供应体系,以及生产一致性保证能力等的说明。

(五)关于企业设立符合《汽车产业发展政策》的说明。

(六)根据国家有关投资管理规定办理的项目核准或备案文件。

(七)检测机构出具的商用车产品检测报告。

第九条 申请商用车产品准入的,应当提交以下材料:

（一）商用车生产企业基本情况说明，包括企业名称、股东、法定代表人、注册商标、注册地址和生产地址等。

（二）商用车产品情况简介。

（三）《车辆生产企业及产品公告》参数。

（四）《车辆主要技术参数及主要配置备案表》。

（五）《车辆产品强制性检测项目方案表》。

（六）检测机构出具的商用车产品检测报告。

（七）关于商用车产品的其他证明文件。

商用车生产企业应当通过工业和信息化部指定的信息系统提交商用车产品准入申请材料。

第十条 改装类客车生产企业拟申请生产客车底盘准入的，应当符合《改装类客车生产企业申请生产客车底盘的准入条件》（附件6）和《准入条件》的相关要求。

第十一条 在本规则发布前已获得准入的商用车生产企业，当企业基本情况或能力条件发生变化（包括企业重组、变更企业名称、变更股权或股东、变更法人代表、变更注册地址或生产地址、增加产品品种或生产地址等），向工业和信息化部申请变更的，应当提交以下部分或全部申请材料：

（一）企业相关条件变化情况、或拟开展兼并重组的申请。

（二）公司章程和兼并重组协议、合资协议。

（三）职工代表大会、董事会或股东大会决议。

（四）企业变化涉及项目建设时的申请及相关部门的核准、备案文件，企业变化符合《汽车产业发展政策》的说明。

（五）企业隶属的资产管理部门出具的相关批复文件。

（六）企业变化前后的营业执照复印件。

（七）企业对照《准入条件》进行自我评估的报告。

（八）列入《车辆生产企业及产品公告》的产品清单及产品变更方案。

（九）其他需要说明的相关情况及佐证材料。

工业和信息化部应当按照《准入条件》规定的具体准入条件对申请变更的企业进行考核；达不到《准入条件》规定的具体准入条件的，将暂停其新产品申报或暂停其生产资质。

第十二条 商用车生产企业应当持续满足准入条件和生产一致性监督管理办法的要求，正常开展生产、销售等经营活动。工业和信息化部对商用车生产企业实行动态监督管理。

第三章 附 则

第十三条 本规则由工业和信息化部负责解释。

第十四条 本规则自2011年1月1日起施行。

附件：

1.商用车类别划分表

2.商用车生产企业准入条件及审查要求

3.汽车企业集团下属企业的准入条件及审查要求

4.商用车企业的生产条件、设备要求

5.商用车生产企业准入申请书

6.改装类客车生产企业申请生产客车底盘的准入条件

专用汽车和挂车生产企业及产品准入管理规则

工产业〔2009〕第 45 号

根据《国务院对确需保留的行政审批项目设定行政许可的决定》和《汽车产业发展政策》的有关规定,工业和信息化部制定了《专用汽车和挂车生产企业及产品准入管理规则》,现予以发布,请各有关单位遵照执行。

本规则自 2009 年 7 月 1 日起施行。本规则施行后,与本规则不一致的,以本规则为准。

【注】为提高罐式运输车辆(以下简称"罐式车辆")产品质量和安全性能,工业和信息化部决定对《专用汽车和挂车生产企业及产品准入管理规则》(工产业〔2009〕第 45 号,以下简称《准入规则》)进行修订,在产品品种中增加"罐式车辆"。修改依据为"工业和信息化部公告 2014 年第 48 号——《罐式车辆生产企业及产品准入管理要求》(2014 修订)"。

第一章 总 则

第一条 为规范专用汽车和挂车生产企业及产品的准入管理,维护专用汽车和挂车产品市场竞争秩序,推动汽车产业结构调整和优化升级,促进企业技术进步,根据《国务院对确需保留的行政审批项目设定行政许可的决定》和《汽车产业发展政策》的有关规定,制定本规则。

第二条 在中华人民共和国境内从事境内使用的专用汽车和挂车产品(以下简称"专用车产品")生产的企业(以下简称"专用车生产企业")及其生产的专用车产品,适用本规则。

本规则所称专用汽车,是指在采购的完整车辆或二类、三类底盘基础上制造完成的、国家标准 GB/T 3730.1—2001《汽车和挂车类型的术语和定义》中第 2.1.1.11 款、第 2.1.2.3.5 款、第 2.1.2.3.6 款所定义的车辆。挂车是指国家标准 GB/T 3730.1—2001《汽车和挂车类型的术语和定义》中第 2.2.2 款、第 2.2.3 款所定义的半挂车及中置轴挂车。

本规则所称二类底盘,是指具有驾驶室、发动机、传动系、行驶系、转向系、制动系及主要电器设备,但不具有货物承载装置及专用装置的非完整车辆。

本规则所称三类底盘,是指具有发动机、传动系、行驶系、转向系、制动系及主要电器设备,但不具有驾驶室(或车身)、货物承载装置及专用装置的非完整车辆。

第三条 工业和信息化部负责实施专用车生产企业及专用车产品许可。

第四条 国家鼓励并逐步推行汽车整车(含底盘)生产企业对采用本企业产品进行后续制造的专用汽车生产企业和专用汽车产品实施统一管理。

第二章 许可条件及管理

第五条 申请专用车生产企业许可的,应当符合《专用汽车和挂车生产企业许可条件及审查要求》(见附件2,以下简称《许可条件》)中规定的具体许可条件。

对于专业生产特种作业车(含超限车)的企业(且生产纲领不大于20台),《许可条件》第八条有关产品试制、试验能力和第十四条、第十五条、第十八条、第二十一条有关生产一致性保证能力等方面的审查要求可适当简化。

对于采用新技术、新材料的专用车产品,按照《采用新技术、新材料的专用汽车和挂车的评价程序》(见附件3)的规定,经过认定确属采用新技术、新材料、填补国内空白的,在进行许可审查时,《许可条件》中的相关审查要求可做适当调整,以进行针对性审查。

第六条 专用车产品许可条件:

(一)专用车产品符合安全、环保、节能、防盗等有关标准、规定。

(二)专用车产品经工业和信息化部指定的检测机构(以下简称检测机构)检测合格。

(三)专用车产品未侵犯他人知识产权。

第七条 工业和信息化部按照专用车产品品种,对专用车生产企业许可实施分类管理。专用车生产企业应当按照许可组织相应产品的生产、销售。专用车生产企业拟跨品种生产其他车辆产品时,应当按照本规则的规定申请许可。

专用车产品分为专用客厢车、专用货车、专用作业车、通用货车挂车、其他挂车、特种作业车、消防车、特种作业车底盘,共8个品种(见附件1)。

各类专用车生产企业的生产及检验方面的能力、设备的具体要求可参考附件5。

第八条 申请专用车生产企业许可的,应当提交以下材料:

(一)《专用汽车和挂车生产企业准入申请书》(见附件4,以下简称《申请书》)一式2份。当采用新技术、新材料生产专用车产品时,应当在《申请书》"技术来源和特性说明"中予以说明并附有关佐证材料。

(二)企业法人营业执照复印件(或者办理过程中的证明文件),中外合资企业还应当提交中外股东持股比例证明。

(三)质量手册(全文)及程序文件(目录),质量体系认证证书复印件或近期质量体系认证计划。

(四)关于专用车生产企业具备专用车产品设计、生产、营销、售后服务能力、零部件供应体系,以及生产一致性保证能力等的说明。

(五)关于符合《汽车产业发展政策》的说明。

(六)根据国家有关投资管理规定办理的项目核准或者备案文件。

(七)检测机构出具的检测报告(专用车产品包括专用装置和专用功能的检测报告)。

第九条 申请专用车产品许可的,应当提交以下材料:

(一)关于专用车生产企业基本情况的说明,包括企业名称、股东、法定代表人、注册商标、注册地址和生产地址等。

(二)专用车产品情况简介。

(三)《车辆生产企业及产品公告》参数。

(四)《车辆主要技术参数及主要配置备案表》。

(五)《车辆产品强制性检测项目方案表》。

(六)检测机构出具的检测报告。

(七)关于专用车产品的其他证明文件。

(八)申报采用新技术、新材料的专用车产品时,应当在"专用车产品情况简介"中予以说明并附有关佐证材料。

专用车生产企业应当通过工业和信息化部指定的信息系统提交专用车产品许可申请材料。

第十条 特种作业车或特种消防车生产企业,在生产特种作业车或特种消防车产品1年后,方可申请生产特种作业车底盘的许可。

专用车生产企业生产的特种作业车底盘,仅用于本企业生产专用车产品,不得对外销售。

第十一条 在本规则发布前已获得准入许可的专用车生产企业,当企业基本情况发生变化(包括企业重组、更名、变更股权或股东、变更法人、迁址、增加产品类别、品种或生产地等),向工业和信息化部申请变更的,应当按照《许可条件》规定的具体许可条件对企业进行考核;达不到《许可条件》规定的具体许可条件的,将暂停新产品申报或暂停准入许可。

第三章 附 则

第十二条 本规则由工业和信息化部负责解释。

第十三条 本规则自2009年7月1日起实施。

罐式车辆生产企业及产品准入管理要求

工业和信息化部公告 2014 年第 48 号

为提高罐式运输车辆(以下简称"罐式车辆")产品质量和安全性能,工业和信息化部决定对《专用汽车和挂车生产企业及产品准入管理规则》(工产业〔2009〕第 45 号,以下简称《准入规则》)进行修订,在产品品种中增加"罐式车辆",并制定了《罐式车辆生产企业及产品准入管理要求》。罐式车辆生产企业应当符合《准入规则》和《罐式车辆生产企业及产品准入管理要求》。

上述规定自公告发布之日起施行。自 2015 年 7 月 1 日起,对于不符合上述规定的承压罐式车辆和常压危险品罐式车辆生产企业,我部将暂停其相关产品《公告》,暂停受理其相关新产品申报。

在《专用汽车和挂车生产企业及产品准入管理规则》(以下简称《准入规则》)中《专用汽车和挂车品种划分表》的基础上,增加"罐式车辆"品种,并将其按结构和用途进一步划分为:普通罐式车辆、承压罐式车辆和常压危险品罐式车辆(见附件1)。

一、罐式车辆生产企业准入要求

罐式车辆生产企业(指生产罐式车辆产品的整车、专用汽车和挂车生产企业,下同)应当具备《准入规则》规定的相应生产能力和条件。其中,承压罐式车辆和常压危险品罐式车辆生产企业还应当满足下列要求:

(一)罐体设计与制造要求

承压罐式车辆生产企业应当具有压力容器制造许可证,罐体应当自制。罐体技术(图纸等)应当来源于具有压力容器设计许可证的企业或机构。

常压危险品罐式车辆生产企业应当具有罐体的设计能力和制造能力,取得危险化学品包装物、容器产品的《全国工业产品生产许可证》,罐体应当自制。

上述有关许可证应当在有效期内。

(二)产品追溯性要求

生产企业要建立产品追溯体系,重点关注经主管部门认定的检验机构出具的罐体检验报告,罐体及安全装置的设计、采购、制造、装配、检验、销售和售后服务等过程。应当建立与车辆识别代号(VIN)对应的数据库,能快速查询车辆产品的尺寸和质量参数,及防抱死制动装置(ABS)、制动器、辅助制动、限速器、轮胎、行驶记录仪的结构形式和型号、供应商等重要参数;罐体的结构、尺寸和壁厚、材料、容积、运输介质,以及紧急切断阀等安全装置的型号、供应商等重要参数。相应信息(包括由检验机构出具的罐体检验报告)存档期限应不小于车辆的设计使用年限。

二、罐式车辆产品准入要求

(一)罐式车辆产品检验要求

检测机构在进行罐式车辆产品检验时,应按照国家标准和相关规定的要求进行检验,并在定型报告中体现罐体尺寸和壁厚、材料、有效容积及计算过程。对于承压罐式车辆和常压危险品罐式车辆,定型报告中应当体现安全装置的产品名称、产品型号、生产企业以及安装位置,还应当查验经主管部门认定的检验机构出具的罐体检验报告。

承压罐式车辆和常压危险品罐式车辆应当配置必要的安全装置:

1.承压罐式车辆应当按照相关标准、技术规范、设计图样和运输介质的要求,适用时应配置以下安全附件和装卸附件:紧急切断阀、安全泄放装置、液位测量装置、压力测量装置、温度测量装置、阻火器、导静电装置、装卸阀门、快装接头和装卸软管。

2.常压危险品罐式车辆应按照 GB 18564.1《道路运输液体危险货物罐式车辆 第 1 部分:金属常压罐体技术要求》或 GB 18564.2《道路运输液体危险货物罐式车辆 第 2 部分:非金属常压罐体技术要求》和运输介质的要求,适用时应配置以下安全附件和承压元件:紧急切断阀、安全泄放装置、导静电装置、装卸阀门、液位计、温度计、压力表、快装接头、装卸软管和胶管。

(二)罐式车辆产品审查要求

1.罐式车辆产品的审查重点

重点审查罐式车辆产品的尺寸和质量参数(包括罐体尺寸和壁厚、材料、有效容积及计算过程等)、侧倾稳定性、制动性能等方面是否符合国家标准和有关规定的要求。对于承压罐式车辆和常压危险品罐式车辆还要重点审查紧急切断阀等安全装置的安装和性能,以及防抱死制动装置(ABS)、制动器的结构形式、辅助制动、子午线轮胎、限速器、标识、行驶记录仪、排气管等方面是否符合国家标准和有关规定的要求。

2.增加罐式车辆备案内容

(1)有关证明材料

承压罐式车辆生产企业应当具有 C2 类压力容器制造许可证;常压危险品罐式车辆生产企业应当具有危险化学品包装物、容器产品的《全国工业产品生产许可证》。企业申报的产品不可超出许可证规定的产品范围,且提交的证明材料均应当在有效期内。

(2)罐式车辆产品的备案要求

企业在申报罐式车辆产品《公告》时,应当提交罐体的结构及尺寸简图和安全装置的有关参数进行备案(见附件2)。

(三)危险品半挂牵引车要求

危险品汽车列车中的牵引车应符合 GB 7258《机动车运行安全技术条件》及相关强制性国家标准的规定;汽车生产企业可单独申报"危险品牵引车"产品,或在牵引车合格证中的其他栏中注明:可用于牵引危险品半挂车。

新能源汽车生产企业及产品准入管理规定

工业和信息化部令第 39 号

《新能源汽车生产企业及产品准入管理规定》已经 2016 年 10 月 20 日工业和信息化部第 26 次部务会议审议通过,现予公布,自 2017 年 7 月 1 日起施行。工业和信息化部 2009 年 6 月 17 日公布的《新能源汽车生产企业及产品准入管理规则》(工产业〔2009〕第 44 号)同时废止。

第一条 为了落实发展新能源汽车的国家战略,规范新能源汽车生产活动,保障公民生命财产安全和公共安全,促进新能源汽车产业持续健康发展,根据《中华人民共和国行政许可法》《中华人民共和国道路交通安全法》《国务院对确需保留的行政审批项目设定行政许可的决定》等法律法规,制定本规定。

第二条 在中华人民共和国境内生产新能源汽车的企业(以下简称新能源汽车生产企业),及其生产在境内使用的新能源汽车产品的活动,适用本规定。

第三条 本规定所称汽车,是指《汽车和挂车类型的术语和定义》国家标准(GB/T 3730.1—2001)第 2.1 款所规定的汽车整车(完整车辆)及底盘(非完整车辆),不包括整车整备质量超过 400 千克的三轮车辆。

本规定所称新能源汽车,是指采用新型动力系统,完全或者主要依靠新型能源驱动的汽车,包括插电式混合动力(含增程式)汽车、纯电动汽车和燃料电池汽车等。

第四条 工业和信息化部负责实施全国新能源汽车生产企业及产品的准入和监督管理。

省、自治区、直辖市工业和信息化主管部门负责本行政区域内新能源汽车生产企业及产品的日常监督管理,并配合工业和信息化部实施准入管理相关工作。

第五条 申请新能源汽车生产企业准入的,应当符合以下条件:

(一)符合国家有关法律、行政法规、规章和汽车产业发展政策及宏观调控政策的要求。

(二)申请人是已取得道路机动车辆生产企业准入的汽车生产企业,或者是已按照国家有关投资管理规定完成投资项目手续的新建汽车生产企业。

汽车生产企业跨产品类别生产新能源汽车的,也应当按照国家有关投资管理规定完成投资项目手续。

(三)具备生产新能源汽车产品所必需的设计开发能力、生产能力、产品生产一致性保证能力、售后服务及产品安全保障能力,符合《新能源汽车生产企业准入审查要求》(见附件1,以下简称《准入审查要求》)。

具备工业和信息化部规定条件的大型汽车企业集团,在企业集团统一规划、统一管理、承担相应监管责任的前提下,其下属企业(包括下属子公司及分公司)的准入条件予以简化,适用《企业集团下属企业的准入审查要求》(见附件2)。

(四)符合相同类别的常规汽车生产企业准入管理规则。

第六条 汽车生产企业在已列入《道路机动车辆生产企业及产品公告》(以下简称《公告》)的新能源汽车整车或者底盘基础上改装生产新能源汽车产品,改装未影响到底盘、车载能源系统、驱动系统和控制系统的,不需要申请新能源汽车生产企业准入。

第七条 申请准入的新能源汽车产品,应当符合以下条件:

(一)符合国家有关法律、行政法规、规章。

(二)符合《新能源汽车产品专项检验项目及依据标准》(见附件3),以及相同类别的常规汽车产品相关标准。

(三)经国家认定的检测机构(以下简称检测机构)检测合格。

(四)符合工业和信息化部规定的安全技术条件。

工业和信息化部根据新能源汽车产业发展的实际情况和相关标准制修订情况,及时调整《新能源汽车产品专项检验项目及依据标准》的有关内容,并在施行前向社会公布。

第八条 申请新能源汽车生产企业准入的,应当向工业和信息化部提交以下材料:

(一)申请新能源汽车生产企业准入审查的文件。

(二)《新能源汽车生产企业准入申请书》(见附件4)及相关证明材料。

(三)新建新能源汽车生产企业的企业法人营业执照复印件,以及根据国家有关投资管理规定办理投资项目手续的文件。中外合资企业还应当提交中外股东持股比例证明。

第九条 申请新能源汽车产品准入的,应当向工业和信息化部提交以下材料:

(一)新能源汽车产品主要技术参数表(见附件5)。

(二)检测机构出具的新能源汽车产品检测报告。

(三)其他需要说明的情况。

第十条 工业和信息化部收到准入申请后,对于申请材料不齐全或者不符合法定形式的,应当当场或者在5日内一次性告知申请人需要补正的全部内容。申请材料齐全、符合法定形式的,应当予以受理,并自受理之日起20个工作日内作出批准或者不予批准的决定。20个工作日内不能作出决定的,经工业和信息化部负责人批准,可以延长

10个工作日,并应当将延长期限的理由告知申请人。

第十一条 工业和信息化部委托第三方技术服务机构,组织专家对新能源汽车生产企业、新能源汽车产品准入申请进行技术审查,审查方式包括现场审查、资料审查。

工业和信息化部建立新能源汽车领域专家库,从中选取专家组成审查组。

第三方技术服务机构技术审查所需时间不计算在本规定第十条规定的期限内。

第十二条 申请新能源汽车生产企业准入的,如已按照相同类别的常规汽车生产企业准入管理规则通过了审查的,免予审查《准入审查要求》中的相关要求。

第十三条 检测机构应当严格按照工业和信息化部有关规定开展新能源汽车产品检测工作,不得擅自变更检测要求。

第十四条 通过审查的新能源汽车生产企业及产品,由工业和信息化部通过《公告》发布。

不符合本规定所规定的条件、标准的新能源汽车生产企业及产品,工业和信息化部不予列入《公告》。

新能源汽车生产企业应当按照《公告》载明的许可要求生产新能源汽车产品。

第十五条 新能源汽车生产企业应当加强管理、规范使用新能源汽车产品出厂合格证,确保出厂合格证及其信息与实际产品唯一对应、保持一致。

第十六条 新能源汽车生产企业应当建立新能源汽车产品售后服务承诺制度。售后服务承诺应当包括新能源汽车产品质量保证承诺、售后服务项目及内容、备件提供及质量保证期限、售后服务过程中发现问题的反馈、零部件(如电池)回收,出现产品质量、安全、环保等严重问题时的应对措施以及索赔处理等内容,并在本企业网站上向社会发布。

第十七条 新能源汽车生产企业应当建立新能源汽车产品运行安全状态监测平台,按照与新能源汽车产品用户的协议,对已销售的全部新能源汽车产品的运行安全状态进行监测。企业监测平台应当与地方和国家的新能源汽车推广应用监测平台对接。

新能源汽车生产企业及其工作人员应当妥善保管新能源汽车产品运行安全状态信息,不得泄露、篡改、毁损、出售或者非法向他人提供,不得监测与产品运行安全状态无关的信息。

第十八条 新能源汽车生产企业应当在产品全生命周期内,为每一辆新能源汽车产品建立档案,跟踪记录汽车使用、维护、维修情况,实施新能源汽车动力电池溯源信息管理,跟踪记录动力电池回收利用情况。

新能源汽车生产企业应当对新能源汽车产品的技术状况、故障及主要问题等运行情况进行分析、总结,编写年度报告(见附件6)。年度报告应当在新能源汽车产品全生命周期内存档备查。

第十九条　新能源汽车生产企业申请准入的新能源汽车产品类别或者动力系统（包括插电式混合动力、纯电动、燃料电池等）与已列入《公告》的新能源汽车产品不同的,或者增加、变更生产地址的,应当向工业和信息化部提交本规定第八条所列的材料,原则上应当进行现场审查。

取得插电式混合动力汽车或者燃料电池汽车产品准入的新能源汽车生产企业,申请相同类别的纯电动汽车产品准入的,只进行资料审查。

第二十条　新能源汽车生产企业应当持续满足《准入审查要求》和生产一致性等相关规定,确保新能源汽车产品安全保障体系正常运行。

第二十一条　新能源汽车生产企业发现新能源汽车产品存在安全、环保、节能等严重问题的,应当立即停止相关产品的生产、销售,采取措施进行整改,并及时向工业和信息化部和相关省、自治区、直辖市工业和信息化主管部门报告。

第二十二条　工业和信息化部应当对新能源汽车生产企业的《准入审查要求》保持情况、生产一致性情况和监测平台运行情况等进行监督检查,检查方式包括资料审查、实地核查、市场抽样和性能检测等。

省、自治区、直辖市工业和信息化主管部门应当对本行政区域内新能源汽车生产企业的生产情况、监测平台运行情况进行监督检查。发现新能源汽车生产企业有《准入审查要求》所列要求发生重大变化、生产管理存在重大安全隐患、有违法行为等的,应当及时向工业和信息化部报告。

第二十三条　对于停止生产新能源汽车产品12个月及以上的新能源汽车生产企业,工业和信息化部予以特别公示。

经特别公示的新能源汽车生产企业在恢复生产之前,工业和信息化部应当对其保持《准入审查要求》的情况进行核查。

第二十四条　工业和信息化部建立新能源汽车生产企业信用数据库,将企业违反生产一致性要求、申请材料弄虚作假、行政处罚等情况列入信用数据库。

第二十五条　新能源汽车生产企业不能保持《准入审查要求》,存在公共安全、人身健康、生命财产安全隐患的,工业和信息化部应当责令其停止生产、销售活动,并责令立即改正。

第二十六条　新能源汽车生产企业破产或者自愿终止生产新能源汽车产品的,工业和信息化部应当撤销、注销其相应的新能源汽车生产企业、产品准入。

第二十七条　隐瞒有关情况或者提供虚假材料申请新能源汽车生产企业、新能源汽车产品准入的,工业和信息化部不予受理或者不予准入,并给予警告,申请人在一年内不得再次申请准入。

以欺骗、贿赂等不正当手段取得新能源汽车生产企业、新能源汽车产品准入的,工业和信息化部应当撤销其新能源汽车生产企业、产品准入,申请人在三年内不得再次申请准入。

第二十八条 新能源汽车生产企业擅自生产、销售未列入工业和信息化部《公告》的新能源汽车车型的,工业和信息化部应当依据《中华人民共和国道路交通安全法》第一百零三条第三款的规定予以处罚。

第二十九条 已取得准入的新能源汽车整车生产企业,应当按照本规定进行改造,并自本规定施行之日起6个月内报送满足本规定的审查计划,于24个月内通过审查。对于其取得准入时已审查的有关内容,免予审查。

自制自用新能源汽车底盘的改装类客车生产企业,通过改造,满足商用车生产企业准入管理规则有关生产客车底盘准入条件后,可申请新能源汽车整车生产企业准入。自制自用新能源汽车底盘的改装类专用车生产企业,按照国家有关投资管理规定完成整车投资项目手续、满足商用车生产企业准入管理规则有关准入条件后,可申请新能源汽车整车生产企业准入。自制自用新能源汽车底盘的改装类客车、改装类专用车生产企业,应当自本规定施行之日起6个月内报送满足本规定的审查计划,于24个月内通过审查。

逾期未通过审查的,视为不能保持《准入审查要求》。

第三十条 新能源汽车生产企业在产的新能源汽车产品应当自本规定施行之日起6个月内,符合《新能源汽车产品专项检验项目及依据标准》。

第三十一条 新建纯电动乘用车生产企业应当同时满足《新建纯电动乘用车企业管理规定》。

第三十二条 本规定自2017年7月1日起施行。2009年6月17日工业和信息化部公布的《新能源汽车生产企业及产品准入管理规则》(工产业〔2009〕第44号)同时废止。本规定施行前公布的有关规定与本规定不一致的,以本规定为准。

附件:1.新能源汽车生产企业准入审查要求
　　　2.企业集团下属企业的准入审查要求
　　　3.新能源汽车产品专项检验项目及依据标准
　　　4.新能源汽车生产企业准入申请书
　　　5.新能源汽车产品主要技术参数表
　　　6.新能源汽车年度报告

摩托车生产准入管理办法

国家经济贸易委员会令第43号

经国家经济贸易委员会主任办公会议通过,现予公布,自2003年1月1日起施行。

第一章 总 则

第一条 为加强摩托车行业管理,规范摩托车生产秩序,促进摩托车产业结构调整,防止重复建设,保障人民群众生命和财产安全,维护社会公众利益,根据国家有关规定,制定本办法。

第二条 国家经济贸易委员会(以下简称国家经贸委)负责全国摩托车行业的统一管理。

第三条 国家实行摩托车生产准入制度。未经国家经贸委批准,任何企业和个人不得擅自从事摩托车生产。

第四条 国家经贸委通过《车辆生产企业及产品公告》(以下简称《公告》)公布获得生产准入的摩托车企业及产品。

第五条 本办法适用于中华人民共和国境内的摩托车生产。

第二章 生产准入条件和程序

第六条 企业申请摩托车生产准入,应当具备以下条件:
(一)具有独立法人资格;
(二)遵守国家有关法律法规,符合国家产业政策要求;
(三)所生产的摩托车产品符合国家有关技术要求;
(四)具备摩托车产品生产一致性保证能力;
(五)具备摩托车产品的设计开发能力;
(六)具有必备的检测能力。
企业下属的被控股企业以及接受委托加工的企业申请生产准入,应当在企业负责其产品开发、检测的前提下,具备前款第(一)、(二)、(三)、(四)项条件。

第七条 具备本办法第六条所列生产准入条件的企业可以向国家经贸委提出生产准入申请,并按国家经贸委制定的统一格式报送《摩托车生产准入申请书》及相关资料。

企业下属的被控股企业以及接受委托加工企业的生产准入申请由该企业负责。

第八条 国家经贸委应当自收到企业报送的《摩托车生产准入申请书》及相关资料之日起10个工作日内完成资料审查。对通过资料审查的企业,国家经贸委发放《摩托车生产准入申请受理通知书》;对未通过资料审查的企业,应当及时通知,并退还有关申请资料。

第九条 国家经贸委委托有资质的中介机构,按照第六条所列生产准入条件,对申请企业进行生产准入考核。国家经贸委应当自受理企业申请之日起3个月内完成对申请企业的生产准入考核。

对通过生产准入考核的企业,国家经贸委应当在1个月内批准其生产准入申请,确认摩托车生产资格,颁发《摩托车生产准入证书》,并在《公告》上公布。

对未通过生产准入考核的企业,国家经贸委不予批准其生产准入申请,并向其发出《摩托车生产准入考核不合格通知书》。

第十条 未通过生产准入考核的企业原则上在收到《摩托车生产准入考核不合格通知书》6个月后,方可重新提出生产准入申请。

第三章 获证企业管理

第十一条 获得《摩托车生产准入证书》的企业(以下简称"获证企业")应当保持生产准入条件,按照批准产品组织生产,保证持续生产合格产品。

第十二条 获证企业在申报新产品时,应当提交新产品的设计开发资料和《产品生产一致性保证计划书》。

第十三条 国家经贸委委托有资质的中介机构,按照国家有关技术要求,对获证企业开发的摩托车新产品进行检测和生产一致性保证能力考核。检测、考核均合格的摩托车新产品,方可获得批准,进行生产。

第十四条 未经国家经贸委批准,获证企业不得异地生产摩托车。获证企业要求新增被控股企业或者委托加工的,被控股企业或者接受委托加工的企业应当按照本办法通过生产准入考核,并获得国家经贸委批准。

第十五条 获证企业可以向国家经贸委申请撤销本企业的生产资格或者批准产品。

第四章 监督检查

第十六条 国家经贸委对获证企业进行定期或者不定期的监督检查,检查内容为生产准入条件保持情况、产品生产一致性稳定情况和产品抽样检验。产品抽样检验可以从企业或者从销售环节抽取样车。

定期监督检查原则上每年一次。根据企业生产准入条件保持情况和产品生产一致性稳定情况,国家经贸委可以调整定期监督检查的次数。

第十七条 获证企业有能力保持生产准入条件,而没有保持生产准入条件的,由国家经贸委责令其限期恢复生产准入条件。

第五章 罚 则

第十八条 获证企业有下列情况之一的,由国家经贸委暂停其生产资格6~12个月并责令改正;暂停期满后仍未改正的,撤销其生产资格,收回《摩托车生产准入证书》,并在《公告》中予以公布:

(一)拒绝接受监督检查的;

(二)停产及不能正常生产1年以上的。

第十九条 获证企业有下列情况之一的,由国家经贸委撤销其生产资格,收回《摩托车生产准入证书》,并在《公告》中予以公布:

(一)不能保持生产准入条件的;

(二)未经批准异地生产的;

(三)弄虚作假,未按批准产品生产的;

(四)违反本办法第十七条规定,未在限期内恢复生产准入条件的;

(五)破产;

(六)曾被暂停生产资格,再次发生第十八条所列情况之一的。

被撤销生产资格、收回《摩托车生产准入证书》的获证企业,原则上在被撤销生产资格1年后方可重新提出生产准入申请。

第二十条 获证企业的产品有下列情况之一的,由国家经贸委给予警告,并从《公告》中撤销该产品;情节严重的,暂停其生产资格3~6个月并责令改正,暂停期满后仍未改正的,撤销其生产资格,收回《摩托车生产准入证书》,并在《公告》中予以公布:

(一)依法判定为侵犯知识产权的;

(二)有充分证据表明在安全、环保、节能和防盗等方面存在严重缺陷的;

(三)不能保证生产一致性的;

(四)违反法律、法规和国家产业政策规定的。

第二十一条 受国家经贸委委托从事检测、考核等工作的中介机构,违反有关规定弄虚作假的,由国家经贸委视情节轻重分别处以责令改正、通报批评、停业整顿直至撤销对其委托。

第二十二条 从事摩托车生产准入审批工作的国家工作人员,徇私舞弊、玩忽职守、滥用职权的,依法给予行政处分;构成犯罪的,依法移送司法机关追究刑事责任。

第六章 附 则

第二十三条 本办法施行前已列入《公告》的摩托车企业(以下简称"《公告》企

业")应达到生产准入分阶段要求,并应在本办法施行之日起 2 年内通过生产准入考核。未达到生产准入分阶段要求或逾期未通过生产准入考核的,由国家经贸委撤销其生产资格。

自本办法施行之日起,《公告》企业要求跨省搬迁生产地的,应按照本办法通过生产准入考核后,方可办理有关手续。

自本办法施行之日起,《公告》企业申报新产品时,应当具备产品设计开发能力,并提交新产品的设计开发资料和《产品生产一致性保证计划书》。

第二十四条 对《公告》企业的管理和监督检查,适用本办法第三章、第四章有关规定。

《公告》企业及产品有第十八条、第十九条及第二十条所列情况之一的,由国家经贸委给予相应处罚。

第二十五条 本办法由国家经贸委负责解释。

第二十六条 本办法自 2003 年 1 月 1 日起施行。

摩托车生产准入管理办法实施细则

国家经济贸易委员会公告 2002 年第 110 号

根据《摩托车生产准入管理办法》(国家经济贸易委员会令第 43 号),特制定《摩托车生产准入管理办法实施细则》,现予公布,请遵照执行。

第一章 总 则

第一条 根据《摩托车生产准入管理办法》(国家经济贸易委员会令第 43 号,以下简称《办法》),制定本实施细则。

第二条 国家实行摩托车生产准入制度。凡在中华人民共和国境内从事摩托车生产的企业,必须通过生产准入考核、获得《摩托车生产准入证书》,方能取得摩托车生产资格。

未经国家经济贸易委员会(以下简称"国家经贸委")批准,任何企业和个人不得擅自从事摩托车生产。

第三条 国家经贸委负责全国摩托车生产准入的统一管理,并通过《车辆生产企业及产品公告》(以下简称《公告》)公布获得生产准入的摩托车企业及产品。

第四条 各省、自治区、直辖市经济贸易主管部门(以下简称"省级经贸委")根据国家法律、法规和产业政策的有关规定,负责本地区摩托车行业的整顿、规范、调整,了解企业的资质状况,协调和参加监督企业生产准入现场考核,参与对获得生产准入企业的监督管理。

第五条 国家经贸委委托有资质的中介机构(以下简称"中介机构")承担企业生产准入申请受理、生产准入考核、新产品检测以及具体核查工作。

第二章 摩托车生产准入条件

第六条 企业申请摩托车生产准入,应当具备以下条件:
(一)具有独立法人资格;
(二)遵守国家有关法律法规,符合国家产业政策要求;
(三)所生产的摩托车产品符合国家有关技术要求;
(四)具备摩托车产品生产一致性保证能力;
(五)具备摩托车产品的设计开发能力;
(六)具有必备的检测能力。

企业下属的被控股企业(以下简称下属被控股企业)申请摩托车生产准入,应当在企业负责其产品开发、检测的前提下,具备第一款第(一)、(二)、(三)、(四)项条件。本款下属被控股企业是指由企业绝对控股、具有独立法人资格的下属企业;若下属被控股企业是上市公司的,则至少应由企业相对控股。

委托加工企业和接受委托加工的企业(以下简称受委托加工企业)均应获得生产准入,受委托加工企业应具有独立法人资格。

摩托车生产准入条件及考核要求详见附件1。

第三章 摩托车生产准入申请、考核及批准程序

第七条 企业具备本细则第六条所列生产准入条件后,即可向国家经贸委提出生产准入申请,并提交下列资料:

(一)《摩托车生产准入申请书》(以下简称《申请书》,格式见附件2)一式3份;

(二)企业法人营业执照复印件;

(三)质量手册及程序文件目录;

(四)质量体系认证证书复印件或质量体系认证实施计划;

(五)产品生产一致性保证计划书;

(六)摩托车产品在本企业生产过程的说明;

(七)产品设计开发过程的说明;

(八)企业在下属被控股企业的股权证明材料,或企业与受委托加工企业合作的证明材料;

(九)企业认为需要提供的其他资料。

企业提交的生产准入申请资料应同时抄送所在地省级经贸委备案。企业在提交下属被控股企业或受委托加工企业的生产准入申请时,还需抄送下属被控股企业或受委托加工企业所在地省级经贸委备案。

第八条 中介机构负责对企业生产准入申请资料进行审查。审查内容主要包括企业申请资料的完整性和符合性,通常以文审方式进行,必要时可进行现场核查。

对通过申请资料审查的企业,国家经贸委受理其申请,并以《摩托车生产准入申请受理通知书》通知企业;对未通过申请资料审查的企业,国家经贸委不受理其申请,并及时通知企业,退还有关申请资料。

中介机构应当自收到企业申请资料之日起7个工作日内完成对企业申请资料的审查。

第九条 中介机构对已受理申请企业的生产准入考核,主要以生产准入现场考核的方式进行。

中介机构组织考核组进行生产准入现场考核。考核组通过在现场收集各项相关证

据,按本细则附件1所列的6项生产准入条件及考核要求,逐条逐项进行符合性判定。对全部6项生产准入条件均符合要求的,考核组出具建议通过的现场考核意见;对不符合生产准入条件要求的,考核组出具建议不通过的现场考核意见。中介机构对考核组出具的现场考核意见进行审查,并向国家经贸委提交有关企业的生产准入考核报告。

附件一所列的生产准入条件考核条款分为否决条款和一般条款两类。某项生产准入条件的全部否决条款符合要求,且80%以上(含80%)的一般条款符合要求的,该项生产准入条件判定为符合,否则该项生产准入条件判定为不符合。当某一考核条款出现不符合,但能在生产准入考核限定期限内整改并经过中介机构验收合格的,该条款可视为符合。

考核组实行组长负责制,考核组成员应具备相应资质。企业所在地省级经贸委应指派人员作为观察员,对现场考核工作进行协调与监督。

中介机构应当自受理企业申请之日起3个月内完成对已受理申请企业的生产准入考核,并向国家经贸委提交生产准入考核报告。

第十条 国家经贸委应当自收到中介机构提交的生产准入考核报告之日起1个月内完成有关企业生产准入的审批工作。

对通过生产准入考核的企业,国家经贸委颁发《摩托车生产准入证书》,并在《公告》上公布;对未通过生产准入考核的企业,国家经贸委不予批准其生产准入申请,并向其发放《摩托车生产准入考核不合格通知书》。

第十一条 未通过国家经贸委生产准入考核的企业,原则上在收到《摩托车生产准入考核不合格通知书》6个月后方可重新提出生产准入申请。

第四章 获证企业新产品、异地生产与撤销产品的管理

第十二条 获得国家经贸委《摩托车生产准入证书》的企业(以下简称"获证企业")可以按照国家经贸委有关规定申报摩托车新产品。申报时除应当提交国家经贸委《公告》管理所要求的新产品申报资料外,还应当提交下列资料:

(一)产品生产一致性保证计划书;

(二)新产品设计开发资料,包括:

1.产品设计开发说明;

2.摩托车产品规格参数表(见附件3);

3.如果所申报的新产品是委托设计开发的,企业还应提交委托设计合同复印件以及有关受委托方设计能力简介的资料。

第十三条 中介机构对获证企业提交的新产品申报资料进行审核,并将审核结果报国家经贸委。

主要审核内容如下:

(一)申报资料的完整性;

(二)检验报告的符合性与正确性(指检验项目的完整性,样车主要技术参数与企业新产品申报参数的一致性,以及检验数据和检验结论的准确性和正确性);

(三)《产品生产一致性保证计划书》的合理性与可行性,必要时可进行现场考核。

第十四条 通过中介机构审核的摩托车新产品,经国家经贸委审定后,在《公告》上予以公布。

第十五条 未经国家经贸委批准,获证企业不得异地生产摩托车。获证企业要求新增被控股企业或者采用委托加工方式生产摩托车的,应按照本细则的有关规定提出申请,下属被控股企业或受委托加工企业应当按照本细则的有关规定通过生产准入考核,并获得国家经贸委批准。

第十六条 获证企业可以向国家经贸委申请撤销本企业或下属被控股企业的摩托车生产资格,或者取消委托加工,或者撤销本企业或下属被控股企业的《公告》产品。

第五章 监 督 检 查

第十七条 获证企业应当保持生产准入条件,严格按照批准产品组织生产,保证持续生产合格产品。

第十八条 国家经贸委对获证企业进行定期或不定期的监督检查。

定期监督检查原则上每年一次。对新增获证企业(指《办法》实施之日前未列入《公告》的企业)的首次定期监督检查,原则上应在获证后6个月内进行。

当有充分证据证明企业生产准入条件保持良好、产品生产一致性稳定时,可调整定期监督检查频次,放宽监督检查周期。

获证企业出现生产准入条件有重大变化、用户投诉集中、国家质量监督抽查不合格、发生重大质量事故以及被举报等情况时,国家经贸委可随时对企业进行监督检查。

第十九条 监督检查内容包括获证企业生产准入条件保持状况、产品生产一致性稳定情况和产品抽样检验。

第二十条 对生产准入条件保持状况的监督检查,主要是按照附件一所列的要求,进行部分生产准入条件及考核条款的抽查。其中生产准入考核或前次监督检查中发现问题的整改落实情况是本次监督抽查的重点。在连续3次监督检查中,企业被抽查的监督检查内容应当覆盖所有生产准入条件及考核条款。

监督检查中,若发现获证企业被抽查的考核条款出现20%以上不符合,则判定该企业没有保持生产准入条件,由国家经贸委责令该企业限期整改,尽快恢复生产准入条件。

获证企业出现下列情况之一者,则判定该企业不能保持生产准入条件:

(一)违反国家税法规定,构成税务犯罪的;

（二）依法判定侵犯知识产权，且情节严重的；

（三）强制性检验项目的检验能力全部或部分丧失，且没有在限定期限内恢复并通过复查的；

（四）监督检查中被抽查的考核条款有20%以上不符合要求，且未在限定期限内整改并通过复查的。

第二十一条 对产品生产一致性稳定情况的监督检查，主要是对《产品生产一致性保证计划书》的执行情况及相关记录进行检查。如果企业的产品没有按生产一致性保证计划进行检验、或一致性检验结果不符合有关规定的要求，企业也未能及时采取有效措施进行纠正和验证的，则判定该产品不能保证生产一致性。

第二十二条 产品抽样检验，是指在企业生产地点（必要时也可在销售环节）随机抽取企业自检合格的摩托车产品，检验其安全环保性能与强制性标准的符合性，及其规格型号、主要技术参数与批准参数的一致性。如果符合性与一致性均满足要求，则判定该企业能够保证该产品的生产一致性。抽样的最小数量根据企业的生产批量和生产一致性稳定情况确定。中介机构可以要求进行部分或全部的强制性项目试验。如果样品试验结果不能达到要求，企业可要求加倍抽取样品进行试验；如果仍不能达到要求，中介机构可再抽取样品送交对该种产品进行定型实验的检验机构进行试验；如果仍不能达到要求，则判定该种产品不能保证生产一致性。

试验一般在企业的试验室进行，当企业试验室能力不足或中介机构认为有必要时，检查人员可将样品送交指定的检验机构进行试验。

第六章 罚 则

第二十三条 获证企业有下列情况之一的，由国家经贸委暂停其生产资格6~12个月并责令改正；暂停期满后仍未改正的，撤销其生产资格，收回《摩托车生产准入证书》，并在《公告》中予以公布：

（一）拒绝接受监督检查的；

（二）停产及不能正常生产一年以上的，即企业所生产的排量小于250毫升（含250毫升）摩托车的年产量小于1万辆的。

第二十四条 获证企业有下列情况之一的，由国家经贸委撤销其生产资格，收回《摩托车生产准入证书》，并在《公告》中予以公布：

（一）不能保持生产准入条件的；

（二）未经批准异地生产的；

（三）弄虚作假，未按批准产品生产的；

（四）有能力保持生产准入条件而没有保持，且未在限期内恢复的；

(五)破产;

(六)曾被暂停生产资格,再次发生本细则第二十条所列情况之一的。

被撤销生产资格、收回《摩托车生产准入证书》的获证企业,原则上在被撤销生产资格1年后方可重新提出生产准入申请。

第二十五条 获证企业的产品有下列情况之一的,由国家经贸委给予警告,并从《公告》中撤销该产品;情节严重的,暂停其生产资格3~6个月并责令改正,暂停期满后仍未改正的,撤销其生产资格,收回《摩托车生产准入证书》,并在《公告》中予以公布:

(一)依法判定为侵犯知识产权的;

(二)有充分证据表明在安全、环保、节能和防盗等方面存在严重缺陷的;

(三)不能保证生产一致性的;

(四)违反法律、法规和国家产业政策规定的。

第二十六条 获证企业申报新产品时,弄虚作假、伪造送检样车、实验报告等,由国家经贸委视情节轻重分别处以撤销产品、停业整顿直至撤销其生产资格。

第二十七条 受国家经贸委委托从事检测、考核等工作的中介机构,违反有关规定弄虚作假的,由国家经贸委视情节轻重分别处以责令改正、通报批评、停业整顿直至撤销对其委托。

第二十八条 从事摩托车生产准入审批工作的国家工作人员,徇私舞弊、玩忽职守、滥用职权的,依法给予行政处分;构成犯罪的,依法移送司法机关追究刑事责任。

第七章 《公告》企业管理

第二十九条 对《办法》实施前已列入《公告》的摩托车企业(以下简称《公告》企业)的管理和监督检查,适用本细则第四章、第五章有关规定。

《公告》企业及产品有本细则第二十三条、第二十四条、第二十五条及第二十六条所列情况之一的,由国家经贸委依照《办法》给予相应处罚。

第三十条 《公告》企业应当达到生产准入分阶段要求,并在《办法》施行之日起2年内通过生产准入考核。未达到生产准入分阶段要求或逾期未通过生产准入考核的,国家经贸委将取消该《公告》企业的摩托车生产资格。

生产准入分阶段要求为:

(一)截止到2003年12月31日,《公告》企业至少40%产品(撤销产品除外)应具有《产品生产一致性保证计划书》,附件3所列的产品规格参数表和附件4要求的产品图样及相关文件;企业必须按照ISO 9001或等效标准建立质量管理体系,并通过第三方认证;具备附件五所列的除摩托车工况排放设备以外的全部自备强制性检测设备。

(二)截止到2004年12月31日,《公告》企业必须具备《办法》所要求的生产准入条件,通过生产准入考核,并获得国家经贸委批准。

第三十一条 自《办法》施行之日起,《公告》企业要求跨省搬迁生产地点的,应当按照本细则通过生产准入考核后,方可办理有关手续;省内异地搬迁的,比照跨省搬迁有关规定执行。

第三十二条 自《办法》施行之日起,《公告》企业申报新产品时,应当具备设计开发能力,并比照获证企业,按照第十二条的有关规定提交《产品生产一致性保证计划书》和新产品设计开发资料。

原《目录》内产品重新申报《公告》的,视同新产品申报。

第三十三条 自《办法》施行之日起,国家经贸委将组织开展对《公告》企业产品生产一致性保证情况的监督检查。

监督检查内容包括产品生产一致性保证能力检查和产品抽样检验。

生产一致性保证能力检查主要依据附件一第四项有关企业生产一致性保证能力考核条款进行。检查中,若发现《公告》企业的生产一致性保证能力考核条款有1个以上(含1个)否决条款或20%以上的一般条款不符合要求的,则判定该企业没有生产一致性保证能力,由国家经贸委责令该企业限期整改;逾期不能具备生产一致性保证能力的,由国家经贸委撤销其生产资格,并在《公告》中予以公布。

产品抽样检验是抽取部分《公告》产品进行全部或部分强检项目检验,同时核查产品的型号规格、主要技术参数是否与批准的参数一致,抽样方式参照本细则第二十二条有关规定进行。

出现下列情况之一时,则判定产品不能保证生产一致性,由国家经贸委根据本细则第二十五条的规定给予处罚:

(一)产品抽样检验有1项以上(含1项)强检项目不合格的;

(二)产品规格型号及主要技术参数有1项以上(含1项)与批准参数不一致的。

第八章 附 则

第三十四条 申请摩托车生产准入的企业对申请受理、现场考核、生产准入批准、产品检测及监督检查等事项有异议的,应当在收到相关通知后15天内,向中介机构或国家经贸委提出书面申诉请求。中介机构或国家经贸委在收到申诉请求后1个月内,对申诉情况进行复核,提出复核结论,并将复核结论通知申诉企业。

第三十五条 申请摩托车生产准入的企业应当按规定承担申请、现场考核、产品检测以及新产品审查等费用。

第三十六条 本细则由国家经贸委负责解释。

第三十七条 本细则自2003年2月1日起施行。

机动车登记规定

公安部令第 124 号

2008年5月27日中华人民共和国公安部令第102号发布,根据2012年9月12日《公安部关于修改〈机动车登记规定〉的决定》修正。

第一章 总 则

第一条 根据《中华人民共和国道路交通安全法》及其实施条例的规定,制定本规定。

第二条 本规定由公安机关交通管理部门负责实施。

省级公安机关交通管理部门负责本省(自治区、直辖市)机动车登记工作的指导、检查和监督。直辖市公安机关交通管理部门车辆管理所、设区的市或者相当于同级的公安机关交通管理部门车辆管理所负责办理本行政辖区内机动车登记业务。

县级公安机关交通管理部门车辆管理所可以办理本行政辖区内摩托车、三轮汽车、低速载货汽车登记业务。条件具备的,可以办理除进口机动车、危险化学品运输车、校车、中型以上载客汽车以外的其他机动车登记业务。具体业务范围和办理条件由省级公安机关交通管理部门确定。

警用车辆登记业务按照有关规定办理。

第三条 车辆管理所办理机动车登记,应当遵循公开、公正、便民的原则。

车辆管理所在受理机动车登记申请时,对申请材料齐全并符合法律、行政法规和本规定的,应当在规定的时限内办结。对申请材料不齐全或者其他不符合法定形式的,应当一次告知申请人需要补正的全部内容。对不符合规定的,应当书面告知不予受理、登记的理由。

车辆管理所应当将法律、行政法规和本规定的有关机动车登记的事项、条件、依据、程序、期限以及收费标准、需要提交的全部材料的目录和申请表示范文本等在办理登记的场所公示。

省级、设区的市或者相当于同级的公安机关交通管理部门应当在互联网上建立主页,发布信息,便于群众查阅机动车登记的有关规定,下载、使用有关表格。

第四条 车辆管理所应当使用计算机登记系统办理机动车登记,并建立数据库。不使用计算机登记系统登记的,登记无效。

计算机登记系统的数据库标准和登记软件全国统一。数据库能够完整、准确记录登记内容,记录办理过程和经办人员信息,并能够实时将有关登记内容传送到全国公安交通管理信息系统。计算机登记系统应当与交通违法信息系统和交通事故信息系统实行联网。

第二章 登 记

第一节 注册登记

第五条 初次申领机动车号牌、行驶证的,机动车所有人应当向住所地的车辆管理所申请注册登记。

第六条 机动车所有人应当到机动车安全技术检验机构对机动车进行安全技术检验,取得机动车安全技术检验合格证明后申请注册登记。但经海关进口的机动车和国务院机动车产品主管部门认定免予安全技术检验的机动车除外。

免予安全技术检验的机动车有下列情形之一的,应当进行安全技术检验:

(一)国产机动车出厂后两年内未申请注册登记的;

(二)经海关进口的机动车进口后两年内未申请注册登记的;

(三)申请注册登记前发生交通事故的。

专用校车办理注册登记前,应当按照专用校车国家安全技术标准进行安全技术检验。

第七条 申请注册登记的,机动车所有人应当填写申请表,交验机动车,并提交以下证明、凭证:

(一)机动车所有人的身份证明;

(二)购车发票等机动车来历证明;

(三)机动车整车出厂合格证明或者进口机动车进口凭证;

(四)车辆购置税完税证明或者免税凭证;

(五)机动车交通事故责任强制保险凭证;

(六)车船税纳税或者免税证明;

(七)法律、行政法规规定应当在机动车注册登记时提交的其他证明、凭证。

不属于经海关进口的机动车和国务院机动车产品主管部门规定免予安全技术检验的机动车,还应当提交机动车安全技术检验合格证明。

车辆管理所应当自受理申请之日起2日内,确认机动车,核对车辆识别代号拓印膜,审查提交的证明、凭证,核发机动车登记证书、号牌、行驶证和检验合格标志。

第八条 车辆管理所办理消防车、救护车、工程救险车注册登记时,应当对车辆的使用性质、标志图案、标志灯具和警报器进行审查。

车辆管理所办理全挂汽车列车和半挂汽车列车注册登记时,应当对牵引车和挂车分别核发机动车登记证书、号牌和行驶证。

第九条 有下列情形之一的,不予办理注册登记:

(一)机动车所有人提交的证明、凭证无效的;

(二)机动车来历证明被涂改或者机动车来历证明记载的机动车所有人与身份证明不符的;

(三)机动车所有人提交的证明、凭证与机动车不符的;

(四)机动车未经国务院机动车产品主管部门许可生产或者未经国家进口机动车主管部门许可进口的;

(五)机动车的有关技术数据与国务院机动车产品主管部门公告的数据不符的;

(六)机动车的型号、发动机号码、车辆识别代号或者有关技术数据不符合国家安全技术标准的;

(七)机动车达到国家规定的强制报废标准的;

(八)机动车被人民法院、人民检察院、行政执法部门依法查封、扣押的;

(九)机动车属于被盗抢的;

(十)其他不符合法律、行政法规规定的情形。

第二节 变更登记

第十条 已注册登记的机动车有下列情形之一的,机动车所有人应当向登记地车辆管理所申请变更登记:

(一)改变车身颜色的;

(二)更换发动机的;

(三)更换车身或者车架的;

(四)因质量问题更换整车的;

(五)营运机动车改为非营运机动车或者非营运机动车改为营运机动车等使用性质改变的;

(六)机动车所有人的住所迁出或者迁入车辆管理所管辖区域的。

机动车所有人为2人以上,需要将登记的所有人姓名变更为其他所有人姓名的,可以向登记地车辆管理所申请变更登记。

属于本条第一款第(一)项、第(二)项和第(三)项规定的变更事项的,机动车所有人应当在变更后10日内向车辆管理所申请变更登记;属于本条第一款第(六)项规定的变更事项的,机动车所有人申请转出前,应当将涉及该车的道路交通安全违法行为和交通事故处理完毕。

第十一条 申请变更登记的,机动车所有人应当填写申请表,交验机动车,并提交以下证明、凭证:

（一）机动车所有人的身份证明；

（二）机动车登记证书；

（三）机动车行驶证；

（四）属于更换发动机、车身或者车架的，还应当提交机动车安全技术检验合格证明；

（五）属于因质量问题更换整车的，还应当提交机动车安全技术检验合格证明，但经海关进口的机动车和国务院机动车产品主管部门认定免予安全技术检验的机动车除外。

车辆管理所应当自受理之日起1日内，确认机动车，审查提交的证明、凭证，在机动车登记证书上签注变更事项，收回行驶证，重新核发行驶证。

车辆管理所办理本规定第十条第一款第（三）项、第（四）项和第（六）项规定的变更登记事项的，应当核对车辆识别代号拓印膜。

第十二条 车辆管理所办理机动车变更登记时，需要改变机动车号牌号码的，收回号牌、行驶证，确定新的机动车号牌号码，重新核发号牌、行驶证和检验合格标志。

第十三条 机动车所有人的住所迁出车辆管理所管辖区域的，车辆管理所应当自受理之日起3日内，在机动车登记证书上签注变更事项，收回号牌、行驶证，核发有效期为30日的临时行驶车号牌，将机动车档案交机动车所有人。机动车所有人应当在临时行驶车号牌的有效期限内到住所地车辆管理所申请机动车转入。

申请机动车转入的，机动车所有人应当填写申请表，提交身份证明、机动车登记证书、机动车档案，并交验机动车。机动车在转入时已超过检验有效期的，应当在转入地进行安全技术检验并提交机动车安全技术检验合格证明和交通事故责任强制保险凭证。

车辆管理所应当自受理之日起3日内，确认机动车，核对车辆识别代号拓印膜，审查相关证明、凭证和机动车档案，在机动车登记证书上签注转入信息，核发号牌、行驶证和检验合格标志。

第十四条 机动车所有人为2人以上，需要将登记的所有人姓名变更为其他所有人姓名的，应当提交机动车登记证书、行驶证、变更前和变更后机动车所有人的身份证明和共同所有的公证证明，但属于夫妻双方共同所有的，可以提供《结婚证》或者证明夫妻关系的《居民户口簿》。

变更后机动车所有人的住所在车辆管理所管辖区域内的，车辆管理所按照本规定第十一条第二款的规定办理变更登记。变更后机动车所有人的住所不在车辆管理所管辖区域内的，迁出地和迁入地车辆管理所按照本规定第十三条的规定办理变更登记。

第十五条 有下列情形之一的，不予办理变更登记：

（一）改变机动车的品牌、型号和发动机型号的，但经国务院机动车产品主管部门许可选装的发动机除外；

（二）改变已登记的机动车外形和有关技术数据的，但法律、法规和国家强制性标准

另有规定的除外;

(三)有本规定第九条第(一)项、第(七)项、第(八)项、第(九)项规定情形的。

第十六条 有下列情形之一,在不影响安全和识别号牌的情况下,机动车所有人不需要办理变更登记:

(一)小型、微型载客汽车加装前后防撞装置;

(二)货运机动车加装防风罩、水箱、工具箱、备胎架等;

(三)增加机动车车内装饰。

第十七条 已注册登记的机动车,机动车所有人住所在车辆管理所管辖区域内迁移或者机动车所有人姓名(单位名称)、联系方式变更的,应当向登记地车辆管理所备案。

(一)机动车所有人住所在车辆管理所管辖区域内迁移、机动车所有人姓名(单位名称)变更的,机动车所有人应当提交身份证明、机动车登记证书、行驶证和相关变更证明。车辆管理所应当自受理之日起1日内,在机动车登记证书上签注备案事项,重新核发行驶证。

(二)机动车所有人联系方式变更的,机动车所有人应当提交身份证明和行驶证。车辆管理所应当自受理之日起1日内办理备案。

机动车所有人的身份证明名称或者号码变更的,可以向登记地车辆管理所申请备案。机动车所有人应当提交身份证明、机动车登记证书。车辆管理所应当自受理之日起1日内,在机动车登记证书上签注备案事项。

发动机号码、车辆识别代号因磨损、锈蚀、事故等原因辨认不清或者损坏的,可以向登记地车辆管理所申请备案。机动车所有人应当提交身份证明、机动车登记证书、行驶证。车辆管理所应当自受理之日起1日内,在发动机、车身或者车架上打刻原发动机号码或者原车辆识别代号,在机动车登记证书上签注备案事项。

第三节 转移登记

第十八条 已注册登记的机动车所有权发生转移的,现机动车所有人应当自机动车交付之日起30日内向登记地车辆管理所申请转移登记。

机动车所有人申请转移登记前,应当将涉及该车的道路交通安全违法行为和交通事故处理完毕。

第十九条 申请转移登记的,现机动车所有人应当填写申请表,交验机动车,并提交以下证明、凭证:

(一)现机动车所有人的身份证明;

(二)机动车所有权转移的证明、凭证;

(三)机动车登记证书;

(四)机动车行驶证;

(五)属于海关监管的机动车,还应当提交《中华人民共和国海关监管车辆解除监管证明书》或者海关批准的转让证明;

(六)属于超过检验有效期的机动车,还应当提交机动车安全技术检验合格证明和交通事故责任强制保险凭证。

现机动车所有人住所在车辆管理所管辖区域内的,车辆管理所应当自受理申请之日起1日内,确认机动车,核对车辆识别代号拓印膜,审查提交的证明、凭证,收回号牌、行驶证,确定新的机动车号牌号码,在机动车登记证书上签注转移事项,重新核发号牌、行驶证和检验合格标志。

现机动车所有人住所不在车辆管理所管辖区域内的,车辆管理所应当按照本规定第十三条的规定办理。

第二十条 有下列情形之一的,不予办理转移登记:

(一)机动车与该车档案记载内容不一致的;

(二)属于海关监管的机动车,海关未解除监管或者批准转让的;

(三)机动车在抵押登记、质押备案期间的;

(四)有本规定第九条第(一)项、第(二)项、第(七)项、第(八)项、第(九)项规定情形的。

第二十一条 被人民法院、人民检察院和行政执法部门依法没收并拍卖,或者被仲裁机构依法仲裁裁决,或者被人民法院调解、裁定、判决机动车所有权转移时,原机动车所有人未向现机动车所有人提供机动车登记证书、号牌或者行驶证的,现机动车所有人在办理转移登记时,应当提交人民法院出具的未得到机动车登记证书、号牌或者行驶证的《协助执行通知书》,或者人民检察院、行政执法部门出具的未得到机动车登记证书、号牌或者行驶证的证明。车辆管理所应当公告原机动车登记证书、号牌或者行驶证作废,并在办理转移登记的同时,补发机动车登记证书。

第四节 抵 押 登 记

第二十二条 机动车所有人将机动车作为抵押物抵押的,应当向登记地车辆管理所申请抵押登记;抵押权消灭的,应当向登记地车辆管理所申请解除抵押登记。

第二十三条 申请抵押登记的,机动车所有人应当填写申请表,由机动车所有人和抵押权人共同申请,并提交下列证明、凭证:

(一)机动车所有人和抵押权人的身份证明;

(二)机动车登记证书;

(三)机动车所有人和抵押权人依法订立的主合同和抵押合同。

车辆管理所应当自受理之日起1日内,审查提交的证明、凭证,在机动车登记证书上签注抵押登记的内容和日期。

第二十四条 申请解除抵押登记的,机动车所有人应当填写申请表,由机动车所有人和抵押权人共同申请,并提交下列证明、凭证:

(一)机动车所有人和抵押权人的身份证明;

(二)机动车登记证书。

人民法院调解、裁定、判决解除抵押的,机动车所有人或者抵押权人应当填写申请表,提交机动车登记证书、人民法院出具的已经生效的《调解书》、《裁定书》或者《判决书》,以及相应的《协助执行通知书》。

车辆管理所应当自受理之日起1日内,审查提交的证明、凭证,在机动车登记证书上签注解除抵押登记的内容和日期。

第二十五条 机动车抵押登记日期、解除抵押登记日期可以供公众查询。

第二十六条 有本规定第九条第(一)项、第(七)项、第(八)项、第(九)项或者第二十条第(二)项规定情形之一的,不予办理抵押登记。对机动车所有人提交的证明、凭证无效,或者机动车被人民法院、人民检察院、行政执法部门依法查封、扣押的,不予办理解除抵押登记。

第五节 注销登记

第二十七条 已达到国家强制报废标准的机动车,机动车所有人向机动车回收企业交售机动车时,应当填写申请表,提交机动车登记证书、号牌和行驶证。机动车回收企业应当确认机动车并解体,向机动车所有人出具《报废机动车回收证明》。报废的校车、大型客车、货车及其他营运车辆应当在车辆管理所的监督下解体。

机动车回收企业应当在机动车解体后7日内将申请表、机动车登记证书、号牌、行驶证和《报废机动车回收证明》副本提交车辆管理所,申请注销登记。

车辆管理所应当自受理之日起1日内,审查提交的证明、凭证,收回机动车登记证书、号牌、行驶证,出具注销证明。

第二十八条 除本规定第二十七条规定的情形外,机动车有下列情形之一的,机动车所有人应当向登记地车辆管理所申请注销登记:

(一)机动车灭失的;

(二)机动车因故不在我国境内使用的;

(三)因质量问题退车的。

已注册登记的机动车有下列情形之一的,登记地车辆管理所应当办理注销登记:

(一)机动车登记被依法撤销的;

(二)达到国家强制报废标准的机动车被依法收缴并强制报废的。

属于本条第一款第(二)项和第(三)项规定情形之一的,机动车所有人申请注销登记前,应当将涉及该车的道路交通安全违法行为和交通事故处理完毕。

第二十九条 属于本规定第二十八条第一款规定的情形,机动车所有人申请注销登记的,应当填写申请表,并提交以下证明、凭证:

(一)机动车登记证书;

(二)机动车行驶证;

(三)属于机动车灭失的,还应当提交机动车所有人的身份证明和机动车灭失证明;

(四)属于机动车因故不在我国境内使用的,还应当提交机动车所有人的身份证明和出境证明,其中属于海关监管的机动车,还应当提交海关出具的《中华人民共和国海关监管车辆进(出)境领(销)牌照通知书》;

(五)属于因质量问题退车的,还应当提交机动车所有人的身份证明和机动车制造厂或者经销商出具的退车证明。

车辆管理所应当自受理之日起1日内,审查提交的证明、凭证,收回机动车登记证书、号牌、行驶证,出具注销证明。

第三十条 因车辆损坏无法驶回登记地的,机动车所有人可以向车辆所在地机动车回收企业交售报废机动车。交售机动车时应当填写申请表,提交机动车登记证书、号牌和行驶证。机动车回收企业应当确认机动车并解体,向机动车所有人出具《报废机动车回收证明》。报废的校车、大型客、货车及其他营运车辆应当在报废地车辆管理所的监督下解体。

机动车回收企业应当在机动车解体后7日内将申请表、机动车登记证书、号牌、行驶证和《报废机动车回收证明》副本提交报废地车辆管理所,申请注销登记。

报废地车辆管理所应当自受理之日起1日内,审查提交的证明、凭证,收回机动车登记证书、号牌、行驶证,并通过计算机登记系统将机动车报废信息传递给登记地车辆管理所。

登记地车辆管理所应当自接到机动车报废信息之日起1日内办理注销登记,并出具注销证明。

第三十一条 已注册登记的机动车有下列情形之一的,车辆管理所应当公告机动车登记证书、号牌、行驶证作废:

(一)达到国家强制报废标准,机动车所有人逾期不办理注销登记的;

(二)机动车登记被依法撤销后,未收缴机动车登记证书、号牌、行驶证的;

(三)达到国家强制报废标准的机动车被依法收缴并强制报废的;

(四)机动车所有人办理注销登记时未交回机动车登记证书、号牌、行驶证的。

第三十二条 有本规定第九条第(一)项、第(八)项、第(九)项或者第二十条第(一)项、第(三)项规定情形之一的,不予办理注销登记。

第六节 校车标牌核发

第三十三条 学校或者校车服务提供者申请校车使用许可,应当按照《校车安全管理条例》向县级或者设区的市级人民政府教育行政部门提出申请。公安机关交通管理部门收到教育行政部门送来的征求意见材料后,应当在1日内通知申请人交验机动车。

第三十四条 县级或者设区的市级公安机关交通管理部门应当自申请人交验机动车之日起2日内确认机动车,查验校车标志灯、停车指示标志、卫星定位装置以及逃生锤、干粉灭火器、急救箱等安全设备,审核行驶线路、开行时间和停靠站点。属于专用校车的,还应当查验校车外观标识。审查以下证明、凭证:

(一)机动车所有人的身份证明;

(二)机动车行驶证;

(三)校车安全技术检验合格证明;

(四)包括行驶线路、开行时间和停靠站点的校车运行方案;

(五)校车驾驶人的机动车驾驶证。

公安机关交通管理部门应当自收到教育行政部门征求意见材料之日起3日内向教育行政部门回复意见,但申请人未按规定交验机动车的除外。

第三十五条 学校或者校车服务提供者按照《校车安全管理条例》取得校车使用许可后,应当向县级或者设区的市级公安机关交通管理部门领取校车标牌。领取时应当填写表格,并提交以下证明、凭证:

(一)机动车所有人的身份证明;

(二)校车驾驶人的机动车驾驶证;

(三)机动车行驶证;

(四)县级或者设区的市级人民政府批准的校车使用许可;

(五)县级或者设区的市级人民政府批准的包括行驶线路、开行时间和停靠站点的校车运行方案。

公安机关交通管理部门应当在收到领取表之日起3日内核发校车标牌。对属于专用校车的,应当核对行驶证上记载的校车类型和核载人数;对不属于专用校车的,应当在行驶证副页上签注校车类型和核载人数。

第三十六条 校车标牌应当记载本车的号牌号码、机动车所有人、驾驶人、行驶线路、开行时间、停靠站点、发牌单位、有效期限等信息。校车标牌分前后两块,分别放置于前风窗玻璃右下角和后风窗玻璃适当位置。

校车标牌有效期的截止日期与校车安全技术检验有效期的截止日期一致,但不得超过校车使用许可有效期。

第三十七条 专用校车应当自注册登记之日起每半年进行一次安全技术检验,非专用校车应当自取得校车标牌后每半年进行一次安全技术检验。

学校或者校车服务提供者应当在校车检验有效期满前1个月内向公安机关交通管

理部门申请检验合格标志。

公安机关交通管理部门应当自受理之日起1日内,确认机动车,审查提交的证明、凭证,核发检验合格标志,换发校车标牌。

第三十八条 已取得校车标牌的机动车达到报废标准或者不再作为校车使用的,学校或者校车服务提供者应当拆除校车标志灯、停车指示标志,消除校车外观标识,并将校车标牌交回核发的公安机关交通管理部门。

专用校车不得改变使用性质。

校车使用许可被吊销、注销或者撤销的,学校或者校车服务提供者应当拆除校车标志灯、停车指示标志,消除校车外观标识,并将校车标牌交回核发的公安机关交通管理部门。

第三十九条 校车行驶线路、开行时间、停靠站点或者车辆、所有人、驾驶人发生变化的,经县级或者设区的市级人民政府批准后,应当按照本规定重新领取校车标牌。

第四十条 公安机关交通管理部门应当每月将校车标牌的发放、变更、收回等信息报本级人民政府备案,并通报教育行政部门。

学校或者校车服务提供者应当自取得校车标牌之日起,每月查询校车道路交通安全违法行为记录,及时到公安机关交通管理部门接受处理。核发校车标牌的公安机关交通管理部门应当每月汇总辖区内校车道路交通安全违法和交通事故等情况,通知学校或者校车服务提供者,并通报教育行政部门。

第四十一条 校车标牌灭失、丢失或者损毁的,学校或者校车服务提供者应当向核发标牌的公安机关交通管理部门申请补领或者换领。申请时,应当提交机动车所有人的身份证明及机动车行驶证。公安机关交通管理部门应当自受理之日起3日内审核,补发或者换发校车标牌。

第三章 其他规定

第四十二条 申请办理机动车质押备案或者解除质押备案的,由机动车所有人和典当行共同申请,机动车所有人应当填写申请表,并提交以下证明、凭证:

(一)机动车所有人和典当行的身份证明;

(二)机动车登记证书。

车辆管理所应当自受理之日起1日内,审查提交的证明、凭证,在机动车登记证书上签注质押备案或者解除质押备案的内容和日期。

有本规定第九条第(一)项、第(七)项、第(八)项、第(九)项规定情形之一的,不予办理质押备案。对机动车所有人提交的证明、凭证无效,或者机动车被人民法院、人民检察院、行政执法部门依法查封、扣押的,不予办理解除质押备案。

第四十三条 机动车登记证书灭失、丢失或者损毁的,机动车所有人应当向登记地车辆管理所申请补领、换领。申请时,机动车所有人应当填写申请表并提交身份证明,属于补领机动车登记证书的,还应当交验机动车。车辆管理所应当自受理之日起1日内,确认机动车,审查提交的证明、凭证,补发、换发机动车登记证书。

启用机动车登记证书前已注册登记的机动车未申领机动车登记证书的,机动车所有人可以向登记地车辆管理所申领机动车登记证书。但属于机动车所有人申请变更、转移或者抵押登记的,应当在申请前向车辆管理所申领机动车登记证书。申请时,机动车所有人应当填写申请表,交验机动车并提交身份证明。车辆管理所应当自受理之日起5日内,确认机动车,核对车辆识别代号拓印膜,审查提交的证明、凭证,核发机动车登记证书。

第四十四条 机动车号牌、行驶证灭失、丢失或者损毁的,机动车所有人应当向登记地车辆管理所申请补领、换领。申请时,机动车所有人应当填写申请表并提交身份证明。

车辆管理所应当审查提交的证明、凭证,收回未灭失、丢失或者损毁的号牌、行驶证,自受理之日起1日内补发、换发行驶证,自受理之日起15日内补发、换发号牌,原机动车号牌号码不变。

补发、换发号牌期间应当核发有效期不超过15日的临时行驶车号牌。

第四十五条 机动车具有下列情形之一,需要临时上道路行驶的,机动车所有人应当向车辆管理所申领临时行驶车号牌:

(一)未销售的;

(二)购买、调拨、赠予等方式获得机动车后尚未注册登记的;

(三)进行科研、定型试验的;

(四)因轴荷、总质量、外廓尺寸超出国家标准不予办理注册登记的特型机动车。

第四十六条 机动车所有人申领临时行驶车号牌应当提交以下证明、凭证:

(一)机动车所有人的身份证明;

(二)机动车交通事故责任强制保险凭证;

(三)属于本规定第四十五条第(一)项、第(四)项规定情形的,还应当提交机动车整车出厂合格证明或者进口机动车进口凭证;

(四)属于本规定第四十五条第(二)项规定情形的,还应当提交机动车来历证明,以及机动车整车出厂合格证明或者进口机动车进口凭证;

(五)属于本规定第四十五条第(三)项规定情形的,还应当提交书面申请和机动车安全技术检验合格证明。

车辆管理所应当自受理之日起1日内,审查提交的证明、凭证,属于本规定第四十五条第(一)项、第(二)项规定情形,需要在本行政辖区内临时行驶的,核发有效期不超过15日的临时行驶车号牌;需要跨行政辖区临时行驶的,核发有效期不超过30日的临时行驶车号牌。属于本规定第四十五条第(三)项、第(四)项规定情形的,核发有效期不超过90日的临时行驶车号牌。

因号牌制作的原因,无法在规定时限内核发号牌的,车辆管理所应当核发有效期不超过15日的临时行驶车号牌。

对具有本规定第四十五条第(一)项、第(二)项规定情形之一,机动车所有人需要多次申领临时行驶车号牌的,车辆管理所核发临时行驶车号牌不得超过3次。

第四十七条　机动车所有人发现登记内容有错误的,应当及时要求车辆管理所更正。车辆管理所应当自受理之日起5日内予以确认。确属登记错误的,在机动车登记证书上更正相关内容,换发行驶证。需要改变机动车号牌号码的,应当收回号牌、行驶证,确定新的机动车号牌号码,重新核发号牌、行驶证和检验合格标志。

第四十八条　已注册登记的机动车被盗抢的,车辆管理所应当根据刑侦部门提供的情况,在计算机登记系统内记录,停止办理该车的各项登记和业务。被盗抢机动车发还后,车辆管理所应当恢复办理该车的各项登记和业务。

机动车在被盗抢期间,发动机号码、车辆识别代号或者车身颜色被改变的,车辆管理所应当凭有关技术鉴定证明办理变更备案。

第四十九条　机动车所有人可以在机动车检验有效期满前3个月内向登记地车辆管理所申请检验合格标志。

申请前,机动车所有人应当将涉及该车的道路交通安全违法行为和交通事故处理完毕。申请时,机动车所有人应当填写申请表并提交行驶证、机动车交通事故责任强制保险凭证、车船税纳税或者免税证明、机动车安全技术检验合格证明。

车辆管理所应当自受理之日起1日内,确认机动车,审查提交的证明、凭证,核发检验合格标志。

第五十条　除大型载客汽车、校车以外的机动车因故不能在登记地检验的,机动车所有人可以向登记地车辆管理所申请委托核发检验合格标志。申请前,机动车所有人应当将涉及机动车的道路交通安全违法行为和交通事故处理完毕。申请时,应当提交机动车登记证书或者行驶证。

车辆管理所应当自受理之日起1日内,出具核发检验合格标志的委托书。

机动车在检验地检验合格后,机动车所有人应当按照本规定第四十九条第二款的规定向被委托地车辆管理所申请检验合格标志,并提交核发检验合格标志的委托书。被委托地车辆管理所应当自受理之日起1日内,按照本规定第四十九条第三款的规定核发检验合格标志。

营运货车长期在登记以外的地区从事道路运输的,机动车所有人向营运地车辆管理所备案登记1年后,可以在营运地直接进行安全技术检验,并向营运地车辆管理所申请检验合格标志。

第五十一条 机动车检验合格标志灭失、丢失或者损毁的,机动车所有人应当持行驶证向机动车登记地或者检验合格标志核发地车辆管理所申请补领或者换领。车辆管理所应当自受理之日起1日内补发或者换发。

第五十二条 办理机动车转移登记或者注销登记后,原机动车所有人申请办理新购机动车注册登记时,可以向车辆管理所申请使用原机动车号牌号码。

申请使用原机动车号牌号码应当符合下列条件:

(一)在办理转移登记或者注销登记后6个月内提出申请;

(二)机动车所有人拥有原机动车3年以上;

(三)涉及原机动车的道路交通安全违法行为和交通事故处理完毕。

第五十三条 确定机动车号牌号码采用计算机自动选取和由机动车所有人按照机动车号牌标准规定自行编排的方式。

第五十四条 机动车所有人可以委托代理人代理申请各项机动车登记和业务,但申请补领机动车登记证书的除外。对机动车所有人因死亡、出境、重病、伤残或者不可抗力等原因不能到场申请补领机动车登记证书的,可以凭相关证明委托代理人代理申领。

代理人申请机动车登记和业务时,应当提交代理人的身份证明和机动车所有人的书面委托。

第五十五条 机动车所有人或者代理人申请机动车登记和业务,应当如实向车辆管理所提交规定的材料和反映真实情况,并对其申请材料实质内容的真实性负责。

第四章 法 律 责 任

第五十六条 有下列情形之一的,由公安机关交通管理部门处警告或者200元以下罚款:

(一)重型、中型载货汽车及其挂车的车身或者车厢后部未按照规定喷涂放大的牌号或者放大的牌号不清晰的;

(二)机动车喷涂、粘贴标识或者车身广告,影响安全驾驶的;

(三)载货汽车、挂车未按照规定安装侧面及后下部防护装置、粘贴车身反光标识的;

(四)机动车未按照规定期限进行安全技术检验的;

(五)改变车身颜色、更换发动机、车身或者车架,未按照本规定第十条规定的时限

办理变更登记的;

(六)机动车所有权转移后,现机动车所有人未按照本规定第十八条规定的时限办理转移登记的;

(七)机动车所有人办理变更登记、转移登记,机动车档案转出登记地车辆管理所后,未按照本规定第十三条规定的时限到住所地车辆管理所申请机动车转入的。

第五十七条 除本规定第十条和第十六条规定的情形外,擅自改变机动车外形和已登记的有关技术数据的,由公安机关交通管理部门责令恢复原状,并处警告或者500元以下罚款。

第五十八条 以欺骗、贿赂等不正当手段取得机动车登记的,由公安机关交通管理部门收缴机动车登记证书、号牌、行驶证,撤销机动车登记;申请人在3年内不得申请机动车登记。对涉嫌走私、盗抢的机动车,移交有关部门处理。

以欺骗、贿赂等不正当手段办理补、换领机动车登记证书、号牌、行驶证和检验合格标志等业务的,由公安机关交通管理部门处警告或者200元以下罚款。

第五十九条 省、自治区、直辖市公安厅、局可以根据本地区的实际情况,在本规定的处罚幅度范围内,制定具体的执行标准。

对本规定的道路交通安全违法行为的处理程序按照《道路交通安全违法行为处理程序规定》执行。

第六十条 交通警察违反规定为被盗抢、走私、非法拼(组)装、达到国家强制报废标准的机动车办理登记的,按照国家有关规定给予处分,经教育不改又不宜给予开除处分的,按照《公安机关组织管理条例》规定予以辞退;对聘用人员予以解聘。构成犯罪的,依法追究刑事责任。

第六十一条 交通警察有下列情形之一的,按照国家有关规定给予处分;对聘用人员予以解聘。构成犯罪的,依法追究刑事责任:

(一)不按照规定确认机动车和审查证明、凭证的;

(二)故意刁难,拖延或者拒绝办理机动车登记的;

(三)违反本规定增加机动车登记条件或者提交的证明、凭证的;

(四)违反本规定第五十三条的规定,采用其他方式确定机动车号牌号码的;

(五)违反规定跨行政辖区办理机动车登记和业务的;

(六)超越职权进入计算机登记系统办理机动车登记和业务,或者不按规定使用机动车登记系统办理登记和业务的;

(七)向他人泄漏、传播计算机登记系统密码,造成系统数据被篡改、丢失或者破坏的;

(八)利用职务上的便利索取、收受他人财物或者谋取其他利益的;

(九)强令车辆管理所违反本规定办理机动车登记的。

第六十二条 公安机关交通管理部门有本规定第六十条、第六十一条所列行为之一的,按照国家有关规定对直接负责的主管人员和其他直接责任人员给予相应的处分。

公安机关交通管理部门及其工作人员有本规定第六十条、第六十一条所列行为之一,给当事人造成损失的,应当依法承担赔偿责任。

第五章 附 则

第六十三条 机动车登记证书、号牌、行驶证、检验合格标志的种类、式样,以及各类登记表格式样等由公安部制定。机动车登记证书由公安部统一印制。

机动车登记证书、号牌、行驶证、检验合格标志的制作应当符合有关标准。

第六十四条 本规定下列用语的含义:

(一)进口机动车是指:

1.经国家限定口岸海关进口的汽车;

2.经各口岸海关进口的其他机动车;

3.海关监管的机动车;

4.国家授权的执法部门没收的走私、无合法进口证明和利用进口关键件非法拼(组)装的机动车。

(二)进口机动车的进口凭证是指:

1.进口汽车的进口凭证,是国家限定口岸海关签发的《货物进口证明书》;

2.其他进口机动车的进口凭证,是各口岸海关签发的《货物进口证明书》;

3.海关监管的机动车的进口凭证,是监管地海关出具的《中华人民共和国海关监管车辆进(出)境领(销)牌照通知书》;

4.国家授权的执法部门没收的走私、无进口证明和利用进口关键件非法拼(组)装的机动车的进口凭证,是该部门签发的《没收走私汽车、摩托车证明书》。

(三)机动车所有人是指拥有机动车的个人或者单位。

1.个人是指我国内地的居民和军人(含武警)以及香港、澳门特别行政区、台湾地区居民、华侨和外国人;

2.单位是指机关、企业、事业单位和社会团体以及外国驻华使馆、领馆和外国驻华办事机构、国际组织驻华代表机构。

(四)身份证明是指:

1.机关、企业、事业单位、社会团体的身份证明,是该单位的《组织机构代码证书》、加盖单位公章的委托书和被委托人的身份证明。机动车所有人为单位的内设机构,本身不具备领取《组织机构代码证书》条件的,可以使用上级单位的《组织机构代码证书》作为机动车所有人的身份证明。上述单位已注销、撤销或者破产,其机动车需要办理变更登记、转移登记、解除抵押登记、注销登记、解除质押备案、申领机动车登记证书和补、换领机动车登记证书、号牌、行驶证的,已注销的企业的身份证明,是工商行政管理部门出具的注销证明。已撤销的机关、事业单位、社会团体的身份证明,是其上级主管机关出具的有关证明。已破产的企业的身份证明,是依法成立的财产清算机构出具的有关证明;

2.外国驻华使馆、领馆和外国驻华办事机构、国际组织驻华代表机构的身份证明,是该使馆、领馆或者该办事机构、代表机构出具的证明;

3.居民的身份证明,是《居民身份证》或者《临时居民身份证》。在暂住地居住的内地居民,其身份证明是《居民身份证》或者《临时居民身份证》,以及公安机关核发的居住、暂住证明;

4.军人(含武警)的身份证明,是《居民身份证》或者《临时居民身份证》。在未办理《居民身份证》前,是指军队有关部门核发的《军官证》《文职干部证》《士兵证》《离休证》《退休证》等有效军人身份证件,以及其所在的团级以上单位出具的本人住所证明;

5.香港、澳门特别行政区居民的身份证明,是其入境时所持有的《港澳居民来往内地通行证》或者《港澳同胞回乡证》、香港、澳门特别行政区《居民身份证》和公安机关核发的居住、暂住证明;

6.台湾地区居民的身份证明,是其所持有的有效期6个月以上的公安机关核发的《台湾居民来往大陆通行证》或者外交部核发的《中华人民共和国旅行证》和公安机关核发的居住、暂住证明;

7.华侨的身份证明,是《中华人民共和国护照》和公安机关核发的居住、暂住证明;

8.外国人的身份证明,是其入境时所持有的护照或者其他旅行证件、居(停)留期为6个月以上的有效签证或者居留许可,以及公安机关出具的住宿登记证明;

9.外国驻华使馆、领馆人员、国际组织驻华代表机构人员的身份证明,是外交部核发的有效身份证件。

(五)住所是指:

1.单位的住所为其主要办事机构所在地的地址;

2.个人的住所为其身份证明记载的地址。在暂住地居住的内地居民的住所是公安机关核发的居住、暂住证明记载的地址。

(六)机动车来历证明是指:

1.在国内购买的机动车,其来历证明是全国统一的机动车销售发票或者二手车交易发票。在国外购买的机动车,其来历证明是该车销售单位开具的销售发票及其翻译文本,但海关监管的机动车不需提供来历证明;

2.人民法院调解、裁定或者判决转移的机动车,其来历证明是人民法院出具的已经

生效的《调解书》《裁定书》或者《判决书》,以及相应的《协助执行通知书》;

3.仲裁机构仲裁裁决转移的机动车,其来历证明是《仲裁裁决书》和人民法院出具的《协助执行通知书》;

4.继承、赠予、中奖、协议离婚和协议抵偿债务的机动车,其来历证明是继承、赠予、中奖、协议离婚、协议抵偿债务的相关文书和公证机关出具的《公证书》;

5.资产重组或者资产整体买卖中包含的机动车,其来历证明是资产主管部门的批准文件;

6.机关、企业、事业单位和社会团体统一采购并调拨到下属单位未注册登记的机动车,其来历证明是全国统一的机动车销售发票和该部门出具的调拨证明;

7.机关、企业、事业单位和社会团体已注册登记并调拨到下属单位的机动车,其来历证明是该单位出具的调拨证明。被上级单位调回或者调拨到其他下属单位的机动车,其来历证明是上级单位出具的调拨证明;

8.经公安机关破案发还的被盗抢且已向原机动车所有人理赔完毕的机动车,其来历证明是《权益转让证明书》。

(七)机动车整车出厂合格证明是指:

1.机动车整车厂生产的汽车、摩托车、挂车,其出厂合格证明是该厂出具的《机动车整车出厂合格证》;

2.使用国产或者进口底盘改装的机动车,其出厂合格证明是机动车底盘生产厂出具的《机动车底盘出厂合格证》或者进口机动车底盘的进口凭证和机动车改装厂出具的《机动车整车出厂合格证》;

3.使用国产或者进口整车改装的机动车,其出厂合格证明是机动车生产厂出具的《机动车整车出厂合格证》或者进口机动车的进口凭证和机动车改装厂出具的《机动车整车出厂合格证》;

4.人民法院、人民检察院或者行政执法机关依法扣留、没收并拍卖的未注册登记的国产机动车,未能提供出厂合格证明的,可以凭人民法院、人民检察院或者行政执法机关出具的证明替代。

(八)机动车灭失证明是指:

1.因自然灾害造成机动车灭失的证明是,自然灾害发生地的街道、乡、镇以上政府部门出具的机动车因自然灾害造成灭失的证明;

2.因失火造成机动车灭失的证明是,火灾发生地的县级以上公安机关消防部门出具的机动车因失火造成灭失的证明;

3.因交通事故造成机动车灭失的证明是,交通事故发生地的县级以上公安机关交通管理部门出具的机动车因交通事故造成灭失的证明。

(九)本规定所称"1日"、"2日"、"3日"、"5日"、"7日"、"10日"、"15日",是指工作日,不包括节假日。

临时行驶车号牌的最长有效期"15日"、"30日"、"90日",包括工作日和节假日。

本规定所称以下、以上、以内,包括本数。

第六十五条 本规定自2008年10月1日起施行。2004年4月30日公安部发布的《机动车登记规定》(公安部令第72号)同时废止。本规定实施前公安部发布的其他规定与本规定不一致的,以本规定为准。

二手车流通管理办法

商务部、公安部、国家工商行政管理总局、国家税务总局
2005年第2号令

2004年12月18日商务部第18次部务会议审议通过,并经公安部、工商总局、税务总局同意,现予公布,自2005年10月1日起施行。

第一章 总 则

第一条 为加强二手车流通管理,规范二手车经营行为,保障二手车交易双方的合法权益,促进二手车流通健康发展,依据国家有关法律、行政法规,制定本办法。

第二条 在中华人民共和国境内从事二手车经营活动或者与二手车相关的活动,适用本办法。

本办法所称二手车,是指从办理完注册登记手续到达到国家强制报废标准之前进行交易并转移所有权的汽车(包括三轮汽车、低速载货汽车,即原农用运输车,下同)、挂车和摩托车。

第三条 二手车交易市场是指依法设立、为买卖双方提供二手车集中交易和相关服务的场所。

第四条 二手车经营主体是指经工商行政管理部门依法登记,从事二手车经销、拍卖、经纪、鉴定评估的企业。

第五条 二手车经营行为是指二手车经销、拍卖、经纪、鉴定评估等。

(一)二手车经销是指二手车经销企业收购、销售二手车的经营活动;

(二)二手车拍卖是指二手车拍卖企业以公开竞价的形式将二手车转让给最高应价者的经营活动;

(三)二手车经纪是指二手车经纪机构以收取佣金为目的,为促成他人交易二手车而从事居间、行纪或者代理等经营活动;

(四)二手车鉴定评估是指二手车鉴定评估机构对二手车技术状况及其价值进行鉴定评估的经营活动。

第六条 二手车直接交易是指二手车所有人不通过经销企业、拍卖企业和经纪机构将车辆直接出售给买方的交易行为。二手车直接交易应当在二手车交易市场进行。

第七条 国务院商务主管部门、工商行政管理部门、税务部门在各自的职责范围内

负责二手车流通有关监督管理工作。

省、自治区、直辖市和计划单列市商务主管部门(以下简称省级商务主管部门)、工商行政管理部门、税务部门在各自的职责范围内负责辖区内二手车流通有关监督管理工作。

第二章 设立条件和程序

第八条 二手车交易市场经营者、二手车经销企业和经纪机构应当具备企业法人条件,并依法到工商行政管理部门办理登记。

第九条 二手车鉴定评估机构应当具备下列条件:

(一)是独立的中介机构;

(二)有固定的经营场所和从事经营活动的必要设施;

(三)有3名以上从事二手车鉴定评估业务的专业人员(包括本办法实施之前取得国家职业资格证书的旧机动车鉴定估价师);

(四)有规范的规章制度。

第十条 设立二手车鉴定评估机构,应当按下列程序办理:

(一)申请人向拟设立二手车鉴定评估机构所在地省级商务主管部门提出书面申请,并提交符合本办法第九条规定的相关材料;

(二)省级商务主管部门自收到全部申请材料之日起20个工作日内作出是否予以核准的决定,对予以核准的,颁发《二手车鉴定评估机构核准证书》;不予核准的,应当说明理由;

(三)申请人持《二手车鉴定评估机构核准证书》到工商行政管理部门办理登记手续。

第十一条 外商投资设立二手车交易市场、经销企业、经纪机构、鉴定评估机构的申请人,应当分别持符合第八条、第九条规定和《外商投资商业领域管理办法》、有关外商投资法律规定的相关材料报省级商务主管部门。省级商务主管部门进行初审后,自收到全部申请材料之日起1个月内上报国务院商务主管部门。合资中方有国家计划单列企业集团的,可直接将申请材料报送国务院商务主管部门。国务院商务主管部门自收到全部申请材料3个月内会同国务院工商行政管理部门,作出是否予以批准的决定,对予以批准的,颁发或者换发《外商投资企业批准证书》;不予批准的,应当说明理由。

申请人持《外商投资企业批准证书》到工商行政管理部门办理登记手续。

第十二条 设立二手车拍卖企业(含外商投资二手车拍卖企业)应当符合《中华人民共和国拍卖法》和《拍卖管理办法》有关规定,并按《拍卖管理办法》规定的程序办理。

第十三条 外资并购二手车交易市场和经营主体及已设立的外商投资企业增加二

手车经营范围的,应当按第十一条、第十二条规定的程序办理。

第三章 行 为 规 范

第十四条 二手车交易市场经营者和二手车经营主体应当依法经营和纳税,遵守商业道德,接受依法实施的监督检查。

第十五条 二手车卖方应当拥有车辆的所有权或者处置权。二手车交易市场经营者和二手车经营主体应当确认卖方的身份证明,车辆的号牌、《机动车登记证书》、《机动车行驶证》,有效的机动车安全技术检验合格标志、车辆保险单、交纳税费凭证等。

国家机关、国有企事业单位在出售、委托拍卖车辆时,应持有本单位或者上级单位出具的资产处理证明。

第十六条 出售、拍卖无所有权或者处置权车辆的,应承担相应的法律责任。

第十七条 二手车卖方应当向买方提供车辆的使用、修理、事故、检验以及是否办理抵押登记、交纳税费、报废期等真实情况和信息。买方购买的车辆如因卖方隐瞒和欺诈不能办理转移登记,卖方应当无条件接受退车,并退还购车款等费用。

第十八条 二手车经销企业销售二手车时应当向买方提供质量保证及售后服务承诺,并在经营场所予以明示。

第十九条 进行二手车交易应当签订合同。合同示范文本由国务院工商行政管理部门制定。

第二十条 二手车所有人委托他人办理车辆出售的,应当与受托人签订委托书。

第二十一条 委托二手车经纪机构购买二手车时,双方应当按以下要求进行:

(一)委托人向二手车经纪机构提供合法身份证明;

(二)二手车经纪机构依据委托人要求选择车辆,并及时向其通报市场信息;

(三)二手车经纪机构接受委托购买时,双方签订合同;

(四)二手车经纪机构根据委托人要求代为办理车辆鉴定评估,鉴定评估所发生的费用由委托人承担。

第二十二条 二手车交易完成后,卖方应当及时向买方交付车辆、号牌及车辆法定证明、凭证。车辆法定证明、凭证主要包括:

(一)《机动车登记证书》;

(二)《机动车行驶证》;

(三)有效的机动车安全技术检验合格标志;

(四)车辆购置税完税证明;

(五)养路费缴付凭证;

(六)车船使用税缴付凭证;

(七)车辆保险单。

第二十三条 下列车辆禁止经销、买卖、拍卖和经纪:

(一)已报废或者达到国家强制报废标准的车辆;

(二)在抵押期间或者未经海关批准交易的海关监管车辆;

(三)在人民法院、人民检察院、行政执法部门依法查封、扣押期间的车辆;

(四)通过盗窃、抢劫、诈骗等违法犯罪手段获得的车辆;

(五)发动机号码、车辆识别代号或者车架号码与登记号码不相符,或者有凿改迹象的车辆;

(六)走私、非法拼(组)装的车辆;

(七)不具有第二十二条所列证明、凭证的车辆;

(八)在本行政辖区以外的公安机关交通管理部门注册登记的车辆;

(九)国家法律、行政法规禁止经营的车辆。

二手车交易市场经营者和二手车经营主体发现车辆具有(四)、(五)、(六)情形之一的,应当及时报告公安机关、工商行政管理部门等执法机关。

对交易违法车辆的,二手车交易市场经营者和二手车经营主体应当承担连带赔偿责任和其他相应的法律责任。

第二十四条 二手车经销企业销售、拍卖企业拍卖二手车时,应当按规定向买方开具税务机关监制的统一发票。

进行二手车直接交易和通过二手车经纪机构进行二手车交易的,应当由二手车交易市场经营者按规定向买方开具税务机关监制的统一发票。

第二十五条 二手车交易完成后,现车辆所有人应当凭税务机关监制的统一发票,按法律、法规有关规定办理转移登记手续。

第二十六条 二手车交易市场经营者应当为二手车经营主体提供固定场所和设施,并为客户提供办理二手车鉴定评估、转移登记、保险、纳税等手续的条件。二手车经销企业、经纪机构应当根据客户要求,代办二手车鉴定评估、转移登记、保险、纳税等手续。

第二十七条 二手车鉴定评估应当本着买卖双方自愿的原则,不得强制进行;属国有资产的二手车应当按国家有关规定进行鉴定评估。

第二十八条 二手车鉴定评估机构应当遵循客观、真实、公正和公开原则,依据国家法律法规开展二手车鉴定评估业务,出具车辆鉴定评估报告;并对鉴定评估报告中车辆技术状况,包括是否属事故车辆等评估内容负法律责任。

第二十九条 二手车鉴定评估机构和人员可以按国家有关规定从事涉案、事故车辆鉴定等评估业务。

第三十条 二手车交易市场经营者和二手车经营主体应当建立完整的二手车交易购销、买卖、拍卖、经纪以及鉴定评估档案。

第三十一条 设立二手车交易市场、二手车经销企业开设店铺,应当符合所在地城市发展及城市商业发展有关规定。

第四章 监督与管理

第三十二条 二手车流通监督管理遵循破除垄断,鼓励竞争,促进发展和公平、公正、公开的原则。

第三十三条 建立二手车交易市场经营者和二手车经营主体备案制度。凡经工商行政管理部门依法登记,取得营业执照的二手车交易市场经营者和二手车经营主体,应当自取得营业执照之日起2个月内向省级商务主管部门备案。省级商务主管部门应当将二手车交易市场经营者和二手车经营主体有关备案情况定期报送国务院商务主管部门。

第三十四条 建立和完善二手车流通信息报送、公布制度。二手车交易市场经营者和二手车经营主体应当定期将二手车交易量、交易额等信息通过所在地商务主管部门报送省级商务主管部门。省级商务主管部门将上述信息汇总后报送国务院商务主管部门。国务院商务主管部门定期向社会公布全国二手车流通信息。

第三十五条 商务主管部门、工商行政管理部门应当在各自的职责范围内采取有效措施,加强对二手车交易市场经营者和经营主体的监督管理,依法查处违法违规行为,维护市场秩序,保护消费者的合法权益。

第三十六条 国务院工商行政管理部门会同商务主管部门建立二手车交易市场经营者和二手车经营主体信用档案,定期公布违规企业名单。

第五章 附 则

第三十七条 本办法自2005年10月1日起施行,原《商务部办公厅关于规范旧机动车鉴定评估管理工作的通知》(商建字〔2004〕第70号)、《关于加强旧机动车市场管理工作的通知》(国经贸贸易〔2001〕1281号)、《旧机动车交易管理办法》(内贸机字〔1998〕第33号)及据此发布的各类文件同时废止。

机动车安全技术检验机构监督管理办法

国家质量监督检验检疫总局令第 121 号

2009年8月28日国家质量监督检验检疫总局局务会议审议通过,现予公布,自2009年12月1日起施行。2006年2月27日国家质量监督检验检疫总局公布的《机动车安全技术检验机构管理规定》同时废止。

第一章 总 则

第一条 为了加强对机动车安全技术检验机构的监督管理,根据《中华人民共和国行政许可法》、《中华人民共和国道路交通安全法》及其实施条例、《中华人民共和国计量法》及其实施细则等有关法律法规,制定本办法。

第二条 机动车安全技术检验机构(以下简称"安检机构")开展机动车安全技术检验以及对安检机构实施监督管理应当遵守本办法。

本办法所称机动车安全技术检验,是指根据《中华人民共和国道路交通安全法》及其实施条例规定,按照机动车国家安全技术标准等要求,对上道路行驶的机动车进行检验检测的活动,包括机动车注册登记时的初次安全技术检验和登记后的定期安全技术检验。

本办法所称安检机构,是指在中华人民共和国境内,根据《中华人民共和国道路交通安全法》及其实施条例的规定,按照机动车国家安全技术标准等要求,对上道路行驶的机动车进行检验,并向社会出具公证数据的检验机构。

第三条 国家质量监督检验检疫总局(以下简称"国家质检总局")对全国安检机构实施统一监督管理。

各省级质量技术监督部门负责本行政区域内安检机构的监督管理工作。市县级质量技术监督部门在各自的职责范围内负责本行政区域内安检机构的监督管理工作。

第四条 各级质量技术监督部门应当遵循科学、公正、廉洁、高效的原则,依法对安检机构实施监督管理。

第五条 安检机构应当严格依据国家有关法律法规规定,按照机动车国家安全技术标准和有关规定对机动车实施检验,并对检验结果负责。

第二章 安检机构资格许可

第六条 安检机构的设置,应当遵循统筹规划、合理布局、方便检测的原则。

第七条 国家对安检机构实行资格管理和计量认证管理。

安检机构应当依照国家有关法律法规的规定,取得计量认证、检验资格许可后,方可在批准的检验范围内承担机动车安全技术检验。

省级质量技术监督部门负责实施本行政区域内安检机构检验资格许可申请的受理、审查、决定和发证。

第八条 安检机构的计量认证管理依照计量有关法律法规的规定执行。

第九条 安检机构计量认证、检验资格许可的申请及其受理、现场审查、发证应当一并办理。

第十条 申请取得安检机构检验资格许可,应当具备以下基本条件:

(一)具有法人资格;

(二)具有满足机动车安全技术检验工作需要的,并经省级质量技术监督部门考核合格的从事机动车安全技术检验工作的技术人员;

(三)有完善的工作管理制度,有齐全的机动车安全技术检验标准等技术规范文件资料;

(四)具有申请检测车辆类型和项目所需的机动车安全技术检验的设备及其校准设备;

(五)机动车安全技术检验设备应当通过合法有效的形式认定,在用计量器具应当依法经质量技术监督部门授权的计量技术机构计量检定合格或校准,并在检定或校准有效期内;

(六)具有满足机动车安全技术检验的设施、工作场所和工作环境;

(七)其他应当具备的条件。

第十一条 申请安检机构检验资格许可,应当向所在地省级质量技术监督部门提交以下申请材料:

(一)申请书;

(二)法人证明及复印件;

(三)检验人员考核合格证书及复印件;

(四)计量器具检定或校准证书及复印件;

(五)检测线配置明细以及检测、校准设备清单;

(六)地理位置、场地及厂房平面图,相应的所有权或合法使用权证明及复印件;

(七)其他有关合法证明材料。

第十二条 省级质量技术监督部门接到申请后,应当按照《中华人民共和国行政许可法》关于许可受理的规定,根据申请不同情况,分别做出处理。

第十三条 省级质量技术监督部门在受理申请后,应当及时组织审查人员对申请人进行审查,审查包括资料审查和现场核查。

审查人员应当具备相应的专业知识和实践工作经验。

第十四条 省级质量技术监督部门对申请人进行审查后,应当根据《中华人民共和国行政许可法》关于许可审查和决定的程序、期限等规定,作出是否批准检验资格许可的决定。

第十五条 省级质量技术监督部门应当及时向获得检验资格许可的申请人颁发安检机构检验资格许可证书和检验专用印章。

安检机构检验资格许可证书的式样、编号规则和检验专用印章的式样,由国家质检总局统一规定。

第十六条 安检机构检验资格许可证书有效期为3年。

安检机构检验资格有效期期满,继续从事机动车安全技术检验活动的,应当于期满前3个月向所在地省级质量技术监督部门重新提出申请;安检机构迁址、改建或增加检测线的应当及时向省级质量技术监督部门提出申请;申请的受理、审查和决定按照本规定执行。

第三章 安检机构行为规范

第十七条 安检机构应当遵循独立、客观、公正、诚信的原则开展机动车安全技术检验活动。

第十八条 安检机构应当保持信息系统通畅,及时向质量技术监督部门提供机动车安全技术检验信息。

第十九条 安检机构应当保证在用设备正常完好,在用计量器具依法进行计量检定或校准,并按照质量技术监督部门的要求定期参加检验能力比对试验。

第二十条 安检机构应当建立健全各项规章制度和机动车安全技术检验档案,按照国家有关规定对检验结果和有关技术资料进行保存,有保密要求的,应当遵守保密规定。

第二十一条 安检机构应当加强机动车安全技术检验人员培训和内部管理,不断提高检验服务水平。

第二十二条 安检机构应当接受质量技术监督部门的监督检查和管理,每年1月底之前向所在地质量技术监督部门提交上年度工作报告。

年度工作报告内容应当包括:

(一)安检机构基本情况;

(二)机动车年检验车型及其数量等机动车安全技术检验业务开展情况;

(三)在用检测设备的变更情况和计量器具检定或校准情况;

(四)检验人员培训、考核及变更情况;
(五)投诉、异议处理情况;
(六)其他应当报告的事项。

第二十三条 安检机构在机动车安全技术检验活动中发现普遍性质量安全问题的,应当及时向质量技术监督部门等有关部门报告。

第二十四条 安检机构如需停止机动车安全技术检验工作3个月以上的,应当报省级质量技术监督部门备案,上交检验资格许可证书和检验专用印章,并于停业前1个月向社会公告。

安检机构停止机动车安全技术检验工作1年以上的,由省级质量技术监督部门注销安检机构检验资格。

第二十五条 安检机构不得有下列行为:
(一)涂改、倒卖、出租、出借检验资格许可证书;
(二)超出批准的检验范围开展机动车安全技术检验;
(三)不按照机动车国家安全技术标准进行检验;
(四)未经检验即出具检验报告等出具虚假检验结果的行为;
(五)要求机动车到指定的场所进行维修、保养;
(六)使用未经省级质量技术监督部门考核或者考核不合格的人员从事检验工作;
(七)无正当理由推诿或拒绝处理用户的投诉或异议;
(八)其他违法行为。

第四章 监督管理

第二十六条 各级质量技术监督部门应当在各自的职责范围内,对本行政区域内安检机构及其工作情况组织监督检查。

监督检查可以采取以下方式进行:
(一)查阅原始检验记录、检验报告;
(二)现场检查机动车安全技术检验过程;
(三)检验能力比对试验;
(四)审核年度工作报告;
(五)听取有关方面对安检机构机动车安全技术检验工作的评价;
(六)调查处理投诉案件;
(七)联网监察或者其他能够反映安检机构工作质量的监督检查方式。

第二十七条 各级质量技术监督部门在进行监督检查时,应当记录监督检查的情况和处理结果,由监督检查人员签字后归档。

第二十八条　县级以上地方质量技术监督部门对在安检机构监督检查工作中发现的问题,应当依法进行处理。对发现的重大问题,应当及时向上级质量技术监督部门汇报,并将情况通报公安机关交通管理等相关部门。

第二十九条　各级质量技术监督部门应当建立投诉举报制度,接受投诉举报的质量技术监督部门应当及时核实、处理。

第三十条　各级质量技术监督在监督检查或者受理投诉举报时,发现安检机构不按照机动车国家安全技术标准开展机动车安全技术检验,出具虚假检验结果的,应当及时移交公安机关交通管理部门。

第五章　法 律 责 任

第三十一条　未取得检验资格许可证书擅自开展机动车安全技术检验的,由县级以上地方质量技术监督部门予以警告,并处 3 万元以下罚款。安检机构超出批准的检验范围开展机动车安全技术检验的,由县级以上地方质量技术监督部门责令改正,处 3 万元以下罚款;情节严重的,由省级质量技术监督部门撤销安检机构检验资格。

第三十二条　有下列情形之一的,构成犯罪的,依法追究刑事责任;构成有关法律法规规定的违法行为的,依法予以行政处罚;未构成有关法律法规规定的违法行为的,由县级以上地方质量技术监督部门予以警告,并处 3 万元以下罚款;情节严重的,由省级质量技术监督部门依法撤销安检机构检验资格:

(一)涂改、倒卖、出租、出借检验资格证书的;

(二)未按照规定参加检验能力比对试验的;

(三)未按照国家有关规定对检验结果和有关技术资料进行保存,逾期未改的;

(四)未经省级质量技术监督部门批准,擅自迁址、改建或增加检测线开展机动车安全技术检验的;

(五)拒不接受监督检查和管理的。

第三十三条　安检机构使用未经考核或者考核不合格的人员从事机动车安全技术检验工作的,由县级以上地方质量技术监督部门予以警告,并处安检机构 5000 元以上 1 万元以下罚款;情节严重的,由省级质量技术监督部门依法撤销安检机构检验资格。

第三十四条　有下列情形之一的,由县级以上地方质量技术监督部门责令改正,逾期不改正的,处以 1 万元以下罚款:

(一)未按照规定提交年度工作报告或检验信息的;

(二)要求机动车到指定的场所进行维修、保养的;

(三)推诿或拒绝处理用户的投诉或异议的。

第三十五条　安检机构停止机动车安全技术检验工作 3 个月以上,未报省级质量技术监督部门备案的,或未上交检验资格证书、检验专用印章的,或停止机动车安全技术检验未向社会公告的,由县级以上地方质量技术监督部门责令改正,并处1万元以上3万元以下罚款。

第三十六条　安检机构不按照机动车国家安全技术标准开展机动车安全技术检验,未经检验即出具检验报告等出具虚假检验结果的,由有关部门依法予以处罚。

第三十七条　从事机动车安全技术检验工作的人员在检验活动中接受贿赂,以职谋私的,由省级质量技术监督部门依法撤销其考核合格资质;情节严重的,移送有关部门追究责任。

第三十八条　质量技术监督部门的工作人员在安检机构监督管理活动中滥用职权、玩忽职守、徇私舞弊的,依法给予行政处分;构成犯罪的,依法追究刑事责任。

第六章　附　　则

第三十九条　承担进出口机动车安全技术检验的机构的监督管理,按照《中华人民共和国进出口商品检验法》及其实施条例的有关规定执行。

第四十条　军用及特殊管理的机动车安全技术检验,按照有关规定执行。

第四十一条　本办法由国家质检总局负责解释。

第四十二条　本办法自2009年12月1日起施行。2006年2月27日国家质检总局发布的《机动车安全技术检验机构管理规定》同时废止。

道路运输车辆燃料消耗量检测和监督管理办法

交通运输部令 2009 年第 11 号

2009 年 6 月 22 日经交通运输部第六次部务会议通过,现予公布,自 2009 年 11 月 1 日起施行。

第一章 总 则

第一条 为加强道路运输车辆节能降耗管理,根据《中华人民共和国节约能源法》和《中华人民共和国道路运输条例》,制定本办法。

第二条 道路运输车辆燃料消耗量检测和监督管理适用本办法。

本办法所称道路运输车辆,是指拟进入道路运输市场从事道路旅客运输、货物运输经营活动,以汽油或者柴油为单一燃料的国产和进口车辆。

第三条 总质量超过 3500 千克的道路旅客运输车辆和货物运输车辆的燃料消耗量应当分别满足交通行业标准《营运客车燃料消耗量限值及测量方法》(JT 711,以下简称JT 711)和《营运货车燃料消耗量限值及测量方法》(JT 719,以下简称 JT 719)的要求。

不符合道路运输车辆燃料消耗量限值标准的车辆,不得用于营运。

第四条 交通运输部主管全国道路运输车辆燃料消耗量检测和监督管理工作。交通运输部汽车运输节能技术服务中心(以下简称"节能中心")作为交通运输部开展道路运输车辆燃料消耗量检测和监督管理工作的技术支持单位。

县级以上地方人民政府交通运输主管部门负责组织领导本行政区域内道路运输车辆燃料消耗量达标车型的监督管理工作。

县级以上道路运输管理机构按照本办法规定的职责负责具体实施本行政区域内道路运输车辆燃料消耗量达标车型的监督管理工作。

第五条 道路运输车辆燃料消耗量检测和监督管理工作应当遵循公平、公正、公开和便民的原则。

第二章 检 测 管 理

第六条 交通运输部组织专家评审,选择符合下列条件的检测机构从事道路运输车辆燃料消耗量检测业务,并且向社会公布检测机构名单:

(一)取得相应的实验室资质认定(计量认证)和实验室认可证书,并且认可的技术

能力范围涵盖本办法规定的相关技术标准;

(二)具有实施道路运输车辆燃料消耗量检测工作的检验员、试验车辆驾驶员和技术负责人等专业人员,以及仪器设备管理员、质量负责人等管理人员;

(三)具有符合道路运输车辆燃料消耗量检测规范要求的燃油流量计、速度分析仪、车辆称重设备。相关设备应当通过计量检定或者校准;

(四)具有符合道路运输车辆燃料消耗量检测规范要求的试验道路。试验道路应当为平直路,用沥青或者混凝土铺装,长度不小于2公里,宽度不小于8米,纵向坡度在0.1%以内,且路面应当清洁、平坦。租用试验道路的,还应当持有书面租赁合同和出租方使用证明,租赁期限不得少于3年;

(五)具有健全的道路运输车辆燃料消耗量检测工作管理制度,包括检测质量控制制度、文件资料管理制度、检测人员管理制度、仪器设备管理制度等。

道路运输车辆燃料消耗量检测机构专家评审组由节能中心的专家、汽车产业主管部门委派的专家、有关科研单位和高等院校的专家以及检测机构所在地省级交通运输部门的专家组成,专家评审组不得少于5人。

第七条 车辆生产企业可以自愿选择经交通运输部公布的检测机构进行车辆燃料消耗量检测。

第八条 检测机构应当严格按照规定程序和相关技术标准的要求开展车辆燃料消耗量检测工作,提供科学、公正、及时、有效的检测服务。

第九条 检测机构不得将道路运输车辆燃料消耗量检测业务委托至第三方。

第十条 检测机构应当如实记录检测结果和车辆核查结果,据实出具统一要求的道路运输车辆燃料消耗量检测报告。

第十一条 检测机构应当将道路运输车辆燃料消耗量检测过程的原始记录和检测报告存档,档案保存期不少于4年。

第十二条 检测机构应当对所出具的道路运输车辆燃料消耗量检测报告的真实性和准确性负责,并承担相应的法律责任。

第三章 车型管理

第十三条 燃料消耗量检测合格并且符合本办法第十五条规定条件的车型,方可进入道路运输市场。

第十四条 对道路运输车辆实行燃料消耗量达标车型管理制度。交通运输部对经车辆生产企业自愿申请,并且经节能中心技术审查通过的车型以《道路运输车辆燃料消耗量达标车型表》(以下简称《燃料消耗量达标车型表》)的形式向社会公布。

《燃料消耗量达标车型表》车型可与《车辆生产企业及产品公告》(以下简称《公

告》)车型同时申请。

第十五条 《燃料消耗量达标车型表》所列车型应当符合下列条件:

(一)已经列入《公告》的国产车辆或者已经获得国家强制性产品认证的进口车辆;

(二)各项技术参数和主要配置与《公告》或者国家强制性产品认证的车辆一致性证书保持一致;

(三)经交通运输部公布的检测机构检测,符合道路运输车辆燃料消耗量限值标准的要求。

第十六条 拟列入《燃料消耗量达标车型表》的车型,由车辆生产企业向节能中心提交下列材料:

(一)道路运输车辆燃料消耗量达标车型申请表一式两份(见附件1);

(二)《公告》技术参数表或者国家强制性产品认证的车辆一致性证书复印件一份;

(三)检测机构出具的道路运输车辆燃料消耗量检测报告原件一份。

第十七条 节能中心应当依据第十五条的规定,自收到车辆生产企业的材料之日起20个工作日内完成对相关车型的技术审查。经技术审查,不符合条件的,节能中心应当书面告知车辆生产企业,并说明理由;符合条件的,应当将车型及相关信息汇总整理后报交通运输部。

第十八条 未通过技术审查的车辆生产企业对技术审查结果有异议的,可以在收到书面告知材料的5个工作日内向交通运输部要求复核。交通运输部应当组织专家对技术审查结果进行复核。

第十九条 交通运输部应当及时对通过技术审查的车型在互联网上予以公示,公示期为5个工作日。

第二十条 对经公示后无异议的车型,交通运输部应当及时向社会公布。对公示后有异议且经查实不符合条件的车型,不予发布,并且告知车辆生产企业。

《燃料消耗量达标车型表》至少每季度发布一次。

第二十一条 已经列入《燃料消耗量达标车型表》的车型发生产品扩展、变更后,存在下列情况之一的,车辆生产企业应当按规定程序重新申请:

(一)车长、车宽或者车高超过原参数值1%的;

(二)整车整备质量超过原参数值3%的;

(三)换装发动机的;

(四)变速器最高挡或者次高挡速比,主减速器速比发生变化的;

(五)子午线轮胎变为斜交轮胎、轮胎横断面增加或者轮胎尺寸变小的。

已经列入《燃料消耗量达标车型表》的车型发生其他扩展、变更的,车辆生产企业应当将相关信息及时告知节能中心,并提交发生扩展、变更后的车辆仍能满足道路运输车辆燃料消耗量限值要求的承诺书。节能中心应当将相关车型的扩展、变更信息及时报交通运输部。

第二十二条 对于同一车辆生产企业生产的不同型号的车型,同时满足下列条件的,在申报《燃料消耗量达标车型表》时,可以只提交其中一个车型的燃料消耗量检测报告,相关车型一并审查发布:

(一)底盘相同;

(二)整车整备质量相差不超过3%;

(三)车身外形无明显差异;

(四)车长、车宽、车高相差不超过1%。

第二十三条 车辆生产企业对已经列入《燃料消耗量达标车型表》的车辆,应当在随车文件中明示其车辆燃料消耗量参数(见附件2)。

第二十四条 县级以上道路运输管理机构在配发《道路运输证》时,应当按照《燃料消耗量达标车型表》对车辆配置及参数进行核查。相关核查工作可委托汽车综合性能检测机构实施。

经核查,未列入《燃料消耗量达标车型表》或者与《燃料消耗量达标车型表》所列装备和指标要求不一致的,不得配发《道路运输证》。

第二十五条 交通运输部建立道路运输车辆燃料消耗量达标车型查询网络及数据库。省级道路运输管理机构应当将相关数据库纳入本行政区域道路运输信息系统。

第四章 监督管理

第二十六条 交通运输部应当加强对公布的道路运输车辆燃料消耗量检测机构从事相应检测业务的监督管理工作,建立、完善监督检查制度,不定期派员现场监督检测机构燃料消耗量的检测工作,根据技术审查需要组织专家对车辆燃料消耗量检测结果进行抽查。

第二十七条 检测机构有下列情形之一的,交通运输部应当责令其限期整改。经整改仍达不到要求的,交通运输部应当将其从公布的检测机构名单中撤除:

(一)未按照规定程序、技术标准开展检测工作;

(二)伪造检测结论或者出具虚假检测报告;

(三)未经检测就出具检测报告;

(四)违反法律、行政法规的其他行为。

第二十八条 交通运输部对列入《燃料消耗量达标车型表》的车型实施动态管理。车辆生产企业弄虚作假,骗取列入《燃料消耗量达标车型表》资格的,交通运输部应当将其从《燃料消耗量达标车型表》中删除,并向社会公布。

节能中心在交通运输部公布违规车型之日起3个月内不得受理该企业车辆列入《燃料消耗量达标车型表》的申请。

第二十九条 省级道路运输管理机构应当加强对本行政区域内道路运输车辆燃料消耗量达标车型的监督管理,督促各地道路运输管理机构严格执行道路运输车辆燃料消耗量达标车型管理的相关制度。

第三十条 已进入道路运输市场车辆的燃料消耗量指标应当符合《营运车辆综合性能要求和检验方法》(GB 18565)的有关要求。

道路运输管理机构应当加强对已进入道路运输市场车辆的燃料消耗量指标的监督管理。对于达到国家规定的报废标准或者经检测不符合标准要求的车辆,不得允许其继续从事道路运输经营活动。

第三十一条 从事道路运输车辆燃料消耗量检测和监督管理工作的人员在检测和监督管理工作中有滥用职权、玩忽职守、徇私舞弊等情形的,依法给予行政处分;构成犯罪的,依法移交司法机关处理。

第五章 附 则

第三十二条 城市公共汽车、出租车及总质量不超过3500千克的客运、货运车辆的燃料消耗量限值标准和监督管理的实施步骤另行规定。

第三十三条 本办法自2009年11月1日起施行。道路运输管理机构自2010年3月1日起,在配发《道路运输证》时,应当将燃料消耗量作为必要指标,对照《燃料消耗量达标车型表》进行核查。

机动车维修管理规定

交通运输部令 2016 年第 37 号

2005 年 6 月 24 日交通部发布,根据 2015 年 8 月 8 日《交通运输部关于修改〈机动车维修管理规定〉的决定》第一次修正;根据 2016 年 4 月 19 日《交通运输部关于修改〈机动车维修管理规定〉的决定》第二次修正。

第一章 总 则

第一条 为规范机动车维修经营活动,维护机动车维修市场秩序,保护机动车维修各方当事人的合法权益,保障机动车运行安全,保护环境,节约能源,促进机动车维修业的健康发展,根据《中华人民共和国道路运输条例》及有关法律、行政法规的规定,制定本规定。

第二条 从事机动车维修经营的,应当遵守本规定。

本规定所称机动车维修经营,是指以维持或者恢复机动车技术状况和正常功能,延长机动车使用寿命为作业任务所进行的维护、修理以及维修救援等相关经营活动。

第三条 机动车维修经营者应当依法经营,诚实信用,公平竞争,优质服务,落实安全生产主体责任和维修质量主体责任。

第四条 机动车维修管理,应当公平、公正、公开和便民。

第五条 任何单位和个人不得封锁或者垄断机动车维修市场。

托修方有权自主选择维修经营者进行维修。除汽车生产厂家履行缺陷汽车产品召回、汽车质量"三包"责任外,任何单位和个人不得强制或者变相强制指定维修经营者。

鼓励机动车维修企业实行集约化、专业化、连锁经营,促进机动车维修业的合理分工和协调发展。

鼓励推广应用机动车维修环保、节能、不解体检测和故障诊断技术,推进行业信息化建设和救援、维修服务网络化建设,提高机动车维修行业整体素质,满足社会需要。

鼓励机动车维修企业优先选用具备机动车检测维修国家职业资格的人员,并加强技术培训,提升从业人员素质。

第六条 交通运输部主管全国机动车维修管理工作。

县级以上地方人民政府交通运输主管部门负责组织领导本行政区域的机动车维修管理工作。

县级以上道路运输管理机构负责具体实施本行政区域内的机动车维修管理工作。

第二章 经营许可

第七条 机动车维修经营依据维修车型种类、服务能力和经营项目实行分类许可。

机动车维修经营业务根据维修对象分为汽车维修经营业务、危险货物运输车辆维修经营业务、摩托车维修经营业务和其他机动车维修经营业务四类。

汽车维修经营业务、其他机动车维修经营业务根据经营项目和服务能力分为一类维修经营业务、二类维修经营业务和三类维修经营业务。

摩托车维修经营业务根据经营项目和服务能力分为一类维修经营业务和二类维修经营业务。

第八条 获得一类、二类汽车维修经营业务或者其他机动车维修经营业务许可的，可以从事相应车型的整车修理、总成修理、整车维护、小修、维修救援、专项修理和维修竣工检验工作；获得三类汽车维修经营业务（含汽车综合小修）、三类其他机动车维修经营业务许可的，可以分别从事汽车综合小修或者发动机维修、车身维修、电气系统维修、自动变速器维修、轮胎动平衡及修补、四轮定位检测调整、汽车润滑与养护、喷油泵和喷油器维修、曲轴修磨、气缸镗磨、散热器维修、空调维修、汽车美容装潢、汽车玻璃安装及修复等汽车专项维修工作。具体有关经营项目按照《汽车维修业开业条件》（GB/T 16739）相关条款的规定执行。

第九条 获得一类摩托车维修经营业务许可的，可以从事摩托车整车修理、总成修理、整车维护、小修、专项修理和竣工检验工作；获得二类摩托车维修经营业务许可的，可以从事摩托车维护、小修和专项修理工作。

第十条 获得危险货物运输车辆维修经营业务许可的，除可以从事危险货物运输车辆维修经营业务外，还可以从事一类汽车维修经营业务。

第十一条 申请从事汽车维修经营业务或者其他机动车维修经营业务的，应当符合下列条件：

（一）有与其经营业务相适应的维修车辆停车场和生产厂房。租用的场地应当有书面的租赁合同，且租赁期限不得少于1年。停车场和生产厂房面积按照国家标准《汽车维修业开业条件》（GB/T 16739）相关条款的规定执行。

（二）有与其经营业务相适应的设备、设施。所配备的计量设备应当符合国家有关技术标准要求，并经法定检定机构检定合格。从事汽车维修经营业务的设备、设施的具体要求按照国家标准《汽车维修业开业条件》（GB/T 16739）相关条款的规定执行；从事其他机动车维修经营业务的设备、设施的具体要求，参照国家标准《汽车维修业开业条件》（GB/T 16739）执行，但所配备设施、设备应与其维修车型相适应。

(三)有必要的技术人员：

1.从事一类和二类维修业务的应当各配备至少1名技术负责人员、质量检验人员、业务接待人员以及从事机修、电器、钣金、涂漆的维修技术人员。技术负责人员应当熟悉汽车或者其他机动车维修业务，并掌握汽车或者其他机动车维修及相关政策法规和技术规范；质量检验人员应当熟悉各类汽车或者其他机动车维修检测作业规范，掌握汽车或者其他机动车维修故障诊断和质量检验的相关技术，熟悉汽车或者其他机动车维修服务收费标准及相关政策法规和技术规范，并持有与承修车型种类相适应的机动车驾驶证；从事机修、电器、钣金、涂漆的维修技术人员应当熟悉所从事工种的维修技术和操作规范，并了解汽车或者其他机动车维修及相关政策法规。各类技术人员的配备要求按照《汽车维修业开业条件》(GB/T 16739)相关条款的规定执行。

2.从事三类维修业务的，按照其经营项目分别配备相应的机修、电器、钣金、涂漆的维修技术人员；从事汽车综合小修、发动机维修、车身维修、电气系统维修、自动变速器维修的，还应当配备技术负责人员和质量检验人员。各类技术人员的配备要求按照国家标准《汽车维修业开业条件》(GB/T 16739)相关条款的规定执行。

(四)有健全的维修管理制度。包括质量管理制度、安全生产管理制度、车辆维修档案管理制度、人员培训制度、设备管理制度及配件管理制度。具体要求按照国家标准《汽车维修业开业条件》(GB/T 16739)相关条款的规定执行。

(五)有必要的环境保护措施。具体要求按照国家标准《汽车维修业开业条件》(GB/T 16739)相关条款的规定执行。

第十二条 从事危险货物运输车辆维修的汽车维修经营者，除具备汽车维修经营一类维修经营业务的开业条件外，还应当具备下列条件：

(一)有与其作业内容相适应的专用维修车间和设备、设施，并设置明显的指示性标志；

(二)有完善的突发事件应急预案，应急预案包括报告程序、应急指挥以及处置措施等内容；

(三)有相应的安全管理人员；

(四)有齐全的安全操作规程。

本规定所称危险货物运输车辆维修，是指对运输易燃、易爆、腐蚀、放射性、剧毒等性质货物的机动车维修，不包含对危险货物运输车辆罐体的维修。

第十三条 申请从事摩托车维修经营的，应当符合下列条件：

(一)有与其经营业务相适应的摩托车维修停车场和生产厂房。租用的场地应有书面的租赁合同，且租赁期限不得少于1年。停车场和生产厂房的面积按照国家标准《摩托车维修业开业条件》(GB/T 18189)相关条款的规定执行。

(二)有与其经营业务相适应的设备、设施。所配备的计量设备应符合国家有关技术标准要求,并经法定检定机构检定合格。具体要求按照国家标准《摩托车维修业开业条件》(GB/T 18189)相关条款的规定执行。

(三)有必要的技术人员:

1.从事一类维修业务的应当至少有1名质量检验人员。质量检验人员应当熟悉各类摩托车维修检测作业规范,掌握摩托车维修故障诊断和质量检验的相关技术,熟悉摩托车维修服务收费标准及相关政策法规和技术规范。

2.按照其经营业务分别配备相应的机修、电器、钣金、涂漆的维修技术人员。机修、电器、钣金、涂漆的维修技术人员应当熟悉所从事工种的维修技术和操作规范,并了解摩托车维修及相关政策法规。

(四)有健全的维修管理制度。包括质量管理制度、安全生产管理制度、摩托车维修档案管理制度、人员培训制度、设备管理制度及配件管理制度。具体要求按照国家标准《摩托车维修业开业条件》(GB/T 18189)相关条款的规定执行。

(五)有必要的环境保护措施。具体要求按照国家标准《摩托车维修业开业条件》(GB/T 18189)相关条款的规定执行。

第十四条　申请从事机动车维修经营的,应当向所在地的县级道路运输管理机构提出申请,并提交下列材料:

(一)《交通行政许可申请书》、有关维修经营申请者的营业执照原件和复印件;

(二)经营场地(含生产厂房和业务接待室)、停车场面积材料、土地使用权及产权证明原件和复印件;

(三)技术人员汇总表,以及各相关人员的学历、技术职称或职业资格证明等文件原件和复印件;

(四)维修检测设备及计量设备检定合格证明原件和复印件;

(五)按照汽车、其他机动车、危险货物运输车辆、摩托车维修经营,分别提供本规定第十一条、第十二条、第十三条规定条件的其他相关材料。

第十五条　道路运输管理机构应当按照《中华人民共和国道路运输条例》和《交通行政许可实施程序规定》规范的程序实施机动车维修经营的行政许可。

第十六条　道路运输管理机构对机动车维修经营申请予以受理的,应当自受理申请之日起15日内作出许可或者不予许可的决定。符合法定条件的,道路运输管理机构作出准予行政许可的决定,向申请人出具《交通行政许可决定书》,在10日内向被许可人颁发机动车维修经营许可证件,明确许可事项;不符合法定条件的,道路运输管理机构作出不予许可的决定,向申请人出具《不予交通行政许可决定书》,说明理由,并告知申请人享有依法申请行政复议或者提起行政诉讼的权利。

机动车维修经营者应当在取得相应工商登记执照后,向道路运输管理机构申请办理机动车维修经营许可手续。

第十七条　申请机动车维修连锁经营服务网点的,可由机动车维修连锁经营企业总部向连锁经营服务网点所在地县级道路运输管理机构提出申请,提交下列材料,并对材料真实性承担相应的法律责任:

(一)机动车维修连锁经营企业总部机动车维修经营许可证件复印件;

(二)连锁经营协议书副本;

(三)连锁经营的作业标准和管理手册;

(四)连锁经营服务网点符合机动车维修经营相应开业条件的承诺书。

道路运输管理机构在查验申请资料齐全有效后,应当场或在5日内予以许可,并发给相应许可证件。连锁经营服务网点的经营许可项目应当在机动车维修连锁经营企业总部许可项目的范围内。

第十八条　机动车维修经营许可证件实行有效期制。从事一、二类汽车维修业务和一类摩托车维修业务的证件有效期为6年;从事三类汽车维修业务、二类摩托车维修业务及其他机动车维修业务的证件有效期为3年。

机动车维修经营许可证件由各省、自治区、直辖市道路运输管理机构统一印制并编号,县级道路运输管理机构按照规定发放和管理。

第十九条　机动车维修经营者应当在许可证件有效期届满前30日到作出原许可决定的道路运输管理机构办理换证手续。

第二十条　机动车维修经营者变更经营资质、经营范围、经营地址、有效期限等许可事项的,应当向作出原许可决定的道路运输管理机构提出申请;符合本章规定许可条件、标准的,道路运输管理机构依法办理变更手续。

机动车维修经营者变更名称、法定代表人等事项的,应当向作出原许可决定的道路运输管理机构备案。

机动车维修经营者需要终止经营的,应当在终止经营前30日告知作出原许可决定的道路运输管理机构办理注销手续。

第三章　维 修 经 营

第二十一条　机动车维修经营者应当按照经批准的行政许可事项开展维修服务。

第二十二条　机动车维修经营者应当将机动车维修经营许可证件和《机动车维修标志牌》(见附件1)悬挂在经营场所的醒目位置。

《机动车维修标志牌》由机动车维修经营者按照统一式样和要求自行制作。

第二十三条　机动车维修经营者不得擅自改装机动车,不得承修已报废的机动车,不得利用配件拼装机动车。

托修方要改变机动车车身颜色,更换发动机、车身和车架的,应当按照有关法律、法规的规定办理相关手续,机动车维修经营者在查看相关手续后方可承修。

第二十四条 机动车维修经营者应当加强对从业人员的安全教育和职业道德教育,确保安全生产。

机动车维修从业人员应当执行机动车维修安全生产操作规程,不得违章作业。

第二十五条 机动车维修产生的废弃物,应当按照国家的有关规定进行处理。

第二十六条 机动车维修经营者应当公布机动车维修工时定额和收费标准,合理收取费用。

机动车维修工时定额可按各省机动车维修协会等行业中介组织统一制定的标准执行,也可按机动车维修经营者报所在地道路运输管理机构备案后的标准执行,也可按机动车生产厂家公布的标准执行。当上述标准不一致时,优先适用机动车维修经营者备案的标准。

机动车维修经营者应当将其执行的机动车维修工时单价标准报所在地道路运输管理机构备案。

机动车生产厂家在新车型投放市场后6个月内,有义务向社会公布其维修技术信息和工时定额。具体要求按照国家有关部门关于汽车维修技术信息公开的规定执行。

第二十七条 机动车维修经营者应当使用规定的结算票据,并向托修方交付维修结算清单。维修结算清单中,工时费与材料费应当分项计算。维修结算清单标准规范格式由交通运输部制定。

机动车维修经营者不出具规定的结算票据和结算清单的,托修方有权拒绝支付费用。

第二十八条 机动车维修经营者应当按照规定,向道路运输管理机构报送统计资料。

道路运输管理机构应当为机动车维修经营者保守商业秘密。

第二十九条 机动车维修连锁经营企业总部应当按照统一采购、统一配送、统一标识、统一经营方针、统一服务规范和价格的要求,建立连锁经营的作业标准和管理手册,加强对连锁经营服务网点经营行为的监管和约束,杜绝不规范的商业行为。

第四章 质量管理

第三十条 机动车维修经营者应当按照国家、行业或者地方的维修标准和规范进行维修。尚无标准或规范的,可参照机动车生产企业提供的维修手册、使用说明书和有关技术资料进行维修。

第三十一条 机动车维修经营者不得使用假冒伪劣配件维修机动车。

机动车维修配件实行追溯制度。机动车维修经营者应当记录配件采购、使用信息，查验产品合格证等相关证明，并按规定留存配件来源凭证。

托修方、维修经营者可以使用同质配件维修机动车。同质配件是指，产品质量等同或者高于装车零部件标准要求，且具有良好装车性能的配件。

机动车维修经营者对于换下的配件、总成，应当交托修方自行处理。

机动车维修经营者应当将原厂配件、同质配件和修复配件分别标识，明码标价，供用户选择。

第三十二条 机动车维修经营者对机动车进行二级维护、总成修理、整车修理的，应当实行维修前诊断检验、维修过程检验和竣工质量检验制度。

承担机动车维修竣工质量检验的机动车维修企业或机动车综合性能检测机构应当使用符合有关标准并在检定有效期内的设备，按照有关标准进行检测，如实提供检测结果证明，并对检测结果承担法律责任。

第三十三条 机动车维修竣工质量检验合格的，维修质量检验人员应当签发《机动车维修竣工出厂合格证》（见附件2）；未签发机动车维修竣工出厂合格证的机动车，不得交付使用，车主可以拒绝交费或接车。

第三十四条 机动车维修经营者应当建立机动车维修档案，并实行档案电子化管理。维修档案应当包括：维修合同(托修单)、维修项目、维修人员及维修结算清单等。对机动车进行二级维护、总成修理、整车修理的，维修档案还应当包括：质量检验单、质量检验人员、竣工出厂合格证(副本)等。

机动车维修经营者应当按照规定如实填报、及时上传承修机动车的维修电子数据记录至国家有关汽车电子健康档案系统。机动车生产厂家或者第三方开发、提供机动车维修服务管理系统的，应当向汽车电子健康档案系统开放相应数据接口。

机动车托修方有权查阅机动车维修档案。

第三十五条 道路运输管理机构应当加强机动车维修从业人员管理，建立健全从业人员信用档案，加强从业人员诚信监管。

机动车维修经营者应当加强从业人员从业行为管理，促进从业人员诚信、规范从业维修。

第三十六条 道路运输管理机构应当加强对机动车维修经营的质量监督和管理，采用定期检查、随机抽样检测检验的方法，对机动车维修经营者维修质量进行监督。

道路运输管理机构可以委托具有法定资格的机动车维修质量监督检验单位，对机动车维修质量进行监督检验。

第三十七条 机动车维修实行竣工出厂质量保证期制度。

汽车和危险货物运输车辆整车修理或总成修理质量保证期为车辆行驶2万公里或

者 100 日;二级维护质量保证期为车辆行驶 5000 公里或者 30 日;一级维护、小修及专项修理质量保证期为车辆行驶 2000 公里或者 10 日。

摩托车整车修理或者总成修理质量保证期为摩托车行驶 7000 公里或者 80 日;维护、小修及专项修理质量保证期为摩托车行驶 800 公里或者 10 日。

其他机动车整车修理或者总成修理质量保证期为机动车行驶 6000 公里或者 60 日;维护、小修及专项修理质量保证期为机动车行驶 700 公里或者 7 日。

质量保证期中行驶里程和日期指标,以先达到者为准。

机动车维修质量保证期,从维修竣工出厂之日起计算。

第三十八条 在质量保证期和承诺的质量保证期内,因维修质量原因造成机动车无法正常使用,且承修方在 3 日内不能或者无法提供因非维修原因而造成机动车无法使用的相关证据的,机动车维修经营者应当及时无偿返修,不得故意拖延或者无理拒绝。

在质量保证期内,机动车因同一故障或维修项目经两次修理仍不能正常使用的,机动车维修经营者应当负责联系其他机动车维修经营者,并承担相应修理费用。

第三十九条 机动车维修经营者应当公示承诺的机动车维修质量保证期。所承诺的质量保证期不得低于第三十七条的规定。

第四十条 道路运输管理机构应当受理机动车维修质量投诉,积极按照维修合同约定和相关规定调解维修质量纠纷。

第四十一条 机动车维修质量纠纷双方当事人均有保护当事车辆原始状态的义务。必要时可拆检车辆有关部位,但双方当事人应同时在场,共同认可拆检情况。

第四十二条 对机动车维修质量的责任认定需要进行技术分析和鉴定,且承修方和托修方共同要求道路运输管理机构出面协调的,道路运输管理机构应当组织专家组或委托具有法定检测资格的检测机构作出技术分析和鉴定。鉴定费用由责任方承担。

第四十三条 对机动车维修经营者实行质量信誉考核制度。机动车维修质量信誉考核办法另行制定。

机动车维修质量信誉考核内容应当包括经营者基本情况、经营业绩(含奖励情况)、不良记录等。

第四十四条 道路运输管理机构应当建立机动车维修企业诚信档案。机动车维修质量信誉考核结果是机动车维修诚信档案的重要组成部分。

道路运输管理机构建立的机动车维修企业诚信信息,除涉及国家秘密、商业秘密外,应当依法公开,供公众查阅。

第五章 监督检查

第四十五条 道路运输管理机构应当加强对机动车维修经营活动的监督检查。

道路运输管理机构应当依法履行对维修经营者所取得维修经营许可的监管职责,

定期核对许可登记事项和许可条件。对许可登记内容发生变化的,应当依法及时变更;对不符合法定条件的,应当责令限期改正。

道路运输管理机构的工作人员应当严格按照职责权限和程序进行监督检查,不得滥用职权、徇私舞弊,不得乱收费、乱罚款。

第四十六条 道路运输管理机构应当积极运用信息化技术手段,科学、高效地开展机动车维修管理工作。

第四十七条 道路运输管理机构的执法人员在机动车维修经营场所实施监督检查时,应当有2名以上人员参加,并向当事人出示交通运输部监制的交通行政执法证件。

道路运输管理机构实施监督检查时,可以采取下列措施:

(一)询问当事人或者有关人员,并要求其提供有关资料;

(二)查询、复制与违法行为有关的维修台账、票据、凭证、文件及其他资料,核对与违法行为有关的技术资料;

(三)在违法行为发现场所进行摄影、摄像取证;

(四)检查与违法行为有关的维修设备及相关机具的有关情况。

检查的情况和处理结果应当记录,并按照规定归档。当事人有权查阅监督检查记录。

第四十八条 从事机动车维修经营活动的单位和个人,应当自觉接受道路运输管理机构及其工作人员的检查,如实反映情况,提供有关资料。

第六章 法 律 责 任

第四十九条 违反本规定,有下列行为之一,擅自从事机动车维修相关经营活动的,由县级以上道路运输管理机构责令其停止经营;有违法所得的,没收违法所得,处违法所得2倍以上10倍以下的罚款;没有违法所得或者违法所得不足1万元的,处2万元以上5万元以下的罚款;构成犯罪的,依法追究刑事责任:

(一)未取得机动车维修经营许可,非法从事机动车维修经营的;

(二)使用无效、伪造、变造机动车维修经营许可证件,非法从事机动车维修经营的;

(三)超越许可事项,非法从事机动车维修经营的。

第五十条 违反本规定,机动车维修经营者非法转让、出租机动车维修经营许可证件的,由县级以上道路运输管理机构责令停止违法行为,收缴转让、出租的有关证件,处以2000元以上1万元以下的罚款;有违法所得的,没收违法所得。

对于接受非法转让、出租的受让方,应当按照第四十九条的规定处罚。

第五十一条 违反本规定,机动车维修经营者使用假冒伪劣配件维修机动车,承修已报废的机动车或者擅自改装机动车的,由县级以上道路运输管理机构责令改正,并没收假冒伪劣配件及报废车辆;有违法所得的,没收违法所得,处违法所得2倍以上10倍以下的罚款;没有违法所得或者违法所得不足1万元的,处2万元以上5万元以下的罚款,没收假冒伪劣配件及报废车辆;情节严重的,由原许可机关吊销其经营许可;构成犯罪的,依法追究刑事责任。

第五十二条 违反本规定,机动车维修经营者签发虚假或者不签发机动车维修竣工出厂合格证的,由县级以上道路运输管理机构责令改正;有违法所得的,没收违法所得,处以违法所得2倍以上10倍以下的罚款;没有违法所得或者违法所得不足3000元的,处以5000元以上2万元以下的罚款;情节严重的,由许可机关吊销其经营许可;构成犯罪的,依法追究刑事责任。

第五十三条 违反本规定,有下列行为之一的,由县级以上道路运输管理机构责令其限期整改;限期整改不合格的,予以通报:

(一)机动车维修经营者未按照规定执行机动车维修质量保证期制度的;

(二)机动车维修经营者未按照有关技术规范进行维修作业的;

(三)伪造、转借、倒卖机动车维修竣工出厂合格证的;

(四)机动车维修经营者只收费不维修或者虚列维修作业项目的;

(五)机动车维修经营者未在经营场所醒目位置悬挂机动车维修经营许可证件和机动车维修标志牌的;

(六)机动车维修经营者未在经营场所公布收费项目、工时定额和工时单价的;

(七)机动车维修经营者超出公布的结算工时定额、结算工时单价向托修方收费的;

(八)机动车维修经营者未按规定建立电子维修档案,或者未及时上传维修电子数据记录至国家有关汽车电子健康档案系统的;

(九)违反本规定其他有关规定的。

第五十四条 违反本规定,道路运输管理机构的工作人员有下列情形之一的,由同级地方人民政府交通运输主管部门依法给予行政处分;构成犯罪的,依法追究刑事责任:

(一)不按照规定的条件、程序和期限实施行政许可的;

(二)参与或者变相参与机动车维修经营业务的;

(三)发现违法行为不及时查处的;

(四)索取、收受他人财物或谋取其他利益的;

(五)其他违法违纪行为。

第七章 附 则

第五十五条 外商在中华人民共和国境内申请中外合资、中外合作、独资形式投资机动车维修经营的,应同时遵守《外商投资道路运输业管理规定》及相关法律、法规的规定。

第五十六条 机动车维修经营许可证件等相关证件工本费收费标准由省级人民政府财政部门、价格主管部门会同同级交通运输主管部门核定。

第五十七条 本规定自 2005 年 8 月 1 日起施行。经商国家发展和改革委员会、国家工商行政管理总局同意,1986 年 12 月 12 日交通部、原国家经委、原国家工商行政管理局发布的《汽车维修行业管理暂行办法》同时废止,1991 年 4 月 10 日交通部颁布的《汽车维修质量管理办法》同时废止。

机动车强制报废标准规定

商务部、发改委、公安部、环境保护部令 2012 年第 12 号

2012 年 8 月 24 日商务部第 68 次部务会议审议通过,并经发展改革委、公安部、环境保护部同意,现予发布,自 2013 年 5 月 1 日起施行。《关于发布〈汽车报废标准〉的通知》(国经贸经〔1997〕456 号)、《关于调整轻型载货汽车报废标准的通知》(国经贸经〔1998〕407 号)、《关于调整汽车报废标准若干规定的通知》(国经贸资源〔2000〕1202 号)、《关于印发〈农用运输车报废标准〉的通知》(国经贸资源〔2001〕234 号)、《摩托车报废标准暂行规定》(国家经贸委、发展计划委、公安部、环保总局令〔2002〕第 33 号)同时废止。

第一条 为保障道路交通安全、鼓励技术进步、加快建设资源节约型、环境友好型社会,根据《中华人民共和国道路交通安全法》及其实施条例、《中华人民共和国大气污染防治法》、《中华人民共和国噪声污染防治法》,制定本规定。

第二条 根据机动车使用和安全技术、排放检验状况,国家对达到报废标准的机动车实施强制报废。

第三条 商务、公安、环境保护、发展改革等部门依据各自职责,负责报废机动车回收拆解监督管理、机动车强制报废标准执行有关工作。

第四条 已注册机动车有下列情形之一的应当强制报废,其所有人应当将机动车交售给报废机动车回收拆解企业,由报废机动车回收拆解企业按规定进行登记、拆解、销毁等处理,并将报废机动车登记证书、号牌、行驶证交公安机关交通管理部门注销:

(一)达到本规定第五条规定使用年限的;

(二)经修理和调整仍不符合机动车安全技术国家标准对在用车有关要求的;

(三)经修理和调整或者采用控制技术后,向大气排放污染物或者噪声仍不符合国家标准对在用车有关要求的;

(四)在检验有效期届满后连续 3 个机动车检验周期内未取得机动车检验合格标志的。

第五条 各类机动车使用年限分别如下:

(一)小、微型出租客运汽车使用 8 年,中型出租客运汽车使用 10 年,大型出租客运汽车使用 12 年;

(二)租赁载客汽车使用 15 年;

(三)小型教练载客汽车使用 10 年,中型教练载客汽车使用 12 年,大型教练载客汽

车使用15年；

（四）公交客运汽车使用13年；

（五）其他小、微型营运载客汽车使用10年，大、中型营运载客汽车使用15年；

（六）专用校车使用15年；

（七）大、中型非营运载客汽车（大型轿车除外）使用20年；

（八）三轮汽车、装用单缸发动机的低速货车使用9年，装用多缸发动机的低速货车以及微型载货汽车使用12年，危险品运输载货汽车使用10年，其他载货汽车（包括半挂牵引车和全挂牵引车）使用15年；

（九）有载货功能的专项作业车使用15年，无载货功能的专项作业车使用30年；

（十）全挂车、危险品运输半挂车使用10年，集装箱半挂车20年，其他半挂车使用15年；

（十一）正三轮摩托车使用12年，其他摩托车使用13年。

对小、微型出租客运汽车（纯电动汽车除外）和摩托车，省、自治区、直辖市人民政府有关部门可结合本地实际情况，制定严于上述使用年限的规定，但小、微型出租客运汽车不得低于6年，正三轮摩托车不得低于10年，其他摩托车不得低于11年。

小、微型非营运载客汽车、大型非营运轿车、轮式专用机械车无使用年限限制。

机动车使用年限起始日期按照注册登记日期计算，但自出厂之日起超过2年未办理注册登记手续的，按照出厂日期计算。

第六条 变更使用性质或者转移登记的机动车应当按照下列有关要求确定使用年限和报废：

（一）营运载客汽车与非营运载客汽车相互转换的，按照营运载客汽车的规定报废，但小、微型非营运载客汽车和大型非营运轿车转为营运载客汽车的，应按照本规定附件1所列公式核算累计使用年限，且不得超过15年；

（二）不同类型的营运载客汽车相互转换，按照使用年限较严的规定报废；

（三）小、微型出租客运汽车和摩托车需要转出登记所属地省、自治区、直辖市范围的，按照使用年限较严的规定报废；

（四）危险品运输载货汽车、半挂车与其他载货汽车、半挂车相互转换的，按照危险品运输载货车、半挂车的规定报废。

距本规定要求使用年限1年以内（含1年）的机动车，不得变更使用性质、转移所有权或者转出登记地所属地市级行政区域。

第七条 国家对达到一定行驶里程的机动车引导报废。

达到下列行驶里程的机动车，其所有人可以将机动车交售给报废机动车回收拆解企业，由报废机动车回收拆解企业按规定进行登记、拆解、销毁等处理，并将报废的机动车登记证书、号牌、行驶证交公安机关交通管理部门注销：

（一）小、微型出租客运汽车行驶60万千米，中型出租客运汽车行驶50万千米，大型出租客运汽车行驶60万千米；

（二）租赁载客汽车行驶60万千米；

（三）小型和中型教练载客汽车行驶50万千米，大型教练载客汽车行驶60万千米；

（四）公交客运汽车行驶40万千米；

（五）其他小、微型营运载客汽车行驶60万千米，中型营运载客汽车行驶50万千米，大型营运载客汽车行驶80万千米；

（六）专用校车行驶40万千米；

（七）小、微型非营运载客汽车和大型非营运轿车行驶60万千米，中型非营运载客汽车行驶50万千米，大型非营运载客汽车行驶60万千米；

（八）微型载货汽车行驶50万千米，中、轻型载货汽车行驶60万千米，重型载货汽车（包括半挂牵引车和全挂牵引车）行驶70万千米，危险品运输载货汽车行驶40万千米，装用多缸发动机的低速货车行驶30万千米；

（九）专项作业车、轮式专用机械车行驶50万千米；

（十）正三轮摩托车行驶10万千米，其他摩托车行驶12万千米。

第八条 本规定所称机动车是指上道路行驶的汽车、挂车、摩托车和轮式专用机械车；非营运载客汽车是指个人或者单位不以获取利润为目的的自用载客汽车；危险品运输载货汽车是指专门用于运输剧毒化学品、爆炸品、放射性物品、腐蚀性物品等危险品的车辆；变更使用性质是指使用性质由营运转为非营运或者由非营运转为营运，小、微型出租、租赁、教练等不同类型的营运载客汽车之间的相互转换，以及危险品运输载货汽车转为其他载货汽车。本规定所称检验周期是指《中华人民共和国道路交通安全法实施条例》规定的机动车安全技术检验周期。

第九条 省、自治区、直辖市人民政府有关部门依据本规定第五条制定的小、微型出租客运汽车或者摩托车使用年限标准，应当及时向社会公布，并报国务院商务、公安、环境保护等部门备案。

第十条 上道路行驶拖拉机的报废标准规定另行制定。

第十一条 本规定自2013年5月1日起施行。2013年5月1日前已达到本规定所列报废标准的，应当在2014年4月30日前予以报废。《关于发布〈汽车报废标准〉的通知》（国经贸经〔1997〕456号）、《关于调整轻型载货汽车报废标准的通知》（国经贸经〔1998〕407号）、《关于调整汽车报废标准若干规定的通知》（国经贸资源〔2000〕1202号）、《关于印发〈农用运输车报废标准〉的通知》（国经贸资源〔2001〕234号）、《摩托车报废标准暂行规定》（国家经贸委、发展计划委、公安部、环保总局令〔2002〕第33号）同时废止。

报废汽车回收管理办法

国务院令第 307 号

2001年6月13日国务院第41次常务会议通过,现予公布,自公布之日起施行。

第一条 为了规范报废汽车回收活动,加强对报废汽车回收的管理,保障道路交通秩序和人民生命财产安全,保护环境,制定本办法。

第二条 本办法所称报废汽车(包括摩托车、农用运输车,下同),是指达到国家报废标准,或者虽未达到国家报废标准,但发动机或者底盘严重损坏,经检验不符合国家机动车运行安全技术条件或者国家机动车污染物排放标准的机动车。

本办法所称拼装车,是指使用报废汽车发动机、方向机、变速器、前后桥、车架(以下统称"五大总成")以及其他零配件组装的机动车。

第三条 国家经济贸易委员会负责组织全国报废汽车回收(含拆解,下同)的监督管理工作,国务院公安、工商行政管理等有关部门在各自的职责范围内负责报废汽车回收有关的监督管理工作。

县级以上地方各级人民政府经济贸易管理部门对本行政区域内报废汽车回收活动实施监督管理。县级以上地方各级人民政府公安、工商行政管理等有关部门在各自的职责范围内对本行政区域内报废汽车回收活动实施有关的监督管理。

第四条 国家鼓励汽车报废更新,具体办法由国家经济贸易委员会会同财政部制定。

第五条 县级以上地方各级人民政府应当加强对报废汽车回收监督管理工作的领导,组织各有关部门依法采取措施,防止并依法查处违反本办法规定的行为。

第六条 国家对报废汽车回收业实行特种行业管理,对报废汽车回收企业实行资格认定制度。

除取得报废汽车回收企业资格认定的外,任何单位和个人不得从事报废汽车回收活动。

不具备条件取得报废汽车回收企业资格认定或者未取得报废汽车回收企业资格认定,从事报废汽车回收活动的,任何单位和个人均有权举报。

第七条 报废汽车回收企业除应当符合有关法律、行政法规规定的设立企业的条件外,还应当具备下列条件:

(一)注册资本不低于50万元人民币,依照税法规定为一般纳税人;

(二)拆解场地面积不低于5000平方米;

(三)具备必要的拆解设备和消防设施;

(四)年回收拆解能力不低于500辆;

(五)正式从业人员不少于20人,其中专业技术人员不少于5人;

(六)没有出售报废汽车、报废"五大总成"、拼装车等违法经营行为记录;

(七)符合国家规定的环境保护标准。

设立报废汽车回收企业,还应当符合国家经济贸易委员会关于报废汽车回收行业统一规划、合理布局的要求。

第八条 拟从事报废汽车回收业务的,应当向省、自治区、直辖市人民政府经济贸易管理部门提出申请。省、自治区、直辖市人民政府经济贸易管理部门应当自收到申请之日起30个工作日内,按照本办法第七条规定的条件对申请审核完毕;特殊情况下,可以适当延长,但延长的时间不得超过30个工作日。经审核符合条件的,颁发《资格认定书》;不符合条件的,驳回申请并说明理由。

申请人取得《资格认定书》后,应当依照废旧金属收购业治安管理办法的规定向公安机关申领《特种行业许可证》。

申请人持《资格认定书》和《特种行业许可证》向工商行政管理部门办理登记手续,领取营业执照后,方可从事报废汽车回收业务。

省、自治区、直辖市经济贸易管理部门应当将本行政区域内取得资格认定的报废汽车回收企业,报国家经济贸易委员会备案,并由国家经济贸易委员会予以公布。

第九条 经济贸易管理、公安、工商行政管理等部门必须严格依照本办法和其他有关法律、行政法规的规定,依据各自的职责对从事报废汽车回收业务的申请进行审查;不符合规定条件的,不得颁发有关证照。

第十条 报废汽车拥有单位或者个人应当及时向公安机关办理机动车报废手续。公安机关应当于受理当日,向报废汽车拥有单位或者个人出具《机动车报废证明》,并告知其将报废汽车交售给报废汽车回收企业。

任何单位或者个人不得要求报废汽车拥有单位或者个人将报废汽车交售给指定的报废汽车回收企业。

第十一条 报废汽车回收企业凭《机动车报废证明》收购报废汽车,并向报废汽车拥有单位或者个人出具《报废汽车回收证明》。

报废汽车拥有单位或者个人凭《报废汽车回收证明》,向汽车注册登记地的公安机关办理注销登记。

《报废汽车回收证明》样式由国家经济贸易委员会规定。任何单位和个人不得买卖或者伪造、变造《报废汽车回收证明》。

第十二条 报废汽车拥有单位或者个人应当及时将报废汽车交售给报废汽车回收企业。

任何单位或者个人不得将报废汽车出售、赠予或者以其他方式转让给非报废汽车回收企业的单位或者个人；不得自行拆解报废汽车。

第十三条 报废汽车回收企业对回收的报废汽车应当逐车登记；发现回收的报废汽车有盗窃、抢劫或者其他犯罪嫌疑的，应当及时向公安机关报告。

报废汽车回收企业不得拆解、改装、拼装、倒卖有犯罪嫌疑的汽车及其"五大总成"和其他零配件。

第十四条 报废汽车回收企业必须拆解回收的报废汽车；其中，回收的报废营运客车，应当在公安机关的监督下解体。拆解的"五大总成"应当作为废金属，交售给钢铁企业作为冶炼原料；拆解的其他零配件能够继续使用的，可以出售，但必须标明"报废汽车回用件"。

报废汽车回收企业拆解报废汽车，应当遵守国家环境保护法律、法规，采取有效措施，防治污染。

第十五条 禁止任何单位或者个人利用报废汽车"五大总成"以及其他零配件拼装汽车。

禁止报废汽车整车、"五大总成"和拼装车进入市场交易或者以其他任何方式交易。

禁止拼装车和报废汽车上路行驶。

第十六条 县级以上地方人民政府经济贸易管理部门依据职责，对报废汽车回收企业实施经常性的监督检查，发现报废汽车回收企业不再具备规定条件的，应当立即告知原审批发证部门撤销《资格认定书》、《特种行业许可证》，注销营业执照。

第十七条 公安机关依照本办法以及废旧金属收购业治安管理办法和机动车修理业、报废机动车回收业治安管理办法的规定，对报废汽车回收企业的治安状况实施监督，堵塞销赃渠道。

第十八条 工商行政管理部门依据职责，对报废汽车回收企业的经营活动实施监督；对未取得报废汽车回收企业资格认定，擅自从事报废汽车回收活动的，应当予以查封、取缔。

第十九条 报废汽车的收购价格，按照金属含量折算，参照废旧金属市场价格计价。

第二十条 违反本办法第六条的规定，未取得报废汽车回收企业资格认定，擅自从事报废汽车回收活动的，由工商行政管理部门没收非法回收的报废汽车、"五大总成"以及其他零配件，送报废汽车回收企业拆解，没收违法所得；违法所得在2万元以上的，并处违法所得2倍以上5倍以下的罚款；违法所得不足2万元或者没有违法所得的，并处2

万元以上5万元以下的罚款;属经营单位的,吊销营业执照。

第二十一条 违反本办法第十一条的规定,买卖或者伪造、变造《报废汽车回收证明》的,由公安机关没收违法所得,并处1万元以上5万元以下的罚款;属报废汽车回收企业,情节严重的,由原审批发证部门分别吊销《资格认定书》、《特种行业许可证》、营业执照。

第二十二条 违反本办法第十二条的规定,将报废汽车出售、赠予或者以其他方式转让给非报废汽车回收企业的单位或者个人的,或者自行拆解报废汽车的,由公安机关没收违法所得,并处2000元以上2万元以下的罚款。

第二十三条 违反本办法第十三条的规定,报废汽车回收企业明知或者应知是有盗窃、抢劫或者其他犯罪嫌疑的汽车、"五大总成"以及其他零配件,未向公安机关报告,擅自拆解、改装、拼装、倒卖的,由公安机关依法没收汽车、"五大总成"以及其他零配件,处1万元以上5万元以下的罚款;由原审批发证部门分别吊销《资格认定书》、《特种行业许可证》、营业执照;构成犯罪的,依法追究刑事责任。

第二十四条 违反本办法第十四条的规定,出售不能继续使用的报废汽车零配件或者出售的报废汽车零配件未标明"报废汽车回用件"的,由工商行政管理部门没收违法所得,并处2000元以上1万元以下的罚款。

第二十五条 违反本办法第十五条的规定,利用报废汽车"五大总成"以及其他零配件拼装汽车或者出售报废汽车整车、"五大总成"、拼装车的,由工商行政管理部门没收报废汽车整车、"五大总成"以及其他零配件、拼装车,没收违法所得;违法所得在5万元以上的,并处违法所得2倍以上5倍以下的罚款;违法所得不足5万元或者没有违法所得的,并处5万元以上10万元以下的罚款;属报废汽车回收企业的,由原审批发证部门分别吊销《资格认定书》、《特种行业许可证》、营业执照。

第二十六条 违反本办法第十五条的规定,报废汽车上路行驶的,由公安机关收回机动车号牌和机动车行驶证,责令报废汽车拥有单位或者个人依照本办法的规定办理注销登记,可以处2000元以下的罚款;拼装车上路行驶的,由公安机关没收拼装车,送报废汽车回收企业拆解,并处2000元以上5000元以下的罚款。

第二十七条 违反本办法第九条的规定,负责报废汽车回收企业审批发证的部门对不符合条件的单位或者个人发给有关证照的,对部门正职负责人、直接负责的主管人员和其他直接责任人员给予降级或者撤职的行政处分;其中,对承办审批的有关工作人员,还应当调离原工作岗位,不得继续从事审批工作;构成犯罪的,依法追究刑事责任。

第二十八条 负责报废汽车回收监督管理的部门及其工作人员,不依照本办法的规定履行监督管理职责的,发现不再具备条件的报废汽车回收企业不及时撤销有关证照的,发现有本办法规定的违法行为不予查处的,对部门正职负责人、直接负责的主管人员和其他直接责任人员,给予记大过、降级或者撤职的行政处分;构成犯罪的,依法追究刑事责任。

第二十九条 政府工作人员有下列情形之一的,依法给予降级直至开除公职的行政处分;构成犯罪的,依法追究刑事责任:

(一)纵容、包庇违反本办法规定的行为的;

(二)向有违反本办法规定行为的当事人通风报信,帮助逃避查处的;

(三)阻挠、干预有关部门对违反本办法规定的行为依法查处,造成严重后果的。

第三十条 军队报废汽车的回收管理办法另行制定。

第三十一条 本办法自公布之日起施行。

缺陷汽车产品召回管理条例

国务院令第 626 号

2012年10月10日国务院第219次常务会议通过,现予公布,自2013年1月1日起施行。

第一条 为了规范缺陷汽车产品召回,加强监督管理,保障人身、财产安全,制定本条例。

第二条 在中国境内生产、销售的汽车和汽车挂车(以下统称汽车产品)的召回及其监督管理,适用本条例。

第三条 本条例所称缺陷,是指由于设计、制造、标识等原因导致的在同一批次、型号或者类别的汽车产品中普遍存在的不符合保障人身、财产安全的国家标准、行业标准的情形或者其他危及人身、财产安全的不合理的危险。

本条例所称召回,是指汽车产品生产者对其已售出的汽车产品采取措施消除缺陷的活动。

第四条 国务院产品质量监督部门负责全国缺陷汽车产品召回的监督管理工作。

国务院有关部门在各自职责范围内负责缺陷汽车产品召回的相关监督管理工作。

第五条 国务院产品质量监督部门根据工作需要,可以委托省、自治区、直辖市人民政府产品质量监督部门、进出口商品检验机构负责缺陷汽车产品召回监督管理的部分工作。

国务院产品质量监督部门缺陷产品召回技术机构按照国务院产品质量监督部门的规定,承担缺陷汽车产品召回的具体技术工作。

第六条 任何单位和个人有权向产品质量监督部门投诉汽车产品可能存在的缺陷,国务院产品质量监督部门应当以便于公众知晓的方式向社会公布受理投诉的电话、电子邮箱和通信地址。

国务院产品质量监督部门应当建立缺陷汽车产品召回信息管理系统,收集汇总、分析处理有关缺陷汽车产品信息。

产品质量监督部门、汽车产品主管部门、商务主管部门、海关、公安机关交通管理部门、交通运输主管部门、工商行政管理部门等有关部门应当建立汽车产品的生产、销售、进口、登记检验、维修、消费者投诉、召回等信息的共享机制。

第七条 产品质量监督部门和有关部门、机构及其工作人员对履行本条例规定职责所知悉的商业秘密和个人信息,不得泄露。

第八条 对缺陷汽车产品,生产者应当依照本条例全部召回;生产者未实施召回的,国务院产品质量监督部门应当依照本条例责令其召回。

本条例所称生产者,是指在中国境内依法设立的生产汽车产品并以其名义颁发产品合格证的企业。

从中国境外进口汽车产品到境内销售的企业,视为前款所称的生产者。

第九条 生产者应当建立并保存汽车产品设计、制造、标识、检验等方面的信息记录以及汽车产品初次销售的车主信息记录,保存期不得少于10年。

第十条 生产者应当将下列信息报国务院产品质量监督部门备案:

(一)生产者基本信息;

(二)汽车产品技术参数和汽车产品初次销售的车主信息;

(三)因汽车产品存在危及人身、财产安全的故障而发生修理、更换、退货的信息;

(四)汽车产品在中国境外实施召回的信息;

(五)国务院产品质量监督部门要求备案的其他信息。

第十一条 销售、租赁、维修汽车产品的经营者(以下统称经营者)应当按照国务院产品质量监督部门的规定建立并保存汽车产品相关信息记录,保存期不得少于5年。

经营者获知汽车产品存在缺陷的,应当立即停止销售、租赁、使用缺陷汽车产品,并协助生产者实施召回。

经营者应当向国务院产品质量监督部门报告和向生产者通报所获知的汽车产品可能存在缺陷的相关信息。

第十二条 生产者获知汽车产品可能存在缺陷的,应当立即组织调查分析,并如实向国务院产品质量监督部门报告调查分析结果。

生产者确认汽车产品存在缺陷的,应当立即停止生产、销售、进口缺陷汽车产品,并实施召回。

第十三条 国务院产品质量监督部门获知汽车产品可能存在缺陷的,应当立即通知生产者开展调查分析;生产者未按照通知开展调查分析的,国务院产品质量监督部门应当开展缺陷调查。

国务院产品质量监督部门认为汽车产品可能存在会造成严重后果的缺陷的,可以直接开展缺陷调查。

第十四条 国务院产品质量监督部门开展缺陷调查,可以进入生产者、经营者的生产经营场所进行现场调查,查阅、复制相关资料和记录,向相关单位和个人了解汽车产品可能存在缺陷的情况。

生产者应当配合缺陷调查,提供调查需要的有关资料、产品和专用设备。经营者应当配合缺陷调查,提供调查需要的有关资料。

国务院产品质量监督部门不得将生产者、经营者提供的资料、产品和专用设备用于缺陷调查所需的技术检测和鉴定以外的用途。

第十五条 国务院产品质量监督部门调查认为汽车产品存在缺陷的,应当通知生产者实施召回。

生产者认为其汽车产品不存在缺陷的,可以自收到通知之日起 15 个工作日内向国务院产品质量监督部门提出异议,并提供证明材料。国务院产品质量监督部门应当组织与生产者无利害关系的专家对证明材料进行论证,必要时对汽车产品进行技术检测或者鉴定。

生产者既不按照通知实施召回又不在本条第二款规定期限内提出异议的,或者经国务院产品质量监督部门依照本条第二款规定组织论证、技术检测、鉴定确认汽车产品存在缺陷的,国务院产品质量监督部门应当责令生产者实施召回;生产者应当立即停止生产、销售、进口缺陷汽车产品,并实施召回。

第十六条 生产者实施召回,应当按照国务院产品质量监督部门的规定制定召回计划,并报国务院产品质量监督部门备案。修改已备案的召回计划应当重新备案。

生产者应当按照召回计划实施召回。

第十七条 生产者应当将报国务院产品质量监督部门备案的召回计划同时通报销售者,销售者应当停止销售缺陷汽车产品。

第十八条 生产者实施召回,应当以便于公众知晓的方式发布信息,告知车主汽车产品存在的缺陷、避免损害发生的应急处置方法和生产者消除缺陷的措施等事项。

国务院产品质量监督部门应当及时向社会公布已经确认的缺陷汽车产品信息以及生产者实施召回的相关信息。

车主应当配合生产者实施召回。

第十九条 对实施召回的缺陷汽车产品,生产者应当及时采取修正或者补充标识、修理、更换、退货等措施消除缺陷。

生产者应当承担消除缺陷的费用和必要的运送缺陷汽车产品的费用。

第二十条 生产者应当按照国务院产品质量监督部门的规定提交召回阶段性报告和召回总结报告。

第二十一条 国务院产品质量监督部门应当对召回实施情况进行监督,并组织与生产者无利害关系的专家对生产者消除缺陷的效果进行评估。

第二十二条 生产者违反本条例规定,有下列情形之一的,由产品质量监督部门责令改正;拒不改正的,处 5 万元以上 20 万元以下的罚款:

(一)未按照规定保存有关汽车产品、车主的信息记录;

(二)未按照规定备案有关信息、召回计划;

(三)未按照规定提交有关召回报告。

第二十三条 违反本条例规定,有下列情形之一的,由产品质量监督部门责令改正;拒不改正的,处 50 万元以上 100 万元以下的罚款;有违法所得的,并处没收违法所得;情节严重的,由许可机关吊销有关许可:

(一)生产者、经营者不配合产品质量监督部门缺陷调查;

(二)生产者未按照已备案的召回计划实施召回;

(三)生产者未将召回计划通报销售者。

第二十四条 生产者违反本条例规定,有下列情形之一的,由产品质量监督部门责令改正,处缺陷汽车产品货值金额 1%以上 10%以下的罚款;有违法所得的,并处没收违法所得;情节严重的,由许可机关吊销有关许可:

(一)未停止生产、销售或者进口缺陷汽车产品;

(二)隐瞒缺陷情况;

(三)经责令召回拒不召回。

第二十五条 违反本条例规定,从事缺陷汽车产品召回监督管理工作的人员有下列行为之一的,依法给予处分:

(一)将生产者、经营者提供的资料、产品和专用设备用于缺陷调查所需的技术检测和鉴定以外的用途;

(二)泄露当事人商业秘密或者个人信息;

(三)其他玩忽职守、徇私舞弊、滥用职权行为。

第二十六条 违反本条例规定,构成犯罪的,依法追究刑事责任。

第二十七条 汽车产品出厂时未随车装备的轮胎存在缺陷的,由轮胎的生产者负责召回。具体办法由国务院产品质量监督部门参照本条例制定。

第二十八条 生产者依照本条例召回缺陷汽车产品,不免除其依法应当承担的责任。

汽车产品存在本条例规定的缺陷以外的质量问题的,车主有权依照产品质量法、消费者权益保护法等法律、行政法规和国家有关规定以及合同约定,要求生产者、销售者承担修理、更换、退货、赔偿损失等相应的法律责任。

第二十九条 本条例自 2013 年 1 月 1 日起施行。

家用汽车产品修理、更换、退货责任规定

国家质量监督检验检疫总局令第 150 号

2012 年 6 月 27 日国家质量监督检验检疫总局局务会议审议通过,现予公布,自 2013 年 10 月 1 日起施行。

第一章 总 则

第一条 为了保护家用汽车产品消费者的合法权益,明确家用汽车产品修理、更换、退货(以下简称三包)责任,根据有关法律法规,制定本规定。

第二条 在中华人民共和国境内生产、销售的家用汽车产品的三包,适用本规定。

第三条 本规定是家用汽车产品三包责任的基本要求。鼓励家用汽车产品经营者做出更有利于维护消费者合法权益的严于本规定的三包责任承诺;承诺一经作出,应当依法履行。

第四条 本规定所称三包责任由销售者依法承担。销售者依照规定承担三包责任后,属于生产者的责任或者属于其他经营者的责任的,销售者有权向生产者、其他经营者追偿。

家用汽车产品经营者之间可以订立合同约定三包责任的承担,但不得侵害消费者的合法权益,不得免除本规定所规定的三包责任和质量义务。

第五条 家用汽车产品消费者、经营者行使权利、履行义务或承担责任,应当遵循诚实信用原则,不得恶意欺诈。

家用汽车产品经营者不得故意拖延或者无正当理由拒绝消费者提出的符合本规定的三包责任要求。

第六条 国家质量监督检验检疫总局(以下简称国家质检总局)负责本规定实施的协调指导和监督管理;组织建立家用汽车产品三包信息公开制度,并可以依法委托相关机构建立家用汽车产品三包信息系统,承担有关信息管理等工作。

地方各级质量技术监督部门负责本行政区域内本规定实施的协调指导和监督管理。

第七条 各有关部门、机构及其工作人员对履行规定职责所知悉的商业秘密和个人信息依法负有保密义务。

第二章 生产者义务

第八条 生产者应当严格执行出厂检验制度;未经检验合格的家用汽车产品,不得

出厂销售。

第九条 生产者应当向国家质检总局备案生产者基本信息、车型信息、约定的销售和修理网点资料、产品使用说明书、三包凭证、维修保养手册、三包责任争议处理和退换车信息等家用汽车产品三包有关信息,并在信息发生变化时及时更新备案。

第十条 家用汽车产品应当具有中文的产品合格证或相关证明以及产品使用说明书、三包凭证、维修保养手册等随车文件。

产品使用说明书应当符合消费品使用说明等国家标准规定的要求。家用汽车产品所具有的使用性能、安全性能在相关标准中没有规定的,其性能指标、工作条件、工作环境等要求应当在产品使用说明书中明示。

三包凭证应当包括以下内容:产品品牌、型号、车辆类型规格、车辆识别代号(VIN)、生产日期;生产者名称、地址、邮政编码、客服电话;销售者名称、地址、邮政编码、电话等销售网点资料、销售日期;修理者名称、地址、邮政编码、电话等修理网点资料或者相关查询方式;家用汽车产品三包条款、包修期和三包有效期以及按照规定要求应当明示的其他内容。

维修保养手册应当格式规范、内容实用。

随车提供工具、备件等物品的,应附有随车物品清单。

第三章 销售者义务

第十一条 销售者应当建立并执行进货检查验收制度,验明家用汽车产品合格证等相关证明和其他标识。

第十二条 销售者销售家用汽车产品,应当符合下列要求:

(一)向消费者交付合格的家用汽车产品以及发票;

(二)按照随车物品清单等随车文件向消费者交付随车工具、备件等物品;

(三)当面查验家用汽车产品的外观、内饰等现场可查验的质量状况;

(四)明示并交付产品使用说明书、三包凭证、维修保养手册等随车文件;

(五)明示家用汽车产品三包条款、包修期和三包有效期;

(六)明示由生产者约定的修理者名称、地址和联系电话等修理网点资料,但不得限制消费者在上述修理网点中自主选择修理者;

(七)在三包凭证上填写有关销售信息;

(八)提醒消费者阅读安全注意事项、按产品使用说明书的要求进行使用和维护保养。

对于进口家用汽车产品,销售者还应当明示并交付海关出具的货物进口证明和出入境检验检疫机构出具的进口机动车辆检验证明等资料。

第四章 修理者义务

第十三条 修理者应当建立并执行修理记录存档制度。书面修理记录应当一式两份,一份存档,一份提供给消费者。

修理记录内容应当包括送修时间、行驶里程、送修问题、检查结果、修理项目、更换的零部件名称和编号、材料费、工时和工时费、拖运费、提供备用车的信息或者交通费用补偿金额、交车时间、修理者和消费者签名或盖章等。

修理记录应当便于消费者查阅或复制。

第十四条 修理者应当保持修理所需要的零部件的合理储备,确保修理工作的正常进行,避免因缺少零部件而延误修理时间。

第十五条 用于家用汽车产品修理的零部件应当是生产者提供或者认可的合格零部件,且其质量不低于家用汽车产品生产装配线上的产品。

第十六条 在家用汽车产品包修期和三包有效期内,家用汽车产品出现产品质量问题或严重安全性能故障而不能安全行驶或者无法行驶的,应当提供电话咨询修理服务;电话咨询服务无法解决的,应当开展现场修理服务,并承担合理的车辆拖运费。

第五章 三包责任

第十七条 家用汽车产品包修期限不低于3年或者行驶里程6万公里,以先到者为准;家用汽车产品三包有效期限不低于2年或者行驶里程5万公里,以先到者为准。家用汽车产品包修期和三包有效期自销售者开具购车发票之日起计算。

第十八条 在家用汽车产品包修期内,家用汽车产品出现产品质量问题,消费者凭三包凭证由修理者免费修理(包括工时费和材料费)。

家用汽车产品自销售者开具购车发票之日起60日内或者行驶里程3000公里之内(以先到者为准),发动机、变速器的主要零件出现产品质量问题的,消费者可以选择免费更换发动机、变速器。发动机、变速器的主要零件的种类范围由生产者明示在三包凭证上,其种类范围应当符合国家相关标准或规定,具体要求由国家质检总局另行规定。

家用汽车产品的易损耗零部件在其质量保证期内出现产品质量问题的,消费者可以选择免费更换易损耗零部件。易损耗零部件的种类范围及其质量保证期由生产者明示在三包凭证上。生产者明示的易损耗零部件的种类范围应当符合国家相关标准或规定,具体要求由国家质检总局另行规定。

第十九条 在家用汽车产品包修期内,因产品质量问题每次修理时间(包括等待修理备用件时间)超过5日的,应当为消费者提供备用车,或者给予合理的交通费用补偿。

修理时间自消费者与修理者确定修理之时起,至完成修理之时止。一次修理占用时间不足 24 小时的,以 1 日计。

第二十条 在家用汽车产品三包有效期内,符合本规定更换、退货条件的,消费者凭三包凭证、购车发票等由销售者更换、退货。

家用汽车产品自销售者开具购车发票之日起 60 日内或者行驶里程 3000 公里之内(以先到者为准),家用汽车产品出现转向系统失效、制动系统失效、车身开裂或燃油泄漏,消费者选择更换家用汽车产品或退货的,销售者应当负责免费更换或退货。

在家用汽车产品三包有效期内,发生下列情况之一,消费者选择更换或退货的,销售者应当负责更换或退货:

(一)因严重安全性能故障累计进行了 2 次修理,严重安全性能故障仍未排除或者又出现新的严重安全性能故障的;

(二)发动机、变速器累计更换 2 次后,或者发动机、变速器的同一主要零件因其质量问题,累计更换 2 次后,仍不能正常使用的,发动机、变速器与其主要零件更换次数不重复计算;

(三)转向系统、制动系统、悬架系统、前/后桥、车身的同一主要零件因其质量问题,累计更换 2 次后,仍不能正常使用的。

转向系统、制动系统、悬架系统、前/后桥、车身的主要零件由生产者明示在三包凭证上,其种类范围应当符合国家相关标准或规定,具体要求由国家质检总局另行规定。

第二十一条 在家用汽车产品三包有效期内,因产品质量问题修理时间累计超过 35 日的,或者因同一产品质量问题累计修理超过 5 次的,消费者可以凭三包凭证、购车发票,由销售者负责更换。

下列情形所占用的时间不计入前款规定的修理时间:

(一)需要根据车辆识别代号(VIN)等定制的防盗系统、全车线束等特殊零部件的运输时间;特殊零部件的种类范围由生产者明示在三包凭证上;

(二)外出救援路途所占用的时间。

第二十二条 在家用汽车产品三包有效期内,符合更换条件的,销售者应当及时向消费者更换新的合格的同品牌同型号家用汽车产品;无同品牌同型号家用汽车产品更换的,销售者应当及时向消费者更换不低于原车配置的家用汽车产品。

第二十三条 在家用汽车产品三包有效期内,符合更换条件,销售者无同品牌同型号家用汽车产品,也无不低于原车配置的家用汽车产品向消费者更换的,消费者可以选择退货,销售者应当负责为消费者退货。

第二十四条 在家用汽车产品三包有效期内,符合更换条件的,销售者应当自消费者要求换货之日起 15 个工作日内向消费者出具更换家用汽车产品证明。

在家用汽车产品三包有效期内,符合退货条件的,销售者应当自消费者要求退货之日起15个工作日内向消费者出具退车证明,并负责为消费者按发票价格一次性退清货款。

家用汽车产品更换或退货的,应当按照有关法律法规规定办理车辆登记等相关手续。

第二十五条 按照本规定更换或者退货的,消费者应当支付因使用家用汽车产品所产生的合理使用补偿,销售者依照本规定应当免费更换、退货的除外。

合理使用补偿费用的计算公式为:$[(车价款(元) \times 行驶里程(km))/1000] \times n$。使用补偿系数$n$由生产者根据家用汽车产品使用时间、使用状况等因素在0.5%至0.8%之间确定,并在三包凭证中明示。

家用汽车产品更换或者退货的,发生的税费按照国家有关规定执行。

第二十六条 在家用汽车产品三包有效期内,消费者书面要求更换、退货的,销售者应当自收到消费者书面要求更换、退货之日起10个工作日内,作出书面答复。逾期未答复或者未按本规定负责更换、退货的,视为故意拖延或者无正当理由拒绝。

第二十七条 消费者遗失家用汽车产品三包凭证的,销售者、生产者应当在接到消费者申请后10个工作日内予以补办。消费者向销售者、生产者申请补办三包凭证后,可以依照本规定继续享有相应权利。

按照本规定更换家用汽车产品后,销售者、生产者应当向消费者提供新的三包凭证,家用汽车产品包修期和三包有效期自更换之日起重新计算。

在家用汽车产品包修期和三包有效期内发生家用汽车产品所有权转移的,三包凭证应当随车转移,三包责任不因汽车所有权转移而改变。

第二十八条 经营者破产、合并、分立、变更的,其三包责任按照有关法律法规规定执行。

第六章 三包责任免除

第二十九条 易损耗零部件超出生产者明示的质量保证期出现产品质量问题的,经营者可以不承担本规定所规定的家用汽车产品三包责任。

第三十条 在家用汽车产品包修期和三包有效期内,存在下列情形之一的,经营者对所涉及产品质量问题,可以不承担本规定所规定的三包责任:

(一)消费者所购家用汽车产品已被书面告知存在瑕疵的;

(二)家用汽车产品用于出租或者其他营运目的的;

(三)使用说明书中明示不得改装、调整、拆卸,但消费者自行改装、调整、拆卸而造成损坏的;

(四)发生产品质量问题,消费者自行处置不当而造成损坏的;

(五)因消费者未按照使用说明书要求正确使用、维护、修理产品,而造成损坏的;

(六)因不可抗力造成损坏的。

第三十一条　在家用汽车产品包修期和三包有效期内,无有效发票和三包凭证的,经营者可以不承担本规定所规定的三包责任。

第七章　争议的处理

第三十二条　家用汽车产品三包责任发生争议的,消费者可以与经营者协商解决;可以依法向各级消费者权益保护组织等第三方社会中介机构请求调解解决;可以依法向质量技术监督部门等有关行政部门申诉进行处理。

家用汽车产品三包责任争议双方不愿通过协商、调解解决或者协商、调解无法达成一致的,可以根据协议申请仲裁,也可以依法向人民法院起诉。

第三十三条　经营者应当妥善处理消费者对家用汽车产品三包问题的咨询、查询和投诉。

经营者和消费者应积极配合质量技术监督部门等有关行政部门、有关机构等对家用汽车产品三包责任争议的处理。

第三十四条　省级以上质量技术监督部门可以组织建立家用汽车产品三包责任争议处理技术咨询人员库,为争议处理提供技术咨询;经争议双方同意,可以选择技术咨询人员参与争议处理,技术咨询人员咨询费用由双方协商解决。

经营者和消费者应当配合质量技术监督部门家用汽车产品三包责任争议处理技术咨询人员库建设,推荐技术咨询人员,提供必要的技术咨询。

第三十五条　质量技术监督部门处理家用汽车产品三包责任争议,按照产品质量申诉处理有关规定执行。

第三十六条　处理家用汽车产品三包责任争议,需要对相关产品进行检验和鉴定的,按照产品质量仲裁检验和产品质量鉴定有关规定执行。

第八章　罚　　则

第三十七条　违反本规定第九条规定的,予以警告,责令限期改正,处1万元以上3万元以下罚款。

第三十八条　违反本规定第十条规定,构成有关法律法规规定的违法行为的,依法予以处罚;未构成有关法律法规规定的违法行为的,予以警告,责令限期改正;情节严重的,处1万元以上3万元以下罚款。

第三十九条　违反本规定第十二条规定,构成有关法律法规规定的违法行为的,依法予以处罚;未构成有关法律法规规定的违法行为的,予以警告,责令限期改正;情节严重的,处3万元以下罚款。

第四十条 违反本规定第十三条、第十四条、第十五条或第十六条规定的,予以警告,责令限期改正;情节严重的,处3万元以下罚款。

第四十一条 未按本规定承担三包责任的,责令改正,并依法向社会公布。

第四十二条 本规定所规定的行政处罚,由县级以上质量技术监督部门等部门在职权范围内依法实施,并将违法行为记入质量信用档案。

第九章 附 则

第四十三条 本规定下列用语的含义:

家用汽车产品,是指消费者为生活消费需要而购买和使用的乘用车。

乘用车,是指相关国家标准规定的除专用乘用车之外的乘用车。

生产者,是指在中华人民共和国境内依法设立的生产家用汽车产品并以其名义颁发产品合格证的单位。从中华人民共和国境外进口家用汽车产品到境内销售的单位视同生产者。

销售者,是指以自己的名义向消费者直接销售、交付家用汽车产品并收取货款、开具发票的单位或者个人。

修理者,是指与生产者或销售者订立代理修理合同,依照约定为消费者提供家用汽车产品修理服务的单位或者个人。

经营者,包括生产者、销售者、向销售者提供产品的其他销售者、修理者等。

产品质量问题,是指家用汽车产品出现影响正常使用、无法正常使用或者产品质量与法规、标准、企业明示的质量状况不符合的情况。

严重安全性能故障,是指家用汽车产品存在危及人身、财产安全的产品质量问题,致使消费者无法安全使用家用汽车产品,包括出现安全装置不能起到应有的保护作用或者存在起火等危险情况。

第四十四条 按照本规定更换、退货的家用汽车产品再次销售的,应当经检验合格并明示该车是"三包换退车"以及更换、退货的原因。

"三包换退车"的三包责任按合同约定执行。

第四十五条 本规定涉及的有关信息系统以及信息公开和管理、生产者信息备案、三包责任争议处理技术咨询人员库管理等具体要求由国家质检总局另行规定。

第四十六条 有关法律、行政法规对家用汽车产品的修理、更换、退货等另有规定的,从其规定。

第四十七条 本规定由国家质量监督检验检疫总局负责解释。

第四十八条 本规定自2013年10月1日起施行。

摩托车商品修理更换退货责任实施细则

1997年3月21日机械工业部发布,1997年5月1日施行。

第一条 根据国家经济贸易委员会、国家技术监督局、国家工商行政管理局、财政部发布的《部分商品修理更换退货责任规定》和国家技术监督局印发的《部分商品修理更换退货责任规定条文释义》,为了切实保护摩托车购买者(用户)的合法权益,明确摩托车商品销售者、修理者和生产者应当承担的修理、更换、退货(以下简称"三包")责任和义务,制定本实施细则。

第二条 本实施细则适用于在中华人民共和国境内销售的两轮摩托车、轻便两轮摩托车和残疾人三轮摩托车商品(以下简称摩托车)。

第三条 摩托车"三包"有效期为1年或行驶6000千米,超过其中一项,则"三包"失效。

"三包"有效期自开具发票之日起计算,扣除因修理占用、无零配件待修及不可抗拒力造成的延误时间。"三包"有效期限的最后一天为法定休假日的,以休假日次日为期限的最后一天,行驶里程以摩托车里程表显示的数字为依据。如发现购买者自行调整里程表上显示的里程数字,则按满6000千米计算。

第四条 摩托车"三包"宗旨是:质量第一,用户至上,热情服务,认真负责。摩托车实行谁经销谁负责"三包"的原则。销售者与生产者、销售者与供货者、销售者与修理者之间订立的合同,不得免除本实施细则规定的"三包"责任和义务。

第五条 在"三包"有效期内,购买者凭发票和"三包"凭证办理修理、换货、退货。如果购买者丢失发票或"三包"凭证,但能够证明该摩托车在"三包"有效期内,销售者、修理者、生产者也应按本实施细则的规定负责修理、更换、退货。

第六条 本实施细则是摩托车实行"三包"规定的基本要求,鼓励销售者、生产者制定更有利于维护购买者合法权益的严于本实施细则要求的"三包"具体办法或承诺。

第七条 生产者(供货者和摩托车进口者视同生产者)应当承担以下责任和义务:

(一)出厂销售的每辆摩托车必须是合格产品,并随车推带该车型的产品使用说明书、合格证和"三包"凭证。产品使用说明书应按国家标准GB9969.1《工业产品使用说明书总则》的规定编写;"三包"凭证必须包括附件1的内容。

(二)生产者自行设置或者指定修理单位的,必须在出厂销售的每辆摩托车携带的资料或"三包"凭证上写明修理单位的名称、地址、联系电话等。

（三）为修理者提供合格的、足够的维修配件，满足维修需求，并保证在产品停产后5年内继续提供符合技术要求的零配件。

（四）按有关代理、修理合同或协议的约定，提供"三包"有效期内发生的修理费用。

（五）向负责维修业务的修理者提供技术资料，组织培训维修人员，定期或不定期检查修理单位的修理业务，给予技术上的指导。

（六）妥善处理购买者的投诉、查询，并提供咨询服务。

第八条 销售者应当承担以下责任和义务：

（一）不能保证实施"三包"规定的，不得销售摩托车。

（二）执行进货开箱检查验收制度，不得销售不符合法定标识要求和不合格的摩托车。

（三）销售时，应正确调试，保证商品符合产品使用说明书规定的产品质量，当面向购买者交验摩托车；向购买者提供"三包"凭证、有效发票、产品使用说明书和合格证；核对车架号和发动机号；介绍使用方法、维护保养知识。

（四）应积极主动地与生产者、修理者加强联系，做好售后服务工作。

（五）妥善处理购买者的查询、投诉。

第九条 修理者应当承担以下责任和义务：

（一）承担"三包"期内向购买者免费修理业务和超过"三包"期收费修理业务。

（二）维护销售者、生产者的信誉，不得使用与生产者提供的产品技术要求和质量标准要求不符的零配件。认真记录修理前故障情况和修理后的质量状况，保证修理后的摩托车能够正常使用30日以上。

（三）向购买者当面交验修好的摩托车和维修记录。

（四）承担因自身修理失误造成的责任和损失。

（五）按有关代理、修理合同或协议的约定，保证修理费用和修理配件用于修理。接受销售者、生产者的监督和检查。

（六）保持常用维修配件的储备量，确保维修工作及时进行，避免因零配件缺少而延误维修时间。

（七）积极开展上门服务和电话咨询服务。

（八）妥善处理购买者的投诉，接受购买者有关产品修理质量的查询。

第十条 在"三包"有效期内摩托车出现性能故障时，按以下办法进行修理：

（一）购买者凭"三包"凭证和发票到指定的修理单位进行检查、修理。提倡修理者开展上门修理服务。

（二）在销售地未设修理单位的和在异地购买摩托车的，购买者可与生产者、销售者或指定的修理者协商解决修理办法及可能存在的运输问题。

（三）在"三包"有效期内,符合本实施细则"三包"修理条件的,由修理者免费(包括材料费和工时费)修理。

第十一条 在"三包"有效期内,属下列情况之一者,应为购买者免费更换同型号摩托车：

（一）自售出后第8日至15日内,车辆出现附件2所列性能故障时,由购买者选择更换或修理摩托车,销售者应当按够买者的要求进行换货或修理。

（二）自售出之日起超过15日,出现附件2所列性能故障,经两次修理仍不能正常使用的,凭修理者提供的修理记录和证明,由销售者负责为购买者更换摩托车。

（三）因生产者未按合同或协议提供零配件,延误维修时间,自送修之日起超过90日仍未修好的,凭修理者提供的修理记录和证明,由销售者负责为购买者更换摩托车。

（四）因修理者自身原因,使修理期超过30日的,由修理者负责为购买者更换摩托车。

第十二条 销售、更换摩托车时,凡属残次产品、不合格产品或修理过的产品均不得提供给购买者。

第十三条 换货后的"三包"有效期自换货之日起重新计算。由销售者在发票背面加盖更换算,并提供新的"三包"凭证。

第十四条 在"三包"有效期内,属下列情况之一者,应为购买者办理退货：

（一）自售出之日起7日内,车辆出现附件2所列性能故障时,购买者可以选择退货、换货或修理；购买者要求退货时,销售者应当负责免费为购买者退货,并按购车发票的价格一次退清货款。

（二）符合第十一条(一)、(二)、(三)款更换条件,但销售者无法满足购买者更换同型号摩托车的,购买者要求退货时,销售者应当负责免费为购买者退货,并按购车发票的价格一次退清货款。

（三）符合第十一条(一)、(二)、(三)款更换条件,销售者有同型号摩托车可为购买者更换,购买者不愿意更换而要求退货的,销售者应予以退货,但对使用过的摩托车每日按货款2‰收取折旧费。折旧费的日期计算自开具发票之日起至退货之日止,其中应扣除修理占用时间和因无配件待修时间。

第十五条 自售出之日起7日内退货的,销售者除按上述第十四条规定将费用退还给购买者外,还应承担购买者已交纳的附加费、车船使用费、保险费、牌照费、行车执照工本费、审验费、养路费等合理费用。

自售出之日起超过7日退货的,销售者只承担上述第十四条规定的费用,其余费用由购买者承担。

第十六条 生产者或供货者提供的修理费用,在各个流通环节不得截留,最终全部支付给修理者。

第十七条 属下列情况之一的摩托车,不实行"三包":

(一)自购车之日起 1 年以上(以有效发票为准,扣除修理占用或无零配件待修时间)的;

(二)行驶里程超过 6000 千米的;

(三)购买者因未按产品使用说明书的要求使用、维护、保管而造成损坏的;

(四)非承担"三包"修理者拆动造成损坏的;

(五)无"三包"凭证或有效发票的(能够证明该摩托车在"三包"有效期内的除外);

(六)涂改的"三包"凭证或与"三包"凭证上产品型号、车架号、发动机号不符的摩托车;

(七)因不可抗拒力造成损坏的。

第十八条 生产者、销售者、修理者破产、倒闭、兼并、分立的,其"三包"责任按国家有关法规执行。

第十九条 购买者因"三包"问题与销售者、修理者、生产者发生纠纷时,可以向消费者协会、质量管理协会用户委员会和其他有关组织申请调解,有关组织应当积极受理。

第二十条 销售者、修理者、生产者未按本实施细则执行"三包"的,购买者可以向产品质量监督管理部门或者工商行政管理部门申诉,由上述部门责令其按"三包"规定办理。购买者也可以依照《仲裁法》的规定与销售者、修理者或生产者达成仲裁协议,向国家设立的仲裁机构申请裁决,还可以直接向人民法院起诉。

第二十一条 本实施细则由机械工业部负责解释。

第二十二条 本实施细则从 1997 年 5 月 1 日起实行。

校车安全管理条例

国务院令第 617 号

2012年3月28日国务院第197次常务会议通过,现予公布,自公布之日起施行。

第一章 总 则

第一条 为了加强校车安全管理,保障乘坐校车学生的人身安全,制定本条例。

第二条 本条例所称校车,是指依照本条例取得使用许可,用于接送接受义务教育的学生上下学的7座以上的载客汽车。

接送小学生的校车应当是按照专用校车国家标准设计和制造的小学生专用校车。

第三条 县级以上地方人民政府应当根据本行政区域的学生数量和分布状况等因素,依法制定、调整学校设置规划,保障学生就近入学或者在寄宿制学校入学,减少学生上下学的交通风险。实施义务教育的学校及其教学点的设置、调整,应当充分听取学生家长等有关方面的意见。

县级以上地方人民政府应当采取措施,发展城市和农村的公共交通,合理规划、设置公共交通线路和站点,为需要乘车上下学的学生提供方便。

对确实难以保障就近入学,并且公共交通不能满足学生上下学需要的农村地区,县级以上地方人民政府应当采取措施,保障接受义务教育的学生获得校车服务。

国家建立多渠道筹措校车经费的机制,并通过财政资助、税收优惠、鼓励社会捐赠等多种方式,按照规定支持使用校车接送学生的服务。支持校车服务所需的财政资金由中央财政和地方财政分担,具体办法由国务院财政部门制定。支持校车服务的税收优惠办法,依照法律、行政法规规定的税收管理权限制定。

第四条 国务院教育、公安、交通运输以及工业和信息化、质量监督检验检疫、安全生产监督管理等部门依照法律、行政法规和国务院的规定,负责校车安全管理的有关工作。国务院教育、公安部门会同国务院有关部门建立校车安全管理工作协调机制,统筹协调校车安全管理工作中的重大事项,共同做好校车安全管理工作。

第五条 县级以上地方人民政府对本行政区域的校车安全管理工作负总责,组织有关部门制定并实施与当地经济发展水平和校车服务需求相适应的校车服务方案,统一领导、组织、协调有关部门履行校车安全管理职责。

县级以上地方人民政府教育、公安、交通运输、安全生产监督管理等有关部门依照本条例以及本级人民政府的规定,履行校车安全管理的相关职责。有关部门应当建立健全校车安全管理信息共享机制。

第六条 国务院标准化主管部门会同国务院工业和信息化、公安、交通运输等部门,按照保障安全、经济适用的要求,制定并及时修订校车安全国家标准。

生产校车的企业应当建立健全产品质量保证体系,保证所生产(包括改装,下同)的校车符合校车安全国家标准;不符合标准的,不得出厂、销售。

第七条 保障学生上下学交通安全是政府、学校、社会和家庭的共同责任。社会各方面应当为校车通行提供便利,协助保障校车通行安全。

第八条 县级和设区的市级人民政府教育、公安、交通运输、安全生产监督管理部门应当设立并公布举报电话、举报网络平台,方便群众举报违反校车安全管理规定的行为。

接到举报的部门应当及时依法处理;对不属于本部门管理职责的举报,应当及时移送有关部门处理。

第二章 学校和校车服务提供者

第九条 学校可以配备校车。依法设立的道路旅客运输经营企业、城市公共交通企业,以及根据县级以上地方人民政府规定设立的校车运营单位,可以提供校车服务。

县级以上地方人民政府根据本地区实际情况,可以制定管理办法,组织依法取得道路旅客运输经营许可的个体经营者提供校车服务。

第十条 配备校车的学校和校车服务提供者应当建立健全校车安全管理制度,配备安全管理人员,加强校车的安全维护,定期对校车驾驶人进行安全教育,组织校车驾驶人学习道路交通安全法律法规以及安全防范、应急处置和应急救援知识,保障学生乘坐校车安全。

第十一条 由校车服务提供者提供校车服务的,学校应当与校车服务提供者签订校车安全管理责任书,明确各自的安全管理责任,落实校车运行安全管理措施。

学校应当将校车安全管理责任书报县级或者设区的市级人民政府教育行政部门备案。

第十二条 学校应当对教师、学生及其监护人进行交通安全教育,向学生讲解校车安全乘坐知识和校车安全事故应急处理技能,并定期组织校车安全事故应急处理演练。

学生的监护人应当履行监护义务,配合学校或者校车服务提供者的校车安全管理工作。学生的监护人应当拒绝使用不符合安全要求的车辆接送学生上下学。

第十三条 县级以上地方人民政府教育行政部门应当指导、监督学校建立健全校车安全管理制度,落实校车安全管理责任,组织学校开展交通安全教育。公安机关交通管理部门应当配合教育行政部门组织学校开展交通安全教育。

第三章　校车使用许可

第十四条　使用校车应当依照本条例的规定取得许可。

取得校车使用许可应当符合下列条件：

(一)车辆符合校车安全国家标准,取得机动车检验合格证明,并已经在公安机关交通管理部门办理注册登记；

(二)有取得校车驾驶资格的驾驶人；

(三)有包括行驶线路、开行时间和停靠站点的合理可行的校车运行方案；

(四)有健全的安全管理制度；

(五)已经投保机动车承运人责任保险。

第十五条　学校或者校车服务提供者申请取得校车使用许可,应当向县级或者设区的市级人民政府教育行政部门提交书面申请和证明其符合本条例第十四条规定条件的材料。教育行政部门应当自收到申请材料之日起3个工作日内,分别送同级公安机关交通管理部门、交通运输部门征求意见,公安机关交通管理部门和交通运输部门应当在3个工作日内回复意见。教育行政部门应当自收到回复意见之日起5个工作日内提出审查意见,报本级人民政府。本级人民政府决定批准的,由公安机关交通管理部门发给校车标牌,并在机动车行驶证上签注校车类型和核载人数；不予批准的,书面说明理由。

第十六条　校车标牌应当载明本车的号牌号码、车辆的所有人、驾驶人、行驶线路、开行时间、停靠站点以及校车标牌发牌单位、有效期等事项。

第十七条　取得校车标牌的车辆应当配备统一的校车标志灯和停车指示标志。

校车未运载学生上道路行驶的,不得使用校车标牌、校车标志灯和停车指示标志。

第十八条　禁止使用未取得校车标牌的车辆提供校车服务。

第十九条　取得校车标牌的车辆达到报废标准或者不再作为校车使用的,学校或者校车服务提供者应当将校车标牌交回公安机关交通管理部门。

第二十条　校车应当每半年进行一次机动车安全技术检验。

第二十一条　校车应当配备逃生锤、干粉灭火器、急救箱等安全设备。安全设备应当放置在便于取用的位置,并确保性能良好、有效适用。

校车应当按照规定配备具有行驶记录功能的卫星定位装置。

第二十二条　配备校车的学校和校车服务提供者应当按照国家规定做好校车的安全维护,建立安全维护档案,保证校车处于良好技术状态。不符合安全技术条件的校车,应当停运维修,消除安全隐患。

校车应当由依法取得相应资质的维修企业维修。承接校车维修业务的企业应当按照规定的维修技术规范维修校车,并按照国务院交通运输主管部门的规定对所维修的校车实行质量保证期制度,在质量保证期内对校车的维修质量负责。

第四章 校车驾驶人

第二十三条 校车驾驶人应当依照本条例的规定取得校车驾驶资格。

取得校车驾驶资格应当符合下列条件:

(一)取得相应准驾车型驾驶证并具有3年以上驾驶经历,年龄在25周岁以上、不超过60周岁;

(二)最近连续3个记分周期内没有被记满分记录;

(三)无致人死亡或者重伤的交通事故责任记录;

(四)无饮酒后驾驶或者醉酒驾驶机动车记录,最近1年内无驾驶客运车辆超员、超速等严重交通违法行为记录;

(五)无犯罪记录;

(六)身心健康,无传染性疾病,无癫痫、精神病等可能危及行车安全的疾病病史,无酗酒、吸毒行为记录。

第二十四条 机动车驾驶人申请取得校车驾驶资格,应当向县级或者设区的市级人民政府公安机关交通管理部门提交书面申请和证明其符合本条例第二十三条规定条件的材料。公安机关交通管理部门应当自收到申请材料之日起5个工作日内审查完毕,对符合条件的,在机动车驾驶证上签注准许驾驶校车;不符合条件的,书面说明理由。

第二十五条 机动车驾驶人未取得校车驾驶资格,不得驾驶校车。禁止聘用未取得校车驾驶资格的机动车驾驶人驾驶校车。

第二十六条 校车驾驶人应当每年接受公安机关交通管理部门的审验。

第二十七条 校车驾驶人应当遵守道路交通安全法律法规,严格按照机动车道路通行规则和驾驶操作规范安全驾驶、文明驾驶。

第五章 校车通行安全

第二十八条 校车行驶线路应当尽量避开急弯、陡坡、临崖、临水的危险路段;确实无法避开的,道路或者交通设施的管理、养护单位应当按照标准对上述危险路段设置安全防护设施、限速标志、警告标牌。

第二十九条 校车经过的道路出现不符合安全通行条件的状况或者存在交通安全隐患的,当地人民政府应当组织有关部门及时改善道路安全通行条件、消除安全隐患。

第三十条 校车运载学生,应当按照国务院公安部门规定的位置放置校车标牌,开启校车标志灯。

校车运载学生,应当按照经审核确定的线路行驶,遇有交通管制、道路施工以及自然灾害、恶劣气象条件或者重大交通事故等影响道路通行情形的除外。

第三十一条 公安机关交通管理部门应当加强对校车行驶线路的道路交通秩序管理。遇交通拥堵的,交通警察应当指挥疏导运载学生的校车优先通行。

校车运载学生,可以在公共交通专用车道以及其他禁止社会车辆通行但允许公共交通车辆通行的路段行驶。

第三十二条 校车上下学生,应当在校车停靠站点停靠;未设校车停靠站点的路段可以在公共交通站台停靠。

道路或者交通设施的管理、养护单位应当按照标准设置校车停靠站点预告标识和校车停靠站点标牌,施划校车停靠站点标线。

第三十三条 校车在道路上停车上下学生,应当靠道路右侧停靠,开启危险报警闪光灯,打开停车指示标志。校车在同方向只有一条机动车道的道路上停靠时,后方车辆应当停车等待,不得超越。校车在同方向有两条以上机动车道的道路上停靠时,校车停靠车道后方和相邻机动车道上的机动车应当停车等待,其他机动车道上的机动车应当减速通过。校车后方停车等待的机动车不得鸣喇叭或者使用灯光催促校车。

第三十四条 校车载人不得超过核定的人数,不得以任何理由超员。

学校和校车服务提供者不得要求校车驾驶人超员、超速驾驶校车。

第三十五条 载有学生的校车在高速公路上行驶的最高时速不得超过80公里,在其他道路上行驶的最高时速不得超过60公里。

道路交通安全法律法规规定或者道路上限速标志、标线标明的最高时速低于前款规定的,从其规定。

载有学生的校车在急弯、陡坡、窄路、窄桥以及冰雪、泥泞的道路上行驶,或者遇有雾、雨、雪、沙尘、冰雹等低能见度气象条件时,最高时速不得超过20公里。

第三十六条 交通警察对违反道路交通安全法律法规的校车,可以在消除违法行为的前提下先予放行,待校车完成接送学生任务后再对校车驾驶人进行处罚。

第三十七条 公安机关交通管理部门应当加强对校车运行情况的监督检查,依法查处校车道路交通安全违法行为,定期将校车驾驶人的道路交通安全违法行为和交通事故信息抄送其所属单位和教育行政部门。

第六章 校车乘车安全

第三十八条 配备校车的学校、校车服务提供者应当指派照管人员随校车全程照管乘车学生。校车服务提供者为学校提供校车服务的,双方可以约定由学校指派随车照管人员。

学校和校车服务提供者应当定期对随车照管人员进行安全教育,组织随车照管人员学习道路交通安全法律法规、应急处置和应急救援知识。

第三十九条 随车照管人员应当履行下列职责:

(一)学生上下车时,在车下引导、指挥,维护上下车秩序;

(二)发现驾驶人无校车驾驶资格,饮酒、醉酒后驾驶,或者身体严重不适以及校车超员等明显妨碍行车安全情形的,制止校车开行;

(三)清点乘车学生人数,帮助、指导学生安全落座、系好安全带,确认车门关闭后示意驾驶人启动校车;

(四)制止学生在校车行驶过程中离开座位等危险行为;

(五)核实学生下车人数,确认乘车学生已经全部离车后本人方可离车。

第四十条 校车的副驾驶座位不得安排学生乘坐。

校车运载学生过程中,禁止除驾驶人、随车照管人员以外的人员乘坐。

第四十一条 校车驾驶人驾驶校车上道路行驶前,应当对校车的制动、转向、外部照明、轮胎、安全门、座椅、安全带等车况是否符合安全技术要求进行检查,不得驾驶存在安全隐患的校车上道路行驶。

校车驾驶人不得在校车载有学生时给车辆加油,不得在校车发动机引擎熄灭前离开驾驶座位。

第四十二条 校车发生交通事故,驾驶人、随车照管人员应当立即报警,设置警示标志。乘车学生继续留在校车内有危险的,随车照管人员应当将学生撤离到安全区域,并及时与学校、校车服务提供者、学生的监护人联系处理后续事宜。

第七章 法 律 责 任

第四十三条 生产、销售不符合校车安全国家标准的校车的,依照道路交通安全、产品质量管理的法律、行政法规的规定处罚。

第四十四条 使用拼装或者达到报废标准的机动车接送学生的,由公安机关交通管理部门收缴并强制报废机动车;对驾驶人处2000元以上5000元以下的罚款,吊销其机动车驾驶证;对车辆所有人处8万元以上10万元以下的罚款,有违法所得的予以没收。

第四十五条 使用未取得校车标牌的车辆提供校车服务,或者使用未取得校车驾驶资格的人员驾驶校车的,由公安机关交通管理部门扣留该机动车,处1万元以上2万元以下的罚款,有违法所得的予以没收。

取得道路运输经营许可的企业或者个体经营者有前款规定的违法行为,除依照前款规定处罚外,情节严重的,由交通运输主管部门吊销其经营许可证件。

伪造、变造或者使用伪造、变造的校车标牌的,由公安机关交通管理部门收缴伪造、变造的校车标牌,扣留该机动车,处2000元以上5000元以下的罚款。

第四十六条 不按照规定为校车配备安全设备,或者不按照规定对校车进行安全维护的,由公安机关交通管理部门责令改正,处1000元以上3000元以下的罚款。

第四十七条 机动车驾驶人未取得校车驾驶资格驾驶校车的,由公安机关交通管理部门处1000元以上3000元以下的罚款,情节严重的,可以并处吊销机动车驾驶证。

第四十八条 校车驾驶人有下列情形之一的,由公安机关交通管理部门责令改正,可以处200元罚款:

(一)驾驶校车运载学生,不按照规定放置校车标牌、开启校车标志灯,或者不按照经审核确定的线路行驶;

(二)校车上下学生,不按照规定在校车停靠站点停靠;

(三)校车未运载学生上道路行驶,使用校车标牌、校车标志灯和停车指示标志;

(四)驾驶校车上道路行驶前,未对校车车况是否符合安全技术要求进行检查,或者驾驶存在安全隐患的校车上道路行驶;

(五)在校车载有学生时给车辆加油,或者在校车发动机引擎熄灭前离开驾驶座位。

校车驾驶人违反道路交通安全法律法规关于道路通行规定的,由公安机关交通管理部门依法从重处罚。

第四十九条 校车驾驶人违反道路交通安全法律法规被依法处罚或者发生道路交通事故,不再符合本条例规定的校车驾驶人条件的,由公安机关交通管理部门取消校车驾驶资格,并在机动车驾驶证上签注。

第五十条 校车载人超过核定人数的,由公安机关交通管理部门扣留车辆至违法状态消除,并依照道路交通安全法律法规的规定从重处罚。

第五十一条 公安机关交通管理部门查处校车道路交通安全违法行为,依法扣留车辆的,应当通知相关学校或者校车服务提供者转运学生,并在违法状态消除后立即发还被扣留车辆。

第五十二条 机动车驾驶人违反本条例规定,不避让校车的,由公安机关交通管理部门处200元罚款。

第五十三条 未依照本条例规定指派照管人员随校车全程照管乘车学生的,由公安机关责令改正,可以处500元罚款。

随车照管人员未履行本条例规定的职责的,由学校或者校车服务提供者责令改正;拒不改正的,给予处分或者予以解聘。

第五十四条 取得校车使用许可的学校、校车服务提供者违反本条例规定,情节严重的,原作出许可决定的地方人民政府可以吊销其校车使用许可,由公安机关交通管理部门收回校车标牌。

第五十五条 学校违反本条例规定的,除依照本条例有关规定予以处罚外,由教育行政部门给予通报批评;导致发生学生伤亡事故的,对政府举办的学校的负有责任的领导人员和直接责任人员依法给予处分;对民办学校由审批机关责令暂停招生,情节严重的,吊销其办学许可证,并由教育行政部门责令负有责任的领导人员和直接责任人员5年内不得从事学校管理事务。

第五十六条 县级以上地方人民政府不依法履行校车安全管理职责,致使本行政区域发生校车安全重大事故的,对负有责任的领导人员和直接责任人员依法给予处分。

第五十七条 教育、公安、交通运输、工业和信息化、质量监督检验检疫、安全生产监督管理等有关部门及其工作人员不依法履行校车安全管理职责的,对负有责任的领导人员和直接责任人员依法给予处分。

第五十八条 违反本条例的规定,构成违反治安管理行为的,由公安机关依法给予治安管理处罚;构成犯罪的,依法追究刑事责任。

第五十九条 发生校车安全事故,造成人身伤亡或者财产损失的,依法承担赔偿责任。

第八章 附 则

第六十条 县级以上地方人民政府应当合理规划幼儿园布局,方便幼儿就近入园。

入园幼儿应当由监护人或者其委托的成年人接送。对确因特殊情况不能由监护人或者其委托的成年人接送,需要使用车辆集中接送的,应当使用按照专用校车国家标准设计和制造的幼儿专用校车,遵守本条例校车安全管理的规定。

第六十一条 省、自治区、直辖市人民政府应当结合本地区实际情况,制定本条例的实施办法。

第六十二条 本条例自公布之日起施行。

本条例施行前已经配备校车的学校和校车服务提供者及其聘用的校车驾驶人应当自本条例施行之日起90日内,依照本条例的规定申请取得校车使用许可、校车驾驶资格。

本条例施行后,用于接送小学生、幼儿的专用校车不能满足需求的,在省、自治区、直辖市人民政府规定的过渡期限内可以使用取得校车标牌的其他载客汽车。

中华人民共和国大气污染防治法

《中华人民共和国大气污染防治法》由中华人民共和国第十二届全国人民代表大会常务委员会第十六次会议于 2015 年 8 月 29 日修订通过,自 2016 年 1 月 1 日起施行。

第一章 总 则

第一条 为保护和改善环境,防治大气污染,保障公众健康,推进生态文明建设,促进经济社会可持续发展,制定本法。

第二条 防治大气污染,应当以改善大气环境质量为目标,坚持源头治理,规划先行,转变经济发展方式,优化产业结构和布局,调整能源结构。

防治大气污染,应当加强对燃煤、工业、机动车船、扬尘、农业等大气污染的综合防治,推行区域大气污染联合防治,对颗粒物、二氧化硫、氮氧化物、挥发性有机物、氨等大气污染物和温室气体实施协同控制。

第三条 县级以上人民政府应当将大气污染防治工作纳入国民经济和社会发展规划,加大对大气污染防治的财政投入。

地方各级人民政府应当对本行政区域的大气环境质量负责,制定规划,采取措施,控制或者逐步削减大气污染物的排放量,使大气环境质量达到规定标准并逐步改善。

第四条 国务院环境保护主管部门会同国务院有关部门,按照国务院的规定,对省、自治区、直辖市大气环境质量改善目标、大气污染防治重点任务完成情况进行考核。省、自治区、直辖市人民政府制定考核办法,对本行政区域内地方大气环境质量改善目标、大气污染防治重点任务完成情况实施考核。考核结果应当向社会公开。

第五条 县级以上人民政府环境保护主管部门对大气污染防治实施统一监督管理。

县级以上人民政府其他有关部门在各自职责范围内对大气污染防治实施监督管理。

第六条 国家鼓励和支持大气污染防治科学技术研究,开展对大气污染来源及其变化趋势的分析,推广先进适用的大气污染防治技术和装备,促进科技成果转化,发挥科学技术在大气污染防治中的支撑作用。

第七条 企业事业单位和其他生产经营者应当采取有效措施,防止、减少大气污染,对所造成的损害依法承担责任。

公民应当增强大气环境保护意识,采取低碳、节俭的生活方式,自觉履行大气环境保护义务。

第二章 大气污染防治标准和限期达标规划

第八条 国务院环境保护主管部门或者省、自治区、直辖市人民政府制定大气环境质量标准,应当以保障公众健康和保护生态环境为宗旨,与经济社会发展相适应,做到科学合理。

第九条 国务院环境保护主管部门或者省、自治区、直辖市人民政府制定大气污染物排放标准,应当以大气环境质量标准和国家经济、技术条件为依据。

第十条 制定大气环境质量标准、大气污染物排放标准,应当组织专家进行审查和论证,并征求有关部门、行业协会、企业事业单位和公众等方面的意见。

第十一条 省级以上人民政府环境保护主管部门应当在其网站上公布大气环境质量标准、大气污染物排放标准,供公众免费查阅、下载。

第十二条 大气环境质量标准、大气污染物排放标准的执行情况应当定期进行评估,根据评估结果对标准适时进行修订。

第十三条 制定燃煤、石油焦、生物质燃料、涂料等含挥发性有机物的产品、烟花爆竹以及锅炉等产品的质量标准,应当明确大气环境保护要求。

制定燃油质量标准,应当符合国家大气污染物控制要求,并与国家机动车船、非道路移动机械大气污染物排放标准相互衔接,同步实施。

前款所称非道路移动机械,是指装配有发动机的移动机械和可运输工业设备。

第十四条 未达到国家大气环境质量标准城市的人民政府应当及时编制大气环境质量限期达标规划,采取措施,按照国务院或者省级人民政府规定的期限达到大气环境质量标准。

编制城市大气环境质量限期达标规划,应当征求有关行业协会、企业事业单位、专家和公众等方面的意见。

第十五条 城市大气环境质量限期达标规划应当向社会公开。直辖市和设区的市的大气环境质量限期达标规划应当报国务院环境保护主管部门备案。

第十六条 城市人民政府每年在向本级人民代表大会或者其常务委员会报告环境状况和环境保护目标完成情况时,应当报告大气环境质量限期达标规划执行情况,并向社会公开。

第十七条 城市大气环境质量限期达标规划应当根据大气污染防治的要求和经济、技术条件适时进行评估、修订。

第三章 大气污染防治的监督管理

第十八条 企业事业单位和其他生产经营者建设对大气环境有影响的项目,应当依法进行环境影响评价、公开环境影响评价文件；向大气排放污染物的，应当符合大气污染物排放标准，遵守重点大气污染物排放总量控制要求。

第十九条 排放工业废气或者本法第七十八条规定名录中所列有毒有害大气污染物的企业事业单位、集中供热设施的燃煤热源生产运营单位以及其他依法实行排污许可管理的单位，应当取得排污许可证。排污许可的具体办法和实施步骤由国务院规定。

第二十条 企业事业单位和其他生产经营者向大气排放污染物的，应当依照法律法规和国务院环境保护主管部门的规定设置大气污染物排放口。

禁止通过偷排、篡改或者伪造监测数据、以逃避现场检查为目的的临时停产、非紧急情况下开启应急排放通道、不正常运行大气污染防治设施等逃避监管的方式排放大气污染物。

第二十一条 国家对重点大气污染物排放实行总量控制。

重点大气污染物排放总量控制目标，由国务院环境保护主管部门在征求国务院有关部门和各省、自治区、直辖市人民政府意见后，会同国务院经济综合主管部门报国务院批准并下达实施。

省、自治区、直辖市人民政府应当按照国务院下达的总量控制目标，控制或者削减本行政区域的重点大气污染物排放总量。

确定总量控制目标和分解总量控制指标的具体办法，由国务院环境保护主管部门会同国务院有关部门规定。省、自治区、直辖市人民政府可以根据本行政区域大气污染防治的需要，对国家重点大气污染物之外的其他大气污染物排放实行总量控制。

国家逐步推行重点大气污染物排污权交易。

第二十二条 对超过国家重点大气污染物排放总量控制指标或者未完成国家下达的大气环境质量改善目标的地区，省级以上人民政府环境保护主管部门应当会同有关部门约谈该地区人民政府的主要负责人，并暂停审批该地区新增重点大气污染物排放总量的建设项目环境影响评价文件。约谈情况应当向社会公开。

第二十三条 国务院环境保护主管部门负责制定大气环境质量和大气污染源的监测和评价规范，组织建设与管理全国大气环境质量和大气污染源监测网，组织开展大气环境质量和大气污染源监测，统一发布全国大气环境质量状况信息。

县级以上地方人民政府环境保护主管部门负责组织建设与管理本行政区域大气环境质量和大气污染源监测网，开展大气环境质量和大气污染源监测，统一发布本行政区域大气环境质量状况信息。

第二十四条 企业事业单位和其他生产经营者应当按照国家有关规定和监测规范，对其排放的工业废气和本法第七十八条规定名录中所列有毒有害大气污染物进行监测，并保存原始监测记录。其中，重点排污单位应当安装、使用大气污染物排放自动监测设备,与环境保护主管部门的监控设备联网,保证监测设备正常运行并依法公开排放信息。监测的具体办法和重点排污单位的条件由国务院环境保护主管部门规定。

重点排污单位名录由设区的市级以上地方人民政府环境保护主管部门按照国务院环境保护主管部门的规定,根据本行政区域的大气环境承载力、重点大气污染物排放总量控制指标的要求以及排污单位排放大气污染物的种类、数量和浓度等因素,商有关部门确定,并向社会公布。

第二十五条 重点排污单位应当对自动监测数据的真实性和准确性负责。环境保护主管部门发现重点排污单位的大气污染物排放自动监测设备传输数据异常,应当及时进行调查。

第二十六条 禁止侵占、损毁或者擅自移动、改变大气环境质量监测设施和大气污染物排放自动监测设备。

第二十七条 国家对严重污染大气环境的工艺、设备和产品实行淘汰制度。

国务院经济综合主管部门会同国务院有关部门确定严重污染大气环境的工艺、设备和产品淘汰期限,并纳入国家综合性产业政策目录。

生产者、进口者、销售者或者使用者应当在规定期限内停止生产、进口、销售或者使用列入前款规定目录中的设备和产品。工艺的采用者应当在规定期限内停止采用列入前款规定目录中的工艺。

被淘汰的设备和产品,不得转让给他人使用。

第二十八条 国务院环境保护主管部门会同有关部门,建立和完善大气污染损害评估制度。

第二十九条 环境保护主管部门及其委托的环境监察机构和其他负有大气环境保护监督管理职责的部门,有权通过现场检查监测、自动监测、遥感监测、远红外摄像等方式,对排放大气污染物的企业事业单位和其他生产经营者进行监督检查。被检查者应当如实反映情况,提供必要的资料。实施检查的部门、机构及其工作人员应当为被检查者保守商业秘密。

第三十条 企业事业单位和其他生产经营者违反法律法规规定排放大气污染物,造成或者可能造成严重大气污染,或者有关证据可能灭失或者被隐匿的,县级以上人民政府环境保护主管部门和其他负有大气环境保护监督管理职责的部门,可以对有关设施、设备、物品采取查封、扣押等行政强制措施。

第三十一条 环境保护主管部门和其他负有大气环境保护监督管理职责的部门应当公布举报电话、电子邮箱等,方便公众举报。

环境保护主管部门和其他负有大气环境保护监督管理职责的部门接到举报的,应当及时处理并对举报人的相关信息予以保密;对实名举报的,应当反馈处理结果等情况,查证属实的,处理结果依法向社会公开,并对举报人给予奖励。

举报人举报所在单位的,该单位不得以解除、变更劳动合同或者其他方式对举报人进行打击报复。

第四章 大气污染防治措施

第一节 燃煤和其他能源污染防治

第三十二条 国务院有关部门和地方各级人民政府应当采取措施,调整能源结构,推广清洁能源的生产和使用;优化煤炭使用方式,推广煤炭清洁高效利用,逐步降低煤炭在一次能源消费中的比重,减少煤炭生产、使用、转化过程中的大气污染物排放。

第三十三条 国家推行煤炭洗选加工,降低煤炭的硫分和灰分,限制高硫分、高灰分煤炭的开采。新建煤矿应当同步建设配套的煤炭洗选设施,使煤炭的硫分、灰分含量达到规定标准;已建成的煤矿除所采煤炭属于低硫分、低灰分或者根据已达标排放的燃煤电厂要求不需要洗选的以外,应当限期建成配套的煤炭洗选设施。

禁止开采含放射性和砷等有毒有害物质超过规定标准的煤炭。

第三十四条 国家采取有利于煤炭清洁高效利用的经济、技术政策和措施,鼓励和支持洁净煤技术的开发和推广。

国家鼓励煤矿企业等采用合理、可行的技术措施,对煤层气进行开采利用,对煤矸石进行综合利用。从事煤层气开采利用的,煤层气排放应当符合有关标准规范。

第三十五条 国家禁止进口、销售和燃用不符合质量标准的煤炭,鼓励燃用优质煤炭。

单位存放煤炭、煤矸石、煤渣、煤灰等物料,应当采取防燃措施,防止大气污染。

第三十六条 地方各级人民政府应当采取措施,加强民用散煤的管理,禁止销售不符合民用散煤质量标准的煤炭,鼓励居民燃用优质煤炭和洁净型煤,推广节能环保型炉灶。

第三十七条 石油炼制企业应当按照燃油质量标准生产燃油。

禁止进口、销售和燃用不符合质量标准的石油焦。

第三十八条 城市人民政府可以划定并公布高污染燃料禁燃区,并根据大气环境质量改善要求,逐步扩大高污染燃料禁燃区范围。高污染燃料的目录由国务院环境保护主管部门确定。

在禁燃区内,禁止销售、燃用高污染燃料;禁止新建、扩建燃用高污染燃料的设施,已建成的,应当在城市人民政府规定的期限内改用天然气、页岩气、液化石油气、电或者其他清洁能源。

第三十九条 城市建设应当统筹规划,在燃煤供热地区,推进热电联产和集中供热。在集中供热管网覆盖地区,禁止新建、扩建分散燃煤供热锅炉;已建成的不能达标排放的燃煤供热锅炉,应当在城市人民政府规定的期限内拆除。

第四十条 县级以上人民政府质量监督部门应当会同环境保护主管部门对锅炉生产、进口、销售和使用环节执行环境保护标准或者要求的情况进行监督检查;不符合环境保护标准或者要求的,不得生产、进口、销售和使用。

第四十一条 燃煤电厂和其他燃煤单位应当采用清洁生产工艺,配套建设除尘、脱硫、脱硝等装置,或者采取技术改造等其他控制大气污染物排放的措施。

国家鼓励燃煤单位采用先进的除尘、脱硫、脱硝、脱汞等大气污染物协同控制的技术和装置,减少大气污染物的排放。

第四十二条 电力调度应当优先安排清洁能源发电上网。

第二节 工业污染防治

第四十三条 钢铁、建材、有色金属、石油、化工等企业生产过程中排放粉尘、硫化物和氮氧化物的,应当采用清洁生产工艺,配套建设除尘、脱硫、脱硝等装置,或者采取技术改造等其他控制大气污染物排放的措施。

第四十四条 生产、进口、销售和使用含挥发性有机物的原材料和产品的,其挥发性有机物含量应当符合质量标准或者要求。

国家鼓励生产、进口、销售和使用低毒、低挥发性有机溶剂。

第四十五条 产生含挥发性有机物废气的生产和服务活动,应当在密闭空间或者设备中进行,并按照规定安装、使用污染防治设施;无法密闭的,应当采取措施减少废气排放。

第四十六条 工业涂装企业应当使用低挥发性有机物含量的涂料,并建立台账,记录生产原料、辅料的使用量、废弃量、去向以及挥发性有机物含量。台账保存期限不得少于三年。

第四十七条 石油、化工以及其他生产和使用有机溶剂的企业,应当采取措施对管道、设备进行日常维护、维修,减少物料泄漏,对泄漏的物料应当及时收集处理。

储油储气库、加油加气站、原油成品油码头、原油成品油运输船舶和油罐车、气罐车等,应当按照国家有关规定安装油气回收装置并保持正常使用。

第四十八条 钢铁、建材、有色金属、石油、化工、制药、矿产开采等企业,应当加强精细化管理,采取集中收集处理等措施,严格控制粉尘和气态污染物的排放。

工业生产企业应当采取密闭、围挡、遮盖、清扫、洒水等措施,减少内部物料的堆存、传输、装卸等环节产生的粉尘和气态污染物的排放。

第四十九条 工业生产、垃圾填埋或者其他活动产生的可燃性气体应当回收利用,不具备回收利用条件的,应当进行污染防治处理。

可燃性气体回收利用装置不能正常作业的,应当及时修复或者更新。在回收利用装置不能正常作业期间确需排放可燃性气体的,应当将排放的可燃性气体充分燃烧或者采取其他控制大气污染物排放的措施,并向当地环境保护主管部门报告,按照要求限期修复或者更新。

第三节 机动车船等污染防治

第五十条 国家倡导低碳、环保出行,根据城市规划合理控制燃油机动车保有量,大力发展城市公共交通,提高公共交通出行比例。

国家采取财政、税收、政府采购等措施推广应用节能环保型和新能源机动车船、非道路移动机械,限制高油耗、高排放机动车船、非道路移动机械的发展,减少化石能源的消耗。

省、自治区、直辖市人民政府可以在条件具备的地区,提前执行国家机动车大气污染物排放标准中相应阶段排放限值,并报国务院环境保护主管部门备案。

城市人民政府应当加强并改善城市交通管理,优化道路设置,保障人行道和非机动车道的连续、畅通。

第五十一条 机动车船、非道路移动机械不得超过标准排放大气污染物。

禁止生产、进口或者销售大气污染物排放超过标准的机动车船、非道路移动机械。

第五十二条 机动车、非道路移动机械生产企业应当对新生产的机动车和非道路移动机械进行排放检验。经检验合格的,方可出厂销售。检验信息应当向社会公开。

省级以上人民政府环境保护主管部门可以通过现场检查、抽样检测等方式,加强对新生产、销售机动车和非道路移动机械大气污染物排放状况的监督检查。工业、质量监督、工商行政管理等有关部门予以配合。

第五十三条 在用机动车应当按照国家或者地方的有关规定,由机动车排放检验机构定期对其进行排放检验。经检验合格的,方可上道路行驶。未经检验合格的,公安机关交通管理部门不得核发安全技术检验合格标志。

县级以上地方人民政府环境保护主管部门可以在机动车集中停放地、维修地对在用机动车的大气污染物排放状况进行监督抽测;在不影响正常通行的情况下,可以通过遥感监测等技术手段对在道路上行驶的机动车的大气污染物排放状况进行监督抽测,公安机关交通管理部门予以配合。

第五十四条 机动车排放检验机构应当依法通过计量认证,使用经依法检定合格的机动车排放检验设备,按照国务院环境保护主管部门制定的规范,对机动车进行排放检验,并与环境保护主管部门联网,实现检验数据实时共享。机动车排放检验机构及其负责人对检验数据的真实性和准确性负责。

环境保护主管部门和认证认可监督管理部门应当对机动车排放检验机构的排放检

验情况进行监督检查。

第五十五条 机动车生产、进口企业应当向社会公布其生产、进口机动车车型的排放检验信息、污染控制技术信息和有关维修技术信息。

机动车维修单位应当按照防治大气污染的要求和国家有关技术规范对在用机动车进行维修,使其达到规定的排放标准。交通运输、环境保护主管部门应当依法加强监督管理。

禁止机动车所有人以临时更换机动车污染控制装置等弄虚作假的方式通过机动车排放检验。禁止机动车维修单位提供该类维修服务。禁止破坏机动车车载排放诊断系统。

第五十六条 环境保护主管部门应当会同交通运输、住房城乡建设、农业行政、水行政等有关部门对非道路移动机械的大气污染物排放状况进行监督检查,排放不合格的,不得使用。

第五十七条 国家倡导环保驾驶,鼓励燃油机动车驾驶人在不影响道路通行且需停车三分钟以上的情况下熄灭发动机,减少大气污染物的排放。

第五十八条 国家建立机动车和非道路移动机械环境保护召回制度。

生产、进口企业获知机动车、非道路移动机械排放大气污染物超过标准,属于设计、生产缺陷或者不符合规定的环境保护耐久性要求的,应当召回;未召回的,由国务院质量监督部门会同国务院环境保护主管部门责令其召回。

第五十九条 在用重型柴油车、非道路移动机械未安装污染控制装置或者污染控制装置不符合要求,不能达标排放的,应当加装或者更换符合要求的污染控制装置。

第六十条 在用机动车排放大气污染物超过标准的,应当进行维修;经维修或者采用污染控制技术后,大气污染物排放仍不符合国家在用机动车排放标准的,应当强制报废。其所有人应当将机动车交售给报废机动车回收拆解企业,由报废机动车回收拆解企业按照国家有关规定进行登记、拆解、销毁等处理。

国家鼓励和支持高排放机动车船、非道路移动机械提前报废。

第六十一条 城市人民政府可以根据大气环境质量状况,划定并公布禁止使用高排放非道路移动机械的区域。

第六十二条 船舶检验机构对船舶发动机及有关设备进行排放检验。经检验符合国家排放标准的,船舶方可运营。

第六十三条 内河和江海直达船舶应当使用符合标准的普通柴油。远洋船舶靠港后应当使用符合大气污染物控制要求的船舶用燃油。

新建码头应当规划、设计和建设岸基供电设施;已建成的码头应当逐步实施岸基供电设施改造。船舶靠港后应当优先使用岸电。

第六十四条 国务院交通运输主管部门可以在沿海海域划定船舶大气污染物排放控制区,进入排放控制区的船舶应当符合船舶相关排放要求。

第六十五条 禁止生产、进口、销售不符合标准的机动车船、非道路移动机械用燃料;禁止向汽车和摩托车销售普通柴油以及其他非机动车用燃料;禁止向非道路移动机械、内河和江海直达船舶销售渣油和重油。

第六十六条 发动机油、氮氧化物还原剂、燃料和润滑油添加剂以及其他添加剂的有害物质含量和其他大气环境保护指标,应当符合有关标准的要求,不得损害机动车船污染控制装置效果和耐久性,不得增加新的大气污染物排放。

第六十七条 国家积极推进民用航空器的大气污染防治,鼓励在设计、生产、使用过程中采取有效措施减少大气污染物排放。

民用航空器应当符合国家规定的适航标准中的有关发动机排出物要求。

第四节 扬尘污染防治

第六十八条 地方各级人民政府应当加强对建设施工和运输的管理,保持道路清洁,控制料堆和渣土堆放,扩大绿地、水面、湿地和地面铺装面积,防治扬尘污染。

住房城乡建设、市容环境卫生、交通运输、国土资源等有关部门,应当根据本级人民政府确定的职责,做好扬尘污染防治工作。

第六十九条 建设单位应当将防治扬尘污染的费用列入工程造价,并在施工承包合同中明确施工单位扬尘污染防治责任。施工单位应当制定具体的施工扬尘污染防治实施方案。

从事房屋建筑、市政基础设施建设、河道整治以及建筑物拆除等施工单位,应当向负责监督管理扬尘污染防治的主管部门备案。

施工单位应当在施工工地设置硬质围挡,并采取覆盖、分段作业、择时施工、洒水抑尘、冲洗地面和车辆等有效防尘降尘措施。建筑土方、工程渣土、建筑垃圾应当及时清运;在场地内堆存的,应当采用密闭式防尘网遮盖。工程渣土、建筑垃圾应当进行资源化处理。

施工单位应当在施工工地公示扬尘污染防治措施、负责人、扬尘监督管理主管部门等信息。

暂时不能开工的建设用地,建设单位应当对裸露地面进行覆盖;超过三个月的,应当进行绿化、铺装或者遮盖。

第七十条 运输煤炭、垃圾、渣土、砂石、土方、灰浆等散装、流体物料的车辆应当采取密闭或者其他措施防止物料遗撒造成扬尘污染,并按照规定路线行驶。

装卸物料应当采取密闭或者喷淋等方式防治扬尘污染。

城市人民政府应当加强道路、广场、停车场和其他公共场所的清扫保洁管理,推行清洁动力机械化清扫等低尘作业方式,防治扬尘污染。

第七十一条 市政河道以及河道沿线、公共用地的裸露地面以及其他城镇裸露地面,有关部门应当按照规划组织实施绿化或者透水铺装。

第七十二条 贮存煤炭、煤矸石、煤渣、煤灰、水泥、石灰、石膏、砂土等易产生扬尘的物料应当密闭;不能密闭的,应当设置不低于堆放物高度的严密围挡,并采取有效覆盖措施防治扬尘污染。

码头、矿山、填埋场和消纳场应当实施分区作业,并采取有效措施防治扬尘污染。

第五节 农业和其他污染防治

第七十三条 地方各级人民政府应当推动转变农业生产方式,发展农业循环经济,加大对废弃物综合处理的支持力度,加强对农业生产经营活动排放大气污染物的控制。

第七十四条 农业生产经营者应当改进施肥方式,科学合理施用化肥并按照国家有关规定使用农药,减少氨、挥发性有机物等大气污染物的排放。

禁止在人口集中地区对树木、花草喷洒剧毒、高毒农药。

第七十五条 畜禽养殖场、养殖小区应当及时对污水、畜禽粪便和尸体等进行收集、贮存、清运和无害化处理,防止排放恶臭气体。

第七十六条 各级人民政府及其农业行政等有关部门应当鼓励和支持采用先进适用技术,对秸秆、落叶等进行肥料化、饲料化、能源化、工业原料化、食用菌基料化等综合利用,加大对秸秆还田、收集一体化农业机械的财政补贴力度。

县级人民政府应当组织建立秸秆收集、贮存、运输和综合利用服务体系,采用财政补贴等措施支持农村集体经济组织、农民专业合作经济组织、企业等开展秸秆收集、贮存、运输和综合利用服务。

第七十七条 省、自治区、直辖市人民政府应当划定区域,禁止露天焚烧秸秆、落叶等产生烟尘污染的物质。

第七十八条 国务院环境保护主管部门应当会同国务院卫生行政部门,根据大气污染物对公众健康和生态环境的危害和影响程度,公布有毒有害大气污染物名录,实行风险管理。

排放前款规定名录中所列有毒有害大气污染物的企业事业单位,应当按照国家有关规定建设环境风险预警体系,对排放口和周边环境进行定期监测,评估环境风险,排查环境安全隐患,并采取有效措施防范环境风险。

第七十九条 向大气排放持久性有机污染物的企业事业单位和其他生产经营者以及废弃物焚烧设施的运营单位,应当按照国家有关规定,采取有利于减少持久性有机污染物排放的技术方法和工艺,配备有效的净化装置,实现达标排放。

第八十条 企业事业单位和其他生产经营者在生产经营活动中产生恶臭气体的,

应当科学选址,设置合理的防护距离,并安装净化装置或者采取其他措施,防止排放恶臭气体。

第八十一条 排放油烟的餐饮服务业经营者应当安装油烟净化设施并保持正常使用,或者采取其他油烟净化措施,使油烟达标排放,并防止对附近居民的正常生活环境造成污染。

禁止在居民住宅楼、未配套设立专用烟道的商住综合楼以及商住综合楼内与居住层相邻的商业楼层内新建、改建、扩建产生油烟、异味、废气的餐饮服务项目。

任何单位和个人不得在当地人民政府禁止的区域内露天烧烤食品或者为露天烧烤食品提供场地。

第八十二条 禁止在人口集中地区和其他依法需要特殊保护的区域内焚烧沥青、油毡、橡胶、塑料、皮革、垃圾以及其他产生有毒有害烟尘和恶臭气体的物质。

禁止生产、销售和燃放不符合质量标准的烟花爆竹。任何单位和个人不得在城市人民政府禁止的时段和区域内燃放烟花爆竹。

第八十三条 国家鼓励和倡导文明、绿色祭祀。

火葬场应当设置除尘等污染防治设施并保持正常使用,防止影响周边环境。

第八十四条 从事服装干洗和机动车维修等服务活动的经营者,应当按照国家有关标准或者要求设置异味和废气处理装置等污染防治设施并保持正常使用,防止影响周边环境。

第八十五条 国家鼓励、支持消耗臭氧层物质替代品的生产和使用,逐步减少直至停止消耗臭氧层物质的生产和使用。

国家对消耗臭氧层物质的生产、使用、进出口实行总量控制和配额管理。具体办法由国务院规定。

第五章 重点区域大气污染联合防治

第八十六条 国家建立重点区域大气污染联防联控机制,统筹协调重点区域内大气污染防治工作。国务院环境保护主管部门根据主体功能区划、区域大气环境质量状况和大气污染传输扩散规律,划定国家大气污染防治重点区域,报国务院批准。

重点区域内有关省、自治区、直辖市人民政府应当确定牵头的地方人民政府,定期召开联席会议,按照统一规划、统一标准、统一监测、统一的防治措施的要求,开展大气污染联合防治,落实大气污染防治目标责任。国务院环境保护主管部门应当加强指导、督促。

省、自治区、直辖市可以参照第一款规定划定本行政区域的大气污染防治重点区域。

第八十七条 国务院环境保护主管部门会同国务院有关部门、国家大气污染防治重点区域内有关省、自治区、直辖市人民政府,根据重点区域经济社会发展和大气环境承载力,制定重点区域大气污染联合防治行动计划,明确控制目标,优化区域经济布局,统筹交通管理,发展清洁能源,提出重点防治任务和措施,促进重点区域大气环境质量改善。

第八十八条　国务院经济综合主管部门会同国务院环境保护主管部门,结合国家大气污染防治重点区域产业发展实际和大气环境质量状况,进一步提高环境保护、能耗、安全、质量等要求。

重点区域内有关省、自治区、直辖市人民政府应当实施更严格的机动车大气污染物排放标准,统一在用机动车检验方法和排放限值,并配套供应合格的车用燃油。

第八十九条　编制可能对国家大气污染防治重点区域的大气环境造成严重污染的有关工业园区、开发区、区域产业和发展等规划,应当依法进行环境影响评价。规划编制机关应当与重点区域内有关省、自治区、直辖市人民政府或者有关部门会商。

重点区域内有关省、自治区、直辖市建设可能对相邻省、自治区、直辖市大气环境质量产生重大影响的项目,应当及时通报有关信息,进行会商。

会商意见及其采纳情况作为环境影响评价文件审查或者审批的重要依据。

第九十条　国家大气污染防治重点区域内新建、改建、扩建用煤项目的,应当实行煤炭的等量或者减量替代。

第九十一条　国务院环境保护主管部门应当组织建立国家大气污染防治重点区域的大气环境质量监测、大气污染源监测等相关信息共享机制,利用监测、模拟以及卫星、航测、遥感等新技术分析重点区域内大气污染来源及其变化趋势,并向社会公开。

第九十二条　国务院环境保护主管部门和国家大气污染防治重点区域内有关省、自治区、直辖市人民政府可以组织有关部门开展联合执法、跨区域执法、交叉执法。

第六章　重污染天气应对

第九十三条　国家建立重污染天气监测预警体系。

国务院环境保护主管部门会同国务院气象主管机构等有关部门、国家大气污染防治重点区域内有关省、自治区、直辖市人民政府,建立重点区域重污染天气监测预警机制,统一预警分级标准。可能发生区域重污染天气的,应当及时向重点区域内有关省、自治区、直辖市人民政府通报。

省、自治区、直辖市、设区的市人民政府环境保护主管部门会同气象主管机构等有关部门建立本行政区域重污染天气监测预警机制。

第九十四条　县级以上地方人民政府应当将重污染天气应对纳入突发事件应急管理体系。

省、自治区、直辖市、设区的市人民政府以及可能发生重污染天气的县级人民政府,应当制定重污染天气应急预案,向上一级人民政府环境保护主管部门备案,并向社会公布。

第九十五条 省、自治区、直辖市、设区的市人民政府环境保护主管部门应当会同气象主管机构建立会商机制,进行大气环境质量预报。可能发生重污染天气的,应当及时向本级人民政府报告。省、自治区、直辖市、设区的市人民政府依据重污染天气预报信息,进行综合研判,确定预警等级并及时发出预警。预警等级根据情况变化及时调整。任何单位和个人不得擅自向社会发布重污染天气预报预警信息。

预警信息发布后,人民政府及其有关部门应当通过电视、广播、网络、短信等途径告知公众采取健康防护措施,指导公众出行和调整其他相关社会活动。

第九十六条 县级以上地方人民政府应当依据重污染天气的预警等级,及时启动应急预案,根据应急需要可以采取责令有关企业停产或者限产、限制部分机动车行驶、禁止燃放烟花爆竹、停止工地土石方作业和建筑物拆除施工、停止露天烧烤、停止幼儿园和学校组织的户外活动、组织开展人工影响天气作业等应急措施。

应急响应结束后,人民政府应当及时开展应急预案实施情况的评估,适时修改完善应急预案。

第九十七条 发生造成大气污染的突发环境事件,人民政府及其有关部门和相关企业事业单位,应当依照《中华人民共和国突发事件应对法》《中华人民共和国环境保护法》的规定,做好应急处置工作。环境保护主管部门应当及时对突发环境事件产生的大气污染物进行监测,并向社会公布监测信息。

第七章 法 律 责 任

第九十八条 违反本法规定,以拒绝进入现场等方式拒不接受环境保护主管部门及其委托的环境监察机构或者其他负有大气环境保护监督管理职责的部门的监督检查,或者在接受监督检查时弄虚作假的,由县级以上人民政府环境保护主管部门或者其他负有大气环境保护监督管理职责的部门责令改正,处二万元以上二十万元以下的罚款;构成违反治安管理行为的,由公安机关依法予以处罚。

第九十九条 违反本法规定,有下列行为之一的,由县级以上人民政府环境保护主管部门责令改正或者限制生产、停产整治,并处十万元以上一百万元以下的罚款;情节严重的,报经有批准权的人民政府批准,责令停业、关闭:

(一)未依法取得排污许可证排放大气污染物的;

(二)超过大气污染物排放标准或者超过重点大气污染物排放总量控制指标排放大气污染物的;

(三)通过逃避监管的方式排放大气污染物的。

第一百条 违反本法规定,有下列行为之一的,由县级以上人民政府环境保护主管部门责令改正,处二万元以上二十万元以下的罚款;拒不改正的,责令停产整治:

(一)侵占、损毁或者擅自移动、改变大气环境质量监测设施或者大气污染物排放自动监测设备的;

(二)未按照规定对所排放的工业废气和有毒有害大气污染物进行监测并保存原始监测记录的;

(三)未按照规定安装、使用大气污染物排放自动监测设备或者未按照规定与环境保护主管部门的监控设备联网,并保证监测设备正常运行的;

(四)重点排污单位不公开或者不如实公开自动监测数据的;

(五)未按照规定设置大气污染物排放口的。

第一百零一条 违反本法规定,生产、进口、销售或者使用国家综合性产业政策目录中禁止的设备和产品,采用国家综合性产业政策目录中禁止的工艺,或者将淘汰的设备和产品转让给他人使用的,由县级以上人民政府经济综合主管部门、出入境检验检疫机构按照职责责令改正,没收违法所得,并处货值金额一倍以上三倍以下的罚款;拒不改正的,报经有批准权的人民政府批准,责令停业、关闭。进口行为构成走私的,由海关依法予以处罚。

第一百零二条 违反本法规定,煤矿未按照规定建设配套煤炭洗选设施的,由县级以上人民政府能源主管部门责令改正,处十万元以上一百万元以下的罚款;拒不改正的,报经有批准权的人民政府批准,责令停业、关闭。

违反本法规定,开采含放射性和砷等有毒有害物质超过规定标准的煤炭的,由县级以上人民政府按照国务院规定的权限责令停业、关闭。

第一百零三条 违反本法规定,有下列行为之一的,由县级以上地方人民政府质量监督、工商行政管理部门按照职责责令改正,没收原材料、产品和违法所得,并处货值金额一倍以上三倍以下的罚款:

(一)销售不符合质量标准的煤炭、石油焦的;

(二)生产、销售挥发性有机物含量不符合质量标准或者要求的原材料和产品的;

(三)生产、销售不符合标准的机动车船和非道路移动机械用燃料、发动机油、氮氧化物还原剂、燃料和润滑油添加剂以及其他添加剂的;

(四)在禁燃区内销售高污染燃料的。

第一百零四条 违反本法规定,有下列行为之一的,由出入境检验检疫机构责令改正,没收原材料、产品和违法所得,并处货值金额一倍以上三倍以下的罚款;构成走私的,由海关依法予以处罚:

(一)进口不符合质量标准的煤炭、石油焦的;

(二)进口挥发性有机物含量不符合质量标准或者要求的原材料和产品的;

(三)进口不符合标准的机动车船和非道路移动机械用燃料、发动机油、氮氧化物还原剂、燃料和润滑油添加剂以及其他添加剂的。

第一百零五条 违反本法规定,单位燃用不符合质量标准的煤炭、石油焦的,由县级以上人民政府环境保护主管部门责令改正,处货值金额一倍以上三倍以下的罚款。

第一百零六条 违反本法规定,使用不符合标准或者要求的船舶用燃油的,由海事管理机构、渔业主管部门按照职责处一万元以上十万元以下的罚款。

第一百零七条 违反本法规定,在禁燃区内新建、扩建燃用高污染燃料的设施,或者未按照规定停止燃用高污染燃料,或者在城市集中供热管网覆盖地区新建、扩建分散燃煤供热锅炉,或者未按照规定拆除已建成的不能达标排放的燃煤供热锅炉的,由县级以上地方人民政府环境保护主管部门没收燃用高污染燃料的设施,组织拆除燃煤供热锅炉,并处二万元以上二十万元以下的罚款。

违反本法规定,生产、进口、销售或者使用不符合规定标准或者要求的锅炉,由县级以上人民政府质量监督、环境保护主管部门责令改正,没收违法所得,并处二万元以上二十万元以下的罚款。

第一百零八条 违反本法规定,有下列行为之一的,由县级以上人民政府环境保护主管部门责令改正,处二万元以上二十万元以下的罚款;拒不改正的,责令停产整治:

(一)产生含挥发性有机物废气的生产和服务活动,未在密闭空间或者设备中进行,未按照规定安装、使用污染防治设施,或者未采取减少废气排放措施的;

(二)工业涂装企业未使用低挥发性有机物含量涂料或者未建立、保存台账的;

(三)石油、化工以及其他生产和使用有机溶剂的企业,未采取措施对管道、设备进行日常维护、维修,减少物料泄漏或者对泄漏的物料未及时收集处理的;

(四)储油储气库、加油加气站和油罐车、气罐车等,未按照国家有关规定安装并正常使用油气回收装置的;

(五)钢铁、建材、有色金属、石油、化工、制药、矿产开采等企业,未采取集中收集处理、密闭、围挡、遮盖、清扫、洒水等措施,控制、减少粉尘和气态污染物排放的;

(六)工业生产、垃圾填埋或者其他活动中产生的可燃性气体未回收利用,不具备回收利用条件未进行防治污染处理,或者可燃性气体回收利用装置不能正常作业,未及时修复或者更新的。

第一百零九条 违反本法规定,生产超过污染物排放标准的机动车、非道路移动机械的,由省级以上人民政府环境保护主管部门责令改正,没收违法所得,并处货值金额一倍以上三倍以下的罚款,没收销毁无法达到污染物排放标准的机动车、非道路移动机械;拒不改正的,责令停产整治,并由国务院机动车生产主管部门责令停止生产该车型。

违反本法规定,机动车、非道路移动机械生产企业对发动机、污染控制装置弄虚作假、以次充好,冒充排放检验合格产品出厂销售的,由省级以上人民政府环境保护主管部门责令停产整治,没收违法所得,并处货值金额一倍以上三倍以下的罚款,没收销毁无法达到污染物排放标准的机动车、非道路移动机械,并由国务院机动车生产主管部门责令停止生产该车型。

第一百一十条 违反本法规定,进口、销售超过污染物排放标准的机动车、非道路移动机械的,由县级以上人民政府工商行政管理部门、出入境检验检疫机构按照职责没收违法所得,并处货值金额一倍以上三倍以下的罚款,没收销毁无法达到污染物排放标准的机动车、非道路移动机械;进口行为构成走私的,由海关依法予以处罚。

违反本法规定,销售的机动车、非道路移动机械不符合污染物排放标准的,销售者应当负责修理、更换、退货;给购买者造成损失的,销售者应当赔偿损失。

第一百一十一条 违反本法规定,机动车生产、进口企业未按照规定向社会公布其生产、进口机动车车型的排放检验信息或者污染控制技术信息的,由省级以上人民政府环境保护主管部门责令改正,处五万元以上五十万元以下的罚款。

违反本法规定,机动车生产、进口企业未按照规定向社会公布其生产、进口机动车车型的有关维修技术信息的,由省级以上人民政府交通运输主管部门责令改正,处五万元以上五十万元以下的罚款。

第一百一十二条 违反本法规定,伪造机动车、非道路移动机械排放检验结果或者出具虚假排放检验报告的,由县级以上人民政府环境保护主管部门没收违法所得,并处十万元以上五十万元以下的罚款;情节严重的,由负责资质认定的部门取消其检验资格。

违反本法规定,伪造船舶排放检验结果或者出具虚假排放检验报告的,由海事管理机构依法予以处罚。

违反本法规定,以临时更换机动车污染控制装置等弄虚作假的方式通过机动车排放检验或者破坏机动车车载排放诊断系统的,由县级以上人民政府环境保护主管部门责令改正,对机动车所有人处五千元的罚款;对机动车维修单位处每辆机动车五千元的罚款。

第一百一十三条 违反本法规定,机动车驾驶人驾驶排放检验不合格的机动车上道路行驶的,由公安机关交通管理部门依法予以处罚。

第一百一十四条 违反本法规定,使用排放不合格的非道路移动机械,或者在用重型柴油车、非道路移动机械未按照规定加装、更换污染控制装置的,由县级以上人民政府环境保护等主管部门按照职责责令改正,处五千元的罚款。

违反本法规定,在禁止使用高排放非道路移动机械的区域使用高排放非道路移动机械的,由城市人民政府环境保护等主管部门依法予以处罚。

第一百一十五条 违反本法规定,施工单位有下列行为之一的,由县级以上人民政府住房城乡建设等主管部门按照职责责令改正,处一万元以上十万元以下的罚款;拒不改正的,责令停工整治:

(一)施工工地未设置硬质围挡,或者未采取覆盖、分段作业、择时施工、洒水抑尘、冲洗地面和车辆等有效防尘降尘措施的;

(二)建筑土方、工程渣土、建筑垃圾未及时清运,或者未采用密闭式防尘网遮盖的。

违反本法规定,建设单位未对暂时不能开工的建设用地的裸露地面进行覆盖,或者未对超过三个月不能开工的建设用地的裸露地面进行绿化、铺装或者遮盖的,由县级以上人民政府住房城乡建设等主管部门依照前款规定予以处罚。

第一百一十六条 违反本法规定,运输煤炭、垃圾、渣土、砂石、土方、灰浆等散装、流体物料的车辆,未采取密闭或者其他措施防止物料遗撒的,由县级以上地方人民政府确定的监督管理部门责令改正,处二千元以上二万元以下的罚款;拒不改正的,车辆不得上道路行驶。

第一百一十七条 违反本法规定,有下列行为之一的,由县级以上人民政府环境保护等主管部门按照职责责令改正,处一万元以上十万元以下的罚款;拒不改正的,责令停工整治或者停业整治:

(一)未密闭煤炭、煤矸石、煤渣、煤灰、水泥、石灰、石膏、砂土等易产生扬尘的物料的;

(二)对不能密闭的易产生扬尘的物料,未设置不低于堆放物高度的严密围挡,或者未采取有效覆盖措施防治扬尘污染的;

(三)装卸物料未采取密闭或者喷淋等方式控制扬尘排放的;

(四)存放煤炭、煤矸石、煤渣、煤灰等物料,未采取防燃措施的;

(五)码头、矿山、填埋场和消纳场未采取有效措施防治扬尘污染的;

(六)排放有毒有害大气污染物名录中所列有毒有害大气污染物的企业事业单位,未按照规定建设环境风险预警体系或者对排放口和周边环境进行定期监测、排查环境安全隐患并采取有效措施防范环境风险的;

(七)向大气排放持久性有机污染物的企业事业单位和其他生产经营者以及废弃物焚烧设施的运营单位,未按照国家有关规定采取有利于减少持久性有机污染物排放的技术方法和工艺,配备净化装置的;

(八)未采取措施防止排放恶臭气体的。

第一百一十八条 违反本法规定,排放油烟的餐饮服务业经营者未安装油烟净化设施、不正常使用油烟净化设施或者未采取其他油烟净化措施,超过排放标准排放油烟的,由县级以上地方人民政府确定的监督管理部门责令改正,处五千元以上五万元以下的罚款;拒不改正的,责令停业整治。

违反本法规定,在居民住宅楼、未配套设立专用烟道的商住综合楼、商住综合楼内与居住层相邻的商业楼层内新建、改建、扩建产生油烟、异味、废气的餐饮服务项目的,由县级以上地方人民政府确定的监督管理部门责令改正;拒不改正的,予以关闭,并处一万元以上十万元以下的罚款。

违反本法规定,在当地人民政府禁止的时段和区域内露天烧烤食品或者为露天烧烤食品提供场地的,由县级以上地方人民政府确定的监督管理部门责令改正,没收烧烤工具和违法所得,并处五百元以上二万元以下的罚款。

第一百一十九条 违反本法规定,在人口集中地区对树木、花草喷洒剧毒、高毒农药,或者露天焚烧秸秆、落叶等产生烟尘污染的物质的,由县级以上地方人民政府确定的监督管理部门责令改正,并可以处五百元以上二千元以下的罚款。

违反本法规定,在人口集中地区和其他依法需要特殊保护的区域内,焚烧沥青、油毡、橡胶、塑料、皮革、垃圾以及其他产生有毒有害烟尘和恶臭气体的物质的,由县级人民政府确定的监督管理部门责令改正,对单位处一万元以上十万元以下的罚款,对个人处五百元以上二千元以下的罚款。

违反本法规定,在城市人民政府禁止的时段和区域内燃放烟花爆竹的,由县级以上地方人民政府确定的监督管理部门依法予以处罚。

第一百二十条 违反本法规定,从事服装干洗和机动车维修等服务活动,未设置异味和废气处理装置等污染防治设施并保持正常使用,影响周边环境的,由县级以上地方人民政府环境保护主管部门责令改正,处二千元以上二万元以下的罚款;拒不改正的,责令停业整治。

第一百二十一条 违反本法规定,擅自向社会发布重污染天气预报预警信息,构成违反治安管理行为的,由公安机关依法予以处罚。

违反本法规定,拒不执行停止工地土石方作业或者建筑物拆除施工等重污染天气应急措施的,由县级以上地方人民政府确定的监督管理部门处一万元以上十万元以下的罚款。

第一百二十二条 违反本法规定,造成大气污染事故的,由县级以上人民政府环境保护主管部门依照本条第二款的规定处以罚款;对直接负责的主管人员和其他直接责任人员可以处上一年度从本企业事业单位取得收入百分之五十以下的罚款。

对造成一般或者较大大气污染事故的,按照污染事故造成直接损失的一倍以上三倍以下计算罚款;对造成重大或者特大大气污染事故的,按照污染事故造成的直接损失的三倍以上五倍以下计算罚款。

第一百二十三条 违反本法规定,企业事业单位和其他生产经营者有下列行为之一,受到罚款处罚,被责令改正,拒不改正的,依法作出处罚决定的行政机关可以自责令改正之日的次日起,按照原处罚数额按日连续处罚:

(一)未依法取得排污许可证排放大气污染物的;

(二)超过大气污染物排放标准或者超过重点大气污染物排放总量控制指标排放大气污染物的;

(三)通过逃避监管的方式排放大气污染物的;

(四)建筑施工或者贮存易产生扬尘的物料未采取有效措施防治扬尘污染的。

第一百二十四条 违反本法规定,对举报人以解除、变更劳动合同或者其他方式打击报复的,应当依照有关法律的规定承担责任。

第一百二十五条 排放大气污染物造成损害的,应当依法承担侵权责任。

第一百二十六条 地方各级人民政府、县级以上人民政府环境保护主管部门和其他负有大气环境保护监督管理职责的部门及其工作人员滥用职权、玩忽职守、徇私舞弊、弄虚作假的,依法给予处分。

第一百二十七条 违反本法规定,构成犯罪的,依法追究刑事责任。

第八章 附　　则

第一百二十八条 海洋工程的大气污染防治,依照《中华人民共和国海洋环境保护法》的有关规定执行。

第一百二十九条 本法自 2016 年 1 月 1 日起施行。

农业机械安全监督管理条例

国务院令第 563 号

2009年9月17日中华人民共和国国务院令第563号公布，根据2016年2月6日《国务院关于修改部分行政法规的决定》修订。

第一章 总 则

第一条 为了加强农业机械安全监督管理，预防和减少农业机械事故，保障人民生命和财产安全，制定本条例。

第二条 在中华人民共和国境内从事农业机械的生产、销售、维修、使用操作以及安全监督管理等活动，应当遵守本条例。

本条例所称农业机械，是指用于农业生产及其产品初加工等相关农事活动的机械、设备。

第三条 农业机械安全监督管理应当遵循以人为本、预防事故、保障安全、促进发展的原则。

第四条 县级以上人民政府应当加强对农业机械安全监督管理工作的领导，完善农业机械安全监督管理体系，增加对农民购买农业机械的补贴，保障农业机械安全的财政投入，建立健全农业机械安全生产责任制。

第五条 国务院有关部门和地方各级人民政府、有关部门应当加强农业机械安全法律、法规、标准和知识的宣传教育。

农业生产经营组织、农业机械所有人应当对农业机械操作人员及相关人员进行农业机械安全使用教育，提高其安全意识。

第六条 国家鼓励和支持开发、生产、推广、应用先进适用、安全可靠、节能环保的农业机械，建立健全农业机械安全技术标准和安全操作规程。

第七条 国家鼓励农业机械操作人员、维修技术人员参加职业技能培训和依法成立安全互助组织，提高农业机械安全操作水平。

第八条 国家建立落后农业机械淘汰制度和危及人身财产安全的农业机械报废制度，并对淘汰和报废的农业机械依法实行回收。

第九条 国务院农业机械化主管部门、工业主管部门、质量监督部门和工商行政管理部门等有关部门依照本条例和国务院规定的职责，负责农业机械安全监督管理工作。

县级以上地方人民政府农业机械化主管部门、工业主管部门和县级以上地方质量监督部门、工商行政管理部门等有关部门按照各自职责,负责本行政区域的农业机械安全监督管理工作。

第二章 生产、销售和维修

第十条 国务院工业主管部门负责制定并组织实施农业机械工业产业政策和有关规划。

国务院标准化主管部门负责制定发布农业机械安全技术国家标准,并根据实际情况及时修订。农业机械安全技术标准是强制执行的标准。

第十一条 农业机械生产者应当依据农业机械工业产业政策和有关规划,按照农业机械安全技术标准组织生产,并建立健全质量保障控制体系。

对依法实行工业产品生产许可证管理的农业机械,其生产者应当取得相应资质,并按照许可的范围和条件组织生产。

第十二条 农业机械生产者应当按照农业机械安全技术标准对生产的农业机械进行检验;农业机械经检验合格并附具详尽的安全操作说明书和标注安全警示标志后,方可出厂销售;依法必须进行认证的农业机械,在出厂前应当标注认证标志。

上道路行驶的拖拉机,依法必须经过认证的,在出厂前应当标注认证标志,并符合机动车国家安全技术标准。

农业机械生产者应当建立产品出厂记录制度,如实记录农业机械的名称、规格、数量、生产日期、生产批号、检验合格证号、购货者名称及联系方式、销售日期等内容。出厂记录保存期限不得少于3年。

第十三条 进口的农业机械应当符合我国农业机械安全技术标准,并依法由出入境检验检疫机构检验合格。依法必须进行认证的农业机械,还应当由出入境检验检疫机构进行入境验证。

第十四条 农业机械销售者对购进的农业机械应当查验产品合格证明。对依法实行工业产品生产许可证管理、依法必须进行认证的农业机械,还应当验明相应的证明文件或者标志。

农业机械销售者应当建立销售记录制度,如实记录农业机械的名称、规格、生产批号、供货者名称及联系方式、销售流向等内容。销售记录保存期限不得少于3年。

农业机械销售者应当向购买者说明农业机械操作方法和安全注意事项,并依法开具销售发票。

第十五条 农业机械生产者、销售者应当建立健全农业机械销售服务体系,依法承担产品质量责任。

第十六条 农业机械生产者、销售者发现其生产、销售的农业机械存在设计、制造等缺陷,可能对人身财产安全造成损害的,应当立即停止生产、销售,及时报告当地质量监督部门、工商行政管理部门,通知农业机械使用者停止使用。农业机械生产者应当及时召回存在设计、制造等缺陷的农业机械。

农业机械生产者、销售者不履行本条第一款义务的,质量监督部门、工商行政管理部门可以责令生产者召回农业机械,责令销售者停止销售农业机械。

第十七条 禁止生产、销售下列农业机械:
(一)不符合农业机械安全技术标准的;
(二)依法实行工业产品生产许可证管理而未取得许可证的;
(三)依法必须进行认证而未经认证的;
(四)利用残次零配件或者报废农业机械的发动机、方向机、变速器、车架等部件拼装的;
(五)国家明令淘汰的。

第十八条 从事农业机械维修经营,应当有必要的维修场地,有必要的维修设施、设备和检测仪器,有相应的维修技术人员,有安全防护和环境保护措施,取得相应的维修技术合格证书。

申请农业机械维修技术合格证书,应当向当地县级人民政府农业机械化主管部门提交下列材料:
(一)农业机械维修业务申请表;
(二)申请人身份证明、营业执照;
(三)维修场所使用证明;
(四)主要维修设施、设备和检测仪器清单;
(五)主要维修技术人员的国家职业资格证书。

农业机械化主管部门应当自收到申请之日起20个工作日内,对符合条件的,核发维修技术合格证书;对不符合条件的,书面通知申请人并说明理由。

维修技术合格证书有效期为3年;有效期满需要继续从事农业机械维修的,应当在有效期满前申请续展。

第十九条 农业机械维修经营者应当遵守国家有关维修质量安全技术规范和维修质量保证期的规定,确保维修质量。

从事农业机械维修不得有下列行为:
(一)使用不符合农业机械安全技术标准的零配件;
(二)拼装、改装农业机械整机;
(三)承揽维修已经达到报废条件的农业机械;
(四)法律、法规和国务院农业机械化主管部门规定的其他禁止性行为。

第三章 使用操作

第二十条 农业机械操作人员可以参加农业机械操作人员的技能培训,可以向有关农业机械化主管部门、人力资源和社会保障部门申请职业技能鉴定,获取相应等级的国家职业资格证书。

第二十一条 拖拉机、联合收割机投入使用前,其所有人应当按照国务院农业机械化主管部门的规定,持本人身份证明和机具来源证明,向所在地县级人民政府农业机械化主管部门申请登记。拖拉机、联合收割机经安全检验合格的,农业机械化主管部门应当在2个工作日内予以登记并核发相应的证书和牌照。

拖拉机、联合收割机使用期间登记事项发生变更的,其所有人应当按照国务院农业机械化主管部门的规定申请变更登记。

第二十二条 拖拉机、联合收割机操作人员经过培训后,应当按照国务院农业机械化主管部门的规定,参加县级人民政府农业机械化主管部门组织的考试。考试合格的,农业机械化主管部门应当在2个工作日内核发相应的操作证件。

拖拉机、联合收割机操作证件有效期为6年;有效期满,拖拉机、联合收割机操作人员可以向原发证机关申请续展。未满18周岁不得操作拖拉机、联合收割机。操作人员年满70周岁的,县级人民政府农业机械化主管部门应当注销其操作证件。

第二十三条 拖拉机、联合收割机应当悬挂牌照。拖拉机上道路行驶,联合收割机因转场作业、维修、安全检验等需要转移的,其操作人员应当携带操作证件。

拖拉机、联合收割机操作人员不得有下列行为:

(一)操作与本人操作证件规定不相符的拖拉机、联合收割机;

(二)操作未按照规定登记、检验或者检验不合格、安全设施不全、机件失效的拖拉机、联合收割机;

(三)使用国家管制的精神药品、麻醉品后操作拖拉机、联合收割机;

(四)患有妨碍安全操作的疾病操作拖拉机、联合收割机;

(五)国务院农业机械化主管部门规定的其他禁止行为。

禁止使用拖拉机、联合收割机违反规定载人。

第二十四条 农业机械操作人员作业前,应当对农业机械进行安全查验;作业时,应当遵守国务院农业机械化主管部门和省、自治区、直辖市人民政府农业机械化主管部门制定的安全操作规程。

第四章 事故处理

第二十五条 县级以上地方人民政府农业机械化主管部门负责农业机械事故责任

的认定和调解处理。

本条例所称农业机械事故,是指农业机械在作业或者转移等过程中造成人身伤亡、财产损失的事件。

农业机械在道路上发生的交通事故,由公安机关交通管理部门依照道路交通安全法律、法规处理;拖拉机在道路以外通行时发生的事故,公安机关交通管理部门接到报案的,参照道路交通安全法律、法规处理。农业机械事故造成公路及其附属设施损坏的,由交通主管部门依照公路法律、法规处理。

第二十六条 在道路以外发生的农业机械事故,操作人员和现场其他人员应当立即停止作业或者停止农业机械的转移,保护现场,造成人员伤害的,应当向事故发生地农业机械化主管部门报告;造成人员死亡的,还应当向事故发生地公安机关报告。造成人身伤害的,应当立即采取措施,抢救受伤人员。因抢救受伤人员变动现场的,应当标明位置。

接到报告的农业机械化主管部门和公安机关应当立即派人赶赴现场进行勘验、检查,收集证据,组织抢救受伤人员,尽快恢复正常的生产秩序。

第二十七条 对经过现场勘验、检查的农业机械事故,农业机械化主管部门应当在10个工作日内制作完成农业机械事故认定书;需要进行农业机械鉴定的,应当自收到农业机械鉴定机构出具的鉴定结论之日起5个工作日内制作农业机械事故认定书。

农业机械事故认定书应当载明农业机械事故的基本事实、成因和当事人的责任,并在制作完成农业机械事故认定书之日起3个工作日内送达当事人。

第二十八条 当事人对农业机械事故损害赔偿有争议,请求调解的,应当自收到事故认定书之日起10个工作日内向农业机械化主管部门书面提出调解申请。

调解达成协议的,农业机械化主管部门应当制作调解书送交各方当事人。调解书经各方当事人共同签字后生效。调解不能达成协议或者当事人向人民法院提起诉讼的,农业机械化主管部门应当终止调解并书面通知当事人。调解达成协议后当事人反悔的,可以向人民法院提起诉讼。

第二十九条 农业机械化主管部门应当为当事人处理农业机械事故损害赔偿等后续事宜提供帮助和便利。因农业机械产品质量原因导致事故的,农业机械化主管部门应当依法出具有关证明材料。

农业机械化主管部门应当定期将农业机械事故统计情况及说明材料报送上级农业机械化主管部门并抄送同级安全生产监督管理部门。

农业机械事故构成生产安全事故的,应当依照相关法律、行政法规的规定调查处理并追究责任。

第五章 服务与监督

第三十条 县级以上地方人民政府农业机械化主管部门应当定期对危及人身财产安全的农业机械进行免费实地安全检验。但是道路交通安全法律对拖拉机的安全检验另有规定的,从其规定。

拖拉机、联合收割机的安全检验为每年1次。

实施安全技术检验的机构应当对检验结果承担法律责任。

第三十一条 农业机械化主管部门在安全检验中发现农业机械存在事故隐患的,应当告知其所有人停止使用并及时排除隐患。

实施安全检验的农业机械化主管部门应当对安全检验情况进行汇总,建立农业机械安全监督管理档案。

第三十二条 联合收割机跨行政区域作业前,当地县级人民政府农业机械化主管部门应当会同有关部门,对跨行政区域作业的联合收割机进行必要的安全检查,并对操作人员进行安全教育。

第三十三条 国务院农业机械化主管部门应当定期对农业机械安全使用状况进行分析评估,发布相关信息。

第三十四条 国务院工业主管部门应当定期对农业机械生产行业运行态势进行监测和分析,并按照先进适用、安全可靠、节能环保的要求,会同国务院农业机械化主管部门、质量监督部门等有关部门制定、公布国家明令淘汰的农业机械产品目录。

第三十五条 危及人身财产安全的农业机械达到报废条件的,应当停止使用,予以报废。农业机械的报废条件由国务院农业机械化主管部门会同国务院质量监督部门、工业主管部门规定。

县级人民政府农业机械化主管部门对达到报废条件的危及人身财产安全的农业机械,应当书面告知其所有人。

第三十六条 国家对达到报废条件或者正在使用的国家已经明令淘汰的农业机械实行回收。农业机械回收办法由国务院农业机械化主管部门会同国务院财政部门、商务主管部门制定。

第三十七条 回收的农业机械由县级人民政府农业机械化主管部门监督回收单位进行解体或者销毁。

第三十八条 使用操作过程中发现农业机械存在产品质量、维修质量问题的,当事人可以向县级以上地方人民政府农业机械化主管部门或者县级以上地方质量监督部门、工商行政管理部门投诉。接到投诉的部门对属于职责范围内的事项,应当依法及时处理;对不属于职责范围内的事项,应当及时移交有权处理的部门,有权处理的部门应当立即处理,不得推诿。

县级以上地方人民政府农业机械化主管部门和县级以上地方质量监督部门、工商行政管理部门应当定期汇总农业机械产品质量、维修质量投诉情况并逐级上报。

第三十九条 国务院农业机械化主管部门和省、自治区、直辖市人民政府农业机械化主管部门应当根据投诉情况和农业安全生产需要,组织开展在用的特定种类农业机械的安全鉴定和重点检查,并公布结果。

第四十条 农业机械安全监督管理执法人员在农田、场院等场所进行农业机械安全监督检查时,可以采取下列措施:

(一)向有关单位和个人了解情况,查阅、复制有关资料;

(二)查验拖拉机、联合收割机证书、牌照及有关操作证件;

(三)检查危及人身财产安全的农业机械的安全状况,对存在重大事故隐患的农业机械,责令当事人立即停止作业或者停止农业机械的转移,并进行维修;

(四)责令农业机械操作人员改正违规操作行为。

第四十一条 发生农业机械事故后企图逃逸的、拒不停止存在重大事故隐患农业机械的作业或者转移的,县级以上地方人民政府农业机械化主管部门可以扣押有关农业机械及证书、牌照、操作证件。案件处理完毕或者农业机械事故肇事方提供担保的,县级以上地方人民政府农业机械化主管部门应当及时退还被扣押的农业机械及证书、牌照、操作证件。存在重大事故隐患的农业机械,其所有人或者使用人排除隐患前不得继续使用。

第四十二条 农业机械安全监督管理执法人员进行安全监督检查时,应当佩戴统一标志,出示行政执法证件。农业机械安全监督检查、事故勘察车辆应当在车身喷涂统一标识。

第四十三条 农业机械化主管部门不得为农业机械指定维修经营者。

第四十四条 农业机械化主管部门应当定期向同级公安机关交通管理部门通报拖拉机登记、检验以及有关证书、牌照、操作证件发放情况。公安机关交通管理部门应当定期向同级农业机械化主管部门通报农业机械在道路上发生的交通事故及处理情况。

第六章 法律责任

第四十五条 县级以上地方人民政府农业机械化主管部门、工业主管部门、质量监督部门和工商行政管理部门及其工作人员有下列行为之一的,对直接负责的主管人员和其他直接责任人员,依法给予处分,构成犯罪的,依法追究刑事责任:

(一)不依法对拖拉机、联合收割机实施安全检验、登记,或者不依法核发拖拉机、联合收割机证书、牌照的;

（二）对未经考试合格者核发拖拉机、联合收割机操作证件，或者对经考试合格者拒不核发拖拉机、联合收割机操作证件的；

（三）对不符合条件者核发农业机械维修技术合格证书，或者对符合条件者拒不核发农业机械维修技术合格证书的；

（四）不依法处理农业机械事故，或者不依法出具农业机械事故认定书和其他证明材料的；

（五）在农业机械生产、销售等过程中不依法履行监督管理职责的；

（六）其他未依照本条例的规定履行职责的行为。

第四十六条 生产、销售利用残次零配件或者报废农业机械的发动机、方向机、变速器、车架等部件拼装的农业机械的，由县级以上质量监督部门、工商行政管理部门按照职责权限责令停止生产、销售，没收违法所得和违法生产、销售的农业机械，并处违法产品货值金额1倍以上3倍以下罚款；情节严重的，吊销营业执照。

农业机械生产者、销售者违反工业产品生产许可证管理、认证认可管理、安全技术标准管理以及产品质量管理的，依照有关法律、行政法规处罚。

第四十七条 农业机械销售者未依照本条例的规定建立、保存销售记录的，由县级以上工商行政管理部门责令改正，给予警告；拒不改正的，处1000元以上1万元以下罚款，并责令停业整顿；情节严重的，吊销营业执照。

第四十八条 未取得维修技术合格证书或者使用伪造、变造、过期的维修技术合格证书从事维修经营的，由县级以上地方人民政府农业机械化主管部门收缴伪造、变造、过期的维修技术合格证书，限期补办有关手续，没收违法所得，并处违法经营额1倍以上2倍以下罚款；逾期不补办的，处违法经营额2倍以上5倍以下罚款。

第四十九条 农业机械维修经营者使用不符合农业机械安全技术标准的配件维修农业机械，或者拼装、改装农业机械整机，或者承揽维修已经达到报废条件的农业机械的，由县级以上地方人民政府农业机械化主管部门责令改正，没收违法所得，并处违法经营额1倍以上2倍以下罚款；拒不改正的，处违法经营额2倍以上5倍以下罚款；情节严重的，吊销维修技术合格证。

第五十条 未按照规定办理登记手续并取得相应的证书和牌照，擅自将拖拉机、联合收割机投入使用，或者未按照规定办理变更登记手续的，由县级以上地方人民政府农业机械化主管部门责令限期补办相关手续；逾期不补办的，责令停止使用；拒不停止使用的，扣押拖拉机、联合收割机，并处200元以上2000元以下罚款。

当事人补办相关手续的，应当及时退还扣押的拖拉机、联合收割机。

第五十一条 伪造、变造或者使用伪造、变造的拖拉机、联合收割机证书和牌照的，或者使用其他拖拉机、联合收割机的证书和牌照的，由县级以上地方人民政府农业机械化主管部门收缴伪造、变造或者使用的证书和牌照,对违法行为人予以批评教育,并处200元以上2000元以下罚款。

第五十二条 未取得拖拉机、联合收割机操作证件而操作拖拉机、联合收割机的,由县级以上地方人民政府农业机械化主管部门责令改正,处100元以上500元以下罚款。

第五十三条 拖拉机、联合收割机操作人员操作与本人操作证件规定不相符的拖拉机、联合收割机,或者操作未按照规定登记、检验或者检验不合格、安全设施不全、机件失效的拖拉机、联合收割机,或者使用国家管制的精神药品、麻醉品后操作拖拉机、联合收割机,或者患有妨碍安全操作的疾病操作拖拉机、联合收割机的,由县级以上地方人民政府农业机械化主管部门对违法行为人予以批评教育,责令改正;拒不改正的,处100元以上500元以下罚款;情节严重的,吊销有关人员的操作证件。

第五十四条 使用拖拉机、联合收割机违反规定载人的,由县级以上地方人民政府农业机械化主管部门对违法行为人予以批评教育,责令改正;拒不改正的,扣押拖拉机、联合收割机的证书、牌照;情节严重的,吊销有关人员的操作证件。非法从事经营性道路旅客运输的,由交通主管部门依照道路运输管理法律、行政法规处罚。

当事人改正违法行为的,应当及时退还扣押的拖拉机、联合收割机的证书、牌照。

第五十五条 经检验、检查发现农业机械存在事故隐患,经农业机械化主管部门告知拒不排除并继续使用的,由县级以上地方人民政府农业机械化主管部门对违法行为人予以批评教育,责令改正;拒不改正的,责令停止使用;拒不停止使用的,扣押存在事故隐患的农业机械。

事故隐患排除后,应当及时退还扣押的农业机械。

第五十六条 违反本条例规定,造成他人人身伤亡或者财产损失的,依法承担民事责任;构成违反治安管理行为的,依法给予治安管理处罚;构成犯罪的,依法追究刑事责任。

第七章 附 则

第五十七条 本条例所称危及人身财产安全的农业机械,是指对人身财产安全可能造成损害的农业机械,包括拖拉机、联合收割机、机动植保机械、机动脱粒机、饲料粉碎机、插秧机、铡草机等。

第五十八条 本条例规定的农业机械证书、牌照、操作证件和维修技术合格证,由国务院农业机械化主管部门会同国务院有关部门统一规定式样,由国务院农业机械化主管部门监制。

第五十九条 拖拉机操作证件考试收费、安全技术检验收费和牌证的工本费,应当严格执行国务院价格主管部门核定的收费标准。

第六十条 本条例自2009年11月1日起施行。

中华人民共和国特种设备安全法

2013年6月29日第十二届全国人民代表大会常务委员会第三次会议通过,现予公布,自2014年1月1日起施行。

第一章　总　　则

第一条　为了加强特种设备安全工作,预防特种设备事故,保障人身和财产安全,促进经济社会发展,制定本法。

第二条　特种设备的生产(包括设计、制造、安装、改造、修理)、经营、使用、检验、检测和特种设备安全的监督管理,适用本法。

本法所称特种设备,是指对人身和财产安全有较大危险性的锅炉、压力容器(含气瓶)、压力管道、电梯、起重机械、客运索道、大型游乐设施、场(厂)内专用机动车辆,以及法律、行政法规规定适用本法的其他特种设备。

国家对特种设备实行目录管理。特种设备目录由国务院负责特种设备安全监督管理的部门制定,报国务院批准后执行。

第三条　特种设备安全工作应当坚持安全第一、预防为主、节能环保、综合治理的原则。

第四条　国家对特种设备的生产、经营、使用,实施分类的、全过程的安全监督管理。

第五条　国务院负责特种设备安全监督管理的部门对全国特种设备安全实施监督管理。县级以上地方各级人民政府负责特种设备安全监督管理的部门对本行政区域内特种设备安全实施监督管理。

第六条　国务院和地方各级人民政府应当加强对特种设备安全工作的领导,督促各有关部门依法履行监督管理职责。

县级以上地方各级人民政府应当建立协调机制,及时协调、解决特种设备安全监督管理中存在的问题。

第七条　特种设备生产、经营、使用单位应当遵守本法和其他有关法律、法规,建立、健全特种设备安全和节能责任制度,加强特种设备安全和节能管理,确保特种设备生产、经营、使用安全,符合节能要求。

第八条　特种设备生产、经营、使用、检验、检测应当遵守有关特种设备安全技术规范及相关标准。

特种设备安全技术规范由国务院负责特种设备安全监督管理的部门制定。

第九条 特种设备行业协会应当加强行业自律,推进行业诚信体系建设,提高特种设备安全管理水平。

第十条 国家支持有关特种设备安全的科学技术研究,鼓励先进技术和先进管理方法的推广应用,对做出突出贡献的单位和个人给予奖励。

第十一条 负责特种设备安全监督管理的部门应当加强特种设备安全宣传教育,普及特种设备安全知识,增强社会公众的特种设备安全意识。

第十二条 任何单位和个人有权向负责特种设备安全监督管理的部门和有关部门举报涉及特种设备安全的违法行为,接到举报的部门应当及时处理。

第二章 生产、经营、使用

第一节 一般规定

第十三条 特种设备生产、经营、使用单位及其主要负责人对其生产、经营、使用的特种设备安全负责。

特种设备生产、经营、使用单位应当按照国家有关规定配备特种设备安全管理人员、检测人员和作业人员,并对其进行必要的安全教育和技能培训。

第十四条 特种设备安全管理人员、检测人员和作业人员应当按照国家有关规定取得相应资格,方可从事相关工作。特种设备安全管理人员、检测人员和作业人员应当严格执行安全技术规范和管理制度,保证特种设备安全。

第十五条 特种设备生产、经营、使用单位对其生产、经营、使用的特种设备应当进行自行检测和维护保养,对国家规定实行检验的特种设备应当及时申报并接受检验。

第十六条 特种设备采用新材料、新技术、新工艺,与安全技术规范的要求不一致,或者安全技术规范未作要求、可能对安全性能有重大影响的,应当向国务院负责特种设备安全监督管理的部门申报,由国务院负责特种设备安全监督管理的部门及时委托安全技术咨询机构或者相关专业机构进行技术评审,评审结果经国务院负责特种设备安全监督管理的部门批准,方可投入生产、使用。

国务院负责特种设备安全监督管理的部门应当将允许使用的新材料、新技术、新工艺的有关技术要求,及时纳入安全技术规范。

第十七条 国家鼓励投保特种设备安全责任保险。

第二节 生产

第十八条 国家按照分类监督管理的原则对特种设备生产实行许可制度。特种设备生产单位应当具备下列条件,并经负责特种设备安全监督管理的部门许可,方可从事生产活动：

（一）有与生产相适应的专业技术人员；

（二）有与生产相适应的设备、设施和工作场所；

（三）有健全的质量保证、安全管理和岗位责任等制度。

第十九条 特种设备生产单位应当保证特种设备生产符合安全技术规范及相关标准的要求，对其生产的特种设备的安全性能负责。不得生产不符合安全性能要求和能效指标以及国家明令淘汰的特种设备。

第二十条 锅炉、气瓶、氧舱、客运索道、大型游乐设施的设计文件，应当经负责特种设备安全监督管理的部门核准的检验机构鉴定，方可用于制造。

特种设备产品、部件或者试制的特种设备新产品、新部件以及特种设备采用的新材料，按照安全技术规范的要求需要通过形式试验进行安全性验证的，应当经负责特种设备安全监督管理的部门核准的检验机构进行形式试验。

第二十一条 特种设备出厂时，应当随附安全技术规范要求的设计文件、产品质量合格证明、安装及使用维护保养说明、监督检验证明等相关技术资料和文件，并在特种设备显著位置设置产品铭牌、安全警示标志及其说明。

第二十二条 电梯的安装、改造、修理，必须由电梯制造单位或者其委托的依照本法取得相应许可的单位进行。电梯制造单位委托其他单位进行电梯安装、改造、修理的，应当对其安装、改造、修理进行安全指导和监控，并按照安全技术规范的要求进行校验和调试。电梯制造单位对电梯安全性能负责。

第二十三条 特种设备安装、改造、修理的施工单位应当在施工前将拟进行的特种设备安装、改造、修理情况书面告知直辖市或者设区的市级人民政府负责特种设备安全监督管理的部门。

第二十四条 特种设备安装、改造、修理竣工后，安装、改造、修理的施工单位应当在验收后三十日内将相关技术资料和文件移交特种设备使用单位。特种设备使用单位应当将其存入该特种设备的安全技术档案。

第二十五条 锅炉、压力容器、压力管道元件等特种设备的制造过程和锅炉、压力容器、压力管道、电梯、起重机械、客运索道、大型游乐设施的安装、改造、重大修理过程，应当经特种设备检验机构按照安全技术规范的要求进行监督检验；未经监督检验或者监督检验不合格的，不得出厂或者交付使用。

第二十六条 国家建立缺陷特种设备召回制度。因生产原因造成特种设备存在危及安全的同一性缺陷的，特种设备生产单位应当立即停止生产，主动召回。

国务院负责特种设备安全监督管理的部门发现特种设备存在应当召回而未召回的情形时，应当责令特种设备生产单位召回。

第三节 经 营

第二十七条 特种设备销售单位销售的特种设备,应当符合安全技术规范及相关标准的要求,其设计文件、产品质量合格证明、安装及使用维护保养说明、监督检验证明等相关技术资料和文件应当齐全。

特种设备销售单位应当建立特种设备检查验收和销售记录制度。

禁止销售未取得许可生产的特种设备,未经检验和检验不合格的特种设备,或者国家明令淘汰和已经报废的特种设备。

第二十八条 特种设备出租单位不得出租未取得许可生产的特种设备或者国家明令淘汰和已经报废的特种设备,以及未按照安全技术规范的要求进行维护保养和未经检验或者检验不合格的特种设备。

第二十九条 特种设备在出租期间的使用管理和维护保养义务由特种设备出租单位承担,法律另有规定或者当事人另有约定的除外。

第三十条 进口的特种设备应当符合我国安全技术规范的要求,并经检验合格;需要取得我国特种设备生产许可的,应当取得许可。

进口特种设备随附的技术资料和文件应当符合本法第二十一条的规定,其安装及使用维护保养说明、产品铭牌、安全警示标志及其说明应当采用中文。

特种设备的进出口检验,应当遵守有关进出口商品检验的法律、行政法规。

第三十一条 进口特种设备,应当向进口地负责特种设备安全监督管理的部门履行提前告知义务。

第四节 使 用

第三十二条 特种设备使用单位应当使用取得许可生产并经检验合格的特种设备。

禁止使用国家明令淘汰和已经报废的特种设备。

第三十三条 特种设备使用单位应当在特种设备投入使用前或者投入使用后三十日内,向负责特种设备安全监督管理的部门办理使用登记,取得使用登记证书。登记标志应当置于该特种设备的显著位置。

第三十四条 特种设备使用单位应当建立岗位责任、隐患治理、应急救援等安全管理制度,制定操作规程,保证特种设备安全运行。

第三十五条 特种设备使用单位应当建立特种设备安全技术档案。安全技术档案应当包括以下内容:

(一)特种设备的设计文件、产品质量合格证明、安装及使用维护保养说明、监督检验证明等相关技术资料和文件;

(二)特种设备的定期检验和定期自行检查记录;

(三)特种设备的日常使用状况记录;

(四)特种设备及其附属仪器仪表的维护保养记录;

(五)特种设备的运行故障和事故记录。

第三十六条 电梯、客运索道、大型游乐设施等为公众提供服务的特种设备的运营使用单位,应当对特种设备的使用安全负责,设置特种设备安全管理机构或者配备专职的特种设备安全管理人员;其他特种设备使用单位,应当根据情况设置特种设备安全管理机构或者配备专职、兼职的特种设备安全管理人员。

第三十七条 特种设备的使用应当具有规定的安全距离、安全防护措施。

与特种设备安全相关的建筑物、附属设施,应当符合有关法律、行政法规的规定。

第三十八条 特种设备属于共有的,共有人可以委托物业服务单位或者其他管理人管理特种设备,受托人履行本法规定的特种设备使用单位的义务,承担相应责任。共有人未委托的,由共有人或者实际管理人履行管理义务,承担相应责任。

第三十九条 特种设备使用单位应当对其使用的特种设备进行经常性维护保养和定期自行检查,并作出记录。

特种设备使用单位应当对其使用的特种设备的安全附件、安全保护装置进行定期校验、检修,并作出记录。

第四十条 特种设备使用单位应当按照安全技术规范的要求,在检验合格有效期届满前一个月向特种设备检验机构提出定期检验要求。

特种设备检验机构接到定期检验要求后,应当按照安全技术规范的要求及时进行安全性能检验。特种设备使用单位应当将定期检验标志置于该特种设备的显著位置。

未经定期检验或者检验不合格的特种设备,不得继续使用。

第四十一条 特种设备安全管理人员应当对特种设备使用状况进行经常性检查,发现问题应当立即处理;情况紧急时,可以决定停止使用特种设备并及时报告本单位有关负责人。

特种设备作业人员在作业过程中发现事故隐患或者其他不安全因素,应当立即向特种设备安全管理人员和单位有关负责人报告;特种设备运行不正常时,特种设备作业人员应当按照操作规程采取有效措施保证安全。

第四十二条 特种设备出现故障或者发生异常情况,特种设备使用单位应当对其进行全面检查,消除事故隐患,方可继续使用。

第四十三条 客运索道、大型游乐设施在每日投入使用前,其运营使用单位应当进行试运行和例行安全检查,并对安全附件和安全保护装置进行检查确认。

电梯、客运索道、大型游乐设施的运营使用单位应当将电梯、客运索道、大型游乐设施的安全使用说明、安全注意事项和警示标志置于易于为乘客注意的显著位置。

公众乘坐或者操作电梯、客运索道、大型游乐设施,应当遵守安全使用说明和安全注意事项的要求,服从有关工作人员的管理和指挥;遇有运行不正常时,应当按照安全指引,有序撤离。

第四十四条 锅炉使用单位应当按照安全技术规范的要求进行锅炉水(介)质处理,并接受特种设备检验机构的定期检验。

从事锅炉清洗,应当按照安全技术规范的要求进行,并接受特种设备检验机构的监督检验。

第四十五条 电梯的维护保养应当由电梯制造单位或者依照本法取得许可的安装、改造、修理单位进行。

电梯的维护保养单位应当在维护保养中严格执行安全技术规范的要求,保证其维护保养的电梯的安全性能,并负责落实现场安全防护措施,保证施工安全。

电梯的维护保养单位应当对其维护保养的电梯的安全性能负责;接到故障通知后,应当立即赶赴现场,并采取必要的应急救援措施。

第四十六条 电梯投入使用后,电梯制造单位应当对其制造的电梯的安全运行情况进行跟踪调查和了解,对电梯的维护保养单位或者使用单位在维护保养和安全运行方面存在的问题,提出改进建议,并提供必要的技术帮助;发现电梯存在严重事故隐患时,应当及时告知电梯使用单位,并向负责特种设备安全监督管理的部门报告。电梯制造单位对调查和了解的情况,应当作出记录。

第四十七条 特种设备进行改造、修理,按照规定需要变更使用登记的,应当办理变更登记,方可继续使用。

第四十八条 特种设备存在严重事故隐患,无改造、修理价值,或者达到安全技术规范规定的其他报废条件的,特种设备使用单位应当依法履行报废义务,采取必要措施消除该特种设备的使用功能,并向原登记的负责特种设备安全监督管理的部门办理使用登记证书注销手续。

前款规定报废条件以外的特种设备,达到设计使用年限可以继续使用的,应当按照安全技术规范的要求通过检验或者安全评估,并办理使用登记证书变更,方可继续使用。允许继续使用的,应当采取加强检验、检测和维护保养等措施,确保使用安全。

第四十九条 移动式压力容器、气瓶充装单位,应当具备下列条件,并经负责特种设备安全监督管理的部门许可,方可从事充装活动:

(一)有与充装和管理相适应的管理人员和技术人员;

(二)有与充装和管理相适应的充装设备、检测手段、场地厂房、器具、安全设施;

(三)有健全的充装管理制度、责任制度、处理措施。

充装单位应当建立充装前后的检查、记录制度,禁止对不符合安全技术规范要求的移动式压力容器和气瓶进行充装。

气瓶充装单位应当向气体使用者提供符合安全技术规范要求的气瓶,对气体使用者进行气瓶安全使用指导,并按照安全技术规范的要求办理气瓶使用登记,及时申报定期检验。

第三章 检验、检测

第五十条 从事本法规定的监督检验、定期检验的特种设备检验机构,以及为特种设备生产、经营、使用提供检测服务的特种设备检测机构,应当具备下列条件,并经负责特种设备安全监督管理的部门核准,方可从事检验、检测工作:

(一)有与检验、检测工作相适应的检验、检测人员;

(二)有与检验、检测工作相适应的检验、检测仪器和设备;

(三)有健全的检验、检测管理制度和责任制度。

第五十一条 特种设备检验、检测机构的检验、检测人员应当经考核,取得检验、检测人员资格,方可从事检验、检测工作。

特种设备检验、检测机构的检验、检测人员不得同时在两个以上检验、检测机构中执业;变更执业机构的,应当依法办理变更手续。

第五十二条 特种设备检验、检测工作应当遵守法律、行政法规的规定,并按照安全技术规范的要求进行。

特种设备检验、检测机构及其检验、检测人员应当依法为特种设备生产、经营、使用单位提供安全、可靠、便捷、诚信的检验、检测服务。

第五十三条 特种设备检验、检测机构及其检验、检测人员应当客观、公正、及时地出具检验、检测报告,并对检验、检测结果和鉴定结论负责。

特种设备检验、检测机构及其检验、检测人员在检验、检测中发现特种设备存在严重事故隐患时,应当及时告知相关单位,并立即向负责特种设备安全监督管理的部门报告。

负责特种设备安全监督管理的部门应当组织对特种设备检验、检测机构的检验、检测结果和鉴定结论进行监督抽查,但应当防止重复抽查。监督抽查结果应当向社会公布。

第五十四条 特种设备生产、经营、使用单位应当按照安全技术规范的要求向特种设备检验、检测机构及其检验、检测人员提供特种设备相关资料和必要的检验、检测条件,并对资料的真实性负责。

第五十五条 特种设备检验、检测机构及其检验、检测人员对检验、检测过程中知悉的商业秘密,负有保密义务。

特种设备检验、检测机构及其检验、检测人员不得从事有关特种设备的生产、经营活动,不得推荐或者监制、监销特种设备。

第五十六条 特种设备检验机构及其检验人员利用检验工作故意刁难特种设备生产、经营、使用单位的,特种设备生产、经营、使用单位有权向负责特种设备安全监督管理的部门投诉,接到投诉的部门应当及时进行调查处理。

第四章 监督管理

第五十七条 负责特种设备安全监督管理的部门依照本法规定,对特种设备生产、经营、使用单位和检验、检测机构实施监督检查。

负责特种设备安全监督管理的部门应当对学校、幼儿园以及医院、车站、客运码头、商场、体育场馆、展览馆、公园等公众聚集场所的特种设备,实施重点安全监督检查。

第五十八条 负责特种设备安全监督管理的部门实施本法规定的许可工作,应当依照本法和其他有关法律、行政法规规定的条件和程序以及安全技术规范的要求进行审查;不符合规定的,不得许可。

第五十九条 负责特种设备安全监督管理的部门在办理本法规定的许可时,其受理、审查、许可的程序必须公开,并应当自受理申请之日起三十日内,作出许可或者不予许可的决定;不予许可的,应当书面向申请人说明理由。

第六十条 负责特种设备安全监督管理的部门对依法办理使用登记的特种设备应当建立完整的监督管理档案和信息查询系统;对达到报废条件的特种设备,应当及时督促特种设备使用单位依法履行报废义务。

第六十一条 负责特种设备安全监督管理的部门在依法履行监督检查职责时,可以行使下列职权:

(一)进入现场进行检查,向特种设备生产、经营、使用单位和检验、检测机构的主要负责人和其他有关人员调查、了解有关情况;

(二)根据举报或者取得的涉嫌违法证据,查阅、复制特种设备生产、经营、使用单位和检验、检测机构的有关合同、发票、账簿以及其他有关资料;

(三)对有证据表明不符合安全技术规范要求或者存在严重事故隐患的特种设备实施查封、扣押;

(四)对流入市场的达到报废条件或者已经报废的特种设备实施查封、扣押;

(五)对违反本法规定的行为作出行政处罚决定。

第六十二条 负责特种设备安全监督管理的部门在依法履行职责过程中,发现违反本法规定和安全技术规范要求的行为或者特种设备存在事故隐患时,应当以书面形式发出特种设备安全监察指令,责令有关单位及时采取措施予以改正或者消除事故隐患。紧急情况下要求有关单位采取紧急处置措施的,应当随后补发特种设备安全监察指令。

第六十三条 负责特种设备安全监督管理的部门在依法履行职责过程中,发现重大违法行为或者特种设备存在严重事故隐患时,应当责令有关单位立即停止违法行为、采取措施消除事故隐患,并及时向上级负责特种设备安全监督管理的部门报告。接到报告的负责特种设备安全监督管理的部门应当采取必要措施,及时予以处理。

对违法行为、严重事故隐患的处理需要当地人民政府和有关部门的支持、配合时,负责特种设备安全监督管理的部门应当报告当地人民政府,并通知其他有关部门。当地人民政府和其他有关部门应当采取必要措施,及时予以处理。

第六十四条 地方各级人民政府负责特种设备安全监督管理的部门不得要求已经依照本法规定在其他地方取得许可的特种设备生产单位重复取得许可,不得要求对已经依照本法规定在其他地方检验合格的特种设备重复进行检验。

第六十五条 负责特种设备安全监督管理的部门的安全监察人员应当熟悉相关法律、法规,具有相应的专业知识和工作经验,取得特种设备安全行政执法证件。

特种设备安全监察人员应当忠于职守、坚持原则、秉公执法。

负责特种设备安全监督管理的部门实施安全监督检查时,应当有两名以上特种设备安全监察人员参加,并出示有效的特种设备安全行政执法证件。

第六十六条 负责特种设备安全监督管理的部门对特种设备生产、经营、使用单位和检验、检测机构实施监督检查,应当对每次监督检查的内容、发现的问题及处理情况作出记录,并由参加监督检查的特种设备安全监察人员和被检查单位的有关负责人签字后归档。被检查单位的有关负责人拒绝签字的,特种设备安全监察人员应当将情况记录在案。

第六十七条 负责特种设备安全监督管理的部门及其工作人员不得推荐或者监制、监销特种设备;对履行职责过程中知悉的商业秘密负有保密义务。

第六十八条 国务院负责特种设备安全监督管理的部门和省、自治区、直辖市人民政府负责特种设备安全监督管理的部门应当定期向社会公布特种设备安全总体状况。

第五章 事故应急救援与调查处理

第六十九条 国务院负责特种设备安全监督管理的部门应当依法组织制定特种设备重特大事故应急预案,报国务院批准后纳入国家突发事件应急预案体系。

县级以上地方各级人民政府及其负责特种设备安全监督管理的部门应当依法组织制定本行政区域内特种设备事故应急预案,建立或者纳入相应的应急处置与救援体系。

特种设备使用单位应当制定特种设备事故应急专项预案,并定期进行应急演练。

第七十条　特种设备发生事故后,事故发生单位应当按照应急预案采取措施,组织抢救,防止事故扩大,减少人员伤亡和财产损失,保护事故现场和有关证据,并及时向事故发生地县级以上人民政府负责特种设备安全监督管理的部门和有关部门报告。

县级以上人民政府负责特种设备安全监督管理的部门接到事故报告,应当尽快核实情况,立即向本级人民政府报告,并按照规定逐级上报。必要时,负责特种设备安全监督管理的部门可以越级上报事故情况。对特别重大事故、重大事故,国务院负责特种设备安全监督管理的部门应当立即报告国务院并通报国务院安全生产监督管理部门等有关部门。

与事故相关的单位和人员不得迟报、谎报或者瞒报事故情况,不得隐匿、毁灭有关证据或者故意破坏事故现场。

第七十一条　事故发生地人民政府接到事故报告,应当依法启动应急预案,采取应急处置措施,组织应急救援。

第七十二条　特种设备发生特别重大事故,由国务院或者国务院授权有关部门组织事故调查组进行调查。

发生重大事故,由国务院负责特种设备安全监督管理的部门会同有关部门组织事故调查组进行调查。

发生较大事故,由省、自治区、直辖市人民政府负责特种设备安全监督管理的部门会同有关部门组织事故调查组进行调查。

发生一般事故,由设区的市级人民政府负责特种设备安全监督管理的部门会同有关部门组织事故调查组进行调查。

事故调查组应当依法、独立、公正开展调查,提出事故调查报告。

第七十三条　组织事故调查的部门应当将事故调查报告报本级人民政府,并报上一级人民政府负责特种设备安全监督管理的部门备案。有关部门和单位应当依照法律、行政法规的规定,追究事故责任单位和人员的责任。

事故责任单位应当依法落实整改措施,预防同类事故发生。事故造成损害的,事故责任单位应当依法承担赔偿责任。

第六章　法律责任

第七十四条　违反本法规定,未经许可从事特种设备生产活动的,责令停止生产,没收违法制造的特种设备,处十万元以上五十万元以下罚款;有违法所得的,没收违法所得;已经实施安装、改造、修理的,责令恢复原状或者责令限期由取得许可的单位重新安装、改造、修理。

第七十五条　违反本法规定,特种设备的设计文件未经鉴定,擅自用于制造的,责令改正,没收违法制造的特种设备,处五万元以上五十万元以下罚款。

第七十六条 违反本法规定,未进行形式试验的,责令限期改正;逾期未改正的,处三万元以上三十万元以下罚款。

第七十七条 违反本法规定,特种设备出厂时,未按照安全技术规范的要求随附相关技术资料和文件的,责令限期改正;逾期未改正的,责令停止制造、销售,处二万元以上二十万元以下罚款;有违法所得的,没收违法所得。

第七十八条 违反本法规定,特种设备安装、改造、修理的施工单位在施工前未书面告知负责特种设备安全监督管理的部门即行施工的,或者在验收后三十日内未将相关技术资料和文件移交特种设备使用单位,责令限期改正;逾期未改正的,处一万元以上十万元以下罚款。

第七十九条 违反本法规定,特种设备的制造、安装、改造、重大修理以及锅炉清洗过程,未经监督检验的,责令限期改正;逾期未改正的,处五万元以上二十万元以下罚款;有违法所得的,没收违法所得;情节严重的,吊销生产许可证。

第八十条 违反本法规定,电梯制造单位有下列情形之一的,责令限期改正;逾期未改正的,处一万元以上十万元以下罚款:

(一)未按照安全技术规范的要求对电梯进行校验、调试的;

(二)对电梯的安全运行情况进行跟踪调查和了解时,发现存在严重事故隐患,未及时告知电梯使用单位并向负责特种设备安全监督管理的部门报告的。

第八十一条 违反本法规定,特种设备生产单位有下列行为之一的,责令限期改正;逾期未改正的,责令停止生产,处五万元以上五十万元以下罚款;情节严重的,吊销生产许可证:

(一)不再具备生产条件、生产许可证已经过期或者超出许可范围生产的;

(二)明知特种设备存在同一性缺陷,未立即停止生产并召回的。

违反本法规定,特种设备生产单位生产、销售、交付国家明令淘汰的特种设备的,责令停止生产、销售,没收违法生产、销售、交付的特种设备,处三万元以上三十万元以下罚款;有违法所得的,没收违法所得。

特种设备生产单位涂改、倒卖、出租、出借生产许可证的,责令停止生产,处五万元以上五十万元以下罚款;情节严重的,吊销生产许可证。

第八十二条 违反本法规定,特种设备经营单位有下列行为之一的,责令停止经营,没收违法经营的特种设备,处三万元以上三十万元以下罚款;有违法所得的,没收违法所得:

(一)销售、出租未取得许可生产,未经检验或者检验不合格的特种设备的;

(二)销售、出租国家明令淘汰、已经报废的特种设备,或者未按照安全技术规范的要求进行维护保养的特种设备的。

违反本法规定,特种设备销售单位未建立检查验收和销售记录制度,或者进口特种设备未履行提前告知义务的,责令改正,处一万元以上十万元以下罚款。

特种设备生产单位销售、交付未经检验或者检验不合格的特种设备的,依照本条第一款规定处罚;情节严重的,吊销生产许可证。

第八十三条 违反本法规定,特种设备使用单位有下列行为之一的,责令限期改正;逾期未改正的,责令停止使用有关特种设备,处一万元以上十万元以下罚款:

(一)使用特种设备未按照规定办理使用登记的;

(二)未建立特种设备安全技术档案或者安全技术档案不符合规定要求,或者未依法设置使用登记标志、定期检验标志的;

(三)未对其使用的特种设备进行经常性维护保养和定期自行检查,或者未对其使用的特种设备的安全附件、安全保护装置进行定期校验、检修,并作出记录的;

(四)未按照安全技术规范的要求及时申报并接受检验的;

(五)未按照安全技术规范的要求进行锅炉水(介)质处理的;

(六)未制定特种设备事故应急专项预案的。

第八十四条 违反本法规定,特种设备使用单位有下列行为之一的,责令停止使用有关特种设备,处三万元以上三十万元以下罚款:

(一)使用未取得许可生产,未经检验或者检验不合格的特种设备,或者国家明令淘汰、已经报废的特种设备的;

(二)特种设备出现故障或者发生异常情况,未对其进行全面检查、消除事故隐患,继续使用的;

(三)特种设备存在严重事故隐患,无改造、修理价值,或者达到安全技术规范规定的其他报废条件,未依法履行报废义务,并办理使用登记证书注销手续的。

第八十五条 违反本法规定,移动式压力容器、气瓶充装单位有下列行为之一的,责令改正,处二万元以上二十万元以下罚款;情节严重的,吊销充装许可证:

(一)未按照规定实施充装前后的检查、记录制度的;

(二)对不符合安全技术规范要求的移动式压力容器和气瓶进行充装的。

违反本法规定,未经许可,擅自从事移动式压力容器或者气瓶充装活动的,予以取缔,没收违法充装的气瓶,处十万元以上五十万元以下罚款;有违法所得的,没收违法所得。

第八十六条 违反本法规定,特种设备生产、经营、使用单位有下列情形之一的,责令限期改正;逾期未改正的,责令停止使用有关特种设备或者停产停业整顿,处一万元以上五万元以下罚款:

（一）未配备具有相应资格的特种设备安全管理人员、检测人员和作业人员的；

（二）使用未取得相应资格的人员从事特种设备安全管理、检测和作业的；

（三）未对特种设备安全管理人员、检测人员和作业人员进行安全教育和技能培训的。

第八十七条 违反本法规定，电梯、客运索道、大型游乐设施的运营使用单位有下列情形之一的，责令限期改正；逾期未改正的，责令停止使用有关特种设备或者停产停业整顿，处二万元以上十万元以下罚款：

（一）未设置特种设备安全管理机构或者配备专职的特种设备安全管理人员的；

（二）客运索道、大型游乐设施每日投入使用前，未进行试运行和例行安全检查，未对安全附件和安全保护装置进行检查确认的；

（三）未将电梯、客运索道、大型游乐设施的安全使用说明、安全注意事项和警示标志置于易于为乘客注意的显著位置的。

第八十八条 违反本法规定，未经许可，擅自从事电梯维护保养的，责令停止违法行为，处一万元以上十万元以下罚款；有违法所得的，没收违法所得。

电梯的维护保养单位未按照本法规定以及安全技术规范的要求，进行电梯维护保养的，依照前款规定处罚。

第八十九条 发生特种设备事故，有下列情形之一的，对单位处五万元以上二十万元以下罚款；对主要负责人处一万元以上五万元以下罚款；主要负责人属于国家工作人员的，并依法给予处分：

（一）发生特种设备事故时，不立即组织抢救或者在事故调查处理期间擅离职守或者逃匿的；

（二）对特种设备事故迟报、谎报或者瞒报的。

第九十条 发生事故，对负有责任的单位除要求其依法承担相应的赔偿等责任外，依照下列规定处以罚款：

（一）发生一般事故，处十万元以上二十万元以下罚款；

（二）发生较大事故，处二十万元以上五十万元以下罚款；

（三）发生重大事故，处五十万元以上二百万元以下罚款。

第九十一条 对事故发生负有责任的单位的主要负责人未依法履行职责或者负有领导责任的，依照下列规定处以罚款；属于国家工作人员的，并依法给予处分：

（一）发生一般事故，处上一年年收入百分之三十的罚款；

（二）发生较大事故，处上一年年收入百分之四十的罚款；

（三）发生重大事故，处上一年年收入百分之六十的罚款。

第九十二条 违反本法规定，特种设备安全管理人员、检测人员和作业人员不履行岗位职责,违反操作规程和有关安全规章制度,造成事故的,吊销相关人员的资格。

第九十三条 违反本法规定,特种设备检验、检测机构及其检验、检测人员有下列行为之一的,责令改正,对机构处五万元以上二十万元以下罚款,对直接负责的主管人员和其他直接责任人员处五千元以上五万元以下罚款;情节严重的,吊销机构资质和有关人员的资格:

(一)未经核准或者超出核准范围、使用未取得相应资格的人员从事检验、检测的;

(二)未按照安全技术规范的要求进行检验、检测的;

(三)出具虚假的检验、检测结果和鉴定结论或者检验、检测结果和鉴定结论严重失实的;

(四)发现特种设备存在严重事故隐患,未及时告知相关单位,并立即向负责特种设备安全监督管理的部门报告的;

(五)泄露检验、检测过程中知悉的商业秘密的;

(六)从事有关特种设备的生产、经营活动的;

(七)推荐或者监制、监销特种设备的;

(八)利用检验工作故意刁难相关单位的。

违反本法规定,特种设备检验、检测机构的检验、检测人员同时在两个以上检验、检测机构中执业的,处五千元以上五万元以下罚款;情节严重的,吊销其资格。

第九十四条 违反本法规定,负责特种设备安全监督管理的部门及其工作人员有下列行为之一的,由上级机关责令改正;对直接负责的主管人员和其他直接责任人员,依法给予处分:

(一)未依照法律、行政法规规定的条件、程序实施许可的;

(二)发现未经许可擅自从事特种设备的生产、使用或者检验、检测活动不予取缔或者不依法予以处理的;

(三)发现特种设备生产单位不再具备本法规定的条件而不吊销其许可证,或者发现特种设备生产、经营、使用违法行为不予查处的;

(四)发现特种设备检验、检测机构不再具备本法规定的条件而不撤销其核准,或者对其出具虚假的检验、检测结果和鉴定结论或者检验、检测结果和鉴定结论严重失实的行为不予查处的;

(五)发现违反本法规定和安全技术规范要求的行为或者特种设备存在事故隐患,不立即处理的;

(六)发现重大违法行为或者特种设备存在严重事故隐患,未及时向上级负责特种设备安全监督管理的部门报告,或者接到报告的负责特种设备安全监督管理的部门不立即处理的;

(七)要求已经依照本法规定在其他地方取得许可的特种设备生产单位重复取得许可,或者要求对已经依照本法规定在其他地方检验合格的特种设备重复进行检验的;

(八)推荐或者监制、监销特种设备的;

(九)泄露履行职责过程中知悉的商业秘密的;

(十)接到特种设备事故报告未立即向本级人民政府报告,并按照规定上报的;

(十一)迟报、漏报、谎报或者瞒报事故的;

(十二)妨碍事故救援或者事故调查处理的;

(十三)其他滥用职权、玩忽职守、徇私舞弊的行为。

第九十五条 违反本法规定,特种设备生产、经营、使用单位或者检验、检测机构拒不接受负责特种设备安全监督管理的部门依法实施的监督检查的,责令限期改正;逾期未改正的,责令停产停业整顿,处二万元以上二十万元以下罚款。

特种设备生产、经营、使用单位擅自动用、调换、转移、损毁被查封、扣押的特种设备或者其主要部件的,责令改正,处五万元以上二十万元以下罚款;情节严重的,吊销生产许可证,注销特种设备使用登记证书。

第九十六条 违反本法规定,被依法吊销许可证的,自吊销许可证之日起三年内,负责特种设备安全监督管理的部门不予受理其新的许可申请。

第九十七条 违反本法规定,造成人身、财产损害的,依法承担民事责任。

违反本法规定,应当承担民事赔偿责任和缴纳罚款、罚金,其财产不足以同时支付时,先承担民事赔偿责任。

第九十八条 违反本法规定,构成违反治安管理行为的,依法给予治安管理处罚;构成犯罪的,依法追究刑事责任。

第七章 附 则

第九十九条 特种设备行政许可、检验的收费,依照法律、行政法规的规定执行。

第一百条 军事装备、核设施、航空航天器使用的特种设备安全的监督管理不适用本法。

铁路机车、海上设施和船舶、矿山井下使用的特种设备以及民用机场专用设备安全的监督管理,房屋建筑工地、市政工程工地用起重机械和场(厂)内专用机动车辆的安装、使用的监督管理,由有关部门依照本法和其他有关法律的规定实施。

第一百零一条 本法自 2014 年 1 月 1 日起施行。

特种设备安全监察条例

国务院令第 549 号

2003年3月11日中华人民共和国国务院令第373号公布,根据2009年1月24日《国务院关于修改〈特种设备安全监察条例〉的决定》修订。

第一章 总 则

第一条 为了加强特种设备的安全监察,防止和减少事故,保障人民群众生命和财产安全,促进经济发展,制定本条例。

第二条 本条例所称特种设备是指涉及生命安全、危险性较大的锅炉、压力容器(含气瓶,下同)、压力管道、电梯、起重机械、客运索道、大型游乐设施和场(厂)内专用机动车辆。

前款特种设备的目录由国务院负责特种设备安全监督管理的部门(以下简称国务院特种设备安全监督管理部门)制订,报国务院批准后执行。

第三条 特种设备的生产(含设计、制造、安装、改造、维修,下同)、使用、检验检测及其监督检查,应当遵守本条例,但本条例另有规定的除外。

军事装备、核设施、航空航天器、铁路机车、海上设施和船舶以及矿山井下使用的特种设备、民用机场专用设备的安全监察不适用本条例。

房屋建筑工地和市政工程工地用起重机械、场(厂)内专用机动车辆的安装、使用的监督管理,由建设行政主管部门依照有关法律、法规的规定执行。

第四条 国务院特种设备安全监督管理部门负责全国特种设备的安全监察工作,县以上地方负责特种设备安全监督管理的部门对本行政区域内特种设备实施安全监察(以下统称特种设备安全监督管理部门)。

第五条 特种设备生产、使用单位应当建立健全特种设备安全、节能管理制度和岗位安全、节能责任制度。

特种设备生产、使用单位的主要负责人应当对本单位特种设备的安全和节能全面负责。

特种设备生产、使用单位和特种设备检验检测机构,应当接受特种设备安全监督管理部门依法进行的特种设备安全监察。

第六条 特种设备检验检测机构,应当依照本条例规定,进行检验检测工作,对其检验检测结果、鉴定结论承担法律责任。

第七条 县级以上地方人民政府应当督促、支持特种设备安全监督管理部门依法履行安全监察职责,对特种设备安全监察中存在的重大问题及时予以协调、解决。

第八条 国家鼓励推行科学的管理方法,采用先进技术,提高特种设备安全性能和管理水平,增强特种设备生产、使用单位防范事故的能力,对取得显著成绩的单位和个人,给予奖励。

国家鼓励特种设备节能技术的研究、开发、示范和推广,促进特种设备节能技术创新和应用。

特种设备生产、使用单位和特种设备检验检测机构,应当保证必要的安全和节能投入。

国家鼓励实行特种设备责任保险制度,提高事故赔付能力。

第九条 任何单位和个人对违反本条例规定的行为,有权向特种设备安全监督管理部门和行政监察等有关部门举报。

特种设备安全监督管理部门应当建立特种设备安全监察举报制度,公布举报电话、信箱或者电子邮件地址,受理对特种设备生产、使用和检验检测违法行为的举报,并及时予以处理。

特种设备安全监督管理部门和行政监察等有关部门应当为举报人保密,并按照国家有关规定给予奖励。

第二章 特种设备的生产

第十条 特种设备生产单位,应当依照本条例规定以及国务院特种设备安全监督管理部门制订并公布的安全技术规范(以下简称安全技术规范)的要求,进行生产活动。

特种设备生产单位对其生产的特种设备的安全性能和能效指标负责,不得生产不符合安全性能要求和能效指标的特种设备,不得生产国家产业政策明令淘汰的特种设备。

第十一条 压力容器的设计单位应当经国务院特种设备安全监督管理部门许可,方可从事压力容器的设计活动。

压力容器的设计单位应当具备下列条件:

(一)有与压力容器设计相适应的设计人员、设计审核人员;

(二)有与压力容器设计相适应的场所和设备;

(三)有与压力容器设计相适应的健全的管理制度和责任制度。

第十二条 锅炉、压力容器中的气瓶(以下简称气瓶)、氧舱和客运索道、大型游乐设施以及高耗能特种设备的设计文件,应当经国务院特种设备安全监督管理部门核准的检验检测机构鉴定,方可用于制造。

第十三条 按照安全技术规范的要求,应当进行形式试验的特种设备产品、部件或者试制特种设备新产品、新部件、新材料,必须进行形式试验和能效测试。

第十四条 锅炉、压力容器、电梯、起重机械、客运索道、大型游乐设施及其安全附件、安全保护装置的制造、安装、改造单位,以及压力管道用管子、管件、阀门、法兰、补偿器、安全保护装置等(以下简称压力管道元件)的制造单位和场(厂)内专用机动车辆的制造、改造单位,应当经国务院特种设备安全监督管理部门许可,方可从事相应的活动。

前款特种设备的制造、安装、改造单位应当具备下列条件:

(一)有与特种设备制造、安装、改造相适应的专业技术人员和技术工人;

(二)有与特种设备制造、安装、改造相适应的生产条件和检测手段;

(三)有健全的质量管理制度和责任制度。

第十五条 特种设备出厂时,应当附有安全技术规范要求的设计文件、产品质量合格证明、安装及使用维修说明、监督检验证明等文件。

第十六条 锅炉、压力容器、电梯、起重机械、客运索道、大型游乐设施、场(厂)内专用机动车辆的维修单位,应当有与特种设备维修相适应的专业技术人员和技术工人以及必要的检测手段,并经省、自治区、直辖市特种设备安全监督管理部门许可,方可从事相应的维修活动。

第十七条 锅炉、压力容器、起重机械、客运索道、大型游乐设施的安装、改造、维修以及场(厂)内专用机动车辆的改造、维修,必须由依照本条例取得许可的单位进行。

电梯的安装、改造、维修,必须由电梯制造单位或者其通过合同委托、同意的依照本条例取得许可的单位进行。电梯制造单位对电梯质量以及安全运行涉及的质量问题负责。

特种设备安装、改造、维修的施工单位应当在施工前将拟进行的特种设备安装、改造、维修情况书面告知直辖市或者设区的市的特种设备安全监督管理部门,告知后即可施工。

第十八条 电梯井道的土建工程必须符合建筑工程质量要求。电梯安装施工过程中,电梯安装单位应当遵守施工现场的安全生产要求,落实现场安全防护措施。电梯安装施工过程中,施工现场的安全生产监督,由有关部门依照有关法律、行政法规的规定执行。

电梯安装施工过程中,电梯安装单位应当服从建筑施工总承包单位对施工现场的安全生产管理,并订立合同,明确各自的安全责任。

第十九条 电梯的制造、安装、改造和维修活动,必须严格遵守安全技术规范的要求。电梯制造单位委托或者同意其他单位进行电梯安装、改造、维修活动的,应当对其安装、改造、维修活动进行安全指导和监控。电梯的安装、改造、维修活动结束后,电梯制造单位应当按照安全技术规范的要求对电梯进行校验和调试,并对校验和调试的结果负责。

第二十条 锅炉、压力容器、电梯、起重机械、客运索道、大型游乐设施的安装、改造、维修以及场(厂)内专用机动车辆的改造、维修竣工后,安装、改造、维修的施工单位应当在验收后 30 日内将有关技术资料移交使用单位,高耗能特种设备还应当按照安全技术规范的要求提交能效测试报告。使用单位应当将其存入该特种设备的安全技术档案。

第二十一条 锅炉、压力容器、压力管道元件、起重机械、大型游乐设施的制造过程和锅炉、压力容器、电梯、起重机械、客运索道、大型游乐设施的安装、改造、重大维修过程,必须经国务院特种设备安全监督管理部门核准的检验检测机构按照安全技术规范的要求进行监督检验;未经监督检验合格的不得出厂或者交付使用。

第二十二条 移动式压力容器、气瓶充装单位应当经省、自治区、直辖市的特种设备安全监督管理部门许可,方可从事充装活动。

充装单位应当具备下列条件:

(一)有与充装和管理相适应的管理人员和技术人员;

(二)有与充装和管理相适应的充装设备、检测手段、场地厂房、器具、安全设施;

(三)有健全的充装管理制度、责任制度、紧急处理措施。

气瓶充装单位应当向气体使用者提供符合安全技术规范要求的气瓶,对使用者进行气瓶安全使用指导,并按照安全技术规范的要求办理气瓶使用登记,提出气瓶的定期检验要求。

第三章 特种设备的使用

第二十三条 特种设备使用单位,应当严格执行本条例和有关安全生产的法律、行政法规的规定,保证特种设备的安全使用。

第二十四条 特种设备使用单位应当使用符合安全技术规范要求的特种设备。特种设备投入使用前,使用单位应当核对其是否附有本条例第十五条规定的相关文件。

第二十五条 特种设备在投入使用前或者投入使用后 30 日内,特种设备使用单位应当向直辖市或者设区的市的特种设备安全监督管理部门登记。登记标志应当置于或者附着于该特种设备的显著位置。

第二十六条 特种设备使用单位应当建立特种设备安全技术档案。安全技术档案应当包括以下内容:

(一)特种设备的设计文件、制造单位、产品质量合格证明、使用维护说明等文件以及安装技术文件和资料;

(二)特种设备的定期检验和定期自行检查的记录;

(三)特种设备的日常使用状况记录;

(四)特种设备及其安全附件、安全保护装置、测量调控装置及有关附属仪器仪表的日常维护保养记录;

(五)特种设备运行故障和事故记录;

(六)高耗能特种设备的能效测试报告、能耗状况记录以及节能改造技术资料。

第二十七条 特种设备使用单位应当对在用特种设备进行经常性日常维护保养,并定期自行检查。

特种设备使用单位对在用特种设备应当至少每月进行一次自行检查,并作出记录。特种设备使用单位在对在用特种设备进行自行检查和日常维护保养时发现异常情况的,应当及时处理。

特种设备使用单位应当对在用特种设备的安全附件、安全保护装置、测量调控装置及有关附属仪器仪表进行定期校验、检修,并作出记录。

锅炉使用单位应当按照安全技术规范的要求进行锅炉水(介)质处理,并接受特种设备检验检测机构实施的水(介)质处理定期检验。

从事锅炉清洗的单位,应当按照安全技术规范的要求进行锅炉清洗,并接受特种设备检验检测机构实施的锅炉清洗过程监督检验。

第二十八条 特种设备使用单位应当按照安全技术规范的定期检验要求,在安全检验合格有效期届满前1个月向特种设备检验检测机构提出定期检验要求。

检验检测机构接到定期检验要求后,应当按照安全技术规范的要求及时进行安全性能检验和能效测试。

未经定期检验或者检验不合格的特种设备,不得继续使用。

第二十九条 特种设备出现故障或者发生异常情况,使用单位应当对其进行全面检查,消除事故隐患后,方可重新投入使用。

特种设备不符合能效指标的,特种设备使用单位应当采取相应措施进行整改。

第三十条 特种设备存在严重事故隐患,无改造、维修价值,或者超过安全技术规范规定使用年限,特种设备使用单位应当及时予以报废,并应当向原登记的特种设备安全监督管理部门办理注销。

第三十一条 电梯的日常维护保养必须由依照本条例取得许可的安装、改造、维修单位或者电梯制造单位进行。

电梯应当至少每15日进行一次清洁、润滑、调整和检查。

第三十二条 电梯的日常维护保养单位应当在维护保养中严格执行国家安全技术规范的要求,保证其维护保养的电梯的安全技术性能,并负责落实现场安全防护措施,保证施工安全。

电梯的日常维护保养单位,应当对其维护保养的电梯的安全性能负责。接到故障通知后,应当立即赶赴现场,并采取必要的应急救援措施。

第三十三条 电梯、客运索道、大型游乐设施等为公众提供服务的特种设备运营使用单位,应当设置特种设备安全管理机构或者配备专职的安全管理人员;其他特种设备使用单位,应当根据情况设置特种设备安全管理机构或者配备专职、兼职的安全管理人员。

特种设备的安全管理人员应当对特种设备使用状况进行经常性检查,发现问题的应当立即处理;情况紧急时,可以决定停止使用特种设备并及时报告本单位有关负责人。

第三十四条 客运索道、大型游乐设施的运营使用单位在客运索道、大型游乐设施每日投入使用前,应当进行试运行和例行安全检查,并对安全装置进行检查确认。

电梯、客运索道、大型游乐设施的运营使用单位应当将电梯、客运索道、大型游乐设施的安全注意事项和警示标志置于易于为乘客注意的显著位置。

第三十五条 客运索道、大型游乐设施的运营使用单位的主要负责人应当熟悉客运索道、大型游乐设施的相关安全知识,并全面负责客运索道、大型游乐设施的安全使用。

客运索道、大型游乐设施的运营使用单位的主要负责人至少应当每月召开一次会议,督促、检查客运索道、大型游乐设施的安全使用工作。

客运索道、大型游乐设施的运营使用单位,应当结合本单位的实际情况,配备相应数量的营救装备和急救物品。

第三十六条 电梯、客运索道、大型游乐设施的乘客应当遵守使用安全注意事项的要求,服从有关工作人员的指挥。

第三十七条 电梯投入使用后,电梯制造单位应当对其制造的电梯的安全运行情况进行跟踪调查和了解,对电梯的日常维护保养单位或者电梯的使用单位在安全运行方面存在的问题,提出改进建议,并提供必要的技术帮助。发现电梯存在严重事故隐患的,应当及时向特种设备安全监督管理部门报告。电梯制造单位对调查和了解的情况,应当作出记录。

第三十八条 锅炉、压力容器、电梯、起重机械、客运索道、大型游乐设施、场(厂)内专用机动车辆的作业人员及其相关管理人员(以下统称特种设备作业人员),应当按照国家有关规定经特种设备安全监督管理部门考核合格,取得国家统一格式的特种作业人员证书,方可从事相应的作业或者管理工作。

第三十九条 特种设备使用单位应当对特种设备作业人员进行特种设备安全、节能教育和培训,保证特种设备作业人员具备必要的特种设备安全、节能知识。

特种设备作业人员在作业中应当严格执行特种设备的操作规程和有关的安全规章

制度。

第四十条 特种设备作业人员在作业过程中发现事故隐患或者其他不安全因素，应当立即向现场安全管理人员和单位有关负责人报告。

第四章 检验检测

第四十一条 从事本条例规定的监督检验、定期检验、形式试验以及专门为特种设备生产、使用、检验检测提供无损检测服务的特种设备检验检测机构，应当经国务院特种设备安全监督管理部门核准。

特种设备使用单位设立的特种设备检验检测机构，经国务院特种设备安全监督管理部门核准，负责本单位核准范围内的特种设备定期检验工作。

第四十二条 特种设备检验检测机构，应当具备下列条件：

（一）有与所从事的检验检测工作相适应的检验检测人员；

（二）有与所从事的检验检测工作相适应的检验检测仪器和设备；

（三）有健全的检验检测管理制度、检验检测责任制度。

第四十三条 特种设备的监督检验、定期检验、形式试验和无损检测应当由依照本条例经核准的特种设备检验检测机构进行。

特种设备检验检测工作应当符合安全技术规范的要求。

第四十四条 从事本条例规定的监督检验、定期检验、形式试验和无损检测的特种设备检验检测人员应当经国务院特种设备安全监督管理部门组织考核合格，取得检验检测人员证书，方可从事检验检测工作。

检验检测人员从事检验检测工作，必须在特种设备检验检测机构执业，但不得同时在两个以上检验检测机构中执业。

第四十五条 特种设备检验检测机构和检验检测人员进行特种设备检验检测，应当遵循诚信原则和方便企业的原则，为特种设备生产、使用单位提供可靠、便捷的检验检测服务。

特种设备检验检测机构和检验检测人员对涉及的被检验检测单位的商业秘密，负有保密义务。

第四十六条 特种设备检验检测机构和检验检测人员应当客观、公正、及时地出具检验检测结果、鉴定结论。检验检测结果、鉴定结论经检验检测人员签字后，由检验检测机构负责人签署。

特种设备检验检测机构和检验检测人员对检验检测结果、鉴定结论负责。

国务院特种设备安全监督管理部门应当组织对特种设备检验检测机构的检验检测结果、鉴定结论进行监督抽查。县以上地方负责特种设备安全监督管理的部门在本行政区域内也可以组织监督抽查,但是要防止重复抽查。监督抽查结果应当向社会公布。

第四十七条 特种设备检验检测机构和检验检测人员不得从事特种设备的生产、销售,不得以其名义推荐或者监制、监销特种设备。

第四十八条 特种设备检验检测机构进行特种设备检验检测,发现严重事故隐患或者能耗严重超标的,应当及时告知特种设备使用单位,并立即向特种设备安全监督管理部门报告。

第四十九条 特种设备检验检测机构和检验检测人员利用检验检测工作故意刁难特种设备生产、使用单位,特种设备生产、使用单位有权向特种设备安全监督管理部门投诉,接到投诉的特种设备安全监督管理部门应当及时进行调查处理。

第五章 监督检查

第五十条 特种设备安全监督管理部门依照本条例规定,对特种设备生产、使用单位和检验检测机构实施安全监察。

对学校、幼儿园以及车站、客运码头、商场、体育场馆、展览馆、公园等公众聚集场所的特种设备,特种设备安全监督管理部门应当实施重点安全监察。

第五十一条 特种设备安全监督管理部门根据举报或者取得的涉嫌违法证据,对涉嫌违反本条例规定的行为进行查处时,可以行使下列职权:

(一)向特种设备生产、使用单位和检验检测机构的法定代表人、主要负责人和其他有关人员调查、了解与涉嫌从事违反本条例的生产、使用、检验检测有关的情况;

(二)查阅、复制特种设备生产、使用单位和检验检测机构的有关合同、发票、账簿以及其他有关资料;

(三)对有证据表明不符合安全技术规范要求的或者有其他严重事故隐患、能耗严重超标的特种设备,予以查封或者扣押。

第五十二条 依照本条例规定实施许可、核准、登记的特种设备安全监督管理部门,应当严格依照本条例规定条件和安全技术规范要求对有关事项进行审查;不符合本条例规定条件和安全技术规范要求的,不得许可、核准、登记;在申请办理许可、核准期间,特种设备安全监督管理部门发现申请人未经许可从事特种设备相应活动或者伪造许可、核准证书的,不予受理或者不予许可、核准,并在 1 年内不再受理其新的许可、核准申请。

未依法取得许可、核准、登记的单位擅自从事特种设备的生产、使用或者检验检测活动的,特种设备安全监督管理部门应当依法予以处理。

违反本条例规定,被依法撤销许可的,自撤销许可之日起 3 年内,特种设备安全监督管理部门不予受理其新的许可申请。

第五十三条 特种设备安全监督管理部门在办理本条例规定的有关行政审批事项时,其受理、审查、许可、核准的程序必须公开,并应当自受理申请之日起30日内,作出许可、核准或者不予许可、核准的决定;不予许可、核准的,应当书面向申请人说明理由。

第五十四条 地方各级特种设备安全监督管理部门不得以任何形式进行地方保护和地区封锁,不得对已经依照本条例规定在其他地方取得许可的特种设备生产单位重复进行许可,也不得要求对依照本条例规定在其他地方检验检测合格的特种设备,重复进行检验检测。

第五十五条 特种设备安全监督管理部门的安全监察人员(以下简称特种设备安全监察人员)应当熟悉相关法律、法规、规章和安全技术规范,具有相应的专业知识和工作经验,并经国务院特种设备安全监督管理部门考核,取得特种设备安全监察人员证书。

特种设备安全监察人员应当忠于职守、坚持原则、秉公执法。

第五十六条 特种设备安全监督管理部门对特种设备生产、使用单位和检验检测机构实施安全监察时,应当有2名以上特种设备安全监察人员参加,并出示有效的特种设备安全监察人员证件。

第五十七条 特种设备安全监督管理部门对特种设备生产、使用单位和检验检测机构实施安全监察,应当对每次安全监察的内容、发现的问题及处理情况,作出记录,并由参加安全监察的特种设备安全监察人员和被检查单位的有关负责人签字后归档。被检查单位的有关负责人拒绝签字的,特种设备安全监察人员应当将情况记录在案。

第五十八条 特种设备安全监督管理部门对特种设备生产、使用单位和检验检测机构进行安全监察时,发现有违反本条例规定和安全技术规范要求的行为或者在用的特种设备存在事故隐患、不符合能效指标的,应当以书面形式发出特种设备安全监察指令,责令有关单位及时采取措施,予以改正或者消除事故隐患。紧急情况下需要采取紧急处置措施的,应当随后补发书面通知。

第五十九条 特种设备安全监督管理部门对特种设备生产、使用单位和检验检测机构进行安全监察,发现重大违法行为或者严重事故隐患时,应当在采取必要措施的同时,及时向上级特种设备安全监督管理部门报告。接到报告的特种设备安全监督管理部门应当采取必要措施,及时予以处理。

对违法行为、严重事故隐患或者不符合能效指标的处理需要当地人民政府和有关部门的支持、配合时,特种设备安全监督管理部门应当报告当地人民政府,并通知其他有关部门。当地人民政府和其他有关部门应当采取必要措施,及时予以处理。

第六十条 国务院特种设备安全监督管理部门和省、自治区、直辖市特种设备安全监督管理部门应当定期向社会公布特种设备安全以及能效状况。

公布特种设备安全以及能效状况,应当包括下列内容:

(一)特种设备质量安全状况;

(二)特种设备事故的情况、特点、原因分析、防范对策;

(三)特种设备能效状况;

(四)其他需要公布的情况。

第六章 事故预防和调查处理

第六十一条 有下列情形之一的,为特别重大事故:

(一)特种设备事故造成30人以上死亡,或者100人以上重伤(包括急性工业中毒,下同),或者1亿元以上直接经济损失的;

(二)600兆瓦以上锅炉爆炸的;

(三)压力容器、压力管道有毒介质泄漏,造成15万人以上转移的;

(四)客运索道、大型游乐设施高空滞留100人以上并且时间在48小时以上的。

第六十二条 有下列情形之一的,为重大事故:

(一)特种设备事故造成10人以上30人以下死亡,或者50人以上100人以下重伤,或者5000万元以上1亿元以下直接经济损失的;

(二)600兆瓦以上锅炉因安全故障中断运行240小时以上的;

(三)压力容器、压力管道有毒介质泄漏,造成5万人以上15万人以下转移的;

(四)客运索道、大型游乐设施高空滞留100人以上并且时间在24小时以上48小时以下的。

第六十三条 有下列情形之一的,为较大事故:

(一)特种设备事故造成3人以上10人以下死亡,或者10人以上50人以下重伤,或者1000万元以上5000万元以下直接经济损失的;

(二)锅炉、压力容器、压力管道爆炸的;

(三)压力容器、压力管道有毒介质泄漏,造成1万人以上5万人以下转移的;

(四)起重机械整体倾覆的;

(五)客运索道、大型游乐设施高空滞留人员12小时以上的。

第六十四条 有下列情形之一的,为一般事故:

(一)特种设备事故造成3人以下死亡,或者10人以下重伤,或者1万元以上1000万元以下直接经济损失的;

(二)压力容器、压力管道有毒介质泄漏,造成500人以上1万人以下转移的;

(三)电梯轿厢滞留人员2小时以上的;

(四)起重机械主要受力结构件折断或者起升机构坠落的;

(五)客运索道高空滞留人员3.5小时以上12小时以下的;

(六)大型游乐设施高空滞留人员1小时以上12小时以下的。

除前款规定外,国务院特种设备安全监督管理部门可以对一般事故的其他情形做出补充规定。

第六十五条 特种设备安全监督管理部门应当制定特种设备应急预案。特种设备使用单位应当制定事故应急专项预案,并定期进行事故应急演练。

压力容器、压力管道发生爆炸或者泄漏,在抢险救援时应当区分介质特性,严格按照相关预案规定程序处理,防止二次爆炸。

第六十六条 特种设备事故发生后,事故发生单位应当立即启动事故应急预案,组织抢救,防止事故扩大,减少人员伤亡和财产损失,并及时向事故发生地县以上特种设备安全监督管理部门和有关部门报告。

县以上特种设备安全监督管理部门接到事故报告,应当尽快核实有关情况,立即向所在地人民政府报告,并逐级上报事故情况。必要时,特种设备安全监督管理部门可以越级上报事故情况。对特别重大事故、重大事故,国务院特种设备安全监督管理部门应当立即报告国务院并通报国务院安全生产监督管理部门等有关部门。

第六十七条 特别重大事故由国务院或者国务院授权有关部门组织事故调查组进行调查。

重大事故由国务院特种设备安全监督管理部门会同有关部门组织事故调查组进行调查。

较大事故由省、自治区、直辖市特种设备安全监督管理部门会同有关部门组织事故调查组进行调查。

一般事故由设区的市的特种设备安全监督管理部门会同有关部门组织事故调查组进行调查。

第六十八条 事故调查报告应当由负责组织事故调查的特种设备安全监督管理部门的所在地人民政府批复,并报上一级特种设备安全监督管理部门备案。

有关机关应当按照批复,依照法律、行政法规规定的权限和程序,对事故责任单位和有关人员进行行政处罚,对负有事故责任的国家工作人员进行处分。

第六十九条 特种设备安全监督管理部门应当在有关地方人民政府的领导下,组织开展特种设备事故调查处理工作。

有关地方人民政府应当支持、配合上级人民政府或者特种设备安全监督管理部门的事故调查处理工作,并提供必要的便利条件。

第七十条 特种设备安全监督管理部门应当对发生事故的原因进行分析,并根据特种设备的管理和技术特点、事故情况对相关安全技术规范进行评估;需要制定或者修订相关安全技术规范的,应当及时制定或者修订。

第七十一条　本章所称的"以上"包括本数,所称的"以下"不包括本数。

第七章　法律责任

第七十二条　未经许可,擅自从事压力容器设计活动的,由特种设备安全监督管理部门予以取缔,处 5 万元以上 20 万元以下罚款;有违法所得的,没收违法所得;触犯刑律的,对负有责任的主管人员和其他直接责任人员依照刑法关于非法经营罪或者其他罪的规定,依法追究刑事责任。

第七十三条　锅炉、气瓶、氧舱和客运索道、大型游乐设施以及高耗能特种设备的设计文件,未经国务院特种设备安全监督管理部门核准的检验检测机构鉴定,擅自用于制造的,由特种设备安全监督管理部门责令改正,没收非法制造的产品,处 5 万元以上 20 万元以下罚款;触犯刑律的,对负有责任的主管人员和其他直接责任人员依照刑法关于生产、销售伪劣产品罪、非法经营罪或者其他罪的规定,依法追究刑事责任。

第七十四条　按照安全技术规范的要求应当进行形式试验的特种设备产品、部件或者试制特种设备新产品、新部件,未进行整机或者部件形式试验的,由特种设备安全监督管理部门责令限期改正;逾期未改正的,处 2 万元以上 10 万元以下罚款。

第七十五条　未经许可,擅自从事锅炉、压力容器、电梯、起重机械、客运索道、大型游乐设施、场(厂)内专用机动车辆及其安全附件、安全保护装置的制造、安装、改造以及压力管道元件的制造活动的,由特种设备安全监督管理部门予以取缔,没收非法制造的产品,已经实施安装、改造的,责令恢复原状或者责令限期由取得许可的单位重新安装、改造,处 10 万元以上 50 万元以下罚款;触犯刑律的,对负有责任的主管人员和其他直接责任人员依照刑法关于生产、销售伪劣产品罪、非法经营罪、重大责任事故罪或者其他罪的规定,依法追究刑事责任。

第七十六条　特种设备出厂时,未按照安全技术规范的要求附有设计文件、产品质量合格证明、安装及使用维修说明、监督检验证明等文件的,由特种设备安全监督管理部门责令改正;情节严重的,责令停止生产、销售,处违法生产、销售货值金额 30% 以下罚款;有违法所得的,没收违法所得。

第七十七条　未经许可,擅自从事锅炉、压力容器、电梯、起重机械、客运索道、大型游乐设施、场(厂)内专用机动车辆的维修或者日常维护保养的,由特种设备安全监督管理部门予以取缔,处 1 万元以上 5 万元以下罚款;有违法所得的,没收违法所得;触犯刑律的,对负有责任的主管人员和其他直接责任人员依照刑法关于非法经营罪、重大责任事故罪或者其他罪的规定,依法追究刑事责任。

第七十八条　锅炉、压力容器、电梯、起重机械、客运索道、大型游乐设施的安装、改造、维修的施工单位以及场(厂)内专用机动车辆的改造、维修单位,在施工前未将拟进行的特种设备安装、改造、维修情况书面告知直辖市或者设区的市的特种设备安全监督管理部门即行施工的,或者在验收后30日内未将有关技术资料移交锅炉、压力容器、电梯、起重机械、客运索道、大型游乐设施的使用单位的,由特种设备安全监督管理部门责令限期改正;逾期未改正的,处2000元以上1万元以下罚款。

第七十九条　锅炉、压力容器、压力管道元件、起重机械、大型游乐设施的制造过程和锅炉、压力容器、电梯、起重机械、客运索道、大型游乐设施的安装、改造、重大维修过程,以及锅炉清洗过程,未经国务院特种设备安全监督管理部门核准的检验检测机构按照安全技术规范的要求进行监督检验的,由特种设备安全监督管理部门责令改正,已经出厂的,没收违法生产、销售的产品,已经实施安装、改造、重大维修或者清洗的,责令限期进行监督检验,处5万元以上20万元以下罚款;有违法所得的,没收违法所得;情节严重的,撤销制造、安装、改造或者维修单位已经取得的许可,并由工商行政管理部门吊销其营业执照;触犯刑律的,对负有责任的主管人员和其他直接责任人员依照刑法关于生产、销售伪劣产品罪或者其他罪的规定,依法追究刑事责任。

第八十条　未经许可,擅自从事移动式压力容器或者气瓶充装活动的,由特种设备安全监督管理部门予以取缔,没收违法充装的气瓶,处10万元以上50万元以下罚款;有违法所得的,没收违法所得;触犯刑律的,对负有责任的主管人员和其他直接责任人员依照刑法关于非法经营罪或者其他罪的规定,依法追究刑事责任。

移动式压力容器、气瓶充装单位未按照安全技术规范的要求进行充装活动的,由特种设备安全监督管理部门责令改正,处2万元以上10万元以下罚款;情节严重的,撤销其充装资格。

第八十一条　电梯制造单位有下列情形之一的,由特种设备安全监督管理部门责令限期改正;逾期未改正的,予以通报批评:

(一)未依照本条例第十九条的规定对电梯进行校验、调试的;

(二)对电梯的安全运行情况进行跟踪调查和了解时,发现存在严重事故隐患,未及时向特种设备安全监督管理部门报告的。

第八十二条　已经取得许可、核准的特种设备生产单位、检验检测机构有下列行为之一的,由特种设备安全监督管理部门责令改正,处2万元以上10万元以下罚款;情节严重的,撤销其相应资格:

(一)未按照安全技术规范的要求办理许可证变更手续的;

(二)不再符合本条例规定或者安全技术规范要求的条件,继续从事特种设备生产、检验检测的;

(三)未依照本条例规定或者安全技术规范要求进行特种设备生产、检验检测的;

(四)伪造、变造、出租、出借、转让许可证书或者监督检验报告的。

第八十三条 特种设备使用单位有下列情形之一的,由特种设备安全监督管理部门责令限期改正;逾期未改正的,处 2000 元以上 2 万元以下罚款;情节严重的,责令停止使用或者停产停业整顿:

(一)特种设备投入使用前或者投入使用后 30 日内,未向特种设备安全监督管理部门登记,擅自将其投入使用的;

(二)未依照本条例第二十六条的规定,建立特种设备安全技术档案的;

(三)未依照本条例第二十七条的规定,对在用特种设备进行经常性日常维护保养和定期自行检查的,或者对在用特种设备的安全附件、安全保护装置、测量调控装置及有关附属仪器仪表进行定期校验、检修,并作出记录的;

(四)未按照安全技术规范的定期检验要求,在安全检验合格有效期届满前 1 个月向特种设备检验检测机构提出定期检验要求的;

(五)使用未经定期检验或者检验不合格的特种设备的;

(六)特种设备出现故障或者发生异常情况,未对其进行全面检查、消除事故隐患,继续投入使用的;

(七)未制定特种设备事故应急专项预案的;

(八)未依照本条例第三十一条第二款的规定,对电梯进行清洁、润滑、调整和检查的;

(九)未按照安全技术规范要求进行锅炉水(介)质处理的;

(十)特种设备不符合能效指标,未及时采取相应措施进行整改的。

特种设备使用单位使用未取得生产许可的单位生产的特种设备或者将非承压锅炉、非压力容器作为承压锅炉、压力容器使用的,由特种设备安全监督管理部门责令停止使用,予以没收,处 2 万元以上 10 万元以下罚款。

第八十四条 特种设备存在严重事故隐患,无改造、维修价值,或者超过安全技术规范规定的使用年限,特种设备使用单位未予以报废,并向原登记的特种设备安全监督管理部门办理注销的,由特种设备安全监督管理部门责令限期改正;逾期未改正的,处 5 万元以上 20 万元以下罚款。

第八十五条 电梯、客运索道、大型游乐设施的运营使用单位有下列情形之一的,由特种设备安全监督管理部门责令限期改正;逾期未改正的,责令停止使用或者停产停业整顿,处 1 万元以上 5 万元以下罚款:

(一)客运索道、大型游乐设施每日投入使用前,未进行试运行和例行安全检查,并对安全装置进行检查确认的;

(二)未将电梯、客运索道、大型游乐设施的安全注意事项和警示标志置于易于为乘客注意的显著位置的。

第八十六条　特种设备使用单位有下列情形之一的,由特种设备安全监督管理部门责令限期改正;逾期未改正的,责令停止使用或者停产停业整顿,处 2000 元以上 2 万元以下罚款:

(一)未依照本条例规定设置特种设备安全管理机构或者配备专职、兼职的安全管理人员的;

(二)从事特种设备作业的人员,未取得相应特种作业人员证书,上岗作业的;

(三)未对特种设备作业人员进行特种设备安全教育和培训的。

第八十七条　发生特种设备事故,有下列情形之一的,对单位,由特种设备安全监督管理部门处 5 万元以上 20 万元以下罚款;对主要负责人,由特种设备安全监督管理部门处 4000 元以上 2 万元以下罚款;属于国家工作人员的,依法给予处分;触犯刑律的,依照刑法关于重大责任事故罪或者其他罪的规定,依法追究刑事责任:

(一)特种设备使用单位的主要负责人在本单位发生特种设备事故时,不立即组织抢救或者在事故调查处理期间擅离职守或者逃匿的;

(二)特种设备使用单位的主要负责人对特种设备事故隐瞒不报、谎报或者拖延不报的。

第八十八条　对事故发生负有责任的单位,由特种设备安全监督管理部门依照下列规定处以罚款:

(一)发生一般事故的,处 10 万元以上 20 万元以下罚款;

(二)发生较大事故的,处 20 万元以上 50 万元以下罚款;

(三)发生重大事故的,处 50 万元以上 200 万元以下罚款。

第八十九条　对事故发生负有责任的单位的主要负责人未依法履行职责,导致事故发生的,由特种设备安全监督管理部门依照下列规定处以罚款;属于国家工作人员的,并依法给予处分;触犯刑律的,依照刑法关于重大责任事故罪或者其他罪的规定,依法追究刑事责任:

(一)发生一般事故的,处上一年年收入 30%的罚款;

(二)发生较大事故的,处上一年年收入 40%的罚款;

(三)发生重大事故的,处上一年年收入 60%的罚款。

第九十条　特种设备作业人员违反特种设备的操作规程和有关的安全规章制度操作,或者在作业过程中发现事故隐患或者其他不安全因素,未立即向现场安全管理人员和单位有关负责人报告的,由特种设备使用单位给予批评教育、处分;情节严重的,撤销特种设备作业人员资格;触犯刑律的,依照刑法关于重大责任事故罪或者其他罪的规定,依法追究刑事责任。

第九十一条　未经核准,擅自从事本条例所规定的监督检验、定期检验、形式试验以及无损检测等检验检测活动的,由特种设备安全监督管理部门予以取缔,处 5 万元以上 20 万元以下罚款;有违法所得的,没收违法所得;触犯刑律的,对负有责任的主管人员和其他直接责任人员依照刑法关于非法经营罪或者其他罪的规定,依法追究刑事责任。

第九十二条　特种设备检验检测机构,有下列情形之一的,由特种设备安全监督管理部门处 2 万元以上 10 万元以下罚款;情节严重的,撤销其检验检测资格:

(一)聘用未经特种设备安全监督管理部门组织考核合格并取得检验检测人员证书的人员,从事相关检验检测工作的;

(二)在进行特种设备检验检测中,发现严重事故隐患或者能耗严重超标,未及时告知特种设备使用单位,并立即向特种设备安全监督管理部门报告的。

第九十三条　特种设备检验检测机构和检验检测人员,出具虚假的检验检测结果、鉴定结论或者检验检测结果、鉴定结论严重失实的,由特种设备安全监督管理部门对检验检测机构没收违法所得,处 5 万元以上 20 万元以下罚款,情节严重的,撤销其检验检测资格;对检验检测人员处 5000 元以上 5 万元以下罚款,情节严重的,撤销其检验检测资格;触犯刑律的,依照刑法关于中介组织人员提供虚假证明文件罪、中介组织人员出具证明文件重大失实罪或者其他罪的规定,依法追究刑事责任。

特种设备检验检测机构和检验检测人员,出具虚假的检验检测结果、鉴定结论或者检验检测结果、鉴定结论严重失实,造成损害的,应当承担赔偿责任。

第九十四条　特种设备检验检测机构或者检验检测人员从事特种设备的生产、销售,或者以其名义推荐或者监制、监销特种设备的,由特种设备安全监督管理部门撤销特种设备检验检测机构和检验检测人员的资格,处 5 万元以上 20 万元以下罚款;有违法所得的,没收违法所得。

第九十五条　特种设备检验检测机构和检验检测人员利用检验检测工作故意刁难特种设备生产、使用单位,由特种设备安全监督管理部门责令改正;拒不改正的,撤销其检验检测资格。

第九十六条　检验检测人员,从事检验检测工作,不在特种设备检验检测机构执业或者同时在两个以上检验检测机构中执业的,由特种设备安全监督管理部门责令改正,情节严重的,给予停止执业 6 个月以上 2 年以下的处罚;有违法所得的,没收违法所得。

第九十七条　特种设备安全监督管理部门及其特种设备安全监察人员,有下列违法行为之一的,对直接负责的主管人员和其他直接责任人员,依法给予降级或者撤职的处分;触犯刑律的,依照刑法关于受贿罪、滥用职权罪、玩忽职守罪或者其他罪的规定,依法追究刑事责任:

(一)不按照本条例规定的条件和安全技术规范要求,实施许可、核准、登记的;

(二)发现未经许可、核准、登记擅自从事特种设备的生产、使用或者检验检测活动

不予取缔或者不依法予以处理的;

(三)发现特种设备生产、使用单位不再具备本条例规定的条件而不撤销其原许可,或者发现特种设备生产、使用违法行为不予查处的;

(四)发现特种设备检验检测机构不再具备本条例规定的条件而不撤销其原核准,或者对其出具虚假的检验检测结果、鉴定结论或者检验检测结果、鉴定结论严重失实的行为不予查处的;

(五)对依照本条例规定在其他地方取得许可的特种设备生产单位重复进行许可,或者对依照本条例规定在其他地方检验检测合格的特种设备,重复进行检验检测的;

(六)发现有违反本条例和安全技术规范的行为或者在用的特种设备存在严重事故隐患,不立即处理的;

(七)发现重大的违法行为或者严重事故隐患,未及时向上级特种设备安全监督管理部门报告,或者接到报告的特种设备安全监督管理部门不立即处理的;

(八)迟报、漏报、瞒报或者谎报事故的;

(九)妨碍事故救援或者事故调查处理的。

第九十八条 特种设备的生产、使用单位或者检验检测机构,拒不接受特种设备安全监督管理部门依法实施的安全监察的,由特种设备安全监督管理部门责令限期改正;逾期未改正的,责令停产停业整顿,处2万元以上10万元以下罚款;触犯刑律的,依照刑法关于妨害公务罪或者其他罪的规定,依法追究刑事责任。

特种设备生产、使用单位擅自动用、调换、转移、损毁被查封、扣押的特种设备或者其主要部件的,由特种设备安全监督管理部门责令改正,处5万元以上20万元以下罚款;情节严重的,撤销其相应资格。

第八章 附 则

第九十九条 本条例下列用语的含义是:

(一)锅炉,是指利用各种燃料、电或者其他能源,将所盛装的液体加热到一定的参数,并对外输出热能的设备,其范围规定为容积大于或者等于30L的承压蒸汽锅炉;出口水压大于或者等于0.1MPa(表压),且额定功率大于或者等于0.1MW的承压热水锅炉;有机热载体锅炉。

(二)压力容器,是指盛装气体或者液体,承载一定压力的密闭设备,其范围规定为最高工作压力大于或者等于0.1MPa(表压),且压力与容积的乘积大于或者等于2.5MPa·L的气体、液化气体和最高工作温度高于或者等于标准沸点的液体的固定式容器和移动式容器;盛装公称工作压力大于或者等于0.2MPa(表压),且压力与容积的乘积大于或者等于1.0MPa·L的气体、液化气体和标准沸点等于或者低于60℃液体的气瓶;

氧舱等。

（三）压力管道，是指利用一定的压力，用于输送气体或者液体的管状设备，其范围规定为最高工作压力大于或者等于0.1MPa（表压）的气体、液化气体、蒸汽介质或者可燃、易爆、有毒、有腐蚀性、最高工作温度高于或者等于标准沸点的液体介质，且公称直径大于25mm的管道。

（四）电梯，是指动力驱动，利用沿刚性导轨运行的箱体或者沿固定线路运行的梯级（踏步），进行升降或者平行运送人、货物的机电设备，包括载人（货）电梯、自动扶梯、自动人行道等。

（五）起重机械，是指用于垂直升降或者垂直升降并水平移动重物的机电设备，其范围规定为额定起重量大于或者等于0.5t的升降机；额定起重量大于或者等于1t，且提升高度大于或者等于2m的起重机和承重形式固定的电动葫芦等。

（六）客运索道，是指动力驱动，利用柔性绳索牵引箱体等运载工具运送人员的机电设备，包括客运架空索道、客运缆车、客运拖牵索道等。

（七）大型游乐设施，是指用于经营目的，承载乘客游乐的设施，其范围规定为设计最大运行线速度大于或者等于2m/s，或者运行高度距地面高于或者等于2m的载人大型游乐设施。

（八）场（厂）内专用机动车辆，是指除道路交通、农用车辆以外仅在工厂厂区、旅游景区、游乐场所等特定区域使用的专用机动车辆。

特种设备包括其所用的材料、附属的安全附件、安全保护装置和与安全保护装置相关的设施。

第一百条 压力管道设计、安装、使用的安全监督管理办法由国务院另行制定。

第一百零一条 国务院特种设备安全监督管理部门可以授权省、自治区、直辖市特种设备安全监督管理部门负责本条例规定的特种设备行政许可工作，具体办法由国务院特种设备安全监督管理部门制定。

第一百零二条 特种设备行政许可、检验检测，应当按照国家有关规定收取费用。

第一百零三条 本条例自2003年6月1日起施行。1982年2月6日国务院发布的《锅炉压力容器安全监察暂行条例》同时废止。

道路交通事故深度调查实战常用法律规范汇编

第三分册 道路管理相关法律规范

公安部道路交通安全研究中心 编

人民交通出版社股份有限公司
China Communications Press Co.,Ltd.

图书在版编目(CIP)数据

道路交通事故深度调查实战常用法律规范汇编.3，道路管理相关法律规范／公安部道路交通安全研究中心编.—北京：人民交通出版社股份有限公司，2018.1（2024.12重印）
ISBN 978-7-114-14479-0

Ⅰ.①道… Ⅱ.①公… Ⅲ.①道路交通安全法—汇编—中国 ②道路运输—交通运输管理—法规—汇编—中国 Ⅳ.①D922.149

中国版本图书馆 CIP 数据核字（2017）第 004139 号

Daolu Jiaotong Shigu Shendu Diaocha Shizhan Changyong Falü Guifan Huibian

书　　名：	道路交通事故深度调查实战常用法律规范汇编
	第三分册　道路管理相关法律规范
著 作 者：	公安部道路交通安全研究中心
责任编辑：	赵瑞琴　陈　鹏　徐　菲
出版发行：	人民交通出版社股份有限公司
地　　址：	（100011）北京市朝阳区安定门外外馆斜街 3 号
网　　址：	http://www.ccpcl.com.cn
销售电话：	（010）85285857
总 经 销：	人民交通出版社股份有限公司发行部
经　　销：	各地新华书店
印　　刷：	北京科印技术咨询服务有限公司数码印刷分部
开　　本：	787×1092　1/16
印　　张：	8.125
字　　数：	142 千
版　　次：	2018 年 1 月　第 1 版
印　　次：	2024 年 12 月　第 4 次印刷
书　　号：	ISBN 978-7-114-14479-0
定　　价：	125.00 元（共 5 册）

（有印刷、装订质量问题的图书由本公司负责调换）

前　言

2017年6月以来，公安部交通管理局部署各地公安机关交通管理部门在全国范围内贯彻实施《道路交通事故深度调查工作规范（试行）》，各地积极行动，大力推进道路交通事故深度调查工作。从各地反映情况看，道路交通事故深度调查涉及的法律规范"体系庞杂""分布散乱""适用复杂"，办案中普遍存在查找难、理解难、适用难等问题，亟须将深度调查工作中常用的法律规范进行全面系统梳理，提炼汇编成册，供各地实战应用。

习近平总书记在党的十九大报告中指出，要"坚持依法治国、依法执政、依法行政共同推进，坚持法治国家、法治政府、法治社会一体建设"，强调"树立安全发展理念，弘扬生命至上、安全第一的思想，坚决遏制重特大安全事故"。因此，如何运用好道路交通事故深度调查制度，提升办案水平，严格责任落实，切实推动政府进一步强化交通安全综合治理工作，是摆在各地公安机关交通管理部门面前的重要任务。为此，公安部道路交通安全研究中心从"推动良法实施、促进善治共治"出发，运用"检察官思维"和"法官思维"，从司法实践入手，深入分析了50余起一次死亡3人以上典型事故判例，结合5起在办案件，对事故深度调查工作中暴露出来的问题进行了梳理和剖析。在江苏、湖北、四川交警总队，武汉、深圳交警支队等执法规范化建设合作基地领导的支持和指导下，公安部道路交通安全研究中心与5个单位的执法和事故骨干深入细致地剖析梳理了道路交通事故深度调查过程中法律规范的适用规律、频次和方法。最终收集整理了道路交通事故深度调查相关的81部法律规范，梳理汇编形成了《道路交通事故深度调查实战常用法律规范汇编》，为各地办案提供参考和索引。

本汇编分为5册：《道路运输相关法律规范》《车辆管理相关法律规范》《道路管理相关法律规范》《客运企业法律责任相关法律规范》《危险货物运输企业法律责任相关法律规范》，内容涵盖"道路运输""车辆管理""道路管理"三大行业领

域以及"客运企业"和"危险货物运输企业"两大责任主体，涉及刑事、行政、民事三大法律责任的追究，汇总了法律、行政法规、部门规章、规范性文件以及司法解释等最新规定，方便查阅参考。

在编纂过程中，云南交警总队和高速交警支队为本汇编提供了有力支持，在此表示感谢。

汇编如有遗漏和不当之处，欢迎广大读者批评指正。

公安部道路交通安全研究中心
2017 年 11 月

《道路交通事故深度调查实战常用法律规范汇编》相关人员名单

编审委员会主任：尚 炜

编审委员会副主任：李晓东　陈玉峰　姚　俊　叶建昆　徐　炜

主　　　　编：黄金晶　赵司聪　罗芳芳

副　主　　编：戴　帅　周文辉　周志强　刘　君　刘　艳
　　　　　　　王大珊　顾志坚　廖　峻　陶劲松　项　辉
　　　　　　　黎晓波　宋　嵘　陈建华　陈　俊　胡　希

参　编　人　员：黄　婷　韩　雪　张得杰　王颂勃　王晓兴
　　　　　　　贾进雷　杨　洋　王　奉　邹　艺　王　婧
　　　　　　　刘金广　舒　强　丛浩哲　胡伟超　饶众博
　　　　　　　毛圣明

总 目 录

第一分册 道路运输相关法律规范

中华人民共和国道路运输条例 国务院令第666号
道路运输车辆动态监督管理办法 交通运输部令2016年第55号
道路货物运输及站场管理规定 交通运输部令2016年第35号
道路旅客运输及客运站管理规定 交通运输部令2016年第82号
道路旅客运输企业安全管理规范(试行) 交运发〔2012〕33号
道路危险货物运输管理规定 交通运输部令2016年第36号
危险化学品安全管理条例
放射性物品运输安全管理条例 国务院令第562号
放射性物品道路运输管理规定 交通运输部令2016年第71号
易制毒化学品管理条例 国务院令第666号
剧毒化学品购买和公路运输许可证件管理办法 公安部令第77号
民用爆炸物品安全管理条例 国务院令第653号
道路运输从业人员管理规定 交通运输部令2016年第52号

第二分册 车辆管理相关法律规范

车辆生产企业及产品生产一致性监督管理办法 工业和信息化部令第109号
关于进一步加强道路机动车辆生产一致性监督管理和注册登记工作的通知
　　工信部联产业〔2010〕453号
商用车生产企业及产品准入管理规则 工产业〔2010〕第132号
专用汽车和挂车生产企业及产品准入管理规则 工产业〔2009〕第45号
罐式车辆生产企业及产品准入管理要求 工业和信息化部公告2014年第48号
新能源汽车生产企业及产品准入管理规定 工业和信息化部令第39号
摩托车生产准入管理办法 国家经济贸易委员会令第43号
摩托车生产准入管理办法实施细则 国家经济贸易委员会公告2002年第110号
机动车登记规定 公安部令第124号

二手车流通管理办法　商务部、公安部、国家工商行政管理总局、国家税务总局
　2005年第2号令
机动车安全技术检验机构监督管理办法　国家质量监督检验检疫总局令第121号
道路运输车辆燃料消耗量检测和监督管理办法　交通运输部令2009年第11号
机动车维修管理规定　交通运输部令2016年第37号
机动车强制报废标准规定　商务部、发改委、公安部、环境保护部令2012年第12号
报废汽车回收管理办法　国务院令第307号
缺陷汽车产品召回管理条例　国务院令第626号
家用汽车产品修理、更换、退货责任规定　国家质量监督检验检疫总局令第150号
摩托车商品修理更换退货责任实施细则
校车安全管理条例　国务院令第617号
中华人民共和国大气污染防治法
农业机械安全监督管理条例　国务院令第563号
中华人民共和国特种设备安全法
特种设备安全监察条例　国务院令第549号

第三分册　道路管理相关法律规范

中华人民共和国公路法
公路安全保护条例　国务院令第593号
城市道路管理条例　国务院令第676号
公路建设监督管理办法　交通部令2006年第6号
农村公路建设管理办法　交通部令2006年第3号
收费公路管理条例　国务院令第417号
公路水运工程质量监督管理规定　交通运输部令2017年第28号
公路工程竣(交)工验收办法　交通部令〔2004〕年第3号
公路工程竣(交)工验收办法实施细则　交公路发〔2010〕65号
公路养护工程管理办法　交公路发〔2001〕327号
建设工程勘察设计管理条例　国务院令第662号
建设工程质量管理条例　国务院令第279号
路政管理规定　交通运输部令2016年第81号
城市照明管理规定　住房和城乡建设部令第4号
超限运输车辆行驶公路管理规定　交通运输部令2016年第62号
公路超限检测站管理办法　交通运输部令2011年第7号

第四分册　客运企业法律责任相关法律规范

中华人民共和国刑法(节选)及相关司法解释、规范性文件
中华人民共和国民法通则(节选)及相关司法解释
中华人民共和国侵权责任法(节选)及相关司法解释、规范性文件
中华人民共和国合同法(节选)
中华人民共和国旅游法(节选)
中华人民共和国安全生产法(节选)
中华人民共和国道路交通安全法(节选)
中华人民共和国道路交通安全法实施条例(节选)
中华人民共和国道路运输条例(节选)　国务院令第666号
生产安全事故报告和调查处理条例(节选)
道路旅客运输企业安全管理规范(试行)　交运发〔2012〕33号
道路运输车辆动态监督管理办法(节选)　交通运输部令2016年第55号
道路运输车辆技术管理规定(节选)　交通运输部令2016年第1号
道路运输从业人员管理规定(节选)　交通运输部令2016年第52号
道路旅客运输及客运站管理规定(节选)　交通运输部令2016年第82号
国务院关于加强道路交通安全工作的意见(节选)　国发〔2012〕30号
公安部、交通运输部关于进一步加强客货运驾驶人安全管理工作的意见(节选)
　　公通字〔2012〕5号
交通部关于加强节假日汽车旅游客运安全管理等有关事宜的通知
　　交公路发〔2000〕196号
交通运输部关于进一步加强道路包车客运管理的通知(节选)
　　交运发〔2012〕738号
交通运输部、公安部关于进一步加强长途客运接驳运输试点工作的通知
　　交运发〔2014〕2号
交通运输部关于加强长途客运接驳运输动态管理有关工作的通知(节选)
　　交运函〔2015〕658号
交通运输部、公安部、国家安全监管总局关于进一步加强和改进道路客运
　　安全工作的通知　交运发〔2010〕210号
交通运输部关于印发《道路客运接驳运输管理办法(试行)》的通知
　　交运发〔2017〕208号
交通运输部关于深化改革加快推进道路客运转型升级的指导意见(节选)
　　交运发〔2016〕240号

交通运输部办公厅关于全国道路客运、危货运输安全生产整治实施工作的通知(节选)

  交办运〔2014〕179号

第五分册 危险货物运输企业法律责任相关法律规范

中华人民共和国刑法(节选)及相关司法解释、规范性文件

中华人民共和国民法通则(节选)及相关司法解释

中华人民共和国侵权责任法(节选)及相关司法解释

中华人民共和国治安管理处罚法(节选)

中华人民共和国道路交通安全法(节选)

中华人民共和国消防法(节选)

中华人民共和国安全生产法(节选)

中华人民共和国反恐怖主义法(节选)

中华人民共和国突发事件应对法(节选)

中华人民共和国固体废物污染环境防治法(节选)

中华人民共和国道路运输条例(节选)

危险化学品安全管理条例

易制毒化学品管理条例(节选) 国务院令第666号

道路危险货物运输管理规定(节选) 交通运输部令2013年第2号

道路货物运输及站场管理规定(节选) 交通运输部令2016年第35号

剧毒化学品购买和公路运输许可证件管理办法(节选) 公安部令第77号

道路运输车辆动态监督管理办法(节选) 交通运输部令2016年第55号

道路运输从业人员管理规定(节选) 交通运输部2016年第52号令

道路交通安全违法行为处理程序规定(节选) 公安部令第105号

机动车驾驶证申领和使用规定(节选) 公安部令第139号

机动车强制报废标准规定(节选) 商务部、发改委、公安部、环境保护部令2012年
  第12号

国务院关于加强道路交通安全工作的意见(节选) 国发〔2012〕30号

国务院办公厅关于印发危险化学品安全综合治理方案的通知(节选)
  国办发〔2016〕88号

国家安全生产监督管理总局、公安部、交通部关于加强危险化学品道路运输安全
  管理的紧急通知(节选) 安监总危化〔2006〕119号

交通运输部关于进一步加强道路危险货物运输安全管理工作的通知
  交运发〔2014〕88号

交通运输部、公安部、国家安全监管总局关于进一步加强道路运输安全管理工作的

通知(节选) 交运明电〔2016〕35号

道路运输车辆技术管理规定(节选) 交通运输部令2016年第1号

交通运输部办公厅关于全国道路客运、危货运输安全生产整治实施工作的通知(节选)
 交办运〔2014〕179号

国家安全监管总局、工业和信息化部、公安部、交通运输部、国家质检总局关于在用液体
 危险货物罐车加装紧急切断装置有关事项的通知 安监总管三〔2014〕74号

交通运输部关于加强危险品运输安全监督管理的若干意见
 交安监发〔2014〕211号

目 录

中华人民共和国公路法 ··· 1
公路安全保护条例　国务院令第593号 ································· 12
城市道路管理条例　国务院令第676号 ································· 23
公路建设监督管理办法　交通部令2006年第6号 ······················· 29
农村公路建设管理办法　交通部令2006年第3号 ······················· 37
收费公路管理条例　国务院令第417号 ································· 42
公路水运工程质量监督管理规定　交通运输部令2017年第28号 ········· 50
公路工程竣（交）工验收办法　交通部令〔2004〕年第3号 ··············· 57
公路工程竣（交）工验收办法实施细则　交公路发〔2010〕65号 ·········· 62
公路养护工程管理办法　交公路发〔2001〕327号 ······················ 68
建设工程勘察设计管理条例　国务院令第662号 ······················· 72
建设工程质量管理条例　国务院令第279号 ··························· 78
路政管理规定　交通运输部令2016年第81号 ·························· 89
城市照明管理规定　住房和城乡建设部令第4号 ······················· 98
超限运输车辆行驶公路管理规定　交通运输部令2016年第62号 ········ 102
公路超限检测站管理办法　交通运输部令2011年第7号 ··············· 111

中华人民共和国公路法

1997年7月3日第八届全国人民代表大会常务委员会第二十六次会议通过　根据1999年10月31日第九届全国人民代表大会常务委员会第十二次会议《关于修改〈中华人民共和国公路法〉的决定》第一次修正　根据2004年8月28日第十届全国人民代表大会常务委员会第十一次会议《关于修改〈中华人民共和国公路法〉的决定》第二次修正

根据2009年8月27日第十一届全国人民代表大会常务委员会第十次会议《关于修改部分法律的决定》第三次修正　根据2016年11月7日第十二届全国人民代表大会常务委员会第二十四次会议《关于修改〈中华人民共和国对外贸易法〉等十二部法律的决定》第四次修正　根据2017年11月4日第十二届全国人民代表大会常务委员会第三十次会议《关于修改〈中华人民共和国会计法〉等十一部法律的决定》第五次修正

第一章　总　　则

第一条　为了加强公路的建设和管理,促进公路事业的发展,适应社会主义现代化建设和人民生活的需要,制定本法。

第二条　在中华人民共和国境内从事公路的规划、建设、养护、经营、使用和管理,适用本法。

本法所称公路,包括公路桥梁、公路隧道和公路渡口。

第三条　公路的发展应当遵循全面规划、合理布局、确保质量、保障畅通、保护环境、建设改造与养护并重的原则。

第四条　各级人民政府应当采取有力措施,扶持、促进公路建设。公路建设应当纳入国民经济和社会发展计划。

国家鼓励、引导国内外经济组织依法投资建设、经营公路。

第五条　国家帮助和扶持少数民族地区、边远地区和贫困地区发展公路建设。

第六条　公路按其在公路路网中的地位分为国道、省道、县道和乡道,并按技术等级分为高速公路、一级公路、二级公路、三级公路和四级公路。具体划分标准由国务院交通主管部门规定。

新建公路应当符合技术等级的要求。原有不符合最低技术等级要求的等外公路,应当采取措施,逐步改造为符合技术等级要求的公路。

第七条　公路受国家保护,任何单位和个人不得破坏、损坏或者非法占用公路、公路用地及公路附属设施。

任何单位和个人都有爱护公路、公路用地及公路附属设施的义务,有权检举和控告破坏、损坏公路、公路用地、公路附属设施和影响公路安全的行为。

第八条 国务院交通主管部门主管全国公路工作。

县级以上地方人民政府交通主管部门主管本行政区域内的公路工作;但是,县级以上地方人民政府交通主管部门对国道、省道的管理、监督职责,由省、自治区、直辖市人民政府确定。

乡、民族乡、镇人民政府负责本行政区域内的乡道的建设和养护工作。

县级以上地方人民政府交通主管部门可以决定由公路管理机构依照本法规定行使公路行政管理职责。

第九条 禁止任何单位和个人在公路上非法设卡、收费、罚款和拦截车辆。

第十条 国家鼓励公路工作方面的科学技术研究,对在公路科学技术研究和应用方面作出显著成绩的单位和个人给予奖励。

第十一条 本法对专用公路有规定的,适用于专用公路。

专用公路是指由企业或者其他单位建设、养护、管理,专为或者主要为本企业或者本单位提供运输服务的道路。

第二章 公路规划

第十二条 公路规划应当根据国民经济和社会发展以及国防建设的需要编制,与城市建设发展规划和其他方式的交通运输发展规划相协调。

第十三条 公路建设用地规划应当符合土地利用总体规划,当年建设用地应当纳入年度建设用地计划。

第十四条 国道规划由国务院交通主管部门会同国务院有关部门并商国道沿线省、自治区、直辖市人民政府编制,报国务院批准。

省道规划由省、自治区、直辖市人民政府交通主管部门会同同级有关部门并商省道沿线下一级人民政府编制,报省、自治区、直辖市人民政府批准,并报国务院交通主管部门备案。

县道规划由县级人民政府交通主管部门会同同级有关部门编制,经本级人民政府审定后,报上一级人民政府批准。

乡道规划由县级人民政府交通主管部门协助乡、民族乡、镇人民政府编制,报县级人民政府批准。

依照第三款、第四款规定批准的县道、乡道规划,应当报批准机关的上一级人民政府交通主管部门备案。

省道规划应当与国道规划相协调。县道规划应当与省道规划相协调。乡道规划应当与县道规划相协调。

第十五条 专用公路规划由专用公路的主管单位编制,经其上级主管部门审定后,报县级以上人民政府交通主管部门审核。

专用公路规划应当与公路规划相协调。县级以上人民政府交通主管部门发现专用公路规划与国道、省道、县道、乡道规划有不协调的地方,应当提出修改意见,专用公路主管部门和单位应当作出相应的修改。

第十六条 国道规划的局部调整由原编制机关决定。国道规划需要作重大修改的,由原编制机关提出修改方案,报国务院批准。

经批准的省道、县道、乡道公路规划需要修改的,由原编制机关提出修改方案,报原批准机关批准。

第十七条 国道的命名和编号,由国务院交通主管部门确定;省道、县道、乡道的命名和编号,由省、自治区、直辖市人民政府交通主管部门按照国务院交通主管部门的有关规定确定。

第十八条 规划和新建村镇、开发区,应当与公路保持规定的距离并避免在公路两侧对应进行,防止造成公路街道化,影响公路的运行安全与畅通。

第十九条 国家鼓励专用公路用于社会公共运输。专用公路主要用于社会公共运输时,由专用公路的主管单位申请,或者由有关方面申请,专用公路的主管单位同意,并经省、自治区、直辖市人民政府交通主管部门批准,可以改划为省道、县道或者乡道。

第三章 公 路 建 设

第二十条 县级以上人民政府交通主管部门应当依据职责维护公路建设秩序,加强对公路建设的监督管理。

第二十一条 筹集公路建设资金,除各级人民政府的财政拨款,包括依法征税筹集的公路建设专项资金转为的财政拨款外,可以依法向国内外金融机构或者外国政府贷款。

国家鼓励国内外经济组织对公路建设进行投资。开发、经营公路的公司可以依照法律、行政法规的规定发行股票、公司债券筹集资金。

依照本法规定出让公路收费权的收入必须用于公路建设。

向企业和个人集资建设公路,必须根据需要与可能,坚持自愿原则,不得强行摊派,并符合国务院的有关规定。

公路建设资金还可以采取符合法律或者国务院规定的其他方式筹集。

第二十二条 公路建设应当按照国家规定的基本建设程序和有关规定进行。

第二十三条 公路建设项目应当按照国家有关规定实行法人负责制度、招标投标制度和工程监理制度。

第二十四条 公路建设单位应当根据公路建设工程的特点和技术要求,选择具有相应资格的勘查设计单位、施工单位和工程监理单位,并依照有关法律、法规、规章的规定和公路工程技术标准的要求,分别签订合同,明确双方的权利义务。

承担公路建设项目的可行性研究单位、勘查设计单位、施工单位和工程监理单位,必须持有国家规定的资质证书。

第二十五条 公路建设项目的施工,须按国务院交通主管部门的规定报请县级以上地方人民政府交通主管部门批准。

第二十六条 公路建设必须符合公路工程技术标准。

承担公路建设项目的设计单位、施工单位和工程监理单位,应当按照国家有关规定建立健全质量保证体系,落实岗位责任制,并依照有关法律、法规、规章以及公路工程技术标准的要求和合同约定进行设计、施工和监理,保证公路工程质量。

第二十七条 公路建设使用土地依照有关法律、行政法规的规定办理。

公路建设应当贯彻切实保护耕地、节约用地的原则。

第二十八条 公路建设需要使用国有荒山、荒地或者需要在国有荒山、荒地、河滩、滩涂上挖砂、采石、取土的,依照有关法律、行政法规的规定办理后,任何单位和个人不得阻挠或者非法收取费用。

第二十九条 地方各级人民政府对公路建设依法使用土地和搬迁居民,应当给予支持和协助。

第三十条 公路建设项目的设计和施工,应当符合依法保护环境、保护文物古迹和防止水土流失的要求。

公路规划中贯彻国防要求的公路建设项目,应当严格按照规划进行建设,以保证国防交通的需要。

第三十一条 因建设公路影响铁路、水利、电力、邮电设施和其他设施正常使用时,公路建设单位应当事先征得有关部门的同意;因公路建设对有关设施造成损坏的,公路建设单位应当按照不低于该设施原有的技术标准予以修复,或者给予相应的经济补偿。

第三十二条 改建公路时,施工单位应当在施工路段两端设置明显的施工标志、安全标志。需要车辆绕行的,应当在绕行路口设置标志;不能绕行的,必须修建临时道路,保证车辆和行人通行。

第三十三条 公路建设项目和公路修复项目竣工后,应当按照国家有关规定进行验收;未经验收或者验收不合格的,不得交付使用。

建成的公路,应当按照国务院交通主管部门的规定设置明显的标志、标线。

第三十四条 县级以上地方人民政府应当确定公路两侧边沟(截水沟、坡脚护坡道,下同)外缘起不少于一米的公路用地。

第四章 公 路 养 护

第三十五条 公路管理机构应当按照国务院交通主管部门规定的技术规范和操作规程对公路进行养护,保证公路经常处于良好的技术状态。

第三十六条 国家采用依法征税的办法筹集公路养护资金,具体实施办法和步骤由国务院规定。

依法征税筹集的公路养护资金,必须专项用于公路的养护和改建。

第三十七条 县、乡级人民政府对公路养护需要的挖砂、采石、取土以及取水,应当给予支持和协助。

第三十八条 县、乡级人民政府应当在农村义务工的范围内,按照国家有关规定组织公路两侧的农村居民履行为公路建设和养护提供劳务的义务。

第三十九条 为保障公路养护人员的人身安全,公路养护人员进行养护作业时,应当穿着统一的安全标志服;利用车辆进行养护作业时,应当在公路作业车辆上设置明显的作业标志。

公路养护车辆进行作业时,在不影响过往车辆通行的前提下,其行驶路线和方向不受公路标志、标线限制;过往车辆对公路养护车辆和人员应当注意避让。

公路养护工程施工影响车辆、行人通行时,施工单位应当依照本法第三十二条的规定办理。

第四十条 因严重自然灾害致使国道、省道交通中断,公路管理机构应当及时修复;公路管理机构难以及时修复时,县级以上地方人民政府应当及时组织当地机关、团体、企业事业单位、城乡居民进行抢修,并可以请求当地驻军支援,尽快恢复交通。

第四十一条 公路用地范围内的山坡、荒地,由公路管理机构负责水土保持。

第四十二条 公路绿化工作,由公路管理机构按照公路工程技术标准组织实施。

公路用地上的树木,不得任意砍伐;需要更新砍伐的,应当经县级以上地方人民政府交通主管部门同意后,依照《中华人民共和国森林法》的规定办理审批手续,并完成更新补种任务。

第五章 路 政 管 理

第四十三条 各级地方人民政府应当采取措施,加强对公路的保护。

县级以上地方人民政府交通主管部门应当认真履行职责,依法做好公路保护工作,并努力采用科学的管理方法和先进的技术手段,提高公路管理水平,逐步完善公路服务设施,保障公路的完好、安全和畅通。

第四十四条 任何单位和个人不得擅自占用、挖掘公路。

因修建铁路、机场、电站、通信设施、水利工程和进行其他建设工程需要占用、挖掘公路或者使公路改线的,建设单位应当事先征得有关交通主管部门的同意;影响交通安全的,还须征得有关公安机关的同意。占用、挖掘公路或者使公路改线的,建设单位应当按照不低于该段公路原有的技术标准予以修复、改建或者给予相应的经济补偿。

第四十五条 跨越、穿越公路修建桥梁、渡槽或者架设、埋设管线等设施的,以及在公路用地范围内架设、埋设管线、电缆等设施的,应当事先经有关交通主管部门同意,影响交通安全的,还须征得有关公安机关的同意;所修建、架设或者埋设的设施应当符合公路工程技术标准的要求。对公路造成损坏的,应当按照损坏程度给予补偿。

第四十六条 任何单位和个人不得在公路上及公路用地范围内摆摊设点、堆放物品、倾倒垃圾、设置障碍、挖沟引水、利用公路边沟排放污物或者进行其他损坏、污染公路和影响公路畅通的活动。

第四十七条 在大中型公路桥梁和渡口周围二百米、公路隧道上方和洞口外一百米范围内,以及在公路两侧一定距离内,不得挖砂、采石、取土、倾倒废弃物,不得进行爆破作业及其他危及公路、公路桥梁、公路隧道、公路渡口安全的活动。

在前款范围内因抢险、防汛需要修筑堤坝、压缩或者拓宽河床的,应当事先报经省、自治区、直辖市人民政府交通主管部门会同水行政主管部门批准,并采取有效的保护有关的公路、公路桥梁、公路隧道、公路渡口安全的措施。

第四十八条 铁轮车、履带车和其他可能损害公路路面的机具,不得在公路上行驶。

农业机械因当地田间作业需要在公路上短距离行驶或者军用车辆执行任务需要在公路上行驶的,可以不受前款限制,但是应当采取安全保护措施。对公路造成损坏的,应当按照损坏程度给予补偿。

第四十九条 在公路上行驶的车辆的轴载质量应当符合公路工程技术标准要求。

第五十条 超过公路、公路桥梁、公路隧道或者汽车渡船的限载、限高、限宽、限长标准的车辆,不得在有限定标准的公路、公路桥梁上或者公路隧道内行驶,不得使用汽车渡船。超过公路或者公路桥梁限载标准确需行驶的,必须经县级以上地方人民政府交通主管部门批准,并按要求采取有效的防护措施;运载不可解体的超限物品的,应当按照指定的时间、路线、时速行驶,并悬挂明显标志。

运输单位不能按照前款规定采取防护措施的,由交通主管部门帮助其采取防护措施,所需费用由运输单位承担。

第五十一条 机动车制造厂和其他单位不得将公路作为检验机动车制动性能的试车场地。

第五十二条　任何单位和个人不得损坏、擅自移动、涂改公路附属设施。

前款公路附属设施,是指为保护、养护公路和保障公路安全畅通所设置的公路防护、排水、养护、管理、服务、交通安全、渡运、监控、通信、收费等设施、设备以及专用建筑物、构筑物等。

第五十三条　造成公路损坏的,责任者应当及时报告公路管理机构,并接受公路管理机构的现场调查。

第五十四条　任何单位和个人未经县级以上地方人民政府交通主管部门批准,不得在公路用地范围内设置公路标志以外的其他标志。

第五十五条　在公路上增设平面交叉道口,必须按照国家有关规定经过批准,并按照国家规定的技术标准建设。

第五十六条　除公路防护、养护需要的以外,禁止在公路两侧的建筑控制区内修建建筑物和地面构筑物;需要在建筑控制区内埋设管线、电缆等设施的,应当事先经县级以上地方人民政府交通主管部门批准。

前款规定的建筑控制区的范围,由县级以上地方人民政府按照保障公路运行安全和节约用地的原则,依照国务院的规定划定。

建筑控制区范围经县级以上地方人民政府依照前款规定划定后,由县级以上地方人民政府交通主管部门设置标桩、界桩。任何单位和个人不得损坏、擅自挪动该标桩、界桩。

第五十七条　除本法第四十七条第二款的规定外,本章规定由交通主管部门行使的路政管理职责,可以依照本法第八条第四款的规定,由公路管理机构行使。

第六章　收费公路

第五十八条　国家允许依法设立收费公路,同时对收费公路的数量进行控制。

除本法第五十九条规定可以收取车辆通行费的公路外,禁止任何公路收取车辆通行费。

第五十九条　符合国务院交通主管部门规定的技术等级和规模的下列公路,可以依法收取车辆通行费:

(一)由县级以上地方人民政府交通主管部门利用贷款或者向企业、个人集资建成的公路;

(二)由国内外经济组织依法受让前项收费公路收费权的公路;

(三)由国内外经济组织依法投资建成的公路。

第六十条　县级以上地方人民政府交通主管部门利用贷款或者集资建成的收费公路的收费期限,按照收费偿还贷款、集资款的原则,由省、自治区、直辖市人民政府依照国务院交通主管部门的规定确定。

有偿转让公路收费权的公路,收费权转让后,由受让方收费经营。收费权的转让期限由出让、受让双方约定,最长不得超过国务院规定的年限。

国内外经济组织投资建设公路,必须按照国家有关规定办理审批手续;公路建成后,由投资者收费经营。收费经营期限按照收回投资并有合理回报的原则,由有关交通主管部门与投资者约定并按照国家有关规定办理审批手续,但最长不得超过国务院规定的年限。

第六十一条 本法第五十九条第一款第一项规定的公路中的国道收费权的转让,应当在转让协议签订之日起三十个工作日内报国务院交通主管部门备案;国道以外的其他公路收费权的转让,应当在转让协议签订之日起三十个工作日内报省、自治区、直辖市人民政府备案。

前款规定的公路收费权出让的最低成交价,以国有资产评估机构评估的价值为依据确定。

第六十二条 受让公路收费权和投资建设公路的国内外经济组织应当依法成立开发、经营公路的企业(以下简称公路经营企业)。

第六十三条 收费公路车辆通行费的收费标准,由公路收费单位提出方案,报省、自治区、直辖市人民政府交通主管部门会同同级物价行政主管部门审查批准。

第六十四条 收费公路设置车辆通行费的收费站,应当报经省、自治区、直辖市人民政府审查批准。跨省、自治区、直辖市的收费公路设置车辆通行费的收费站,由有关省、自治区、直辖市人民政府协商确定;协商不成的,由国务院交通主管部门决定。同一收费公路由不同的交通主管部门组织建设或者由不同的公路经营企业经营的,应当按照"统一收费、按比例分成"的原则,统筹规划,合理设置收费站。

两个收费站之间的距离,不得小于国务院交通主管部门规定的标准。

第六十五条 有偿转让公路收费权的公路,转让收费权合同约定的期限届满,收费权由出让方收回。

由国内外经济组织依照本法规定投资建成并经营的收费公路,约定的经营期限届满,该公路由国家无偿收回,由有关交通主管部门管理。

第六十六条 依照本法第五十九条规定受让收费权或者由国内外经济组织投资建成经营的公路的养护工作,由各该公路经营企业负责。各该公路经营企业在经营期间应当按照国务院交通主管部门规定的技术规范和操作规程做好对公路的养护工作。在受让收费权的期限届满,或者经营期限届满时,公路应当处于良好的技术状态。

前款规定的公路的绿化和公路用地范围内的水土保持工作,由各该公路经营企业负责。

第一款规定的公路的路政管理,适用本法第五章的规定。该公路路政管理的职责由县级以上地方人民政府交通主管部门或者公路管理机构的派出机构、人员行使。

第六十七条 在收费公路上从事本法第四十四条第二款、第四十五条、第四十八条、第五十条所列活动的,除依照各该条的规定办理外,给公路经营企业造成损失的,应当给予相应的补偿。

第六十八条 收费公路的具体管理办法,由国务院依照本法制定。

第七章 监督检查

第六十九条 交通主管部门、公路管理机构依法对有关公路的法律、法规执行情况进行监督检查。

第七十条 交通主管部门、公路管理机构负有管理和保护公路的责任,有权检查、制止各种侵占、损坏公路、公路用地、公路附属设施及其他违反本法规定的行为。

第七十一条 公路监督检查人员依法在公路、建筑控制区、车辆停放场所、车辆所属单位等进行监督检查时,任何单位和个人不得阻挠。

公路经营者、使用者和其他有关单位、个人,应当接受公路监督检查人员依法实施的监督检查,并为其提供方便。

公路监督检查人员执行公务,应当佩戴标志,持证上岗。

第七十二条 交通主管部门、公路管理机构应当加强对所属公路监督检查人员的管理和教育,要求公路监督检查人员熟悉国家有关法律和规定,公正廉洁,热情服务,秉公执法,对公路监督检查人员的执法行为应当加强监督检查,对其违法行为应当及时纠正,依法处理。

第七十三条 用于公路监督检查的专用车辆,应当设置统一的标志和示警灯。

第八章 法律责任

第七十四条 违反法律或者国务院有关规定,擅自在公路上设卡、收费的,由交通主管部门责令停止违法行为,没收违法所得,可以处违法所得三倍以下的罚款,没有违法所得的,可以处二万元以下的罚款;对负有直接责任的主管人员和其他直接责任人员,依法给予行政处分。

第七十五条 违反本法第二十五条规定,未经有关交通主管部门批准擅自施工的,交通主管部门可以责令停止施工,并可以处五万元以下的罚款。

第七十六条 有下列违法行为之一的,由交通主管部门责令停止违法行为,可以处三万元以下的罚款:

(一)违反本法第四十四条第一款规定,擅自占用、挖掘公路的;

(二)违反本法第四十五条规定,未经同意或者未按照公路工程技术标准的要求修建桥梁、渡槽或者架设、埋设管线、电缆等设施的;

(三)违反本法第四十七条规定,从事危及公路安全的作业的;

(四)违反本法第四十八条规定,铁轮车、履带车和其他可能损害路面的机具擅自在公路上行驶的;

(五)违反本法第五十条规定,车辆超限使用汽车渡船或者在公路上擅自超限行驶的;

(六)违反本法第五十二条、第五十六条规定,损坏、移动、涂改公路附属设施或者损坏、挪动建筑控制区的标桩、界桩,可能危及公路安全的。

第七十七条　违反本法第四十六条的规定,造成公路路面损坏、污染或者影响公路畅通的,或者违反本法第五十一条规定,将公路作为试车场地的,由交通主管部门责令停止违法行为,可以处五千元以下的罚款。

第七十八条　违反本法第五十三条规定,造成公路损坏,未报告的,由交通主管部门处一千元以下的罚款。

第七十九条　违反本法第五十四条规定,在公路用地范围内设置公路标志以外的其他标志的,由交通主管部门责令限期拆除,可以处二万元以下的罚款;逾期不拆除的,由交通主管部门拆除,有关费用由设置者负担。

第八十条　违反本法第五十五条规定,未经批准在公路上增设平面交叉道口的,由交通主管部门责令恢复原状,处五万元以下的罚款。

第八十一条　违反本法第五十六条规定,在公路建筑控制区内修建建筑物、地面构筑物或者擅自埋设管线、电缆等设施的,由交通主管部门责令限期拆除,并可以处五万元以下的罚款。逾期不拆除的,由交通主管部门拆除,有关费用由建筑者、构筑者承担。

第八十二条　除本法第七十四条、第七十五条的规定外,本章规定由交通主管部门行使的行政处罚权和行政措施,可以依照本法第八条第四款的规定由公路管理机构行使。

第八十三条　阻碍公路建设或者公路抢修,致使公路建设或者抢修不能正常进行,尚未造成严重损失的,依照《中华人民共和国治安管理处罚法》的规定处罚。

损毁公路或者擅自移动公路标志,可能影响交通安全,尚不够刑事处罚的,适用《中华人民共和国道路交通安全法》第九十九条的处罚规定。

拒绝、阻碍公路监督检查人员依法执行职务未使用暴力、威胁方法的,依照《中华人民共和国治安管理处罚法》的规定处罚。

第八十四条　违反本法有关规定,构成犯罪的,依法追究刑事责任。

第八十五条　违反本法有关规定,对公路造成损害的,应当依法承担民事责任。

对公路造成较大损害的车辆,必须立即停车,保护现场,报告公路管理机构,接受公路管理机构的调查、处理后方得驶离。

第八十六条 交通主管部门、公路管理机构的工作人员玩忽职守、徇私舞弊、滥用职权,构成犯罪的,依法追究刑事责任;尚不构成犯罪的,依法给予行政处分。

第九章 附 则

第八十七条 本法自1998年1月1日起施行。

公路安全保护条例

国务院令第 593 号

《公路安全保护条例》已经2011年2月16日国务院第144次常务会议通过，自2011年7月1日起施行。

第一章 总 则

第一条 为了加强公路保护，保障公路完好、安全和畅通，根据《中华人民共和国公路法》，制定本条例。

第二条 各级人民政府应当加强对公路保护工作的领导，依法履行公路保护职责。

第三条 国务院交通运输主管部门主管全国公路保护工作。

县级以上地方人民政府交通运输主管部门主管本行政区域的公路保护工作；但是，县级以上地方人民政府交通运输主管部门对国道、省道的保护职责，由省、自治区、直辖市人民政府确定。

公路管理机构依照本条例的规定具体负责公路保护的监督管理工作。

第四条 县级以上各级人民政府发展改革、工业和信息化、公安、工商、质检等部门按照职责分工，依法开展公路保护的相关工作。

第五条 县级以上各级人民政府应当将政府及其有关部门从事公路管理、养护所需经费以及公路管理机构行使公路行政管理职能所需经费纳入本级人民政府财政预算。但是，专用公路的公路保护经费除外。

第六条 县级以上各级人民政府交通运输主管部门应当综合考虑国家有关车辆技术标准、公路使用状况等因素，逐步提高公路建设、管理和养护水平，努力满足国民经济和社会发展以及人民群众生产、生活需要。

第七条 县级以上各级人民政府交通运输主管部门应当依照《中华人民共和国突发事件应对法》的规定，制定地震、泥石流、雨雪冰冻灾害等损毁公路的突发事件（以下简称公路突发事件）应急预案，报本级人民政府批准后实施。

公路管理机构、公路经营企业应当根据交通运输主管部门制定的公路突发事件应急预案，组建应急队伍，并定期组织应急演练。

第八条 国家建立健全公路突发事件应急物资储备保障制度，完善应急物资储备、调配体系，确保发生公路突发事件时能够满足应急处置工作的需要。

第九条 任何单位和个人不得破坏、损坏、非法占用或者非法利用公路、公路用地和公路附属设施。

第二章 公 路 线 路

第十条 公路管理机构应当建立健全公路管理档案,对公路、公路用地和公路附属设施调查核实、登记造册。

第十一条 县级以上地方人民政府应当根据保障公路运行安全和节约用地的原则以及公路发展的需要,组织交通运输、国土资源等部门划定公路建筑控制区的范围。

公路建筑控制区的范围,从公路用地外缘起向外的距离标准为:

(一)国道不少于20米;

(二)省道不少于15米;

(三)县道不少于10米;

(四)乡道不少于5米。

属于高速公路的,公路建筑控制区的范围从公路用地外缘起向外的距离标准不少于30米。

公路弯道内侧、互通立交以及平面交叉道口的建筑控制区范围根据安全视距等要求确定。

第十二条 新建、改建公路的建筑控制区的范围,应当自公路初步设计批准之日起30日内,由公路沿线县级以上地方人民政府依照本条例划定并公告。

公路建筑控制区与铁路线路安全保护区、航道保护范围、河道管理范围或者水工程管理和保护范围重叠的,经公路管理机构和铁路管理机构、航道管理机构、水行政主管部门或者流域管理机构协商后划定。

第十三条 在公路建筑控制区内,除公路保护需要外,禁止修建建筑物和地面构筑物;公路建筑控制区划定前已经合法修建的不得扩建,因公路建设或者保障公路运行安全等原因需要拆除的应当依法给予补偿。

在公路建筑控制区外修建的建筑物、地面构筑物以及其他设施不得遮挡公路标志,不得妨碍安全视距。

第十四条 新建村镇、开发区、学校和货物集散地、大型商业网点、农贸市场等公共场所,与公路建筑控制区边界外缘的距离应当符合下列标准,并尽可能在公路一侧建设:

(一)国道、省道不少于50米;

(二)县道、乡道不少于20米。

第十五条 新建、改建公路与既有城市道路、铁路、通信等线路交叉或者新建、改建城市道路、铁路、通信等线路与既有公路交叉的,建设费用由新建、改建单位承担;城市道路、铁路、通信等线路的管理部门、单位或者公路管理机构要求提高既有建设标准而增加的费用,由提出要求的部门或者单位承担。

需要改变既有公路与城市道路、铁路、通信等线路交叉方式的,按照公平合理的原则分担建设费用。

第十六条 禁止将公路作为检验车辆制动性能的试车场地。

禁止在公路、公路用地范围内摆摊设点、堆放物品、倾倒垃圾、设置障碍、挖沟引水、打场晒粮、种植作物、放养牲畜、采石、取土、采空作业、焚烧物品、利用公路边沟排放污物或者进行其他损坏、污染公路和影响公路畅通的行为。

第十七条 禁止在下列范围内从事采矿、采石、取土、爆破作业等危及公路、公路桥梁、公路隧道、公路渡口安全的活动:

(一)国道、省道、县道的公路用地外缘起向外100米,乡道的公路用地外缘起向外50米;

(二)公路渡口和中型以上公路桥梁周围200米;

(三)公路隧道上方和洞口外100米。

在前款规定的范围内,因抢险、防汛需要修筑堤坝、压缩或者拓宽河床的,应当经省、自治区、直辖市人民政府交通运输主管部门会同水行政主管部门或者流域管理机构批准,并采取安全防护措施方可进行。

第十八条 除按照国家有关规定设立的为车辆补充燃料的场所、设施外,禁止在下列范围内设立生产、储存、销售易燃、易爆、剧毒、放射性等危险物品的场所、设施:

(一)公路用地外缘起向外100米;

(二)公路渡口和中型以上公路桥梁周围200米;

(三)公路隧道上方和洞口外100米。

第十九条 禁止擅自在中型以上公路桥梁跨越的河道上下游各1000米范围内抽取地下水、架设浮桥以及修建其他危及公路桥梁安全的设施。

在前款规定的范围内,确需进行抽取地下水、架设浮桥等活动的,应当经水行政主管部门、流域管理机构等有关单位会同公路管理机构批准,并采取安全防护措施方可进行。

第二十条 禁止在公路桥梁跨越的河道上下游的下列范围内采砂:

(一)特大型公路桥梁跨越的河道上游500米,下游3000米;

(二)大型公路桥梁跨越的河道上游500米,下游2000米;

(三)中小型公路桥梁跨越的河道上游500米,下游1000米。

第二十一条 在公路桥梁跨越的河道上下游各500米范围内依法进行疏浚作业的,应当符合公路桥梁安全要求,经公路管理机构确认安全方可作业。

第二十二条 禁止利用公路桥梁进行牵拉、吊装等危及公路桥梁安全的施工作业。

禁止利用公路桥梁(含桥下空间)、公路隧道、涵洞堆放物品,搭建设施以及铺设高压电线和输送易燃、易爆或者其他有毒有害气体、液体的管道。

第二十三条 公路桥梁跨越航道的,建设单位应当按照国家有关规定设置桥梁航标、桥柱标、桥梁水尺标,并按照国家标准、行业标准设置桥区水上航标和桥墩防撞装置。桥区水上航标由航标管理机构负责维护。

通过公路桥梁的船舶应当符合公路桥梁通航净空要求,严格遵守航行规则,不得在公路桥梁下停泊或者系缆。

第二十四条 重要的公路桥梁和公路隧道按照《中华人民共和国人民武装警察法》和国务院、中央军委的有关规定由中国人民武装警察部队守护。

第二十五条 禁止损坏、擅自移动、涂改、遮挡公路附属设施或者利用公路附属设施架设管道、悬挂物品。

第二十六条 禁止破坏公路、公路用地范围内的绿化物。需要更新采伐护路林的,应当向公路管理机构提出申请,经批准方可更新采伐,并及时补种;不能及时补种的,应当交纳补种所需费用,由公路管理机构代为补种。

第二十七条 进行下列涉路施工活动,建设单位应当向公路管理机构提出申请:

(一)因修建铁路、机场、供电、水利、通信等建设工程需要占用、挖掘公路、公路用地或者使公路改线;

(二)跨越、穿越公路修建桥梁、渡槽或者架设、埋设管道、电缆等设施;

(三)在公路用地范围内架设、埋设管道、电缆等设施;

(四)利用公路桥梁、公路隧道、涵洞铺设电缆等设施;

(五)利用跨越公路的设施悬挂非公路标志;

(六)在公路上增设或者改造平面交叉道口;

(七)在公路建筑控制区内埋设管道、电缆等设施。

第二十八条 申请进行涉路施工活动的建设单位应当向公路管理机构提交下列材料:

(一)符合有关技术标准、规范要求的设计和施工方案;

(二)保障公路、公路附属设施质量和安全的技术评价报告;

(三)处置施工险情和意外事故的应急方案。

公路管理机构应当自受理申请之日起 20 日内作出许可或者不予许可的决定;影响交通安全的,应当征得公安机关交通管理部门的同意;涉及经营性公路的,应当征求公路经营企业的意见;不予许可的,公路管理机构应当书面通知申请人并说明理由。

第二十九条 建设单位应当按照许可的设计和施工方案进行施工作业,并落实保障公路、公路附属设施质量和安全的防护措施。

涉路施工完毕,公路管理机构应当对公路、公路附属设施是否达到规定的技术标准以及施工是否符合保障公路、公路附属设施质量和安全的要求进行验收;影响交通安全的,还应当经公安机关交通管理部门验收。

涉路工程设施的所有人、管理人应当加强维护和管理,确保工程设施不影响公路的完好、安全和畅通。

第三章 公路通行

第三十条 车辆的外廓尺寸、轴荷和总质量应当符合国家有关车辆外廓尺寸、轴荷、质量限值等机动车安全技术标准,不符合标准的不得生产、销售。

第三十一条 公安机关交通管理部门办理车辆登记,应当当场查验,对不符合机动车国家安全技术标准的车辆不予登记。

第三十二条 运输不可解体物品需要改装车辆的,应当由具有相应资质的车辆生产企业按照规定的车型和技术参数进行改装。

第三十三条 超过公路、公路桥梁、公路隧道限载、限高、限宽、限长标准的车辆,不得在公路、公路桥梁或者公路隧道行驶;超过汽车渡船限载、限高、限宽、限长标准的车辆,不得使用汽车渡船。

公路、公路桥梁、公路隧道限载、限高、限宽、限长标准调整的,公路管理机构、公路经营企业应当及时变更限载、限高、限宽、限长标志;需要绕行的,还应当标明绕行路线。

第三十四条 县级人民政府交通运输主管部门或者乡级人民政府可以根据保护乡道、村道的需要,在乡道、村道的出入口设置必要的限高、限宽设施,但是不得影响消防和卫生急救等应急通行需要,不得向通行车辆收费。

第三十五条 车辆载运不可解体物品,车货总体的外廓尺寸或者总质量超过公路、公路桥梁、公路隧道的限载、限高、限宽、限长标准,确需在公路、公路桥梁、公路隧道行驶的,从事运输的单位和个人应当向公路管理机构申请公路超限运输许可。

第三十六条 申请公路超限运输许可按照下列规定办理:

(一)跨省、自治区、直辖市进行超限运输的,向公路沿线各省、自治区、直辖市公路管理机构提出申请,由起运地省、自治区、直辖市公路管理机构统一受理,并协调公路沿线各省、自治区、直辖市公路管理机构对超限运输申请进行审批,必要时可以由国务院交通运输主管部门统一协调处理;

(二)在省、自治区范围内跨设区的市进行超限运输,或者在直辖市范围内跨区、县进行超限运输的,向省、自治区、直辖市公路管理机构提出申请,由省、自治区、直辖市公路管理机构受理并审批;

(三)在设区的市范围内跨区、县进行超限运输的,向设区的市公路管理机构提出申请,由设区的市公路管理机构受理并审批;

(四)在区、县范围内进行超限运输的,向区、县公路管理机构提出申请,由区、县公路管理机构受理并审批。

公路超限运输影响交通安全的,公路管理机构在审批超限运输申请时,应当征求公安机关交通管理部门意见。

第三十七条 公路管理机构审批超限运输申请,应当根据实际情况勘测通行路线,需要采取加固、改造措施的,可以与申请人签订有关协议,制定相应的加固、改造方案。

公路管理机构应当根据其制定的加固、改造方案,对通行的公路桥梁、涵洞等设施进行加固、改造;必要时应当对超限运输车辆进行监管。

第三十八条 公路管理机构批准超限运输申请的,应当为超限运输车辆配发国务院交通运输主管部门规定式样的超限运输车辆通行证。

经批准进行超限运输的车辆,应当随车携带超限运输车辆通行证,按照指定的时间、路线和速度行驶,并悬挂明显标志。

禁止租借、转让超限运输车辆通行证。禁止使用伪造、变造的超限运输车辆通行证。

第三十九条 经省、自治区、直辖市人民政府批准,有关交通运输主管部门可以设立固定超限检测站点,配备必要的设备和人员。

固定超限检测站点应当规范执法,并公布监督电话。公路管理机构应当加强对固定超限检测站点的管理。

第四十条 公路管理机构在监督检查中发现车辆超过公路、公路桥梁、公路隧道或者汽车渡船的限载、限高、限宽、限长标准的,应当就近引导至固定超限检测站点进行处理。

车辆应当按照超限检测指示标志或者公路管理机构监督检查人员的指挥接受超限检测,不得故意堵塞固定超限检测站点通行车道、强行通过固定超限检测站点或者以其他方式扰乱超限检测秩序,不得采取短途驳载等方式逃避超限检测。

禁止通过引路绕行等方式为不符合国家有关载运标准的车辆逃避超限检测提供便利。

第四十一条 煤炭、水泥等货物集散地以及货运站等场所的经营人、管理人应当采取有效措施,防止不符合国家有关载运标准的车辆出场(站)。

道路运输管理机构应当加强对煤炭、水泥等货物集散地以及货运站等场所的监督检查,制止不符合国家有关载运标准的车辆出场(站)。

任何单位和个人不得指使、强令车辆驾驶人超限运输货物,不得阻碍道路运输管理机构依法进行监督检查。

第四十二条　载运易燃、易爆、剧毒、放射性等危险物品的车辆,应当符合国家有关安全管理规定,并避免通过特大型公路桥梁或者特长公路隧道;确需通过特大型公路桥梁或者特长公路隧道的,负责审批易燃、易爆、剧毒、放射性等危险物品运输许可的机关应当提前将行驶时间、路线通知特大型公路桥梁或者特长公路隧道的管理单位,并对在特大型公路桥梁或者特长公路隧道行驶的车辆进行现场监管。

第四十三条　车辆应当规范装载,装载物不得触地拖行。车辆装载物易掉落、遗洒或者飘散的,应当采取厢式密闭等有效防护措施方可在公路上行驶。

公路上行驶车辆的装载物掉落、遗洒或者飘散的,车辆驾驶人、押运人员应当及时采取措施处理;无法处理的,应当在掉落、遗洒或者飘散物来车方向适当距离外设置警示标志,并迅速报告公路管理机构或者公安机关交通管理部门。其他人员发现公路上有影响交通安全的障碍物的,也应当及时报告公路管理机构或者公安机关交通管理部门。公安机关交通管理部门应当责令改正车辆装载物掉落、遗洒、飘散等违法行为;公路管理机构、公路经营企业应当及时清除掉落、遗洒、飘散在公路上的障碍物。

车辆装载物掉落、遗洒、飘散后,车辆驾驶人、押运人员未及时采取措施处理,造成他人人身、财产损害的,道路运输企业、车辆驾驶人应当依法承担赔偿责任。

第四章　公　路　养　护

第四十四条　公路管理机构、公路经营企业应当加强公路养护,保证公路经常处于良好技术状态。

前款所称良好技术状态,是指公路自身的物理状态符合有关技术标准的要求,包括路面平整,路肩、边坡平顺,有关设施完好。

第四十五条　公路养护应当按照国务院交通运输主管部门规定的技术规范和操作规程实施作业。

第四十六条　从事公路养护作业的单位应当具备下列资质条件:

(一)有一定数量的符合要求的技术人员;

(二)有与公路养护作业相适应的技术设备;

(三)有与公路养护作业相适应的作业经历;

(四)国务院交通运输主管部门规定的其他条件。

公路养护作业单位资质管理办法由国务院交通运输主管部门另行制定。

第四十七条　公路管理机构、公路经营企业应当按照国务院交通运输主管部门的规定对公路进行巡查,并制作巡查记录;发现公路坍塌、坑槽、隆起等损毁的,应当及时设置警示标志,并采取措施修复。

公安机关交通管理部门发现公路坍塌、坑槽、隆起等损毁,危及交通安全的,应当及时采取措施,疏导交通,并通知公路管理机构或者公路经营企业。

其他人员发现公路坍塌、坑槽、隆起等损毁的,应当及时向公路管理机构、公安机关交通管理部门报告。

第四十八条 公路管理机构、公路经营企业应当定期对公路、公路桥梁、公路隧道进行检测和评定,保证其技术状态符合有关技术标准;对经检测发现不符合车辆通行安全要求的,应当进行维修,及时向社会公告,并通知公安机关交通管理部门。

第四十九条 公路管理机构、公路经营企业应当定期检查公路隧道的排水、通风、照明、监控、报警、消防、救助等设施,保持设施处于完好状态。

第五十条 公路管理机构应当统筹安排公路养护作业计划,避免集中进行公路养护作业造成交通堵塞。

在省、自治区、直辖市交界区域进行公路养护作业,可能造成交通堵塞的,有关公路管理机构、公安机关交通管理部门应当事先书面通报相邻的省、自治区、直辖市公路管理机构、公安机关交通管理部门,共同制定疏导预案,确定分流路线。

第五十一条 公路养护作业需要封闭公路的,或者占用半幅公路进行作业,作业路段长度在 2 公里以上,并且作业期限超过 30 日的,除紧急情况外,公路养护作业单位应当在作业开始之日前 5 日向社会公告,明确绕行路线,并在绕行处设置标志;不能绕行的,应当修建临时道路。

第五十二条 公路养护作业人员作业时,应当穿着统一的安全标志服。公路养护车辆、机械设备作业时,应当设置明显的作业标志,开启危险报警闪光灯。

第五十三条 发生公路突发事件影响通行的,公路管理机构、公路经营企业应当及时修复公路、恢复通行。设区的市级以上人民政府交通运输主管部门应当根据修复公路、恢复通行的需要,及时调集抢修力量,统筹安排有关作业计划,下达路网调度指令,配合有关部门组织绕行、分流。

设区的市级以上公路管理机构应当按照国务院交通运输主管部门的规定收集、汇总公路损毁、公路交通流量等信息,开展公路突发事件的监测、预报和预警工作,并利用多种方式及时向社会发布有关公路运行信息。

第五十四条 中国人民武装警察交通部队按照国家有关规定承担公路、公路桥梁、公路隧道等设施的抢修任务。

第五十五条 公路永久性停止使用的,应当按照国务院交通运输主管部门规定的程序核准后作报废处理,并向社会公告。

公路报废后的土地使用管理依照有关土地管理的法律、行政法规执行。

第五章　法律责任

第五十六条　违反本条例的规定,有下列情形之一的,由公路管理机构责令限期拆除,可以处 5 万元以下的罚款。逾期不拆除的,由公路管理机构拆除,有关费用由违法行为人承担：

（一）在公路建筑控制区内修建、扩建建筑物、地面构筑物或者未经许可埋设管道、电缆等设施的；

（二）在公路建筑控制区外修建的建筑物、地面构筑物以及其他设施遮挡公路标志或者妨碍安全视距的。

第五十七条　违反本条例第十八条、第十九条、第二十三条规定的,由安全生产监督管理部门、水行政主管部门、流域管理机构、海事管理机构等有关单位依法处理。

第五十八条　违反本条例第二十条规定的,由水行政主管部门或者流域管理机构责令改正,可以处 3 万元以下的罚款。

第五十九条　违反本条例第二十二条规定的,由公路管理机构责令改正,处 2 万元以上 10 万元以下的罚款。

第六十条　违反本条例的规定,有下列行为之一的,由公路管理机构责令改正,可以处 3 万元以下的罚款：

（一）损坏、擅自移动、涂改、遮挡公路附属设施或者利用公路附属设施架设管道、悬挂物品,可能危及公路安全的；

（二）涉路工程设施影响公路完好、安全和畅通的。

第六十一条　违反本条例的规定,未经批准更新采伐护路林的,由公路管理机构责令补种,没收违法所得,并处采伐林木价值 3 倍以上 5 倍以下的罚款。

第六十二条　违反本条例的规定,未经许可进行本条例第二十七条第一项至第五项规定的涉路施工活动的,由公路管理机构责令改正,可以处 3 万元以下的罚款；未经许可进行本条例第二十七条第六项规定的涉路施工活动的,由公路管理机构责令改正,处 5 万元以下的罚款。

第六十三条　违反本条例的规定,非法生产、销售外廓尺寸、轴荷、总质量不符合国家有关车辆外廓尺寸、轴荷、质量限值等机动车安全技术标准的车辆的,依照《中华人民共和国道路交通安全法》的有关规定处罚。

具有国家规定资质的车辆生产企业未按照规定车型和技术参数改装车辆的,由原发证机关责令改正,处 4 万元以上 20 万元以下的罚款；拒不改正的,吊销其资质证书。

第六十四条　违反本条例的规定,在公路上行驶的车辆,车货总体的外廓尺寸、轴荷或者总质量超过公路、公路桥梁、公路隧道、汽车渡船限定标准的,由公路管理机构责令改正,可以处 3 万元以下的罚款。

第六十五条 违反本条例的规定,经批准进行超限运输的车辆,未按照指定时间、路线和速度行驶的,由公路管理机构或者公安机关交通管理部门责令改正;拒不改正的,公路管理机构或者公安机关交通管理部门可以扣留车辆。

未随车携带超限运输车辆通行证的,由公路管理机构扣留车辆,责令车辆驾驶人提供超限运输车辆通行证或者相应的证明。

租借、转让超限运输车辆通行证的,由公路管理机构没收超限运输车辆通行证,处 1000 元以上 5000 元以下的罚款。使用伪造、变造的超限运输车辆通行证的,由公路管理机构没收伪造、变造的超限运输车辆通行证,处 3 万元以下的罚款。

第六十六条 对 1 年内违法超限运输超过 3 次的货运车辆,由道路运输管理机构吊销其车辆营运证;对 1 年内违法超限运输超过 3 次的货运车辆驾驶人,由道路运输管理机构责令其停止从事营业性运输;道路运输企业 1 年内违法超限运输的货运车辆超过本单位货运车辆总数 10% 的,由道路运输管理机构责令道路运输企业停业整顿;情节严重的,吊销其道路运输经营许可证,并向社会公告。

第六十七条 违反本条例的规定,有下列行为之一的,由公路管理机构强制拖离或者扣留车辆,处 3 万元以下的罚款:

(一)采取故意堵塞固定超限检测站点通行车道、强行通过固定超限检测站点等方式扰乱超限检测秩序的;

(二)采取短途驳载等方式逃避超限检测的。

第六十八条 违反本条例的规定,指使、强令车辆驾驶人超限运输货物的,由道路运输管理机构责令改正,处 3 万元以下的罚款。

第六十九条 车辆装载物触地拖行、掉落、遗洒或者飘散,造成公路路面损坏、污染的,由公路管理机构责令改正,处 5000 元以下的罚款。

第七十条 违反本条例的规定,公路养护作业单位未按照国务院交通运输主管部门规定的技术规范和操作规程进行公路养护作业的,由公路管理机构责令改正,处 1 万元以上 5 万元以下的罚款;拒不改正的,吊销其资质证书。

第七十一条 造成公路、公路附属设施损坏的单位和个人应当立即报告公路管理机构,接受公路管理机构的现场调查处理;危及交通安全的,还应当设置警示标志或者采取其他安全防护措施,并迅速报告公安机关交通管理部门。

发生交通事故造成公路、公路附属设施损坏的,公安机关交通管理部门在处理交通事故时应当及时通知有关公路管理机构到场调查处理。

第七十二条 造成公路、公路附属设施损坏,拒不接受公路管理机构现场调查处理的,公路管理机构可以扣留车辆、工具。

公路管理机构扣留车辆、工具的,应当当场出具凭证,并告知当事人在规定期限内到公路管理机构接受处理。逾期不接受处理,并且经公告3个月仍不来接受处理的,对扣留的车辆、工具,由公路管理机构依法处理。

公路管理机构对被扣留的车辆、工具应当妥善保管,不得使用。

第七十三条 违反本条例的规定,公路管理机构工作人员有下列行为之一的,依法给予处分:

(一)违法实施行政许可的;

(二)违反规定拦截、检查正常行驶的车辆的;

(三)未及时采取措施处理公路坍塌、坑槽、隆起等损毁的;

(四)违法扣留车辆、工具或者使用依法扣留的车辆、工具的;

(五)有其他玩忽职守、徇私舞弊、滥用职权行为的。

公路管理机构有前款所列行为之一的,对负有直接责任的主管人员和其他直接责任人员依法给予处分。

第七十四条 违反本条例的规定,构成违反治安管理行为的,由公安机关依法给予治安管理处罚;构成犯罪的,依法追究刑事责任。

第六章 附 则

第七十五条 村道的管理和养护工作,由乡级人民政府参照本条例的规定执行。

专用公路的保护不适用本条例。

第七十六条 军事运输使用公路按照国务院、中央军事委员会的有关规定执行。

第七十七条 本条例自2011年7月1日起施行。1987年10月13日国务院发布的《中华人民共和国公路管理条例》同时废止。

城市道路管理条例

国务院令第 676 号

1996年6月4日中华人民共和国国务院令第198号发布,根据2011年1月8日国务院令第588号《国务院关于废止和修改部分行政法规的决定》第一次修订,根据2017年3月1日《国务院关于修改和废止部分行政法规的决定》第二次修订。

第一章 总 则

第一条 为了加强城市道路管理,保障城市道路完好,充分发挥城市道路功能,促进城市经济和社会发展,制定本条例。

第二条 本条例所称城市道路,是指城市供车辆、行人通行的,具备一定技术条件的道路、桥梁及其附属设施。

第三条 本条例适用于城市道路规划、建设、养护、维修和路政管理。

第四条 城市道路管理实行统一规划、配套建设、协调发展和建设、养护、管理并重的原则。

第五条 国家鼓励和支持城市道路科学技术研究,推广先进技术,提高城市道路管理的科学技术水平。

第六条 国务院建设行政主管部门主管全国城市道路管理工作。

省、自治区人民政府城市建设行政主管部门主管本行政区域内的城市道路管理工作。

县级以上城市人民政府市政工程行政主管部门主管本行政区域内的城市道路管理工作。

第二章 规划和建设

第七条 县级以上城市人民政府应当组织市政工程、城市规划、公安交通等部门,根据城市总体规划编制城市道路发展规划。

市政工程行政主管部门应当根据城市道路发展规划,制定城市道路年度建设计划,经城市人民政府批准后实施。

第八条 城市道路建设资金可以按照国家有关规定,采取政府投资、集资、国内外贷款、国有土地有偿使用收入、发行债券等多种渠道筹集。

第九条 城市道路的建设应当符合城市道路技术规范。

第十条 政府投资建设城市道路的,应当根据城市道路发展规划和年度建设计划,由市政工程行政主管部门组织建设。

单位投资建设城市道路的,应当符合城市道路发展规划。

城市住宅小区、开发区内的道路建设,应当分别纳入住宅小区、开发区的开发建设计划配套建设。

第十一条 国家鼓励国内外企业和其他组织以及个人按照城市道路发展规划,投资建设城市道路。

第十二条 城市供水、排水、燃气、热力、供电、通信、消防等依附于城市道路的各种管线、杆线等设施的建设计划,应当与城市道路发展规划和年度建设计划相协调,坚持先地下、后地上的施工原则,与城市道路同步建设。

第十三条 新建的城市道路与铁路干线相交的,应当根据需要在城市规划中预留立体交通设施的建设位置。

城市道路与铁路相交的道口建设应当符合国家有关技术规范,并根据需要逐步建设立体交通设施。建设立体交通设施所需投资,按照国家规定由有关部门协商确定。

第十四条 建设跨越江河的桥梁和隧道,应当符合国家规定的防洪、通航标准和其他有关技术规范。

第十五条 县级以上城市人民政府应当有计划地按照城市道路技术规范改建、拓宽城市道路和公路的结合部,公路行政主管部门可以按照国家有关规定在资金上给予补助。

第十六条 承担城市道路设计、施工的单位,应当具有相应的资质等级,并按照资质等级承担相应的城市道路的设计、施工任务。

第十七条 城市道路的设计、施工,应当严格执行国家和地方规定的城市道路设计、施工的技术规范。

城市道路施工,实行工程质量监督制度。

城市道路工程竣工,经验收合格后,方可交付使用;未经验收或者验收不合格的,不得交付使用。

第十八条 城市道路实行工程质量保修制度。城市道路的保修期为1年,自交付使用之日起计算。保修期内出现工程质量问题,由有关责任单位负责保修。

第十九条 市政工程行政主管部门对利用贷款或者集资建设的大型桥梁、隧道等,可以在一定期限内向过往车辆(军用车辆除外)收取通行费,用于偿还贷款或者集资款,不得挪作他用。

收取通行费的范围和期限,由省、自治区、直辖市人民政府规定。

第三章　养护和维修

第二十条　市政工程行政主管部门对其组织建设和管理的城市道路,按照城市道路的等级、数量及养护和维修的定额,逐年核定养护、维修经费,统一安排养护、维修资金。

第二十一条　承担城市道路养护、维修的单位,应当严格执行城市道路养护、维修的技术规范,定期对城市道路进行养护、维修,确保养护、维修工程的质量。

市政工程行政主管部门负责对养护、维修工程的质量进行监督检查,保障城市道路完好。

第二十二条　市政工程行政主管部门组织建设和管理的道路,由其委托的城市道路养护、维修单位负责养护、维修。单位投资建设和管理的道路,由投资建设的单位或者其委托的单位负责养护、维修。城市住宅小区、开发区内的道路,由建设单位或者其委托的单位负责养护、维修。

第二十三条　设在城市道路上的各类管线的检查井、箱盖或者城市道路附属设施,应当符合城市道路养护规范。因缺损影响交通和安全时,有关产权单位应当及时补缺或者修复。

第二十四条　城市道路的养护、维修工程应当按照规定的期限修复竣工,并在养护、维修工程施工现场设置明显标志和安全防围设施,保障行人和交通车辆安全。

第二十五条　城市道路养护、维修的专用车辆应当使用统一标志;执行任务时,在保证交通安全畅通的情况下,不受行驶路线和行驶方向的限制。

第四章　路　政　管　理

第二十六条　市政工程行政主管部门执行路政管理的人员执行公务,应当按照有关规定佩戴标志,持证上岗。

第二十七条　城市道路范围内禁止下列行为:

(一)擅自占用或者挖掘城市道路;

(二)履带车、铁轮车或者超重、超高、超长车辆擅自在城市道路上行驶;

(三)机动车在桥梁或者非指定的城市道路上试刹车;

(四)擅自在城市道路上建设建筑物、构筑物;

(五)在桥梁上架设压力在4公斤/平方厘米(0.4兆帕)以上的煤气管道、10千伏以上的高压电力线和其他易燃易爆管线；

(六)擅自在桥梁或者路灯设施上设置广告牌或者其他挂浮物；

(七)其他损害、侵占城市道路的行为。

第二十八条 履带车、铁轮车或者超重、超高、超长车辆需要在城市道路上行驶的,事先须征得市政工程行政主管部门同意,并按照公安交通管理部门指定的时间、路线行驶。

军用车辆执行任务需要在城市道路上行驶的,可以不受前款限制,但是应当按照规定采取安全保护措施。

第二十九条 依附于城市道路建设各种管线、杆线等设施的,应当经市政工程行政主管部门批准,方可建设。

第三十条 未经市政工程行政主管部门和公安交通管理部门批准,任何单位或者个人不得占用或者挖掘城市道路。

第三十一条 因特殊情况需要临时占用城市道路的,须经市政工程行政主管部门和公安交通管理部门批准,方可按照规定占用。

经批准临时占用城市道路的,不得损坏城市道路；占用期满后,应当及时清理占用现场,恢复城市道路原状；损坏城市道路的,应当修复或者给予赔偿。

第三十二条 城市人民政府应当严格控制占用城市道路作为集贸市场。

第三十三条 因工程建设需要挖掘城市道路的,应当持城市规划部门批准签发的文件和有关设计文件,到市政工程行政主管部门和公安交通管理部门办理审批手续,方可按照规定挖掘。

新建、扩建、改建的城市道路交付使用后 5 年内、大修的城市道路竣工后 3 年内不得挖掘；因特殊情况需要挖掘的,须经县级以上城市人民政府批准。

第三十四条 埋设在城市道路下的管线发生故障需要紧急抢修的,可以先行破路抢修,并同时通知市政工程行政主管部门和公安交通管理部门,在 24 小时内按照规定补办批准手续。

第三十五条 经批准挖掘城市道路的,应当在施工现场设置明显标志和安全防围设施；竣工后,应当及时清理现场,通知市政工程行政主管部门检查验收。

第三十六条 经批准占用或者挖掘城市道路的,应当按照批准的位置、面积、期限占用或者挖掘。需要移动位置、扩大面积、延长时间的,应当提前办理变更审批手续。

第三十七条 占用或者挖掘由市政工程行政主管部门管理的城市道路的,应当向市政工程行政主管部门交纳城市道路占用费或者城市道路挖掘修复费。

城市道路占用费的收费标准,由省、自治区人民政府的建设行政主管部门、直辖市人民政府的市政工程行政主管部门拟订,报同级财政、物价主管部门核定;城市道路挖掘修复费的收费标准,由省、自治区人民政府的建设行政主管部门、直辖市人民政府的市政工程行政主管部门制定,报同级财政、物价主管部门备案。

第三十八条 根据城市建设或者其他特殊需要,市政工程行政主管部门可以对临时占用城市道路的单位或者个人决定缩小占用面积、缩短占用时间或者停止占用,并根据具体情况退还部分城市道路占用费。

第五章 罚 则

第三十九条 违反本条例的规定,有下列行为之一的,由市政工程行政主管部门责令停止设计、施工,限期改正,可以并处3万元以下的罚款;已经取得设计、施工资格证书,情节严重的,提请原发证机关吊销设计、施工资格证书:

(一)未取得设计、施工资格或者未按照资质等级承担城市道路的设计、施工任务的;

(二)未按照城市道路设计、施工技术规范设计、施工的;

(三)未按照设计图纸施工或者擅自修改图纸的。

第四十条 违反本条例第十七条规定,擅自使用未经验收或者验收不合格的城市道路的,由市政工程行政主管部门责令限期改正,给予警告,可以并处工程造价2%以下的罚款。

第四十一条 承担城市道路养护、维修的单位违反本条例的规定,未定期对城市道路进行养护、维修或者未按照规定的期限修复竣工,并拒绝接受市政工程行政主管部门监督、检查的,由市政工程行政主管部门责令限期改正,给予警告;对负有直接责任的主管人员和其他直接责任人员,依法给予行政处分。

第四十二条 违反本条例第二十七条规定,或者有下列行为之一的,由市政工程行政主管部门或者其他有关部门责令限期改正,可以处以2万元以下的罚款;造成损失的,应当依法承担赔偿责任:

(一)未对设在城市道路上的各种管线的检查井、箱盖或者城市道路附属设施的缺损及时补缺或者修复的;

(二)未在城市道路施工现场设置明显标志和安全防围设施的;

(三)占用城市道路期满或者挖掘城市道路后,不及时清理现场的;

(四)依附于城市道路建设各种管线、杆线等设施,不按照规定办理批准手续的;

(五)紧急抢修埋设在城市道路下的管线,不按照规定补办批准手续的;

(六)未按照批准的位置、面积、期限占用或者挖掘城市道路,或者需要移动位置、扩大面积、延长时间,未提前办理变更审批手续的。

第四十三条 违反本条例,构成犯罪的,由司法机关依法追究刑事责任;尚不构成犯罪,应当给予治安管理处罚的,依照治安管理处罚法的规定给予处罚。

第四十四条 市政工程行政主管部门人员玩忽职守、滥用职权、徇私舞弊,构成犯罪的,依法追究刑事责任;尚不构成犯罪的,依法给予行政处分。

第六章 附 则

第四十五条 本条例自1996年10月1日起施行。

公路建设监督管理办法

交通部令 2006 年第 6 号

2006年5月8日经第6次部务会议通过,自2006年8月1日起施行。

第一章 总 则

第一条 为促进公路事业持续、快速、健康发展,加强公路建设监督管理,维护公路建设市场秩序,根据《中华人民共和国公路法》、《建设工程质量管理条例》和国家有关法律、法规,制定本办法。

第二条 在中华人民共和国境内从事公路建设的单位和人员必须遵守本办法。

本办法所称公路建设是指公路、桥梁、隧道、交通工程及沿线设施和公路渡口的项目建议书、可行性研究、勘察、设计、施工、竣(交)工验收和后评价全过程的活动。

第三条 公路建设监督管理实行统一领导,分级管理。

交通部主管全国公路建设监督管理;县级以上地方人民政府交通主管部门主管本行政区域内公路建设监督管理。

第四条 县级以上人民政府交通主管部门必须依照法律、法规及本办法的规定对公路建设实施监督管理。

有关单位和个人应当接受县级以上人民政府交通主管部门依法进行的公路建设监督检查,并给予支持与配合,不得拒绝或阻碍。

第二章 监督部门的职责与权限

第五条 公路建设监督管理的职责包括:

(一)监督国家有关公路建设工作方针、政策和法律、法规、规章、强制性技术标准的执行;

(二)监督公路建设项目建设程序的履行;

(三)监督公路建设市场秩序;

(四)监督公路工程质量和工程安全;

(五)监督公路建设资金的使用;

(六)指导、检查下级人民政府交通主管部门的监督管理工作;

（七）依法查处公路建设违法行为。

第六条 交通部对全国公路建设项目进行监督管理,依据职责负责国家高速公路网建设项目和交通部确定的其他重点公路建设项目前期工作、施工许可、招标投标、工程质量、工程进度、资金、安全管理的监督和竣工验收工作。

除应当由交通部实施的监督管理职责外,省级人民政府交通主管部门依据职责负责本行政区域内公路建设项目的监督管理,具体负责本行政区域内的国家高速公路网建设项目、交通部和省级人民政府确定的其他重点公路建设项目的监督管理。

设区的市和县级人民政府交通主管部门按照有关规定负责本行政区域内公路建设项目的监督管理。

第七条 县级以上人民政府交通主管部门在履行公路建设监督管理职责时,有权要求:

（一）被检查单位提供有关公路建设的文件和资料;

（二）进入被检查单位的工作现场进行检查;

（三）对发现的工程质量和安全问题以及其他违法行为依法处理。

第三章 建设程序的监督管理

第八条 公路建设应当按照国家规定的建设程序和有关规定进行。

政府投资公路建设项目实行审批制,企业投资公路建设项目实行核准制。县级以上人民政府交通主管部门应当按职责权限审批或核准公路建设项目,不得越权审批、核准项目或擅自简化建设程序。

第九条 政府投资公路建设项目的实施,应当按照下列程序进行:

（一）根据规划,编制项目建议书;

（二）根据批准的项目建议书,进行工程可行性研究,编制可行性研究报告;

（三）根据批准的可行性研究报告,编制初步设计文件;

（四）根据批准的初步设计文件,编制施工图设计文件;

（五）根据批准的施工图设计文件,组织项目招标;

（六）根据国家有关规定,进行征地拆迁等施工前准备工作,并向交通主管部门申报施工许可;

（七）根据批准的项目施工许可,组织项目实施;

（八）项目完工后,编制竣工图表、工程决算和竣工财务决算,办理项目交、竣工验收和财产移交手续;

（九）竣工验收合格后,组织项目后评价。

国务院对政府投资公路建设项目建设程序另有简化规定的,依照其规定执行。

第十条 企业投资公路建设项目的实施,应当按照下列程序进行:

(一)根据规划,编制工程可行性研究报告;

(二)组织投资人招标工作,依法确定投资人;

(三)投资人编制项目申请报告,按规定报项目审批部门核准;

(四)根据核准的项目申请报告,编制初步设计文件,其中涉及公共利益、公众安全、工程建设强制性标准的内容应当按项目隶属关系报交通主管部门审查;

(五)根据初步设计文件编制施工图设计文件;

(六)根据批准的施工图设计文件组织项目招标;

(七)根据国家有关规定,进行征地拆迁等施工前准备工作,并向交通主管部门申报施工许可;

(八)根据批准的项目施工许可,组织项目实施;

(九)项目完工后,编制竣工图表、工程决算和竣工财务决算,办理项目交、竣工验收;

(十)竣工验收合格后,组织项目后评价。

第十一条 县级以上人民政府交通主管部门根据国家有关规定,按照职责权限负责组织公路建设项目的项目建议书、工程可行性研究工作、编制设计文件、经营性项目的投资人招标、竣工验收和项目后评价工作。

公路建设项目的项目建议书、工程可行性研究报告、设计文件、招标文件、项目申请报告等应按照国家颁发的编制办法或有关规定编制,并符合国家规定的工作质量和深度要求。

第十二条 公路建设项目法人应当依法选择勘察、设计、施工、咨询、监理单位,采购与工程建设有关的重要设备、材料,办理施工许可,组织项目实施,组织项目交工验收,准备项目竣工验收和后评价。

第十三条 公路建设项目应当按照国家有关规定实行项目法人责任制度、招标投标制度、工程监理制度和合同管理制度。

第十四条 公路建设项目必须符合公路工程技术标准。施工单位必须按批准的设计文件施工,任何单位和人员不得擅自修改工程设计。

已批准的公路工程设计,原则上不得变更。确需设计变更的,应当按照交通部制定的《公路工程设计变更管理办法》的规定履行审批手续。

第十五条 公路建设项目验收分为交工验收和竣工验收两个阶段。项目法人负责组织对各合同段进行交工验收,并完成项目交工验收报告报交通主管部门备案。交通主管部门在15天内没有对备案项目的交工验收报告提出异议,项目法人可开放交通进入试运营期。试运营期不得超过3年。

通车试运营2年后,交通主管部门应组织竣工验收,经竣工验收合格的项目可转为正式运营。对未进行交工验收、交工验收不合格或没有备案的工程开放交通进行试运营的,由交通主管部门责令停止试运营。

公路建设项目验收工作应当符合交通部制定的《公路工程竣(交)工验收办法》的规定。

第四章　建设市场的监督管理

第十六条　县级以上人民政府交通主管部门依据职责,负责对公路建设市场的监督管理,查处建设市场中的违法行为。对经营性公路建设项目投资人、公路建设从业单位和主要从业人员的信用情况应进行记录并及时向社会公布。

第十七条　公路建设市场依法实行准入管理。公路建设项目法人或其委托的项目建设管理单位的项目建设管理机构、主要负责人的技术和管理能力应当满足拟建项目的管理需要,符合交通部有关规定的要求。公路工程勘察、设计、施工、监理、试验检测等从业单位应当依法取得有关部门许可的相应资质后,方可进入公路建设市场。

公路建设市场必须开放,任何单位和个人不得对公路建设市场实行地方保护,不得限制符合市场准入条件的从业单位和从业人员依法进入公路建设市场。

第十八条　公路建设从业单位从事公路建设活动,必须遵守国家有关法律、法规、规章和公路工程技术标准,不得损害社会公共利益和他人合法权益。

第十九条　公路建设项目法人应当承担公路建设相关责任和义务,对建设项目质量、投资和工期负责。

公路建设项目法人必须依法开展招标活动,不得接受投标人低于成本价的投标,不得随意压缩建设工期,禁止指定分包和指定采购。

第二十条　公路建设从业单位应当依法取得公路工程资质证书并按照资质管理有关规定,在其核定的业务范围内承揽工程,禁止无证或越级承揽工程。

公路建设从业单位必须按合同规定履行其义务,禁止转包或违法分包。

第五章　质量与安全的监督管理

第二十一条　县级以上人民政府交通主管部门应当加强对公路建设从业单位的质量与安全生产管理机构的建立、规章制度落实情况的监督检查。

第二十二条　公路建设实行工程质量监督管理制度。公路工程质量监督机构应当根据交通主管部门的委托依法实施工程质量监督,并对监督工作质量负责。

第二十三条 公路建设项目实施过程中,监理单位应当依照法律、法规、规章以及有关技术标准、设计文件、合同文件和监理规范的要求,采用旁站、巡视和平行检验形式对工程实施监理,对不符合工程质量与安全要求的工程应当责令施工单位返工。

未经监理工程师签认,施工单位不得将建筑材料、构件和设备在工程上使用或安装,不得进行下一道工序施工。

第二十四条 公路工程质量监督机构应当具备与质量监督工作相适应的试验检测条件,根据国家有关工程质量的法律、法规、规章和交通部制定的技术标准、规范、规程以及质量检验评定标准等,对工程质量进行监督、检查和鉴定。任何单位和个人不得干预或阻挠质量监督机构的质量鉴定工作。

第二十五条 公路建设从业单位应当对工程质量和安全负责。工程实施中应当加强对职工的教育与培训,按照国家有关规定建立健全质量和安全保证体系,落实质量和安全生产责任制,保证工程质量和工程安全。

第二十六条 公路建设项目发生工程质量事故,项目法人应在24小时内按项目管理隶属关系向交通主管部门报告,工程质量事故同时报公路工程质量监督机构。

省级人民政府交通主管部门或受委托的公路工程质量监督机构负责调查处理一般工程质量事故;交通部会同省级人民政府交通主管部门负责调查处理重大工程质量事故;特别重大工程质量事故和安全事故的调查处理按照国家有关规定办理。

第六章 建设资金的监督管理

第二十七条 对于使用财政性资金安排的公路建设项目,县级以上人民政府交通主管部门必须对公路建设资金的筹集、使用和管理实行全过程监督检查,确保建设资金的安全。

公路建设项目法人必须按照国家有关法律、法规、规章的规定,合理安排和使用公路建设资金。

第二十八条 对于企业投资公路建设项目,县级以上人民政府交通主管部门要依法对资金到位情况、使用情况进行监督检查。

第二十九条 公路建设资金监督管理的主要内容:

(一)是否严格执行建设资金专款专用、专户存储、不准侵占、挪用等有关管理规定;

(二)是否严格执行概预算管理规定,有无将建设资金用于计划外工程;

(三)资金来源是否符合国家有关规定,配套资金是否落实、及时到位;

(四)是否按合同规定拨付工程进度款,有无高估冒算,虚报冒领情况,工程预备费使用是否符合有关规定;

(五)是否在控制额度内按规定使用建设管理费,按规定的比例预留工程质量保证

金,有无非法扩大建设成本的问题;

(六)是否按规定编制项目竣工财务决算,办理财产移交手续,形成的资产是否及时登记入账管理;

(七)财会机构是否建立健全,并配备相适应的财会人员。各项原始记录、统计台账、凭证账册、会计核算、财务报告、内部控制制度等基础性工作是否健全、规范。

第三十条 县级以上人民政府交通主管部门对公路建设资金监督管理的主要职责:

(一)制定公路建设资金管理制度;

(二)按规定审核、汇总、编报、批复年度公路建设支出预算、财务决算和竣工财务决算;

(三)合理安排资金,及时调度、拨付和使用公路建设资金;

(四)监督管理建设项目工程概预算、年度投资计划安排与调整、财务决算;

(五)监督检查公路建设项目资金筹集、使用和管理,及时纠正违法问题,对重大问题提出意见报上级交通主管部门;

(六)收集、汇总、报送公路建设资金管理信息,审查、编报公路建设项目投资效益分析报告;

(七)督促项目法人及时编报工程财务决算,做好竣工验收准备工作;

(八)督促项目法人及时按规定办理财产移交手续,规范资产管理。

第七章 社 会 监 督

第三十一条 县级以上人民政府交通主管部门应定期向社会公开发布公路建设市场管理、工程进展、工程质量情况、工程质量和安全事故处理等信息,接受社会监督。

第三十二条 公路建设施工现场实行标示牌管理。标示牌应当标明该项工程的作业内容,项目法人、勘察、设计、施工、监理单位名称和主要负责人姓名,接受社会监督。

第三十三条 公路建设实行工程质量举报制度,任何单位和个人对公路建设中违反国家法律、法规的行为,工程质量事故和质量缺陷都有权向县级以上人民政府交通主管部门或质量监督机构检举和投诉。

第三十四条 县级以上人民政府交通主管部门可聘请社会监督员对公路建设活动和工程质量进行监督。

第三十五条 对举报内容属实的单位和个人,县级以上人民政府交通主管部门可予以表彰或奖励。

第八章 罚 则

第三十六条 违反本办法第四条规定,拒绝或阻碍依法进行公路建设监督检查工作的,责令改正,构成犯罪的,依法追究刑事责任。

第三十七条 违反本办法第八条规定,越权审批、核准或擅自简化基本建设程序的,责令限期补办手续,可给予警告处罚;造成严重后果的,对全部或部分使用财政性资金的项目,可暂停项目执行或暂缓资金拨付,对直接责任人依法给予行政处分。

第三十八条 违反本办法第十二条规定,项目法人将工程发包给不具有相应资质等级的勘察、设计、施工和监理单位的,责令改正,处50万元以上100万元以下的罚款;未按规定办理施工许可擅自施工的,责令停止施工、限期改正,视情节可处工程合同价款1%以上2%以下罚款。

第三十九条 违反本办法第十四条规定,未经批准擅自修改工程设计,责令限期改正,可给予警告处罚;情节严重的,对全部或部分使用财政性资金的项目,可暂停项目执行或暂缓资金拨付。

第四十条 违反本办法第十五条规定,未组织项目交工验收或验收不合格擅自交付使用的,责令改正并停止使用,处工程合同价款2%以上4%以下的罚款;对收费公路项目应当停止收费。

第四十一条 违反本办法第十九条规定,项目法人指定分包和指定采购,随意压缩工期,侵犯他人合法权益的,责令限期改正,可处20万元以上50万元以下的罚款;造成严重后果的,对全部或部分使用财政性资金的项目,可暂停项目执行或暂缓资金拨付。

第四十二条 违反本办法第二十条规定,承包单位弄虚作假、无证或越级承揽工程任务的,责令停止违法行为,对勘察、设计单位或工程监理单位处合同约定的勘察费、设计费或监理酬金1倍以上2倍以下的罚款;对施工单位处工程合同价款2%以上4%以下的罚款,可以责令停业整顿,降低资质等级;情节严重的,吊销资质证书;有违法所得的,予以没收。承包单位转包或违法分包工程的,责令改正,没收违法所得,对勘察、设计、监理单位处合同约定的勘察费、设计费、监理酬金的25%以上50%以下的罚款;对施工单位处工程合同价款0.5%以上1%以下的罚款。

第四十三条 违反本办法第二十二条规定,公路工程质量监督机构不履行公路工程质量监督职责、不承担质量监督责任的,由交通主管部门视情节轻重,责令整改或者给予警告。公路工程质量监督机构工作人员在公路工程质量监督管理工作中玩忽职守、滥用职权、徇私舞弊的,由交通主管部门或者公路工程质量监督机构依法给予行政处分;构成犯罪的,依法追究刑事责任。

第四十四条 违反本办法第二十三条规定,监理单位将不合格的工程、建筑材料、构件和设备按合格予以签认的,责令改正,可给予警告处罚,情节严重的,处50万元以上100万元以下的罚款;施工单位在工程上使用或安装未经监理签认的建筑材料、构件和设备的,责令改正,可给予警告处罚,情节严重的,处工程合同价款2%以上4%以下的罚款。

第四十五条 违反本办法第二十五条规定,公路建设从业单位忽视工程质量和安全管理,造成质量或安全事故的,对项目法人给予警告、限期整改,情节严重的,暂停资金拨付;对勘察、设计、施工和监理等单位视情节轻重给予警告、取消其2年至5年内参加依法必须进行招标项目的投标资格的处罚;对情节严重的监理单位,还可给予责令停业整顿、降低资质等级和吊销资质证书的处罚。

第四十六条 违反本办法第二十六条规定,项目法人对工程质量事故隐瞒不报、谎报或拖延报告期限的,给予警告处罚,对直接责任人依法给予行政处分。

第四十七条 违反本办法第二十九条规定,项目法人侵占、挪用公路建设资金,非法扩大建设成本,责令限期整改,可给予警告处罚;情节严重的,对全部或部分使用财政性资金的项目,可暂停项目执行或暂缓资金拨付,对直接责任人依法给予行政处分。

第四十八条 公路建设从业单位有关人员,具有行贿、索贿、受贿行为,损害国家、单位合法权益,构成犯罪的,依法追究刑事责任。

第四十九条 政府交通主管部门工作人员玩忽职守、滥用职权、徇私舞弊的,依法给予行政处分;构成犯罪的,依法追究刑事责任。

第九章 附 则

第五十条 本办法由交通部负责解释。

第五十一条 本办法自2006年8月1日起施行。交通部2000年8月28日公布的《公路建设监督管理办法》(交通部令2000年第8号)同时废止。

农村公路建设管理办法

交通部令 2006 年第 3 号

2006 年 1 月 26 日经第 2 次部务会议通过,自 2006 年 3 月 1 日起施行。

第一章 总 则

第一条 为加强农村公路建设管理,促进农村公路健康、持续发展,适应建设社会主义新农村需要,根据《中华人民共和国公路法》,制定本办法。

第二条 本办法适用于各级人民政府和有关部门投资的农村公路新建和改建工程的建设管理。

本办法所称农村公路,包括县道、乡道和村道。

第三条 农村公路建设应当遵循统筹规划、分级负责、因地制宜、经济实用、注重环保、确保质量的原则。

第四条 农村公路建设应当由地方人民政府负责。其中,乡道由所在乡(镇)人民政府负责建设;在当地人民政府的指导下,村道由村民委员会按照村民自愿、民主决策、一事一议的方式组织建设。

第五条 农村公路建设项目应当依据农村公路建设规划和分阶段建设重点,按照简便适用、切合实际的原则和国家规定的程序组织建设。

第六条 农村公路建设应当保证质量,降低建设成本,节能降耗,节约用地,保护生态环境。

国家鼓励农村公路建设应用新技术、新材料、新工艺。

第七条 交通部负责全国农村公路建设的行业管理。

省级人民政府交通主管部门依据职责负责本行政区域内农村公路建设的管理。

设区的市和县级人民政府交通主管部门依据职责负责本行政区域内农村公路建设的组织和管理。

第二章 标准与设计

第八条 各级人民政府交通主管部门应当按照因地制宜、实事求是的原则,合理确定农村公路的建设标准。

县道和乡道一般应当按照等级公路建设标准建设;村道的建设标准,特别是路基、路面宽度,应当根据当地实际需要和经济条件确定。

第九条 农村公路建设的技术指标应当根据实际情况合理确定。对于工程艰巨、地质复杂路段,在确保安全的前提下,平纵指标可适当降低,路基宽度可适当减窄。

第十条 农村公路建设应当充分利用现有道路进行改建或扩建。桥涵工程应当采用经济适用、施工方便的结构形式。路面应当选择能够就地取材、易于施工、有利于后期养护的结构。

第十一条 农村公路建设应当重视排水和防护工程的设置,提高公路抗灾能力。在陡岩、急弯、沿河路段应当设置必要的安全、防护设施和警示标志,提高行车安全性。

第十二条 二级以上的公路或中型以上的桥梁、隧道工程项目应当按照国家有关规定,分初步设计和施工图设计两个阶段进行;其他工程项目可以直接采用施工图一阶段设计。

第十三条 四级以上农村公路工程和大桥、特大桥、隧道工程的设计,应当由具有相应资质的设计单位承担;其他农村公路工程的设计,可以由县级以上地方人民政府交通主管部门组织有经验的技术人员承担。

第十四条 农村公路建设的工程设计,应当按照有关规定报县级以上人民政府交通主管部门审批。

第三章 建设资金与管理

第十五条 农村公路建设资金应当按照国家有关规定,列入地方人民政府的财政预算。

第十六条 农村公路建设逐步实行政府投资为主、农村社区为辅、社会各界共同参与的多渠道筹资机制。

鼓励农村公路沿线受益单位捐助农村公路建设;鼓励利用冠名权、路边资源开发权、绿化权等方式筹集社会资金投资农村公路建设,鼓励企业和个人捐款用于农村公路建设。

第十七条 农村公路建设不得增加农民负担,不得损害农民利益,不得采用强制手段向单位和个人集资,不得强行让农民出工、备料。确需农民出资、投入劳动力的,应当由村民委员会征得农民同意。

第十八条 中央政府对农村公路建设的补助资金应当全部用于农村公路建设工程项目,并严格执行国家对农村公路补助资金使用的有关规定,不得从中提取咨询、审查、管理、监督等费用。补助资金可以采用以奖代补的办法支付或者先预拨一部分,待工程验收合格后再全部支付。

地方政府安排的建设资金应当按时到位,并按照工程进度分期支付。

第十九条　农村公路建设不得拖欠工程款和农民工工资,不得拖欠征地拆迁款。

第二十条　各级地方人民政府交通主管部门应当依据职责,建立健全农村公路建设资金管理制度,加强对资金使用情况的监管。

农村公路建设资金使用应当接受审计、财政和上级财务部门审计检查。

任何单位、组织和个人不得截留、挤占和挪用农村公路建设资金。

第二十一条　各级人民政府和村民委员会应当将农村公路建设资金使用情况,向公路沿线乡(镇)、村定期进行公示,加强资金使用的社会监督。

第四章　建设组织与管理

第二十二条　农村公路建设用地依法应当列入农用地范围的,按照国家有关规定执行。

第二十三条　农村公路建设需要拆迁的,应当按照当地政府确定的补偿标准给予补偿,补偿标准应当公开。

第二十四条　农村公路建设项目符合法定招标条件的,应当依法进行招标。

含群众集资、农民投劳或利用扶贫资金的农村公路建设项目,以及未达到法定招标条件的项目,可以不进行招标。

第二十五条　县级以上地方人民政府交通主管部门应当加强对农村公路建设项目招标投标工作的指导和监督。

省级人民政府交通主管部门可以编制符合农村公路建设实际的招标文件范本。

第二十六条　对于规模较大、技术复杂的农村公路建设项目以及大桥、特大桥和隧道工程应当单独招标,其他农村公路建设项目可以在同一乡(镇)范围内多项目一并招标。

第二十七条　县道建设项目的招标由县级以上地方人民政府交通主管部门负责组织。乡道、村道建设项目的招标,可以由县级人民政府交通主管部门统一组织,也可以在县级人民政府交通主管部门的指导下由乡(镇)人民政府组织。

招标结果应当在当地进行公示。

第二十八条　沥青(水泥)混凝土路面、桥梁、隧道等工程,应当选择持有国家规定的资质证书的专业队伍施工。路基改建和公路附属工程在保证工程质量的条件下,可以在专业技术人员的指导下组织当地农民参加施工。

第二十九条　二级以上公路或中型以上桥梁、隧道工程项目应当依法办理施工许可;其他列入年度建设计划的农村公路建设项目,完成相应准备工作并经县级以上地方人民政府交通主管部门认可的,即视同批准开工建设。

第三十条　农村公路路面和桥梁、隧道工程应当主要采用机械化施工。

第三十一条　农村公路建设单位对工程质量负管理责任。施工单位对施工质量负责。

建设单位和施工单位要依据职责，明确质量责任，落实质量保证措施，加强质量与技术管理。

第三十二条　农村公路建设项目应当建立工程质量责任追究制和安全生产责任制。

第三十三条　铺筑沥青(水泥)混凝土路面的公路、大桥、特大桥及隧道工程应当设定质量缺陷责任期和质量保证金。质量缺陷责任期一般为1年,质量保证金一般为施工合同额的5%。

质量保证金由施工单位交付,由建设单位设立专户保管。质量缺陷责任期满、质量缺陷得到有效处置后,质量保证金应当返还施工单位。

第三十四条　农村公路建设过程中,发生工程质量或者安全事故,应当按照有关规定及时上报,不得隐瞒。

第三十五条　县级以上人民政府交通主管部门要加强对农村公路建设质量和安全生产的监督管理。

第三十六条　省级人民政府交通主管部门所属的质量监督机构应当加强对农村公路建设质量监督工作的指导。

设区的市级地方人民政府交通主管部门可以委托所属的质量监督机构负责组织农村公路建设的质量监督工作。未设置质量监督机构的,可以成立专门小组负责组织农村公路建设的质量监督工作。

第三十七条　地方人民政府交通主管部门可以聘请技术专家或群众代表参与监督工作。

农村公路施工现场应当设立工程质量主要控制措施的告示牌,以便社会监督和质量问题举报。

第三十八条　农村公路工程监理可以由县级人民政府交通主管部门以县为单位组建一个或几个监理组进行监理。有条件的,可通过招标方式,委托社会监理机构监理。

农村公路工程监理工作应当注重技术服务和指导,配备必要的检测设备和检测人员,加强现场质量抽检,确保质量,避免返工。

第五章　工程验收

第三十九条　农村公路建设项目中的县道、大桥、特大桥、隧道工程完工后,由设区的市级人民政府交通主管部门组织验收;其他农村公路建设项目由县级人民政府交通主管部门组织验收。

省级人民政府交通主管部门应当对农村公路工程验收工作进行抽查。

第四十条 农村公路建设项目的交工、竣工验收可以合并进行。

县道一般按项目验收;乡道和村道可以乡(镇)为单位,分批组织验收。

第四十一条 农村公路建设项目验收合格后,方可正式开放交通,并按规定要求开通客运班车。

第四十二条 农村公路建设项目验收合格后,应当落实养护责任和养护资金,加强养护管理,确保安全畅通。

第四十三条 省级人民政府交通主管部门可以根据交通部颁布的《公路工程竣(交)工验收办法》和《公路工程质量检验评定标准》,规定具体的农村公路建设项目验收办法与程序。

第六章 法 律 责 任

第四十四条 违反本办法规定,在筹集农村公路建设资金过程中,强制向单位和个人集资,强迫农民出工、备料的,由上一级人民政府交通主管部门或者本级人民政府对责任单位进行通报批评,限期整改;情节严重的,对责任人依法给予行政处分。

第四十五条 违反本办法规定,农村公路建设资金不按时到位或者截留、挤占和挪用建设资金的,由上一级人民政府交通主管部门或者本级人民政府对责任单位进行通报批评,限期整改;情节严重的,停止资金拨付,对责任人依法给予行政处分。

第四十六条 违反本办法规定,擅自降低征地补偿标准,拖欠工程款、征地拆迁款和农民工工资的,由上一级人民政府交通主管部门或者本级人民政府对责任单位进行通报批评,限期整改;情节严重的,对责任人依法给予行政处分。

第四十七条 违反本办法规定,未经验收或者质量鉴定不合格即开放交通的,由上一级人民政府交通主管部门责令停止使用,限期改正。

第四十八条 农村公路建设项目发生质量和安全事故隐瞒不报、谎报或拖延报告期限的,由上一级人民政府交通主管部门对责任单位给予警告,对责任人依法给予行政处分。

第四十九条 农村公路建设项目未依法招标的,依据《中华人民共和国招标投标法》、《公路工程施工招标投标管理办法》等有关规定,对相关责任单位和责任人给予处罚。

第五十条 农村公路建设发生质量违法行为的,依据《建设工程质量管理条例》、《公路建设市场管理办法》、《公路工程质量监督规定》等有关规定对相关责任单位和责任人给予处罚。

第七章 附 则

第五十一条 本办法自2006年3月1日起施行。

收费公路管理条例

国务院令第 417 号

《收费公路管理条例》已经 2004 年 8 月 18 日国务院第 61 次常务会议通过,现予公布,自 2004 年 11 月 1 日起施行。

第一章 总 则

第一条 为了加强对收费公路的管理,规范公路收费行为,维护收费公路的经营管理者和使用者的合法权益,促进公路事业的发展,根据《中华人民共和国公路法》(以下简称公路法),制定本条例。

第二条 本条例所称收费公路,是指符合公路法和本条例规定,经批准依法收取车辆通行费的公路(含桥梁和隧道)。

第三条 各级人民政府应当采取积极措施,支持、促进公路事业的发展。公路发展应当坚持非收费公路为主,适当发展收费公路。

第四条 全部由政府投资或者社会组织、个人捐资建设的公路,不得收取车辆通行费。

第五条 任何单位或者个人不得违反公路法和本条例的规定,在公路上设站(卡)收取车辆通行费。

第六条 对在公路上非法设立收费站(卡)收取车辆通行费的,任何单位和个人都有权拒绝交纳。

任何单位或者个人对在公路上非法设立收费站(卡)、非法收取或者使用车辆通行费、非法转让收费公路权益或者非法延长收费期限等行为,都有权向交通、价格、财政等部门举报。收到举报的部门应当按照职责分工依法及时查处;无权查处的,应当及时移送有权查处的部门。受理的部门必须自收到举报或者移送材料之日起 10 日内进行查处。

第七条 收费公路的经营管理者,经依法批准有权向通行收费公路的车辆收取车辆通行费。

军队车辆、武警部队车辆,公安机关在辖区内收费公路上处理交通事故、执行正常巡逻任务和处置突发事件的统一标志的制式警车,以及经国务院交通主管部门或者省、自治区、直辖市人民政府批准执行抢险救灾任务的车辆,免交车辆通行费。

进行跨区作业的联合收割机、运输联合收割机(包括插秧机)的车辆,免交车辆通行费。联合收割机不得在高速公路上通行。

第八条 任何单位或者个人不得以任何形式非法干预收费公路的经营管理,挤占、挪用收费公路经营管理者依法收取的车辆通行费。

第二章 收费公路建设和收费站的设置

第九条 建设收费公路,应当符合国家和省、自治区、直辖市公路发展规划,符合本条例规定的收费公路的技术等级和规模。

第十条 县级以上地方人民政府交通主管部门利用贷款或者向企业、个人有偿集资建设的公路(以下简称政府还贷公路),国内外经济组织投资建设或者依照公路法的规定受让政府还贷公路收费权的公路(以下简称经营性公路),经依法批准后,方可收取车辆通行费。

第十一条 建设和管理政府还贷公路,应当按照政事分开的原则,依法设立专门的不以营利为目的的法人组织。

省、自治区、直辖市人民政府交通主管部门对本行政区域内的政府还贷公路,可以实行统一管理、统一贷款、统一还款。

经营性公路建设项目应当向社会公布,采用招标投标方式选择投资者。

经营性公路由依法成立的公路企业法人建设、经营和管理。

第十二条 收费公路收费站的设置,由省、自治区、直辖市人民政府按照下列规定审查批准:

(一)高速公路以及其他封闭式的收费公路,除两端出入口外,不得在主线上设置收费站。但是,省、自治区、直辖市之间确需设置收费站的除外。

(二)非封闭式的收费公路的同一主线上,相邻收费站的间距不得少于50公里。

第十三条 高速公路以及其他封闭式的收费公路,应当实行计算机联网收费,减少收费站点,提高通行效率。联网收费的具体办法由国务院交通主管部门会同国务院有关部门制定。

第十四条 收费公路的收费期限,由省、自治区、直辖市人民政府按照下列标准审查批准:

(一)政府还贷公路的收费期限,按照用收费偿还贷款、偿还有偿集资款的原则确定,最长不得超过15年。国家确定的中西部省、自治区、直辖市的政府还贷公路收费期限,最长不得超过20年。

(二)经营性公路的收费期限,按照收回投资并有合理回报的原则确定,最长不得超过25年。国家确定的中西部省、自治区、直辖市的经营性公路收费期限,最长不得超过

30年。

第十五条 车辆通行费的收费标准,应当依照价格法律、行政法规的规定进行听证,并按照下列程序审查批准:

(一)政府还贷公路的收费标准,由省、自治区、直辖市人民政府交通主管部门会同同级价格主管部门、财政部门审核后,报本级人民政府审查批准。

(二)经营性公路的收费标准,由省、自治区、直辖市人民政府交通主管部门会同同级价格主管部门审核后,报本级人民政府审查批准。

第十六条 车辆通行费的收费标准,应当根据公路的技术等级、投资总额、当地物价指数、偿还贷款或者有偿集资款的期限和收回投资的期限以及交通量等因素计算确定。对在国家规定的绿色通道上运输鲜活农产品的车辆,可以适当降低车辆通行费的收费标准或者免交车辆通行费。

修建与收费公路经营管理无关的设施、超标准修建的收费公路经营管理设施和服务设施,其费用不得作为确定收费标准的因素。

车辆通行费的收费标准需要调整的,应当依照本条例第十五条规定的程序办理。

第十七条 依照本条例规定的程序审查批准的收费公路收费站、收费期限、车辆通行费收费标准或者收费标准的调整方案,审批机关应当自审查批准之日起10日内将有关文件向国务院交通主管部门和国务院价格主管部门备案;其中属于政府还贷公路的,还应当自审查批准之日起10日内向国务院财政部门备案。

第十八条 建设收费公路,应当符合下列技术等级和规模:

(一)高速公路连续里程30公里以上。但是,城市市区至本地机场的高速公路除外。

(二)一级公路连续里程50公里以上。

(三)二车道的独立桥梁、隧道,长度800米以上;四车道的独立桥梁、隧道,长度500米以上。

技术等级为二级以下(含二级)的公路不得收费。但是,在国家确定的中西部省、自治区、直辖市建设的二级公路,其连续里程60公里以上的,经依法批准,可以收取车辆通行费。

第三章 收费公路权益的转让

第十九条 依照本条例的规定转让收费公路权益的,应当向社会公布,采用招标投标的方式,公平、公正、公开地选择经营管理者,并依法订立转让协议。

第二十条 收费公路的权益,包括收费权、广告经营权、服务设施经营权。

转让收费公路权益的,应当依法保护投资者的合法利益。

第二十一条 转让政府还贷公路权益中的收费权,可以申请延长收费期限,但延长的期限不得超过5年。

转让经营性公路权益中的收费权,不得延长收费期限。

第二十二条 有下列情形之一的,收费公路权益中的收费权不得转让:

(一)长度小于1000米的二车道独立桥梁和隧道;

(二)二级公路;

(三)收费时间已超过批准收费期限2/3。

第二十三条 转让政府还贷公路权益的收入,必须缴入国库,除用于偿还贷款和有偿集资款外,必须用于公路建设。

第二十四条 收费公路权益转让的具体办法,由国务院交通主管部门会同国务院发展改革部门和财政部门制定。

第四章 收费公路的经营管理

第二十五条 收费公路建成后,应当按照国家有关规定进行验收;验收合格的,方可收取车辆通行费。

收费公路不得边建设边收费。

第二十六条 收费公路经营管理者应当按照国家规定的标准和规范,对收费公路及沿线设施进行日常检查、维护,保证收费公路处于良好的技术状态,为通行车辆及人员提供优质服务。

收费公路的养护应当严格按照工期施工、竣工,不得拖延工期,不得影响车辆安全通行。

第二十七条 收费公路经营管理者应当在收费站的显著位置,设置载有收费站名称、审批机关、收费单位、收费标准、收费起止年限和监督电话等内容的公告牌,接受社会监督。

第二十八条 收费公路经营管理者应当按照国家规定的标准,结合公路交通状况、沿线设施等情况,设置交通标志、标线。

交通标志、标线必须清晰、准确、易于识别。重要的通行信息应当重复提示。

第二十九条 收费道口的设置,应当符合车辆行驶安全的要求;收费道口的数量,应当符合车辆快速通过的需要,不得造成车辆堵塞。

第三十条 收费站工作人员的配备,应当与收费道口的数量、车流量相适应,不得随意增加人员。

收费公路经营管理者应当加强对收费站工作人员的业务培训和职业道德教育,收费人员应当做到文明礼貌,规范服务。

第三十一条 遇有公路损坏、施工或者发生交通事故等影响车辆正常安全行驶的情形时,收费公路经营管理者应当在现场设置安全防护设施,并在收费公路出入口进行限速、警示提示,或者利用收费公路沿线可变信息板等设施予以公告;造成交通堵塞时,应当及时报告有关部门并协助疏导交通。

遇有公路严重损毁、恶劣气象条件或者重大交通事故等严重影响车辆安全通行的情形时,公安机关应当根据情况,依法采取限速通行、关闭公路等交通管制措施。收费公路经营管理者应当积极配合公安机关,及时将有关交通管制的信息向通行车辆进行提示。

第三十二条 收费公路经营管理者收取车辆通行费,必须向收费公路使用者开具收费票据。政府还贷公路的收费票据,由省、自治区、直辖市人民政府财政部门统一印(监)制。经营性公路的收费票据,由省、自治区、直辖市人民政府税务部门统一印(监)制。

第三十三条 收费公路经营管理者对依法应当交纳而拒交、逃交、少交车辆通行费的车辆,有权拒绝其通行,并要求其补交应交纳的车辆通行费。

任何人不得为拒交、逃交、少交车辆通行费而故意堵塞收费道口、强行冲卡、殴打收费公路管理人员、破坏收费设施或者从事其他扰乱收费公路经营管理秩序的活动。

发生前款规定的扰乱收费公路经营管理秩序行为时,收费公路经营管理者应当及时报告公安机关,由公安机关依法予以处理。

第三十四条 在收费公路上行驶的车辆不得超载。

发现车辆超载时,收费公路经营管理者应当及时报告公安机关,由公安机关依法予以处理。

第三十五条 收费公路经营管理者不得有下列行为:

(一)擅自提高车辆通行费收费标准;

(二)在车辆通行费收费标准之外加收或者代收任何其他费用;

(三)强行收取或者以其他不正当手段按车辆收取某一期间的车辆通行费;

(四)不开具收费票据,开具未经省、自治区、直辖市人民政府财政、税务部门统一印(监)制的收费票据或者开具已经过期失效的收费票据。

有前款所列行为之一的,通行车辆有权拒绝交纳车辆通行费。

第三十六条 政府还贷公路的管理者收取的车辆通行费收入,应当全部存入财政专户,严格实行收支两条线管理。

政府还贷公路的车辆通行费,除必要的管理、养护费用从财政部门批准的车辆通行费预算中列支外,必须全部用于偿还贷款和有偿集资款,不得挪作他用。

第三十七条 收费公路的收费期限届满,必须终止收费。

政府还贷公路在批准的收费期限届满前已经还清贷款、还清有偿集资款的,必须终止收费。

依照本条前两款的规定,收费公路终止收费的,有关省、自治区、直辖市人民政府应当向社会公告,明确规定终止收费的日期,接受社会监督。

第三十八条 收费公路终止收费前6个月,省、自治区、直辖市人民政府交通主管部门应当对收费公路进行鉴定和验收。经鉴定和验收,公路符合取得收费公路权益时核定的技术等级和标准的,收费公路经营管理者方可按照国家有关规定向交通主管部门办理公路移交手续;不符合取得收费公路权益时核定的技术等级和标准的,收费公路经营管理者应当在交通主管部门确定的期限内进行养护,达到要求后,方可按照规定办理公路移交手续。

第三十九条 收费公路终止收费后,收费公路经营管理者应当自终止收费之日起15日内拆除收费设施。

第四十条 任何单位或者个人不得通过封堵非收费公路或者在非收费公路上设卡收费等方式,强迫车辆通行收费公路。

第四十一条 收费公路经营管理者应当按照国务院交通主管部门和省、自治区、直辖市人民政府交通主管部门的要求,及时提供统计资料和有关情况。

第四十二条 收费公路的养护、绿化和公路用地范围内的水土保持及路政管理,依照公路法的有关规定执行。

第四十三条 国务院交通主管部门和省、自治区、直辖市人民政府交通主管部门应当对收费公路实施监督检查,督促收费公路经营管理者依法履行公路养护、绿化和公路用地范围内的水土保持义务。

第四十四条 审计机关应当依法加强收费公路的审计监督,对违法行为依法进行查处。

第四十五条 行政执法机关依法对收费公路实施监督检查时,不得向收费公路经营管理者收取任何费用。

第四十六条 省、自治区、直辖市人民政府应当将本行政区域内收费公路及收费站名称、收费单位、收费标准、收费期限等信息向社会公布,接受社会监督。

第五章　法律责任

第四十七条 违反本条例的规定,擅自批准收费公路建设、收费站、收费期限、车辆通行费收费标准或者收费公路权益转让的,由省、自治区、直辖市人民政府责令改正;对负有责任的主管人员和其他直接责任人员依法给予记大过直至开除的行政处分;构成犯罪的,依法追究刑事责任。

第四十八条 违反本条例的规定,地方人民政府或者有关部门及其工作人员非法干预收费公路经营管理,或者挤占、挪用收费公路经营管理者收取的车辆通行费的,由上级人民政府或者有关部门责令停止非法干预,退回挤占、挪用的车辆通行费;对负有责任的主管人员和其他直接责任人员依法给予记大过直至开除的行政处分;构成犯罪的,依法追究刑事责任。

第四十九条 违反本条例的规定,擅自在公路上设立收费站(卡)收取车辆通行费或者应当终止收费而不终止的,由国务院交通主管部门或者省、自治区、直辖市人民政府交通主管部门依据职权,责令改正,强制拆除收费设施;有违法所得的,没收违法所得,并处违法所得2倍以上5倍以下的罚款;没有违法所得的,处1万元以上5万元以下的罚款;负有责任的主管人员和其他直接责任人员属于国家工作人员的,依法给予记大过直至开除的行政处分。

第五十条 违反本条例的规定,有下列情形之一的,由国务院交通主管部门或者省、自治区、直辖市人民政府交通主管部门依据职权,责令改正,并根据情节轻重,处5万元以上20万元以下的罚款:

(一)收费站的设置不符合标准或者擅自变更收费站位置的;

(二)未按照国家规定的标准和规范对收费公路及沿线设施进行日常检查、维护的;

(三)未按照国家有关规定合理设置交通标志、标线的;

(四)道口设置不符合车辆行驶安全要求或者道口数量不符合车辆快速通过需要的;

(五)遇有公路损坏、施工或者发生交通事故等影响车辆正常安全行驶的情形,未按照规定设置安全防护设施或者未进行提示、公告,或者遇有交通堵塞不及时疏导交通的;

(六)应当公布有关限速通行或者关闭收费公路的信息而未及时公布的。

第五十一条 违反本条例的规定,收费公路经营管理者收费时不开具票据,开具未经省、自治区、直辖市人民政府财政、税务部门统一印(监)制的票据,或者开具已经过期失效的票据的,由财政部门或者税务部门责令改正,并根据情节轻重,处10万元以上50万元以下的罚款;负有责任的主管人员和其他直接责任人员属于国家工作人员的,依法给予记大过直至开除的行政处分;构成犯罪的,依法追究刑事责任。

第五十二条 违反本条例的规定,政府还贷公路的管理者未将车辆通行费足额存入财政专户或者未将转让政府还贷公路权益的收入全额缴入国库的,由财政部门予以追缴、补齐;对负有责任的主管人员和其他直接责任人员,依法给予记过直至开除的行政处分。

违反本条例的规定,财政部门未将政府还贷公路的车辆通行费或者转让政府还贷公路权益的收入用于偿还贷款、偿还有偿集资款,或者将车辆通行费、转让政府还贷公路权益的收入挪作他用的,由本级人民政府责令偿还贷款、偿还有偿集资款,或者责令退还挪用的车辆通行费和转让政府还贷公路权益的收入;对负有责任的主管人员和其他直接责任人员,依法给予记过直至开除的行政处分;构成犯罪的,依法追究刑事责任。

第五十三条　违反本条例的规定,收费公路终止收费后,收费公路经营管理者不及时拆除收费设施的,由省、自治区、直辖市人民政府交通主管部门责令限期拆除;逾期不拆除的,强制拆除,拆除费用由原收费公路经营管理者承担。

第五十四条　违反本条例的规定,收费公路经营管理者未按照国务院交通主管部门规定的技术规范和操作规程进行收费公路养护的,由省、自治区、直辖市人民政府交通主管部门责令改正;拒不改正的,责令停止收费。责令停止收费后30日内仍未履行公路养护义务的,由省、自治区、直辖市人民政府交通主管部门指定其他单位进行养护,养护费用由原收费公路经营管理者承担。拒不承担的,由省、自治区、直辖市人民政府交通主管部门申请人民法院强制执行。

第五十五条　违反本条例的规定,收费公路经营管理者未履行公路绿化和水土保持义务的,由省、自治区、直辖市人民政府交通主管部门责令改正,并可以对原收费公路经营管理者处履行绿化、水土保持义务所需费用1倍至2倍的罚款。

第五十六条　国务院价格主管部门或者县级以上地方人民政府价格主管部门对违反本条例的价格违法行为,应当依据价格管理的法律、法规和规章的规定予以处罚。

第五十七条　违反本条例的规定,为拒交、逃交、少交车辆通行费而故意堵塞收费道口、强行冲卡、殴打收费公路管理人员、破坏收费设施或者从事其他扰乱收费公路经营管理秩序活动,构成违反治安管理行为的,由公安机关依法予以处罚;构成犯罪的,依法追究刑事责任;给收费公路经营管理者造成损失或者造成人身损害的,依法承担民事赔偿责任。

第五十八条　违反本条例的规定,假冒军队车辆、武警部队车辆、公安机关统一标志的制式警车和抢险救灾车辆逃交车辆通行费的,由有关机关依法予以处理。

第六章　附　　则

第五十九条　本条例施行前在建的和已投入运行的收费公路,由国务院交通主管部门会同国务院发展改革部门和财政部门依照本条例规定的原则进行规范。具体办法由国务院交通主管部门制定。

第六十条　本条例自2004年11月1日起施行。

公路水运工程质量监督管理规定

交通运输部令 2017 年第 28 号

2017 年 8 月 29 日经第 14 次部务会议通过,自 2017 年 12 月 1 日起施行。

第一章 总 则

第一条 为了加强公路水运工程质量监督管理,保证工程质量,根据《中华人民共和国公路法》《中华人民共和国港口法》《中华人民共和国航道法》《建设工程质量管理条例》等法律、行政法规,制定本规定。

第二条 公路水运工程质量监督管理,适用本规定。

第三条 本规定所称公路水运工程,是指经依法审批、核准或者备案的公路、水运基础设施的新建、改建、扩建等建设项目。

本规定所称公路水运工程质量,是指有关公路水运工程建设的法律、法规、规章、技术标准、经批准的设计文件以及工程合同对建设公路水运工程的安全、适用、经济、美观等特性的综合要求。

本规定所称从业单位,是指从事公路、水运工程建设、勘察、设计、施工、监理、试验检测等业务活动的单位。

第四条 交通运输部负责全国公路水运工程质量监督管理工作。交通运输部长江航务管理局按照规定的职责对长江干线航道工程质量监督管理。

县级以上地方人民政府交通运输主管部门按照规定的职责负责本行政区域内的公路水运工程质量监督管理工作。

公路水运工程质量监督管理,可以由交通运输主管部门委托的建设工程质量监督机构具体实施。

第五条 交通运输主管部门应当制定完善公路水运工程质量监督管理制度、政策措施,依法加强质量监督管理,提高质量监督管理水平。

第六条 公路水运工程建设领域鼓励和支持质量管理新理念、新技术、新方法的推广应用。

第二章 质量管理责任和义务

第七条 从业单位应当建立健全工程质量保证体系,制定质量管理制度,强化工程质量管理措施,完善工程质量目标保障机制。

公路水运工程施行质量责任终身制。建设、勘察、设计、施工、监理等单位应当书面明确相应的项目负责人和质量负责人。从业单位的相关人员按照国家法律法规和有关规定在工程合理使用年限内承担相应的质量责任。

第八条 建设单位对工程质量负管理责任,应当科学组织管理,落实国家法律、法规、工程建设强制性标准的规定,严格执行国家有关工程建设管理程序,建立健全项目管理责任机制,完善工程项目管理制度,严格落实质量责任制。

第九条 建设单位应当与勘察、设计、施工、监理等单位在合同中明确工程质量目标、质量管理责任和要求,加强对涉及质量的关键人员、施工设备等方面的合同履约管理,组织开展质量检查,督促有关单位及时整改质量问题。

第十条 勘察、设计单位对勘察、设计质量负责,应当按照有关规定、强制性标准进行勘察、设计,保证勘察、设计工作深度和质量。勘察单位提供的勘察成果文件应当满足工程设计的需要。设计单位应当根据勘察成果文件进行工程设计。

第十一条 设计单位应当按照相关规定,做好设计交底、设计变更和后续服务工作,保障设计意图在施工中得以贯彻落实,及时处理施工中与设计相关的质量技术问题。

第十二条 公路水运工程交工验收前,设计单位应当对工程建设内容是否满足设计要求、是否达到使用功能等方面进行综合检查和分析评价,向建设单位出具工程设计符合性评价意见。

第十三条 施工单位对工程施工质量负责,应当按合同约定设立现场质量管理机构、配备工程技术人员和质量管理人员,落实工程施工质量责任制。

第十四条 施工单位应当严格按照工程设计图纸、施工技术标准和合同约定施工,对原材料、混合料、构配件、工程实体、机电设备等进行检验;按规定施行班组自检、工序交接检、专职质检员检验的质量控制程序;对分项工程、分部工程和单位工程进行质量自评。检验或者自评不合格的,不得进入下道工序或者投入使用。

第十五条 施工单位应当加强施工过程质量控制,并形成完整、可追溯的施工质量管理资料,主体工程的隐蔽部位施工还应当保留影像资料。对施工中出现的质量问题或者验收不合格的工程,应当负责返工处理;对在保修范围和保修期限内发生质量问题的工程,应当履行保修义务。

第十六条 勘察、设计、施工单位应当依法规范分包行为,并对各自承担的工程质量负总责,分包单位对分包合同范围内的工程质量负责。

第十七条 监理单位对施工质量负监理责任,应当按合同约定设立现场监理机构,按规定程序和标准进行工程质量检查、检测和验收,对发现的质量问题及时督促整改,不得降低工程质量标准。

公路水运工程交工验收前,监理单位应当根据有关标准和规范要求对工程质量进行检查验证,编制工程质量评定或者评估报告,并提交建设单位。

第十八条 施工、监理单位应当按照合同约定设立工地临时试验室,严格按照工程技术标准、检测规范和规程,在核定的试验检测参数范围内开展试验检测活动。

施工、监理单位应当对其设立的工地临时试验室所出具的试验检测数据和报告的真实性、客观性、准确性负责。

第十九条 材料和设备的供应单位应当按照有关规定和合同约定对其产品或者服务质量负责。

第三章 监督管理

第二十条 公路水运工程实行质量监督管理制度。

交通运输主管部门及其委托的建设工程质量监督机构应当依据法律、法规和强制性标准等,科学、规范、公正地开展公路水运工程质量监督管理工作。任何单位和个人不得非法干预或者阻挠质量监督管理工作。

第二十一条 交通运输主管部门委托的建设工程质量监督机构应当满足以下基本条件:

(一)从事质量监督管理工作的专业技术人员数量不少于本单位职工总数的70%,且专业结构配置合理,满足质量监督管理工作需要,从事现场执法的人员应当按规定取得行政执法证件;

(二)具备开展质量监督管理的工作条件,按照有关装备标准配备质量监督检查所必要的检测设备、执法装备等;

(三)建立健全质量监督管理制度和工作机制,落实监督管理工作责任,加强业务培训。

质量监督管理工作经费应当由交通运输主管部门按照国家规定协调有关部门纳入同级财政预算予以保障。

第二十二条 交通运输主管部门或者其委托的建设工程质量监督机构依法要求建设单位按规定办理质量监督手续。

建设单位应当按照国家规定向交通运输主管部门或者其委托的建设工程质量监督机构提交以下材料,办理工程质量监督手续:

(一)公路水运工程质量监督管理登记表;

(二)交通运输主管部门批复的施工图设计文件;

(三)施工、监理合同及招投标文件;

(四)建设单位现场管理机构、人员、质量保证体系等文件;

(五)本单位以及勘察、设计、施工、监理、试验检测等单位对其项目负责人、质量负

责人的书面授权委托书、质量保证体系等文件;

(六)依法要求提供的其他相关材料。

第二十三条 建设单位提交的材料符合规定的,交通运输主管部门或者其委托的建设工程质量监督机构应当在15个工作日内为其办理工程质量监督手续,出具公路水运工程质量监督管理受理通知书。

公路水运工程质量监督管理受理通知书中应当明确监督人员、内容和方式等。

第二十四条 建设单位在办理工程质量监督手续后、工程开工前,应当按照国家有关规定办理施工许可或者开工备案手续。

交通运输主管部门或者其委托的建设工程质量监督机构应当自建设单位办理完成施工许可或者开工备案手续之日起,至工程竣工验收完成之日止,依法开展公路水运工程建设的质量监督管理工作。

第二十五条 公路水运工程交工验收前,建设单位应当组织对工程质量是否合格进行检测,出具交工验收质量检测报告,连同设计单位出具的工程设计符合性评价意见、监理单位提交的工程质量评定或者评估报告一并提交交通运输主管部门委托的建设工程质量监督机构。

交通运输主管部门委托的建设工程质量监督机构应当对建设单位提交的报告材料进行审核,并对工程质量进行验证性检测,出具工程交工质量核验意见。

工程交工质量核验意见应当包括交工验收质量检测工作组织、质量评定或者评估程序执行、监督管理过程中发现的质量问题整改以及工程质量验证性检测结果等情况。

第二十六条 公路水运工程竣工验收前,交通运输主管部门委托的建设工程质量监督机构应当根据交通运输主管部门拟定的验收工作计划,组织对工程质量进行复测,并出具项目工程质量鉴定报告,明确工程质量水平;同时出具项目工程质量监督管理工作报告,对项目建设期质量监督管理工作进行全面总结。

工程质量鉴定报告应当以工程交工质量核验意见为参考,包括交工遗留问题和试运行期间出现的质量问题及整改、是否存在影响工程正常使用的质量缺陷、工程质量用户满意度调查及工程质量复测和鉴定结论等情况。

交通运输主管部门委托的建设工程质量监督机构应当将项目工程质量鉴定报告和项目工程质量监督管理工作报告提交负责组织竣工验收的交通运输主管部门。

第二十七条 交通运输主管部门委托的建设工程质量监督机构具备相应检测能力的,可以自行对工程质量进行检测;不具备相应检测能力的,可以委托具有相应能力等级的第三方试验检测机构负责相应检测工作。委托试验检测机构开展检测工作的,应当遵守政府采购有关法律法规的要求。

第二十八条 交通运输主管部门或者其委托的建设工程质量监督机构可以采取随

机抽查、备案核查、专项督查等方式对从业单位实施监督检查。

公路水运工程质量监督管理工作实行项目监督责任制，可以明确专人或者设立工程项目质量监督组，实施项目质量监督管理工作。

第二十九条 交通运输主管部门或者其委托的建设工程质量监督机构应当制定年度工程质量监督检查计划，确定检查内容、方式、频次以及有关要求等。监督检查的内容主要包括：

（一）从业单位对工程质量法律、法规的执行情况；

（二）从业单位对公路水运工程建设强制性标准的执行情况；

（三）从业单位质量责任落实及质量保证体系运行情况；

（四）主要工程材料、构配件的质量情况；

（五）主体结构工程实体质量等情况。

第三十条 实施监督检查时，应当有 2 名以上人员参加，并出示有效执法证件。检查人员对涉及被检查单位的技术秘密和商业秘密，应当为其保密。

第三十一条 监督检查过程中，检查人员发现质量问题的，应当当场提出检查意见并做好记录。质量问题较为严重的，检查人员应当将检查时间、地点、内容、主要问题及处理意见形成书面记录，并由检查人员和被检查单位现场负责人签字。被检查单位现场负责人拒绝签字的，检查人员应当将情况记录在案。

第三十二条 交通运输主管部门或者其委托的建设工程质量监督机构履行监督检查职责时，有权采取下列措施：

（一）进入被检查单位和施工现场进行检查；

（二）询问被检查单位工作人员，要求其说明有关情况；

（三）要求被检查单位提供有关工程质量的文件和材料；

（四）对工程材料、构配件、工程实体质量进行抽样检测；

（五）对发现的质量问题，责令改正，视情节依法对责任单位采取通报批评、罚款、停工整顿等处理措施。

第三十三条 从业单位及其工作人员应当主动接受、配合交通运输主管部门或者其委托的建设工程质量监督机构的监督检查，不得拒绝或者阻碍。

第三十四条 公路水运工程发生质量事故，建设、施工单位应当按照交通运输部制定的公路水运建设工程质量事故等级划分和报告制度，及时、如实报告。交通运输主管部门或者其委托的建设工程质量监督机构接到事故报告后，应当按有关规定上报事故情况，并及时组织事故抢救，组织或者参与事故调查。

第三十五条 任何单位和个人都有权如实向交通运输主管部门及其委托的建设工程质量监督机构举报、投诉工程质量事故和质量问题。

第三十六条 交通运输主管部门应当加强对工程质量数据的统计分析,建立健全质量动态信息发布和质量问题预警机制。

第三十七条 交通运输主管部门应当完善公路水运工程质量信用档案,健全质量信用评价体系,加强对公路水运工程质量的信用评价管理,并按规定将有关信用信息纳入交通运输和相关统一信用信息共享平台。

第三十八条 交通运输主管部门应当健全违法违规信息公开制度,将从业单位及其人员的失信行为、举报投诉并被查实的质量问题、发生的质量事故、监督检查结果等情况,依法向社会公开。

第四章　法　律　责　任

第三十九条 违反本规定第十条规定,勘察、设计单位未按照工程建设强制性标准进行勘察、设计的,设计单位未根据勘察成果文件进行工程设计的,依照《建设工程质量管理条例》第六十三条规定,责令改正,按以下标准处以罚款;造成质量事故的,责令停工整顿:

(一)工程尚未开工建设的,处10万元以上20万元以下的罚款;

(二)工程已开工建设的,处20万元以上30万元以下的罚款。

第四十条 违反本规定第十四条规定,施工单位不按照工程设计图纸或者施工技术标准施工的,依照《建设工程质量管理条例》第六十四条规定,责令改正,按以下标准处以罚款;情节严重的,责令停工整顿:

(一)未造成工程质量事故的,处所涉及单位工程合同价款2%的罚款;

(二)造成工程质量一般事故的,处所涉及单位工程合同价款2%以上3%以下的罚款;

(三)造成工程质量较大及以上等级事故的,处所涉及单位工程合同价款3%以上4%以下的罚款。

第四十一条 违反本规定第十四条规定,施工单位未按规定对原材料、混合料、构配件等进行检验的,依照《建设工程质量管理条例》第六十五条规定,责令改正,按以下标准处以罚款;情节严重的,责令停工整顿:

(一)未造成工程质量事故的,处10万元以上15万元以下的罚款;

(二)造成工程质量事故的,处15万元以上20万元以下的罚款。

第四十二条 违反本规定第十五条规定,施工单位对施工中出现的质量问题或者验收不合格的工程,未进行返工处理或者拖延返工处理的,责令改正,处1万元以上3万元以下的罚款。

施工单位对保修范围和保修期限内发生质量问题的工程,不履行保修义务或者拖

延履行保修义务的,依照《建设工程质量管理条例》第六十六条规定,责令改正,按以下标准处以罚款:

(一)未造成工程质量事故的,处10万元以上15万元以下的罚款;

(二)造成工程质量事故的,处15万元以上20万元以下的罚款。

第四十三条 违反本规定第十七条规定,监理单位在监理工作中弄虚作假、降低工程质量的,或者将不合格的建设工程、建筑材料、建筑构配件和设备按照合格签字的,依照《建设工程质量管理条例》第六十七条规定,责令改正,按以下标准处以罚款,降低资质等级或者吊销资质证书;有违法所得的,予以没收:

(一)未造成工程质量事故的,处50万元以上60万元以下的罚款;

(二)造成工程质量一般事故的,处60万元以上70万元以下的罚款;

(三)造成工程质量较大事故的,处70万元以上80万元以下的罚款;

(四)造成工程质量重大及以上等级事故的,处80万元以上100万元以下的罚款。

第四十四条 违反本规定第十八条规定,设立工地临时实验室的单位弄虚作假、出具虚假数据报告的,责令改正,处1万元以上3万元以下的罚款。

第四十五条 违反本规定第二十二条规定,建设单位未按照规定办理工程质量监督手续的,依照《建设工程质量管理条例》第五十六条规定,责令改正,按以下标准处以罚款:

(一)未造成工程质量事故的,处20万元以上30万元以下的罚款;

(二)造成工程质量一般事故的,处30万元以上40万元以下的罚款;

(三)造成工程质量较大及以上等级事故的,处40万元以上50万元以下的罚款。

第四十六条 依照《建设工程质量管理条例》规定给予单位罚款处罚的,对单位直接负责的主管人员和其他直接责任人员处单位罚款数额5%以上10%以下的罚款。

第四十七条 交通运输主管部门及其委托的建设工程质量监督机构的工作人员在监督管理工作中玩忽职守、滥用职权、徇私舞弊的,依法给予处分;构成犯罪的,依法追究刑事责任。

第五章 附 则

第四十八条 乡道、村道工程建设的质量监督管理参照本规定执行。

第四十九条 本规定自2017年12月1日起施行。交通部于1999年2月24日发布的《公路工程质量管理办法》(交公路发〔1999〕90号)、2000年6月7日发布的《水运工程质量监督规定》(交通部令2000年第3号)和2005年5月8日发布的《公路工程质量监督规定》(交通部令2005年第4号)同时废止。

公路工程竣(交)工验收办法

交通部令〔2004〕年第3号

2004年3月15日经第6次部务会议通过,自2004年10月1日起施行。

第一章 总 则

第一条 为规范公路工程竣(交)工验收工作,保障公路安全有效运营,根据《中华人民共和国公路法》,制定本办法。

第二条 本办法适用于中华人民共和国境内新建和改建的公路工程竣(交)工验收活动。

第三条 公路工程应按本办法进行竣(交)工验收,未经验收或者验收不合格的,不得交付使用。

第四条 公路工程验收分为交工验收和竣工验收两个阶段。

交工验收是检查施工合同的执行情况,评价工程质量是否符合技术标准及设计要求,是否可以移交下一阶段施工或是否满足通车要求,对各参建单位工作进行初步评价。

竣工验收是综合评价工程建设成果,对工程质量、参建单位和建设项目进行综合评价。

第五条 公路工程竣(交)工验收的依据是:

(一)批准的工程可行性研究报告;

(二)批准的工程初步设计、施工图设计及变更设计文件;

(三)批准的招标文件及合同文本;

(四)行政主管部门的有关批复、批示文件;

(五)交通部颁布的公路工程技术标准、规范、规程及国家有关部门的相关规定。

第六条 交工验收由项目法人负责。

竣工验收由交通主管部门按项目管理权限负责。交通部负责国家、部重点公路工程项目中100公里以上的高速公路、独立特大型桥梁和特长隧道工程的竣工验收工作;其他公路工程建设项目,由省级人民政府交通主管部门确定的相应交通主管部门负责竣工验收工作。

第七条 公路工程竣(交)工验收工作应当做到公正、真实和科学。

第二章 交工验收

第八条 公路工程(合同段)进行交工验收应具备以下条件：

(一)合同约定的各项内容已完成；

(二)施工单位按交通部制定的《公路工程质量检验评定标准》及相关规定的要求对工程质量自检合格；

(三)监理工程师对工程质量的评定合格；

(四)质量监督机构按交通部规定的公路工程质量鉴定办法对工程质量进行检测(必要时可委托有相应资质的检测机构承担检测任务)，并出具检测意见；

(五)竣工文件已按交通部规定的内容编制完成；

(六)施工单位、监理单位已完成本合同段的工作总结。

第九条 公路工程各合同段符合交工验收条件后，经监理工程师同意，由施工单位向项目法人提出申请，项目法人应及时组织对该合同段进行交工验收。

第十条 交工验收的主要工作内容是：

(一)检查合同执行情况；

(二)检查施工自检报告、施工总结报告及施工资料；

(三)检查监理单位独立抽检资料、监理工作报告及质量评定资料；

(四)检查工程实体，审查有关资料，包括主要产品质量的抽(检)测报告；

(五)核查工程完工数量是否与批准的设计文件相符，是否与工程计量数量一致；

(六)对合同是否全面执行、工程质量是否合格作出结论，按交通主管部门规定的格式签署合同段交工验收证书；

(七)按交通部规定的办法对设计单位、监理单位、施工单位的工作进行初步评价。

第十一条 项目法人负责组织公路工程各合同段的设计、监理、施工等单位参加交工验收。拟交付使用的工程，应邀请运营、养护管理单位参加。参加验收单位的主要职责是：

项目法人负责组织各合同段参建单位完成交工验收工作的各项内容，总结合同执行过程中的经验，对工程质量是否合格作出结论；

设计单位负责检查已完成的工程是否与设计相符，是否满足设计要求；

监理单位负责完成监理资料的汇总、整理，协助项目法人检查施工单位的合同执行情况，核对工程数量，科学公正地对工程质量进行评定；

施工单位负责提交竣工资料，完成交工验收准备工作。

第十二条 项目法人组织监理单位按《公路工程质量检验评定标准》的要求对各合同段的工程质量进行评定。

监理单位根据独立抽检资料对工程质量进行评定,当监理按规定完成的独立抽检资料不能满足评定要求时,可以采用经监理确认的施工自检资料。

项目法人根据对工程质量的检查及平时掌握的情况,对监理单位所做的工程质量评定进行审定。

第十三条 各合同段工程质量评分采用所含各单位工程质量评分的加权平均值。

即:工程各合同段交工验收结束后,由项目法人对整个工程项目进行工程质量评定,工程质量评分采用各合同段工程质量评分的加权平均值。

即:工程质量等级评定分为合格和不合格,工程质量评分值大于等于75分的为合格,小于75分的为不合格。

第十四条 公路工程各合同段验收合格后,项目法人应按交通部规定的要求及时完成项目交工验收报告,并向交通主管部门备案。国家、部重点公路工程项目中100公里以上的高速公路、独立特大型桥梁和特长隧道工程向省级人民政府交通主管部门备案,其他公路工程按省级人民政府交通主管部门的规定向相应的交通主管部门备案。

公路工程各合同段验收合格后,质量监督机构应向交通主管部门提交项目的检测报告。交通主管部门在15天内未对备案的项目交工验收报告提出异议,项目法人可开放交通进入试运营期。试运营期不得超过3年。

第十五条 交工验收提出的工程质量缺陷等遗留问题,由施工单位限期完成。

第三章 竣 工 验 收

第十六条 公路工程进行竣工验收应具备以下条件:

(一)通车试运营2年后;

(二)交工验收提出的工程质量缺陷等遗留问题已处理完毕,并经项目法人验收合格;

(三)工程决算已按交通部规定的办法编制完成,竣工决算已经审计,并经交通主管部门或其授权单位认定;

(四)竣工文件已按交通部规定的内容完成;

(五)对需进行档案、环保等单项验收的项目,已经有关部门验收合格;

(六)各参建单位已按交通部规定的内容完成各自的工作报告;

(七)质量监督机构已按交通部规定的公路工程质量鉴定办法对工程质量检测鉴定合格,并形成工程质量鉴定报告。

第十七条 公路工程符合竣工验收条件后,项目法人应按照项目管理权限及时向交通主管部门申请验收。交通主管部门应当自收到申请之日起30日内,对申请人递交的材料进行审查,对于不符合竣工验收条件的,应当及时退回并告知理由;对于符合验收条件的,应自收到申请文件之日起3个月内组织竣工验收。

第十八条 竣工验收的主要工作内容是:

(一)成立竣工验收委员会;

(二)听取项目法人、设计单位、施工单位、监理单位的工作报告;

(三)听取质量监督机构的工作报告及工程质量鉴定报告;

(四)检查工程实体质量、审查有关资料;

(五)按交通部规定的办法对工程质量进行评分,并确定工程质量等级;

(六)按交通部规定的办法对参建单位进行综合评价;

(七)对建设项目进行综合评价;

(八)形成并通过竣工验收鉴定书。

第十九条 竣工验收委员会由交通主管部门、公路管理机构、质量监督机构、造价管理机构等单位代表组成。大中型项目及技术复杂工程,应邀请有关专家参加。国防公路应邀请军队代表参加。

项目法人、设计单位、监理单位、施工单位、接管养护等单位参加竣工验收工作。

第二十条 参加竣工验收工作各方的主要职责是:

竣工验收委员会负责对工程实体质量及建设情况进行全面检查。按交通部规定的办法对工程质量进行评分,对各参建单位进行综合评价,对建设项目进行综合评价,确定工程质量和建设项目等级,形成工程竣工验收鉴定书。

项目法人负责提交项目执行报告及验收所需资料,协助竣工验收委员会开展工作;

设计单位负责提交设计工作报告,配合竣工验收检查工作;

监理单位负责提交监理工作报告,提供工程监理资料,配合竣工验收检查工作;

施工单位负责提交施工总结报告,提供各种资料,配合竣工验收检查工作。

第二十一条 竣工验收工程质量评分采取加权平均法计算,其中交工验收工程质量得分权值为0.2,质量监督机构工程质量鉴定得分权值为0.6,竣工验收委员会对工程质量评定得分权值为0.2。

工程质量评定得分大于等于90分为优良,小于90分且大于等于75分为合格,小于75分为不合格。

第二十二条 竣工验收委员会按交通部规定的办法对参建单位的工作进行综合评价。

评定得分大于等于90分且工程质量等级优良的为好,大于等于75分为中,小于75分为差。

第二十三条 竣工验收建设项目综合评分采取加权平均法计算,其中竣工验收工程质量得分权值为0.7,参建单位工作评价得分权值为0.3(项目法人占0.15,设计、施工、监理各占 0.05)。

评定得分大于等于 90 分且工程质量等级优良的为优良,大于等于 75 分为合格,小于 75 分为不合格。

第二十四条 负责组织竣工验收的交通主管部门对通过验收的建设项目按交通部规定的要求签发《公路工程竣工验收鉴定书》。

通过竣工验收的工程,由质量监督机构依据竣工验收结论,按照交通部规定的格式对各参建单位签发工作综合评价等级证书。

第四章 罚 则

第二十五条 项目法人违反本办法规定,对不具备交工验收条件的公路工程组织交工验收,交工验收无效,由交通主管部门责令改正。

第二十六条 项目法人违反本办法规定,对未进行交工验收、交工验收不合格或未备案的工程开放交通进行试运营的,由交通主管部门责令停止试运营,并予以警告处罚。

第二十七条 项目法人对试运营期超过 3 年的公路工程不申请组织竣工验收的,由交通主管部门责令改正。对责令改正后仍不申请组织竣工验收的,由交通主管部门责令停止试运营。

第二十八条 质量监督机构人员在验收工作中滥用职权、玩忽职守、徇私舞弊的,依法给予行政处分,构成犯罪的,依法追究刑事责任。

第五章 附 则

第二十九条 公路工程建设项目建成后,施工单位、监理单位、项目法人应负责编制工程竣工文件、图表、资料,并装订成册,其编制费用分别由施工单位、监理单位、项目法人承担。

各合同段交工验收工作所需的费用由施工单位承担。整个建设项目竣(交)工验收期间质量监督机构进行工程质量检测所需的费用由项目法人承担。

第三十条 对通过验收的工程,由项目法人按照国家规定,分别向档案管理部门和公路管理机构、接管养护单位办理有关档案资料和资产移交手续。

第三十一条 对于规模较小、等级较低的小型项目,可将交工验收和竣工验收合并进行。规模较小、等级较低的小型项目的具体标准由省级人民政府交通主管部门结合本地区的具体情况制订。

第三十二条 本办法由交通部负责解释。

第三十三条 本办法自 2004 年 10 月 1 日起施行。交通部颁布的《公路工程竣工验收办法》(交公路发〔1995〕1081 号)同时废止。

公路工程竣(交)工验收办法实施细则

交公路发〔2010〕65号

第一章 总 则

第一条 为进一步规范和完善公路工程竣(交)工验收工作,根据《公路工程竣(交)工验收办法》(交通部令2004年第3号),制定本细则。

第二条 公路工程验收分为交工验收和竣工验收两个阶段。

交工验收阶段,其主要工作是:检查施工合同的执行情况,评价工程质量,对各参建单位工作进行初步评价。

竣工验收阶段,其主要工作是:对工程质量、参建单位和建设项目进行综合评价,并对工程建设项目作出整体性综合评价。

第三条 公路工程竣(交)工验收的依据是:

(一)批准的项目建议书、工程可行性研究报告。

(二)批准的工程初步设计、施工图设计及设计变更文件。

(三)施工许可。

(四)招标文件及合同文本。

(五)行政主管部门的有关批复、批示文件。

(六)公路工程技术标准、规范、规程及国家有关部门的相关规定。

第二章 交 工 验 收

第四条 公路工程交工验收工作一般按合同段进行,并应具备以下条件:

(一)合同约定的各项内容已全部完成。各方就合同变更的内容达成书面一致意见。

(二)施工单位按《公路工程质量检验评定标准》及相关规定对工程质量自检合格。

(三)监理单位对工程质量评定合格。

(四)质量监督机构按"公路工程质量鉴定办法"(见附件1)对工程质量进行检测,并出具检测意见。检测意见中需整改的问题已经处理完毕。

(五)竣工文件按公路工程档案管理的有关要求,完成"公路工程项目文件归档范围"(见附件2)第三、四、五部分(不含缺陷责任期资料)内容的收集、整理及归档工作。

(六)施工单位、监理单位完成本合同段的工作总结报告。

第五条 交工验收程序：

(一)施工单位完成合同约定的全部工程内容,且经施工自检和监理检验评定均合格后,提出合同段交工验收申请报监理单位审查。交工验收申请应附自检评定资料和施工总结报告。

(二)监理单位根据工程实际情况、抽检资料以及对合同段工程质量评定结果,对施工单位交工验收申请及其所附资料进行审查并签署意见。监理单位审查同意后,应同时向项目法人提交独立抽检资料、质量评定资料和监理工作报告。

(三)项目法人对施工单位的交工验收申请、监理单位的质量评定资料进行核查,必要时可委托有相应资质的检测机构进行重点抽查检测,认为合同段满足交工验收条件时应及时组织交工验收。

(四)对若干合同段完工时间相近的,项目法人可合并组织交工验收。对分段通车的项目,项目法人可按合同约定分段组织交工验收。

(五)通过交工验收的合同段,项目法人应及时颁发"公路工程交工验收证书"(见附件3)。

(六)各合同段全部验收合格后,项目法人应及时完成"公路工程交工验收报告"(见附件4)。

第六条 交工验收的主要工作内容：

(一)检查合同执行情况。

(二)检查施工自检报告、施工总结报告及施工资料。

(三)检查监理单位独立抽检资料、监理工作报告及质量评定资料。

(四)检查工程实体,审查有关资料,包括主要产品的质量抽(检)测报告。

(五)核查工程完工数量是否与批准的设计文件相符,是否与工程计量数量一致。

(六)对合同是否全面执行、工程质量是否合格做出结论。

(七)按合同段分别对设计、监理、施工等单位进行初步评价(评价表见附件6-2~6-4)。

第七条 各合同段的设计、施工、监理等单位参加交工验收工作,由项目法人负责组织。路基工程作为单独合同段进行交工验收时,应邀请路面施工单位参加。拟交付使用的工程,应邀请运营、养护管理等相关单位参加。交通运输主管部门、公路管理机构、质量监督机构视情况参加交工验收。

第八条 合同段工程质量评分采用所含各单位工程质量评分的加权平均值。即:

工程各合同段交工验收结束后,由项目法人对整个工程项目进行工程质量评定,工程质量评分采用各合同段工程质量评分的加权平均值。即:

投资额原则使用结算价,当结算价暂时未确定时,可使用招标合同价,但在评分计算时应统一。

第九条 交工验收工程质量等级评定分为合格和不合格,工程质量评分值大于等于 75 分的为合格,小于 75 分的为不合格。

第十条 交工验收不合格的工程应返工整改,直至合格。

交工验收提出的工程质量缺陷等遗留问题,由项目法人责成施工单位限期完成整改。

第十一条 对通过交工验收工程,应及时安排养护管理。

第三章 竣 工 验 收

第十二条 按照公路工程管理权限,各级交通运输主管部门应于年初制定年度竣工验收计划,并按计划组织竣工验收工作。列入竣工验收计划的项目,项目法人应提前完成竣工验收前的准备工作。

第十三条 公路工程竣工验收应具备以下条件:

(一)通车试运营 2 年以上。

(二)交工验收提出的工程质量缺陷等遗留问题已全部处理完毕,并经项目法人验收合格。

(三)工程决算编制完成,竣工决算已经审计,并经交通运输主管部门或其授权单位认定。

(四)竣工文件已完成"公路工程项目文件归档范围"的全部内容。

(五)档案、环保等单项验收合格,土地使用手续已办理。

(六)各参建单位完成工作总结报告。

(七)质量监督机构对工程质量检测鉴定合格,并形成工程质量鉴定报告。

第十四条 竣工验收准备工作程序:

(一)公路工程符合竣工验收条件后,项目法人应按照公路工程管理权限及时向相关交通运输主管部门提出验收申请,其主要内容包括:

1.交工验收报告。

2.项目执行报告、设计工作报告、施工总结报告和监理工作报告。

3.项目基本建设程序的有关批复文件。

4.档案、环保等单项验收意见。

5.土地使用证或建设用地批复文件。

6.竣工决算的核备意见、审计报告及认定意见。

(二)相关交通运输主管部门对验收申请进行审查,必要时可组织现场核查。审查同意后报负责竣工验收的交通运输主管部门。

(三)以上文件齐全且符合条件的项目,由负责竣工验收的交通运输主管部门通知所属的质量监督机构开展质量鉴定工作。

（四）质量监督机构按要求完成质量鉴定工作，出具工程质量鉴定报告，并审核交工验收对设计、施工、监理初步评价结果，报送交通运输主管部门。

（五）工程质量鉴定等级为合格及以上的项目，负责竣工验收的交通运输主管部门及时组织竣工验收。

第十五条 竣工验收主要工作内容：

（一）成立竣工验收委员会。

（二）听取公路工程项目执行报告、设计工作报告、施工总结报告、监理工作报告及接管养护单位项目使用情况报告。（见附件5"公路工程参建单位工作总结报告"）

（三）听取公路工程质量监督报告及工程质量鉴定报告。

（四）竣工验收委员会成立专业检查组检查工程实体质量，审阅有关资料，形成书面检查意见。

（五）对项目法人建设管理工作进行综合评价。审定交工验收对设计单位、施工单位、监理单位的初步评价。（见附件6"公路工程参建单位工作综合评价表"）

（六）对工程质量进行评分，确定工程质量等级，并综合评价建设项目。（见附件7"公路工程竣工验收评价表"）

（七）形成并通过《公路工程竣工验收鉴定书》（见附件8）。

（八）负责竣工验收的交通运输主管部门印发《公路工程竣工验收鉴定书》。

（九）质量监督机构依据竣工验收结论，对各参建单位签发"公路工程参建单位工作综合评价等级证书"（见附件9）。

第十六条 竣工验收委员会由交通运输主管部门、公路管理机构、质量监督机构、造价管理机构等单位代表组成。国防公路应邀请军队代表参加。大中型项目及技术复杂工程，应邀请有关专家参加。

项目法人、设计、施工、监理、接管养护等单位代表参加竣工验收工作，但不作为竣工验收委员会成员。

第十七条 参加竣工验收工作各方的主要职责是：

竣工验收委员会负责对工程实体质量及建设情况进行全面检查。对工程质量进行评分，对各参建单位及建设项目进行综合评价，确定工程质量和建设项目等级，形成工程竣工验收鉴定书。

项目法人负责提交项目执行报告及验收工作所需资料，协助竣工验收委员会开展工作。

设计单位负责提交设计工作报告，配合竣工验收检查工作。

施工单位负责提交施工总结报告，提供各种资料，配合竣工验收检查工作。

监理单位负责提交监理工作报告，提供工程监理资料，配合竣工验收检查工作。

接管养护单位负责提交项目使用情况报告,配合竣工验收检查工作。

公路建设项目设计、施工、监理、接管养护等有多家单位的,项目法人应组织汇总设计工作报告、施工总结报告、监理工作报告、项目使用情况报告。竣工验收时选派代表向竣工验收委员会汇报。

第十八条 竣工验收工程质量评分采取加权平均法计算,其中交工验收工程质量得分权值为0.2,质量监督机构工程质量鉴定得分权值为0.6,竣工验收委员会对工程质量的评分权值为0.2。

对于交工验收和竣工验收合并进行的小型项目,质量监督机构工程质量鉴定得分权值为0.6,监理单位对工程质量评定得分权值为0.1,竣工验收委员会对工程质量的评分权值为0.3。

工程质量评分大于等于90分为优良,小于90分且大于等于75分为合格,小于75分为不合格。

第十九条 对建设项目出现以下特别严重问题的合同段,整改合格后,合同段工程质量不得评为优良,质量鉴定得分按照整改前的鉴定得分,超出75分的按75分,不足75分的按原得分;建设项目竣工验收工程质量等级和综合评定等级直接确定为合格。

(一)路基工程的大段落路基沉陷、大面积高边坡失稳。

(二)路面工程车辙深度大于10mm的路段累计长度超过该合同段车道总长度的5%。

(三)特大桥梁主要受力结构需要或进行过加固、补强。

(四)隧道工程渗漏水经处治效果不明显,衬砌出现影响结构安全裂缝,衬砌厚度合格率小于90%或有小于设计厚度二分之一的部位,空洞累计长度超过隧道长度的3%或单个空洞面积大于$3m^2$。

(五)重大质量事故或严重质量缺陷,造成历史性缺陷的工程。

第二十条 对建设项目出现以下严重问题的合同段,整改合格后,合同段工程质量不得评为优良,质量鉴定得分按75分计算;并视对建设项目的影响,由竣工验收委员会决定建设项目工程质量是否评为优良。

(一)路基工程的重要支挡工程严重变形。

(二)路面工程出现修补、唧浆、推移、网裂等病害路段累计长度超过路线的3%或累计面积大于总面积的1.5%;竣工验收复测路面弯沉合格率小于90%。

(三)大桥、中桥主要受力结构需要或进行过加固、补强。

第二十一条 竣工验收委员会对项目法人及设计、施工、监理单位工作进行综合评价。评定得分大于等于90分且工程质量等级优良的为好,小于90分且大于等于75分为中,小于75分为差。

第二十二条 竣工验收建设项目综合评分采取加权平均法计算,其中竣工验收工程质量得分权值为0.7,参建单位工作评价得分权值为0.3(项目法人占0.15,设计、施工、监理各占0.05)。

评定得分大于等于90分且工程质量等级优良的为优良,小于90分且大于等于75分为合格,小于75分为不合格。

第二十三条 发生过重大及以上生产安全事故的建设项目综合评定等级不得评为优良。

第二十四条 根据《国务院关于促进节约用地的通知》(国发〔2008〕3号)要求,竣工验收时需要核验建设项目依法用地和履行土地出让合同、划拨等情况。

第四章 附 则

第二十五条 各合同段交工验收工作所需的费用由施工单位承担。整个建设项目竣(交)工验收期间质量监督机构进行工程质量检测所需的费用由项目法人承担。

质量监督机构可委托有相应资质的检测机构承担竣(交)工验收的检测工作。

第二十六条 本细则自2010年5月1日起施行。《关于贯彻执行公路工程竣交工验收办法有关事宜的通知》(交公路发〔2004〕446号)同时废止。

公路养护工程管理办法

交公路发〔2001〕327号

交通部2001年6月22日发布,自2001年8月1日起施行。

第一章 总 则

第一条 为加强公路养护工程管理,提高公路养护工程质量和投资效益,根据《中华人民共和国公路法》及有关法律、法规,制定本办法。

第二条 公路养护工程管理工作实行"统一领导,分级管理"的原则。

国务院交通主管部门主管全国公路养护工程的管理工作。

省级交通主管部门主管本行政区域内公路养护工程的管理和监督工作。

公路养护工程的具体管理工作,根据省级人民政府交通主管部门的授权,以及目前各级公路管理机构的职责分工,由县级以上人民政府交通主管部门设置的公路管理机构负责。

乡道养护工程的管理工作,由乡(镇)人民政府负责,县级交通主管部门负责行业管理和技术指导。

第三条 公路养护工程按其工程性质、复杂程度、规模大小划分为小修保养、中修、大修和改建工程,作业内容参见附录,具体划分标准由各省、自治区、直辖市人民政府交通主管部门制定。

第四条 公路养护工程资金主要来源于国家依法征集的公路养护资金、财政拨款、车辆通行费和国务院规定的其他筹资方式。

第五条 公路养护工程资金,必须专项用于公路的养护和改建。做到专款专用,不得挪用和挤占。

第六条 本办法适用于国道、省道、县道的养护工程管理。乡道和专用公路的养护工程管理可参照本办法执行。

第二章 一般规定

第七条 公路养护工程计划由省级公路管理机构编制,报省级交通主管部门批准后执行。

公路养护工程计划编制时应遵循"先重点、后一般,先干线、后支线"的原则。对于国省干线公路和具有重大政治、经济、国防意义的公路养护工程、抗灾抢险工程,要优先安排。

公路管理机构在安排养护工程项目时,应参照公路路面和桥梁管理系统评定的结果,做到决策科学化。

第八条 经营企业经营的收费公路,其养护工程计划由经营企业编制并报省级公路管理机构核备。经营企业应根据《公路养护技术规范》的要求组织实施。

第九条 各级公路管理机构要积极采用现代化管理手段和先进养护技术,大力推广和应用新技术、新材料、新工艺、新设备,不断提高公路养护管理技术水平。

第十条 公路养护工程管理工作要把工程质量放在首位,建立、健全质量控制体系,严格检查验收制度,提高投资效益。

第十一条 对于公路养护的中修和大修工程,各地公路管理机构应引入竞争机制,并逐步推行招投标制度和工程监理制度;对于公路改建工程,应当实行招投标制度、工程监理制度和合同管理制度。

第十二条 对修复、增设、绿化等专项工程,应根据工程量、规模大小,分别按中修、大修和改建工程管理程序进行管理。

第十三条 公路养护工程施工时,施工单位应按照有关标准、规范的规定在养护工程施工路段设置标志,必要时还应安排专人进行管理和指挥,以确保养护工程实施路段的行车安全。车辆不能通行的路段必须修建临时便道或便桥,并做好便道、便桥的养护管理工作。

第十四条 对由于不可抗拒的自然灾害(如风、沙、雨、雪、洪水、地震等)破坏的公路、桥涵等设施,地(市)、县级公路管理机构要组织人员和设备及时进行抢修。公路管理机构难以及时恢复时,县级以上地方人民政府应当及时组织当地机关、团体、企业事业单位、城乡居民进行抢修,并可以请求当地驻军支援,尽快恢复交通。

第十五条 对有关公路养护工程的计划、统计、审计、机械设备、设计文件、竣工档案等信息资料,应按相应的管理规定进行管理。

第三章 小修保养

第十六条 小修保养是对管养范围内的公路及其沿线设施经常进行维护保养和修补其轻微损坏部分的作业。

第十七条 小修保养经费由省级公路管理机构根据所管养公路的行政等级、使用年限、技术等级、交通量和路况现状等因素,按照养护工程定额核定养护经费,实行定额计量管理。

第十八条 小修保养由县级公路管理机构或省级公路管理机构设置的公路管理单位

或委托的合同单位,根据上级公路管理机构下达的养护工程计划指标和要求,组织实施。

第十九条 小修保养要按照有关的公路养护技术规范、操作规程的规定组织实施。同时,要加强对路面、沿线设施及绿化等的养护管理工作,做到全面养护。

第二十条 公路小修保养的管理应实行检查、考核、评定、报告制度,具体办法由省级公路管理机构制定。

各管养单位应建立各类管理台账、填写生产原始记录,严格实行成本核算。

第二十一条 小修保养质量应严格按照有关检查评定标准的规定进行检查评定。对已实施 GBM 工程、文明样板路的路段,其养护质量应达到《国省干线 GBM 工程实施标准》和《国省干线公路文明建设样板路实施标准》的要求。

第四章 中 修 工 程

第二十二条 中修工程是对公路及其沿线设施的一般性损坏部分进行定期的修理加固,以恢复公路原有技术状况的工程。

第二十三条 中修工程项目由地(市)级公路管理机构向省级公路管理机构提出建议计划和概算,省级公路管理机构审核、汇总提出建议计划,报省级交通主管部门审批下达。

第二十四条 列入计划的中修工程项目,应按有关规范、标准进行设计,编制预算。

第二十五条 县级公路管理机构根据地(市)级公路管理机构批复的设计文件组织实施,严格按照有关标准和规范加强质量管理。地(市)级公路管理机构负责检查、监督和验收。

第二十六条 项目完工后,地(市)级公路管理机构应及时组织验收,并将竣工验收资料报省级公路管理机构备案。省级公路管理机构应组织有关人员对其进行抽查。

第五章 大 修 工 程

第二十七条 大修工程是对公路及其沿线设施的较大损坏进行周期性的综合修理,以全面恢复到原技术标准的工程项目。

第二十八条 大修工程项目由地(市)级公路管理机构向省级公路管理机构上报建议计划和概算,省级公路管理机构审核、汇总提出建议计划,报省级交通主管部门审批下达。

第二十九条 大修工程项目,地(市)级公路管理机构应委托具有相应资质的设计单位进行勘察设计,并按照有关规范和标准编制设计文件,报省级公路管理机构审批。

第三十条 大修工程项目由地(市)级公路管理机构组织实施,并要逐步通过招标、投标选择养护施工单位。

第三十一条 大修工程应严格按照有关的施工规范、标准和操作规程进行施工,并要逐步推行工程监理制度。维持正常的施工秩序,认真做好施工记录,建立完整、可信的技术档案。

第三十二条 省级公路管理机构应加强对大修工程的监督和检查,并根据工程进度及时核拨工程资金。

第三十三条 大修工程完工后,地(市)级公路管理机构应依据合同文本组织有关人员对其进行初验,并向省级公路管理机构提交竣工验收申请。省级公路管理机构应及时组织有关单位和人员对工程进行竣工验收。

第六章 改建工程

第三十四条 改建工程是对公路及其沿线设施因不适应现有交通量增长和载重需要而提高技术等级指标,显著提高其通行能力的较大工程项目。

第三十五条 省级公路管理机构应根据本辖区路网的总体规划、现有公路的技术状况、通行能力和国民经济发展等的需要,研究提出本辖区的路网改建计划,报省级交通主管部门审批。

第三十六条 国省干线改建工程项目,由省级公路管理机构组织实施;县道改建工程项目,由地(市)级公路管理机构组织实施。

第三十七条 改建工程项目的设计、施工和监理,应实行招投标制度。对于资质、信誉、技术状况等不符合要求的设计、施工和监理单位,不得参加投标。中标的施工单位不得违法转包与分包。

第三十八条 改建工程项目的质量管理应按照《公路工程质量管理办法》的规定执行。

第三十九条 已经批准的改建工程项目,其建设规模、技术标准、路线走向、设计概算等需要变更时,必须报经原批准机关批准。

第四十条 改建工程项目竣工后,负责组织实施的公路管理机构应根据《公路工程竣工验收办法》的规定,组织初验。初验合格后,要按照竣工验收的有关要求准备竣工验收的各类资料,并向竣工验收的主持单位提交竣工验收申请报告。竣工验收主持单位应按照国家有关规定组织验收。

第七章 附则

第四十一条 各省、自治区、直辖市交通主管部门可根据本办法制定实施办法,并报交通部备案。

第四十二条 本办法由交通部负责解释。

第四十三条 本办法自 2001 年 8 月 1 日起施行。

建设工程勘察设计管理条例

国务院令第 662 号

2000年9月25日中华人民共和国国务院令第293号公布,根据2015年6月12日《国务院关于修改〈建设工程勘察设计管理条例〉的决定》修订。

第一章 总 则

第一条 为了加强对建设工程勘察、设计活动的管理,保证建设工程勘察、设计质量,保护人民生命和财产安全,制定本条例。

第二条 从事建设工程勘察、设计活动,必须遵守本条例。

本条例所称建设工程勘察,是指根据建设工程的要求,查明、分析、评价建设场地的地质地理环境特征和岩土工程条件,编制建设工程勘察文件的活动。

本条例所称建设工程设计,是指根据建设工程的要求,对建设工程所需的技术、经济、资源、环境等条件进行综合分析、论证,编制建设工程设计文件的活动。

第三条 建设工程勘察、设计应当与社会、经济发展水平相适应,做到经济效益、社会效益和环境效益相统一。

第四条 从事建设工程勘察、设计活动,应当坚持先勘察、后设计、再施工的原则。

第五条 县级以上人民政府建设行政主管部门和交通、水利等有关部门应当依照本条例的规定,加强对建设工程勘察、设计活动的监督管理。

建设工程勘察、设计单位必须依法进行建设工程勘察、设计,严格执行工程建设强制性标准,并对建设工程勘察、设计的质量负责。

第六条 国家鼓励在建设工程勘察、设计活动中采用先进技术、先进工艺、先进设备、新型材料和现代管理方法。

第二章 资质资格管理

第七条 国家对从事建设工程勘察、设计活动的单位,实行资质管理制度。具体办法由国务院建设行政主管部门商国务院有关部门制定。

第八条 建设工程勘察、设计单位应当在其资质等级许可的范围内承揽建设工程勘察、设计业务。

禁止建设工程勘察、设计单位超越其资质等级许可的范围或者以其他建设工程勘察、设计单位的名义承揽建设工程勘察、设计业务。禁止建设工程勘察、设计单位允许其他单位或者个人以本单位的名义承揽建设工程勘察、设计业务。

第九条 国家对从事建设工程勘察、设计活动的专业技术人员,实行执业资格注册管理制度。

未经注册的建设工程勘察、设计人员,不得以注册执业人员的名义从事建设工程勘察、设计活动。

第十条 建设工程勘察、设计注册执业人员和其他专业技术人员只能受聘于一个建设工程勘察、设计单位;未受聘于建设工程勘察、设计单位的,不得从事建设工程的勘察、设计活动。

第十一条 建设工程勘察、设计单位资质证书和执业人员注册证书,由国务院建设行政主管部门统一制作。

第三章　建设工程勘察设计发包与承包

第十二条 建设工程勘察、设计发包依法实行招标发包或者直接发包。

第十三条 建设工程勘察、设计应当依照《中华人民共和国招标投标法》的规定,实行招标发包。

第十四条 建设工程勘察、设计方案评标,应当以投标人的业绩、信誉和勘察、设计人员的能力以及勘察、设计方案的优劣为依据,进行综合评定。

第十五条 建设工程勘察、设计的招标人应当在评标委员会推荐的候选方案中确定中标方案。但是,建设工程勘察、设计的招标人认为评标委员会推荐的候选方案不能最大限度满足招标文件规定的要求的,应当依法重新招标。

第十六条 下列建设工程的勘察、设计,经有关主管部门批准,可以直接发包:

(一)采用特定的专利或者专有技术的;

(二)建筑艺术造型有特殊要求的;

(三)国务院规定的其他建设工程的勘察、设计。

第十七条 发包方不得将建设工程勘察、设计业务发包给不具有相应勘察、设计资质等级的建设工程勘察、设计单位。

第十八条 发包方可以将整个建设工程的勘察、设计发包给一个勘察、设计单位;也可以将建设工程的勘察、设计分别发包给几个勘察、设计单位。

第十九条 除建设工程主体部分的勘察、设计外,经发包方书面同意,承包方可以将建设工程其他部分的勘察、设计再分包给其他具有相应资质等级的建设工程勘察、设计单位。

第二十条 建设工程勘察、设计单位不得将所承揽的建设工程勘察、设计转包。

第二十一条 承包方必须在建设工程勘察、设计资质证书规定的资质等级和业务范围内承揽建设工程的勘察、设计业务。

第二十二条 建设工程勘察、设计的发包方与承包方,应当执行国家规定的建设工程勘察、设计程序。

第二十三条 建设工程勘察、设计的发包方与承包方应当签订建设工程勘察、设计合同。

第二十四条 建设工程勘察、设计发包方与承包方应当执行国家有关建设工程勘察费、设计费的管理规定。

第四章 建设工程勘察设计文件的编制与实施

第二十五条 编制建设工程勘察、设计文件,应当以下列规定为依据:

(一)项目批准文件;

(二)城乡规划;

(三)工程建设强制性标准;

(四)国家规定的建设工程勘察、设计深度要求。

铁路、交通、水利等专业建设工程,还应当以专业规划的要求为依据。

第二十六条 编制建设工程勘察文件,应当真实、准确,满足建设工程规划、选址、设计、岩土治理和施工的需要。

编制方案设计文件,应当满足编制初步设计文件和控制概算的需要。

编制初步设计文件,应当满足编制施工招标文件、主要设备材料订货和编制施工图设计文件的需要。

编制施工图设计文件,应当满足设备材料采购、非标准设备制作和施工的需要,并注明建设工程合理使用年限。

第二十七条 设计文件中选用的材料、构配件、设备,应当注明其规格、型号、性能等技术指标,其质量要求必须符合国家规定的标准。

除有特殊要求的建筑材料、专用设备和工艺生产线等外,设计单位不得指定生产厂、供应商。

第二十八条 建设单位、施工单位、监理单位不得修改建设工程勘察、设计文件;确需修改建设工程勘察、设计文件的,应当由原建设工程勘察、设计单位修改。经原建设工程勘察、设计单位书面同意,建设单位也可以委托其他具有相应资质的建设工程勘察、设计单位修改。修改单位对修改的勘察、设计文件承担相应责任。

施工单位、监理单位发现建设工程勘察、设计文件不符合工程建设强制性标准、合同约定的质量要求的,应当报告建设单位,建设单位有权要求建设工程勘察、设计单位对建设工程勘察、设计文件进行补充、修改。

建设工程勘察、设计文件内容需要作重大修改的,建设单位应当报经原审批机关批准后,方可修改。

第二十九条 建设工程勘察、设计文件中规定采用的新技术、新材料,可能影响建设工程质量和安全,又没有国家技术标准的,应当由国家认可的检测机构进行试验、论证,出具检测报告,并经国务院有关部门或者省、自治区、直辖市人民政府有关部门组织的建设工程技术专家委员会审定后,方可使用。

第三十条 建设工程勘察、设计单位应当在建设工程施工前,向施工单位和监理单位说明建设工程勘察、设计意图,解释建设工程勘察、设计文件。

建设工程勘察、设计单位应当及时解决施工中出现的勘察、设计问题。

第五章 监督管理

第三十一条 国务院建设行政主管部门对全国的建设工程勘察、设计活动实施统一监督管理。国务院铁路、交通、水利等有关部门按照国务院规定的职责分工,负责对全国的有关专业建设工程勘察、设计活动的监督管理。

县级以上地方人民政府建设行政主管部门对本行政区域内的建设工程勘察、设计活动实施监督管理。县级以上地方人民政府交通、水利等有关部门在各自的职责范围内,负责对本行政区域内的有关专业建设工程勘察、设计活动的监督管理。

第三十二条 建设工程勘察、设计单位在建设工程勘察、设计资质证书规定的业务范围内跨部门、跨地区承揽勘察、设计业务的,有关地方人民政府及其所属部门不得设置障碍,不得违反国家规定收取任何费用。

第三十三条 县级以上人民政府建设行政主管部门或者交通、水利等有关部门应当对施工图设计文件中涉及公共利益、公众安全、工程建设强制性标准的内容进行审查。

施工图设计文件未经审查批准的,不得使用。

第三十四条 任何单位和个人对建设工程勘察、设计活动中的违法行为都有权检举、控告、投诉。

第六章 罚 则

第三十五条 违反本条例第八条规定的,责令停止违法行为,处合同约定的勘察费、设计费1倍以上2倍以下的罚款,有违法所得的,予以没收;可以责令停业整顿,降低资质等级;情节严重的,吊销资质证书。

未取得资质证书承揽工程的,予以取缔,依照前款规定处以罚款;有违法所得的,予以没收。

以欺骗手段取得资质证书承揽工程的,吊销资质证书,依照本条第一款规定处以罚款;有违法所得的,予以没收。

第三十六条 违反本条例规定,未经注册,擅自以注册建设工程勘察、设计人员的名义从事建设工程勘察、设计活动的,责令停止违法行为,没收违法所得,处违法所得2倍以上5倍以下罚款;给他人造成损失的,依法承担赔偿责任。

第三十七条 违反本条例规定,建设工程勘察、设计注册执业人员和其他专业技术人员未受聘于一个建设工程勘察、设计单位或者同时受聘于两个以上建设工程勘察、设计单位,从事建设工程勘察、设计活动的,责令停止违法行为,没收违法所得,处违法所得2倍以上5倍以下的罚款;情节严重的,可以责令停止执行业务或者吊销资格证书;给他人造成损失的,依法承担赔偿责任。

第三十八条 违反本条例规定,发包方将建设工程勘察、设计业务发包给不具有相应资质等级的建设工程勘察、设计单位的,责令改正,处50万元以上100万元以下的罚款。

第三十九条 违反本条例规定,建设工程勘察、设计单位将所承揽的建设工程勘察、设计转包的,责令改正,没收违法所得,处合同约定的勘察费、设计费25%以上50%以下的罚款,可以责令停业整顿,降低资质等级;情节严重的,吊销资质证书。

第四十条 违反本条例规定,勘察、设计单位未依据项目批准文件,城乡规划及专业规划,国家规定的建设工程勘察、设计深度要求编制建设工程勘察、设计文件的,责令限期改正;逾期不改正的,处10万元以上30万元以下的罚款;造成工程质量事故或者环境污染和生态破坏的,责令停业整顿,降低资质等级;情节严重的,吊销资质证书;造成损失的,依法承担赔偿责任。

第四十一条 违反本条例规定,有下列行为之一的,依照《建设工程质量管理条例》第六十三条的规定给予处罚:

(一)勘察单位未按照工程建设强制性标准进行勘察的;

(二)设计单位未根据勘察成果文件进行工程设计的;

(三)设计单位指定建筑材料、建筑构配件的生产厂、供应商的;

(四)设计单位未按照工程建设强制性标准进行设计的。

第四十二条 本条例规定的责令停业整顿、降低资质等级和吊销资质证书、资格证书的行政处罚,由颁发资质证书、资格证书的机关决定;其他行政处罚,由建设行政主管部门或者其他有关部门依据法定职权范围决定。

依照本条例规定被吊销资质证书的,由工商行政管理部门吊销其营业执照。

第四十三条 国家机关工作人员在建设工程勘察、设计活动的监督管理工作中玩忽职守、滥用职权、徇私舞弊,构成犯罪的,依法追究刑事责任;尚不构成犯罪的,依法给予行政处分。

第七章 附 则

第四十四条 抢险救灾及其他临时性建筑和农民自建两层以下住宅的勘察、设计活动,不适用本条例。

第四十五条 军事建设工程勘察、设计的管理,按照中央军事委员会的有关规定执行。

第四十六条 本条例自公布之日起施行。

建设工程质量管理条例

国务院令第 279 号

2000年1月10日国务院第25次常务会议通过,现予发布,自发布之日起施行。

第一章 总 则

第一条 为了加强对建设工程质量的管理,保证建设工程质量,保护人民生命和财产安全,根据《中华人民共和国建筑法》,制定本条例。

第二条 凡在中华人民共和国境内从事建设工程的新建、扩建、改建等有关活动及实施对建设工程质量监督管理的,必须遵守本条例。

本条例所称建设工程,是指土木工程、建筑工程、线路管道和设备安装工程及装修工程。

第三条 建设单位、勘察单位、设计单位、施工单位、工程监理单位依法对建设工程质量负责。

第四条 县级以上人民政府建设行政主管部门和其他有关部门应当加强对建设工程质量的监督管理。

第五条 从事建设工程活动,必须严格执行基本建设程序,坚持先勘察、后设计、再施工的原则。

县级以上人民政府及其有关部门不得超越权限审批建设项目或者擅自简化基本建设程序。

第六条 国家鼓励采用先进的科学技术和管理方法,提高建设工程质量。

第二章 建设单位的质量责任和义务

第七条 建设单位应当将工程发包给具有相应资质等级的单位。

建设单位不得将建设工程肢解发包。

第八条 建设单位应当依法对工程建设项目的勘察、设计、施工、监理以及与工程建设有关的重要设备、材料等的采购进行招标。

第九条 建设单位必须向有关的勘察、设计、施工、工程监理等单位提供与建设工程有关的原始资料。

原始资料必须真实、准确、齐全。

第十条 建设工程发包单位不得迫使承包方以低于成本的价格竞标,不得任意压缩合理工期。

建设单位不得明示或者暗示设计单位或者施工单位违反工程建设强制性标准,降低建设工程质量。

第十一条 建设单位应当将施工图设计文件报县级以上人民政府建设行政主管部门或者其他有关部门审查。施工图设计文件审查的具体办法,由国务院建设行政主管部门会同国务院其他有关部门制定。

施工图设计文件未经审查批准的,不得使用。

第十二条 实行监理的建设工程,建设单位应当委托具有相应资质等级的工程监理单位进行监理,也可以委托具有工程监理相应资质等级并与被监理工程的施工承包单位没有隶属关系或者其他利害关系的该工程的设计单位进行监理。

下列建设工程必须实行监理:

(一)国家重点建设工程;

(二)大中型公用事业工程;

(三)成片开发建设的住宅小区工程;

(四)利用外国政府或者国际组织贷款、援助资金的工程;

(五)国家规定必须实行监理的其他工程。

第十三条 建设单位在领取施工许可证或者开工报告前,应当按照国家有关规定办理工程质量监督手续。

第十四条 按照合同约定,由建设单位采购建筑材料、建筑构配件和设备的,建设单位应当保证建筑材料、建筑构配件和设备符合设计文件和合同要求。

建设单位不得明示或者暗示施工单位使用不合格的建筑材料、建筑构配件和设备。

第十五条 涉及建筑主体和承重结构变动的装修工程,建设单位应当在施工前委托原设计单位或者具有相应资质等级的设计单位提出设计方案;没有设计方案的,不得施工。

房屋建筑使用者在装修过程中,不得擅自变动房屋建筑主体和承重结构。

第十六条 建设单位收到建设工程竣工报告后,应当组织设计、施工、工程监理等有关单位进行竣工验收。

建设工程竣工验收应当具备下列条件:

(一)完成建设工程设计和合同约定的各项内容;

(二)有完整的技术档案和施工管理资料;

(三)有工程使用的主要建筑材料、建筑构配件和设备的进场试验报告;

(四)有勘察、设计、施工、工程监理等单位分别签署的质量合格文件;

（五）有施工单位签署的工程保修书。

建设工程经验收合格的，方可交付使用。

第十七条 建设单位应当严格按照国家有关档案管理的规定，及时收集、整理建设项目各环节的文件资料，建立、健全建设项目档案，并在建设工程竣工验收后，及时向建设行政主管部门或者其他有关部门移交建设项目档案。

第三章 勘察、设计单位的质量责任和义务

第十八条 从事建设工程勘察、设计的单位应当依法取得相应等级的资质证书，并在其资质等级许可的范围内承揽工程。

禁止勘察、设计单位超越其资质等级许可的范围或者以其他勘察、设计单位的名义承揽工程。禁止勘察、设计单位允许其他单位或者个人以本单位的名义承揽工程。

勘察、设计单位不得转包或者违法分包所承揽的工程。

第十九条 勘察、设计单位必须按照工程建设强制性标准进行勘察、设计，并对其勘察、设计的质量负责。

注册建筑师、注册结构工程师等注册执业人员应当在设计文件上签字，对设计文件负责。

第二十条 勘察单位提供的地质、测量、水文等勘察成果必须真实、准确。

第二十一条 设计单位应当根据勘察成果文件进行建设工程设计。

设计文件应当符合国家规定的设计深度要求，注明工程合理使用年限。

第二十二条 设计单位在设计文件中选用的建筑材料、建筑构配件和设备，应当注明规格、型号、性能等技术指标，其质量要求必须符合国家规定的标准。

除有特殊要求的建筑材料、专用设备、工艺生产线等外，设计单位不得指定生产厂、供应商。

第二十三条 设计单位应当就审查合格的施工图设计文件向施工单位作出详细说明。

第二十四条 设计单位应当参与建设工程质量事故分析，并对因设计造成的质量事故，提出相应的技术处理方案。

第四章 施工单位的质量责任和义务

第二十五条 施工单位应当依法取得相应等级的资质证书，并在其资质等级许可的范围内承揽工程。

禁止施工单位超越本单位资质等级许可的业务范围或者以其他施工单位的名义承揽工程。禁止施工单位允许其他单位或者个人以本单位的名义承揽工程。

施工单位不得转包或者违法分包工程。

第二十六条 施工单位对建设工程的施工质量负责。

施工单位应当建立质量责任制,确定工程项目的项目经理、技术负责人和施工管理负责人。

建设工程实行总承包的,总承包单位应当对全部建设工程质量负责;建设工程勘察、设计、施工、设备采购的一项或者多项实行总承包的,总承包单位应当对其承包的建设工程或者采购的设备的质量负责。

第二十七条 总承包单位依法将建设工程分包给其他单位的,分包单位应当按照分包合同的约定对其分包工程的质量向总承包单位负责,总承包单位与分包单位对分包工程的质量承担连带责任。

第二十八条 施工单位必须按照工程设计图纸和施工技术标准施工,不得擅自修改工程设计,不得偷工减料。

施工单位在施工过程中发现设计文件和图纸有差错的,应当及时提出意见和建议。

第二十九条 施工单位必须按照工程设计要求、施工技术标准和合同约定,对建筑材料、建筑构配件、设备和商品混凝土进行检验,检验应当有书面记录和专人签字;未经检验或者检验不合格的,不得使用。

第三十条 施工单位必须建立、健全施工质量的检验制度,严格工序管理,作好隐蔽工程的质量检查和记录。隐蔽工程在隐蔽前,施工单位应当通知建设单位和建设工程质量监督机构。

第三十一条 施工人员对涉及结构安全的试块、试件以及有关材料,应当在建设单位或者工程监理单位监督下现场取样,并送具有相应资质等级的质量检测单位进行检测。

第三十二条 施工单位对施工中出现质量问题的建设工程或者竣工验收不合格的建设工程,应当负责返修。

第三十三条 施工单位应当建立、健全教育培训制度,加强对职工的教育培训;未经教育培训或者考核不合格的人员,不得上岗作业。

第五章 工程监理单位的质量责任和义务

第三十四条 工程监理单位应当依法取得相应等级的资质证书,并在其资质等级许可的范围内承担工程监理业务。

禁止工程监理单位超越本单位资质等级许可的范围或者以其他工程监理单位的名义承担工程监理业务。禁止工程监理单位允许其他单位或者个人以本单位的名义承担工程监理业务。

工程监理单位不得转让工程监理业务。

第三十五条 工程监理单位与被监理工程的施工承包单位以及建筑材料、建筑构配件和设备供应单位有隶属关系或者其他利害关系的,不得承担该项建设工程的监理业务。

第三十六条 工程监理单位应当依照法律、法规以及有关技术标准、设计文件和建设工程承包合同,代表建设单位对施工质量实施监理,并对施工质量承担监理责任。

第三十七条 工程监理单位应当选派具备相应资格的总监理工程师和监理工程师进驻施工现场。

未经监理工程师签字,建筑材料、建筑构配件和设备不得在工程上使用或者安装,施工单位不得进行下一道工序的施工。未经总监理工程师签字,建设单位不拨付工程款,不进行竣工验收。

第三十八条 监理工程师应当按照工程监理规范的要求,采取旁站、巡视和平行检验等形式,对建设工程实施监理。

第六章 建设工程质量保修

第三十九条 建设工程实行质量保修制度。

建设工程承包单位在向建设单位提交工程竣工验收报告时,应当向建设单位出具质量保修书。质量保修书中应当明确建设工程的保修范围、保修期限和保修责任等。

第四十条 在正常使用条件下,建设工程的最低保修期限为:

(一)基础设施工程、房屋建筑的地基基础工程和主体结构工程,为设计文件规定的该工程的合理使用年限;

(二)屋面防水工程、有防水要求的卫生间、房间和外墙面的防渗漏,为5年;

(三)供热与供冷系统,为2个采暖期、供冷期;

(四)电气管线、给排水管道、设备安装和装修工程,为2年。

其他项目的保修期限由发包方与承包方约定。

建设工程的保修期,自竣工验收合格之日起计算。

第四十一条 建设工程在保修范围和保修期限内发生质量问题的,施工单位应当履行保修义务,并对造成的损失承担赔偿责任。

第四十二条 建设工程在超过合理使用年限后需要继续使用的,产权所有人应当委托具有相应资质等级的勘察、设计单位鉴定,并根据鉴定结果采取加固、维修等措施,重新界定使用期。

第七章 监督管理

第四十三条 国家实行建设工程质量监督管理制度。

国务院建设行政主管部门对全国的建设工程质量实施统一监督管理。国务院铁路、交通、水利等有关部门按照国务院规定的职责分工,负责对全国的有关专业建设工程质量的监督管理。

县级以上地方人民政府建设行政主管部门对本行政区域内的建设工程质量实施监督管理。县级以上地方人民政府交通、水利等有关部门在各自的职责范围内,负责对本行政区域内的专业建设工程质量的监督管理。

第四十四条 国务院建设行政主管部门和国务院铁路、交通、水利等有关部门应当加强对有关建设工程质量的法律、法规和强制性标准执行情况的监督检查。

第四十五条 国务院发展计划部门按照国务院规定的职责,组织稽察特派员,对国家出资的重大建设项目实施监督检查。

国务院经济贸易主管部门按照国务院规定的职责,对国家重大技术改造项目实施监督检查。

第四十六条 建设工程质量监督管理,可以由建设行政主管部门或者其他有关部门委托的建设工程质量监督机构具体实施。

从事房屋建筑工程和市政基础设施工程质量监督的机构,必须按照国家有关规定经国务院建设行政主管部门或者省、自治区、直辖市人民政府建设行政主管部门考核;从事专业建设工程质量监督的机构,必须按照国家有关规定经国务院有关部门或者省、自治区、直辖市人民政府有关部门考核。经考核合格后,方可实施质量监督。

第四十七条 县级以上地方人民政府建设行政主管部门和其他有关部门应当加强对有关建设工程质量的法律、法规和强制性标准执行情况的监督检查。

第四十八条 县级以上人民政府建设行政主管部门和其他有关部门履行监督检查职责时,有权采取下列措施:

(一)要求被检查的单位提供有关工程质量的文件和资料;

(二)进入被检查单位的施工现场进行检查;

(三)发现有影响工程质量的问题时,责令改正。

第四十九条 建设单位应当自建设工程竣工验收合格之日起15日内,将建设工程竣工验收报告和规划、公安消防、环保等部门出具的认可文件或者准许使用文件报建设行政主管部门或者其他有关部门备案。

建设行政主管部门或者其他有关部门发现建设单位在竣工验收过程中有违反国家有关建设工程质量管理规定行为的,责令停止使用,重新组织竣工验收。

第五十条 有关单位和个人对县级以上人民政府建设行政主管部门和其他有关部门进行的监督检查应当支持与配合,不得拒绝或者阻碍建设工程质量监督检查人员依法执行职务。

第五十一条 供水、供电、供气、公安消防等部门或者单位不得明示或者暗示建设单位、施工单位购买其指定的生产供应单位的建筑材料、建筑构配件和设备。

第五十二条 建设工程发生质量事故,有关单位应当在 24 小时内向当地建设行政主管部门和其他有关部门报告。对重大质量事故,事故发生地的建设行政主管部门和其他有关部门应当按照事故类别和等级向当地人民政府和上级建设行政主管部门和其他有关部门报告。

特别重大质量事故的调查程序按照国务院有关规定办理。

第五十三条 任何单位和个人对建设工程的质量事故、质量缺陷都有权检举、控告、投诉。

第八章 罚 则

第五十四条 违反本条例规定,建设单位将建设工程发包给不具有相应资质等级的勘察、设计、施工单位或者委托给不具有相应资质等级的工程监理单位的,责令改正,处 50 万元以上 100 万元以下的罚款。

第五十五条 违反本条例规定,建设单位将建设工程肢解发包的,责令改正,处工程合同价款 0.5% 以上 1% 以下的罚款;对全部或者部分使用国有资金的项目,并可以暂停项目执行或者暂停资金拨付。

第五十六条 违反本条例规定,建设单位有下列行为之一的,责令改正,处 20 万元以上 50 万元以下的罚款:

(一)迫使承包方以低于成本的价格竞标的;

(二)任意压缩合理工期的;

(三)明示或者暗示设计单位或者施工单位违反工程建设强制性标准,降低工程质量的;

(四)施工图设计文件未经审查或者审查不合格,擅自施工的;

(五)建设项目必须实行工程监理而未实行工程监理的;

(六)未按照国家规定办理工程质量监督手续的;

(七)明示或者暗示施工单位使用不合格的建筑材料、建筑构配件和设备的;

(八)未按照国家规定将竣工验收报告、有关认可文件或者准许使用文件报送备案的。

第五十七条 违反本条例规定,建设单位未取得施工许可证或者开工报告未经批准,擅自施工的,责令停止施工,限期改正,处工程合同价款1%以上2%以下的罚款。

第五十八条 违反本条例规定,建设单位有下列行为之一的,责令改正,处工程合同价款2%以上4%以下的罚款;造成损失的,依法承担赔偿责任;

(一)未组织竣工验收,擅自交付使用的;

(二)验收不合格,擅自交付使用的;

(三)对不合格的建设工程按照合格工程验收的。

第五十九条 违反本条例规定,建设工程竣工验收后,建设单位未向建设行政主管部门或者其他有关部门移交建设项目档案的,责令改正,处1万元以上10万元以下的罚款。

第六十条 违反本条例规定,勘察、设计、施工、工程监理单位超越本单位资质等级承揽工程的,责令停止违法行为,对勘察、设计单位或者工程监理单位处合同约定的勘察费、设计费或者监理酬金1倍以上2倍以下的罚款;对施工单位处工程合同价款2%以上4%以下的罚款,可以责令停业整顿,降低资质等级;情节严重的,吊销资质证书;有违法所得的,予以没收。

未取得资质证书承揽工程的,予以取缔,依照前款规定处以罚款;有违法所得的,予以没收。

以欺骗手段取得资质证书承揽工程的,吊销资质证书,依照本条第一款规定处以罚款;有违法所得的,予以没收。

第六十一条 违反本条例规定,勘察、设计、施工、工程监理单位允许其他单位或者个人以本单位名义承揽工程的,责令改正,没收违法所得,对勘察、设计单位和工程监理单位处合同约定的勘察费、设计费和监理酬金1倍以上2倍以下的罚款;对施工单位处工程合同价款2%以上4%以下的罚款;可以责令停业整顿,降低资质等级;情节严重的,吊销资质证书。

第六十二条 违反本条例规定,承包单位将承包的工程转包或者违法分包的,责令改正,没收违法所得,对勘察、设计单位处合同约定的勘察费、设计费25%以上50%以下的罚款;对施工单位处工程合同价款0.5%以上1%以下的罚款;可以责令停业整顿,降低资质等级;情节严重的,吊销资质证书。

工程监理单位转让工程监理业务的,责令改正,没收违法所得,处合同约定的监理酬金25%以上50%以下的罚款;可以责令停业整顿,降低资质等级;情节严重的,吊销资质证书。

第六十三条 违反本条例规定,有下列行为之一的,责令改正,处10万元以上30万元以下的罚款:

(一)勘察单位未按照工程建设强制性标准进行勘察的;

(二)设计单位未根据勘察成果文件进行工程设计的;

(三)设计单位指定建筑材料、建筑构配件的生产厂、供应商的;

(四)设计单位未按照工程建设强制性标准进行设计的。

有前款所列行为,造成工程质量事故的,责令停业整顿,降低资质等级;情节严重的,吊销资质证书;造成损失的,依法承担赔偿责任。

第六十四条 违反本条例规定,施工单位在施工中偷工减料的,使用不合格的建筑材料、建筑构配件和设备的,或者有不按照工程设计图纸或者施工技术标准施工的其他行为的,责令改正,处工程合同价款2%以上4%以下的罚款;造成建设工程质量不符合规定的质量标准的,负责返工、修理,并赔偿因此造成的损失;情节严重的,责令停业整顿,降低资质等级或者吊销资质证书。

第六十五条 违反本条例规定,施工单位未对建筑材料、建筑构配件、设备和商品混凝土进行检验,或者未对涉及结构安全的试块、试件以及有关材料取样检测的,责令改正,处10万元以上20万元以下的罚款;情节严重的,责令停业整顿,降低资质等级或者吊销资质证书;造成损失的,依法承担赔偿责任。

第六十六条 违反本条例规定,施工单位不履行保修义务或者拖延履行保修义务的,责令改正,处10万元以上20万元以下的罚款,并对在保修期内因质量缺陷造成的损失承担赔偿责任。

第六十七条 工程监理单位有下列行为之一的,责令改正,处50万元以上100万元以下的罚款,降低资质等级或者吊销资质证书;有违法所得的,予以没收;造成损失的,承担连带赔偿责任:

(一)与建设单位或者施工单位串通,弄虚作假、降低工程质量的;

(二)将不合格的建设工程、建筑材料、建筑构配件和设备按照合格签字的。

第六十八条 违反本条例规定,工程监理单位与被监理工程的施工承包单位以及建筑材料、建筑构配件和设备供应单位有隶属关系或者其他利害关系承担该项建设工程的监理业务的,责令改正,处5万元以上10万元以下的罚款,降低资质等级或者吊销资质证书;有违法所得的,予以没收。

第六十九条 违反本条例规定,涉及建筑主体或者承重结构变动的装修工程,没有设计方案擅自施工的,责令改正,处50万元以上100万元以下的罚款;房屋建筑使用者在装修过程中擅自变动房屋建筑主体和承重结构的,责令改正,处5万元以上10万元以下的罚款。

有前款所列行为,造成损失的,依法承担赔偿责任。

第七十条 发生重大工程质量事故隐瞒不报、谎报或者拖延报告期限的,对直接负责的主管人员和其他责任人员依法给予行政处分。

第七十一条 违反本条例规定,供水、供电、供气、公安消防等部门或者单位明示或者暗示建设单位或者施工单位购买其指定的生产供应单位的建筑材料、建筑构配件和设备的,责令改正。

第七十二条 违反本条例规定,注册建筑师、注册结构工程师、监理工程师等注册执业人员因过错造成质量事故的,责令停止执业1年;造成重大质量事故的,吊销执业资格证书,5年以内不予注册;情节特别恶劣的,终身不予注册。

第七十三条 依照本条例规定,给予单位罚款处罚的,对单位直接负责的主管人员和其他直接责任人员处单位罚款数额5%以上10%以下的罚款。

第七十四条 建设单位、设计单位、施工单位、工程监理单位违反国家规定,降低工程质量标准,造成重大安全事故,构成犯罪的,对直接责任人员依法追究刑事责任。

第七十五条 本条例规定的责令停业整顿,降低资质等级和吊销资质证书的行政处罚,由颁发资质证书的机关决定;其他行政处罚,由建设行政主管部门或者其他有关部门依照法定职权决定。

依照本条例规定被吊销资质证书的,由工商行政管理部门吊销其营业执照。

第七十六条 国家机关工作人员在建设工程质量监督管理工作中玩忽职守、滥用职权、徇私舞弊,构成犯罪的,依法追究刑事责任;尚不构成犯罪的,依法给予行政处分。

第七十七条 建设、勘察、设计、施工、工程监理单位的工作人员因调动工作、退休等原因离开该单位后,被发现在该单位工作期间违反国家有关建设工程质量管理规定,造成重大工程质量事故的,仍应当依法追究法律责任。

第九章 附 则

第七十八条 本条例所称肢解发包,是指建设单位将应当由一个承包单位完成的建设工程分解成若干部分发包给不同的承包单位的行为。

本条例所称违法分包,是指下列行为:

(一)总承包单位将建设工程分包给不具备相应资质条件的单位的;

(二)建设工程总承包合同中未有约定,又未经建设单位认可,承包单位将其承包的部分建设工程交由其他单位完成的;

(三)施工总承包单位将建设工程主体结构的施工分包给其他单位的;

(四)分包单位将其承包的建设工程再分包的。

本条例所称转包,是指承包单位承包建设工程后,不履行合同约定的责任和义务,将其承包的全部建设工程转给他人或者将其承包的全部建设工程肢解以后以分包的名义分别转给其他单位承包的行为。

第七十九条 本条例规定的罚款和没收的违法所得,必须全部上缴国库。

第八十条 抢险救灾及其他临时性房屋建筑和农民自建低层住宅的建设活动,不适用本条例。

第八十一条 军事建设工程的管理,按照中央军事委员会的有关规定执行。

第八十二条 本条例自发布之日起施行。

路政管理规定

交通运输部令 2016 年第 81 号

2003 年 1 月 27 日交通部发布,根据 2016 年 12 月 10 日交通运输部令 2016 年第 81 号交通运输部《关于修改〈路政管理规定〉的决定》修正。

第一章 总 则

第一条 为加强公路管理,提高路政管理水平,保障公路的完好、安全和畅通,根据《中华人民共和国公路法》(以下简称《公路法》)及其他有关法律、行政法规,制定本规定。

第二条 本规定适用于中华人民共和国境内的国道、省道、县道、乡道的路政管理。

本规定所称路政管理,是指县级以上人民政府交通主管部门或者其设置的公路管理机构,为维护公路管理者、经营者、使用者的合法权益,根据《公路法》及其他有关法律、法规和规章的规定,实施保护公路、公路用地及公路附属设施(以下统称"路产")的行政管理。

第三条 路政管理工作应当遵循"统一管理、分级负责、依法行政"的原则。

第四条 交通部根据《公路法》及其他有关法律、行政法规的规定主管全国路政管理工作。

县级以上地方人民政府交通主管部门根据《公路法》及其他有关法律、法规、规章的规定主管本行政区域内路政管理工作。

县级以上地方人民政府交通主管部门设置的公路管理机构根据《公路法》的规定或者根据县级以上地方人民政府交通主管部门的委托负责路政管理的具体工作。

第五条 县级以上地方人民政府交通主管部门或者其设置的公路管理机构的路政管理职责如下:

(一)宣传、贯彻执行公路管理的法律、法规和规章;

(二)保护路产;

(三)实施路政巡查;

(四)管理公路两侧建筑控制区;

(五)维持公路养护作业现场秩序;

(六)参与公路工程交工、竣工验收;

（七）依法查处各种违反路政管理法律、法规、规章的案件；

（八）法律、法规规定的其他职责。

第六条 依照《公路法》的有关规定，受让公路收费权或者由国内外经济组织投资建成的收费公路的路政管理工作，由县级以上地方人民政府交通主管部门或者其设置的公路管理机构的派出机构、人员负责。

第七条 任何单位和个人不得破坏、损坏或者非法占用路产。

任何单位和个人都有爱护路产的义务，有检举破坏、损坏路产和影响公路安全行为的权利。

第二章 路政管理许可

第八条 除公路防护、养护外，占用、利用或者挖掘公路、公路用地、公路两侧建筑控制区，以及更新、砍伐公路用地上的树木，应当根据《公路法》和本规定，事先报经交通主管部门或者其设置的公路管理机构批准、同意。

第九条 因修建铁路、机场、电站、通信设施、水利工程和进行其他建设工程需要占用、挖掘公路或者使公路改线的，建设单位应当按照《公路法》第四十四条第二款的规定，事先向交通主管部门或者其设置的公路管理机构提交申请书和设计图。

本条前款规定的申请书包括以下主要内容：

（一）主要理由；

（二）地点（公路名称、桩号及与公路边坡外缘或者公路界桩的距离）；

（三）安全保障措施；

（四）施工期限；

（五）修复、改建公路的措施或者补偿数额。

第十条 跨越、穿越公路，修建桥梁、渡槽或者架设、埋设管线等设施，以及在公路用地范围内架设、埋设管（杆）线、电缆等设施，应当按照《公路法》第四十五条的规定，事先向交通主管部门或者其设置的公路管理机构提交申请书和设计图。

本条前款规定的申请书包括以下主要内容：

（一）主要理由；

（二）地点（公路名称、桩号及与公路边坡外缘或者公路界桩的距离）；

（三）安全保障措施；

（四）施工期限；

（五）修复、改建公路的措施或者补偿数额。

第十一条 因抢险、防汛需要在大中型公路桥梁和渡口周围二百米范围内修筑堤坝、压缩或者拓宽河床，应当按照《公路法》第四十七条第二款的规定，事先向交通主管部门提交申请书和设计图。

本条前款规定的申请书包括以下主要内容：

（一）主要理由；

（二）地点（公路名称、桩号及与公路边坡外缘或者公路界桩的距离）；

（三）安全保障措施；

（四）施工期限。

第十二条 铁轮车、履带车和其他可能损害公路路面的机具，不得在公路上行驶。

农业机械因当地田间作业需要在公路上短距离行驶或者军用车辆执行任务需要在公路上行驶的，可以不受前款限制，但是应当采取安全保护措施。对公路造成损坏的，应当按照损坏程度给予补偿。

第十三条 超过公路、公路桥梁、公路隧道或者汽车渡船的限载、限高、限宽、限长标准的车辆，确需在公路上行驶的，按照《公路法》第五十条和交通部制定的《超限运输车辆行驶公路管理规定》的规定办理。

第十四条 在公路用地范围内设置公路标志以外的其他标志，应当按照《公路法》第五十四条的规定，事先向交通主管部门或者其设置的公路管理机构提交申请书和设计图。

本条前款规定的申请书包括以下主要内容：

（一）主要理由；

（二）标志的内容；

（三）标志的颜色、外廓尺寸及结构；

（四）标志设置地点（公路名称、桩号）；

（五）标志设置时间及保持期限。

第十五条 在公路上增设平面交叉道口，应当按照《公路法》第五十五条的规定，事先向交通主管部门或者其设置的公路管理机构提交申请书和设计图或者平面布置图。

本条前款规定的申请书包括以下主要内容：

（一）主要理由；

（二）地点（公路名称、桩号）；

（三）施工期限；

（四）安全保障措施。

第十六条 在公路两侧的建筑控制区内埋设管（杆）线、电缆等设施，应当按照《公路法》第五十六条第一款的规定，事先向交通主管部门或者其设置的公路管理机构提交申请书和设计图。

本条前款规定的申请书包括以下主要内容：

（一）主要理由；

（二）地点（公路名称、桩号及与公路边坡外缘或公路界桩的距离）；

（三）安全保障措施；

（四）施工期限。

第十七条 更新砍伐公路用地上的树木，应当依照《公路法》第四十二条第二款的规定，事先向交通主管部门或者其设置的公路管理机构提交申请书。

本条前款规定的申请书包括以下主要内容：

（一）主要理由；

（二）地点（公路名称、桩号）；

（三）树木的种类和数量；

（四）安全保障措施；

（五）时间；

（六）补种措施。

第十八条 除省级人民政府根据《公路法》第八条第二款就国道、省道管理、监督职责作出决定外，路政管理许可的权限如下：

（一）属于国道、省道的，由省级人民政府交通主管部门或者其设置的公路管理机构办理；

（二）属于县道的，由市（设区的市）级人民政府交通主管部门或者其设置的公路管理机构办理；

（三）属于乡道的，由县级人民政府交通主管部门或者其设置的公路管理机构办理。

路政管理许可事项涉及有关部门职责的，应当经交通主管部门或者其设置的公路管理机构批准或者同意后，依照有关法律、法规的规定，办理相关手续。其中，本规定第十一条规定的事项，由省级人民政府交通主管部门会同省级行政主管部门办理。

第十九条 交通主管部门或者其设置的公路管理机构自接到申请书之日起十五日内应当作出决定。作出批准或者同意的决定的，应当签发相应的许可证；作出不批准或者不同意的决定的，应当书面告知，并说明理由。

第三章 路政案件管辖

第二十条 路政案件由案件发生地的县级人民政府交通主管部门或者其设置的公路管理机构管辖。

第二十一条 对管辖发生争议的，报请共同的上一级人民政府交通主管部门或者其设置的公路管理机构指定管辖。

下级人民政府交通主管部门或者其设置的公路管理机构对属于其管辖的案件，认为需要由上级人民政府交通主管部门或者其设置的公路管理机构处理的，可以报请上一级人民政府交通主管部门或者其设置的公路管理机构决定。

上一级人民政府交通主管部门或者其设置的公路管理机构认为必要的,可以直接处理属于下级人民政府交通主管部门或者其设置的公路管理机构管辖的案件。

第二十二条 报请上级人民政府交通主管部门或者其设置的公路管理机构处理的案件以及上级人民政府交通主管部门或者其设置的公路管理机构决定直接处理的案件,案件发生地的县级人民政府交通主管部门或者其设置的公路管理机构应当首先制止违法行为,并做好保护现场等工作,上级人民政府交通主管部门或者其设置的公路管理机构应当及时确定管辖权。

第四章 行 政 处 罚

第二十三条 有下列违法行为之一的,依照《公路法》第七十六条的规定,责令停止违法行为,可处三万元以下的罚款:

(一)违反《公路法》第四十四条第一款规定,擅自占用、挖掘公路的;

(二)违反《公路法》第四十五条规定,未经同意或者未按照公路工程技术标准的要求修建跨越、穿越公路的桥梁、渡槽或者架设、埋设管线、电缆等设施的;

(三)违反《公路法》第四十七条规定,未经批准从事危及公路安全作业的;

(四)违反《公路法》第四十八条规定,铁轮车、履带车和其他可能损害路面的机具擅自在公路上超限行驶的;

(五)违反《公路法》第五十条规定,车辆超限使用汽车渡船或者在公路上擅自超限行驶的;

(六)违反《公路法》第五十二条、第五十六条规定,损坏、移动、涂改公路附属设施或者损坏、挪动建筑控制区的标桩、界桩,可能危及公路安全的。

第二十四条 有下列违法行为之一的,依照《公路法》第七十七条的规定,责令停止违法行为,可处五千元以下罚款:

(一)违反《公路法》第四十六条规定,造成公路路面损坏、污染或者影响公路畅通的;

(二)违反《公路法》第五十一条规定,将公路作为检验机动车辆制动性能的试车场地的。

第二十五条 违反《公路法》第五十三条规定,造成公路损坏,未报告的,依照《公路法》第七十八条的规定,处以一千元以下罚款。

第二十六条 违反《公路法》第五十四条规定,在公路用地范围内设置公路标志以外的其他标志的,依照《公路法》第七十九条的规定,责令限期拆除,可处二万元以下罚款。

第二十七条　违反《公路法》第五十五条规定,未经批准在公路上设置平面交叉道口的,依照《公路法》第八十条的规定,责令恢复原状,处五万元以下罚款。

第二十八条　违反《公路法》第五十六条规定,在公路建筑控制区内修建建筑物、地面构筑物或者擅自埋设管线、电缆等设施的,依照《公路法》第八十一条的规定,责令限期拆除,并可处五万元以下罚款。

第二十九条　《公路法》第八章及本规定规定的行政处罚,由县级以上地方人民政府交通主管部门或者其设置的公路管理机构依照《公路法》有关规定实施。

第三十条　实施路政处罚的程序,按照《交通行政处罚程序规定》办理。

第五章　公路赔偿和补偿

第三十一条　公民、法人或者其他组织造成路产损坏的,应向公路管理机构缴纳路产损坏赔(补)偿费。

第三十二条　根据《公路法》第四十四条第二款,经批准占用、利用、挖掘公路或者使公路改线的,建设单位应当按照不低于该段公路原有技术标准予以修复、改建或者给予相应的补偿。

第三十三条　路产损坏事实清楚,证据确凿充分,赔偿数额较小,且当事人无争议的,可以当场处理。

当场处理公路赔(补)偿案件,应当制作、送达《公路赔(补)偿通知书》收取公路赔(补)偿费,出具收费凭证。

第三十四条　除本规定第三十三条规定可以当场处理的公路赔(补)偿案件外,处理公路赔(补)偿案件应当按照下列程序进行:

(一)立案;

(二)调查取证;

(三)听取当事人陈述和申辩或听证;

(四)制作并送达《公路赔(补)偿通知书》;

(五)收取公路赔(补)偿费;

(六)出具收费凭证;

(七)结案。

调查取证应当询问当事人及证人,制作调查笔录;需要进行现场勘验或者鉴定的,还应当制作现场勘验报告或者鉴定报告。

第三十五条　本规定对公路赔(补)偿案件处理程序的具体事项未作规定的,参照《交通行政处罚程序规定》办理。

办理公路赔(补)偿案件涉及路政处罚的,可以一并进行调查取证,分别进行处理。

第三十六条 当事人对《公路赔(补)偿通知书》认定的事实和赔(补)偿费数额有疑义的,可以向公路管理机构申请复核。

公路管理机构应当自收到公路赔(补)偿复核申请之日起十五日内完成复核,并将复核结果书面通知当事人。

本条规定不影响当事人依法向人民法院提起民事诉讼的法定权利。

第三十七条 公路赔(补)偿费应当用于受损公路的修复,不得挪作他用。

第六章 行政强制措施

第三十八条 对公路造成较大损害、当场不能处理完毕的车辆,公路管理机构应当依据《公路法》第八十五条第二款的规定,签发《责令车辆停驶通知书》,责令该车辆停驶并停放于指定场所。调查、处理完毕后,应当立即放行车辆,有关费用由车辆所有人或者使用人承担。

第三十九条 违反《公路法》第五十四条规定,在公路用地范围内设置公路标志以外的其他标志,依法责令限期拆除,而设置者逾期不拆除的,依照《公路法》第七十九条的规定强行拆除。

第四十条 违反《公路法》第五十六条规定,在公路建筑控制区内修建建筑物、地面构筑物或者擅自埋设管(杆)线、电缆等设施,依法责令限期拆除,而建筑者、构筑者逾期不拆除的,依照《公路法》第八十一条的规定强行拆除。

第四十一条 依法实施强行拆除所发生的有关费用,由设置者、建筑者、构筑者负担。

第四十二条 依法实施路政强行措施,应当遵守下列程序:

(一)制作并送达路政强制措施告诫书,告知当事人作出拆除非法标志或者设施决定的事实、理由及依据,拆除非法标志或者设施的期限,不拆除非法标志或者设施的法律后果,并告知当事人依法享有的权利;

(二)听取当事人陈述和申辩;

(三)复核当事人提出的事实、理由和依据;

(四)经督促告诫,当事人逾期不拆除非法标志或者设施的,制作并送达路政强制措施决定书;

(五)实施路政强制措施;

(六)制作路政强制措施笔录。

实施强行拆除涉及路政处罚的,可以一并进行调查取证,分别进行处理。

第四十三条 有下列情形之一的,可依法申请人民法院强制执行:

(一)当事人拒不履行公路行政处罚决定;

(二)依法强行拆除受到阻挠。

第四十四条 《公路法》第八章及本规定规定的行政强制措施,由县级以上地方人民政府交通主管部门或者其设置的公路管理机构依照《公路法》有关规定实施。

第七章 监督检查

第四十五条 交通主管部门、公路管理机构应当依法对有关公路管理的法律、法规、规章执行情况进行监督检查。

第四十六条 交通主管部门、公路管理机构应当加强路政巡查,认真查处各种侵占、损坏路产及其他违反公路管理法律、法规和本规定的行为。

第四十七条 路政管理人员依法在公路、建筑控制区、车辆停放场所、车辆所属单位等进行监督检查时,任何单位和个人不得阻挠。

第四十八条 公路养护人员发现破坏、损坏或者非法占用路产和影响公路安全的行为应当予以制止,并及时向公路管理机构报告,协助路政管理人员实施日常路政管理。

第四十九条 公路经营者、使用者和其他有关单位、个人,应当接受路政管理人员依法实施的监督检查,并为其提供方便。

第五十条 对公路造成较大损害的车辆,必须立即停车,保护现场,并向公路管理机构报告。

第五十一条 交通主管部门、公路管理机构应当对路政管理人员的执法行为加强监督检查,对其违法行为应当及时纠正,依法处理。

第八章 人员与装备

第五十二条 公路管理机构应当配备相应的专职路政管理人员,具体负责路政管理工作。

第五十三条 路政管理人员的配备标准由省级人民政府交通主管部门会同有关部门按照"精干高效"的原则,根据本辖区公路的行政等级、技术等级和当地经济发展水平等实际情况综合确定。

第五十四条 路政管理人员录用应具备以下条件:

(一)年龄在二十周岁以上,但一线路政执法人员的年龄不得超过四十五岁;

(二)身体健康;

(三)大专毕业以上文化程度;

(四)持有符合交通部规定的岗位培训考试合格证书。

第五十五条 路政管理人员实行公开录用、竞争上岗,由市(设区的市)级公路管理机构组织实施,省级公路管理机构批准。

第五十六条　路政管理人员执行公务时,必须按规定统一着装,佩戴标志,持证上岗。

第五十七条　路政管理人员必须爱岗敬业,恪尽职守,熟悉业务,清正廉洁,文明服务、秉公执法。

第五十八条　交通主管部门、公路管理机构应当加强路政管理队伍建设,提高路政管理执法水平。

第五十九条　路政管理人员玩忽职守、徇私舞弊、滥用职权,依法给予行政处分;构成犯罪的,依法追究刑事责任。

第六十条　公路管理机构应当配备专门用于路政管理的交通、通信及其他必要的装备。

用于路政管理的交通、通讯及其他装备不得用于非路政管理活动。

第六十一条　用于路政管理的专用车辆,应当按照《公路法》第七十三条和交通部制定的《公路监督检查专用车辆管理办法》的规定,设置统一的标志和示警灯。

第九章　内务管理

第六十二条　公路管理机构应当建立健全路政内务管理制度,加强各项内务管理工作。

第六十三条　路政内务管理制度如下:

(一)路政管理人员岗位职责;

(二)路政管理人员行为规范;

(三)路政管理人员执法考核、评议制度;

(四)路政执法与办案程序;

(五)路政巡查制度;

(六)路政管理统计制度;

(七)路政档案管理制度;

(八)其他路政内务管理制度。

第六十四条　公路管理机构应当公开办事制度,自觉接受社会监督。

第十章　附　　则

第六十五条　公路赔(补)偿费标准,由省、自治区、直辖市人民政府交通主管部门会同同级财政、价格主管部门制定。

第六十六条　路政管理文书的格式,由交通部统一制定。

第六十七条　本规定由交通部负责解释。

第六十八条　本规定自2003年4月1日起施行。1990年9月24日交通部发布的《公路路政管理规定(试行)》同时废止。

城市照明管理规定

住房和城乡建设部令第 4 号

第 55 次部常务会议审议通过，自 2010 年 7 月 1 日起施行。

第一章 总 则

第一条 为了加强城市照明管理，促进能源节约，改善城市照明环境，制定本规定。

第二条 城市照明的规划、建设、维护和监督管理，适用本规定。

第三条 城市照明工作应当遵循以人为本、经济适用、节能环保、美化环境的原则，严格控制公用设施和大型建筑物装饰性景观照明能耗。

第四条 国务院住房和城乡建设主管部门指导全国的城市照明工作。

省、自治区人民政府住房和城乡建设主管部门对本行政区域内城市照明实施监督管理。

城市人民政府确定的城市照明主管部门负责本行政区域内城市照明管理的具体工作。

第五条 城市照明主管部门应当对在城市照明节能工作中做出显著成绩的单位和个人给予表彰或者奖励。

第二章 规划和建设

第六条 城市照明主管部门应当会同有关部门，依据城市总体规划，组织编制城市照明专项规划，报本级人民政府批准后组织实施。

第七条 城市照明主管部门应当委托具备相应资质的单位承担城市照明专项规划的编制工作。

编制城市照明专项规划，应当根据城市经济社会发展水平，结合城市自然地理环境、人文条件，按照城市总体规划确定的城市功能分区，对不同区域的照明效果提出要求。

第八条 从事城市照明工程勘察、设计、施工、监理的单位应当具备相应的资质；相关专业技术人员应当依法取得相应的执业资格。

第九条 城市照明主管部门应当依据城市照明专项规划，组织制定城市照明设施建设年度计划，报同级人民政府批准后实施。

第十条 新建、改建城市照明设施,应当根据城市照明专项规划确定各类区域照明的亮度、能耗标准,并符合国家有关标准规范。

第十一条 政府投资的城市照明设施的建设经费,应当纳入城市建设资金计划。

国家鼓励社会资金用于城市照明设施的建设和维护。

第十二条 新建、改建城市道路项目的功能照明装灯率应当达到100%。

与城市道路、住宅区及重要建(构)筑物配套的城市照明设施,应当按照城市照明规划建设,与主体工程同步设计、施工、验收和使用。

第十三条 对符合城市照明设施安装条件的建(构)筑物和支撑物,可以在不影响其功能和周边环境的前提下,安装照明设施。

第三章 节 约 能 源

第十四条 国家支持城市照明科学技术研究,推广使用节能、环保的照明新技术、新产品,开展绿色照明活动,提高城市照明的科学技术水平。

第十五条 国家鼓励在城市照明设施建设和改造中安装和使用太阳能等可再生能源利用系统。

第十六条 城市照明主管部门应当依据城市照明规划,制定城市照明节能计划和节能技术措施,优先发展和建设功能照明,严格控制景观照明的范围、亮度和能耗密度,并依据国家有关规定,限时全部淘汰低效照明产品。

第十七条 城市照明主管部门应当定期开展节能教育和岗位节能培训,提高城市照明维护单位的节能水平。

第十八条 城市照明主管部门应当建立城市照明能耗考核制度,定期对城市景观照明能耗等情况进行检查。

第十九条 城市照明维护单位应当建立和完善分区、分时、分级的照明节能控制措施,严禁使用高耗能灯具,积极采用高效的光源和照明灯具、节能型的镇流器和控制电器以及先进的灯控方式,优先选择通过认证的高效节能产品。

任何单位不得在城市景观照明中有过度照明等超能耗标准的行为。

第二十条 城市照明可以采取合同能源管理的方式,选择专业性能源管理公司管理城市照明设施。

第四章 管理和维护

第二十一条 城市照明主管部门应当建立健全各项规章制度,加强对城市照明设施的监管,保证城市照明设施的完好和正常运行。

第二十二条 城市照明设施的管理和维护,应当符合有关标准规范。

第二十三条　城市照明主管部门可以采取招标投标的方式确定城市照明设施维护单位,具体负责政府投资的城市照明设施的维护工作。

第二十四条　非政府投资建设的城市照明设施由建设单位负责维护;符合下列条件的,办理资产移交手续后,可以移交城市照明主管部门管理:

(一)符合城市照明专项规划及有关标准;

(二)提供必要的维护、运行条件;

(三)提供完整的竣工验收资料;

(四)城市人民政府规定的其他条件和范围。

第二十五条　政府预算安排的城市照明设施运行维护费用应当专款专用,保证城市照明设施的正常运行。

第二十六条　城市照明设施维护单位应当定期对照明灯具进行清扫,改善照明效果,并可以采取精确等量分时照明等节能措施。

第二十七条　因自然生长而不符合安全距离标准的树木,由城市照明主管部门通知有关单位及时修剪;因不可抗力致使树木严重危及城市照明设施安全运行的,城市照明维护单位可以采取紧急措施进行修剪,并及时报告城市园林绿化主管部门。

第二十八条　任何单位和个人都应当保护城市照明设施,不得实施下列行为:

(一)在城市照明设施上刻划、涂污;

(二)在城市照明设施安全距离内,擅自植树、挖坑取土或者设置其他物体,或者倾倒含酸、碱、盐等腐蚀物或者具有腐蚀性的废渣、废液;

(三)擅自在城市照明设施上张贴、悬挂、设置宣传品、广告;

(四)擅自在城市照明设施上架设线缆、安置其他设施或者接用电源;

(五)擅自迁移、拆除、利用城市照明设施;

(六)其他可能影响城市照明设施正常运行的行为。

第二十九条　损坏城市照明设施的单位和个人,应当立即保护事故现场,防止事故扩大,并通知城市照明主管部门。

第五章　法律责任

第三十条　不具备相应资质的单位和不具备相应执业资格证书的专业技术人员从事城市照明工程勘察、设计、施工、监理的,依照有关法律、法规和规章予以处罚。

第三十一条　违反本规定,在城市景观照明中有过度照明等超能耗标准行为的,由城市照明主管部门责令限期改正;逾期未改正的,处以1000元以上3万元以下的罚款。

第三十二条　违反本规定,有第二十八条规定行为之一的,由城市照明主管部门责令限期改正,对个人处以200元以上1000元以下的罚款;对单位处以1000元以上3万元以下的罚款;造成损失的,依法赔偿损失。

第三十三条 城市照明主管部门工作人员玩忽职守、滥用职权、徇私舞弊的,依法给予行政处分;构成犯罪的,依法追究刑事责任。

第六章 附 则

第三十四条 本规定下列用语的含义是:

(一)城市照明是指在城市规划区内城市道路、隧道、广场、公园、公共绿地、名胜古迹以及其他建(构)筑物的功能照明或者景观照明。

(二)功能照明是指通过人工光以保障人们出行和户外活动安全为目的的照明。

(三)景观照明是指在户外通过人工光以装饰和造景为目的的照明。

(四)城市照明设施是指用于城市照明的照明器具以及配电、监控、节能等系统的设备和附属设施等。

第三十五条 镇、乡和未设镇建制工矿区的照明管理,可以参照本规定执行。

各地可以根据本办法制定实施细则。

第三十六条 本规定自 2010 年 7 月 1 日起施行,《城市道路照明设施管理规定》(建设部令第 21 号)、《建设部关于修改〈城市道路照明设施管理规定〉的决定》(建设部令第 104 号)同时废止。

超限运输车辆行驶公路管理规定

交通运输部令 2016 年第 62 号

《超限运输车辆行驶公路管理规定》已于 2016 年 8 月 18 日经第 18 次部务会议通过,现予公布,自 2016 年 9 月 21 日起施行。

第一章 总 则

第一条 为加强超限运输车辆行驶公路管理,保障公路设施和人民生命财产安全,根据《公路法》《公路安全保护条例》等法律、行政法规,制定本规定。

第二条 超限运输车辆通过公路进行货物运输,应当遵守本规定。

第三条 本规定所称超限运输车辆,是指有下列情形之一的货物运输车辆:

(一)车货总高度从地面算起超过 4 米;

(二)车货总宽度超过 2.55 米;

(三)车货总长度超过 18.1 米;

(四)二轴货车,其车货总质量超过 18000 千克;

(五)三轴货车,其车货总质量超过 25000 千克;三轴汽车列车,其车货总质量超过 27000 千克;

(六)四轴货车,其车货总质量超过 31000 千克;四轴汽车列车,其车货总质量超过 36000 千克;

(七)五轴汽车列车,其车货总质量超过 43000 千克;

(八)六轴及六轴以上汽车列车,其车货总质量超过 49000 千克,其中牵引车驱动轴为单轴的,其车货总质量超过 46000 千克。

前款规定的限定标准的认定,还应当遵守下列要求:

(一)二轴组按照二个轴计算,三轴组按照三个轴计算;

(二)除驱动轴外,二轴组、三轴组以及半挂车和全挂车的车轴每侧轮胎按照双轮胎计算,若每轴每侧轮胎为单轮胎,限定标准减少 3000 千克,但安装符合国家有关标准的加宽轮胎的除外;

(三)车辆最大允许总质量不应超过各车轴最大允许轴荷之和;

(四)拖拉机、农用车、低速货车,以行驶证核定的总质量为限定标准;

(五)符合《汽车、挂车及汽车列车外廓尺寸、轴荷及质量限值》(GB 1589)规定的冷藏车、汽车列车、安装空气悬架的车辆,以及专用作业车,不认定为超限运输车辆。

第四条 交通运输部负责全国超限运输车辆行驶公路的管理工作。

县级以上地方人民政府交通运输主管部门负责本行政区域内超限运输车辆行驶公路的管理工作。

公路管理机构具体承担超限运输车辆行驶公路的监督管理。

县级以上人民政府相关主管部门按照职责分工,依法负责或者参与、配合超限运输车辆行驶公路的监督管理。交通运输主管部门应当在本级人民政府统一领导下,与相关主管部门建立治理超限运输联动工作机制。

第五条 各级交通运输主管部门应当组织公路管理机构、道路运输管理机构建立相关管理信息系统,推行车辆超限管理信息系统、道路运政管理信息系统联网,实现数据交换与共享。

第二章 大件运输许可管理

第六条 载运不可解体物品的超限运输(以下称大件运输)车辆,应当依法办理有关许可手续,采取有效措施后,按照指定的时间、路线、速度行驶公路。未经许可,不得擅自行驶公路。

第七条 大件运输的托运人应当委托具有大型物件运输经营资质的道路运输经营者承运,并在运单上如实填写托运货物的名称、规格、重量等相关信息。

第八条 大件运输车辆行驶公路前,承运人应当按下列规定向公路管理机构申请公路超限运输许可:

(一)跨省、自治区、直辖市进行运输的,向起运地省级公路管理机构递交申请书,申请机关需要列明超限运输途经公路沿线各省级公路管理机构,由起运地省级公路管理机构统一受理并组织协调沿线各省级公路管理机构联合审批,必要时可由交通运输部统一组织协调处理;

(二)在省、自治区范围内跨设区的市进行运输,或者在直辖市范围内跨区、县进行运输的,向该省级公路管理机构提出申请,由其受理并审批;

(三)在设区的市范围内跨区、县进行运输的,向该市级公路管理机构提出申请,由其受理并审批;

(四)在区、县范围内进行运输的,向该县级公路管理机构提出申请,由其受理并审批。

第九条 各级交通运输主管部门、公路管理机构应当利用信息化手段,建立公路超限运输许可管理平台,实行网上办理许可手续,并及时公开相关信息。

第十条 申请公路超限运输许可的,承运人应当提交下列材料:

(一)公路超限运输申请表,主要内容包括货物的名称、外廓尺寸和质量,车辆的厂牌型号、整备质量、轴数、轴距和轮胎数,载货时车货总体的外廓尺寸、总质量、各车轴轴荷,拟运输的起讫点、通行路线和行驶时间;

(二)承运人的道路运输经营许可证,经办人的身份证件和授权委托书;

(三)车辆行驶证或者临时行驶车号牌。

车货总高度从地面算起超过4.5米,或者总宽度超过3.75米,或者总长度超过28米,或者总质量超过100000千克,以及其他可能严重影响公路完好、安全、畅通情形的,还应当提交记录载货时车货总体外廓尺寸信息的轮廓图和护送方案。

护送方案应当包含护送车辆配置方案、护送人员配备方案、护送路线情况说明、护送操作细则、异常情况处理等相关内容。

第十一条 承运人提出的公路超限运输许可申请有下列情形之一的,公路管理机构不予受理:

(一)货物属于可分载物品的;

(二)承运人所持有的道路运输经营许可证记载的经营资质不包括大件运输的;

(三)承运人被依法限制申请公路超限运输许可未满限制期限的;

(四)法律、行政法规规定的其他情形。

载运单个不可解体物品的大件运输车辆,在不改变原超限情形的前提下,加装多个品种相同的不可解体物品的,视为载运不可解体物品。

第十二条 公路管理机构受理公路超限运输许可申请后,应当对承运人提交的申请材料进行审查。属于第十条第二款规定情形的,公路管理机构应当对车货总体外廓尺寸、总质量、轴荷等数据和护送方案进行核查,并征求同级公安机关交通管理部门意见。

属于统一受理、集中办理跨省、自治区、直辖市进行运输的,由起运地省级公路管理机构负责审查。

第十三条 公路管理机构审批公路超限运输申请,应当根据实际情况组织人员勘测通行路线。需要采取加固、改造措施的,承运人应当按照规定要求采取有效的加固、改造措施。公路管理机构应当对承运人提出的加固、改造措施方案进行审查,并组织验收。

承运人不具备加固、改造措施的条件和能力的,可以通过签订协议的方式,委托公路管理机构制定相应的加固、改造方案,由公路管理机构进行加固、改造,或者由公路管理机构通过市场化方式选择具有相应资质的单位进行加固、改造。

采取加固、改造措施所需的费用由承运人承担。相关收费标准应当公开、透明。

第十四条 采取加固、改造措施应当满足公路设施安全需要,并遵循下列原则:

(一)优先采取临时措施,便于实施、拆除和可回收利用;

(二)采取永久性或者半永久性措施的,可以考虑与公路设施的技术改造同步实施;

(三)对公路设施采取加固、改造措施仍无法满足大件运输车辆通行的,可以考虑采取修建临时便桥或者便道的改造措施;

(四)有多条路线可供选择的,优先选取桥梁技术状况评定等级高和采取加固、改造措施所需费用低的路线通行;

(五)同一时期,不同的超限运输申请,涉及对同一公路设施采取加固、改造措施的,由各承运人按照公平、自愿的原则分担有关费用。

第十五条 公路管理机构应当在下列期限内作出行政许可决定:

(一)车货总高度从地面算起未超过4.2米、总宽度未超过3米、总长度未超过20米且车货总质量、轴荷未超过本规定第三条、第十七条规定标准的,自受理申请之日起2个工作日内作出,属于统一受理、集中办理跨省、自治区、直辖市大件运输的,办理的时间最长不得超过5个工作日;

(二)车货总高度从地面算起未超过4.5米、总宽度未超过3.75米、总长度未超过28米且总质量未超过100000千克的,属于本辖区内大件运输的,自受理申请之日起5个工作日内作出,属于统一受理、集中办理跨省、自治区、直辖市大件运输的,办理的时间最长不得超过10个工作日;

(三)车货总高度从地面算起超过4.5米,或者总宽度超过3.75米,或者总长度超过28米,或者总质量超过100000千克的,属于本辖区内大件运输的,自受理申请之日起15个工作日内作出,属于统一受理、集中办理跨省、自治区、直辖市大件运输的,办理的时间最长不得超过20个工作日。

采取加固、改造措施所需时间不计算在前款规定的期限内。

第十六条 受理跨省、自治区、直辖市公路超限运输申请后,起运地省级公路管理机构应当在2个工作日内向途经公路沿线各省级公路管理机构转送其受理的申请资料。

属于第十五条第一款第二项规定的情形的,途经公路沿线各省级公路管理机构应当在收到转送的申请材料起5个工作日内作出行政许可决定;属于第十五条第一款第三项规定的情形的,应当在收到转送的申请材料起15个工作日内作出行政许可决定,并向起运地省级公路管理机构反馈。需要采取加固、改造措施的,由相关省级公路管理机构按照本规定第十三条执行;上下游省、自治区、直辖市范围内路线或者行驶时间调整的,应当及时告知承运人和起运地省级公路管理机构,由起运地省级公路管理机构组织协调处理。

第十七条 有下列情形之一的,公路管理机构应当依法作出不予行政许可的决定:

(一)采用普通平板车运输,车辆单轴的平均轴荷超过10000千克或者最大轴荷超过13000千克的;

(二)采用多轴多轮液压平板车运输,车辆每轴线(一线两轴8轮胎)的平均轴荷超过18000千克或者最大轴荷超过20000千克的;

(三)承运人不履行加固、改造义务的;

(四)法律、行政法规规定的其他情形。

第十八条 公路管理机构批准公路超限运输申请的,根据大件运输的具体情况,指定行驶公路的时间、路线和速度,并颁发《超限运输车辆通行证》。其中,批准跨省、自治区、直辖市运输的,由起运地省级公路管理机构颁发。

《超限运输车辆通行证》的式样由交通运输部统一制定,各省级公路管理机构负责印制和管理。申请人可到许可窗口领取或者通过网上自助方式打印。

第十九条 同一大件运输车辆短期内多次通行固定路线,装载方式、装载物品相同,且不需要采取加固、改造措施的,承运人可以根据运输计划向公路管理机构申请办理行驶期限不超过6个月的《超限运输车辆通行证》。运输计划发生变化的,需按原许可机关的有关规定办理变更手续。

第二十条 经批准进行大件运输的车辆,行驶公路时应当遵守下列规定:

(一)采取有效措施固定货物,按照有关要求在车辆上悬挂明显标志,保证运输安全;

(二)按照指定的时间、路线和速度行驶;

(三)车货总质量超限的车辆通行公路桥梁,应当匀速居中行驶,避免在桥上制动、变速或者停驶;

(四)需要在公路上临时停车的,除遵守有关道路交通安全规定外,还应当在车辆周边设置警告标志,并采取相应的安全防范措施;需要较长时间停车或者遇有恶劣天气的,应当驶离公路,就近选择安全区域停靠;

(五)通行采取加固、改造措施的公路设施,承运人应当提前通知该公路设施的养护管理单位,由其加强现场管理和指导;

(六)因自然灾害或者其他不可预见因素而出现公路通行状况异常致使大件运输车辆无法继续行驶的,承运人应当服从现场管理并及时告知作出行政许可决定的公路管理机构,由其协调当地公路管理机构采取相关措施后继续行驶。

第二十一条 大件运输车辆应当随车携带有效的《超限运输车辆通行证》,主动接受公路管理机构的监督检查。

大件运输车辆及装载物品的有关情况应当与《超限运输车辆通行证》记载的内容一致。

任何单位和个人不得租借、转让《超限运输车辆通行证》,不得使用伪造、变造的《超限运输车辆通行证》。

第二十二条 对于本规定第十条第二款规定的大件运输车辆,承运人应当按照护送方案组织护送。

承运人无法采取护送措施的,可以委托作出行政许可决定的公路管理机构协调公路沿线的公路管理机构进行护送,并承担所需费用。护送收费标准由省级交通运输主管部门会同同级财政、价格主管部门按规定制定,并予以公示。

第二十三条 行驶过程中,护送车辆应当与大件运输车辆形成整体车队,并保持实时、畅通的通讯联系。

第二十四条 经批准的大件运输车辆途经实行计重收费的收费公路时,对其按照基本费率标准收取车辆通行费,但车辆及装载物品的有关情况与《超限运输车辆通行证》记载的内容不一致的除外。

第二十五条 公路管理机构应当加强与辖区内重大装备制造、运输企业的联系,了解其制造、运输计划,加强服务,为重大装备运输提供便利条件。

大件运输需求量大的地区,可以统筹考虑建设成本、运输需求等因素,适当提高通行路段的技术条件。

第二十六条 公路管理机构、公路经营企业应当按照有关规定,定期对公路、公路桥梁、公路隧道等设施进行检测和评定,并为社会公众查询其技术状况信息提供便利。

公路收费站应当按照有关要求设置超宽车道。

第三章 违法超限运输管理

第二十七条 载运可分载物品的超限运输(以下称违法超限运输)车辆,禁止行驶公路。

在公路上行驶的车辆,其车货总体的外廓尺寸或者总质量未超过本规定第三条规定的限定标准,但超过相关公路、公路桥梁、公路隧道限载、限高、限宽、限长标准的,不得在该公路、公路桥梁或者公路隧道行驶。

第二十八条 煤炭、钢材、水泥、砂石、商品车等货物集散地以及货运站等场所的经营人、管理人(以下统称货运源头单位),应当在货物装运场(站)安装合格的检测设备,对出场(站)货运车辆进行检测,确保出场(站)货运车辆合法装载。

第二十九条 货运源头单位、道路运输企业应当加强对货运车辆驾驶人的教育和管理,督促其合法运输。

道路运输企业是防止违法超限运输的责任主体,应当按照有关规定加强对车辆装载及运行全过程监控,防止驾驶人违法超限运输。

任何单位和个人不得指使、强令货运车辆驾驶人违法超限运输。

第三十条 货运车辆驾驶人不得驾驶违法超限运输车辆。

第三十一条　道路运输管理机构应当加强对政府公布的重点货运源头单位的监督检查。通过巡查、技术监控等方式督促其落实监督车辆合法装载的责任,制止违法超限运输车辆出场(站)。

第三十二条　公路管理机构、道路运输管理机构应当建立执法联动工作机制,将违法超限运输行为纳入道路运输企业质量信誉考核和驾驶人诚信考核,实行违法超限运输"黑名单"管理制度,依法追究违法超限运输的货运车辆、车辆驾驶人、道路运输企业、货运源头单位的责任。

第三十三条　公路管理机构应当对货运车辆进行超限检测。超限检测可以采取固定站点检测、流动检测、技术监控等方式。

第三十四条　采取固定站点检测的,应当在经省级人民政府批准设置的公路超限检测站进行。

第三十五条　公路管理机构可以利用移动检测设备,开展流动检测。经流动检测认定的违法超限运输车辆,应当就近引导至公路超限检测站进行处理。

流动检测点远离公路超限检测站的,应当就近引导至县级以上地方交通运输主管部门指定并公布的执法站所、停车场、卸载场等具有停放车辆及卸载条件的地点或者场所进行处理。

第三十六条　经检测认定违法超限运输的,公路管理机构应当责令当事人自行采取卸载等措施,消除违法状态;当事人自行消除违法状态确有困难的,可以委托第三人或者公路管理机构协助消除违法状态。

属于载运不可解体物品,在接受调查处理完毕后,需要继续行驶公路的,应当依法申请公路超限运输许可。

第三十七条　公路管理机构对车辆进行超限检测,不得收取检测费用。对依法扣留或者停放接受调查处理的超限运输车辆,不得收取停车保管费用。由公路管理机构协助卸载、分装或者保管卸载货物的,超过保管期限经通知当事人仍不领取的,可以按照有关规定予以处理。

第三十八条　公路管理机构应当使用经国家有关部门检定合格的检测设备对车辆进行超限检测;未定期检定或者检定不合格的,其检测数据不得作为执法依据。

第三十九条　收费高速公路入口应当按照规定设置检测设备,对货运车辆进行检测,不得放行违法超限运输车辆驶入高速公路。其他收费公路实行计重收费的,利用检测设备发现违法超限运输车辆时,有权拒绝其通行。收费公路经营管理者应当将违法超限运输车辆及时报告公路管理机构或者公安机关交通管理部门依法处理。

公路管理机构有权查阅和调取公路收费站车辆称重数据、照片、视频监控等有关资料,经确认后可以作为行政处罚的证据。

第四十条 公路管理机构应当根据保护公路的需要,在货物运输主通道、重要桥梁入口处等普通公路以及开放式高速公路的重要路段和节点,设置车辆检测等技术监控设备,依法查处违法超限运输行为。

第四十一条 新建、改建公路时,应当按照规划,将超限检测站点、车辆检测等技术监控设备作为公路附属设施一并列入工程预算,与公路主体工程同步设计、同步建设、同步验收运行。

第四章 法律责任

第四十二条 违反本规定,依照《公路法》《公路安全保护条例》《道路运输条例》和本规定予以处理。

第四十三条 车辆违法超限运输的,由公路管理机构根据违法行为的性质、情节和危害程度,按下列规定给予处罚:

(一)车货总高度从地面算起未超过4.2米、总宽度未超过3米且总长度未超过20米的,可以处200元以下罚款;车货总高度从地面算起未超过4.5米、总宽度未超过3.75米且总长度未超过28米的,处200元以上1000元以下罚款;车货总高度从地面算起超过4.5米、总宽度超过3.75米或者总长度超过28米的,处1000元以上3000元以下的罚款;

(二)车货总质量超过本规定第三条第一款第四项至第八项规定的限定标准,但未超过1000千克的,予以警告;超过1000千克的,每超1000千克罚款500元,最高不得超过30000元。

有前款所列多项违法行为的,相应违法行为的罚款数额应当累计,但累计罚款数额最高不得超过30000元。

第四十四条 公路管理机构在违法超限运输案件处理完毕后7个工作日内,应当将与案件相关的下列信息通过车辆超限管理信息系统抄告车籍所在地道路运输管理机构:

(一)车辆的号牌号码、车型、车辆所属企业、道路运输证号信息;

(二)驾驶人的姓名、驾驶人从业资格证编号、驾驶人所属企业信息;

(三)货运源头单位、货物装载单信息;

(四)行政处罚决定书信息;

(五)与案件相关的其他资料信息。

第四十五条 公路管理机构在监督检查中发现违法超限运输车辆不符合《汽车、挂车及汽车列车外廓尺寸、轴荷及质量限值》(GB 1589),或者与行驶证记载的登记内容不符的,应当予以记录,定期抄告车籍所在地的公安机关交通管理部门等单位。

第四十六条 对1年内违法超限运输超过3次的货运车辆和驾驶人,以及违法超限运输的货运车辆超过本单位货运车辆总数 10% 的道路运输企业,由道路运输管理机构依照《公路安全保护条例》第六十六条予以处理。

前款规定的违法超限运输记录累计计算周期,从初次领取《道路运输证》、道路运输从业人员从业资格证、道路运输经营许可证之日算起,可跨自然年度。

第四十七条 大件运输车辆有下列情形之一的,视为违法超限运输:

(一)未经许可擅自行驶公路的;

(二)车辆及装载物品的有关情况与《超限运输车辆通行证》记载的内容不一致的;

(三)未按许可的时间、路线、速度行驶公路的;

(四)未按许可的护送方案采取护送措施的。

第四十八条 承运人隐瞒有关情况或者提供虚假材料申请公路超限运输许可的,除依法给予处理外,并在 1 年内不准申请公路超限运输许可。

第四十九条 违反本规定,指使、强令车辆驾驶人超限运输货物的,由道路运输管理机构责令改正,处 30000 元以下罚款。

第五十条 违法行为地或者车籍所在地公路管理机构可以根据技术监控设备记录资料,对违法超限运输车辆依法给予处罚,并提供适当方式,供社会公众查询违法超限运输记录。

第五十一条 公路管理机构、道路运输管理机构工作人员有玩忽职守、徇私舞弊、滥用职权的,依法给予行政处分;涉嫌犯罪的,移送司法机关依法查处。

第五十二条 对违法超限运输车辆行驶公路现象严重,造成公路桥梁垮塌等重大安全事故,或者公路受损严重、通行能力明显下降的,交通运输部、省级交通运输主管部门可以按照职责权限,在 1 年内停止审批该地区申报的地方性公路工程建设项目。

第五十三条 相关单位和个人拒绝、阻碍公路管理机构、道路运输管理机构工作人员依法执行职务,构成违反治安管理行为的,由公安机关依法给予治安管理处罚;构成犯罪的,依法追究刑事责任。

第五章 附 则

第五十四条 因军事和国防科研需要,载运保密物品的大件运输车辆确需行驶公路的,参照本规定执行;国家另有规定的,从其规定。

第五十五条 本规定自 2016 年 9 月 21 日起施行。原交通部发布的《超限运输车辆行驶公路管理规定》(交通部令 2000 年第 2 号)同时废止。

公路超限检测站管理办法

交通运输部令 2011 年第 7 号

《公路超限检测站管理办法》已于 2011 年 6 月 10 日经第 6 次部务会议通过,现予公布,自 2011 年 8 月 1 日起施行。

第一章 总 则

第一条 为加强和规范公路超限检测站管理,保障车辆超限治理工作依法有效进行,根据《中华人民共和国公路法》和《公路安全保护条例》,制定本办法。

第二条 本办法所称公路超限检测站,是指为保障公路完好、安全和畅通,在公路上设立的,对车辆实施超限检测,认定、查处和纠正违法行为的执法场所和设施。

第三条 公路超限检测站的管理,应当遵循统一领导、分级负责、规范运行、依法监管的原则。

交通运输部主管全国公路超限检测站的监督管理工作。

省、自治区、直辖市人民政府交通运输主管部门主管本行政区域内公路超限检测站的监督管理工作,并负责公路超限检测站的规划、验收等工作。

市、县级人民政府交通运输主管部门根据《中华人民共和国公路法》、《公路安全保护条例》等法律、法规、规章的规定主管本行政区域内公路超限检测站的监督管理工作。

公路超限检测站的建设、运行等具体监督管理工作,由公路管理机构负责。

第四条 公路超限检测站作为公路管理机构的派出机构,其主要职责是:

(一)宣传、贯彻、执行国家有关车辆超限治理的法律、法规、规章和政策;

(二)制定公路超限检测站的各项管理制度;

(三)依法对在公路上行驶的车辆进行超限检测,认定、查处和纠正违法行为;

(四)监督当事人对超限运输车辆采取卸载、分装等消除违法状态的改正措施;

(五)收集、整理、上报有关检测、执法等数据和动态信息;

(六)管理、维护公路超限检测站的设施、设备和信息系统;

(七)法律、法规规定的其他职责。

第五条 县级以上各级人民政府交通运输主管部门应当在经批准的公路管理经费预算中统筹安排公路超限检测站的建设和运行经费,并实行专款专用。任何单位和个人不得截留、挤占或者挪用。

第六条 县级以上地方人民政府交通运输主管部门可以结合本地区实际,在本级人民政府的统一领导下,会同有关部门组织路政管理、交通警察等执法人员依照各自职责,在公路超限检测站内对超限运输车辆实施联合执法。

第二章 规划建设

第七条 公路超限检测站按照布局和作用,分为Ⅰ类检测站和Ⅱ类检测站:

(一)Ⅰ类检测站主要用于监控国道或者省道的省界入口、多条国道或者省道的交汇点、跨省货物运输的主通道等全国性公路网的重要路段和节点;

(二)Ⅱ类检测站主要用于监控港口码头、厂矿等货物集散地、货运站的主要出入路段以及省内货物运输的主通道等区域性公路网的重要路段和节点。

第八条 公路超限检测站的设置,应当按照统一规划、合理布局、总量控制、适时调整的原则,由省、自治区、直辖市人民政府交通运输主管部门提出方案,报请本级人民政府批准;其中,Ⅰ类检测站的设置还应当符合交通运输部有关超限检测站的规划。

经批准设置的公路超限检测站,未经原批准机关同意,不得擅自撤销或者变更用途。

第九条 公路超限检测站的全称按照"公路管理机构名称+超限检测站所在地名称+超限检测站"的形式统一命名,其颜色、标识等外观要求应当符合附件1、附件2的规定。

第十条 公路超限检测站的建设,除符合有关技术规范的要求外,还应当遵循下列原则:

(一)选址优先考虑公路网的关键节点;

(二)尽量选择视线开阔,用水、用电方便,生活便利的地点;

(三)以港湾式的建设方式为主,因客观条件限制,确需远离公路主线建设的,应当修建连接公路主线与检测站区的辅道;

(四)统筹考虑公路网运行监测、公路突发事件应急物资储备等因素,充分利用公路沿线现有设施、设备、人力、信息等资源,增强检测站的综合功能,降低运行成本。

第十一条 建设公路超限检测站,应当根据车辆超限检测的需要,合理设置下列功能区域及设施:

(一)检测、执法处理、卸载、停车等车辆超限检测基本功能区;

(二)站区交通安全、交通导流、视频监控、网络通讯、照明和其他车辆超限检测辅助设施;

(三)必要的日常办公和生活设施。

对于交通流量较大、治理工作任务较重的公路超限检测站,可以在公路主线上设置不停车预检设施,对超限运输车辆进行预先识别。

第十二条 公路超限检测站应当在入口前方一定距离内按照附件3的规定设置检测站专用标志,对行驶车辆进行提示。

第十三条 公路超限检测站应当加强信息化建设,其信息系统应当符合交通运输部颁发的数据交换标准,并满足远程查询证照和违法记录信息、站内执法信息化以及部、省、站三级联网管理的需要。

第十四条 公路超限检测站建成后,省、自治区、直辖市人民政府交通运输主管部门应当按照国家有关规定和标准组织验收。验收合格后方可投入使用。

第十五条 新建、改建公路时,有经批准设置的公路超限检测站的,应当将其作为公路附属设施的组成部分,一并列入工程预算,与公路同步设计、同步建设、同步运行。

第十六条 省、自治区、直辖市人民政府交通运输主管部门应当组织有关部门定期对辖区内公路超限检测站的整体布局进行后评估,并可以根据交通流量、车辆超限变化情况等因素,适时对超限检测站进行合理调整。

第三章 运行管理

第十七条 公路超限检测站应当建立健全工作制度,参照附件4的规定规范检测、处罚、卸载等工作流程,并在显著位置设置公告栏,公示有关批准文书、工作流程、收费项目与标准、计量检测设备合格证等信息。

第十八条 公路超限检测站实行24小时工作制。因特殊情况确需暂停工作的,应当报经省、自治区、直辖市公路管理机构批准。

省、自治区、直辖市公路管理机构应当制定公路超限检测站运行管理办法,加强对公路超限检测站的组织管理和监督考核。

第十九条 公路超限检测站实行站长负责制。公路管理机构应当加强对站长、副站长的选拔和考核管理工作,实行站长定期轮岗交流制度。

第二十条 公路超限检测站应当根据检测执法工作流程,明确车辆引导、超限检测、行政处罚、卸载分装、流动检测、设备维护等不同岗位的工作职责,并结合当地实际,按照部颁Ⅰ类和Ⅱ类检测站的标准配备相应的路政执法人员。

第二十一条 公路超限检测站应当根据检测路段交通流量、车辆出行结构等因素合理配置下列超限检测执法设备:

(一)经依法定期检定合格的有关车辆计量检测设备;

(二)卸载、分装货物或者清除障碍的相关机械设备;

(三)执行公路监督检查任务的专用车辆;

(四)用于调查取证、执法文书处理、通讯对讲、安全防护等与超限检测执法有关的其他设备。

第二十二条 公路超限检测站应当在站区内设置监督意见箱、开水桶、急救箱、卫生间等便民服务设施,并保持站内外环境整洁。

第二十三条 公路超限检测站应当加强对站内设施、设备的保管和维护,确保设施、设备处于良好运行状态。

第二十四条 公路超限检测站应当加强站区交通疏导,引导车辆有序检测,避免造成公路主线车辆拥堵。要结合实际情况制定突发事件应急预案,及时做好应急处置与安全防范等工作。

第四章 执法管理

第二十五条 公路超限检测应当采取固定检测为主的工作方式。

对于检测站附近路网密度较大、故意绕行逃避检测或者短途超限运输情形严重的地区,公路超限检测站可以按照省、自治区、直辖市人民政府交通运输主管部门的有关规定,利用移动检测设备等流动检测方式进行监督检查。经流动检测认定的违法超限运输车辆,应当就近引导至公路超限检测站进行处理。

禁止在高速公路主线上开展流动检测。

第二十六条 车辆违法超限运输的认定,应当经过依法检定合格的有关计量检测设备检测。

禁止通过目测的方式认定车辆违法超限运输。

第二十七条 经检测认定车辆存在违法超限运输情形的,公路超限检测站执法人员应当按照以下要求进行处理:

(一)对运载可分载货物的,应当责令当事人采取卸载、分装等改正措施,消除违法状态;对整车运输鲜活农产品以及易燃、易爆危险品的,按照有关规定处理;

(二)对运载不可解体大件物品且未办理超限运输许可手续的,应当责令当事人停止违法行为,接受调查处理,并告知当事人到有关部门申请办理超限运输许可手续。

第二十八条 对经检测发现不存在违法超限运输情形的车辆,或者经复检确认消除违法状态并依法处理完毕的车辆,应当立即放行。

第二十九条 公路超限检测站执法人员对车辆进行超限检测时,不得收取检测费用;对停放在公路超限检测站内接受调查处理的超限运输车辆,不得收取停车费用。

需要协助卸载、分装超限货物或者保管卸载货物的,相关收费标准应当按照省、自治区、直辖市人民政府物价部门核定的标准执行。卸载货物超过保管期限经通知当事人仍不领取的,可以按照有关规定予以处理。

第三十条 公路超限检测站执法人员依法实施罚款处罚,应当依照有关法律、行政法规的规定,实行罚款决定与罚款收缴分离;收缴的罚款应当全部上缴国库。

公路超限检测站执法人员依法当场收缴罚款的,应当向当事人出具省、自治区、直辖市财政部门统一制发的罚款收据;未出具的,当事人有权拒绝缴纳罚款。

禁止任何单位和个人向公路超限检测站执法人员下达或者变相下达罚款指标。

第三十一条　公路超限检测站执法人员应当按照规定利用车辆超限管理信息系统开展检测、执法工作,并及时将有关数据上报公路管理机构。

省、自治区、直辖市公路管理机构应当定期对超限运输违法信息进行整理和汇总,并抄送相关部门,由其对道路运输企业、货运车辆及其驾驶人依法处理。

第三十二条　公路超限检测站执法人员进行超限检测和执法时应当严格遵守法定程序,实施行政处罚时应当由2名以上执法人员参加,并向当事人出示有效执法证件。

在公路超限检测站从事后勤保障等工作,不具有执法证件的人员不得参与拦截车辆、检查证件、实施行政处罚等执法活动。

第三十三条　路政管理、交通警察等执法人员在公路超限检测站对超限运输车辆实施联合执法时,应当各司其职,密切合作,信息共享,严格执法。

第三十四条　公路超限检测站执法人员应当按照国家有关规定佩戴标志、持证上岗,坚持依法行政、文明执法、行为规范,做到着装规范、风纪严整、举止端庄、热情服务。

第三十五条　公路超限检测站执法人员在工作中,严禁下列行为:

(一)未按照规定佩戴标志或者未持证上岗;

(二)辱骂、殴打当事人;

(三)当场收缴罚款不开具罚款收据或者不如实填写罚款数额;

(四)擅自使用扣留车辆、私自处理卸载货物;

(五)对未消除违法状态的超限运输车辆予以放行;

(六)接受与执法有关的吃请、馈赠;

(七)包庇、袒护和纵容违法行为;

(八)指使或者协助外部人员带车绕行、闯卡;

(九)从事与职权相关的经营活动;

(十)贪污、挪用经费、罚没款。

第三十六条　省、自治区、直辖市公路管理机构应当设立公开电话,及时受理群众的投诉举报。同时通过政府网站、公路超限检测站公告栏等方式公示有关信息,接受社会监督。

第五章　法律责任

第三十七条　公路超限检测站违反本办法有关规定的,由县级以上人民政府交通运输主管部门责令改正,对负有直接责任的主管人员和其他直接责任人员依法给予处分,并由省、自治区、直辖市人民政府交通运输主管部门予以通报;情节严重的,由交通运输部予以通报。

第三十八条 公路超限检测站执法人员违反本办法第三十五条规定的,取消其行政执法资格,调离执法岗位;情节严重的,予以辞退或者开除公职;构成犯罪的,依法追究刑事责任。涉及驻站其他部门执法人员的,由交通运输主管部门向其主管部门予以通报。

第三十九条 公路超限检测站执法人员违法行使职权侵犯当事人的合法权益造成损害的,应当依照《中华人民共和国国家赔偿法》的有关规定给予赔偿。

第四十条 车辆所有人、驾驶人及其他人员采取故意堵塞公路超限检测站通行车道、强行通过公路超限检测站等方式扰乱超限检测秩序,或者采取短途驳载等方式逃避超限检测的,由公路管理机构强制拖离或者扣留车辆,处3万元以下的罚款;构成违反治安管理行为的,依法给予治安管理处罚;构成犯罪的,依法追究刑事责任。

第六章 附 则

第四十一条 本办法自 2011 年 8 月 1 日起施行。

道路交通事故深度调查实战常用法律规范汇编

第四分册 客运企业法律责任相关法律规范

公安部道路交通安全研究中心 编

人民交通出版社股份有限公司
China Communications Press Co.,Ltd.

图书在版编目(CIP)数据

道路交通事故深度调查实战常用法律规范汇编.4,客运企业法律责任相关法律规范/公安部道路交通安全研究中心编.—北京:人民交通出版社股份有限公司,2018.1(2024.12重印)

ISBN 978-7-114-14479-0

Ⅰ.①道… Ⅱ.①公… Ⅲ.①道路交通安全法—汇编—中国 ②旅客运输—交通运输企业—法规—汇编—中国 Ⅳ.①D922.149

中国版本图书馆 CIP 数据核字(2018)第 004140 号

Daolu Jiaotong Shigu Shendu Diaocha Shizhan Changyong Falü Guifan Huibian

书　　名:	道路交通事故深度调查实战常用法律规范汇编
	第四分册　客运企业法律责任相关法律规范
著 作 者:	公安部道路交通安全研究中心
责任编辑:	赵瑞琴　陈　鹏　徐　菲
出版发行:	人民交通出版社股份有限公司
地　　址:	(100011)北京市朝阳区安定门外外馆斜街3号
网　　址:	http://www.ccpcl.com.cn
销售电话:	(010)85285857
总 经 销:	人民交通出版社股份有限公司发行部
经　　销:	各地新华书店
印　　刷:	北京科印技术咨询服务有限公司数码印刷分部
开　　本:	787×1092　1/16
印　　张:	7.125
字　　数:	121 千
版　　次:	2018 年 1 月　第 1 版
印　　次:	2024 年 12 月　第 4 次印刷
书　　号:	ISBN 978-7-114-14479-0
定　　价:	125.00 元(共 5 册)

(有印刷、装订质量问题的图书由本公司负责调换)

前　言

2017年6月以来，公安部交通管理局部署各地公安机关交通管理部门在全国范围内贯彻实施《道路交通事故深度调查工作规范（试行）》，各地积极行动，大力推进道路交通事故深度调查工作。从各地反映情况看，道路交通事故深度调查涉及的法律规范"体系庞杂""分布散乱""适用复杂"，办案中普遍存在查找难、理解难、适用难等问题，亟须将深度调查工作中常用的法律规范进行全面系统梳理，提炼汇编成册，供各地实战应用。

习近平总书记在党的十九大报告中指出，要"坚持依法治国、依法执政、依法行政共同推进，坚持法治国家、法治政府、法治社会一体建设"，强调"树立安全发展理念，弘扬生命至上、安全第一的思想，坚决遏制重特大安全事故"。因此，如何运用好道路交通事故深度调查制度，提升办案水平，严格责任落实，切实推动政府进一步强化交通安全综合治理工作，是摆在各地公安机关交通管理部门面前的重要任务。为此，公安部道路交通安全研究中心从"推动良法实施、促进善治共治"出发，运用"检察官思维"和"法官思维"，从司法实践入手，深入分析了50余起一次死亡3人以上典型事故判例，结合5起在办案件，对事故深度调查工作中暴露出来的问题进行了梳理和剖析。在江苏、湖北、四川交警总队，武汉、深圳交警支队等执法规范化建设合作基地领导的支持和指导下，公安部道路交通安全研究中心与5个单位的执法和事故骨干深入细致地剖析梳理了道路交通事故深度调查过程中法律规范的适用规律、频次和方法。最终收集整理了道路交通事故深度调查相关的81部法律规范，梳理汇编形成了《道路交通事故深度调查实战常用法律规范汇编》，为各地办案提供参考和索引。

本汇编分为5册：《道路运输相关法律规范》《车辆管理相关法律规范》《道路管理相关法律规范》《客运企业法律责任相关法律规范》《危险货物运输企业法律责任相关法律规范》，内容涵盖"道路运输""车辆管理""道路管理"三大行业领

域以及"客运企业"和"危险货物运输企业"两大责任主体,涉及刑事、行政、民事三大法律责任的追究,汇总了法律、行政法规、部门规章、规范性文件以及司法解释等最新规定,方便查阅参考。

在编纂过程中,云南交警总队和高速交警支队为本汇编提供了有力支持,在此表示感谢。

汇编如有遗漏和不当之处,欢迎广大读者批评指正。

公安部道路交通安全研究中心
2017 年 11 月

《道路交通事故深度调查实战常用法律规范汇编》相关人员名单

编审委员会主任：尚　炜
编审委员会副主任：李晓东　陈玉峰　姚　俊　叶建昆　徐　炜

主　　　　编：黄金晶　赵司聪　罗芳芳
副　主　　编：戴　帅　周文辉　周志强　刘　君　刘　艳
　　　　　　　王大珊　顾志坚　廖　峻　陶劲松　项　辉
　　　　　　　黎晓波　宋　嵘　陈建华　陈　俊　胡　希
参　编　人　员：黄　婷　韩　雪　张得杰　王颂勃　王晓兴
　　　　　　　贾进雷　杨　洋　王　奉　邹　艺　王　婧
　　　　　　　刘金广　舒　强　丛浩哲　胡伟超　饶众博
　　　　　　　毛圣明

总 目 录

第一分册 道路运输相关法律规范

中华人民共和国道路运输条例　国务院令第 666 号
道路运输车辆动态监督管理办法　交通运输部令 2016 年第 55 号
道路货物运输及站场管理规定　交通运输部令 2016 年第 35 号
道路旅客运输及客运站管理规定　交通运输部令 2016 年第 82 号
道路旅客运输企业安全管理规范（试行）　交运发〔2012〕33 号
道路危险货物运输管理规定　交通运输部令 2016 年第 36 号
危险化学品安全管理条例
放射性物品运输安全管理条例　国务院令第 562 号
放射性物品道路运输管理规定　交通运输部令 2016 年第 71 号
易制毒化学品管理条例　国务院令第 666 号
剧毒化学品购买和公路运输许可证件管理办法　公安部令第 77 号
民用爆炸物品安全管理条例　国务院令第 653 号
道路运输从业人员管理规定　交通运输部令 2016 年第 52 号

第二分册 车辆管理相关法律规范

车辆生产企业及产品生产一致性监督管理办法　工业和信息化部令第 109 号
关于进一步加强道路机动车辆生产一致性监督管理和注册登记工作的通知
　　工信部联产业〔2010〕453 号
商用车生产企业及产品准入管理规则　工产业〔2010〕第 132 号
专用汽车和挂车生产企业及产品准入管理规则　工产业〔2009〕第 45 号
罐式车辆生产企业及产品准入管理要求　工业和信息化部公告 2014 年第 48 号
新能源汽车生产企业及产品准入管理规定　工业和信息化部令第 39 号
摩托车生产准入管理办法　国家经济贸易委员会令第 43 号
摩托车生产准入管理办法实施细则　国家经济贸易委员会公告 2002 年第 110 号
机动车登记规定　公安部令第 124 号

二手车流通管理办法　商务部、公安部、国家工商行政管理总局、国家税务总局
　2005 年第 2 号令
机动车安全技术检验机构监督管理办法　国家质量监督检验检疫总局令第 121 号
道路运输车辆燃料消耗量检测和监督管理办法　交通运输部令 2009 年第 11 号
机动车维修管理规定　交通运输部令 2016 年第 37 号
机动车强制报废标准规定　商务部、发改委、公安部、环境保护部令 2012 年第 12 号
报废汽车回收管理办法　国务院令第 307 号
缺陷汽车产品召回管理条例　国务院令第 626 号
家用汽车产品修理、更换、退货责任规定　国家质量监督检验检疫总局令第 150 号
摩托车商品修理更换退货责任实施细则
校车安全管理条例　国务院令第 617 号
中华人民共和国大气污染防治法
农业机械安全监督管理条例　国务院令第 563 号
中华人民共和国特种设备安全法
特种设备安全监察条例　国务院令第 549 号

第三分册　道路管理相关法律规范

中华人民共和国公路法
公路安全保护条例　国务院令第 593 号
城市道路管理条例　国务院令第 676 号
公路建设监督管理办法　交通部令 2006 年第 6 号
农村公路建设管理办法　交通部令 2006 年第 3 号
收费公路管理条例　国务院令第 417 号
公路水运工程质量监督管理规定　交通运输部令 2017 年第 28 号
公路工程竣(交)工验收办法　交通部令〔2004〕年第 3 号
公路工程竣(交)工验收办法实施细则　交公路发〔2010〕65 号
公路养护工程管理办法　交公路发〔2001〕327 号
建设工程勘察设计管理条例　国务院令第 662 号
建设工程质量管理条例　国务院令第 279 号
路政管理规定　交通运输部令 2016 年第 81 号
城市照明管理规定　住房和城乡建设部令第 4 号
超限运输车辆行驶公路管理规定　交通运输部令 2016 年第 62 号
公路超限检测站管理办法　交通运输部令 2011 年第 7 号

第四分册　客运企业法律责任相关法律规范

中华人民共和国刑法(节选)及相关司法解释、规范性文件
中华人民共和国民法通则(节选)及相关司法解释
中华人民共和国侵权责任法(节选)及相关司法解释、规范性文件
中华人民共和国合同法(节选)
中华人民共和国旅游法(节选)
中华人民共和国安全生产法(节选)
中华人民共和国道路交通安全法(节选)
中华人民共和国道路交通安全法实施条例(节选)
中华人民共和国道路运输条例(节选)　国务院令第666号
生产安全事故报告和调查处理条例(节选)
道路旅客运输企业安全管理规范(试行)　交运发〔2012〕33号
道路运输车辆动态监督管理办法(节选)　交通运输部令2016年第55号
道路运输车辆技术管理规定(节选)　交通运输部令2016年第1号
道路运输从业人员管理规定(节选)　交通运输部令2016年第52号
道路旅客运输及客运站管理规定(节选)　交通运输部令2016年第82号
国务院关于加强道路交通安全工作的意见(节选)　国发〔2012〕30号
公安部、交通运输部关于进一步加强客货运驾驶人安全管理工作的意见(节选)
　　公通字〔2012〕5号
交通部关于加强节假日汽车旅游客运安全管理等有关事宜的通知
　　交公路发〔2000〕196号
交通运输部关于进一步加强道路包车客运管理的通知(节选)
　　交运发〔2012〕738号
交通运输部、公安部关于进一步加强长途客运接驳运输试点工作的通知
　　交运发〔2014〕2号
交通运输部关于加强长途客运接驳运输动态管理有关工作的通知(节选)
　　交运函〔2015〕658号
交通运输部、公安部、国家安全监管总局关于进一步加强和改进道路客运
　　安全工作的通知　交运发〔2010〕210号
交通运输部关于印发《道路客运接驳运输管理办法(试行)》的通知
　　交运发〔2017〕208号
交通运输部关于深化改革加快推进道路客运转型升级的指导意见(节选)
　　交运发〔2016〕240号

3

交通运输部办公厅关于全国道路客运、危货运输安全生产整治实施工作的通知(节选)
  交办运〔2014〕179号

第五分册　危险货物运输企业法律责任相关法律规范

中华人民共和国刑法(节选)及相关司法解释、规范性文件

中华人民共和国民法通则(节选)及相关司法解释

中华人民共和国侵权责任法(节选)及相关司法解释

中华人民共和国治安管理处罚法(节选)

中华人民共和国道路交通安全法(节选)

中华人民共和国消防法(节选)

中华人民共和国安全生产法(节选)

中华人民共和国反恐怖主义法(节选)

中华人民共和国突发事件应对法(节选)

中华人民共和国固体废物污染环境防治法(节选)

中华人民共和国道路运输条例(节选)

危险化学品安全管理条例

易制毒化学品管理条例(节选)　国务院令第666号

道路危险货物运输管理规定(节选)　交通运输部令2013年第2号

道路货物运输及站场管理规定(节选)　交通运输部令2016年第35号

剧毒化学品购买和公路运输许可证件管理办法(节选)　公安部令第77号

道路运输车辆动态监督管理办法(节选)　交通运输部令2016年第55号

道路运输从业人员管理规定(节选)　交通运输部2016年第52号令

道路交通安全违法行为处理程序规定(节选)　公安部令第105号

机动车驾驶证申领和使用规定(节选)　公安部令第139号

机动车强制报废标准规定(节选)　商务部、发改委、公安部、环境保护部令2012年
  第12号

国务院关于加强道路交通安全工作的意见(节选)　国发〔2012〕30号

国务院办公厅关于印发危险化学品安全综合治理方案的通知(节选)
  国办发〔2016〕88号

国家安全生产监督管理总局、公安部、交通部关于加强危险化学品道路运输安全
  管理的紧急通知(节选)　安监总危化〔2006〕119号

交通运输部关于进一步加强道路危险货物运输安全管理工作的通知
  交运发〔2014〕88号

交通运输部、公安部、国家安全监管总局关于进一步加强道路运输安全管理工作的

通知(节选) 交运明电〔2016〕35号

道路运输车辆技术管理规定(节选) 交通运输部令2016年第1号

交通运输部办公厅关于全国道路客运、危货运输安全生产整治实施工作的通知(节选)
　　交办运〔2014〕179号

国家安全监管总局、工业和信息化部、公安部、交通运输部、国家质检总局关于在用液体
　　危险货物罐车加装紧急切断装置有关事项的通知 安监总管三〔2014〕74号

交通运输部关于加强危险品运输安全监督管理的若干意见
　　交安监发〔2014〕211号

目 录

中华人民共和国刑法(节选)及相关司法解释、规范性文件 …… 1
中华人民共和国民法通则(节选)及相关司法解释 …… 11
中华人民共和国侵权责任法(节选)及相关司法解释、规范性文件 …… 12
中华人民共和国合同法(节选) …… 15
中华人民共和国旅游法(节选) …… 16
中华人民共和国安全生产法(节选) …… 17
中华人民共和国道路交通安全法(节选) …… 24
中华人民共和国道路交通安全法实施条例(节选) …… 26
中华人民共和国道路运输条例(节选) 国务院令第666号 …… 28
生产安全事故报告和调查处理条例(节选) …… 32
道路旅客运输企业安全管理规范(试行) 交运发〔2012〕33号 …… 34
道路运输车辆动态监督管理办法(节选) 交通运输部令2016年第55号 …… 45
道路运输车辆技术管理规定(节选) 交通运输部令2016年第1号 …… 48
道路运输从业人员管理规定(节选) 交通运输部令2016年第52号 …… 52
道路旅客运输及客运站管理规定(节选) 交通运输部令2016年第82号 …… 54
国务院关于加强道路交通安全工作的意见(节选) 国发〔2012〕30号 …… 69
公安部、交通运输部关于进一步加强客货运驾驶人安全管理工作的意见(节选)
  公通字〔2012〕5号 …… 71
交通部关于加强节假日汽车旅游客运安全管理等有关事宜的通知
  交公路发〔2000〕196号 …… 74
交通运输部关于进一步加强道路包车客运管理的通知(节选)
  交运发〔2012〕738号 …… 76
交通运输部、公安部关于进一步加强长途客运接驳运输试点工作的通知
  交运发〔2014〕2号 …… 79
交通运输部关于加强长途客运接驳运输动态管理有关工作的通知(节选)
  交运函〔2015〕658号 …… 84
交通运输部、公安部、国家安全监管总局关于进一步加强和改进道路客运
  安全工作的通知 交运发〔2010〕210号 …… 85

交通运输部关于印发《道路客运接驳运输管理办法(试行)》的通知

　　交运发〔2017〕208号 ·· 90

交通运输部关于深化改革加快推进道路客运转型升级的指导意见(节选)

　　交运发〔2016〕240号 ·· 95

交通运输部办公厅关于全国道路客运、危货运输安全生产整治实施工作的通知(节选)

　　交办运〔2014〕179号 ·· 97

中华人民共和国刑法(节选)及相关司法解释、规范性文件

1979年7月1日第五届全国人民代表大会第二次会议通过,1997年3月14日第八届全国人民代表大会第五次会议修订,自1997年10月1日起实施。根据1999年12月25日《中华人民共和国刑法修正案》、2001年8月31日《中华人民共和国刑法修正案(二)》、2001年12月29日《中华人民共和国刑法修正案(三)》、2002年12月28日《中华人民共和国刑法修正案(四)》、2005年2月28日《中华人民共和国刑法修正案(五)》、2006年6月29日《中华人民共和国刑法修正案(六)》、2009年2月28日《中华人民共和国刑法修正案(七)》、2011年2月25日《中华人民共和国刑法修正案(八)》、2015年8月29日《中华人民共和国刑法修正案(九)》修订。

第三十七条之一 【职业禁止】因利用职业便利实施犯罪,或者实施违背职业要求的特定义务的犯罪被判处刑罚的,人民法院可以根据犯罪情况和预防再犯罪的需要,禁止其自刑罚执行完毕之日或者假释之日起从事相关职业,期限为3年至5年。

被禁止从事相关职业的人违反人民法院依照前款规定作出的决定的,由公安机关依法给予处罚;情节严重的,依照本法第三百一十三条的规定定罪处罚。

其他法律、行政法规对其从事相关职业另有禁止或者限制性规定的,从其规定。

第一百一十四条 【以危险方法危害公共安全罪】放火、决水、爆炸以及投放毒害性、放射性、传染病病原体等物质或者以其他危险方法危害公共安全,尚未造成严重后果的,处3年以上10年以下有期徒刑。

第一百一十五条 【以危险方法危害公共安全罪】放火、决水、爆炸以及投放毒害性、放射性、传染病病原体等物质或者以其他危险方法致人重伤、死亡或者使公私财产遭受重大损失的,处10年以上有期徒刑、无期徒刑或者死刑。

【过失以危险方法危害公共安全罪】过失犯前款罪的,处3年以上7年以下有期徒刑;情节较轻的,处3年以下有期徒刑或者拘役。

第一百三十三条 【交通肇事罪】违反交通运输管理法规,因而发生重大事故,致人重伤、死亡或者使公私财产遭受重大损失的,处3年以下有期徒刑或者拘役;交通运输肇事后逃逸或者有其他特别恶劣情节的,处3年以上7年以下有期徒刑;因逃逸致人死亡的,处7年以上有期徒刑。

《最高人民法院关于审理交通肇事刑事案件具体应用法律若干问题的解释》（法释〔2000〕33号）

第二条 交通肇事具有下列情形之一的,处3年以下有期徒刑或者拘役：

（一）死亡1人或者重伤3人以上,负事故全部或者主要责任的；

（二）死亡3人以上,负事故同等责任的；

（三）造成公共财产或者他人财产直接损失,负事故全部或者主要责任,无能力赔偿数额在30万元以上的。

第三条 交通肇事致1人以上重伤,负事故全部或者主要责任,并具有下列情形之一的,以交通肇事罪定罪处罚：

（一）酒后、吸食毒品后驾驶机动车辆的；

（二）无驾驶资格驾驶机动车辆的；

（三）明知是安全装置不全或者安全机件失灵的机动车辆而驾驶的；

（四）明知是无牌证或者已报废的机动车辆而驾驶的；

（五）严重超载驾驶的；

（六）为逃避法律追究逃离事故现场的。

第四条 交通肇事具有下列情形之一的,属于"有其他特别恶劣情节",处3年以上7年以下有期徒刑：

（一）死亡2人以上或者重伤5人以上,负事故全部或者主要责任的；

（二）死亡6人以上,负事故同等责任的；

（三）造成公共财产或者他人财产直接损失,负事故全部或者主要责任,无能力赔偿数额在60万元以上的。

第五条 "因逃逸致人死亡",是指行为人在交通肇事后为逃避法律追究而逃跑,致使被害人因得不到救助而死亡的情形。

交通肇事后,单位主管人员、机动车辆所有人、承包人或者乘车人指使肇事人逃逸,致使被害人因得不到救助而死亡的,以交通肇事罪的共犯论处。

第七条 单位主管人员、机动车辆所有人或者机动车辆承包人指使、强令他人违章驾驶造成重大交通事故,具有本解释第二条规定情形之一的,以交通肇事罪定罪处罚。

第一百三十三条之一 【危险驾驶罪】在道路上驾驶机动车,有下列情形之一的,处拘役,并处罚金：

（一）追逐竞驶,情节恶劣的；

（二）醉酒驾驶机动车的；

（三）从事校车业务或者旅客运输,严重超过额定乘员载客,或者严重超过规定时速行驶的；

(四)违反危险化学品安全管理规定运输危险化学品,危及公共安全的。

机动车所有人、管理人对前款第三项、第四项行为负有直接责任的,依照前款的规定处罚。

有前两款行为,同时构成其他犯罪的,依照处罚较重的规定定罪处罚。

第一百三十四条 【重大责任事故罪】在生产、作业中违反有关安全管理的规定,因而发生重大伤亡事故或者造成其他严重后果的,处3年以下有期徒刑或者拘役;情节特别恶劣的,处3年以上7年以下有期徒刑。

【强令违章冒险作业罪】强令他人违章冒险作业,因而发生重大伤亡事故或者造成其他严重后果的,处5年以下有期徒刑或者拘役;情节特别恶劣的,处5年以上有期徒刑。

《最高人民检察院、公安部关于公安机关管辖的刑事案件立案追诉标准的规定(一)》(公通字〔2008〕36号)

第八条 【重大责任事故案(刑法第一百三十四条第一款)】在生产、作业中违反有关安全管理的规定,涉嫌下列情形之一的,应予立案追诉:

(一)造成死亡1人以上,或者重伤3人以上;

(二)造成直接经济损失50万元以上的;

(三)发生矿山生产安全事故,造成直接经济损失100万元以上的;

(四)其他造成严重后果的情形。

第九条 【强令违章冒险作业案(刑法第一百三十四条第二款)】强令他人违章冒险作业,涉嫌下列情形之一的,应予立案追诉:

(一)造成死亡1人以上,或者重伤3人以上;

(二)造成直接经济损失50万元以上的;

(三)发生矿山生产安全事故,造成直接经济损失100元以上的;

(四)其他造成严重后果的情形。

《最高人民法院、最高人民检察院关于办理危害生产安全刑事案件适用法律若干问题的解释》(法释〔2015〕22号)

第一条 刑法第一百三十四条第一款规定的犯罪主体,包括对生产、作业负有组织、指挥或者管理职责的负责人、管理人员、实际控制人、投资人等人员,以及直接从事生产、作业的人员。

第二条 刑法第一百三十四条第二款规定的犯罪主体,包括对生产、作业负有组织、指挥或者管理职责的负责人、管理人员、实际控制人、投资人等人员。

第五条 明知存在事故隐患、继续作业存在危险,仍然违反有关安全管理的规定,实施下列行为之一的,应当认定为刑法第一百三十四条第二款规定的"强令他人违章冒

险作业":

（一）利用组织、指挥、管理职权，强制他人违章作业的；

（二）采取威逼、胁迫、恐吓等手段，强制他人违章作业的；

（三）故意掩盖事故隐患，组织他人违章作业的；

（四）其他强令他人违章作业的行为。

第十二条　实施刑法第一百三十二条、第一百三十四条至第一百三十九条之一规定的犯罪行为，具有下列情形之一的，从重处罚：

（一）未依法取得安全许可证件或者安全许可证件过期、被暂扣、吊销、注销后从事生产经营活动的；

（二）关闭、破坏必要的安全监控和报警设备的；

（三）已经发现事故隐患，经有关部门或者个人提出后，仍不采取措施的；

（四）一年内曾因危害生产安全违法犯罪活动受过行政处罚或者刑事处罚的；

（五）采取弄虚作假、行贿等手段，故意逃避、阻挠负有安全监督管理职责的部门实施监督检查的；

（六）安全事故发生后转移财产意图逃避承担责任的；

（七）其他从重处罚的情形。

实施前款第五项规定的行为，同时构成刑法第三百八十九条规定的犯罪的，依照数罪并罚的规定处罚。

第十三条　实施刑法第一百三十二条、第一百三十四条至第一百三十九条之一规定的犯罪行为，在安全事故发生后积极组织、参与事故抢救，或者积极配合调查、主动赔偿损失的，可以酌情从轻处罚。

第十六条　对于实施危害生产安全犯罪适用缓刑的犯罪分子，可以根据犯罪情况，禁止其在缓刑考验期限内从事与安全生产相关联的特定活动；对于被判处刑罚的犯罪分子，可以根据犯罪情况和预防再犯罪的需要，禁止其自刑罚执行完毕之日或者假释之日起3年至5年内从事与安全生产相关的职业。

第一百三十五条　【重大劳动安全事故罪】安全生产设施或者安全生产条件不符合国家规定，因而发生重大伤亡事故或者造成其他严重后果的，对直接负责的主管人员和其他直接责任人员，处3年以下有期徒刑或者拘役；情节特别恶劣的，处3年以上7年以下有期徒刑。

《最高人民检察院、公安部关于公安机关管辖的刑事案件立案追诉标准的规定（一）》（公通字〔2008〕36号）

第十条　【重大劳动安全事故案（刑法第一百三十五条）】安全生产设施或者安全生产条件不符合国家规定，涉嫌下列情形之一的，应予立案追诉：

(一)造成死亡1人以上,或者重伤3人以上;

(二)造成直接经济损失50万元以上的;

(三)发生矿山生产安全事故,造成直接经济损失100万元以上的;

(四)其他造成严重后果的情形。

《最高人民法院、最高人民检察院关于办理危害生产安全刑事案件适用法律若干问题的解释》(法释〔2015〕22号)

第三条 刑法第一百三十五条规定的"直接负责的主管人员和其他直接责任人员",是指对安全生产设施或者安全生产条件不符合国家规定负有直接责任的生产经营单位负责人、管理人员、实际控制人、投资人,以及其他对安全生产设施或者安全生产条件负有管理、维护职责的人员。

第一百三十八条 【教育设施重大安全事故罪】明知校舍或者教育教学设施有危险,而不采取措施或者不及时报告,致使发生重大伤亡事故的,对直接责任人员,处3年以下有期徒刑或者拘役;后果特别严重的,处3年以上7年以下有期徒刑。

《最高人民检察院公安部关于公安机关管辖的刑事案件立案追诉标准的规定(一)》(公通字〔2008〕36号)

第十四条 【教育设施重大安全事故案(刑法第一百三十八条)】明知校舍或者教育教学设施有危险,而不采取措施或者不及时报告,涉嫌下列情形之一的,应予立案追诉:(一)造成死亡1人以上、重伤3人以上或者轻伤10人以上的;(二)其他致使发生重大伤亡事故的情形。

第一百三十九条之一 【不报、谎报安全事故罪】在安全事故发生后,负有报告职责的人员不报或者谎报事故情况,贻误事故抢救,情节严重的,处3年以下有期徒刑或者拘役;情节特别严重的,处3年以上7年以下有期徒刑。

《最高人民检察院、公安部关于公安机关管辖的刑事案件立案追诉标准的规定(一)的补充规定》(公通字〔2017〕12号)

第十五条之一 【不报、谎报安全事故案(刑法第一百三十九条之一)】在安全事故发生后,负有报告职责的人员不报或者谎报事故情况,贻误事故抢救,涉嫌下列情形之一的,应予立案追诉:

(一)导致事故后果扩大,增加死亡1人以上,或者增加重伤3人以上,或者增加直接经济损失100万元以上的;

(二)实施下列行为之一,致使不能及时有效开展事故抢救的:

1.决定不报、迟报、谎报事故情况或者指使、串通有关人员不报、迟报、谎报事故情况的;

2.在事故抢救期间擅离职守或者逃匿的;

3.伪造、破坏事故现场,或者转移、藏匿、毁灭遇难人员尸体,或者转移、藏匿受伤人员的;

4.毁灭、伪造、隐匿与事故有关的图纸、记录、计算机数据等资料以及其他证据的;

(三)其他不报、谎报安全事故情节严重的情形。

本条规定的"负有报告职责的人员",是指负有组织、指挥或者管理职责的负责人、管理人员、实际控制人、投资人,以及其他负有报告职责的人员。

《最高人民法院、最高人民检察院关于办理危害生产安全刑事案件适用法律若干问题的解释》(法释〔2015〕22号)

第四条 刑法第一百三十九条之一规定的"负有报告职责的人员",是指负有组织、指挥或者管理职责的负责人、管理人员、实际控制人、投资人,以及其他负有报告职责的人员。

第九条 在安全事故发生后,与负有报告职责的人员串通,不报或者谎报事故情况,贻误事故抢救,情节严重的,依照刑法第一百三十九条之一的规定,以共犯论处。

第十条 在安全事故发生后,直接负责的主管人员和其他直接责任人员故意阻挠开展抢救,导致人员死亡或者重伤,或者为了逃避法律追究,对被害人进行隐藏、遗弃,致使被害人因无法得到救助而死亡或者重度残疾的,分别依照刑法第二百三十二条、第二百三十四条的规定,以故意杀人罪或者故意伤害罪定罪处罚。

第一百四十条 【生产、销售伪劣产品罪】生产者、销售者在产品中掺杂、掺假,以假充真,以次充好或者以不合格产品冒充合格产品,销售金额5万元以上不满20万元的,处2年以下有期徒刑或者拘役,并处或者单处销售金额50%以上2倍以下罚金;销售金额20万元以上不满50万元的,处2年以上7年以下有期徒刑,并处销售金额50%以上2倍以下罚金;销售金额50万元以上不满200万元的,处7年以上有期徒刑,并处销售金额50%以上2倍以下罚金;销售金额200万元以上的,处15年有期徒刑或者无期徒刑,并处销售金额50%以上2倍以下罚金或者没收财产。

《最高人民检察院、公安部关于公安机关管辖的刑事案件立案追诉标准的规定(一)》(公通字〔2008〕36号)

第十六条 【生产、销售伪劣产品案(刑法第一百四十条)】生产者、销售者在产品中掺杂、掺假,以假充真,以次充好或者以不合格产品冒充合格产品,涉嫌下列情形之一的,应予立案追诉:

(一)伪劣产品销售金额5万元以上的;

(二)伪劣产品尚未销售,货值金额15万元以上的;

(三)伪劣产品销售金额不满5万元,但将已销售金额乘以3倍后,与尚未销售的伪劣产品货值金额合计15万元以上的。

本条规定的"在产品中掺杂、掺假",是指在产品中掺入杂质或者异物,致使产品质量不符合国家法律、法规或者产品明示质量标准规定的质量要求,降低、失去应有使用性能的行为;"以假充真",是指以不具有某种使用性能的产品冒充具有该种使用性能的产品的行为;"以次充好",是指以低等级、低档次产品冒充高等级、高档次产品,或者以残次、废旧零配件组合、拼装后冒充正品或者新产品的行为;"不合格产品",是指不符合《中华人民共和国产品质量法》第二十六条第二款规定的质量要求的产品。

对本条规定的上述行为难以确定的,应当委托法律、行政法规规定的产品质量检验机构进行鉴定。本条规定的"销售金额",是指生产者、销售者出售伪劣产品后所得和应得的全部违法收入;"货值金额",以违法生产、销售的伪劣产品的标价计算;没有标价的,按照同类合格产品的市场中间价格计算。货值金额难以确定的,按照《扣押、追缴、没收物品估价管理办法》的规定,委托估价机构进行确定。

《最高人民法院、最高人民检察院关于办理生产、销售伪劣商品刑事案件具体应用法律若干问题的解释》(法释[2001]10号)

第一条 刑法第一百四十条规定的"在产品中掺杂、掺假",是指在产品中掺入杂质或者异物,致使产品质量不符合国家法律、法规或者产品明示质量标准规定的质量要求,降低、失去应有使用性能的行为。

刑法第一百四十条规定的"以假充真",是指以不具有某种使用性能的产品冒充具有该种使用性能的产品的行为。

刑法第一百四十条规定的"以次充好",是指以低等级、低档次产品冒充高等级、高档次产品,或者以残次、废旧零配件组合、拼装后冒充正品或者新产品的行为。

刑法第一百四十条规定的"不合格产品",是指不符合《中华人民共和国产品质量法》第二十六条第二款规定的质量要求的产品。

对本条规定的上述行为难以确定的,应当委托法律、行政法规规定的产品质量检验机构进行鉴定。

第二条 刑法第一百四十条、第一百四十九条规定的"销售金额",是指生产者、销售者出售伪劣产品后所得和应得的全部违法收入。

伪劣产品尚未销售,货值金额达到刑法第一百四十条规定的销售金额3倍以上的,以生产、销售伪劣产品罪(未遂)定罪处罚。

货值金额以违法生产、销售的伪劣产品的标价计算;没有标价的,按照同类合格产品的市场中间价格计算。货值金额难以确定的,按照国家计划委员会、最高人民法院、最高人民检察院、公安部1997年4月22日联合发布的《扣押、追缴、没收物品估价管理办法》的规定,委托指定的估价机构确定。

多次实施生产、销售伪劣产品行为,未经处理的,伪劣产品的销售金额或者货值金额累计计算。

第九条 知道或者应当知道他人实施生产、销售伪劣商品犯罪,而为其提供贷款、资金、账号、发票、证明、许可证件,或者提供生产、经营场所或者运输、仓储、保管、邮寄等便利条件,或者提供制假生产技术的,以生产、销售伪劣商品犯罪的共犯论处。

第十条 实施生产、销售伪劣商品犯罪,同时构成侵犯知识产权、非法经营等其他犯罪的,依照处罚较重的规定定罪处罚。

第十一条 实施刑法第一百四十条至第一百四十八条规定的犯罪,又以暴力、威胁方法抗拒查处,构成其他犯罪的,依照数罪并罚的规定处罚。

第一百四十六条 【生产、销售不符合安全标准的产品罪】生产不符合保障人身、财产安全的国家标准、行业标准的电器、压力容器、易燃易爆产品或者其他不符合保障人身、财产安全的国家标准、行业标准的产品,或者销售明知是以上不符合保障人身、财产安全的国家标准、行业标准的产品,造成严重后果的,处5年以下有期徒刑,并处销售金额50%以上2倍以下罚金;后果特别严重的,处5年以上有期徒刑,并处销售金额50%以上二倍以下罚金。

《最高人民检察院、公安部关于公安机关管辖的刑事案件立案追诉标准的规定(一)》(公通字〔2008〕36号)

第二十二条 【生产、销售不符合安全标准的产品案(刑法第一百四十六条)】生产不符合保障人身、财产安全的国家标准、行业标准的电器、压力容器、易燃易爆或者其他不符合保障人身、财产安全的国家标准、行业标准的产品,或者销售明知是以上不符合保障人身、财产安全的国家标准、行业标准的产品,涉嫌下列情形之一的,应予立案追诉:

(一)造成人员重伤或者死亡的;

(二)造成直接经济损失10万元以上的;

(三)其他造成严重后果的情形。

《最高人民法院、最高人民检察院关于办理危害生产安全刑事案件适用法律若干问题的解释》(法释〔2015〕22号)

第十一条 生产不符合保障人身、财产安全的国家标准、行业标准的安全设备,或者明知安全设备不符合保障人身、财产安全的国家标准、行业标准而进行销售,致使发生安全事故,造成严重后果的,依照刑法第一百四十六条的规定,以生产、销售不符合安全标准的产品罪定罪处罚。

第一百四十九条 【竞合的适用】生产、销售本节第一百四十一条至第一百四十八条所列产品,不构成各该条规定的犯罪,但是销售金额在5万元以上的,依照本节第一百四十条的规定定罪处罚。

生产、销售本节第一百四十一条至第一百四十八条所列产品,构成各该条规定的犯罪,同时又构成本节第一百四十条规定之罪的,依照处罚较重的规定定罪处罚。

第一百五十条 【单位犯生产、销售伪劣商品罪的处罚规定】单位犯本节第一百四十条至第一百四十八条规定之罪的,对单位判处罚金,并对其直接负责的主管人员和其他直接责任人员,依照各该条的规定处罚。

第二百二十五条 【非法经营罪】违反国家规定,有下列非法经营行为之一,扰乱市场秩序,情节严重的,处5年以下有期徒刑或者拘役,并处或者单处违法所得1倍以上5倍以下罚金;情节特别严重的,处5年以上有期徒刑,并处违法所得1倍以上5倍以下罚金或者没收财产:

(一)未经许可经营法律、行政法规规定的专营、专卖物品或者其他限制买卖的物品的;

(二)买卖进出口许可证、进出口原产地证明以及其他法律、行政法规规定的经营许可证或者批准文件的;

(三)未经国家有关主管部门批准非法经营证券、期货、保险业务的,或者非法从事资金支付结算业务的;

(四)其他严重扰乱市场秩序的非法经营行为。

第二百三十一条 【单位犯扰乱市场秩序罪的处罚规定】单位犯本节第二百二十一条至第二百三十条规定之罪的,对单位判处罚金,并对其直接负责的主管人员和其他直接责任人员,依照本节各该条的规定处罚。

《最高人民检察院、公安部关于公安机关管辖的刑事案件立案追诉标准的规定(二)》(公通字〔2010〕23号)

第七十九条 违反国家规定,进行非法经营活动,扰乱市场秩序,涉嫌下列情形之一的,应予立案追诉:

(八)从事其他非法经营活动,具有下列情形之一的:

1.个人非法经营数额在5万元以上,或者违法所得数额在1万元以上的;

2.单位非法经营数额在50万元以上,或者违法所得数额在10万元以上的;

3.虽未达到上述数额标准,但2年内因同种非法经营行为受过2次以上行政处罚,又进行同种非法经营行为的;

4.其他情节严重的情形。

第二百八十条 【伪造、变造、买卖国家机关公文、证件、印章罪】【盗窃、抢夺、毁灭国家机关公文、证件、印章罪】伪造、变造、买卖或者盗窃、抢夺、毁灭国家机关的公文、证件、印章的,处3年以下有期徒刑、拘役、管制或者剥夺政治权利,并处罚金;情节严重的,处3年以上10年以下有期徒刑,并处罚金。

【伪造公司、企业、事业单位、人民团体印章罪】伪造公司、企业、事业单位、人民团体的印章的,处3年以下有期徒刑、拘役、管制或者剥夺政治权利,并处罚金。

【伪造、变造、买卖身份证件罪】伪造、变造、买卖居民身份证、护照、社会保障卡、驾驶证等依法可以用于证明身份的证件的,处3年以下有期徒刑、拘役、管制或者剥夺政治权利,并处罚金;情节严重的,处3年以上7年以下有期徒刑,并处罚金。

第二百八十条之一 【使用虚假身份证件、盗用身份证件罪】在依照国家规定应当提供身份证明的活动中,使用伪造、变造的或者盗用他人的居民身份证、护照、社会保障卡、驾驶证等依法可以用于证明身份的证件,情节严重的,处拘役或者管制,并处或者单处罚金。

有前款行为,同时构成其他犯罪的,依照处罚较重的规定定罪处罚。

《最高人民法院、最高人民检察院关于与办理盗窃、抢劫、诈骗、抢夺机动车相关刑事案件具体应用法律问题的解释》(法释〔2007〕11号)

第二条 伪造、变造、买卖机动车行驶证、登记证书,累计3本以上的,依照刑法第二百八十条第一款的规定,以伪造、变造、买卖国家机关证件罪定罪,处3年以下有期徒刑、拘役、管制或者剥夺政治权利。

伪造、变造、买卖机动车行驶证、登记证书,累计达到第一款规定数量标准五倍以上的,属于刑法第二百八十条第一款规定中的"情节严重",处3年以上10年以下有期徒刑。

中华人民共和国民法通则(节选)及相关司法解释

1986年4月12日第六届全国人民代表大会第四次会议通过,根据2009年8月27日第十一届全国人民代表大会常务委员会第十次会议《关于修改部分法律的决定》修正。

第一百二十一条 国家机关或者国家机关工作人员在执行职务中,侵犯公民、法人的合法权益造成损害的,应当承担民事责任。

《最高人民法院关于审理人身损害赔偿案件适用法律若干问题的解释》(法释〔2003〕20号)

第八条 法人或者其他组织的法定代表人、负责人以及工作人员,在执行职务中致人损害的,依照民法通则第一百二十一条的规定,由该法人或者其他组织承担民事责任。

道路交通事故深度调查实战常用法律规范汇编

中华人民共和国侵权责任法(节选)及相关司法解释、规范性文件

2009年12月26日第十一届全国人民代表大会常务委员会第十二次会议通过。

第六条 行为人因过错侵害他人民事权益,应当承担侵权责任。根据法律规定推定行为人有过错,行为人不能证明自己没有过错的,应当承担侵权责任。

第三十四条 用人单位的工作人员因执行工作任务造成他人损害的,由用人单位承担侵权责任。

劳务派遣期间,被派遣的工作人员因执行工作任务造成他人损害的,由接受劳务派遣的用工单位承担侵权责任;劳务派遣单位有过错的,承担相应的补充责任。

第四十九条 因租赁、借用等情形机动车所有人与使用人不是同一人时,发生交通事故后属于该机动车一方责任的,由保险公司在机动车强制保险责任限额范围内予以赔偿。不足部分,由机动车使用人承担赔偿责任;机动车所有人对损害的发生有过错的,承担相应的赔偿责任。

《最高人民法院关于审理道路交通事故损害赔偿案件适用法律若干问题的解释》(法释〔2012〕19号)

第一条 机动车发生交通事故造成损害,机动车所有人或者管理人有下列情形之一,人民法院应当认定其对损害的发生有过错,并适用侵权责任法第四十九条的规定确定其相应的赔偿责任:

(一)知道或者应当知道机动车存在缺陷,且该缺陷是交通事故发生原因之一的;

(二)知道或者应当知道驾驶人无驾驶资格或者未取得相应驾驶资格的;

(三)知道或者应当知道驾驶人因饮酒、服用国家管制的精神药品或者麻醉药品,或者患有妨碍安全驾驶机动车的疾病等依法不能驾驶机动车的;

(四)其他应当认定机动车所有人或者管理人有过错的。

第二条 未经允许驾驶他人机动车发生交通事故造成损害,当事人依照侵权责任法第四十九条的规定请求由机动车驾驶人承担赔偿责任的,人民法院应予支持。机动车所有人或者管理人有过错的,承担相应的赔偿责任,但具有侵权责任法第五十二条规定情形的除外。

第三条 以挂靠形式从事道路运输经营活动的机动车发生交通事故造成损害,属

于该机动车一方责任,当事人请求由挂靠人和被挂靠人承担连带责任的,人民法院应予支持。

第四条　被多次转让但未办理转移登记的机动车发生交通事故造成损害,属于该机动车一方责任,当事人请求由最后一次转让并交付的受让人承担赔偿责任的,人民法院应予支持。

第五条　套牌机动车发生交通事故造成损害,属于该机动车一方责任,当事人请求由套牌机动车的所有人或者管理人承担赔偿责任的,人民法院应予支持;被套牌机动车所有人或者管理人同意套牌的,应当与套牌机动车的所有人或者管理人承担连带责任。

第六条　拼装车、已达到报废标准的机动车或者依法禁止行驶的其他机动车被多次转让,并发生交通事故造成损害,当事人请求由所有的转让人和受让人承担连带责任的,人民法院应予支持。

第七条　接受机动车驾驶培训的人员,在培训活动中驾驶机动车发生交通事故造成损害,属于该机动车一方责任,当事人请求驾驶培训单位承担赔偿责任的,人民法院应予支持。

第八条　机动车试乘过程中发生交通事故造成试乘人损害,当事人请求提供试乘服务者承担赔偿责任的,人民法院应予支持。试乘人有过错的,应当减轻提供试乘服务者的赔偿责任。

第九条　因道路管理维护缺陷导致机动车发生交通事故造成损害,当事人请求道路管理者承担相应赔偿责任的,人民法院应予支持,但道路管理者能够证明已按照法律、法规、规章、国家标准、行业标准或者地方标准尽到安全防护、警示等管理维护义务的除外。

依法不得进入高速公路的车辆、行人,进入高速公路发生交通事故造成自身损害,当事人请求高速公路管理者承担赔偿责任的,适用侵权责任法第七十六条的规定。

第十条　因在道路上堆放、倾倒、遗撒物品等妨碍通行的行为,导致交通事故造成损害,当事人请求行为人承担赔偿责任的,人民法院应予支持。道路管理者不能证明已按照法律、法规、规章、国家标准、行业标准或者地方标准尽到清理、防护、警示等义务的,应当承担相应的赔偿责任。

第十一条　未按照法律、法规、规章或者国家标准、行业标准、地方标准的强制性规定设计、施工,致使道路存在缺陷并造成交通事故,当事人请求建设单位与施工单位承担相应赔偿责任的,人民法院应予支持。

第十二条　机动车存在产品缺陷导致交通事故造成损害,当事人请求生产者或者销售者依照侵权责任法第五章的规定承担赔偿责任的,人民法院应予支持。

第十三条　多辆机动车发生交通事故造成第三人损害,当事人请求多个侵权人承担赔偿责任的,人民法院应当区分不同情况,依照侵权责任法第十条、第十一条或者第十二条的规定,确定侵权人承担连带责任或者按份责任。

《最高人民法院关于就客运合同纠纷案件中,对无过错承运人如何适用法律有关问题的请示的答复》(〔2006〕民监他字第1号)

云南省高级人民法院:

1.请示报告显示,该交通事故系由第三人的过错造成,承运人和旅客均无过错。受到损害的旅客依据《中华人民共和国合同法》第一百二十一条的规定,仅选择承运人提起客运合同纠纷诉讼的,人民法院应当就该客运合同纠纷案件进行审理。

2.承运人虽在交通事故中无过错,但在旅客提起的客运合同纠纷诉讼中,应按《中华人民共和国合同法》第三百零二条的规定,对旅客的伤亡承担损害赔偿责任。旅客关于精神损害的赔偿请求,应向造成交通事故的侵权人主张。在旅客仅选择提起客运合同纠纷诉讼的情况下,人民法院不应支持其向违约责任人主张精神损害赔偿的诉讼请求。

3.承运人向旅客支付的损害赔偿金额构成承运人在该交通事故中损失的一部分,可以向造成交通事故的侵权人主张。

中华人民共和国合同法(节选)

1999年3月15日中华人民共和国第九届全国人民代表大会第二次会议通过。

第二百九十条 【按约定期间运输义务】承运人应当在约定期间或者合理期间内将旅客、货物安全运输到约定地点。

第二百九十一条 【按约定路线运输义务】承运人应当按照约定的或者通常的运输路线将旅客、货物运输到约定地点。

中华人民共和国旅游法(节选)

2013年4月25日由中华人民共和国第十二届全国人民代表大会常务委员会第二次会议通过。

第四十九条 为旅游者提供交通、住宿、餐饮、娱乐等服务的经营者,应当符合法律、法规规定的要求,按照合同约定履行义务。

第五十三条 从事道路旅游客运的经营者应当遵守道路客运安全管理的各项制度,并在车辆显著位置明示道路旅游客运专用标识,在车厢内显著位置公示经营者和驾驶人信息、道路运输管理机构监督电话等事项。

中华人民共和国安全生产法(节选)

2002年6月29日第九届全国人民代表大会常务委员会第二十八次会议通过,根据2009年8月27日第十一届全国人民代表大会常务委员会第十次会议关于《关于修改部分法律的决定》第一次修正,根据2014年8月31日第十二届全国人民代表大会常务委员会第十次会议《关于修改〈中华人民共和国安全生产法〉的决定》第二次修正。

第十条 国务院有关部门应当按照保障安全生产的要求,依法及时制定有关的国家标准或者行业标准,并根据科技进步和经济发展适时修订。

生产经营单位必须执行依法制定的保障安全生产的国家标准或者行业标准。

第十七条 生产经营单位应当具备本法和有关法律、行政法规和国家标准或者行业标准规定的安全生产条件;不具备安全生产条件的,不得从事生产经营活动。

第十八条 生产经营单位的主要负责人对本单位安全生产工作负有下列职责:

(一)建立、健全本单位安全生产责任制;

(二)组织制定本单位安全生产规章制度和操作规程;

(三)组织制定并实施本单位安全生产教育和培训计划;

(四)保证本单位安全生产投入的有效实施;

(五)督促、检查本单位的安全生产工作,及时消除生产安全事故隐患;

(六)组织制定并实施本单位的生产安全事故应急救援预案;

(七)及时、如实报告生产安全事故。

第十九条 生产经营单位的安全生产责任制应当明确各岗位的责任人员、责任范围和考核标准等内容。

生产经营单位应当建立相应的机制,加强对安全生产责任制落实情况的监督考核,保证安全生产责任制的落实。

第二十条 生产经营单位应当具备的安全生产条件所必需的资金投入,由生产经营单位的决策机构、主要负责人或者个人经营的投资人予以保证,并对由于安全生产所必需的资金投入不足导致的后果承担责任。

有关生产经营单位应当按照规定提取和使用安全生产费用,专门用于改善安全生产条件。安全生产费用在成本中据实列支。安全生产费用提取、使用和监督管理的具体办法由国务院财政部门会同国务院安全生产监督管理部门征求国务院有关部门意见后制定。

第二十一条 矿山、金属冶炼、建筑施工、道路运输单位和危险物品的生产、经营、储存单位,应当设置安全生产管理机构或者配备专职安全生产管理人员。

前款规定以外的其他生产经营单位,从业人员超过100人的,应当设置安全生产管理机构或者配备专职安全生产管理人员;从业人员在100人以下的,应当配备专职或者兼职的安全生产管理人员。

第二十二条 生产经营单位的安全生产管理机构以及安全生产管理人员履行下列职责:

(一)组织或者参与拟订本单位安全生产规章制度、操作规程和生产安全事故应急救援预案;

(二)组织或者参与本单位安全生产教育和培训,如实记录安全生产教育和培训情况;

(三)督促落实本单位重大危险源的安全管理措施;

(四)组织或者参与本单位应急救援演练;

(五)检查本单位的安全生产状况,及时排查生产安全事故隐患,提出改进安全生产管理的建议;

(六)制止和纠正违章指挥、强令冒险作业、违反操作规程的行为;

(七)督促落实本单位安全生产整改措施。

第二十三条 生产经营单位的安全生产管理机构以及安全生产管理人员应当恪尽职守,依法履行职责。

生产经营单位作出涉及安全生产的经营决策,应当听取安全生产管理机构以及安全生产管理人员的意见。

生产经营单位不得因安全生产管理人员依法履行职责而降低其工资、福利等待遇或者解除与其订立的劳动合同。

危险物品的生产、储存单位以及矿山、金属冶炼单位的安全生产管理人员的任免,应当告知主管的负有安全生产监督管理职责的部门。

第二十四条 生产经营单位的主要负责人和安全生产管理人员必须具备与本单位所从事的生产经营活动相应的安全生产知识和管理能力。

危险物品的生产、经营、储存单位以及矿山、金属冶炼、建筑施工、道路运输单位的主要负责人和安全生产管理人员,应当由主管的负有安全生产监督管理职责的部门对其安全生产知识和管理能力考核合格。考核不得收费。

危险物品的生产、储存单位以及矿山、金属冶炼单位应当有注册安全工程师从事安全生产管理工作。鼓励其他生产经营单位聘用注册安全工程师从事安全生产管理工作。注册安全工程师按专业分类管理,具体办法由国务院人力资源和社会保障部门、国务院安全生产监督管理部门会同国务院有关部门制定。

第二十五条 生产经营单位应当对从业人员进行安全生产教育和培训,保证从业人员具备必要的安全生产知识,熟悉有关的安全生产规章制度和安全操作规程,掌握本岗位的安全操作技能,了解事故应急处理措施,知悉自身在安全生产方面的权利和义务。未经安全生产教育和培训合格的从业人员,不得上岗作业。

生产经营单位使用被派遣劳动者的,应当将被派遣劳动者纳入本单位从业人员统一管理,对被派遣劳动者进行岗位安全操作规程和安全操作技能的教育和培训。劳务派遣单位应当对被派遣劳动者进行必要的安全生产教育和培训。

生产经营单位接收中等职业学校、高等学校学生实习的,应当对实习学生进行相应的安全生产教育和培训,提供必要的劳动防护用品。学校应当协助生产经营单位对实习学生进行安全生产教育和培训。

生产经营单位应当建立安全生产教育和培训档案,如实记录安全生产教育和培训的时间、内容、参加人员以及考核结果等情况。

第二十六条 生产经营单位采用新工艺、新技术、新材料或者使用新设备,必须了解、掌握其安全技术特性,采取有效的安全防护措施,并对从业人员进行专门的安全生产教育和培训。

第三十三条 安全设备的设计、制造、安装、使用、检测、维修、改造和报废,应当符合国家标准或者行业标准。

生产经营单位必须对安全设备进行经常性维护、保养,并定期检测,保证正常运转。维护、保养、检测应当作好记录,并由有关人员签字。

第三十四条 生产经营单位使用的危险物品的容器、运输工具,以及涉及人身安全、危险性较大的海洋石油开采特种设备和矿山井下特种设备,必须按照国家有关规定,由专业生产单位生产,并经具有专业资质的检测、检验机构检测、检验合格,取得安全使用证或者安全标志,方可投入使用。检测、检验机构对检测、检验结果负责。

第三十七条 生产经营单位对重大危险源应当登记建档,进行定期检测、评估、监控,并制定应急预案,告知从业人员和相关人员在紧急情况下应当采取的应急措施。

生产经营单位应当按照国家有关规定将本单位重大危险源及有关安全措施、应急措施报有关地方人民政府安全生产监督管理部门和有关部门备案。

第三十八条 生产经营单位应当建立健全生产安全事故隐患排查治理制度,采取技术、管理措施,及时发现并消除事故隐患。事故隐患排查治理情况应当如实记录,并向从业人员通报。

县级以上地方各级人民政府负有安全生产监督管理职责的部门应当建立健全重大

事故隐患治理督办制度,督促生产经营单位消除重大事故隐患。

第四十二条 生产经营单位必须为从业人员提供符合国家标准或者行业标准的劳动防护用品,并监督、教育从业人员按照使用规则佩戴、使用。

第四十三条 生产经营单位的安全生产管理人员应当根据本单位的生产经营特点,对安全生产状况进行经常性检查;对检查中发现的安全问题,应当立即处理;不能处理的,应当及时报告本单位有关负责人,有关负责人应当及时处理。检查及处理情况应当如实记录在案。

生产经营单位的安全生产管理人员在检查中发现重大事故隐患,依照前款规定向本单位有关负责人报告,有关负责人不及时处理的,安全生产管理人员可以向主管的负有安全生产监督管理职责的部门报告,接到报告的部门应当依法及时处理。

第四十四条 生产经营单位应当安排用于配备劳动防护用品、进行安全生产培训的经费。

第四十六条 生产经营单位不得将生产经营项目、场所、设备发包或者出租给不具备安全生产条件或者相应资质的单位或者个人。

生产经营项目、场所发包或者出租给其他单位的,生产经营单位应当与承包单位、承租单位签订专门的安全生产管理协议,或者在承包合同、租赁合同中约定各自的安全生产管理职责;生产经营单位对承包单位、承租单位的安全生产工作统一协调、管理,定期进行安全检查,发现安全问题的,应当及时督促整改。

第四十七条 生产经营单位发生生产安全事故时,单位的主要负责人应当立即组织抢救,并不得在事故调查处理期间擅离职守。

第四十八条 生产经营单位必须依法参加工伤保险,为从业人员缴纳保险费。

国家鼓励生产经营单位投保安全生产责任保险。

第四十九条 生产经营单位与从业人员订立的劳动合同,应当载明有关保障从业人员劳动安全、防止职业危害的事项,以及依法为从业人员办理工伤保险的事项。

生产经营单位不得以任何形式与从业人员订立协议,免除或者减轻其对从业人员因生产安全事故伤亡依法应承担的责任。

第六十三条 生产经营单位对负有安全生产监督管理职责的部门的监督检查人员(以下统称安全生产监督检查人员)依法履行监督检查职责,应当予以配合,不得拒绝、阻挠。

第七十八条 生产经营单位应当制定本单位生产安全事故应急救援预案,与所在地县级以上地方人民政府组织制定的生产安全事故应急救援预案相衔接,并定期组织演练。

第八十四条 生产经营单位发生生产安全事故,经调查确定为责任事故的,除了应当查明事故单位的责任并依法予以追究外,还应当查明对安全生产的有关事项负有审查批准和监督职责的行政部门的责任,对有失职、渎职行为的,依照本法第八十七条的规定追究法律责任。

第八十五条 任何单位和个人不得阻挠和干涉对事故的依法调查处理。

第九十条 生产经营单位的决策机构、主要负责人或者个人经营的投资人不依照本法规定保证安全生产所必需的资金投入,致使生产经营单位不具备安全生产条件的,责令限期改正,提供必需的资金;逾期未改正的,责令生产经营单位停产停业整顿。

有前款违法行为,导致发生生产安全事故的,对生产经营单位的主要负责人给予撤职处分,对个人经营的投资人处2万元以上20万元以下的罚款;构成犯罪的,依照刑法有关规定追究刑事责任。

第九十一条 生产经营单位的主要负责人未履行本法规定的安全生产管理职责的,责令限期改正;逾期未改正的,处2万元以上5万元以下的罚款,责令生产经营单位停产停业整顿。

生产经营单位的主要负责人有前款违法行为,导致发生生产安全事故的,给予撤职处分;构成犯罪的,依照刑法有关规定追究刑事责任。

生产经营单位的主要负责人依照前款规定受刑事处罚或者撤职处分的,自刑罚执行完毕或者受处分之日起,5年内不得担任任何生产经营单位的主要负责人;对重大、特别重大生产安全事故负有责任的,终身不得担任本行业生产经营单位的主要负责人。

第九十二条 生产经营单位的主要负责人未履行本法规定的安全生产管理职责,导致发生生产安全事故的,由安全生产监督管理部门依照下列规定处以罚款:

(一)发生一般事故的,处上一年年收入30%的罚款;

(二)发生较大事故的,处上一年年收入40%的罚款;

(三)发生重大事故的,处上一年年收入60%的罚款;

(四)发生特别重大事故的,处上一年年收入80%的罚款。

第九十三条 生产经营单位的安全生产管理人员未履行本法规定的安全生产管理职责的,责令限期改正;导致发生生产安全事故的,暂停或者撤销其与安全生产有关的资格;构成犯罪的,依照刑法有关规定追究刑事责任。

第九十四条 生产经营单位有下列行为之一的,责令限期改正,可以处5万元以下的罚款;逾期未改正的,责令停产停业整顿,并处5万元以上10万元以下的罚款,对其直接负责的主管人员和其他直接责任人员处1万元以上2万元以下的罚款:

(一)未按照规定设置安全生产管理机构或者配备安全生产管理人员的;

(二)危险物品的生产、经营、储存单位以及矿山、金属冶炼、建筑施工、道路运输单位的主要负责人和安全生产管理人员未按照规定经考核合格的;

（三）未按照规定对从业人员、被派遣劳动者、实习学生进行安全生产教育和培训，或者未按照规定如实告知有关的安全生产事项的；

（四）未如实记录安全生产教育和培训情况的；

（五）未将事故隐患排查治理情况如实记录或者未向从业人员通报的；

（六）未按照规定制定生产安全事故应急救援预案或者未定期组织演练的；

（七）特种作业人员未按照规定经专门的安全作业培训并取得相应资格，上岗作业的。

第九十六条 生产经营单位有下列行为之一的，责令限期改正，可以处5万元以下的罚款；逾期未改正的，处5万元以上20万元以下的罚款，对其直接负责的主管人员和其他直接责任人员处1万元以上2万元以下的罚款；情节严重的，责令停产停业整顿；构成犯罪的，依照刑法有关规定追究刑事责任：

（一）未在有较大危险因素的生产经营场所和有关设施、设备上设置明显的安全警示标志的；

（二）安全设备的安装、使用、检测、改造和报废不符合国家标准或者行业标准的；

（三）未对安全设备进行经常性维护、保养和定期检测的；

（四）未为从业人员提供符合国家标准或者行业标准的劳动防护用品的；

（五）危险物品的容器、运输工具，以及涉及人身安全、危险性较大的海洋石油开采特种设备和矿山井下特种设备未经具有专业资质的机构检测、检验合格，取得安全使用证或者安全标志，投入使用的；

（六）使用应当淘汰的危及生产安全的工艺、设备的。

第九十九条 生产经营单位未采取措施消除事故隐患的，责令立即消除或者限期消除；生产经营单位拒不执行的，责令停产停业整顿，并处10万元以上50万元以下的罚款，对其直接负责的主管人员和其他直接责任人员处2万元以上5万元以下的罚款。

第一百条 生产经营单位将生产经营项目、场所、设备发包或者出租给不具备安全生产条件或者相应资质的单位或者个人的，责令限期改正，没收违法所得；违法所得10万元以上的，并处违法所得2倍以上5倍以下的罚款；没有违法所得或者违法所得不足10万元的，单处或者并处10万元以上20万元以下的罚款；对其直接负责的主管人员和其他直接责任人员处1万元以上2万元以下的罚款；导致发生生产安全事故给他人造成损害的，与承包方、承租方承担连带赔偿责任。

生产经营单位未与承包单位、承租单位签订专门的安全生产管理协议或者未在承包合同、租赁合同中明确各自的安全生产管理职责，或者未对承包单位、承租单位的安全生产统一协调、管理的，责令限期改正，可以处5万元以下的罚款，对其直接负责的主管人员和其他直接责任人员可以处1万元以下的罚款；逾期未改正的，责令停产停业整顿。

第一百零三条 生产经营单位与从业人员订立协议,免除或者减轻其对从业人员因生产安全事故伤亡依法应承担的责任的,该协议无效;对生产经营单位的主要负责人、个人经营的投资人处2万元以上10万元以下的罚款。

第一百零四条 生产经营单位的从业人员不服从管理,违反安全生产规章制度或者操作规程的,由生产经营单位给予批评教育,依照有关规章制度给予处分;构成犯罪的,依照刑法有关规定追究刑事责任。

第一百零五条 违反本法规定,生产经营单位拒绝、阻碍负有安全生产监督管理职责的部门依法实施监督检查的,责令改正;拒不改正的,处2万元以上20万元以下的罚款;对其直接负责的主管人员和其他直接责任人员处1万元以上2万元以下的罚款;构成犯罪的,依照刑法有关规定追究刑事责任。

第一百零六条 生产经营单位的主要负责人在本单位发生生产安全事故时,不立即组织抢救或者在事故调查处理期间擅离职守或者逃匿的,给予降级、撤职的处分,并由安全生产监督管理部门处上一年年收入60%至100%的罚款;对逃匿的处15日以下拘留;构成犯罪的,依照刑法有关规定追究刑事责任。

生产经营单位的主要负责人对生产安全事故隐瞒不报、谎报或者迟报的,依照前款规定处罚。

第一百零八条 生产经营单位不具备本法和其他有关法律、行政法规和国家标准或者行业标准规定的安全生产条件,经停产停业整顿仍不具备安全生产条件的,予以关闭;有关部门应当依法吊销其有关证照。

第一百零九条 发生生产安全事故,对负有责任的生产经营单位除要求其依法承担相应的赔偿等责任外,由安全生产监督管理部门依照下列规定处以罚款:

(一)发生一般事故的,处20万元以上50万元以下的罚款;

(二)发生较大事故的,处50万元以上100万元以下的罚款;

(三)发生重大事故的,处100万元以上500万元以下的罚款;

(四)发生特别重大事故的,处500万元以上1000万元以下的罚款;情节特别严重的,处1000万元以上2000万元以下的罚款。

第一百十一条 生产经营单位发生生产安全事故造成人员伤亡、他人财产损失的,应当依法承担赔偿责任;拒不承担或者其负责人逃匿的,由人民法院依法强制执行。

生产安全事故的责任人未依法承担赔偿责任,经人民法院依法采取执行措施后,仍不能对受害人给予足额赔偿的,应当继续履行赔偿义务;受害人发现责任人有其他财产的,可以随时请求人民法院执行。

中华人民共和国道路交通安全法(节选)

2003年10月28日第十届全国人民代表大会常务委员会第五次会议通过,根据2007年12月29日第十届全国人民代表大会常务委员会第三十一次会议《关于修改〈中华人民共和国道路交通安全法〉的决定》第一次修正,根据2011年4月22日第十一届全国人民代表大会常务委员会第二十次会议《关于修改〈中华人民共和国道路交通安全法〉的决定》第二次修正。

第四十九条 机动车载人不得超过核定的人数,客运机动车不得违反规定载货。

第九十一条 饮酒后驾驶机动车的,处暂扣6个月机动车驾驶证,并处1000元以上2000元以下罚款。因饮酒后驾驶机动车被处罚,再次饮酒后驾驶机动车的,处10日以下拘留,并处1000元以上2000元以下罚款,吊销机动车驾驶证。

醉酒驾驶机动车的,由公安机关交通管理部门约束至酒醒,吊销机动车驾驶证,依法追究刑事责任;5年内不得重新取得机动车驾驶证。

饮酒后驾驶营运机动车的,处15日拘留,并处5000元罚款,吊销机动车驾驶证,5年内不得重新取得机动车驾驶证。

醉酒驾驶营运机动车的,由公安机关交通管理部门约束至酒醒,吊销机动车驾驶证,依法追究刑事责任;10年内不得重新取得机动车驾驶证,重新取得机动车驾驶证后,不得驾驶营运机动车。

饮酒后或者醉酒驾驶机动车发生重大交通事故,构成犯罪的,依法追究刑事责任,并由公安机关交通管理部门吊销机动车驾驶证,终生不得重新取得机动车驾驶证。

第九十二条 公路客运车辆载客超过额定乘员的,处200元以上500元以下罚款;超过额定乘员20%或者违反规定载货的,处500元以上2000元以下罚款。

货运机动车超过核定载质量的,处200元以上500元以下罚款;超过核定载质量30%或者违反规定载客的,处500元以上2000元以下罚款。

有前两款行为的,由公安机关交通管理部门扣留机动车至违法状态消除。

运输单位的车辆有本条第一款、第二款规定的情形,经处罚不改的,对直接负责的主管人员处2000元以上5000元以下罚款。

第九十八条 机动车所有人、管理人未按照国家规定投保机动车第三者责任强制保险的,由公安机关交通管理部门扣留车辆至依照规定投保后,并处依照规定投保最低责任限额应缴纳的保险费的 2 倍罚款。

依照前款缴纳的罚款全部纳入道路交通事故社会救助基金。具体办法由国务院规定。

第九十九条 有下列行为之一的,由公安机关交通管理部门处 200 元以上 2000 元以下罚款:

(一)未取得机动车驾驶证、机动车驾驶证被吊销或者机动车驾驶证被暂扣期间驾驶机动车的;

(二)将机动车交由未取得机动车驾驶证或者机动车驾驶证被吊销、暂扣的人驾驶的;

(三)造成交通事故后逃逸,尚不构成犯罪的;

(四)机动车行驶超过规定时速 50%的;

(五)强迫机动车驾驶人违反道路交通安全法律、法规和机动车安全驾驶要求驾驶机动车,造成交通事故,尚不构成犯罪的;

(六)违反交通管制的规定强行通行,不听劝阻的;

(七)故意损毁、移动、涂改交通设施,造成危害后果,尚不构成犯罪的;

(八)非法拦截、扣留机动车辆,不听劝阻,造成交通严重阻塞或者较大财产损失的。

行为人有前款第二项、第四项情形之一的,可以并处吊销机动车驾驶证;有第一项、第三项、第五项至第八项情形之一的,可以并处 15 日以下拘留。

第一百零二条 对 6 个月内发生 2 次以上特大交通事故负有主要责任或者全部责任的专业运输单位,由公安机关交通管理部门责令消除安全隐患,未消除安全隐患的机动车,禁止上道路行驶。

中华人民共和国道路交通安全法实施条例(节选)

《中华人民共和国道路交通安全法实施条例》已经2004年4月28日国务院第49次常务会议通过,现予公布,自2004年5月1日起施行。

第十四条 用于公路营运的载客汽车、重型载货汽车、半挂牵引车应当安装、使用符合国家标准的行驶记录仪。交通警察可以对机动车行驶速度、连续驾驶时间以及其他行驶状态信息进行检查。安装行驶记录仪可以分步实施,实施步骤由国务院机动车产品主管部门会同有关部门规定。

第十六条 机动车应当从注册登记之日起,按照下列期限进行安全技术检验:

(一)营运载客汽车5年以内每年检验1次;超过5年的,每6个月检验1次;

(二)载货汽车和大型、中型非营运载客汽车10年以内每年检验1次;超过10年的,每6个月检验1次;

(三)小型、微型非营运载客汽车6年以内每2年检验1次;超过6年的,每年检验1次;超过15年的,每6个月检验1次;

(四)摩托车4年以内每2年检验1次;超过4年的,每年检验1次;

(五)拖拉机和其他机动车每年检验1次。

营运机动车在规定检验期限内经安全技术检验合格的,不再重复进行安全技术检验。

第五十五条 机动车载人应当遵守下列规定:

(一)公路载客汽车不得超过核定的载客人数,但按照规定免票的儿童除外,在载客人数已满的情况下,按照规定免票的儿童不得超过核定载客人数的10%;

(二)载货汽车车厢不得载客。在城市道路上,货运机动车在留有安全位置的情况下,车厢内可以附载临时作业人员1人至5人;载物高度超过车厢栏板时,货物上不得载人;

(三)摩托车后座不得乘坐未满12周岁的未成年人,轻便摩托车不得载人。

第一百零六条 公路客运载客汽车超过核定乘员、载货汽车超过核定载质量的,公安机关交通管理部门依法扣留机动车后,驾驶人应当将超载的乘车人转运、将超载的货物卸载,费用由超载机动车的驾驶人或者所有人承担。

第一百零七条 依照道路交通安全法第九十二条、第九十五条、第九十六条、第九十八条的规定被扣留的机动车,驾驶人或者所有人、管理人30日内没有提供被扣留机动车的合法证明,没有补办相应手续,或者不前来接受处理,经公安机关交通管理部门通知并且经公告3个月仍不前来接受处理的,由公安机关交通管理部门将该机动车送交有资格的拍卖机构拍卖,所得价款上缴国库;非法拼装的机动车予以拆除;达到报废标准的机动车予以报废;机动车涉及其他违法犯罪行为的,移交有关部门处理。

中华人民共和国道路运输条例(节选)

国务院令第 666 号

《中华人民共和国道路运输条例》已经 2004 年 4 月 14 日国务院第 48 次常务会议通过,根据 2016 年 2 月 6 日《国务院关于修改部分行政法规的决定》第二次修订,该《条例》分总则、道路运输经营、道路运输相关业务、国际道路运输、执法监督、法律责任、附则 7 章 82 条。

第八条 申请从事客运经营的,应当具备下列条件:

(一)有与其经营业务相适应并经检测合格的车辆;

(二)有符合本条例第九条规定条件的驾驶人员;

(三)有健全的安全生产管理制度。

申请从事班线客运经营的,还应当有明确的线路和站点方案。

第九条 从事客运经营的驾驶人员,应当符合下列条件:

(一)取得相应的机动车驾驶证;

(二)年龄不超过 60 周岁;

(三)3 年内无重大以上交通责任事故记录;

(四)经设区的市级道路运输管理机构对有关客运法律法规、机动车维修和旅客急救基本知识考试合格。

第十条 申请从事客运经营的,应当按照下列规定提出申请并提交符合本条例第八条规定条件的相关材料:

(一)从事县级行政区域内客运经营的,向县级道路运输管理机构提出申请;

(二)从事省、自治区、直辖市行政区域内跨 2 个县级以上行政区域客运经营的,向其共同的上一级道路运输管理机构提出申请;

(三)从事跨省、自治区、直辖市行政区域客运经营的,向所在地的省、自治区、直辖市道路运输管理机构提出申请。

依照前款规定收到申请的道路运输管理机构,应当自受理申请之日起 20 日内审查完毕,作出许可或者不予许可的决定。予以许可的,向申请人颁发道路运输经营许可证,并向申请人投入运输的车辆配发车辆营运证;不予许可的,应当书面通知申请人并说明理由。

对从事跨省、自治区、直辖市行政区域客运经营的申请,有关省、自治区、直辖市道路运输管理机构依照本条第二款规定颁发道路运输经营许可证前,应当与运输线路目的地的省、自治区、直辖市道路运输管理机构协商;协商不成的,应当报国务院交通主管部门决定。

客运经营者应当持道路运输经营许可证依法向工商行政管理机关办理有关登记手续。

第十一条 取得道路运输经营许可证的客运经营者,需要增加客运班线的,应当依照本条例第十条的规定办理有关手续。

第十二条 县级以上道路运输管理机构在审查客运申请时,应当考虑客运市场的供求状况、普遍服务和方便群众等因素。

同一线路有3个以上申请人时,可以通过招标的形式作出许可决定。

第十三条 县级以上道路运输管理机构应当定期公布客运市场供求状况。

第十四条 客运班线的经营期限为4年到8年。经营期限届满需要延续客运班线经营许可的,应当重新提出申请。

第十五条 客运经营者需要终止客运经营的,应当在终止前30日内告知原许可机关。

第十六条 客运经营者应当为旅客提供良好的乘车环境,保持车辆清洁、卫生,并采取必要的措施防止在运输过程中发生侵害旅客人身、财产安全的违法行为。

第十七条 旅客应当持有效客票乘车,遵守乘车秩序,讲究文明卫生,不得携带国家规定的危险物品及其他禁止携带的物品乘车。

第十八条 班线客运经营者取得道路运输经营许可证后,应当向公众连续提供运输服务,不得擅自暂停、终止或者转让班线运输。

第十九条 从事包车客运的,应当按照约定的起始地、目的地和线路运输。

从事旅游客运的,应当在旅游区域按照旅游线路运输。

第二十条 客运经营者不得强迫旅客乘车,不得甩客、敲诈旅客;不得擅自更换运输车辆。

第二十八条 客运经营者、货运经营者应当加强对从业人员的安全教育、职业道德教育,确保道路运输安全。

道路运输从业人员应当遵守道路运输操作规程,不得违章作业。驾驶人员连续驾驶时间不得超过4个小时。

第二十九条 生产(改装)客运车辆、货运车辆的企业应当按照国家规定标定车辆的核定人数或者载重量,严禁多标或者少标车辆的核定人数或者载重量。

客运经营者、货运经营者应当使用符合国家规定标准的车辆从事道路运输经营。

第三十条 客运经营者、货运经营者应当加强对车辆的维护和检测,确保车辆符合国家规定的技术标准;不得使用报废的、擅自改装的和其他不符合国家规定的车辆从事道路运输经营。

第三十一条 客运经营者、货运经营者应当制定有关交通事故、自然灾害以及其他突发事件的道路运输应急预案。应急预案应当包括报告程序、应急指挥、应急车辆和设备的储备以及处置措施等内容。

第三十二条 发生交通事故、自然灾害以及其他突发事件,客运经营者和货运经营者应当服从县级以上人民政府或者有关部门的统一调度、指挥。

第三十三条 道路运输车辆应当随车携带车辆营运证,不得转让、出租。

第三十四条 道路运输车辆运输旅客的,不得超过核定的人数,不得违反规定载货;运输货物的,不得运输旅客,运输的货物应当符合核定的载重量,严禁超载;载物的长、宽、高不得违反装载要求。

违反前款规定的,由公安机关交通管理部门依照《中华人民共和国道路交通安全法》的有关规定进行处罚。

第三十五条 客运经营者、危险货物运输经营者应当分别为旅客或者危险货物投保承运人责任险。

第四十八条 申请从事国际道路运输经营的,应当具备下列条件:

(一)依照本条例第十条、第二十五条规定取得道路运输经营许可证的企业法人;

(二)在国内从事道路运输经营满3年,且未发生重大以上道路交通责任事故。

第六十三条 违反本条例的规定,未取得道路运输经营许可,擅自从事道路运输经营的,由县级以上道路运输管理机构责令停止经营;有违法所得的,没收违法所得,处违法所得2倍以上10倍以下的罚款;没有违法所得或者违法所得不足2万元的,处3万元以上10万元以下的罚款;构成犯罪的,依法追究刑事责任。

第六十五条 违反本条例的规定,未经许可擅自从事道路运输站(场)经营、机动车维修经营、机动车驾驶员培训的,由县级以上道路运输管理机构责令停止经营;有违法所得的,没收违法所得,处违法所得2倍以上10倍以下的罚款;没有违法所得或者违法所得不足1万元的,处2万元以上5万元以下的罚款;构成犯罪的,依法追究刑事责任。

第六十六条 违反本条例的规定,客运经营者、货运经营者、道路运输相关业务经营者非法转让、出租道路运输许可证件的,由县级以上道路运输管理机构责令停止违法行为,收缴有关证件,处2000元以上1万元以下的罚款;有违法所得的,没收违法所得。

第六十七条 违反本条例的规定,客运经营者、危险货物运输经营者未按规定投保承运人责任险的,由县级以上道路运输管理机构责令限期投保;拒不投保的,由原许可机关吊销道路运输经营许可证。

第六十八条 违反本条例的规定,客运经营者、货运经营者不按照规定携带车辆营运证的,由县级以上道路运输管理机构责令改正,处警告或者 20 元以上 200 元以下的罚款。

第六十九条 违反本条例的规定,客运经营者、货运经营者有下列情形之一的,由县级以上道路运输管理机构责令改正,处 1000 元以上 3000 元以下的罚款;情节严重的,由原许可机关吊销道路运输经营许可证:

(一)不按批准的客运站点停靠或者不按规定的线路、公布的班次行驶的;

(二)强行招揽旅客、货物的;

(三)在旅客运输途中擅自变更运输车辆或者将旅客移交他人运输的;

(四)未报告原许可机关,擅自终止客运经营的;

(五)没有采取必要措施防止货物脱落、扬撒等的。

第七十条 违反本条例的规定,客运经营者、货运经营者不按规定维护和检测运输车辆的,由县级以上道路运输管理机构责令改正,处 1000 元以上 5000 元以下的罚款。

违反本条例的规定,客运经营者、货运经营者擅自改装已取得车辆营运证的车辆的,由县级以上道路运输管理机构责令改正,处 5000 元以上 2 万元以下的罚款。

第七十一条 违反本条例的规定,道路运输站(场)经营者允许无证经营的车辆进站从事经营活动以及超载车辆、未经安全检查的车辆出站或者无正当理由拒绝道路运输车辆进站从事经营活动的,由县级以上道路运输管理机构责令改正,处 1 万元以上 3 万元以下的罚款。

违反本条例的规定,道路运输站(场)经营者擅自改变道路运输站(场)的用途和服务功能,或者不公布运输线路、起止经停站点、运输班次、始发时间、票价的,由县级以上道路运输管理机构责令改正;拒不改正的,处 3000 元的罚款;有违法所得的,没收违法所得。

第七十五条 违反本条例的规定,外国国际道路运输经营者未按照规定的线路运输,擅自从事中国境内道路运输或者未标明国籍识别标志的,由省、自治区、直辖市道路运输管理机构责令停止运输;有违法所得的,没收违法所得,处违法所得 2 倍以上 10 倍以下的罚款;没有违法所得或者违法所得不足 1 万元的,处 3 万元以上 6 万元以下的罚款。

生产安全事故报告和调查处理条例(节选)

已经 2007 年 3 月 28 日国务院第 172 次常务会议通过。

第九条 事故发生后,事故现场有关人员应当立即向本单位负责人报告;单位负责人接到报告后,应当于 1 小时内向事故发生地县级以上人民政府安全生产监督管理部门和负有安全生产监督管理职责的有关部门报告。

情况紧急时,事故现场有关人员可以直接向事故发生地县级以上人民政府安全生产监督管理部门和负有安全生产监督管理职责的有关部门报告。

第十四条 事故发生单位负责人接到事故报告后,应当立即启动事故相应应急预案,或者采取有效措施,组织抢救,防止事故扩大,减少人员伤亡和财产损失。

第十六条 事故发生后,有关单位和人员应当妥善保护事故现场以及相关证据,任何单位和个人不得破坏事故现场、毁灭相关证据。

因抢救人员、防止事故扩大以及疏通交通等原因,需要移动事故现场物件的,应当做出标志,绘制现场简图并做出书面记录,妥善保存现场重要痕迹、物证。

第三十五条 事故发生单位主要负责人有下列行为之一的,处上一年年收入 40%至 80%的罚款;属于国家工作人员的,并依法给予处分;构成犯罪的,依法追究刑事责任:

(一)不立即组织事故抢救的;

(二)迟报或者漏报事故的;

(三)在事故调查处理期间擅离职守的。

第三十六条 事故发生单位及其有关人员有下列行为之一的,对事故发生单位处 100 万元以上 500 万元以下的罚款;对主要负责人、直接负责的主管人员和其他直接责任人员处上一年年收入 60%至 100%的罚款;属于国家工作人员的,并依法给予处分;构成违反治安管理行为的,由公安机关依法给予治安管理处罚;构成犯罪的,依法追究刑事责任:

(一)谎报或者瞒报事故的;

(二)伪造或者故意破坏事故现场的;

(三)转移、隐匿资金、财产,或者销毁有关证据、资料的;

(四)拒绝接受调查或者拒绝提供有关情况和资料的;

（五）在事故调查中作伪证或者指使他人作伪证的；

（六）事故发生后逃匿的。

第三十七条 事故发生单位对事故发生负有责任的，依照下列规定处以罚款：

（一）发生一般事故的，处10万元以上20万元以下的罚款；

（二）发生较大事故的，处20万元以上50万元以下的罚款；

（三）发生重大事故的，处50万元以上200万元以下的罚款；

（四）发生特别重大事故的，处200万元以上500万元以下的罚款。

第三十八条 事故发生单位主要负责人未依法履行安全生产管理职责，导致事故发生的，依照下列规定处以罚款；属于国家工作人员的，并依法给予处分；构成犯罪的，依法追究刑事责任：

（一）发生一般事故的，处上一年年收入30%的罚款；

（二）发生较大事故的，处上一年年收入40%的罚款；

（三）发生重大事故的，处上一年年收入60%的罚款；

（四）发生特别重大事故的，处上一年年收入80%的罚款。

第四十条 事故发生单位对事故发生负有责任的，由有关部门依法暂扣或者吊销其有关证照；对事故发生单位负有事故责任的有关人员，依法暂停或者撤销其与安全生产有关的执业资格、岗位证书；事故发生单位主要负责人受到刑事处罚或者撤职处分的，自刑罚执行完毕或者受处分之日起，5年内不得担任任何生产经营单位的主要负责人。

为发生事故的单位提供虚假证明的中介机构，由有关部门依法暂扣或者吊销其有关证照及其相关人员的执业资格；构成犯罪的，依法追究刑事责任。

道路交通事故深度调查实战常用法律规范汇编

道路旅客运输企业安全管理规范(试行)

交运发〔2012〕33号

2012年1月19日,交通运输部、公安部、国家安全生产监督管理总局发布。

第一章 总 则

第一条 为加强和规范道路旅客运输企业的安全生产工作,提高企业安全管理水平,全面落实道路旅客运输企业安全主体责任,预防和减少道路交通事故,根据《中华人民共和国安全生产法》、《中华人民共和国道路交通安全法》、《中华人民共和国道路交通安全法实施条例》、《中华人民共和国道路运输条例》等有关法律、法规,制定本规范。

第二条 本规范适用于所有从事道路旅客运输的企业。

第三条 道路旅客运输企业是安全生产的责任主体,应当坚持"安全第一、预防为主、综合治理"的方针,严格遵守安全生产、道路交通和运输管理等有关法律、法规、规章和标准,建立健全安全生产责任制、岗位责任制和安全生产管理各项制度,完善安全生产条件,严格执行各项安全生产操作规程,加强车辆技术管理和客运驾驶人等从业人员管理,保障道路旅客运输安全。

第四条 道路旅客运输企业应当接受交通运输、公安和安全监管等有关部门对其安全主体责任履行情况依法实施的监督管理。

第五条 道路旅客运输企业应当推行安全标准化管理,积极采用新技术、新工艺和新设备,不断改善安全生产条件。

第二章 安全生产基础保障

第六条 道路旅客运输企业及分支机构应当依法设置安全生产领导机构和管理机构,配备与本单位安全生产工作相适应的专职安全管理人员。

道路旅客运输企业安全生产领导机构应当包括企业主要负责人,运输经营、安全管理、车辆管理、从业人员管理等部门负责人及分支机构的主要负责人。

拥有10辆以上(含)营运客车的道路旅客运输企业应当设置专门的安全生产管理机构,配备专职安全管理人员。拥有10辆以下营运客车的道路旅客运输企业应当配备专职安全管理人员。原则上按照每20辆车1人的标准配备专职安全管理人员,最低不少于1人。

第七条 安全管理人员应当具有高中以上文化程度,具有在道路客运行业三年以上从业经历,掌握道路旅客运输安全生产相关政策和法规,经相关部门统一培训且考核合格,持证上岗。

第八条 安全管理人员应当定期参加相关管理部门组织的培训,且每年参加脱产培训的时间不少于24学时。

第九条 道路旅客运输企业应当定期召开安全生产工作会议和例会,分析安全形势,安排各项安全生产工作,研究解决安全生产中的重大问题。安全工作会议至少每季度召开一次,安全例会至少每月召开一次。特别是发生较大及以上事故后,应及时召开安全分析通报会。

安全生产工作会议和例会应当有会议记录,会议记录应建档保存,保存期不少于3年。

第十条 道路旅客运输企业应当保障安全生产投入,按照《高危行业企业安全生产费用财务管理暂行办法》或地方政府的有关规定,按不低于营业收入的0.5%的比例提取、设立安全生产专项资金。

安全生产专项资金主要用于完善、改造、维护安全运营设施和设备,配备应急救援器材、设备和人员安全防护用品,开展安全宣传教育、安全培训,进行安全检查与隐患治理,开展应急救援演练等各项工作的费用支出。安全生产专项资金的使用应建立独立的台账。

第十一条 道路旅客运输企业应当按照《机动车交通事故责任强制保险条例》和《中华人民共和国道路运输条例》的规定,为营运车辆投保机动车交通事故责任强制保险以及为旅客投保承运人责任险。

第十二条 鼓励道路旅客运输企业积极探索、完善安全统筹行业互助形式,提高企业抗风险的能力。

第三章 安全生产管理职责

第十三条 道路旅客运输企业应当依法建立健全安全生产目标管理,并将本单位的安全生产责任目标分解到各部门、各岗位,明确责任人员、责任内容和考核奖惩要求。

安全生产目标管理内容应当包括:

(一)主要负责人的安全生产责任、目标;
(二)分管安全生产和运输经营的负责人的安全生产责任、目标;
(三)管理科室、分公司等部门及其负责人的安全生产责任、目标;
(四)车队和车队队长的安全生产责任、目标;
(五)岗位从业人员的安全生产责任、目标。

第十四条 道路旅客运输企业应当与各分支机构层层签订安全生产目标责任书,制定明确的考核指标,定期考核并公布考核结果及奖惩情况。

第十五条 道路旅客运输企业应实行安全生产一岗双责。道路旅客运输企业的主要负责人是安全生产的第一责任人,负有安全生产的全面责任;分管安全生产的负责人协助主要负责人履行安全生产职责,对安全生产工作负组织实施和综合管理及监督的责任;其他负责人对各自职责范围内的安全生产工作负直接管理责任。企业各职能部门、各岗位人员在职责范围内承担相应的安全生产职责。

第十六条 道路旅客运输企业的主要负责人对本单位安全生产工作负有下列职责:

(一)严格执行安全生产的法律、法规、规章、规范和标准,组织落实相关管理部门的工作部署和要求;

(二)建立健全本单位安全生产责任制,组织制定并落实本单位安全生产规章制度、客运驾驶人和车辆安全生产管理办法,落实安全生产操作规程;

(三)依法建立适应安全生产工作需要的安全生产管理机构,确定符合条件的分管安全生产的负责人、技术负责人,配备专职安全管理人员;

(四)按规定足额提取安全生产专项资金,保证本单位安全生产投入的有效实施;

(五)督促、检查本单位安全生产工作,及时消除生产安全事故隐患;

(六)组织开展本单位的安全生产教育培训工作;

(七)组织开展安全生产标准化建设;

(八)组织制定并实施本单位的生产安全事故应急救援预案,建立应急救援组织,开展应急救援演练;

(九)定期组织分析企业安全生产形势,研究解决重大问题;

(十)按相关规定报告道路旅客运输生产安全事故,严格按照"事故原因不查清不放过、事故责任者得不到处理不放过、整改措施不落实不放过、教训不吸取不放过"原则,严肃处理事故责任人,落实生产安全事故处理的有关工作;

(十一)实行安全生产目标管理,定期公布本单位安全生产情况,认真听取和积极采纳工会、职工关于安全生产的合理化建议和要求。

第十七条 道路旅客运输企业的安全生产管理机构及安全管理人员,负有下列职责:

(一)监督执行安全生产法律、法规和标准,参与企业安全生产决策;

(二)制定本单位安全生产规章制度、客运驾驶人和车辆安全生产管理办法、操作规程和相关技术规范,明确各部门、各岗位的安全生产职责,督促贯彻执行;

(三)制定本单位安全生产年度管理目标和安全生产管理工作计划,组织实施考核工作,参与本单位安全生产事故应急预案的制定和演练,参与企业营运车辆的选型和客运驾驶人的招聘等安全运营工作；

（四）制定本单位安全生产经费投入计划和安全技术措施计划，组织实施或监督相关部门实施；

（五）组织开展本单位的安全生产检查，对检查出的安全隐患及其他安全问题应当督促相关部门立即处理，情况严重的，责令停止生产活动，并立即上报。对相关管理部门抄告、通报的车辆和客运驾驶人交通违法行为，进行及时处理；

（六）组织实施本单位安全生产宣传、教育和培训，总结和推广安全生产工作的先进经验；

（七）发生生产安全事故时，按照《生产安全事故报告和调查处理条例》等有关规定，及时报告相关部门；组织或者参与本单位生产安全事故的调查处理，承担生产安全事故统计和分析工作；

（八）其他安全生产管理工作。

第十八条 道路旅客运输企业应当履行法律、法规规定的其他安全生产职责。

第四章 安全生产管理制度

第一节 客运驾驶人管理

第十九条 道路旅客运输企业应当建立客运驾驶人聘用制度。依照劳动合同法，严格客运驾驶人录用条件，统一录用程序，对客运驾驶人进行面试，审核客运驾驶人安全行车经历和从业资格条件，积极实施驾驶适宜性检测，明确新录用客运驾驶人的试用期。客运驾驶人的录用应当经过企业安全生产管理部门的审核，并录入企业动态监控平台（或监控端）。

对三年内发生道路交通事故致人死亡且负同等以上责任的，交通违法记分有满分记录的，以及有酒后驾驶、超员20%、超速50%或12个月内有3次以上超速违法记录的驾驶人，道路旅客运输企业不得聘用其驾驶客运车辆。

第二十条 道路旅客运输企业应当建立客运驾驶人岗前培训制度。

岗前培训的主要内容包括：国家道路交通安全和安全生产相关法律法规、安全行车知识、典型交通事故案例警示教育、职业道德、安全告知知识、应急处置知识、企业有关安全运营管理的规定等。客运驾驶人岗前理论培训不少于12学时，实际驾驶操作不少于30学时，并要提前熟悉和了解客运车辆性能和客运线路情况。

第二十一条 道路旅客运输企业应当建立客运驾驶人安全教育、培训及考核制度。定期对客运驾驶人开展法律法规、典型交通事故案例警示、技能训练、应急处置等教育培训。客运驾驶人应当每月接受不少于2次，每次不少于1小时的教育培训。道路旅客运输企业应当组织和督促本企业的客运驾驶人参加继续教育，保证客运驾驶人参加教育和培训的时间,提供必要的学习条件。

道路旅客运输企业应在客运驾驶人接受教育与培训后,对客运驾驶人教育与培训的效果进行考核。客运驾驶人教育与培训考核的有关资料应纳入客运驾驶人教育与培训档案。客运驾驶人教育与培训档案的内容应包括:教育或培训的内容、培训时间、培训地点、授课人、参加培训人员的签名、考核人员、安全管理人员的签名、培训考试情况等。档案保存期限不少于3年。

道路旅客运输企业应当每月查询一次客运驾驶人的违法和事故信息,及时进行针对性的教育和处理。

第二十二条 道路旅客运输企业应当建立客运驾驶人从业行为定期考核制度。客运驾驶人从业行为定期考核的内容主要包括:客运驾驶人违法驾驶情况、交通事故情况、服务质量、安全运营情况、安全操作规程执行情况、参加教育与培训情况以及客运驾驶人心理和生理健康状况等。考核的周期不大于3个月。客运驾驶人从业行为定期考核的结果应与企业安全生产奖惩制度挂钩。

第二十三条 道路旅客运输企业应当建立客运驾驶人信息档案管理制度。客运驾驶人信息档案实行一人一档,包括客运驾驶人基本信息、客运驾驶人体检表、安全驾驶信息、诚信考核信息等情况。

第二十四条 道路旅客运输企业应当建立客运驾驶人调离和辞退制度。对交通违法记满分、诚信考核不合格以及从业资格证被吊销的客运驾驶人要及时调离或辞退。

第二十五条 道路旅客运输企业应当建立客运驾驶人安全告诫制度。安全管理人员对客运驾驶人出车前进行问询、告知,督促客运驾驶人做好对车辆的日常维护和检查,防止客运驾驶人酒后、带病或者带不良情绪上岗。

第二十六条 道路旅客运输企业应当建立防止客运驾驶人疲劳驾驶制度。关心客运驾驶人的身心健康,定期组织客运驾驶人进行体检,为客运驾驶人创造良好的工作环境,合理安排运输任务,防止客运驾驶人疲劳驾驶。

第二节 车辆管理

第二十七条 道路旅客运输企业应当加强车辆技术管理,确保营运车辆处于良好的技术状况。

第二十八条 道路旅客运输企业不得使用已达到报废标准、检测不合格、非法拼(改)装等不符合运行安全技术条件的客车以及其他不符合国家规定的车辆从事道路旅客运输经营。

第二十九条 道路旅客运输企业应当设立负责车辆技术管理的机构,配备专业车辆技术管理人员。

拥有10辆以上(含)营运客车的道路旅客运输企业应当设置专门的车辆技术管理

机构,配备专业车辆技术管理人员;拥有10辆以下营运客车的道路旅客运输企业应当配备专业车辆技术管理人员。

第三十条　道路旅客运输企业应当按照国家规定建立营运车辆技术档案,实行一车一档,实现车辆从购置到退出市场的全过程管理。

道路旅客运输企业应当逐步建立车辆技术信息化管理系统,完善营运车辆的技术管理。

第三十一条　道路旅客运输企业应当建立车辆维护制度,企业车辆技术管理机构应制定车辆维护计划,保证车辆按照国家有关规定、技术规范以及企业的相关规定进行维护。

车辆的日常维护由客运驾驶人或专门人员在每日出车前、行车中、收车后执行。一级维护和二级维护应由具备资质条件的车辆维修企业执行。

第三十二条　道路旅客运输企业应当定期检查车内安全带、安全锤、灭火器、故障车警告标志的配备是否齐全有效,确保安全出口通道畅通,应急门、应急顶窗开启装置有效,开启顺畅,并在车内明显位置标示客运车辆行驶区间和线路、经批准的停靠站点。

道路旅客运输企业应当在车厢内前部、中部、后部明显位置标示客运车辆车牌号码、核定载客人数和投诉举报座机、手机电话,方便旅客监督举报。

第三十三条　道路旅客运输企业应当按照国家有关规定建立车辆安全技术状况检测和年度审验、检验制度,严格执行营运车辆综合性能检测和技术等级评定制度,确保车辆符合安全技术条件。逾期未年审、年检或年审、年检不合格的车辆禁止上路行驶。

第三十四条　道路旅客运输车辆改型与报废应当严格执行国家规定的条件要求。对达到国家规定的报废标准或者检测不符合国家强制性要求的客运车辆,不得继续从事客运经营。道路旅客运输企业应当在车辆报废期满前,将车辆交售给机动车回收企业,并及时办理车辆注销登记。车辆报废相关材料应至少保存2年。

第三十五条　道路旅客运输企业应当对客运车辆牌证统一管理,建立派车单制度。车辆发班前,企业应对车辆的技术状况进行检查,合格后,企业签发派车单,由客运驾驶人领取派车单和车辆运营牌证。在营运中,客运驾驶人应如实填写派车单相关内容,营运客车完成运输任务后,企业及时收回派车单和运营单证。

派车单的主要内容包括:由企业填写的车辆、客运驾驶人、线路基本信息,始发点(站),中途停靠点(站),终点(站),批准签发人。由客运驾驶人填写的旅客人数,运行距离和时间,途中休息时间,天气和道路状况,以及行车中发生的车辆故障、事故等。派车单应存档保存,时间不少于1年。

第三十六条　道路旅客运输企业应自备或租用停车场所,对停放的营运车辆进行统一管理。

第三节 动 态 监 控

第三十七条 道路旅客运输企业应当按相关规定,为其营运客车安装符合标准的卫星定位装置(卧铺客车应安装符合标准且具有视频功能的卫星定位装置),接入符合标准的监控平台或监控端,并有效接入全国重点营运车辆联网联控系统。

第三十八条 道路旅客运输企业应当建立卫星定位装置及监控平台的安装、使用管理制度,建立动态监控工作台账,规范卫星定位装置及监控平台的安装、管理、使用工作,履行监控主体责任。

第三十九条 道路旅客运输企业应当配备或聘请专职人员负责实时监控车辆行驶动态,记录分析处理动态信息,及时提醒、提示违规行为。对违法驾驶信息及处理情况要留存在案,其中监控数据应当至少保存1个月,违法驾驶信息及处理情况应至少保存3年。

第四十条 道路旅客运输企业应当按照法律规定设置的道路通行最高车速限值以及车辆行驶道路的实际情况,合理设置相应路段的车辆行驶速度限速标准。对异常停车、超速行驶、疲劳驾驶、逆向行驶、不按规定线路行驶等违法、违规行为及时给予警告和纠正,并事后进行处理。

第四十一条 道路旅客运输企业应当确保卫星定位装置正常使用,保持车辆运行时在线。

道路旅客运输企业应当对故意遮挡车载卫星定位装置信号、破坏车载卫星定位装置的驾驶人员,以及不严格监控车辆行驶动态的值守人员给予处罚,严重的应调离相应岗位,直至辞退。

第四十二条 道路旅客运输企业应当运用动态监控手段做好营运车辆的组织调度,并及时发送重特大道路交通事故通报、安全提示、预警信息。

第四十三条 鼓励有条件的道路旅客运输企业积极通过科技手段,加强动态监控工作。

第四节 运 输 组 织

第四十四条 道路旅客运输企业在申请线路经营时应当进行实际线路考察,按照许可的要求投放营运车辆。

道路旅客运输企业应当建立每一条客运线路的交通状况、限速情况、气候条件、沿线安全隐患路段情况等信息台账,并提供给客运驾驶人。

第四十五条 道路旅客运输企业在安排运输任务时应当严格要求客运驾驶人在24小时内累计驾驶时间不得超过8小时(特殊情况下可延长2小时,但每月延长的总时间不超过36小时),连续驾驶时间不得超过4小时,每次停车休息时间不少于20分钟。

对于单程运行里程超过400公里(高速公路直达客运600公里)的客运车辆,企业应当配备两名以上客运驾驶人。对于超长线路运行的客运车辆,企业要积极探索接驳运输的方式,创造条件,保证客运驾驶人停车换人、落地休息。对于长途卧铺客车,企业要合理安排班次,尽量减少夜间运行时间。

第四十六条 对于三级以下(含三级)山区公路达不到夜间安全通行要求的路段,道路旅客运输企业不应在夜间(晚22时至早6时)安排营运客车在该路段运行。

第四十七条 道路旅客运输企业应当规范运输经营行为。

班线客车要严格按照许可的线路、班次、站点运行,在规定的停靠站点上下旅客,不得随意站外上客或揽客,不得超员运输。驾乘人员要对途中上车的旅客进行危险品检查,行李堆放区和乘客区要隔离,不得在行李堆放区内载客。

客运包车要凭包车客运标志牌,按照约定的时间、起始地、目的地和线路,持包车票或包车合同运行,不得承运包车合同约定之外的旅客。驾乘人员要对旅客携带物品进行安全检查。

道路旅客运输企业不得挂靠经营,不得违法转租、转让客运车辆和线路牌。

第四十八条 道路旅客运输企业应当对途经高速公路的营运客车乘客座椅安装符合标准的安全带。驾乘人员负责做好宣传工作,发车前、行驶中要督促乘客系好安全带。

第四十九条 道路旅客运输企业应当与汽车客运站签订进站协议,明确双方的安全责任,严格遵守汽车客运站安全生产的有关规定。

第五节 安全生产操作规程

第五十条 道路旅客运输企业应当根据关键岗位的特点,分类制定安全生产操作规程,并监督员工严格执行,推行安全生产标准化作业。

第五十一条 道路旅客运输企业应当制定客运驾驶人行车操作规程,客运驾驶人行车操作规程的内容应至少包括:"出车前、行车中、收车后"的车辆技术状况检查、开车前向旅客的安全告知、高速公路及特殊路段行车注意事项、恶劣天气下的行车注意事项、夜间行车注意事项、应急驾驶操作程序、进出客运站注意事项等。

第五十二条 道路运输企业应当制定车辆日常安全检查操作规程,车辆日常安全检查操作规程的内容应至少包括:轮胎、制动、转向、灯光等安全部件检查要求和检查程序,安检不合格车辆返修及复检程序等。

第五十三条 道路旅客运输企业应当制定车辆动态监控操作规程,车辆动态监控操作规程的内容应至少包括:卫星定位系统车载终端、监控平台设备的检修和维护要求,监控信息采集、分析、处理规范和流程、违章信息统计、报送及处理要求及程序,监控信息保存要求和程序等。

第五十四条 道路旅客运输企业应当建立乘务员安全服务操作规程,乘务员安全服务操作规程的内容应至少包括:乘务员值乘工作规范,值乘途中安全检查要求,车辆行驶中相关信息报送等。

第五十五条 道路旅客运输企业应当根据安全运营实际需求,制定其他相关安全运营操作规程。

第六节 其他安全生产管理制度

第五十六条 道路旅客运输企业应当建立安全生产基础档案制度,明确安全生产管理资料的归档、查阅。

第五十七条 道路旅客运输企业应当建立安全生产奖惩制度。对各部门、各岗位人员进行日常管理和安全运营的全过程考核,定期通报奖惩情况,根据考核结果做出奖惩处理。

第五十八条 道路旅客运输企业应当建立安全生产事故应急处置制度。发生安全生产事故后,道路旅客运输企业应当立即采取有效措施,组织抢救,防止事故扩大,减少人员伤亡和财产损失。

对于在旅客运输过程中发生的行车安全事故,客运驾驶人应及时向事发地的公安部门以及所属的道路旅客运输企业报告,道路旅客运输企业应当按规定时间、程序、内容向事故发生地和企业所属地县级以上的安监、公安、交通运输等相关职能部门报告事故情况,并启动安全生产事故应急处置预案。

道路运输企业应当定期进行安全生产事故统计和分析,总结事故特点和原因,提出针对性的事故预防措施。

第五十九条 道路旅客运输企业应当建立安全生产事故责任倒查制度。按照"事故原因不查清不放过、事故责任者得不到处理不放过、整改措施不落实不放过、教训不吸取不放过"的原则,对相关责任人进行严肃处理。

道路旅客运输企业应当认真吸取事故教训,落实防范和整改措施,防止事故再次发生。

第六十条 道路旅客运输企业应当建立应急救援制度。健全应急救援组织体系,建立应急救援队伍,制定完善应急救援预案,开展应急救援演练。

第六十一条 道路旅客运输企业应当建立安全生产宣传和教育制度。普及安全知识,强化员工安全生产操作技能,提高员工安全生产能力。

道路旅客运输企业应当配备和完善开展安全宣传、教育活动的设施和设备,定期更新宣传、教育的内容。安全宣传、教育与培训应予以记录并建档保存,保存期限应至少为3年。

第六十二条 道路旅客运输企业应当建立健全安全生产社会监督机制,规范道路客运旅客安全告知制度,公开举报电话号码、通信地址或者电子邮件信箱,完善举报制度,充分发挥乘客、新闻媒体及社会各界的监督作用。对接到的举报和投诉,企业应当及时予以调查和处理。

第六十三条 道路旅客运输企业还应当建立本企业安全生产管理所需要的其他制度。

第五章 安全隐患排查与治理

第六十四条 道路旅客运输企业应当建立事故隐患排查治理制度,依据相关法律法规及自身管理规定,对营运车辆、客运驾驶人、运输线路、运营过程等安全生产各要素和环节进行安全隐患排查,及时消除安全隐患。

第六十五条 道路旅客运输企业应根据安全生产的需要和特点,采用综合检查、专业检查、季节性检查、节假日检查、日常检查等方式进行隐患排查。

第六十六条 道路旅客运输企业应对排查出的安全隐患进行登记和治理,落实整改措施、责任、资金、时限和预案,及时消除事故隐患。

对于能够立即整改的一般安全隐患,由运输企业立即组织整改;对于不能立即整改的重大安全隐患,运输企业应组织制定安全隐患治理方案,依据方案及时进行整改;对于自身不能解决的重大安全隐患,运输企业应立即向有关部门报告,依据有关规定进行整改。

第六十七条 道路旅客运输企业应当建立安全隐患排查治理档案,档案应包括以下内容:隐患排查治理日期;隐患排查的具体部位或场所;发现事故隐患的数量、类别和具体情况;事故隐患治理意见;参加隐患排查治理的人员及其签字;事故隐患治理情况、复查情况、复查时间、复查人员及其签字。

第六十八条 道路旅客运输企业应当每季、每年对本单位事故隐患排查治理情况进行统计,分析隐患形成的原因、特点及规律,建立事故隐患排查治理长效机制。

第六十九条 道路旅客运输企业应当建立安全隐患报告和举报奖励制度,鼓励、发动职工发现和排除事故隐患,鼓励社会公众举报。对发现、排除和举报事故隐患的有功人员,应当给予物质奖励和表彰。

第七十条 道路旅客运输企业应当积极配合有关部门的监督检查人员依法进行的安全隐患监督检查,不得拒绝和阻挠。

第六章 目 标 考 核

第七十一条 道路旅客运输企业应当根据相关管理部门的要求和自身实际情况,制定年度安全生产目标。安全生产目标应至少包括道路交通责任事故起数、死亡人数、受伤人数、财产损失、万车公里事故起数、万车公里伤亡人数等指标。

第七十二条 道路旅客运输企业应当建立安全生产年度考核与奖惩制度。针对年度目标,对各部门、各岗位人员进行安全绩效考核,通报考核结果。

道路旅客运输企业应根据安全生产年终考核结果,对安全生产相关部门、岗位工作人员给予一定的奖惩。对全年无事故、无交通违法记录、无旅客投诉的文明安全驾驶人予以表彰奖励。

第七十三条 道路旅客运输企业应当建立安全生产内部评价机制,每年至少进行1次安全生产内部评价。评价内容应包括安全生产目标、安全生产责任制、安全投入、安全教育培训、从业人员管理、车辆管理、生产安全监督与检查、应急响应与救援、事故处理与统计报告等各项安全生产制度的适宜性、充分性及有效性。

道路旅客运输企业应当根据相关规定,定期聘请第三方机构对本单位的安全生产管理情况进行评估。

道路旅客运输企业应当根据与第三方机构评估结果和安全生产内部评价结果及时改进安全生产管理工作内容和方法,修订和完善各项安全生产制度,持续改进和提高安全管理水平。

第七章　附　　则

第七十四条 本规范自发布之日起施行。

道路运输车辆动态监督管理办法(节选)

交通运输部令 2016 年第 55 号

2014 年 1 月 28 日交通运输部、公安部、国家安全生产监督管理总局发布,根据 2016 年 4 月 20 日交通运输部令 2016 年第 55 号《交通运输部 公安部 国家安全生产监督管理总局关于修改〈道路运输车辆动态监督管理办法〉的决定》修正。

第九条 道路旅客运输企业、道路危险货物运输企业和拥有 50 辆及以上重型载货汽车或者牵引车的道路货物运输企业应当按照标准建设道路运输车辆动态监控平台,或者使用符合条件的社会化卫星定位系统监控平台(以下统称监控平台),对所属道路运输车辆和驾驶员运行过程进行实时监控和管理。

第十条 道路运输企业新建或者变更监控平台,在投入使用前应当通过有关专业机构的系统平台标准符合性技术审查,并向原发放《道路运输经营许可证》的道路运输管理机构备案。

第十三条 道路运输经营者应当选购安装符合标准的卫星定位装置的车辆,并接入符合要求的监控平台。

第十四条 道路运输企业应当在监控平台中完整、准确地录入所属道路运输车辆和驾驶人员的基础资料等信息,并及时更新。

第十五条 道路旅客运输企业和道路危险货物运输企业监控平台应当接入全国重点营运车辆联网联控系统(以下简称联网联控系统),并按照要求将车辆行驶的动态信息和企业、驾驶人员、车辆的相关信息逐级上传至全国道路运输车辆动态信息公共交换平台。

道路货运企业监控平台应当与道路货运车辆公共平台对接,按照要求将企业、驾驶人员、车辆的相关信息上传至道路货运车辆公共平台,并接收道路货运车辆公共平台转发的货运车辆行驶的动态信息。

第十七条 对新出厂车辆已安装的卫星定位装置,任何单位和个人不得随意拆卸。除危险货物运输车辆接入联网联控系统监控平台时按照有关标准要求进行相应设置以外,不得改变货运车辆车载终端监控中心的域名设置。

第二十条 任何单位、个人不得擅自泄露、删除、篡改卫星定位系统平台的历史和实时动态数据。

第二十一条 道路运输企业是道路运输车辆动态监控的责任主体。

第二十二条 道路旅客运输企业、道路危险货物运输企业和拥有50辆及以上重型载货汽车或牵引车的道路货物运输企业应当配备专职监控人员。专职监控人员配置原则上按照监控平台每接入100辆车设1人的标准配备，最低不少于2人。

监控人员应当掌握国家相关法规和政策，经运输企业培训、考试合格后上岗。

第二十四条 道路运输企业应当建立健全动态监控管理相关制度，规范动态监控工作：

（一）系统平台的建设、维护及管理制度；

（二）车载终端安装、使用及维护制度；

（三）监控人员岗位职责及管理制度；

（四）交通违法动态信息处理和统计分析制度；

（五）其他需要建立的制度。

第二十五条 道路运输企业应当根据法律法规的相关规定以及车辆行驶道路的实际情况，按照规定设置监控超速行驶和疲劳驾驶的限值，以及核定运营线路、区域及夜间行驶时间等，在所属车辆运行期间对车辆和驾驶员进行实时监控和管理。

设置超速行驶和疲劳驾驶的限值，应当符合客运驾驶员24小时累计驾驶时间原则上不超过8小时，日间连续驾驶不超过4小时，夜间连续驾驶不超过2小时，每次停车休息时间不少于20分钟，客运车辆夜间行驶速度不得超过日间限速80%的要求。

第二十六条 监控人员应当实时分析、处理车辆行驶动态信息，及时提醒驾驶员纠正超速行驶、疲劳驾驶等违法行为，并记录存档至动态监控台账；对经提醒仍然继续违法驾驶的驾驶员，应当及时向企业安全管理机构报告，安全管理机构应当立即采取措施制止；对拒不执行制止措施仍然继续违法驾驶的，道路运输企业应当及时报告公安机关交通管理部门，并在事后解聘驾驶员。

动态监控数据应当至少保存6个月，违法驾驶信息及处理情况应当至少保存3年。对存在交通违法信息的驾驶员，道路运输企业在事后应当及时给予处理。

第二十七条 道路运输经营者应当确保卫星定位装置正常使用，保持车辆运行实时在线。

卫星定位装置出现故障不能保持在线的道路运输车辆，道路运输经营者不得安排其从事道路运输经营活动。

第二十八条 任何单位和个人不得破坏卫星定位装置以及恶意人为干扰、屏蔽卫星定位装置信号，不得篡改卫星定位装置数据。

第三十三条 道路运输管理机构、公安机关交通管理部门、安全监管部门监督检查人员可以向被检查单位和个人了解情况，查阅和复制有关材料。被监督检查的单位和个人应当积极配合监督检查,如实提供有关资料和说明情况。

道路运输车辆发生交通事故的,道路运输企业或者道路货运车辆公共平台负责单位应当在接到事故信息后立即封存车辆动态监控数据,配合事故调查,如实提供肇事车辆动态监控数据;肇事车辆安装车载视频装置的,还应当提供视频资料。

第三十六条　违反本办法的规定,道路运输企业有下列情形之一的,由县级以上道路运输管理机构责令改正。拒不改正的,处3000元以上8000元以下罚款:

(一)道路运输企业未使用符合标准的监控平台、监控平台未接入联网联控系统、未按规定上传道路运输车辆动态信息的;

(二)未建立或者未有效执行交通违法动态信息处理制度、对驾驶员交通违法处理率低于90%的;

(三)未按规定配备专职监控人员的。

第三十七条　违反本办法的规定,道路运输经营者使用卫星定位装置出现故障不能保持在线的运输车辆从事经营活动的,由县级以上道路运输管理机构责令改正。拒不改正的,处800元罚款。

第三十八条　违反本办法的规定,有下列情形之一的,由县级以上道路运输管理机构责令改正,处2000元以上5000元以下罚款:

(一)破坏卫星定位装置以及恶意人为干扰、屏蔽卫星定位装置信号的;

(二)伪造、篡改、删除车辆动态监控数据的。

第三十九条　违反本办法的规定,发生道路交通事故的,具有第三十六条、第三十七条、第三十八条情形之一的,依法追究相关人员的责任;构成犯罪的,依法追究刑事责任。

道路运输车辆技术管理规定(节选)

交通运输部令 2016 年第 1 号

已于 2016 年 1 月 14 日经交通运输部第 1 次部务会议通过,现予公布,自 2016 年 3 月 1 日起施行。

第二条 道路运输车辆技术管理适用本规定。

本规定所称道路运输车辆包括道路旅客运输车辆(以下简称客车)、道路普通货物运输车辆(以下简称货车)、道路危险货物运输车辆(以下简称危货运输车)。

本规定所称道路运输车辆技术管理,是指对道路运输车辆在保证符合规定的技术条件和按要求进行维护、修理、综合性能检测方面所做的技术性管理。

第三条 道路运输车辆技术管理应当坚持分类管理、预防为主、安全高效、节能环保的原则。

第四条 道路运输经营者是道路运输车辆技术管理的责任主体,负责对道路运输车辆实行择优选配、正确使用、周期维护、视情修理、定期检测和适时更新,保证投入道路运输经营的车辆符合技术要求。

第五条 鼓励道路运输经营者使用安全、节能、环保型车辆,促进标准化车型推广运用,加强科技应用,不断提高车辆的管理水平和技术水平。

第七条 从事道路运输经营的车辆应当符合下列技术要求:

(一)车辆的外廓尺寸、轴荷和最大允许总质量应当符合《道路车辆外廓尺寸、轴荷及质量限值》(GB 1589)的要求;

(二)车辆的技术性能应当符合《道路运输车辆综合性能要求和检验方法》(GB 18565)的要求;

(三)车型的燃料消耗量限值应当符合《营运客车燃料消耗量限值及测量方法》(JT 711)、《营运货车燃料消耗量限值及测量方法》(JT 719)的要求;

(四)车辆技术等级应当达到二级以上。危货运输车、国际道路运输车辆、从事高速公路客运以及营运线路长度在 800 公里以上的客车,技术等级应当达到一级。技术等级评定方法应当符合国家有关道路运输车辆技术等级划分和评定的要求;

(五)从事高速公路客运、包车客运、国际道路旅客运输,以及营运线路长度在 800

公里以上客车的类型等级应当达到中级以上。其类型划分和等级评定应当符合国家有关营运客车类型划分及等级评定的要求;

(六)危货运输车应当符合《汽车运输危险货物规则》(JT 617)的要求。

第九条 禁止使用报废、擅自改装、拼装、检测不合格以及其他不符合国家规定的车辆从事道路运输经营活动。

第十条 道路运输经营者应当遵守有关法律法规、标准和规范,认真履行车辆技术管理的主体责任,建立健全管理制度,加强车辆技术管理。

第十一条 鼓励道路运输经营者设置相应的部门负责车辆技术管理工作,并根据车辆数量和经营类别配备车辆技术管理人员,对车辆实施有效的技术管理。

第十二条 道路运输经营者应当加强车辆维护、使用、安全和节能等方面的业务培训,提升从业人员的业务素质和技能,确保车辆处于良好的技术状况。

第十三条 道路运输经营者应当根据有关道路运输企业车辆技术管理标准,结合车辆技术状况和运行条件,正确使用车辆。

鼓励道路运输经营者依据相关标准要求,制定车辆使用技术管理规范,科学设置车辆经济、技术定额指标并定期考核,提升车辆技术管理水平。

第十四条 道路运输经营者应当建立车辆技术档案制度,实行一车一档。档案内容应当主要包括:车辆基本信息,车辆技术等级评定、客车类型等级评定或者年度类型等级评定复核、车辆维护和修理(含《机动车维修竣工出厂合格证》)、车辆主要零部件更换、车辆变更、行驶里程、对车辆造成损伤的交通事故等记录。档案内容应当准确、详实。

车辆所有权转移、转籍时,车辆技术档案应当随车移交。

道路运输经营者应当运用信息化技术,做好道路运输车辆技术档案管理工作。

第十五条 道路运输经营者应当建立车辆维护制度。

车辆维护分为日常维护、一级维护和二级维护。日常维护由驾驶员实施,一级维护和二级维护由道路运输经营者组织实施,并做好记录。

第十六条 道路运输经营者应当依据国家有关标准和车辆维修手册、使用说明书等,结合车辆类别、车辆运行状况、行驶里程、道路条件、使用年限等因素,自行确定车辆维护周期,确保车辆正常维护。

车辆维护作业项目应当按照国家关于汽车维护的技术规范要求确定。

道路运输经营者可以对自有车辆进行二级维护作业,保证投入运营的车辆符合技术管理要求,无需进行二级维护竣工质量检验。

道路运输经营者不具备二级维护作业能力的,可以委托二类以上机动车维修经营者进行二级维护作业。机动车维修经营者完成二级维护作业后,应当向委托方出具二级维护出厂合格证。

第十七条　道路运输经营者应当遵循视情修理的原则,根据实际情况对车辆进行及时修理。

第十八条　道路运输经营者用于运输剧毒化学品、爆炸品的专用车辆及罐式专用车辆(含罐式挂车),应当到具备道路危险货物运输车辆维修资质的企业进行维修。

前款规定专用车辆的牵引车和其他运输危险货物的车辆由道路运输经营者消除危险货物的危害后,可以到具备一般车辆维修资质的企业进行维修。

第十九条　道路运输经营者应当定期到机动车综合性能检测机构,对道路运输车辆进行综合性能检测。

第二十条　道路运输经营者应当自道路运输车辆首次取得《道路运输证》当月起,按照下列周期和频次,委托汽车综合性能检测机构进行综合性能检测和技术等级评定:

(一)客车、危货运输车自首次经国家机动车辆注册登记主管部门登记注册不满60个月的,每12个月进行1次检测和评定;超过60个月的,每6个月进行1次检测和评定。

(二)其他运输车辆自首次经国家机动车辆注册登记主管部门登记注册的,每12个月进行1次检测和评定。

第二十一条　客车、危货运输车的综合性能检测应当委托车籍所在地汽车综合性能检测机构进行。

货车的综合性能检测可以委托运输驻在地汽车综合性能检测机构进行。

第二十二条　道路运输经营者应当选择通过质量技术监督部门的计量认证、取得计量认证证书并符合《汽车综合性能检测站能力的通用要求》(GB 17993)等国家相关标准的检测机构进行车辆的综合性能检测。

第二十三条　汽车综合性能检测机构对新进入道路运输市场车辆应当按照《道路运输车辆燃料消耗量达标车型表》进行比对。对达标的新车和在用车辆,应当按照《道路运输车辆综合性能要求和检验方法》(GB 18565)、《道路运输车辆技术等级划分和评定要求》(JT/T 198)实施检测和评定,出具全国统一式样的道路运输车辆综合性能检测报告,评定车辆技术等级,并在报告单上标注。车籍所在地县级以上道路运输管理机构应当将车辆技术等级在《道路运输证》上标明。

汽车综合性能检测机构应当确保检测和评定结果客观、公正、准确,对检测和评定结果承担法律责任。

第二十六条　道路运输管理机构应当按照职责权限对道路运输车辆的技术管理进行监督检查。

道路运输经营者应当对道路运输管理机构的监督检查予以配合,如实反映情况,提供有关资料。

第三十一条 违反本规定,道路运输经营者有下列行为之一的,县级以上道路运输管理机构应当责令改正,给予警告;情节严重的,处以1000元以上5000元以下罚款:

(一)道路运输车辆技术状况未达到《道路运输车辆综合性能要求和检验方法》(GB 18565)的;

(二)使用报废、擅自改装、拼装、检测不合格以及其他不符合国家规定的车辆从事道路运输经营活动的;

(三)未按照规定的周期和频次进行车辆综合性能检测和技术等级评定的;

(四)未建立道路运输车辆技术档案或者档案不符合规定的;

(五)未做好车辆维护记录的。

道路运输从业人员管理规定(节选)

交通运输部令 2016 年第 52 号

2006年9月5日经第11次部务会议通过,现予公布,自2007年3月1日起施行。根据2016年4月21日交通运输部令2016年第52号《交通运输部关于修改〈道路运输从业人员管理规定〉的决定》修正。

第六条 国家对经营性道路客货运输驾驶员、道路危险货物运输从业人员实行从业资格考试制度。其他已实施国家职业资格制度的道路运输从业人员,按照国家职业资格的有关规定执行。

从业资格是对道路运输从业人员所从事的特定岗位职业素质的基本评价。

经营性道路客货运输驾驶员和道路危险货物运输从业人员必须取得相应从业资格,方可从事相应的道路运输活动。

鼓励机动车维修企业、机动车驾驶员培训机构优先聘用取得国家职业资格的从业人员从事机动车维修和机动车驾驶员培训工作。

第九条 经营性道路旅客运输驾驶员应当符合下列条件:

(一)取得相应的机动车驾驶证1年以上;

(二)年龄不超过60周岁;

(三)3年内无重大以上交通责任事故;

(四)掌握相关道路旅客运输法规、机动车维修和旅客急救基本知识;

(五)经考试合格,取得相应的从业资格证件。

第二十九条 道路运输从业人员从业资格证件有效期为6年。道路运输从业人员应当在从业资格证件有效期届满30日前到原发证机关办理换证手续。

道路运输从业人员从业资格证件遗失、毁损的,应当到原发证机关办理证件补发手续。

道路运输从业人员服务单位变更的,应当到交通运输主管部门或者道路运输管理机构办理从业资格证件变更手续。

道路运输从业人员从业资格档案应当由原发证机关在变更手续办结后30日内移交户籍迁入地或者现居住地的交通运输主管部门或者道路运输管理机构。

第三十二条 道路运输从业人员有下列情形之一的,由发证机关注销其从业资格证件：

（一）持证人死亡的；

（二）持证人申请注销的；

（三）经营性道路客货运输驾驶员、道路危险货物运输从业人员年龄超过60周岁的；

（四）经营性道路客货运输驾驶员、道路危险货物运输驾驶员的机动车驾驶证被注销或者被吊销的；

（五）超过从业资格证件有效期180日未申请换证的。

凡被注销的从业资格证件，应当由发证机关予以收回，公告作废并登记归档；无法收回的，从业资格证件自行作废。

第三十五条 经营性道路客货运输驾驶员以及道路危险货物运输从业人员应当在从业资格证件许可的范围内从事道路运输活动。道路危险货物运输驾驶员除可以驾驶道路危险货物运输车辆外，还可以驾驶原从业资格证件许可的道路旅客运输车辆或者道路货物运输车辆。

第三十六条 道路运输从业人员在从事道路运输活动时，应当携带相应的从业资格证件，并应当遵守国家相关法规和道路运输安全操作规程，不得违法经营、违章作业。

第三十七条 道路运输从业人员应当按照规定参加国家相关法规、职业道德及业务知识培训。

经营性道路客货运输驾驶员和道路危险货物运输驾驶员在岗从业期间，应当按照规定参加继续教育。

第三十八条 经营性道路客货运输驾驶员和道路危险货物运输驾驶员不得超限、超载运输，连续驾驶时间不得超过4个小时。

第三十九条 经营性道路旅客运输驾驶员和道路危险货物运输驾驶员应当按照规定填写行车日志。行车日志式样由省级道路运输管理机构统一制定。

第四十条 经营性道路旅客运输驾驶员应当采取必要措施保证旅客的人身和财产安全，发生紧急情况时，应当积极进行救护。

经营性道路货物运输驾驶员应当采取必要措施防止货物脱落、扬撒等。

严禁驾驶道路货物运输车辆从事经营性道路旅客运输活动。

道路旅客运输及客运站管理规定(节选)

交通运输部令 2016 年第 82 号

2005 年 7 月 12 日交通部发布,根据 2008 年 7 月 23 日交通运输部《关于修改〈道路旅客运输及客运站管理规定〉的决定》第一次修正,根据 2009 年 4 月 20 日交通运输部《关于修改〈道路旅客运输及客运站管理规定〉的决定》第二次修正,根据 2012 年 3 月 14 日交通运输部《关于修改〈道路旅客运输及客运站管理规定〉的决定》第三次修正,根据 2012 年 12 月 11 日交通运输部《关于修改〈道路旅客运输及客运站管理规定〉的决定》第四次修正,根据 2016 年 4 月 11 日交通运输部《关于修改〈道路旅客运输及客运站管理规定〉的决定》第五次修正,根据 2016 年 12 月 6 日交通运输部令 2016 年第 82 号交通运输部《关于修改〈道路旅客运输及客运站管理规定〉的决定》第六次修正。

第一章 总 则

第一条 为规范道路旅客运输及道路旅客运输站经营活动,维护道路旅客运输市场秩序,保障道路旅客运输安全,保护旅客和经营者的合法权益,依据《中华人民共和国道路运输条例》及有关法律、行政法规的规定,制定本规定。

第二条 从事道路旅客运输(以下简称道路客运)经营以及道路旅客运输站(以下简称客运站)经营的,应当遵守本规定。

第三条 本规定所称道路客运经营,是指用客车运送旅客、为社会公众提供服务、具有商业性质的道路客运活动,包括班车(加班车)客运、包车客运、旅游客运。

(一)班车客运是指营运客车在城乡道路上按照固定的线路、时间、站点、班次运行的一种客运方式,包括直达班车客运和普通班车客运。加班车客运是班车客运的一种补充形式,是在客运班车不能满足需要或者无法正常运营时,临时增加或者调配客车按客运班车的线路、站点运行的方式。

(二)包车客运是指以运送团体旅客为目的,将客车包租给用户安排使用,提供驾驶劳务,按照约定的起始地、目的地和路线行驶,按行驶里程或者包用时间计费并统一支付费用的一种客运方式。

(三)旅游客运是指以运送旅游观光的旅客为目的,在旅游景区内运营或者其线路至少有一端在旅游景区(点)的一种客运方式。

本规定所称客运站经营,是指以站场设施为依托,为道路客运经营者和旅客提供有关运输服务的经营活动。

第四条 道路客运和客运站管理应当坚持以人为本、安全第一的宗旨,遵循公平、公正、公开、便民的原则,打破地区封锁和垄断,促进道路运输市场的统一、开放、竞争、有序,满足广大人民群众的出行需求。

道路客运及客运站经营者应当依法经营,诚实信用,公平竞争,优质服务。

第五条 国家实行道路客运企业等级评定制度和质量信誉考核制度,鼓励道路客运经营者实行规模化、集约化、公司化经营,禁止挂靠经营。

第六条 交通运输部主管全国道路客运及客运站管理工作。

县级以上地方人民政府交通运输主管部门负责组织领导本行政区域的道路客运及客运站管理工作。

县级以上道路运输管理机构负责具体实施道路客运及客运站管理工作。

第二章 经营许可

第七条 班车客运的线路根据经营区域和营运线路长度分为以下四种类型:

一类客运班线:地区所在地与地区所在地之间的客运班线或者营运线路长度在800公里以上的客运班线。

二类客运班线:地区所在地与县之间的客运班线。

三类客运班线:非毗邻县之间的客运班线。

四类客运班线:毗邻县之间的客运班线或者县境内的客运班线。

本规定所称地区所在地,是指设区的市、州、盟人民政府所在城市市区;本规定所称县,包括县、旗、县级市和设区的市、州、盟下辖乡镇的区。

县城城区与地区所在地城市市区相连或者重叠的,按起讫客运站所在地确定班线起讫点所属的行政区域。

第八条 包车客运按照其经营区域分为省际包车客运和省内包车客运,省内包车客运分为市际包车客运、县际包车客运和县内包车客运。

第九条 旅游客运按照营运方式分为定线旅游客运和非定线旅游客运。

定线旅游客运按照班车客运管理,非定线旅游客运按照包车客运管理。

第十条 申请从事道路客运经营的,应当具备下列条件:

(一)有与其经营业务相适应并经检测合格的客车:

1.客车技术要求应当符合《道路运输车辆技术管理规定》有关规定。

2.客车类型等级要求:

从事高速公路客运、旅游客运和营运线路长度在800公里以上的客运车辆,其车辆类型等级应当达到行业标准《营运客车类型划分及等级评定》(JT/T 325)规定的中级以上。

3.客车数量要求：

（1）经营一类客运班线的班车客运经营者应当自有营运客车100辆以上、客位3000个以上，其中高级客车在30辆以上、客位900个以上；或者自有高级营运客车40辆以上、客位1200个以上；

（2）经营二类客运班线的班车客运经营者应当自有营运客车50辆以上、客位1500个以上，其中中高级客车在15辆以上、客位450个以上；或者自有高级营运客车20辆以上、客位600个以上；

（3）经营三类客运班线的班车客运经营者应当自有营运客车10辆以上、客位200个以上；

（4）经营四类客运班线的班车客运经营者应当自有营运客车1辆以上；

（5）经营省际包车客运的经营者，应当自有中高级营运客车20辆以上、客位600个以上；

（6）经营省内包车客运的经营者，应当自有营运客车5辆以上、客位100个以上。

（二）从事客运经营的驾驶人员，应当符合《道路运输从业人员管理规定》有关规定。

（三）有健全的安全生产管理制度，包括安全生产操作规程、安全生产责任制、安全生产监督检查、驾驶人员和车辆安全生产管理的制度。

（四）申请从事道路客运班线经营，还应当有明确的线路和站点方案。

第十一条　申请从事客运站经营的，应当具备下列条件：

（一）客运站经有关部门组织的工程竣工验收合格，并且经道路运输管理机构组织的站级验收合格；

（二）有与业务量相适应的专业人员和管理人员；

（三）有相应的设备、设施，具体要求按照行业标准《汽车客运站级别划分及建设要求》(JT/T 200)的规定执行；

（四）有健全的业务操作规程和安全管理制度，包括服务规范、安全生产操作规程、车辆发车前例检、安全生产责任制、危险品查堵、安全生产监督检查的制度。

第十二条　申请从事道路客运经营的，应当依法向工商行政管理机关办理有关登记手续后，按照下列规定提出申请：

（一）从事县级行政区域内客运经营的，向县级道路运输管理机构提出申请；

（二）从事省、自治区、直辖市行政区域内跨2个县级以上行政区域客运经营的，向其共同的上一级道路运输管理机构提出申请；

（三）从事跨省、自治区、直辖市行政区域客运经营的，向所在地的省、自治区、直辖市道路运输管理机构提出申请。

第十三条　申请从事客运站经营的，应当依法向工商行政管理机关办理有关登记手续后,向所在地县级道路运输管理机构提出申请。

第十四条 申请从事道路客运经营的,应当提供下列材料:

(一)申请开业的相关材料:

1.《道路旅客运输经营申请表》(见附件1);

2.企业章程文本;

3.投资人、负责人身份证明及其复印件,经办人的身份证明及其复印件和委托书;

4.安全生产管理制度文本;

5.拟投入车辆承诺书,包括客车数量、类型及等级、技术等级、座位数以及客车外廓长、宽、高等。如果拟投入客车属于已购置或者现有的,应当提供行驶证、车辆技术等级评定结论、客车类型等级评定证明及其复印件;

6.已聘用或者拟聘用驾驶人员的驾驶证和从业资格证及其复印件,公安部门出具的3年内无重大以上交通责任事故的证明。

(二)同时申请道路客运班线经营的,还应当提供下列材料:

1.《道路旅客运输班线经营申请表》(见附件2);

2.可行性报告,包括申请客运班线客流状况调查、运营方案、效益分析以及可能对其他相关经营者产生的影响等;

3.进站方案。已与起讫点客运站和停靠站签订进站意向书的,应当提供进站意向书;

4.运输服务质量承诺书。

第十五条 已获得相应道路班车客运经营许可的经营者,申请新增客运班线时,除提供第十四条第(二)项规定的材料外,还应当提供下列材料:

(一)《道路运输经营许可证》复印件;

(二)与所申请客运班线类型相适应的企业自有营运客车的行驶证、《道路运输证》复印件;

(三)拟投入车辆承诺书,包括客车数量、类型及等级、技术等级、座位数以及客车外廓长、宽、高等。如果拟投入客车属于已购置或者现有的,应当提供行驶证、车辆技术等级评定结论、客车类型等级评定证明及其复印件;

(四)拟聘用驾驶人员的驾驶证和从业资格证及其复印件,公安部门出具的3年内无重大以上交通责任事故的证明;

(五)经办人的身份证明及其复印件,所在单位的工作证明或者委托书。

第十六条 申请从事客运站经营的,应当提供下列材料:

(一)《道路旅客运输站经营申请表》(见附件3);

(二)客运站竣工验收证明和站级验收证明;

(三)拟招聘的专业人员、管理人员的身份证明和专业证书及其复印件;

(四)负责人身份证明及其复印件,经办人的身份证明及其复印件和委托书;

(五)业务操作规程和安全管理制度文本。

第十七条 县级以上道路运输管理机构应当定期向社会公布本行政区域内的客运运力投放、客运线路布局、主要客流流向和流量等情况。

道路运输管理机构在审查客运申请时,应当考虑客运市场的供求状况、普遍服务和方便群众等因素。

第十八条 道路运输管理机构应当按照《中华人民共和国道路运输条例》和《交通行政许可实施程序规定》以及本规定规范的程序实施道路客运经营、道路客运班线经营和客运站经营的行政许可。

第十九条 道路运输管理机构对道路客运经营申请、道路客运班线经营申请予以受理的,应当自受理之日起20日内作出许可或者不予许可的决定;道路运输管理机构对客运站经营申请予以受理的,应当自受理之日起15日内作出许可或者不予许可的决定。

道路运输管理机构对符合法定条件的道路客运经营申请作出准予行政许可决定的,应当出具《道路客运经营行政许可决定书》(见附件4),明确许可事项,许可事项为经营范围、车辆数量及要求、客运班线类型;并在10日内向被许可人发放《道路运输经营许可证》,并告知被许可人所在地道路运输管理机构。

道路运输管理机构对符合法定条件的道路客运班线经营申请作出准予行政许可决定的,应当出具《道路客运班线经营行政许可决定书》(见附件5),明确许可事项,许可事项为经营主体、班车类别、起讫地、途经路线及停靠站点、日发班次、车辆数量及要求、经营期限,其中对成立线路公司的道路客运班线或者实行区域经营的,其停靠站点及日发班次可以由其经营者自行决定,并告知原许可机关;并在10日内向被许可人发放《道路客运班线经营许可证明》(见附件8),告知班线起讫地道路运输管理机构;属于跨省客运班线的,应当将《道路客运班线经营行政许可决定书》抄告途经上下旅客的和终到的省级道路运输管理机构。

道路运输管理机构对符合法定条件的客运站经营申请作出准予行政许可决定的,应当出具《道路旅客运输站经营行政许可决定书》(见附件6),并明确许可事项,许可事项为经营者名称、站场地址、站场级别和经营范围;并在10日内向被许可人发放《道路运输经营许可证》。

道路运输管理机构对不符合法定条件的申请作出不予行政许可决定的,应当向申请人出具《不予交通行政许可决定书》。

第二十条 受理跨省客运班线经营申请的省级道路运输管理机构,应当在受理申请后7日内发征求意见函并附《道路旅客运输班线经营申请表》给途经上下旅客的和目的地省级道路运输管理机构征求意见;相关省级道路运输管理机构应当在10日内将意见给受理申请的省级道路运输管理机构,不予同意的,应当依法注明理由,逾期不予答复的,视为同意。

受理毗邻市、毗邻县间道路客运班线经营申请的道路运输管理机构,原则上按照毗邻市、毗邻县道路运输管理机构协商一致的意见作出许可或者不予许可的决定。

相关省级道路运输管理机构对跨省客运班线经营申请持不同意见且协商不成的,由受理申请的省级道路运输管理机构通过其隶属的省级交通运输主管部门将各方书面意见和相关材料报交通运输部决定,并书面通知申请人。交通运输部应当自受理之日起20日内作出决定,并书面通知相关省级交通运输主管部门,由受理申请的省级道路运输管理机构按本规定第十九条、第二十二条的规定为申请人办理有关手续。

跨省客运班线经营者申请延续经营的,受理申请的省级道路运输管理机构不需向途经上下旅客和目的地省级道路运输管理机构再次征求意见。

第二十一条 被许可人应当按确定的时间落实拟投入车辆承诺书。道路运输管理机构已核实被许可人落实了拟投入车辆承诺书且车辆符合许可要求后,应当为投入运输的客车配发《道路运输证》;属于客运班车的,应当同时配发班车客运标志牌(见附件7)。正式班车客运标志牌尚未制作完毕的,应当先配发临时客运标志牌。

第二十二条 已取得相应道路班车客运经营许可的经营者需要增加客运班线的,应当按本规定第十二条的规定进行申请。

第二十三条 向不同级别的道路运输管理机构申请道路运输经营的,应当由最高一级道路运输管理机构核发《道路运输经营许可证》,并注明各级道路运输管理机构许可的经营范围,下级道路运输管理机构不再核发《道路运输经营许可证》。下级道路运输管理机构已向被许可人发放《道路运输经营许可证》的,上级道路运输管理机构应当按上述要求予以换发。

第二十四条 中外合资、中外合作、外商独资形式投资道路客运和客运站经营的,应当同时遵守《外商投资道路运输业管理规定》。

第二十五条 道路客运经营者设立子公司的,应当按规定向设立地道路运输管理机构申请经营许可;设立分公司的,应当向设立地道路运输管理机构报备。

第二十六条 客运班线经营及包车客运许可原则上应当通过服务质量招投标的方式实施,并签订经营服务协议。申请人数量达不到招投标要求的,道路运输管理机构应当按许可条件择优确定客运经营者。

相关省级道路运输管理机构协商确定通过服务质量招投标方式,实施跨省客运班线经营许可的,可采取联合招标、各自分别招标等方式进行。一省不实行招投标的,不影响另外一省进行招投标。

道路客运经营服务质量招投标管理办法另行制定。

第二十七条 在道路客运班线经营许可过程中,任何单位和个人不得以对等投放运力等不正当理由拒绝、阻挠实施客运班线经营许可。

第二十八条 客运经营者、客运站经营者需要变更许可事项或者终止经营的,应当向原许可机关提出申请,按本章有关规定办理。按照第十九条规定由经营者自行决定停靠站点及日发班次的,车辆数量的变更不需提出申请,但应当告知原许可机关。

客运班线的经营主体、起讫地和日发班次变更和客运站经营主体、站址变更按照重新许可办理。

客运经营者和客运站经营者在取得全部经营许可证件后无正当理由超过180天不投入运营或者运营后连续180天以上停运的,视为自动终止经营。

第二十九条 客运班线的经营期限由省级道路运输管理机构按《中华人民共和国道路运输条例》的有关规定确定。

第三十条 客运班线经营者在经营期限内暂停、终止班线经营,应当提前30日向原许可机关申请。经营期限届满,需要延续客运班线经营的,应当在届满前60日提出申请。原许可机关应当依据本章有关规定作出许可或者不予许可的决定。予以许可的,重新办理有关手续。

客运经营者终止经营,应当在终止经营后10日内,将相关的《道路运输经营许可证》和《道路运输证》、客运标志牌交回原发放机关。

第三十一条 客运站经营者终止经营的,应当提前30日告知原许可机关和进站经营者。原许可机关发现关闭客运站可能对社会公众利益造成重大影响的,应当采取措施对进站车辆进行分流,并向社会公告。客运站经营者应当在终止经营后10日内将《道路运输经营许可证》交回原发放机关。

第三十二条 客运经营者在客运班线经营期限届满后申请延续经营,符合下列条件的,应当予以优先许可:

(一)经营者符合本规定第十条规定;

(二)经营者在经营该客运班线过程中,无特大运输安全责任事故;

(三)经营者在经营该客运班线过程中,无情节恶劣的服务质量事件;

(四)经营者在经营该客运班线过程中,无严重违法经营行为;

(五)按规定履行了普遍服务的义务。

第三章　客运经营管理

第三十三条 客运经营者应当按照道路运输管理机构决定的许可事项从事客运经营活动,不得转让、出租道路运输经营许可证件。

第三十四条 道路客运企业的全资或者绝对控股的经营道路客运的子公司,其自有营运客车在 10 辆以上或者自有中高级营运客车 5 辆以上时,可按照其母公司取得的经营许可从事客运经营活动。

本条所称绝对控股是指母公司控制子公司实际资产 51% 以上。

第三十五条 道路客运班线属于国家所有的公共资源。班线客运经营者取得经营许可后,应当向公众提供连续运输服务,不得擅自暂停、终止或者转让班线运输。

第三十六条 客运班车应当按照许可的线路、班次、站点运行,在规定的途经站点进站上下旅客,无正当理由不得改变行驶线路,不得站外上客或者沿途揽客。

经许可机关同意,在农村客运班线上运营的班车可采取区域经营、循环运行、设置临时发车点等灵活的方式运营。

本规定所称农村客运班线,是指县内或者毗邻县间至少有一端在乡村的客运班线。

第三十七条 省际、市际客运班线的经营者或者其委托的售票单位、起讫点和中途停靠站点客运站,应当实行客票实名售票和实名查验(以下统称实名制管理)。其他客运班线及客运站实行实名制管理的范围,由省级交通运输主管部门确定。

第三十八条 实行实名制管理的,售票时应当由购票人提供旅客的有效身份证件原件,并由售票人在客票上记载旅客的身份信息。携带免票儿童的,应当凭免票儿童的有效身份证件同时免费申领实名制客票。通过网络、电话等方式实名购票的,购票人应当提供真实准确的旅客有效身份证件信息,并在取票时提供旅客的有效身份证件原件。

旅客遗失客票的,经核实其身份信息后,售票人应当免费为其补办客票。

第三十九条 客运经营者不得强迫旅客乘车,不得中途将旅客交给他人运输或者甩客,不得敲诈旅客,不得擅自更换客运车辆,不得阻碍其他经营者的正常经营活动。

第四十条 严禁客运车辆超载运行,在载客人数已满的情况下,允许再搭乘不超过核定载客人数 10% 的免票儿童。

客运车辆不得违反规定载货。

第四十一条 客运经营者应当遵守有关运价规定,使用规定的票证,不得乱涨价、恶意压价、乱收费。

第四十二条 客运经营者应当在客运车辆外部的适当位置喷印企业名称或者标识,在车厢内显著位置公示道路运输管理机构监督电话、票价和里程表。

第四十三条 客运经营者应当为旅客提供良好的乘车环境,确保车辆设备、设施齐全有效,保持车辆清洁、卫生,并采取必要的措施防止在运输过程中发生侵害旅客人身、财产安全的违法行为。

当运输过程中发生侵害旅客人身、财产安全的治安违法行为时,客运经营者在自身能力许可的情况下,应当及时向公安机关报告并配合公安机关及时终止治安违法行为。

客运经营者不得在客运车辆上从事播放淫秽录像等不健康的活动。

第四十四条 鼓励客运经营者使用配置下置行李舱的客车从事道路客运。没有下置行李舱或者行李舱容积不能满足需要的客车车辆,可在客车车厢内设立专门的行李堆放区,但行李堆放区和乘客区必须隔离,并采取相应的安全措施。严禁行李堆放区载客。

第四十五条 客运经营者应当为旅客投保承运人责任险。

第四十六条 客运经营者应当加强对从业人员的安全、职业道德教育和业务知识、操作规程培训。并采取有效措施,防止驾驶人员连续驾驶时间超过4个小时。

客运车辆驾驶人员应当遵守道路运输法规和道路运输驾驶员操作规程,安全驾驶,文明服务。

第四十七条 客运经营者应当制定突发公共事件的道路运输应急预案。应急预案应当包括报告程序、应急指挥、应急车辆和设备的储备以及处置措施等内容。

发生突发公共事件时,客运经营者应当服从县级及以上人民政府或者有关部门的统一调度、指挥。

第四十八条 客运经营者应当建立和完善各类台账和档案,并按要求及时报送有关资料和信息。

第四十九条 旅客应当持有效客票乘车,遵守乘车秩序,文明礼貌。不得携带国家规定的危险物品及其他禁止携带的物品乘车。

实行实名制管理的客运班线及客运站,旅客应当出示有效客票和本人有效身份证件原件,配合工作人员查验。旅客乘车前,客运站经营者应当对车票记载的身份信息与旅客及其有效身份证件原件(以下简称票、人、证)进行一致性核对并记录有关信息。对拒不提供本人有效身份证件原件或者票、人、证不一致的,不得允许其乘车。

第五十条 实行实名制管理的客运班线经营者及客运站经营者应当配备必要的设施设备,并加强实名制管理相关人员的培训和相关系统及设施设备的管理,确保符合国家相关法律法规规定。

第五十一条 客运班线经营者及客运站经营者对实行实名制管理所登记采集的旅客身份信息及乘车信息,应当依公安机关的要求向其如实提供。对旅客身份信息及乘车信息自采集之日起保存期限不得少于1年,涉及视频图像信息的,自采集之日起保存期限不得少于90日。

客运班线经营者及客运站经营者对实行实名制管理所获得的旅客身份信息及乘车信息,应当予以保密。

第五十二条 客运班线经营者或者其委托的售票单位、起讫点和中途停靠站点客运站,应当针对客流高峰,恶劣天气及设备系统故障、重大安保活动等特殊情况下实名制管理的特点,制定有效的应急预案。

第五十三条 客运车辆驾驶人员应当随车携带《道路运输证》、从业资格证等有关证件,在规定位置放置客运标志牌。客运班车驾驶人员还应当随车携带《道路客运班线经营许可证明》。

第五十四条 遇有下列情况之一,客运车辆可凭临时客运标志牌运行:

(一)原有正班车已经满载,需要开行加班车的;

(二)因车辆抛锚、维护等原因,需要接驳或者顶班的;

(三)正式班车客运标志牌正在制作或者不慎灭失,等待领取的。

第五十五条 凭临时客运标志牌运营的客车应当按正班车的线路和站点运行。属于加班或者顶班的,还应当持有始发站签章并注明事由的当班行车路单;班车客运标志牌正在制作或者灭失的,还应当持有该条班线的《道路客运班线经营许可证明》或者《道路客运班线经营行政许可决定书》的复印件。

第五十六条 客运包车应当凭车籍所在地道路运输管理机构核发的包车客运标志牌,按照约定的时间、起始地、目的地和线路运行,并持有包车票或者包车合同,不得按班车模式定点定线运营,不得招揽包车合同外的旅客乘车。

客运包车除执行道路运输管理机构下达的紧急包车任务外,其线路一端应当在车籍所在地。省际、市际客运包车的车籍所在地为车籍所在的地区,县际客运包车的车籍所在地为车籍所在的县。

非定线旅游客车可持注明客运事项的旅游客票或者旅游合同取代包车票或者包车合同。

第五十七条 省际临时客运标志牌(见附件9)、省际包车客运标志牌(见附件10)由省级道路运输管理机构按照交通运输部的统一式样印制,交由当地县以上道路运输管理机构向客运经营者核发。省际包车客运标志牌和加班车、顶班车、接驳车使用的省际临时客运标志牌在一个运次所需的时间内有效,因班车客运标志牌正在制作或者灭失而使用的省际临时客运标志牌有效期不得超过30天。

从事省际包车客运的企业应按照交通运输部的统一要求,通过运政管理信息系统向车籍地道路运输管理机构备案后方可使用包车标志牌。

省内临时客运标志牌、省内包车客运标志牌样式及管理要求由各省级交通运输主管部门自行规定。

第五十八条 在春运、旅游"黄金周"或者发生突发事件等客流高峰期运力不足时,道路运输管理机构可临时调用车辆技术等级不低于二级的营运客车和社会非营运客车开行包车或者加班车。非营运客车凭县级以上道路运输管理机构开具的证明运行。

第四章 客运站经营

第五十九条 客运站经营者应当按照道路运输管理机构决定的许可事项从事客运站经营活动,不得转让、出租客运站经营许可证件,不得改变客运站用途和服务功能。

客运站经营者应当维护好各种设施、设备,保持其正常使用。

第六十条 客运站经营者和进站发车的客运经营者应当依法自愿签订服务合同,双方按合同的规定履行各自的权利和义务。

客运站经营者应当按月和客运经营者结算运费。

第六十一条 客运站经营者应当依法加强安全管理,完善安全生产条件,健全和落实安全生产责任制。

客运站经营者应当对出站客车进行安全检查,采取措施防止危险品进站上车,按照车辆核定载客限额售票,严禁超载车辆或者未经安全检查的车辆出站,保证安全生产。

第六十二条 客运站经营者应当禁止无证经营的车辆进站从事经营活动,无正当理由不得拒绝合法客运车辆进站经营。

客运站经营者应当坚持公平、公正原则,合理安排发车时间,公平售票。

客运经营者在发车时间安排上发生纠纷,客运站经营者协调无效时,由当地县级以上道路运输管理机构裁定。

第六十三条 客运站经营者应当公布进站客车的班车类别、客车类型等级、运输线路、起讫停靠站点、班次、发车时间、票价等信息,调度车辆进站发车,疏导旅客,维持秩序。

第六十四条 进站客运经营者应当在发车 30 分钟前备齐相关证件进站等待发车,不得误班、脱班、停班。进站客运经营者不按时派车辆应班,1 小时以内视为误班,1 小时以上视为脱班。但因车辆维修、肇事、丢失或者交通堵塞等特殊原因不能按时应班、并且已提前告知客运站经营者的除外。

进站客运经营者因故不能发班的,应当提前 1 日告知客运站经营者,双方要协商调度车辆顶班。

对无故停班达 3 日以上的进站班车,客运站经营者应当报告当地道路运输管理机构。

第六十五条 客运站经营者应当设置旅客购票、候车、乘车指示、行李寄存和托运、公共卫生等服务设施,向旅客提供安全、便捷、优质的服务,加强宣传,保持站场卫生、清洁。

在客运站从事客运站经营以外的其他经营活动时,应当遵守相应的法律、行政法规的规定。

第六十六条 客运站经营者应当严格执行价格管理规定,在经营场所公示收费项目和标准,严禁乱收费。

第六十七条 客运站经营者应当按规定的业务操作规程装卸、储存、保管行包。

第六十八条 客运站经营者应当制定公共突发事件应急预案。应急预案应当包括报告程序、应急指挥、应急设备的储备以及处置措施等内容。

第六十九条 客运站经营者应当建立和完善各类台账和档案,并按要求报送有关信息。

第五章 监督检查

第七十条 道路运输管理机构应当加强对道路客运和客运站经营活动的监督检查。道路运输管理机构工作人员应当严格按照法定职责权限和程序进行监督检查。

第七十一条 县级以上道路运输管理机构应当定期对客运车辆进行审验,每年审验一次。审验内容包括:

(一)车辆违章记录;

(二)车辆技术等级评定情况;

(三)客车类型等级评定情况;

(四)按规定安装、使用符合标准的具有行驶记录功能的卫星定位装置情况;

(五)客运经营者为客运车辆投保承运人责任险情况。

审验符合要求的,道路运输管理机构在《道路运输证》审验记录栏中或者IC卡注明;不符合要求的,应当责令限期改正或者办理变更手续。

第七十四条 道路运输管理机构的工作人员可以向被检查单位和个人了解情况,查阅和复制有关材料。但应当保守被调查单位和个人的商业秘密。

被监督检查的单位和个人应当接受道路运输管理机构及其工作人员依法实施的监督检查,如实提供有关资料或者说明情况。

第七十六条 客运经营者在许可的道路运输管理机构管辖区域外违法从事经营活动的,违法行为发生地的道路运输管理机构应当依法将当事人的违法事实、处罚结果记录到《道路运输证》上,并抄告作出道路客运经营许可的道路运输管理机构。

第七十七条 客运经营者违反本规定的,县级以上道路运输管理机构在作出行政处罚决定的过程中,可以按照行政处罚法的规定将其违法证据先行登记保存。作出行政处罚决定后,客运经营者拒不履行的,作出行政处罚决定的道路运输管理机构可以将其拒不履行行政处罚决定的事实通知违法车辆车籍所在地道路运输管理机构,作为能否通过车辆年度审验和决定质量信誉考核结果的重要依据。

第七十八条 道路运输管理机构的工作人员在实施道路运输监督检查过程中,对没有《道路运输证》又无法当场提供其他有效证明的客运车辆可以予以暂扣,并出具《道路运输车辆暂扣凭证》(见附件12)。对暂扣车辆应当妥善保管,不得使用,不得收取或者变相收取保管费用。

违法当事人应当在暂扣凭证规定的时间内到指定地点接受处理。逾期不接受处理的,道路运输管理机构可依法作出处罚决定,并将处罚决定书送达当事人。当事人无正当理由逾期不履行处罚决定的,道路运输管理机构可申请人民法院强制执行。

第六章　法　律　责　任

第七十九条　违反本规定,有下列行为之一的,由县级以上道路运输管理机构责令停止经营;有违法所得的,没收违法所得,处违法所得2倍以上10倍以下的罚款;没有违法所得或者违法所得不足2万元的,处3万元以上10万元以下的罚款;构成犯罪的,依法追究刑事责任:

(一)未取得道路客运经营许可,擅自从事道路客运经营的;

(二)未取得道路客运班线经营许可,擅自从事班车客运经营的;

(三)使用失效、伪造、变造、被注销等无效的道路客运许可证件从事道路客运经营的;

(四)超越许可事项,从事道路客运经营的。

第八十条　违反本规定,有下列行为之一的,由县级以上道路运输管理机构责令停止经营;有违法所得的,没收违法所得,处违法所得2倍以上10倍以下的罚款;没有违法所得或者违法所得不足1万元的,处2万元以上5万元以下的罚款;构成犯罪的,依法追究刑事责任:

(一)未取得客运站经营许可,擅自从事客运站经营的;

(二)使用失效、伪造、变造、被注销等无效的客运站许可证件从事客运站经营的;

(三)超越许可事项,从事客运站经营的。

第八十一条　违反本规定,客运经营者、客运站经营者非法转让、出租道路运输经营许可证件的,由县级以上道路运输管理机构责令停止违法行为,收缴有关证件,处2000元以上1万元以下的罚款;有违法所得的,没收违法所得。

第八十二条　违反本规定,客运经营者有下列行为之一,由县级以上道路运输管理机构责令限期投保;拒不投保的,由原许可机关吊销《道路运输经营许可证》或者吊销相应的经营范围:

(一)未为旅客投保承运人责任险的;

(二)未按最低投保限额投保的;

(三)投保的承运人责任险已过期,未继续投保的。

第八十三条 违反本规定,取得客运经营许可的客运经营者使用无《道路运输证》的车辆参加客运经营的,由县级以上道路运输管理机构责令改正,处3000元以上1万元以下的罚款。

违反本规定,客运经营者不按照规定携带《道路运输证》的,由县级以上道路运输管理机构责令改正,处警告或者20元以上200元以下的罚款。

第八十四条 违反本规定,客运经营者(含国际道路客运经营者)、客运站经营者及客运相关服务经营者不按规定使用道路运输业专用票证或者转让、倒卖、伪造道路运输业专用票证的,由县级以上道路运输管理机构责令改正,处1000元以上3000元以下的罚款。

第八十五条 省际、市际客运班线的经营者或者其委托的售票单位、起讫点和中途停靠站点客运站经营者未按规定对旅客身份进行查验,或者对身份不明、拒绝提供身份信息的旅客提供服务的,由县级以上道路运输管理机构责令改正;拒不改正的,处10万元以上50万元以下罚款,并对其直接负责的主管人员和其他直接责任人员处10万元以下罚款;情节严重的,由县级以上道路运输管理机构责令其停止从事相关道路旅客运输或者客运站经营业务;造成严重后果的,由原许可机关吊销有关道路旅客运输或者客运站经营许可证件。

第八十六条 违反本规定,客运经营者有下列情形之一的,由县级以上道路运输管理机构责令改正,处1000元以上3000元以下的罚款;情节严重的,由原许可机关吊销《道路运输经营许可证》或者吊销相应的经营范围:

(一)客运班车不按批准的客运站点停靠或者不按规定的线路、班次行驶的;

(二)加班车、顶班车、接驳车无正当理由不按原正班车的线路、站点、班次行驶的;

(三)客运包车未持有效的包车客运标志牌进行经营的,不按照包车客运标志牌载明的事项运行的,线路两端均不在车籍所在地的,按班车模式定点定线运营的,招揽包车合同以外的旅客乘车的;

(四)以欺骗、暴力等手段招揽旅客的;

(五)在旅客运输途中擅自变更运输车辆或者将旅客移交他人运输的;

(六)未报告原许可机关,擅自终止道路客运经营的。

第八十七条 违反本规定,客运经营者、客运站经营者已不具备开业要求的有关安全条件、存在重大运输安全隐患的,由县级以上道路运输管理机构责令限期改正;在规定时间内不能按要求改正且情节严重的,由原许可机关吊销《道路运输经营许可证》或者吊销相应的经营范围。

第八十八条 违反本规定,客运站经营者有下列情形之一的,由县级以上道路运输管理机构责令改正,处1万元以上3万元以下的罚款:

(一)允许无经营许可证件的车辆进站从事经营活动的;

(二)允许超载车辆出站的;

(三)允许未经安全检查或者安全检查不合格的车辆发车的;

(四)无正当理由拒绝客运车辆进站从事经营活动的。

第八十九条 违反本规定,客运站经营者有下列情形之一的,由县级以上道路运输管理机构责令改正;拒不改正的,处3000元的罚款;有违法所得的,没收违法所得:

(一)擅自改变客运站的用途和服务功能的;

(二)不公布运输线路、起讫停靠站点、班次、发车时间、票价的。

第七章 附 则

第九十一条 出租汽车客运、城市公共汽车客运管理根据国务院的有关规定执行。

第九十二条 客运经营者从事国际道路旅客运输经营活动,除一般行为规范适用本规定外,有关从业条件等特殊要求应当适用交通运输部制定的国际道路运输管理规定。

第九十三条 道路运输管理机构依照本规定发放的道路运输经营许可证件和《道路运输证》,可以收取工本费。工本费的具体收费标准由省、自治区、直辖市人民政府财政、价格主管部门会同同级交通运输主管部门核定。

第九十四条 本规定自2005年8月1日起施行。交通部1995年9月6日发布的《省际道路旅客运输管理办法》(交公路发〔1995〕828号)、1998年11月26日发布的《高速公路旅客运输管理规定》(交通部令1998年第8号)、1995年5月9日发布的《汽车客运站管理规定》(交通部令1995年第2号)、2000年4月27日发布的《道路旅客运输企业经营资质管理规定(试行)》(交公路发〔2000〕225号)、1993年5月19日发布的《道路旅客运输业户开业技术经济条件(试行)》(交运发〔1993〕531号)同时废止。

违反本规定,客运经营者不按照规定携带《道路运输证》的,由县级以上道路运输管理机构责令改正,处警告或者20元以上200元以下的罚款。

国务院关于加强道路交通安全工作的意见(节选)

国发〔2012〕30号

二、强化道路运输企业安全管理

(三)规范道路运输企业生产经营行为。严格道路运输市场准入管理,对新设立运输企业,要严把安全管理制度和安全生产条件审核关。强化道路运输企业安全主体责任,鼓励客运企业实行规模化、公司化经营,积极培育集约化、网络化经营的货运龙头企业。严禁客运车辆、危险品运输车辆挂靠经营。推进道路运输企业诚信体系建设,将诚信考核结果与客运线路招投标、运力投放以及保险费率、银行信贷等挂钩,不断完善企业安全管理的激励约束机制。鼓励运输企业采用交通安全统筹等形式,加强行业互助,提高企业抗风险能力。

(四)加强企业安全生产标准化建设。道路运输企业要建立健全安全生产管理机构,加强安全班组建设,严格执行安全生产制度、规范和技术标准,强化对车辆和驾驶人的安全管理,持续加大道路交通安全投入,提足、用好安全生产费用。建立专业运输企业交通安全质量管理体系,健全客运、危险品运输企业安全评估制度,对安全管理混乱、存在重大安全隐患的企业,依法责令停业整顿,对整改不达标的按规定取消其相应资质。

(五)严格长途客运和旅游客运安全管理。严格客运班线审批和监管,加强班线途经道路的安全适应性评估,合理确定营运线路、车型和时段,严格控制1000公里以上的跨省长途客运班线和夜间运行时间,对现有的长途客运班线进行清理整顿,整改不合格的坚决停止运营。创造条件积极推行长途客运车辆凌晨2时至5时停止运行或实行接驳运输。客运车辆夜间行驶速度不得超过日间限速的80%,并严禁夜间通行达不到安全通行条件的三级以下山区公路。夜间遇暴雨、浓雾等影响安全视距的恶劣天气时,可以采取临时管理措施,暂停客运车辆运行。加强旅游包车安全管理,根据运行里程严格按规定配备包车驾驶人,逐步推行包车业务网上申请和办理制度,严禁发放空白旅游包车牌证。运输企业要积极创造条件,严格落实长途客运驾驶人停车换人、落地休息制度,确保客运驾驶人24小时累计驾驶时间原则上不超过8小时,日间连续驾驶不超过4小时,夜间连续驾驶不超过2小时,每次停车休息时间不少于20分钟。有关部门要加强监督检查,对违反规定超时、超速驾驶的驾驶人及相关企业依法严格处罚。

(六)加强运输车辆动态监管。抓紧制定道路运输车辆动态监督管理办法,规范卫星定位装置安装、使用行为。旅游包车、三类以上班线客车、危险品运输车和校车应严格按规定安装使用具有行驶记录功能的卫星定位装置,卧铺客车应同时安装车载视频装置,鼓励农村客运车辆安装使用卫星定位装置。重型载货汽车和半挂牵引车应在出厂前安装卫星定位装置,并接入道路货运车辆公共监管与服务平台。运输企业要落实安全监控主体责任,切实加强对所属车辆和驾驶人的动态监管,确保车载卫星定位装置工作正常、监控有效。对不按规定使用或故意损坏卫星定位装置的,要追究相关责任人和企业负责人的责任。

三、严格驾驶人培训考试和管理

(九)加强客货运驾驶人安全管理。严把客货运驾驶人从业资格准入关,加强从业条件审核与培训考试。建立客货运驾驶人从业信息、交通违法信息、交通事故信息的共享机制,加快推进信息查询平台建设,设立驾驶人"黑名单"信息库。加强对长期在本地经营的异地客货运车辆和驾驶人安全管理。督促运输企业加强驾驶人聘用管理,对发生道路交通事故致人死亡且负同等以上责任的,交通违法记满12分的,以及有酒后驾驶、超员20%以上、超速50%(高速公路超速20%)以上,或者12个月内有3次以上超速违法记录的客运驾驶人,要严格依法处罚并通报企业解除聘用。

九、严格道路交通事故责任追究

(二十五)加大事故责任追究力度。研究制定重特大道路交通事故处置规范,完善跨区域责任追究机制,建立健全重大道路交通事故信息公开制度。对发生重大及以上或者6个月内发生2起较大及以上责任事故的道路运输企业,依法责令停业整顿;停业整顿后符合安全生产条件的,准予恢复运营,但客运企业3年内不得新增客运班线,旅游企业3年内不得新增旅游车辆;停业整顿仍不具备安全生产条件的,取消相应许可或吊销其道路运输经营许可证,并责令其办理变更、注销登记直至依法吊销营业执照。对道路交通事故发生负有责任的单位及其负责人,依法依规予以处罚;构成犯罪的,依法追究刑事责任。发生重特大道路交通事故的,要依法依纪追究地方政府及相关部门的责任。

公安部、交通运输部关于进一步加强客货运驾驶人安全管理工作的意见(节选)

公通字〔2012〕5号

各省、自治区、直辖市公安厅、局,交通运输厅(局、委),新疆生产建设兵团公安局、交通运输局:

为贯彻国务院2011年第165次常务会议和国务院安委会全体会议精神,深入排查治理安全隐患,进一步加强客货运驾驶人安全管理,有效防范和遏制重特大道路交通事故,提出以下工作意见:

二、严格客货运驾驶人从业资格管理

5.严格客货运驾驶人聘用。道路运输企业要严格对新聘用大中型客货车驾驶人从业资格和安全驾驶记录进行审查,不得聘用未取得从业资格证件的驾驶人。对新聘用的大中型客货车驾驶人,应当组织参加公安机关交通管理部门组织的道路交通安全法律、法规学习和交通事故案例警示教育。要每月将聘用的大中型客货车驾驶人信息向道路运输管理机构和公安机关交通管理部门备案,并督促驾驶人及时处理道路交通安全违法行为、交通事故和参加机动车驾驶证审验。

7.建立客货运驾驶人退出机制。道路运输管理机构要督促企业加强对大中型客货车驾驶人诚信考核,对存在重大安全隐患的,应及时调离驾驶人工作岗位;对营运大中型客货车驾驶人发生重大以上交通事故,且负主要责任的,由道路运输管理机构吊销其从业资格证件。从事营运的大中型客货车驾驶人被吊销从业资格证件的,3年内不得重新申请参加从业资格考试。道路运输管理机构要会同公安机关交通管理部门建立被吊销从业资格证件的营运驾驶人"黑名单"库,并定期向社会公布。

三、严格客货运驾驶人日常教育管理

8.加强交通安全宣传教育。地市级道路运输管理机构要会同同级公安机关交通管理部门督促道路运输企业组织客货运驾驶人继续教育,强化从业人员职业道德和安全警示教育。对持有从业资格证件的大中型客货车驾驶人每2年要进行不少于24个学时的继续教育,重点加强典型事故案例警示以及恶劣天气和复杂道路驾驶常识、紧急避险、应急救援处置等方面的教育。道路运输企业要加强对客货运驾驶人的教育、培训和考核,督促参加继续教育。道路运输管理机构、公安机关交通管理部门要完善客运场站、高速公路及国省道沿线服务区、收费站的交通安全宣传设施建设,营造交通安全宣传氛围。

9.推行客运安全告知制度。道路运输管理机构要督促客运企业和客运驾驶人严格按照要求落实安全告知制度。要由乘务员或驾驶人在发车前向乘客告知安全服务内容;要在车内明显位置标示客运车辆核定载客人数、经批准的停靠站点和投诉举报电话。2012年6月底前,所有省际班线客运车辆和省际旅游客车必须实行安全告知制度。

10.强化卫星定位监控系统应用。2012年2月1日起,没有按照规定安装卫星定位装置或未接入全国联网联控系统的车辆,道路运输管理机构要暂停营运车辆资格审验。道路运输企业和客运场站要充分运用卫星定位监控手段加强对车辆和驾驶人的日常监督,按照规定及时纠正和处理超速、疲劳驾驶等违法行为,违法信息应至少保留1年。道路运输管理机构和公安机关交通管理部门要利用全国重点营运车辆联网联控系统提供的监管手段,依据法定职责,实施联合监管。道路运输管理机构负责建立营运车辆动态信息公共服务平台,实现与全国重点营运车辆联网联控系统的联网,利用动态监控手段加强运输市场秩序管理,并向公安机关交通管理部门开放数据传送;公安机关交通管理部门根据符合标准的卫星定位装置采集的监控记录资料,依法查处超速、疲劳驾驶等交通违法行为。

11.严厉查处客货运驾驶人违法行为。道路运输企业要督促驾驶人严格遵守道路交通安全和运输管理法律法规,严格落实强制休息制度,客货运驾驶人24小时内驾驶时间不得超过8个小时(特殊情况下可延长2小时,但每月延长的总时间不超过36小时),连续驾驶时间不得超过4个小时。公安机关交通管理部门要加强对交通事故多发路段和时段的管控,依法从严查处大中型客货车、校车超速、超员、超载、疲劳驾驶等严重交通违法行为。道路运输管理机构要加强道路运输监督检查,重点对道路运输及相关业务经营场所、客货集散地进行监督检查,从严查处客货运驾驶人道路运输违法违规行为,对发现车辆超员的,应当予以制止,并责令其安排旅客改乘。

12.加强客货运驾驶人权益保障和服务。道路运输管理机构要会同有关部门,建立客货运驾驶人行业自治组织,保障客货运驾驶人权益,畅通客货运驾驶人合理反映诉求渠道;督促道路运输企业提高驾驶人工资待遇,落实医疗、养老等社会保障;做好车辆安全检查保养,配齐安全装备,合理安排班次,保障驾驶人休息,不得强迫疲劳驾驶。公安机关交通管理部门要通过手机短信服务平台,为道路运输企业及其驾驶人提供交通违法记分、重特大道路交通事故、恶劣天气预警等信息提示服务;要依托交通安全服务站,为驾驶人提供指路、饮水和交通违法查询等服务。

四、严格违规问题责任追究

14.严格违规从事营运责任追究。对不按批准的客运站点停靠或者不按规定的线路、公布的班次行驶的,由县级以上道路运输管理机构依法责令整改,处1000元以上3000元以下的罚款;情节严重的,由原许可机关吊销道路运输经营许可证。未取得相应从业资格证件驾驶道路客货运输车辆的,由道路运输管理机构依法责令改正,处200元以上2000元以下的罚款;构成犯罪的,依法追究刑事责任。道路运输企业聘用未取得从业资格证件的驾驶人的,由道路运输管理机构责令改正,并严肃追究企业安全管理人员责任。

15.严格重点交通违法行为责任追究。对同一道路运输企业2年以内累计发生2次以上超员、超载违法行为的,公安机关交通管理部门要依法对企业主要负责人、主管安全和经营的企业负责人、部门负责人以及安全管理人员,分别处以2000元以上5000元以下罚款。对运输企业或者学校强迫大中型客货车、校车驾驶人违法驾驶,造成事故尚不构成犯罪的,对企业或者学校相关负责人员依法予以拘留。道路运输管理机构要督促企业对公安机关交通管理部门抄送的车辆和驾驶人的违法信息及时进行处理,将相关记录根据企业质量信誉考核和驾驶人诚信考核要求计入企业和驾驶人的考核周期,并按照考核办法要求进行处罚。

17.开展重特大道路交通事故责任倒查。对营运大中型客货车发生一次死亡3人以上道路交通事故的,由省级公安机关交通管理部门和道路运输管理机构会同有关部门按照《道路交通安全法》、《安全生产法》和《生产安全事故报告和调查处理条例》(国务院令第493号)进行责任追究。发生一次死亡10人以上责任事故的企业负责人,依法撤销职务,并在5年内不得担任道路运输企业主要负责人;构成犯罪的,依法追究刑事责任。对发生一次死亡10人以上或者6个月内发生2起死亡3人以上责任事故的企业,由道路运输管理机构依法责令停业整顿,经停业整顿仍不具备安全生产条件的,吊销其道路运输经营许可证或者吊销相应的经营范围;停业整顿后符合安全生产条件的,客运企业3年内不得新增客运班线,旅游企业3年内不得新增旅游车辆。

交通部关于加强节假日汽车旅游客运安全管理等有关事宜的通知

交公路发〔2000〕196号

各省、自治区、直辖市交通厅（局、委、办）：

随着经济的发展和人民群众生活水平的提高，特别是国务院第270号令发布《全国年节及纪念日放假办法》后，利用节假日和暑期休假外出旅游的越来越多，这对扩大内需、繁荣经济起到了积极的促进作用。汽车旅游客运也因此呈现出良好的发展势头。据部分重点旅游地区统计，去年国庆节和今年春节放假期间乘车外出旅游的旅客约占总客流量的50%以上，汽车旅游客运已成为道路旅客运输新的经济增长点。为搞好节假日和暑期休假期间的汽车旅游客运组织工作，加强运输生产安全管理，现将有关事项通知如下：

一、各级交通主管部门要认真学习、深刻领会江泽民总书记关于安全生产工作的一系列重要指示，坚决贯彻"预防为主，安全第一"的方针，按照部颁有关道路运输安全管理规章的要求，结合全行业运输生产实际特别是节假日期间汽车旅游客运的特点，切实建立和完善安全管理规章制度，层层落实安全管理责任制，指导和帮助企业建立、完善安全生产自我约束机制，树立安全保稳定，安全保效益，安全促发展的意识，提高安全生产水平，努力预防和减少重特大交通运输事故的发生。

二、认真做好节假日期间汽车旅游客运组织工作。劳动节、国庆节和暑假期间汽车旅游客流量大，时间集中，与春运具有相同的特点，各地交通主管部门要加强节假日期间客流量的调查和预测，认真做好旅游景区特别是国家级名胜古迹、风景区、旅游度假区的汽车旅游客运组织工作，指导道路运输企业合理调配运力和调整班次，同时要提前做好增开加班车和组织旅游包车等有关准备工作，保证旅客能够走得安全、舒适、及时、方便，满足假日旅游经济发展的需要。要采用取切实有效的针对性措施，做好节假日期间学生等团体旅游包车的客运安全工作。

三、加强旅游客运车辆和司乘人员的监督与管理。所有参加营运的旅游客运汽车必须保持良好的技术状况和整洁的车容，持有《道路运输证》。汽车旅游客运班车必须悬挂线路标志牌，按批准的线路运行；临时加班的旅游客车凭加班车线路标志牌运行；不定线、不定点的旅游客车凭旅游客运标志牌按批准区域运行；旅游包车凭包车标志牌运行,且须由具备相应经营资质的客运企业承担。旅游汽车必须严格按装载规定载客,严禁超载、疲劳驾驶和带"病"运行。对企业安全生产制度不完善、责任制不落实、运输安全生产形势不好和存在事故隐患的企业,严禁其从事汽车旅游客运。要进一步加强对从业人员特别是驾驶员的安全生产教育和培训工作,不断提高汽车旅游客运服务质量和服务水平。

四、坚决打击非法营运和不正当竞争行为。运输市场无序竞争和秩序混乱是运输安全生产的极大隐患。各地交通主管部门要结合"道路运输管理年"活动,切实加强节假日期间道路客运市场的监督力度,把打击旅游客运中存在的非法营运和不正当竞争行为、维护汽车旅游客运市场正常秩序作为一项重要内容,重点打击无《道路运输证》非法从事汽车旅游客运的车辆,严厉查处"拉客""甩客""宰客""卖客"等违章行为,努力创造规范有序的节假日旅游客运市场环境。

五、做好节假日期间汽车旅游客运统计工作。各级交通主管部门应在节假日结束后的一周内,以省(自治区、直辖市)为单位,将本地区节假日期间的汽车旅游客运量、投放的运力以及旅游客运量在总客运量中所占比重等情况报部公路司。

交通运输部关于进一步加强道路包车客运管理的通知(节选)

交运发[2012]738号

各省、自治区、直辖市、新疆生产建设兵团交通运输厅(局、委),天津、上海交通运输和港口管理局:

为进一步规范道路包车客运市场秩序,保障运输安全,根据《国务院关于加强道路交通安全工作的意见》(国发[2012]30号)和新修订的《道路旅客运输及客运站管理规定》(交通运输部2012年第8号令,以下简称《客规》)的有关规定,现就进一步加强道路包车客运管理的有关事项通知如下:

三、完善道路包车客运市场准入退出机制

各级交通运输主管部门和道路运输管理机构要加强包车客运市场的准入管理,对申请新设立的经营包车客运的企业,要对照法定条件严格审核。要通过服务质量招投标等方式,支持在公司化、规模化、集约化经营方面具有优势,诚信等级高,运输安全生产责任落实,经营行为规范,服务质量好的企业,拓展经营范围,扩大经营规模。要建立健全包车客运市场退出机制,把安全生产状况和质量信誉考核情况作为企业退出市场的主要依据。对发生重大以上交通安全责任事故、重大服务质量事件、重大群体性事件以及12个月内3次违规的企业,要责令整改,整改期间暂停包车客运标志牌备案审核和发放,整改合格后予以恢复。对发生重大及以上或者6个月内发生两起较大及以上责任事故的、质量信誉考核不合格的企业要停业整顿,停业整顿期间暂停包车客运标志牌备案审核和发放,整顿合格后予以恢复,但自恢复运营之日起3年内不得新增包车客运运力;整顿后仍不具备安全生产条件的,要依法取消相应经营范围或吊销其道路运输经营许可证件。

四、落实企业安全生产主体责任

包车客运企业是安全生产的主体,法人代表为第一责任人,应当严格执行国家有关安全生产的法律法规和标准规范,健全安全生产管理制度并督促落实,切实履行好安全生产主体责任。要根据《道路旅客运输企业安全生产规范(试行)》(交运发[2012]33号),加强对所属车辆和驾驶员的管理。一是要保持车辆良好技术状况。严格执行车辆维护和检测制度,确保车辆技术等级符合规定。二是要加强车辆动态监管。严格实施包车客运车辆卫星定位装置的安装、使用、监管等相关规定,完善监控管理流程,配备专职人员,及时纠正各类违法违规行为,消除事故隐患。三是要加强驾驶员管理。根据包车任务、路况天气、驾驶员身体健康状况等情况合理安排驾驶员。对省际包车任务或行驶里程超过800公里的包车任务,每次出车前应由专人对驾驶员进行安全提示,督促驾驶员熟悉行驶路线的道路状况、天气状况、风险控制点等信息;对途经山区等事故高发线路的包车客运任务,要安排适当的车型和有驾驶经验的驾驶员。四是要加强服务质量管理。要在包车客运车辆外部适当位置喷印企业名称或者标识,在车厢内显著位置公布服务质量投诉电话和道路运输管理机构监督电话,及时处理相关服务质量投诉,接受社会和有关部门的监督。鼓励企业实行统一承揽包车业务、统一车辆调度、统一运费结算、统一驾驶员管理。

五、规范省际包车客运标志牌管理

根据新修订的《客规》,从事省际包车客运的企业应按照交通运输部的统一要求,通过运政管理信息系统向车籍地道路运输管理机构备案后方可使用包车标志牌。各省级道路运输管理机构应严格按照《客规》的有关规定,加快完善包车客运标志牌管理制度,推进信息化管理,抓紧建设"包车客运管理信息系统",尽早投入使用,并将其纳入运政管理信息系统。

"包车客运管理信息系统"软件由各省级运管机构根据部的统一要求自行编制(编制要求另发),也可参考使用江苏或者安徽省道路运输管理局开发的软件,省际包车客运标志牌上的二维码加密软件及识别软件,由交通运输部通信信息中心统一开发,免费提供使用。各地应将《道路运输经营许可证》中经营范围含省际包车客运的客运企业,《道路运输证》中经营范围含省际包车的车辆,以及符合条件的驾驶员建立数据库,纳入"包车客运管理信息系统"进行统一管理。

新版的省际包车客运标志牌从2013年1月1日起启用。各省级道路运输管理机构应按照部规定的式样统一印制,按程序发放给市级道路运输管理机构,由经营省际包车客运的企业按规定向市级道路运输管理机构申领。在开展每一运次的省际包车业务前,企业通过"包车客运管理信息系统"向市级道路运输管理机构进行备案申请。各市级道路运输管理机构要对省际包车备案申请及时进行审核。审核通过后,企业打印省际包车客运标志牌并加盖企业公章,方可使用该标志牌从事省际包车业务。企业应指定专人签发省际包车客运标志牌,并应建立省际包车客运标志牌使用登记制度,领用人要签字确认,交旧领新,严禁将空白标志牌发放给个人。

省际包车客运业务备案信息包括企业名称、经营许可证号、本运次线路起讫点、车牌号、道路运输证号、驾驶员姓名、从业资格证号、包车标志牌顺序号、载客人数、主要途经地、运行时间、有效期、企业签发人等信息,以及承运业务凭证(电子版)。承运业务凭证可以是包车票或包车合同,或者注明客运事项的旅游客票或旅游合同。备案信息应客观真实。

2013年7月1日前,没有完成"包车客运管理信息系统"建设的省份,仍可按原规定使用旧版的省际包车客运标志牌。各级道路运输管理机构应加强对过渡期内省际包车标志牌的监管,加密抽查频次,确保省际包车标志牌按规定使用。

省内包车客运标志牌的使用管理办法由各省级交通运输主管部门参照本通知自行制订。

交通运输部、公安部关于进一步加强长途客运接驳运输试点工作的通知

交运发〔2014〕2号

各省、自治区、直辖市、新疆生产建设兵团交通运输厅(局、委)、公安厅,天津市市政公路管理局,天津市、上海市交通运输和港口管理局:

为贯彻落实《国务院关于加强道路交通安全工作的意见》(国发〔2012〕30号)中积极推行长途客运车辆凌晨2时至5时停止运行或实行接驳运输的规定,保障道路旅客运输安全便捷高效,交通运输部、公安部决定进一步加强长途客运接驳运输试点工作。现将有关事项通知如下:

一、积极推行长途客运接驳运输试点工作

长途客运接驳运输,是指道路客运班车运行到线路途中选定的接驳点后,当班驾驶员停车落地休息,由在接驳点休息等待的接驳驾驶员上车驾驶,继续执行客运任务的运输组织方式。经商公安部、国家安全生产监督管理总局,自2013年1月20日起,交通运输部在全国13个省(区、市)开展了长途客运接驳运输试点工作。从试点情况看,接驳运输有效提升了道路客运安全保障能力和服务水平,并对优化运输组织方式、提高运输组织效率、促进道路客运行业转型升级发挥了重要作用。

在总结试点经验的基础上,交通运输部和公安部决定,从2014年1月1日起,联合开展长途客运接驳运输试点工作。在北京、上海、江苏、浙江、安徽、福建、山东、河南、广东、广西、四川、重庆、贵州13个省(区、市)的基础上,将天津、河北、山西、辽宁、江西、湖北、湖南、陕西等8个省(市)纳入接驳运输试点范围。各级交通运输主管部门和道路运输管理机构、公安交通管理部门要深刻认识长途客运接驳运输试点工作的重要意义和深远影响,强化组织领导,完善试点工作实施方案和保障措施,加强联合监督检查,强化源头管理、路面管控和安全督查,全力保障接驳运输试点工作平稳有序开展。

二、择优选择接驳运输试点企业

从事接驳运输的道路客运企业应当具有健全的安全生产管理体系和严格的安全生产管理制度,2年内未发生负同等以上责任的重特大道路交通事故。对于实行集团化、网络化运营的、800公里以上客运班线运营车辆50辆以上的企业,要优先安排。

拟从事长途客运接驳运输的道路客运企业,应当向所在地设区的市级道路运输管

理机构提出申请,经核实后报省级道路运输管理机构审核。省级道路运输管理机构可择优选择不超过3家道路客运企业为接驳运输试点企业(以下简称试点企业),线路、车辆、接驳点、接驳运输制度等不符合要求的企业不得参与试点工作。

对在全国多个省(区、市)设立控股子公司的道路客运企业,可向母公司注册地省级道路运输管理机构提出申请,经批准后,凡具备接驳运输条件的子公司可在21个试点省(区、市)范围内整体开展试点工作,不受子公司所在地试点企业数量限制,但应向子公司所在地省级道路运输管理机构进行备案并接受监管。母公司注册地省级交通运输主管部门应当将有关批准材料报交通运输部备案,由交通运输部函告子公司所在地省级交通运输主管部门。

试点省(区、市)省级交通运输主管部门和道路运输管理机构应建立试点企业退出机制,及时更换无法正常开展或不按要求开展接驳运输试点工作的试点企业。

三、规范选择接驳运输线路、车辆及接驳点

试点企业应当合理选择接驳运输线路和车辆,优先选择800公里以上的长途客运班线,线路起讫点应在试点的21个省(区、市)。接驳运输车辆应当公车公营,严禁挂靠经营,并应安装具有驾驶员身份识别功能和行驶记录功能的卫星定位车载视频终端。

试点企业要科学设置接驳点。要充分考虑接驳时间和接驳点服务保障能力等因素,合理选择接驳点位置;要优先选择在高速公路服务区或客运班线途经的汽车客运站设置,也可以在高速公路出入口附近设置。接驳点应具备停车、住宿、餐饮、通讯等基本条件。接驳运输车辆到达指定的接驳点的时间应当在23时至次日2时之间。

试点企业要加强接驳点管理。要配备专职管理人员,或在公共接驳点、共用接驳点采取委托管理的方式,督促驾驶员严格执行接驳运输管理制度,保证接驳运输车辆顺利接驳,保证驾驶员充足睡眠和休息。

四、认真制定接驳运输试点工作方案

试点省(区、市)省级交通运输主管部门和道路运输管理机构应根据本省长途客运线网现状和线网规划,认真组织编制本省接驳运输试点工作实施方案,有序推进接驳运输试点工作。试点企业应制定《接驳运输运行组织方案》,通过车籍地道路运输管理机构逐级审核后,上报省级道路运输管理机构备案,省级交通运输主管部门应通报给省级公安交通管理部门。试点省(区、市)省级交通运输主管部门应当将本省(区、市)的接驳运输试点工作实施方案和试点企业的《接驳运输运行组织方案》书面版和电子版及时报交通运输部备案(电子邮箱:ysskyc@mot.gov.cn)。交通运输部将相关信息汇总后通报给公安部。

《接驳运输运行组织方案》应当包括以下内容:一是试点企业基本情况;二是接驳点设置情况,包括接驳点名称、地址、休息设施情况、动态监控设备情况、管理人员配备情

况、服务能力等;三是开展接驳运输试点线路和车辆情况,包括营运线路起讫地及起讫地客运站点、途中停靠站点、营运线路长度、详细运行路线、指定接驳点位置、该线路客运班车的车牌号及对应的接驳时间、车辆卫星定位车载终端安装情况及型号等;四是接驳运输管理制度,包括接驳运输车辆及驾驶员管理制度、接驳点管理制度及管理人员岗位职责、接驳运输信息化管理及动态监控制度、接驳运输监督管理制度、接驳运输公示和投诉举报制度和其他需要建立的制度。

试点省(区、市)省级交通运输主管部门和道路运输管理机构要对《接驳运输运行组织方案》中的线路逐条验收,严格审核,按照"成熟一个、实施一个"的原则,根据试点企业的准备工作完成情况,批准企业开展接驳运输,对符合要求的接驳运输车辆发放长途客运接驳运输车辆标识(见附件1)。长途客运接驳运输车辆标识由交通运输部监制,全国统一编号并发放给各试点省(区、市),有效期限1年。原已开展接驳运输试点的13个省(区、市)在2013年发放的标识统一作废。

五、严格执行接驳运输流程

接驳运输车辆要随车携带长途客运接驳运输车辆标识,并放置在车辆内前挡风玻璃右侧。发车前,驾驶员要领取、填写并随车携带接驳运输行车单(见附件2),车辆到达指定的接驳点后,当班驾驶员和接驳驾驶员交接车辆相关证件,填写接驳运输行车单,并由接驳点管理人员签字、盖章。接驳点管理人员要根据接驳运输行车单登记接驳运输台账。驾驶员在运输任务结束后要将接驳运输行车单及时上交道路客运企业留存备查,保存期不少于半年。

六、推进接驳运输信息化管理

交通运输部建立全国统一的"接驳运输车辆动态监控平台",作为全国重点营运车辆联网联控系统的子系统,统一接入全国道路运输车辆动态信息公共交换平台。"接驳运输车辆动态监控平台"由中国交通通信信息中心提供技术支持。试点省(区、市)省级交通运输主管部门通过中国交通通信信息中心领取本省系统管理员账号,并向各级交通运输主管部门和道路运输管理机构、公安交通管理部门和试点企业(包括接驳点)分配相应权限。

试点企业要落实车辆动态监控的主体责任。要按照《道路运输车辆卫星定位系统车载终端技术要求》(JT/T 794)为接驳运输车辆安装具有驾驶员身份识别功能和行驶记录功能的卫星定位车载视频终端,统一为接驳运输车辆驾驶员办理驾驶员从业资格电子证件,在有条件的接驳点安装视频监控装置,在企业监控中心和接驳点配备"接驳运输车辆动态监控平台"监控设备。要及时将接驳运输的相关信息通过"接驳运输车辆动态监控平台"向管理部门报备。要指派专人通过"接驳运输车辆动态监控平台"对接驳运输车辆实施动态监控,追踪接驳运输车辆运行轨迹,记录接驳运输过程,通过平台的视频比对功能和从业资格电子证件行车记录,识别驾驶员身份,严格查处不按规定实施接驳运输的相关责任人员。接驳点管理人员要通过"接驳运输车辆动态监控平台"对接驳运输车辆接驳情况进行管理。试点期间,驾驶员从业资格电子证件由交通运输部委托有关单位统一办理。各省应按照相关要求将试点企业参与接驳运输试点线路运输的驾驶员信息表(附件3)连同《接驳运输运行组织方案》一并报交通运输部。

原已开展接驳运输试点的企业应加快卫星定位车载视频终端改造工作,在2014年6月30日前应全部改造完成,并报交通运输部备案。

七、实施联合监督检查

各级交通运输主管部门和道路运输管理机构、公安交通管理部门对长途客运车辆凌晨2时至5时停止运行或接驳运输实施联合监督检查,督促道路客运企业落实安全生产主体责任。

试点省(区、市)省级交通运输主管部门和道路运输管理机构要督促试点企业不断完善并积极落实《接驳运输运行组织方案》,对于不能有效落实《接驳运输运行组织方案》的企业,要取消接驳运输试点资格。各地道路运输管理机构要充分运用"接驳运输车辆动态监控平台"加强对试点企业的源头监管,并定期抽检接驳运输车辆运行情况、接驳点运转情况和接驳运输台账,发现并查处存在的问题。对于企业管理不严、甚至在接驳运输运行中弄虚作假、不按规定要求开展接驳运输,存在安全隐患的,要取消接驳运输试点资格。

各地公安交通管理部门要加强路面巡逻管控,凌晨2时至5时发现没有长途客运接驳运输车辆标识仍在运行的客运车辆,要严格执行《国务院关于加强道路交通安全工作的意见》规定,强制其停车休息。各地公安交通管理部门可以依据"接驳运输车辆动态监控平台"的动态监控数据,依法查处接驳运输车辆的超速行驶、疲劳驾驶等道路交通安全违法行为。

八、支持接驳运输试点企业发展

支持试点企业集约化、规模化发展。试点省(区、市)各级交通运输主管部门和道路运输管理机构应当优先发展实行接驳运输的长途客运班线,新增线路长度在800公里以上的客运班线应当通过服务质量招投标配置客运班线经营权,并将接驳运输作为服务质量招投标的重要评分因素。鼓励试点企业通过兼并、收购、重组、联合经营等方式实施客运线路资源整合。鼓励与试点企业经营同一线路的其他企业通过联合经营等方式,由试点企业统一在同一线路上开展接驳运输。支持在省域范围内对长途客运线路资源进行整合,统一实施接驳运输。

支持试点企业建立接驳运输联盟。支持接驳运输联盟整合接驳运输线路和接驳点资源,建设公共接驳点,优化线路班次,统一调配同线路的驾驶员,提高接驳点集约化程度和接驳效率;支持接驳运输联盟统一开展接驳运输车辆动态监控,统一开展管理人员培训,统一开展长途客运接驳运输的形象建设和服务能力建设,提高长途客运服务水平。

支持接驳点建设。鼓励道路客运企业或客运站建设、经营公共接驳点。鼓励道路客运企业合作设置共用接驳点。鼓励道路客运企业和高速公路服务区管理与运营单位加强沟通协调,按照"市场主导、因地制宜、双向选择、共建共赢"的原则,在高速管理服务区建设和运营管理接驳点,规范和完善接驳运输服务。

客运站要支持长途客运接驳运输工作。客运站执行出站检查时,应将接驳点待换驾驶员视同出站随车驾驶员。客运站应当在售票场所公示接驳运输车辆信息和投诉举报电话,鼓励乘客选择乘坐接驳运输车辆。

允许试点企业部分客运班线经批准后在客运淡季暂停接驳运输。试点企业可通过"接驳运输车辆动态监控平台"向所在地市级道路运输管理机构申请,经同意并向市级道路运输管理机构缴回相应车辆的长途客运接驳运输车辆标识后,方可暂停接驳运输,并应严格落实凌晨2时至5时停车休息制度,同时在客运站售票场所进行公示。

交通运输部关于加强长途客运接驳运输动态管理有关工作的通知(节选)

交运函〔2015〕658号

各省、自治区、直辖市、新疆生产建设兵团交通运输厅(局、委):

为贯彻落实《国务院关于加强道路交通安全工作的意见》(国发〔2012〕30号),交通运输部联合公安部开展了长途客运接驳运输试点工作。为进一步加强长途客运接驳运输动态管理工作,现就有关事项通知如下:

二、稳步拓展长途客运接驳运输试点范围。请未纳入接驳运输试点工作的省份,参照《交通运输部-公安部关于进一步加强长途客运接驳运输试点工作的通知》(交运发〔2014〕2号)的规定开展长途客运接驳运输试点准备工作。有关省份交通运输主管部门要积极会同同级公安交通管理部门,认真研究制定本省(区)接驳运输试点工作实施方案,择优选择接驳运输试点企业,督促试点企业规范选择接驳运输线路、车辆及接驳点,并将本省(区)的接驳运输试点工作实施方案、试点企业的《接驳运输运行组织方案》、长途客运接驳运输试点线路和车辆信息汇总表及电子版(格式见附件5)于2015年10月15日前报送部运输服务司。部运输服务司将会同公安部交通管理局研究确定新增长途客运接驳运输试点省份。一经同意开展接驳运输试点工作的省份,省级交通运输主管部门和道路运输管理机构要督促试点企业严格执行接驳运输运行组织方案和接驳运输流程,并按照"成熟一条、开通一条"的原则稳步开展试点工作。

交通运输部、公安部、国家安全监管总局关于进一步加强和改进道路客运安全工作的通知

交运发〔2010〕210号

各省、自治区、直辖市及新疆生产建设兵团交通运输、公安、安全监管部门：

为进一步加强和改进道路客运安全工作，坚决遏制和防范群死群伤恶性事故的发生，保障人民生命财产安全，现就有关要求通知如下：

一、加强统筹协调，形成工作合力

交通运输、公安、安全监管部门要按照《国务院办公厅转发全国道路交通安全工作部际联席会议关于进一步落实"五整顿、三加强"工作措施意见的通知》（国办发〔2007〕35号）的要求，努力构建政府统一领导、部门依法监管、企业全面负责、群众监督参与、社会广泛支持的工作格局。要明确管理职责，加强部门协作，建立合作机制，定期召开会议，实现信息共享，形成工作合力。要以遏制群死群伤事故为目标，以落实客运企业安全主体责任为主线，以强化企业对营运客车和驾驶员动态监控为重点，坚持源头管理与路面管控并重，切实增强安全管理措施的科学性、针对性和有效性，着力构建道路客运安全工作长效机制，努力促进安全工作常态化、规范化，全面提升道路客运安全工作水平。

二、加强营运驾驶员安全管理

（一）严把大中型客车驾驶员培训关、考试关和发证关。交通运输、公安部门要进一步完善驾驶员培训、考试制度。交通运输部门要加强驾校管理，提高驾驶员培训质量。对申请办理从业资格证的，必须经培训合格，凭结业证书申请办理。公安部门要进一步规范考试程序，严格考试标准。凡客运车辆发生一次死亡3人以上交通事故且负有主要责任的，安全监管部门要会同交通运输、公安部门对驾驶员培训、考试和发证过程进行责任倒查，把培训、考试记录作为责任倒查的重点和依据。

（二）加强对违法驾驶员的管理。公安部门要建立驾驶员交通违法、肇事信息记录查询平台，逐步向社会提供客运驾驶员的交通违法行为及交通事故查询服务。对驾驶客运车辆载人超过核定人数20%以上、超过规定时速50%以上的严重违法行为，在交通违法记分周期内记满12分，多次违法记录未及时处理的客运驾驶员，公安部门要抄送运输企业，告知其通知相关客运驾驶员到公安机关接受处理，并通报交通运输部门；交通运输部门要督促客运企业对其进行教育处理，情节严重的应调离驾驶岗位。对机动车

驾驶证被公安部门注销或者吊销的,由交通运输部门依法吊销其从业资格。从业资格证被吊销的,3年内不得重新参加从业资格考试。

(三)加强营运驾驶员诚信考核。交通运输部门要将营运驾驶员在道路运输活动中的安全行车、遵守法规等情况作为诚信考核的重要指标,进一步推进营运驾驶员诚信考核工作,督促营运驾驶员自觉遵守国家法律法规,诚实守信、文明从业,稳步提升营运驾驶员队伍整体素质。

三、加强营运客车安全工作

(一)严格营运客车登记和安全检验。公安部门要严格客车登记制度,对不符合国家标准的车辆,不得办理注册登记。要会同有关部门强化对营运客车安全检验工作的监督,严把营运客车安全检验关。

(二)严格营运客车市场准入制度。交通运输部门要强化营运客车市场准入管理,严禁没有达到营运客车等级评定标准的车辆或技术性能不合格的车辆参与营运。对发现使用未进行安全技术检验或检验不合格的客车从事营运的,要立即停驶,并责令客运企业限期整改。

四、落实客运企业安全生产主体责任

客运企业是安全生产的责任主体,企业的法定代表人是安全生产的第一责任人。客运企业要认真贯彻执行国家有关安全生产的法律、法规和政策。交通运输、公安、安全监管部门要监督客运企业落实安全生产主体责任,依法严格追究责任。

(一)加强安全生产基础管理。客运企业要建立健全安全生产责任制,健全组织机构,配备专职安全工作人员,保证安全生产的必要投入,加强对安全工作人员和从业人员的教育培训考核,定期召开安全生产委员会会议和安全生产例会,开展安全生产自查自纠工作,及时发现和消除事故隐患。客运企业要按照安全生产法律法规和相关标准规范,制定符合自身特点的岗位操作规程和安全标准,促进安全生产标准化、制度化和长效化。鼓励各地积极探索采用安全统筹行业互助形式,提高企业安全工作和抗风险的能力。

(二)严格驾驶员的聘用和管理。客运企业要严把驾驶员的聘用关,当面审查驾驶员的驾驶证件、从业资格和驾驶经历,并与符合条件的驾驶员签订聘用合同。要定期严格组织驾驶员参加安全学习和培训,不断提高驾驶员的安全意识和业务素质。要经常通过信息查询平台查询驾驶员的违法和事故信息,对查询到的驾驶员违法和事故信息以及收到的公安部门抄送的驾驶员严重违法信息,要及时对违法驾驶员进行教育和处理。

(三)加强营运客车技术管理。客运企业要建立和完善车辆日常安全检查、维护制度,落实专人负责车辆安全工作,对车辆定期进行安全检查和二级维护,并记入车辆技术档案。承担客运车辆二级维护作业的机动车维修企业应当建立车辆维修档案,并在核定的经营范围内,按照国家标准和技术规范认真执行客运车辆二级维护作业,不得漏项和减项。

(四)强化汽车客运站安全管理。汽车客运站要认真履行安全工作职责,建立健全并落实各项安全生产制度,配备安全检查人员,严格落实"三不进站、五不出站"安全工作制度。

(五)严格市场准入管理。交通运输部门要围绕"三关一监督"的安全工作职责,把客运企业的安全生产状况,作为完善道路运输市场准入和退出制度的核心内容和主要依据,将企业安全生产动态考核结果与企业的行政许可、线路招投标和质量信誉考核挂钩,把安全生产与企业生存发展结合起来,切实加强监督管理。

(六)加强安全监督检查。交通运输、公安、安全监管部门要加强对客运企业的安全监管,督促客运企业及时发现和整改安全工作中存在的隐患和薄弱环节。对不具备基本安全生产条件、存在重大安全隐患的客运企业,要依法责令停业整顿;整改仍不达标的,坚决吊销相应的经营范围。对因负主要责任或者全部责任,发生一次死亡3至9人道路交通事故的,所属客运企业1年内不得新增客运班线(旅游企业1年内不得新增车辆);1年内发生两次及以上死亡3至9人道路交通事故的,或发生一次死亡10人以上重大道路交通事故的,所属客运企业3年内不得新增客运班线(旅游企业3年内不得新增车辆)。

五、加强农村客运安全工作

(一)完善农村客运安全监管机制。针对农村地区安全监管力量薄弱的实际,各级道路交通安全工作联席会议要主动提请地方政府明确由乡(镇)政府实施农村客运安全监督管理,实行"县管、乡包、村落实"的政策,并指导和督促乡镇政府落实道路运输安全机构、人员和经费,履行安全管理职责。

(二)完善农村公路安保设施。交通运输部门要对通客车的农村公路,在急弯、陡坡、临水、临崖等重点危险路段上,逐步设置必要的警示标志或安保设施。

(三)加强对三轮车、低速货车和拖拉机的安全工作。公安部门要加强对农村道路运行秩序管理,严禁客车超员载客,三轮汽车、低速货车和拖拉机违法载人。

六、严格客运车辆道路通行管理

(一)加强道路通行秩序管理。公安部门要加强客运车辆道路通行秩序管理,严格查处客运车辆超员、超速行驶、疲劳驾驶等交通违法行为。

(二)严格夜间通行管理。交通运输部门要严格客运线路审批,对夜间途经达不到夜间安全通行条件的三级(含)以下山区公路,不得批准客运班线。公安部门在道路执法中发现客运班线夜间途经达不到夜间安全通行条件的三级及以下山区公路的,要禁止通行,并及时通报交通运输部门,由交通运输部门督促客运企业合理调整客运班线的发车时间。

(三)防止疲劳驾驶。客运车辆每日运行里程超过400公里(高速公路直达客运超过600公里)的,客运企业应当配备两名以上驾驶员。驾驶员连续驾驶不得超过4小时,或者24小时内累计驾驶不得超过8小时。客运企业要制定更加严格的防止疲劳驾驶措施,创造条件安排长途驾驶员落地休息。

(四)强化客车运营管理。客运企业要采取有效措施,强化客车运营管理。班线客车要严格按照许可的线路、班次、站点运行,在规定的途经站点上下旅客,不得站外上客或揽客。客运包车不得搭乘合同外的旅客,严禁客运包车途中上客。

七、推进车辆运行动态监管工作

(一)规范行车记录装置安装工作。旅游包车和三类以上的班线客车必须依法安装、使用符合国家标准的行驶记录仪(具有行驶记录功能的卫星定位装置应视同行驶记录仪)。凡未安装的,交通运输部门不予核发道路运输证,公安部门不予通过定期审验。对已经安装卫星定位装置的车辆,应逐步增加行驶记录功能。交通运输部将会同相关部门尽快制定卫星定位监控平台、终端及数据交换标准。

(二)建立营运车辆动态信息公共服务平台。交通运输部门要建立营运车辆动态信息公共服务平台,实行联网,并向公安、安全监管等有关部门免费开放,为政府有关部门和运输企业加强动态监控提供有效的技术手段。

(三)实施联合监管。交通运输、公安、安全监管部门要充分利用动态信息服务平台提供的监控手段,依据法定职责,实施联合监管。交通运输部门要督促运输企业安装并使用卫星定位装置,利用动态监控手段加强对运输市场秩序管理;公安部门要利用交通运输部门提供的动态监控手段,加强对客运车辆行驶速度、连续驾驶时间等运行情况的检查,严格查处超速行驶、疲劳驾驶等违法行为;安全监管部门要利用动态监控手段,做好应急指挥及事故处置工作。

(四)落实客运企业监控主体责任。客运企业要建立和完善卫星定位装置使用管理制度,确保卫星定位装置正常使用。要充分运用卫星定位监控手段加强对所属车辆和驾驶员的日常监督,保持车辆在线时间,加大对违法行为的处理力度。

八、加强事故责任调查处理

(一)建立重大事故调查处理工作联动机制。各级公安、交通运输、安全监管部门要建立重大事故调查处理工作联动机制,共同调查重大道路交通事故,共同分析事故发生原因,共同研究提出预防事故的措施。

(二)严格事故责任追究。安全监管、交通运输、公安等部门要按照事故调查"四不放过"和"依法依规、实事求是、注重实效"的原则,依法对屡次发生超速、超员等违法违章、发生交通事故、存在重大安全隐患的客运企业及其负责人进行责任追究及行政处罚。客运企业因未履行安全生产主体责任,发生生产安全事故的,安全监管部门要按照《安全生产法》《生产安全事故报告和调查处理条例》(国务院令第493号)的规定,对企业及主要负责人予以处罚。发生一次死亡10人以上责任事故的企业主要负责人,依法撤销职务或处2万元以上20万元以下的罚款;撤销职务的,在5年之内不得担任道路运输企业主要负责人,构成犯罪的,应依法追究刑事责任。对于6个月内发生两次及以上一次死亡3人以上,且负全部或者主要责任事故的企业,公安部门要按照《道路交通安全法》的规定,责令消除安全隐患;安全监管部门要按照《安全生产法》的规定,责令企业停业整顿;经停业整顿仍不具备安全生产条件的,交通运输部门吊销其道路运输经营许可证或者吊销相应的经营范围。

交通运输部关于印发《道路客运接驳运输管理办法(试行)》的通知

交运发〔2017〕208号

道路客运接驳运输管理办法(试行)

第一章 总 则

第一条 为规范道路客运接驳运输,提高道路客运安全管理水平,促进道路客运转型升级,保障人民群众安全高效出行,依据《中华人民共和国安全生产法》《中华人民共和国道路交通安全法》《中华人民共和国道路运输条例》等有关法律、行政法规的规定,制定本办法。

第二条 开展道路客运接驳运输,应当遵守本办法。

道路客运接驳运输分为换驾式接驳运输和分段式接驳运输。

第三条 开展道路客运接驳运输,应当安全为本,诚实信用,依法经营。

第四条 需凌晨2时至5时运行的道路客运班线,应当按照本办法实行接驳运输。

鼓励道路客运企业对营运线路里程在800公里以上的道路客运班线实行分段式接驳运输,实现客运车辆和驾驶员当日往返。

各地交通运输主管部门应当推动道路客运结构调整,逐步减少营运线路里程在800公里以上的道路客运班线数量。营运线路里程在800公里以上的道路客运班线经营期限到期后申请延续经营的,如不实行接驳运输,应当调整发班安排,避免凌晨2时至5时载客停车休息。

第五条 接驳运输企业应当履行接驳运输安全生产主体责任,严格执行国家有关安全生产的法律、行政法规和政策,制定接驳运输安全生产管理制度和接驳运输线路运行组织方案,加强接驳运输运行管理。

第六条 鼓励接驳运输企业组建接驳运输联盟,制定联盟章程、自律公约、管理规章等,明确联盟及联盟企业安全生产管理职责,发挥行业协作、自律作用,推动接驳运输资源整合共享。

第七条 各地交通运输主管部门应当加强接驳运输安全生产源头管控和事中事后监管。省级交通运输主管部门应当对具备接驳点服务功能的客运站建设项目予以支持。

第二章 安全管理制度与接驳组织方案

第八条 接驳运输企业应当制定健全的接驳运输安全生产管理制度,包括接驳运输车辆、接驳运输驾驶员、接驳点安全生产管理制度,接驳运输动态监控制度,接驳运输安全生产操作规程,接驳点管理人员、接驳运输驾驶员岗位职责等。

第九条 接驳运输企业应当科学合理地制定接驳运输线路运行组织方案,包括接驳运输线路运行安排、接驳运输车辆安排和接驳点设置等。

(一)接驳运输线路运行安排:包括线路名称、线路里程、途经路线、接驳点、接驳次数、起讫客运站。

接驳运输线路运行安排应当避免驾驶员疲劳驾驶。

(二)接驳运输车辆安排:包括车辆信息、始发时间、预计接驳时间、预计终到时间、配备驾驶员数量等。

接驳运输车辆应当安装视频监控装置。

(三)接驳点设置:包括接驳点名称、详细地址、设施设备配备情况(含停车位、床位、视频监控设备、信息传输条件等)、接驳点专职管理人员、运营单位(含单位名称、负责人、联系方式等)。

接驳运输企业应当在制定接驳运输线路运行组织方案时,对接驳点进行实地查验,保证接驳点满足停车、驾驶员住宿、视频监控及信息传输等安全管理功能需求。

第十条 接驳运输企业应当直接管理接驳点,或者进驻接驳运输联盟及其他接驳运输企业运营的接驳点。

接驳运输企业直接管理接驳点的,应当配备专职管理人员。

接驳运输企业进驻接驳运输联盟或者其他接驳运输企业运营的接驳点的,应当签订协议,明确双方安全管理责任。接驳运输企业应当督促驾驶员执行接驳运输流程,履行接驳运输手续,接受接驳点管理人员的过程监督和信息核查。接驳点运营单位应当督促接驳点管理人员按照岗位职责和双方协议履职。

第十一条 分段式接驳运输线路运行组织方案还应当满足以下要求:

(一)同一客运班线全程接驳次数不得超过2次。

(二)接驳点能够保障不同接驳运输车辆间旅客安全换乘、旅客行李和行李舱载运货物安全交接。

(三)有明确的旅客、旅客行李及行李舱载运货物换车组织引导流程。

(四)由多个承运主体共同实施分段式接驳运输的,应当明确相关各方安全生产责任。

第十二条 接驳运输企业开展分段式接驳运输,将接驳点设置在客运站的,可向相关许可机关申请将接驳点所在的客运站增设为停靠站点。相关许可机关对符合条件的,应当予以批准。

第三章 接驳运输信息管理

第十三条 道路客运企业拟开展接驳运输的,应当向所在地省级交通运输主管部门提交接驳运输安全生产管理制度。

第十四条 接驳运输企业应当于每季度末月10日前通过全国重点营运车辆联网联控系统接驳运输管理平台(以下简称管理平台)报送下一季度拟开行的接驳运输线路运行组织方案,省级交通运输主管部门应当于当季度末月20日前完成客运班线和车辆信息核实。因车辆报废更新需调整接驳运输车辆的,接驳运输企业应当于每月10日前在管理平台报送车辆信息,省级交通运输主管部门应当于当月20日前完成车辆信息核实。

第十五条 管理平台通过信息自动交换功能,向公安交管部门提交需凌晨2时至5时运行的接驳运输线路运行组织方案,并及时公布已录入公安交管部门机动车辆信息管理相关系统的接驳运输车辆情况。

第十六条 接驳运输企业通过管理平台获取并打印已录入信息的接驳运输车辆凭证,作为公安交管部门允许接驳运输车辆凌晨2时至5时运行的参考依据。信息录入成功的接驳运输车辆次月起可执行凌晨2时至5时运行。

第十七条 接驳运输企业需要调整接驳运输线路运行组织方案的,应当及时向省级交通运输主管部门报送信息。

第四章 运行过程管理

第十八条 接驳运输企业应当按照接驳运输线路运行组织方案,在指定接驳点和接驳时段进行接驳,履行接驳手续,建立健全接驳运输台账,实施接驳过程动态监控及视频监控,并做好旅客引导服务。

第十九条 接驳运输企业开展分段式接驳运输的,应当在旅客购票时主动告知接驳过程、接驳时间、接驳点及所乘车辆等接驳运输相关信息。

第二十条 接驳运输执行以下流程:

(一)驾驶员发车前,应当领取《接驳运输行车单》(以下简称《行车单》,参考式样见附件),如实填写接驳运输相关信息,经发车站点或所属企业管理人员签字后,随车携带前往指定接驳点进行接驳。

(二)接驳运输车辆到达接驳点后,接驳运输交接班驾驶员应当交接车辆(仅限换驾式接驳运输)、旅客、旅客行李及行李舱载运货物等,并在《行车单》上签字。

(三)接驳运输交接班驾驶员完成交接后,接驳点管理人员应当核查接驳运输车辆、驾驶员及相关证件等,并在《行车单》上签字确认。

(四)实施分段式接驳运输的,接驳点管理人员及驾驶员应当引导旅客候车、换车,组织旅客行李及行李舱载运货物换车,防止旅客错乘、漏乘及行李货物遗失。

(五)接驳点管理人员在接驳点留存一份《行车单》。驾驶员随车携带一份《行车单》(分段式接驳运输双方驾驶员各携带一份),待运输任务结束后交由接驳运输企业留存。

第二十一条　接驳点管理人员发现接驳运输车辆、驾驶员信息不符或交接班驾驶员不履行接驳流程等违规行为的,不得在《行车单》上签字确认,应当立即将有关情况报告接驳运输车辆所属企业和接驳点运营单位相关负责人,并做好违规情况登记。接驳运输企业应当立即纠正接驳运输违规行为。

第二十二条　换驾式接驳运输完成后,应当履行以下接驳信息记录手续:

(一)接驳点管理人员应当于6小时内,在管理平台登记《行车单》相关信息。

(二)接驳运输企业应当通过接驳运输车载视频装置采集换驾前后的当班驾驶员图像信息,或通过其他技术手段采集能够证明驾驶员执行接驳的信息,并于24小时内上传至管理平台。

第二十三条　需凌晨2时至5时运行的接驳运输车辆,应当在前续22时至凌晨2时之间完成接驳。在此时间段内未完成接驳的接驳运输车辆,凌晨2时至5时应当在具备安全停车条件的地点停车休息。

第二十四条　接驳运输企业应当通过动态监控、视频监控、接驳信息记录检查、现场抽查等方式,加强接驳运输管理,严格执行接驳运输流程和旅客引导等服务;发现违规操作的,应当立即纠正。

接驳运输企业应当加强安全事故隐患排查治理,并将未按接驳运输线路运行组织方案完成接驳且在凌晨2时至5时仍然运行的行为作为重大安全事故隐患,及时发现并消除。

第二十五条　接驳运输企业应当保存接驳运输台账、《行车单》、接驳运输车辆动态监控信息、接驳过程相关图像信息等,保存期限不少于180日。

第二十六条　接驳运输企业应当在客运站、接驳运输车辆、接驳点等公告接驳运输信息和12328交通运输服务监督电话,主动接受社会监督。

第二十七条　客运站在执行车辆出站检查时,应当将接驳点待班驾驶员计入该车辆驾驶员配备数量。

第五章　监督检查

第二十八条　接驳运输企业所在地省级交通运输主管部门应当组织相关市、县级交通运输主管部门加强接驳运输监督检查,督促企业健全接驳运输安全生产管理制度,定期和不定期检查接驳运输企业台账和动态监控等信息及接驳运输信息公示情况,并将检查结果纳入企业诚信考核。对开展分段式接驳运输的企业,还应当检查旅客权益保障、客运服务等情况。

第二十九条 接驳点实施属地监管。接驳点所在地省级交通运输主管部门应当组织相关市、县级交通运输主管部门加强对接驳运输台账、管理人员工作流程等的监督检查,及时纠正检查发现的违规行为,并将企业违规行为通过管理平台告知接驳点运营单位、接驳运输企业所在地省级交通运输主管部门。

第三十条 交通运输主管部门发现接驳运输企业接驳运输安全生产管理制度不健全或违反接驳运输安全生产管理制度的,应当责令企业进行整改;发现接驳运输过程中存在安全事故隐患的,应当立即对该线路停业整顿直至消除隐患,并由原许可机关依据《中华人民共和国安全生产法》《道路运输从业人员管理规定》等法律、行政法规和规章有关规定,对接驳运输企业、驾驶员予以处罚。

第六章 附 则

第三十一条 本办法下列用语的含义:

(一)换驾式接驳运输,是指客运班线一趟次的运输任务全程由一辆客运班车完成,客运班车运行到指定的接驳点后,当班驾驶员落地休息,与在接驳点休息等待的待班驾驶员履行接驳手续,由待班驾驶员继续执行驾驶任务的运输组织方式。

(二)分段式接驳运输,是指客运班线一趟次的运输任务全程由两辆及以上客运班车接驳完成,每辆客运班车只负责运输全程中部分固定路段的运输,前一辆客运班车运行到指定的接驳点,将旅客及行李、行李舱载运货物转入后一辆客运班车,再由后一辆客运班车继续执行运输任务的运输组织方式。

(三)接驳点,是指实施接驳过程的地点。

(四)接驳运输企业,是指实行接驳运输的道路客运企业。

(五)接驳运输车辆,是指实行接驳运输的道路客运班车。

第三十二条 从事线路固定的机场、高铁快线以及短途驳载且单程运营里程在100公里以内的道路班线客车,在确保安全的前提下,不受凌晨2时至5时通行限制。

第三十三条 本办法由交通运输部负责解释。

第三十四条 本办法自2018年5月1日起实施,有效期5年。

交通运输部关于深化改革加快推进道路客运转型升级的指导意见(节选)

交运发[2016]240号

二、重点任务

(二)提升道路客运综合服务能力。

6.大力发展旅游客运和包车客运。 建立旅游客运和旅游产业协调发展机制,推进旅行社、导游和旅游客运企业及驾驶员等信息共享,支持汽车客运站拓展旅游集散功能。积极引导并规范开展通勤班车(包车)、旅游客运专线、机场或高铁快线、商务快客、短途驳载等特色业务。支持道路班线客运剩余运力依法转为包车客运。对从事定线通勤包车,可使用定期(月、季、年)包车客运标志牌。对从事线路固定的机场、高铁快线以及短途驳载且单程运营里程在100公里以内,在确保安全的前提下,不受凌晨2—5时通行限制。

7.科学规划设立道路客运站点。 稳步推进在大型市场、产业园区、学校聚集区、旅游风景区等客源密集区域建设适宜的道路客运停靠站点。在有条件的高速公路服务区或公路沿线,经综合评估后可以建设道路客运停靠站点。加强运输方式的衔接,优化城市客运枢纽的规划、布局。科学规划建设"规模适中、标准适宜、安全实用"的城乡客运站点,推进城市公共交通和农村客运停靠站点资源共享。综合考虑农村邮政、快递和物流发展需要,完善乡镇综合交通运输服务网点。道路客运场站建设纳入交通固定资产年度投资计划,逐步建立道路客运场站公益性设施维护费用保障机制。

8.积极推进长途客运接驳运输。 完善接驳运输服务网络,科学规划接驳站点,加快公用型接驳站点建设。鼓励在长途客运班线沿途合理设置接驳站点,实施分段式接驳运输。实施分段式接驳运输的,客车运行过程中可以只配备1名驾驶员,接驳时间和通行时间不受限制。积极推动长途客运接驳运输联盟发展,推进联盟内企业资源共享或者整合。

9.提升农村客运公共服务水平。 建立完善农村客运发展扶持政策,提高农村客运普遍服务水平。灵活采取通班车、公交车或者提供预约定制服务等多种方式方便居民出行。积极推进农村客运公交化改造,统一服务标准、车型配置、外观标志和车内配套设施。鼓励有条件的地区推进城市公交向乡镇及全域延伸,并享受城市公共交通扶持、优惠政策。推广农村客运经济适用车型。采取公交化运营的客运班线,经当地政府组织评估后,符合要求的可使用未设置乘客站立区的公共汽车。

(三)提升道路客运安全生产能力。

10.落实道路客运企业安全生产主体责任。积极推行道路客运企业统一招聘和管理驾驶员,统一签订劳动合同,统一支付劳动报酬,统一购置、调度和维护运营车辆,统一承担安全生产风险。加快执行道路客运驾驶员职业化培养,严把大中型客车驾驶员培训关、从业资格考试关和发证关,提升道路客运驾驶员职业素质和驾驶技能。严格落实《道路运输车辆动态监督管理办法》,督促道路客运企业落实动态监控人员岗位职责和企业主体责任。通过技术、政策和经济等多种方式,加速淘汰卧铺客运车辆。

11.严格落实道路客运安全监管制度。督促汽车客运站严格落实"三不进站、六不出站"安全生产源头管理责任。加快实施省际、市际道路客运班线实名制售检票制度。督促道路客运企业严格执行发车前安全告知制度,提升乘客安全带佩戴使用意识。督促道路客运企业针对性加强旅游客运等营运车辆安全技术维护和驾驶员的安全教育管理。严格落实农村客运线路审批规则。严格实施省际包车客运标志牌信息化备案管理,并逐步将省内旅游包车纳入信息化管理。

12.建立双随机抽查和重点检查相结合的动态监管制度。推进安全监督检查常态化、标准化,将质量信誉和诚信等级低、发生过安全生产责任事故的道路客运企业作为重点监管对象,提升监督检查针对性。按照谁审批、谁监管的原则,开展双随机抽查和重点检查。

交通运输部办公厅关于全国道路客运、危货运输安全生产整治实施工作的通知(节选)

交办运[2014]179号

一、重点任务

(一)深入整治道路客运安全问题

1.开展长途客运车辆调查摸底工作。全面梳理登记辖区内800公里以上的长途客运班车夜间运行情况、休息点或接驳点地址、休息或接驳检查责任人,并填报800公里以上客运班线运行信息表(见附件)。

2.严格落实凌晨2—5时停车休息制度。支持、指导和督促客运企业合理调整长途客运班车发班时间,尽量避免凌晨2—5时运行;确实难以避免的,必须严格执行凌晨2—5时停车休息或实行接驳运输。对于不能实行接驳运输的长途客运车辆,要逐车制定途中休息方案,确定停车休息点,明确停车休息检查责任人,确保客运车辆严格执行停车休息制度。各地道路运输管理机构要配合公安交警部门严格查处凌晨2—5时运行的非接驳运输客运车辆,对于公安交警部门抄告或道路运输管理机构发现的不执行停车休息规定的长途客运车辆,一律停运整改,待整改符合要求后,再恢复运营。

3.全面启动长途客运接驳运输工作。各地要制定本省长途客运接驳运输发展规划,支持长途客运企业通过兼并、收购、重组、联合经营、建立接驳运输联盟等方式实施长途客运线路资源和接驳点资源整合,集中实施接驳运输,扩大接驳运输的范围和规模。经部批准在多个省份设立分支机构开展接驳运输的道路客运企业,应把接驳运输实施方案通过总公司所在地交通运输主管部门报运输司备案。暂不在接驳运输试点范围的省份,可按照《交通运输部 公安部关于进一步加强长途客运接驳运输试点工作的通知》要求,抓紧开展长途客运接驳运输试点准备工作。各地道路运输管理机构要联合公安交通管理部门加强各接驳点设置情况、运转情况和接驳运输台账的监督检查,对没有严格执行接驳运输车辆、驾驶员和接驳点管理制度的,以及未按规定实施接驳的,一经发现一律停运整改;情节严重的,按照存在重大安全隐患吊销其道路运输证。

4.严格包车客运管理。加强对包车客运标志牌的信息化备案审核,认真审查包车合同的真实性、有效性,并对包车实际运营情况与备案信息的一致性开展抽检核查。要进一步加强包车客运市场监督管理工作,增派执法力量,加大对旅游集散中心、旅游景点、学校等旅游包车集中地点的监督、巡查力度,严格依法查处超范围经营、持有虚假包车客运标志牌、不按包车客运标志牌注明事项运行、搭载包车合同以外乘客等违法违规行为。要定期汇总旅游包车的违规运营情况,并抄送同级公安交管部门和车籍地道路运输管理机构,对一年内违规行为3次以上的旅游包车客运企业,要暂停对其的包车客运标志牌审核发放工作,待整改结束后,再恢复发放;对于3个月内违反有关规定3次以上的车辆以及长期在异地违规运营的省际包车,一律停止发放包车客运标志牌,停运整改,直至吊销经营范围。要主动配合公安交通管理部门,加大对旅游包车超速、超载等违法行为的查处力度。

5.严格长途客运班线管理。不再审批新的800公里以上长途客运线路,不再审批新的卧铺客车,加快淘汰已进入市场的卧铺客车。要按照《道路旅客运输企业安全管理规范(试行)》要求,对800公里以上的长途客运线路逐线进行安全风险评估,符合安全运营要求的准许继续运营;不符合的线路立即进行停运整改,完善安全措施后方可恢复运营,2014年底前全面完成评估工作。对于800公里以上的省际客运线路,不能避免凌晨2—5时运行的,要尽快实施接驳运输;不能实施接驳运输的,在经营期限结束后,不再许可延续经营。对于仅在省域内运行的且无法避开凌晨2—5时的客运线路以及在凌晨2—5时发车的客运线路,由省级交通运输主管部门商同级公安交警、安全监管部门后,确定具体管理办法。

6.严格农村客运安全管理。要联合公安、安监部门对农村客运车辆安全通行状况进行评估,对不符合安全通行条件的,一律停运整改,整改后仍不能满足条件的,要坚决取缔。要加强对农村客运市场的监督和管理,在当地政府的统一组织下,会同公安、安监等部门严厉打击非法从事农村客运的车辆,并提高农村客运服务质量和覆盖面,引导农民群众乘坐具备资质的农村客运车辆。

(三)严格整治重点营运车辆动态监控存在的问题

1.严格落实重点营运车辆接入联网联控系统的清查工作。要督促运输企业对所属的"两客一危"车辆安装车载卫星定位装置和接入系统平台的情况进行自检自查,对于设备运行情况不良,无法确保行驶过程中车辆实时信息的有效上传的,不得安排发车任务。运输企业要将自查情况以书面材料报所属地道路运输管理机构。各地道路运输管理机构要结合运输企业上报的自查情况对所属地的"两客一危"车辆安装和接入情况进行梳理清查,凡应装未装、应接入而未接入的车辆,或者已装监控系统但不能正常使用的车辆,一律停运整改。2014年8月31日前仍未按要求并接入系统的车辆,停业整顿1个月;1个月后整改不到位的,取消车辆的营运资格。各地道路运输管理机构要督促运输企业对行驶过程中的车载设备运行情况进行实时监控,对于突发设备故障情况,运输企业及时与车辆安全员取得联系,确保车载设备在车辆行驶过程中的正常运行。对于故意损毁、屏蔽系统的,一经发现要立即对相关车辆进行停业整顿,对相关人员开展培训教育。发生两次及以上上述行为的,取消相应营运资质和从业资格。

2.加快推进联网联控数据完整性建设。各省按照《道路运政系统基础数据》格式要求,在2014年底前完成省内"两客一危"车辆经营业户信息、营运车辆信息、从业人员信息、班车线路牌信息等基础数据清理和上报工作。

……

在工作时要加强部门协作,开展联合执法。要加强与公安交警、安监、质检、工商等部门合作,加大对非法营运和各种违法违章行为的打击、查处力度。要与公安交警部门建立常态化联合执法和信息交换、共享机制。加强与安监部门合作,严格查处危化品生产、经营、使用单位将危险货物托运给不具备危险货物运输资质的企业、车辆,从源头上消除危险品运输事故隐患。

道路交通事故深度调查实战常用法律规范汇编

第五分册 危险货物运输企业法律责任相关法律规范

公安部道路交通安全研究中心 编

人民交通出版社股份有限公司
China Communications Press Co.,Ltd.

图书在版编目(CIP)数据

道路交通事故深度调查实战常用法律规范汇编.5,危险货物运输企业法律责任相关法律规范 / 公安部道路交通安全研究中心编.—北京:人民交通出版社股份有限公司,2018.1(2024.12重印)

ISBN 978-7-114-14479-0

Ⅰ.①道… Ⅱ.①公… Ⅲ.①道路交通安全法—汇编—中国 ②道路运输—危险货物运输—法规—汇编—中国 Ⅳ.①D922.149

中国版本图书馆 CIP 数据核字(2018)第 004138 号

Daolu Jiaotong Shigu Shendu Diaocha Shizhan Changyong Falü Guifan Huibian

书　　名:	道路交通事故深度调查实战常用法律规范汇编
	第五分册　危险货物运输企业法律责任相关法律规范
著 作 者:	公安部道路交通安全研究中心
责任编辑:	赵瑞琴　陈　鹏　徐　菲
出版发行:	人民交通出版社股份有限公司
地　　址:	(100011)北京市朝阳区安定门外外馆斜街 3 号
网　　址:	http://www.ccpcl.com.cn
销售电话:	(010)85285857
总 经 销:	人民交通出版社股份有限公司发行部
经　　销:	各地新华书店
印　　刷:	北京科印技术咨询服务有限公司数码印刷分部
开　　本:	787×1092　1/16
印　　张:	7.125
字　　数:	121 千
版　　次:	2018 年 1 月　第 1 版
印　　次:	2024 年 12 月　第 4 次印刷
书　　号:	ISBN 978-7-114-14479-0
定　　价:	125.00 元(共 5 册)

(有印刷、装订质量问题的图书由本公司负责调换)

前　言

2017年6月以来,公安部交通管理局部署各地公安机关交通管理部门在全国范围内贯彻实施《道路交通事故深度调查工作规范(试行)》,各地积极行动,大力推进道路交通事故深度调查工作。从各地反映情况看,道路交通事故深度调查涉及的法律规范"体系庞杂""分布散乱""适用复杂",办案中普遍存在查找难、理解难、适用难等问题,亟须将深度调查工作中常用的法律规范进行全面系统梳理,提炼汇编成册,供各地实战应用。

习近平总书记在党的十九大报告中指出,要"坚持依法治国、依法执政、依法行政共同推进,坚持法治国家、法治政府、法治社会一体建设",强调"树立安全发展理念,弘扬生命至上、安全第一的思想,坚决遏制重特大安全事故"。因此,如何运用好道路交通事故深度调查制度,提升办案水平,严格责任落实,切实推动政府进一步强化交通安全综合治理工作,是摆在各地公安机关交通管理部门面前的重要任务。为此,公安部道路交通安全研究中心从"推动良法实施、促进善治共治"出发,运用"检察官思维"和"法官思维",从司法实践入手,深入分析了50余起一次死亡3人以上典型事故判例,结合5起在办案件,对事故深度调查工作中暴露出来的问题进行了梳理和剖析。在江苏、湖北、四川交警总队,武汉、深圳交警支队等执法规范化建设合作基地领导的支持和指导下,公安部道路交通安全研究中心与5个单位的执法和事故骨干深入细致地剖析梳理了道路交通事故深度调查过程中法律规范的适用规律、频次和方法。最终收集整理了道路交通事故深度调查相关的81部法律规范,梳理汇编形成了《道路交通事故深度调查实战常用法律规范汇编》,为各地办案提供参考和索引。

本汇编分为5册:《道路运输相关法律规范》《车辆管理相关法律规范》《道路管理相关法律规范》《客运企业法律责任相关法律规范》《危险货物运输企业法律责任相关法律规范》,内容涵盖"道路运输""车辆管理""道路管理"三大行业领域以及"客运企业"和"危险货物运输企业"两大责任主体,涉及刑事、行政、民事三大法律责任的追究,汇总了法律、行政法规、部门规章、规范性文件以及司法解释等最新规定,方便查阅参考。

在编纂过程中,云南交警总队和高速交警支队为本汇编提供了有力支持,在此表示感谢。

汇编如有遗漏和不当之处,欢迎广大读者批评指正。

公安部道路交通安全研究中心
2017 年 11 月

《道路交通事故深度调查实战常用法律规范汇编》相关人员名单

编审委员会主任：尚　炜
编审委员会副主任：李晓东　陈玉峰　姚　俊　叶建昆　徐　炜

主　　　　编：黄金晶　赵司聪　罗芳芳
副　主　　编：戴　帅　周文辉　周志强　刘　君　刘　艳
　　　　　　　王大珊　顾志坚　廖　峻　陶劲松　项　辉
　　　　　　　黎晓波　宋　嵘　陈建华　陈　俊　胡　希
参　编　人　员：黄　婷　韩　雪　张得杰　王颂勃　王晓兴
　　　　　　　贾进雷　杨　洋　王　奉　邹　艺　王　婧
　　　　　　　刘金广　舒　强　丛浩哲　胡伟超　饶众博
　　　　　　　毛圣明

总 目 录

第一分册 道路运输相关法律规范

中华人民共和国道路运输条例　国务院令第 666 号
道路运输车辆动态监督管理办法　交通运输部令 2016 年第 55 号
道路货物运输及站场管理规定　交通运输部令 2016 年第 35 号
道路旅客运输及客运站管理规定　交通运输部令 2016 年第 82 号
道路旅客运输企业安全管理规范（试行）　交运发〔2012〕33 号
道路危险货物运输管理规定　交通运输部令 2016 年第 36 号
危险化学品安全管理条例
放射性物品运输安全管理条例　国务院令第 562 号
放射性物品道路运输管理规定　交通运输部令 2016 年第 71 号
易制毒化学品管理条例　国务院令第 666 号
剧毒化学品购买和公路运输许可证件管理办法　公安部令第 77 号
民用爆炸物品安全管理条例　国务院令第 653 号
道路运输从业人员管理规定　交通运输部令 2016 年第 52 号

第二分册 车辆管理相关法律规范

车辆生产企业及产品生产一致性监督管理办法　工业和信息化部令第 109 号
关于进一步加强道路机动车辆生产一致性监督管理和注册登记工作的通知
　　工信部联产业〔2010〕453 号
商用车生产企业及产品准入管理规则　工产业〔2010〕第 132 号
专用汽车和挂车生产企业及产品准入管理规则　工产业〔2009〕第 45 号
罐式车辆生产企业及产品准入管理要求　工业和信息化部公告 2014 年第 48 号
新能源汽车生产企业及产品准入管理规定　工业和信息化部令第 39 号
摩托车生产准入管理办法　国家经济贸易委员会令第 43 号
摩托车生产准入管理办法实施细则　国家经济贸易委员会公告 2002 年第 110 号
机动车登记规定　公安部令第 124 号

二手车流通管理办法　商务部、公安部、国家工商行政管理总局、国家税务总局
　2005年第2号令
机动车安全技术检验机构监督管理办法　国家质量监督检验检疫总局令第121号
道路运输车辆燃料消耗量检测和监督管理办法　交通运输部令2009年第11号
机动车维修管理规定　交通运输部令2016年第37号
机动车强制报废标准规定　商务部、发改委、公安部、环境保护部令2012年第12号
报废汽车回收管理办法　国务院令第307号
缺陷汽车产品召回管理条例　国务院令第626号
家用汽车产品修理、更换、退货责任规定　国家质量监督检验检疫总局令第150号
摩托车商品修理更换退货责任实施细则
校车安全管理条例　国务院令第617号
中华人民共和国大气污染防治法
农业机械安全监督管理条例　国务院令第563号
中华人民共和国特种设备安全法
特种设备安全监察条例　国务院令第549号

第三分册　道路管理相关法律规范

中华人民共和国公路法
公路安全保护条例　国务院令第593号
城市道路管理条例　国务院令第676号
公路建设监督管理办法　交通部令2006年第6号
农村公路建设管理办法　交通部令2006年第3号
收费公路管理条例　国务院令第417号
公路水运工程质量监督管理规定　交通运输部令2017年第28号
公路工程竣(交)工验收办法　交通部令〔2004〕年第3号
公路工程竣(交)工验收办法实施细则　交公路发〔2010〕65号
公路养护工程管理办法　交公路发〔2001〕327号
建设工程勘察设计管理条例　国务院令第662号
建设工程质量管理条例　国务院令第279号
路政管理规定　交通运输部令2016年第81号
城市照明管理规定　住房和城乡建设部令第4号
超限运输车辆行驶公路管理规定　交通运输部令2016年第62号
公路超限检测站管理办法　交通运输部令2011年第7号

第四分册 客运企业法律责任相关法律规范

中华人民共和国刑法(节选)及相关司法解释、规范性文件
中华人民共和国民法通则(节选)及相关司法解释
中华人民共和国侵权责任法(节选)及相关司法解释、规范性文件
中华人民共和国合同法(节选)
中华人民共和国旅游法(节选)
中华人民共和国安全生产法(节选)
中华人民共和国道路交通安全法(节选)
中华人民共和国道路交通安全法实施条例(节选)
中华人民共和国道路运输条例(节选) 国务院令第666号
生产安全事故报告和调查处理条例(节选)
道路旅客运输企业安全管理规范(试行) 交运发〔2012〕33号
道路运输车辆动态监督管理办法(节选) 交通运输部令2016年第55号
道路运输车辆技术管理规定(节选) 交通运输部令2016年第1号
道路运输从业人员管理规定(节选) 交通运输部令2016年第52号
道路旅客运输及客运站管理规定(节选) 交通运输部令2016年第82号
国务院关于加强道路交通安全工作的意见(节选) 国发〔2012〕30号
公安部、交通运输部关于进一步加强客货运驾驶人安全管理工作的意见(节选)
　　公通字〔2012〕5号
交通部关于加强节假日汽车旅游客运安全管理等有关事宜的通知
　　交公路发〔2000〕196号
交通运输部关于进一步加强道路包车客运管理的通知(节选)
　　交运发〔2012〕738号
交通运输部、公安部关于进一步加强长途客运接驳运输试点工作的通知
　　交运发〔2014〕2号
交通运输部关于加强长途客运接驳运输动态管理有关工作的通知(节选)
　　交运函〔2015〕658号
交通运输部、公安部、国家安全监管总局关于进一步加强和改进道路客运
　　安全工作的通知 交运发〔2010〕210号
交通运输部关于印发《道路客运接驳运输管理办法(试行)》的通知
　　交运发〔2017〕208号
交通运输部关于深化改革加快推进道路客运转型升级的指导意见(节选)
　　交运发〔2016〕240号

交通运输部办公厅关于全国道路客运、危货运输安全生产整治实施工作的通知(节选)
　　交办运〔2014〕179号

第五分册　危险货物运输企业法律责任相关法律规范

中华人民共和国刑法(节选)及相关司法解释、规范性文件
中华人民共和国民法通则(节选)及相关司法解释
中华人民共和国侵权责任法(节选)及相关司法解释
中华人民共和国治安管理处罚法(节选)
中华人民共和国道路交通安全法(节选)
中华人民共和国消防法(节选)
中华人民共和国安全生产法(节选)
中华人民共和国反恐怖主义法(节选)
中华人民共和国突发事件应对法(节选)
中华人民共和国固体废物污染环境防治法(节选)
中华人民共和国道路运输条例(节选)
危险化学品安全管理条例
易制毒化学品管理条例(节选)　国务院令第666号
道路危险货物运输管理规定(节选)　交通运输部令2013年第2号
道路货物运输及站场管理规定(节选)　交通运输部令2016年第35号
剧毒化学品购买和公路运输许可证件管理办法(节选)　公安部令第77号
道路运输车辆动态监督管理办法(节选)　交通运输部令2016年第55号
道路运输从业人员管理规定(节选)　交通运输部2016年第52号令
道路交通安全违法行为处理程序规定(节选)　公安部令第105号
机动车驾驶证申领和使用规定(节选)　公安部令第139号
机动车强制报废标准规定(节选)　商务部、发改委、公安部、环境保护部令2012年
　　第12号
国务院关于加强道路交通安全工作的意见(节选)　国发〔2012〕30号
国务院办公厅关于印发危险化学品安全综合治理方案的通知(节选)
　　国办发〔2016〕88号
国家安全生产监督管理总局、公安部、交通部关于加强危险化学品道路运输安全
　　管理的紧急通知(节选)　安监总危化〔2006〕119号
交通运输部关于进一步加强道路危险货物运输安全管理工作的通知
　　交运发〔2014〕88号
交通运输部、公安部、国家安全监管总局关于进一步加强道路运输安全管理工作的

通知(节选) 交运明电〔2016〕35号

道路运输车辆技术管理规定(节选) 交通运输部令2016年第1号

交通运输部办公厅关于全国道路客运、危货运输安全生产整治实施工作的通知(节选)
交办运〔2014〕179号

国家安全监管总局、工业和信息化部、公安部、交通运输部、国家质检总局关于在用液体
危险货物罐车加装紧急切断装置有关事项的通知 安监总管三〔2014〕74号

交通运输部关于加强危险品运输安全监督管理的若干意见
交安监发〔2014〕211号

目 录

中华人民共和国刑法(节选)及相关司法解释、规范性文件 …………………………………… 1

中华人民共和国民法通则(节选)及相关司法解释 …………………………………………… 13

中华人民共和国侵权责任法(节选)及相关司法解释 ………………………………………… 14

中华人民共和国治安管理处罚法(节选) ……………………………………………………… 15

中华人民共和国道路交通安全法(节选) ……………………………………………………… 16

中华人民共和国消防法(节选) ………………………………………………………………… 18

中华人民共和国安全生产法(节选) …………………………………………………………… 19

中华人民共和国反恐怖主义法(节选) ………………………………………………………… 26

中华人民共和国突发事件应对法(节选) ……………………………………………………… 28

中华人民共和国固体废物污染环境防治法(节选) …………………………………………… 29

中华人民共和国道路运输条例(节选) ………………………………………………………… 30

危险化学品安全管理条例 ……………………………………………………………………… 32

易制毒化学品管理条例(节选) 国务院令第666号 ………………………………………… 54

道路危险货物运输管理规定(节选) 交通运输部令2013年第2号 ………………………… 58

道路货物运输及站场管理规定(节选) 交通运输部令2016年第35号 ……………………… 66

剧毒化学品购买和公路运输许可证件管理办法(节选) 公安部令第77号 ………………… 68

道路运输车辆动态监督管理办法(节选) 交通运输部令2016年第55号 …………………… 71

道路运输从业人员管理规定(节选) 交通运输部2016年第52号令 ………………………… 73

道路交通安全违法行为处理程序规定(节选) 公安部令第105号 …………………………… 75

机动车驾驶证申领和使用规定(节选) 公安部令第139号 …………………………………… 76

机动车强制报废标准规定(节选) 商务部、发改委、公安部、环境保护部令2012年

第12号 …………………………………………………………………………………………… 78

国务院关于加强道路交通安全工作的意见(节选) 国发〔2012〕30号 ……………………… 79

国务院办公厅关于印发危险化学品安全综合治理方案的通知(节选)

国办发〔2016〕88号 …………………………………………………………………………… 81

国家安全生产监督管理总局、公安部、交通部关于加强危险化学品道路运输安全

管理的紧急通知(节选) 安监总危化〔2006〕119号 ………………………………………… 83

交通运输部关于进一步加强道路危险货物运输安全管理工作的通知
  交运发〔2014〕88号 ………………………………………………………… 84

交通运输部、公安部、国家安全监管总局关于进一步加强道路运输安全管理工作的
  通知(节选) 交运明电〔2016〕35号 …………………………………… 87

道路运输车辆技术管理规定(节选) 交通运输部令2016年第1号 ………… 89

交通运输部办公厅关于全国道路客运、危货运输安全生产整治实施工作的通知(节选)
  交办运〔2014〕179号 ……………………………………………………… 91

国家安全监管总局、工业和信息化部、公安部、交通运输部、国家质检总局关于在用液体
  危险货物罐车加装紧急切断装置有关事项的通知 安监总管三〔2014〕74号 ………… 93

交通运输部关于加强危险品运输安全监督管理的若干意见
  交安监发〔2014〕211号 …………………………………………………… 96

中华人民共和国刑法(节选)及相关司法解释、规范性文件

1979年7月1日第五届全国人民代表大会第二次会议通过,1997年3月14日第八届全国人民代表大会第五次会议修订,自1997年10月1日起实施。根据1999年12月25日《中华人民共和国刑法修正案》、2001年8月31日《中华人民共和国刑法修正案(二)》、2001年12月29日《中华人民共和国刑法修正案(三)》、2002年12月28日《中华人民共和国刑法修正案(四)》、2005年2月28日《中华人民共和国刑法修正案(五)》、2006年6月29日《中华人民共和国刑法修正案(六)》、2009年2月28日《中华人民共和国刑法修正案(七)》、2011年2月25日《中华人民共和国刑法修正案(八)》、2015年8月29日《中华人民共和国刑法修正案(九)》修订。

第三十七条之一 【职业禁止】因利用职业便利实施犯罪,或者实施违背职业要求的特定义务的犯罪被判处刑罚的,人民法院可以根据犯罪情况和预防再犯罪的需要,禁止其自刑罚执行完毕之日或者假释之日起从事相关职业,期限为三年至五年。

被禁止从事相关职业的人违反人民法院依照前款规定作出的决定的,由公安机关依法给予处罚;情节严重的,依照本法第三百一十三条的规定定罪处罚。

其他法律、行政法规对其从事相关职业另有禁止或者限制性规定的,从其规定。

第一百一十四条 【以危险方法危害公共安全罪】放火、决水、爆炸以及投放毒害性、放射性、传染病病原体等物质或者以其他危险方法危害公共安全,尚未造成严重后果的,处三年以上十年以下有期徒刑。

第一百一十五条 【以危险方法危害公共安全罪】放火、决水、爆炸以及投放毒害性、放射性、传染病病原体等物质或者以其他危险方法致人重伤、死亡或者使公私财产遭受重大损失的,处十年以上有期徒刑、无期徒刑或者死刑。

【过失以危险方法危害公共安全罪】过失犯前款罪的,处三年以上七年以下有期徒刑;情节较轻的,处三年以下有期徒刑或者拘役。

第一百二十五条 【非法制造、买卖、运输、邮寄、储存枪支、弹药、爆炸物罪】非法制造、买卖、运输、邮寄、储存枪支、弹药、爆炸物的,处三年以上十年以下有期徒刑;情节严重的,处十年以上有期徒刑、无期徒刑或者死刑。

【非法制造、买卖、运输、储存危险物质罪】非法制造、买卖、运输、储存毒害性、放射

性、传染病病原体等物质,危害公共安全的,依照前款的规定处罚。

单位犯前两款罪的,对单位判处罚金,并对其直接负责的主管人员和其他直接责任人员,依照第一款的规定处罚。

《最高人民检察院、公安部关于公安机关管辖的刑事案件立案追诉标准的规定(一)》(公通字〔2008〕36号)

第二条 非法制造、买卖、运输、储存毒害性、放射性、传染病病原体等物质,危害公共安全,涉嫌下列情形之一的,应予立案追诉:

(一)造成人员重伤或者死亡的;

(二)造成直接经济损失十万元以上的;

(三)非法制造、买卖、运输、储存毒鼠强、氟乙酰胺、氟乙酰钠、毒鼠硅、甘氟原粉、原液、制剂五十克以上,或者饵料二千克以上的;

(四)造成急性中毒、放射性疾病或者造成传染病流行、暴发的;

(五)造成严重环境污染的;

(六)造成毒害性、放射性、传染病病原体等危险物质丢失、被盗、被抢或者被他人利用进行违法犯罪活动的;

(七)其他危害公共安全的情形。

《最高人民法院、最高人民检察院关于办理非法制造、买卖、运输、储存毒鼠强等禁用剧毒化学品刑事案件具体应用法律若干问题的解释》(法释〔2003〕14号)

第一条 非法制造、买卖、运输、储存毒鼠强等禁用剧毒化学品,危害公共安全,具有下列情形之一的,依照刑法第一百二十五条的规定,以非法制造、买卖、运输、储存危险物质罪,处三年以上十年以下有期徒刑:

(一)非法制造、买卖、运输、储存原粉、原液、原药制剂五十克以上,或者饵料二千克以上的;

(二)在非法制造、买卖、运输、储存过程中致人重伤、死亡或者造成公私财产损失十万元以上的。

第二条 非法制造、买卖、运输、储存毒鼠强等禁用剧毒化学品,具有下列情形之一的,属于刑法第一百二十五条规定的"情节严重",处十年以上有期徒刑、无期徒刑或者死刑:

(一)非法制造、买卖、运输、储存原粉、原液、制剂五百克以上,或者饵料二十千克以上的;

(二)在非法制造、买卖、运输、储存过程中致三人以上重伤、死亡,或者造成公私财产损失二十万元以上的;

(三)非法制造、买卖、运输、储存原粉、原药、制剂五十克以上不满五百克,或者饵料二千克以上不满二十千克,并具有其他严重情节的。

第三条　单位非法制造、买卖、运输、储存毒鼠强等禁用剧毒化学品的,依照本解释第一条、第二条规定的定罪量刑标准执行。

《最高人民法院关于审理非法制造、买卖、运输枪支、弹药、爆炸物等刑事案件具体应用法律若干问题的解释》(法释〔2009〕18号)

第一条　个人或者单位非法制造、买卖、运输、邮寄、储存枪支、弹药、爆炸物,具有下列情形之一的,依照刑法第一百二十五条第一款的规定,以非法制造、买卖、运输、邮寄、储存枪支、弹药、爆炸物罪定罪处罚:

(一)非法制造、买卖、运输、邮寄、储存军用枪支一支以上的;

(二)非法制造、买卖、运输、邮寄、储存以火药为动力发射枪弹的非军用枪支一支以上或者以压缩气体等为动力的其他非军用枪支二支以上的;

(三)非法制造、买卖、运输、邮寄、储存军用子弹十发以上、气枪铅弹五百发以上或者其他非军用子弹一百发以上的;

(四)非法制造、买卖、运输、邮寄、储存手榴弹一枚以上的;

(五)非法制造、买卖、运输、邮寄、储存爆炸装置的;

(六)非法制造、买卖、运输、邮寄、储存炸药、发射药、黑火药一千克以上或者烟火药三千克以上,雷管三十枚以上或者导火索、导爆索三十米以上的;

(七)具有生产爆炸物品资格的单位不按照规定的品种制造,或者具有销售、使用爆炸物品资格的单位超过限额买卖炸药、发射药、黑火药十千克以上或者烟火药三十千克以上、雷管三百枚以上或者导火索、导爆索三百米以上的;

(八)多次非法制造、买卖、运输、邮寄、储存弹药、爆炸物的;

(九)虽未达到上述最低数量标准,但具有造成严重后果等其他恶劣情节的。

介绍买卖枪支、弹药、爆炸物的,以买卖枪支、弹药、爆炸物罪的共犯论处。

第二条　非法制造、买卖、运输、邮寄、储存枪支、弹药、爆炸物,具有下列情形之一的,属于刑法第一百二十五条第一款规定的"情节严重":

(一)非法制造、买卖、运输、邮寄、储存枪支、弹药、爆炸物的数量达到本解释第一条第(一)、(二)、(三)、(六)、(七)项规定的最低数量标准五倍以上的;

(二)非法制造、买卖、运输、邮寄、储存手榴弹三枚以上的;

(三)非法制造、买卖、运输、邮寄、储存爆炸装置,危害严重的;

(四)达到本解释第一条规定的最低数量标准,并具有造成严重后果等其他恶劣情节的。

第九条　因筑路、建房、打井、整修宅基地和土地等正常生产、生活需要,以及因从事合法的生产经营活动而非法制造、买卖、运输、邮寄、储存爆炸物,数量达到本解释第一条规定标准,没有造成严重社会危害,并确有悔改表现的,可依法从轻处罚;情节轻微的,可以免除处罚。

具有前款情形,数量虽达到本解释第二条规定标准的,也可以不认定为刑法第一百二十五条第一款规定的"情节严重"。

在公共场所、居民区等人员集中区域非法制造、买卖、运输、邮寄、储存爆炸物,或者因非法制造、买卖、运输、邮寄、储存爆炸物三年内受到两次以上行政处罚又实施上述行为,数量达到本解释规定标准的,不适用前两款量刑的规定。

第十条 实施非法制造、买卖、运输、邮寄、储存、盗窃、抢夺、持有、私藏其他弹药、爆炸物品等行为,参照本解释有关条文规定的定罪量刑标准处罚。

第一百三十三条　【交通肇事罪】违反交通运输管理法规,因而发生重大事故,致人重伤、死亡或者使公私财产遭受重大损失的,处三年以下有期徒刑或者拘役;交通运输肇事后逃逸或者有其他特别恶劣情节的,处三年以上七年以下有期徒刑;因逃逸致人死亡的,处七年以上有期徒刑。

《最高人民法院关于审理交通肇事刑事案件具体应用法律若干问题的解释》(法释〔2000〕33号)

第二条 交通肇事具有下列情形之一的,处三年以下有期徒刑或者拘役:

(一)死亡一人或者重伤三人以上,负事故全部或者主要责任的;

(二)死亡三人以上,负事故同等责任的;

(三)造成公共财产或者他人财产直接损失,负事故全部或者主要责任,无能力赔偿数额在三十万元以上的。

交通肇事致一人以上重伤,负事故全部或者主要责任,并具有下列情形之一的,以交通肇事罪定罪处罚:

(一)酒后、吸食毒品后驾驶机动车辆的;

(二)无驾驶资格驾驶机动车辆的;

(三)明知是安全装置不全或者安全机件失灵的机动车辆而驾驶的;

(四)明知是无牌证或者已报废的机动车辆而驾驶的;

(五)严重超载驾驶的;

(六)为逃避法律追究逃离事故现场的。

第四条 交通肇事具有下列情形之一的,属于"有其他特别恶劣情节",处三年以上七年以下有期徒刑:

(一)死亡二人以上或者重伤五人以上,负事故全部或者主要责任的;

(二)死亡六人以上,负事故同等责任的;

(三)造成公共财产或者他人财产直接损失,负事故全部或者主要责任,无能力赔偿数额在六十万元以上的。

第五条 "因逃逸致人死亡",是指行为人在交通肇事后为逃避法律追究而逃跑,致使被害人因得不到救助而死亡的情形。

交通肇事后,单位主管人员、机动车辆所有人、承包人或者乘车人指使肇事人逃逸,致使被害人因得不到救助而死亡的,以交通肇事罪的共犯论处。

第七条 单位主管人员、机动车辆所有人或者机动车辆承包人指使、强令他人违章驾驶造成重大交通事故,具有本解释第二条规定情形之一的,以交通肇事罪定罪处罚。

第一百三十三条之一 【危险驾驶罪】在道路上驾驶机动车,有下列情形之一的,处拘役,并处罚金:

(一)追逐竞驶,情节恶劣的;

(二)醉酒驾驶机动车的;

(三)从事校车业务或者旅客运输,严重超过额定乘员载客,或者严重超过规定时速行驶的;

(四)违反危险化学品安全管理规定运输危险化学品,危及公共安全的。

机动车所有人、管理人对前款第三项、第四项行为负有直接责任的,依照前款的规定处罚。

有前两款行为,同时构成其他犯罪的,依照处罚较重的规定定罪处罚。

第一百三十四条 【重大责任事故罪】在生产、作业中违反有关安全管理的规定,因而发生重大伤亡事故或者造成其他严重后果的,处三年以下有期徒刑或者拘役;情节特别恶劣的,处三年以上七年以下有期徒刑。

【强令违章冒险作业罪】强令他人违章冒险作业,因而发生重大伤亡事故或者造成其他严重后果的,处五年以下有期徒刑或者拘役;情节特别恶劣的,处五年以上有期徒刑。

《最高人民检察院、公安部关于公安机关管辖的刑事案件立案追诉标准的规定(一)》(公通字〔2008〕36号)

第八条 【重大责任事故案(刑法第一百三十四条第一款)】在生产、作业中违反有关安全管理的规定,涉嫌下列情形之一的,应予立案追诉:

(一)造成死亡一人以上,或者重伤三人以上;

(二)造成直接经济损失五十万元以上的;

(三)发生矿山生产安全事故,造成直接经济损失一百万元以上的;

(四)其他造成严重后果的情形。

第九条 【强令违章冒险作业案(刑法第一百三十四条第二款)】强令他人违章冒险作业,涉嫌下列情形之一的,应予立案追诉:

（一）造成死亡一人以上，或者重伤三人以上；

（二）造成直接经济损失五十万元以上的；

（三）发生矿山生产安全事故，造成直接经济损失一百万元以上的；

（四）其他造成严重后果的情形。

《最高人民法院、最高人民检察院关于办理危害生产安全刑事案件适用法律若干问题的解释》（法释〔2015〕22号）

第一条　刑法第一百三十四条第一款规定的犯罪主体，包括对生产、作业负有组织、指挥或者管理职责的负责人、管理人员、实际控制人、投资人等人员，以及直接从事生产、作业的人员。

第二条　刑法第一百三十四条第二款规定的犯罪主体，包括对生产、作业负有组织、指挥或者管理职责的负责人、管理人员、实际控制人、投资人等人员。

第五条　明知存在事故隐患、继续作业存在危险，仍然违反有关安全管理的规定，实施下列行为之一的，应当认定为刑法第一百三十四条第二款规定的"强令他人违章冒险作业"：

（一）利用组织、指挥、管理职权，强制他人违章作业的；

（二）采取威逼、胁迫、恐吓等手段，强制他人违章作业的；

（三）故意掩盖事故隐患，组织他人违章作业的；

（四）其他强令他人违章作业的行为。

第十二条　实施刑法第一百三十二条、第一百三十四条至第一百三十九条之一规定的犯罪行为，具有下列情形之一的，从重处罚：

（一）未依法取得安全许可证件或者安全许可证件过期、被暂扣、吊销、注销后从事生产经营活动的；

（二）关闭、破坏必要的安全监控和报警设备的；

（三）已经发现事故隐患，经有关部门或者个人提出后，仍不采取措施的；

（四）一年内曾因危害生产安全违法犯罪活动受过行政处罚或者刑事处罚的；

（五）采取弄虚作假、行贿等手段，故意逃避、阻挠负有安全监督管理职责的部门实施监督检查的；

（六）安全事故发生后转移财产意图逃避承担责任的；

（七）其他从重处罚的情形。

实施前款第五项规定的行为，同时构成刑法第三百八十九条规定的犯罪的，依照数罪并罚的规定处罚。

第十三条　实施刑法第一百三十二条、第一百三十四条至第一百三十九条之一规定的犯罪行为，在安全事故发生后积极组织、参与事故抢救，或者积极配合调查、主动赔偿损失的,可以酌情从轻处罚。

第十六条 对于实施危害生产安全犯罪适用缓刑的犯罪分子,可以根据犯罪情况,禁止其在缓刑考验期限内从事与安全生产相关联的特定活动;对于被判处刑罚的犯罪分子,可以根据犯罪情况和预防再犯罪的需要,禁止其自刑罚执行完毕之日或者假释之日起三年至五年内从事与安全生产相关的职业。

第一百三十五条 【重大劳动安全事故罪】安全生产设施或者安全生产条件不符合国家规定,因而发生重大伤亡事故或者造成其他严重后果的,对直接负责的主管人员和其他直接责任人员,处三年以下有期徒刑或者拘役;情节特别恶劣的,处三年以上七年以下有期徒刑。

《最高人民检察院、公安部关于公安机关管辖的刑事案件立案追诉标准的规定(一)》(公通字〔2008〕36号)

第十条 【重大劳动安全事故案(刑法第一百三十五条)】安全生产设施或者安全生产条件不符合国家规定,涉嫌下列情形之一的,应予立案追诉:

(一)造成死亡一人以上,或者重伤三人以上;

(二)造成直接经济损失五十万元以上的;

(三)发生矿山生产安全事故,造成直接经济损失一百万元以上的;

(四)其他造成严重后果的情形。

《最高人民法院、最高人民检察院关于办理危害生产安全刑事案件适用法律若干问题的解释》(法释〔2015〕22号)

第三条 刑法第一百三十五条规定的"直接负责的主管人员和其他直接责任人员",是指对安全生产设施或者安全生产条件不符合国家规定负有直接责任的生产经营单位负责人、管理人员、实际控制人、投资人,以及其他对安全生产设施或者安全生产条件负有管理、维护职责的人员。

第一百三十六条 【危险物品肇事罪】违反爆炸性、易燃性、放射性、毒害性、腐蚀性物品的管理规定,在生产、储存、运输、使用中发生重大事故,造成严重后果的,处三年以下有期徒刑或者拘役;后果特别严重的,处三年以上七年以下有期徒刑。

《最高人民检察院、公安部关于公安机关管辖的刑事案件立案追诉标准的规定(一)》(公通字〔2008〕36号)

第十二条 违反爆炸性、易燃性、放射性、毒害性、腐蚀性物品的管理规定,在生产、储存、运输、使用中发生重大事故,涉嫌下列情形之一的,应予立案追诉:

(一)造成死亡一人以上,或者重伤三人以上;

(二)造成直接经济损失五十万元以上的;

(三)其他造成严重后果的情形。

第一百三十九条之一 【不报、谎报安全事故罪】在安全事故发生后,负有报告职责的人员不报或者谎报事故情况,贻误事故抢救,情节严重的,处三年以下有期徒刑或者拘役;情节特别严重的,处三年以上七年以下有期徒刑。

《最高人民检察院、公安部关于公安机关管辖的刑事案件立案追诉标准的规定(一)的补充规定》(公通字〔2017〕12号)

第十五条之一 【不报、谎报安全事故案(刑法第一百三十九条之一)】在安全事故发生后,负有报告职责的人员不报或者谎报事故情况,贻误事故抢救,涉嫌下列情形之一的,应予立案追诉:

(一)导致事故后果扩大,增加死亡一人以上,或者增加重伤三人以上,或者增加直接经济损失一百万元以上的;

(二)实施下列行为之一,致使不能及时有效开展事故抢救的:

1.决定不报、迟报、谎报事故情况或者指使、串通有关人员不报、迟报、谎报事故情况的;

2.在事故抢救期间擅离职守或者逃匿的;

3.伪造、破坏事故现场,或者转移、藏匿、毁灭遇难人员尸体,或者转移、藏匿受伤人员的;

4.毁灭、伪造、隐匿与事故有关的图纸、记录、计算机数据等资料以及其他证据的;

(三)其他不报、谎报安全事故情节严重的情形。

本条规定的"负有报告职责的人员",是指负有组织、指挥或者管理职责的负责人、管理人员、实际控制人、投资人,以及其他负有报告职责的人员。

《最高人民法院、最高人民检察院关于办理危害生产安全刑事案件适用法律若干问题的解释》(法释〔2015〕22号)

第四条 刑法第一百三十九条之一规定的"负有报告职责的人员",是指负有组织、指挥或者管理职责的负责人、管理人员、实际控制人、投资人,以及其他负有报告职责的人员。

第九条 在安全事故发生后,与负有报告职责的人员串通,不报或者谎报事故情况,贻误事故抢救,情节严重的,依照刑法第一百三十九条之一的规定,以共犯论处。

第十条 在安全事故发生后,直接负责的主管人员和其他直接责任人员故意阻挠开展抢救,导致人员死亡或者重伤,或者为了逃避法律追究,对被害人进行隐藏、遗弃,致使被害人因无法得到救助而死亡或者重度残疾的,分别依照刑法第二百三十二条、第二百三十四条的规定,以故意杀人罪或者故意伤害罪定罪处罚。

第一百四十条 【生产、销售伪劣产品罪】生产者、销售者在产品中掺杂、掺假,以假充真,以次充好或者以不合格产品冒充合格产品,销售金额五万元以上不满二十万元的,处二年以下有期徒刑或者拘役,并处或者单处销售金额百分之五十以上二倍以下罚金;销售金额二十万元以上不满五十万元的,处二年以上七年以下有期徒刑,并处销售金额百分之五十以上二倍以下罚金;销售金额五十万元以上不满二百万元的,处七年以上有期徒刑,并处销售金额百分之五十以上二倍以下罚金;销售金额二百万元以上的,处十五年有期徒刑或者无期徒刑,并处销售金额百分之五十以上二倍以下罚金或者没收财产。

《最高人民检察院、公安部关于公安机关管辖的刑事案件立案追诉标准的规定(一)》(公通字〔2008〕36号)

第十六条 【生产、销售伪劣产品案(刑法第一百四十条)】生产者、销售者在产品中掺杂、掺假,以假充真,以次充好或者以不合格产品冒充合格产品,涉嫌下列情形之一的,应予立案追诉:

(一)伪劣产品销售金额五万元以上的;

(二)伪劣产品尚未销售,货值金额十五万元以上的;

(三)伪劣产品销售金额不满五万元,但将已销售金额乘以三倍后,与尚未销售的伪劣产品货值金额合计十五万元以上的。

本条规定的"在产品中掺杂、掺假",是指在产品中掺入杂质或者异物,致使产品质量不符合国家法律、法规或者产品明示质量标准规定的质量要求,降低、失去应有使用性能的行为;"以假充真",是指以不具有某种使用性能的产品冒充具有该种使用性能的产品的行为;"以次充好",是指以低等级、低档次产品冒充高等级、高档次产品,或者以残次、废旧零配件组合、拼装后冒充正品或者新产品的行为;"不合格产品",是指不符合《中华人民共和国产品质量法》第二十六条第二款规定的质量要求的产品。

对本条规定的上述行为难以确定的,应当委托法律、行政法规规定的产品质量检验机构进行鉴定。本条规定的"销售金额",是指生产者、销售者出售伪劣产品后所得和应得的全部违法收入;"货值金额",以违法生产、销售的伪劣产品的标价计算;没有标价的,按照同类合格产品的市场中间价格计算。货值金额难以确定的,按照《扣押、追缴、没收物品估价管理办法》的规定,委托估价机构进行确定。

《最高人民法院、最高人民检察院关于办理生产、销售伪劣商品刑事案件具体应用法律若干问题的解释》(法释〔2001〕10号)

第一条 刑法第一百四十条规定的"在产品中掺杂、掺假",是指在产品中掺入杂质或者异物,致使产品质量不符合国家法律、法规或者产品明示质量标准规定的质量要求,降低、失去应有使用性能的行为。

刑法第一百四十条规定的"以假充真",是指以不具有某种使用性能的产品冒充具有该种使用性能的产品的行为。

刑法第一百四十条规定的"以次充好",是指以低等级、低档次产品冒充高等级、高档次产品,或者以残次、废旧零配件组合、拼装后冒充正品或者新产品的行为。

刑法第一百四十条规定的"不合格产品",是指不符合《中华人民共和国产品质量法》第二十六条第二款规定的质量要求的产品。

对本条规定的上述行为难以确定的,应当委托法律、行政法规规定的产品质量检验机构进行鉴定。

第二条 刑法第一百四十条、第一百四十九条规定的"销售金额",是指生产者、销售者出售伪劣产品后所得和应得的全部违法收入。

伪劣产品尚未销售,货值金额达到刑法第一百四十条规定的销售金额三倍以上的,以生产、销售伪劣产品罪(未遂)定罪处罚。

货值金额以违法生产、销售的伪劣产品的标价计算;没有标价的,按照同类合格产品的市场中间价格计算。货值金额难以确定的,按照国家计划委员会、最高人民法院、最高人民检察院、公安部1997年4月22日联合发布的《扣押、追缴、没收物品估价管理办法》的规定,委托指定的估价机构确定。

多次实施生产、销售伪劣产品行为,未经处理的,伪劣产品的销售金额或者货值金额累计计算。

第九条 知道或者应当知道他人实施生产、销售伪劣商品犯罪,而为其提供贷款、资金、账号、发票、证明、许可证件,或者提供生产、经营场所或者运输、仓储、保管、邮寄等便利条件,或者提供制假生产技术的,以生产、销售伪劣商品犯罪的共犯论处。

第十条 实施生产、销售伪劣商品犯罪,同时构成侵犯知识产权、非法经营等其他犯罪的,依照处罚较重的规定定罪处罚。

第十一条 实施刑法第一百四十条至第一百四十八条规定的犯罪,又以暴力、威胁方法抗拒查处,构成其他犯罪的,依照数罪并罚的规定处罚。

第一百四十六条 【生产、销售不符合安全标准的产品罪】生产不符合保障人身、财产安全的国家标准、行业标准的电器、压力容器、易燃易爆产品或者其他不符合保障人身、财产安全的国家标准、行业标准的产品,或者销售明知是以上不符合保障人身、财产安全的国家标准、行业标准的产品,造成严重后果的,处五年以下有期徒刑,并处销售金额百分之五十以上二倍以下罚金;后果特别严重的,处五年以上有期徒刑,并处销售金额百分之五十以上二倍以下罚金。

《最高人民检察院、公安部关于公安机关管辖的刑事案件立案追诉标准的规定(一)》(公通字〔2008〕36号)

第二十二条 【生产、销售不符合安全标准的产品案(刑法第一百四十六条)】生产不符合保障人身、财产安全的国家标准、行业标准的电器、压力容器、易燃易爆或者其他不符合保障人身、财产安全的国家标准、行业标准的产品,或者销售明知是以上不符合保障人身、财产安全的国家标准、行业标准的产品,涉嫌下列情形之一的,应予立案追诉:

(一)造成人员重伤或者死亡的;

(二)造成直接经济损失十万元以上的;

(三)其他造成严重后果的情形。

《最高人民法院、最高人民检察院关于办理危害生产安全刑事案件适用法律若干问题的解释》(法释〔2015〕22号)

第十一条 生产不符合保障人身、财产安全的国家标准、行业标准的安全设备,或者明知安全设备不符合保障人身、财产安全的国家标准、行业标准而进行销售,致使发生安全事故,造成严重后果的,依照刑法第一百四十六条的规定,以生产、销售不符合安全标准的产品罪定罪处罚。

第一百四十九条 【竞合的适用】生产、销售本节第一百四十一条至第一百四十八条所列产品,不构成各该条规定的犯罪,但是销售金额在五万元以上的,依照本节第一百四十条的规定定罪处罚。

生产、销售本节第一百四十一条至第一百四十八条所列产品,构成各该条规定的犯罪,同时又构成本节第一百四十条规定之罪的,依照处罚较重的规定定罪处罚。

第一百五十条 【单位犯生产、销售伪劣商品罪的处罚规定】单位犯本节第一百四十条至第一百四十八条规定之罪的,对单位判处罚金,并对其直接负责的主管人员和其他直接责任人员,依照各该条的规定处罚。

第二百二十五条 【非法经营罪】违反国家规定,有下列非法经营行为之一,扰乱市场秩序,情节严重的,处五年以下有期徒刑或者拘役,并处或者单处违法所得一倍以上五倍以下罚金;情节特别严重的,处五年以上有期徒刑,并处违法所得一倍以上五倍以下罚金或者没收财产:

(一)未经许可经营法律、行政法规规定的专营、专卖物品或者其他限制买卖的物品的;

(二)买卖进出口许可证、进出口原产地证明以及其他法律、行政法规规定的经营许可证或者批准文件的;

(三)未经国家有关主管部门批准非法经营证券、期货、保险业务的,或者非法从事资金支付结算业务的;

(四)其他严重扰乱市场秩序的非法经营行为。

第二百三十一条 【单位犯扰乱市场秩序罪的处罚规定】单位犯本节第二百二十一条至第二百三十条规定之罪的,对单位判处罚金,并对其直接负责的主管人员和其他直接责任人员,依照本节各该条的规定处罚。

《最高人民检察院、公安部关于公安机关管辖的刑事案件立案追诉标准的规定(二)》(公通字〔2010〕23号)

第七十九条 违反国家规定,进行非法经营活动,扰乱市场秩序,涉嫌下列情形之一的,应予立案追诉:

……

(八)从事其他非法经营活动,具有下列情形之一的:

1.个人非法经营数额在五万元以上,或者违法所得数额在一万元以上的;

2.单位非法经营数额在五十万元以上,或者违法所得数额在十万元以上的;

3.虽未达到上述数额标准,但两年内因同种非法经营行为受过二次以上行政处罚,又进行同种非法经营行为的;

4.其他情节严重的情形。

第二百八十条 【伪造、变造、买卖国家机关公文、证件、印章罪】【盗窃、抢夺、毁灭国家机关公文、证件、印章罪】伪造、变造、买卖或者盗窃、抢夺、毁灭国家机关的公文、证件、印章的,处三年以下有期徒刑、拘役、管制或者剥夺政治权利,并处罚金;情节严重的,处三年以上十年以下有期徒刑,并处罚金。

【伪造公司、企业、事业单位、人民团体印章罪】伪造公司、企业、事业单位、人民团体的印章的,处三年以下有期徒刑、拘役、管制或者剥夺政治权利,并处罚金。

【伪造、变造、买卖身份证件罪】伪造、变造、买卖居民身份证、护照、社会保障卡、驾驶证等依法可以用于证明身份的证件的,处三年以下有期徒刑、拘役、管制或者剥夺政治权利,并处罚金;情节严重的,处三年以上七年以下有期徒刑,并处罚金。

第二百八十条之一 【使用虚假身份证件、盗用身份证件罪】在依照国家规定应当提供身份证明的活动中,使用伪造、变造的或者盗用他人的居民身份证、护照、社会保障卡、驾驶证等依法可以用于证明身份的证件,情节严重的,处拘役或者管制,并处或者单处罚金。

有前款行为,同时构成其他犯罪的,依照处罚较重的规定定罪处罚。

《最高人民法院、最高人民检察院关于与办理盗窃、抢劫、诈骗、抢夺机动车相关刑事案件具体应用法律问题的解释》(法释〔2007〕11号)

第二条 伪造、变造、买卖机动车行驶证、登记证书,累计三本以上的,依照刑法第二百八十条第一款的规定,以伪造、变造、买卖国家机关证件罪定罪,处三年以下有期徒刑、拘役、管制或者剥夺政治权利。

伪造、变造、买卖机动车行驶证、登记证书,累计达到第一款规定数量标准五倍以上的,属于刑法第二百八十条第一款规定中的"情节严重",处三年以上十年以下有期徒刑。

中华人民共和国民法通则（节选）及相关司法解释

1986年4月12日第六届全国人民代表大会第四次会议通过，根据2009年8月27日第十一届全国人民代表大会常务委员会第十次会议《关于修改部分法律的决定》修订。

第一百二十一条 国家机关或者国家机关工作人员在执行职务中，侵犯公民、法人的合法权益造成损害的，应当承担民事责任。

《最高人民法院关于审理人身损害赔偿案件适用法律若干问题的解释》

第八条 法人或者其他组织的法定代表人、负责人以及工作人员，在执行职务中致人损害的，依照民法通则第一百二十一条的规定，由该法人或者其他组织承担民事责任。

中华人民共和国侵权责任法(节选)及相关司法解释

2009年12月26日第十一届全国人民代表大会常务委员会第十二次会议通过。

第四条 侵权人因同一行为应当承担行政责任或者刑事责任的,不影响依法承担侵权责任。

第八条 二人以上共同实施侵权行为,造成他人损害的,应当承担连带责任。

第十六条 侵害他人造成人身损害的,应当赔偿医疗费、护理费、交通费等为治疗和康复支出的合理费用,以及因误工减少的收入。造成残疾的,还应当赔偿残疾生活辅助具费和残疾赔偿金。造成死亡的,还应当赔偿丧葬费和死亡赔偿金。

第三十四条 用人单位的工作人员因执行工作任务造成他人损害的,由用人单位承担侵权责任。

劳务派遣期间,被派遣的工作人员因执行工作任务造成他人损害的,由接受劳务派遣的用工单位承担侵权责任;劳务派遣单位有过错的,承担相应的补充责任。

第四十九条 因租赁、借用等情形机动车所有人与使用人不是同一人时,发生交通事故后属于该机动车一方责任的,由保险公司在机动车强制保险责任限额范围内予以赔偿。不足部分,由机动车使用人承担赔偿责任;机动车所有人对损害的发生有过错的,承担相应的赔偿责任。

《最高人民法院关于审理道路交通事故损害赔偿案件适用法律若干问题的解释》

第三条 规定"以挂靠形式从事道路运输经营活动的机动车发生交通事故造成损害,属于该机动车一方责任,当事人请求由挂靠人和被挂靠人承担连带责任的,人民法院应予支持。

中华人民共和国治安管理处罚法(节选)

2005年8月28日第十届全国人民代表大会常务委员会第十七次会议通过,根据2012年10月26日第十一届全国人民代表大会常务委员会第二十九次会议《关于修改〈中华人民共和国治安管理处罚法〉的决定》修订,主席令第67号。

第三十条 违反国家规定,制造、买卖、储存、运输、邮寄、携带、使用、提供、处置爆炸性、毒害性、放射性、腐蚀性物质或者传染病病原体等危险物质的,处10日以上15日以下拘留;情节较轻的,处5日以上10日以下拘留。

第三十一条 爆炸性、毒害性、放射性、腐蚀性物质或者传染病病原体等危险物质被盗、被抢或者丢失,未按规定报告的,处5日以下拘留;故意隐瞒不报的,处5日以上10日以下拘留。

第五十条 有下列行为之一的,处警告或者200元以下罚款;情节严重的,处5日以上10日以下拘留,可以并处500元以下罚款:

(一)拒不执行人民政府在紧急状态情况下依法发布的决定、命令的;

(二)阻碍国家机关工作人员依法执行职务的;

(三)阻碍执行紧急任务的消防车、救护车、工程抢险车、警车等车辆通行的;

(四)强行冲闯公安机关设置的警戒带、警戒区的。

阻碍人民警察依法执行职务的,从重处罚。

中华人民共和国道路交通安全法(节选)

2003年10月28日第十届全国人民代表大会常务委员会第五次会议通过,根据2007年12月29日第十届全国人民代表大会常务委员会第三十一次会议《关于修改〈中华人民共和国道路交通安全法〉的决定》第一次修正,根据2011年4月22日第十一届全国人民代表大会常务委员会第二十次会议《关于修改〈中华人民共和国道路交通安全法〉的决定》第二次修正。

第十三条 对登记后上道路行驶的机动车,应当依照法律、行政法规的规定,根据车辆用途、载客载货数量、使用年限等不同情况,定期进行安全技术检验。对提供机动车行驶证和机动车第三者责任强制保险单的,机动车安全技术检验机构应当予以检验,任何单位不得附加其他条件。对符合机动车国家安全技术标准的,公安机关交通管理部门应当发给检验合格标志。

第四十八条 机动车载物应当符合核定的载质量,严禁超载;载物的长、宽、高不得违反装载要求,不得遗洒、飘散载运物。

机动车运载超限的不可解体的物品,影响交通安全的,应当按照公安机关交通管理部门指定的时间、路线、速度行驶,悬挂明显标志。在公路上运载超限的不可解体的物品,并应当依照公路法的规定执行。

机动车载运爆炸物品、易燃易爆化学物品以及剧毒、放射性等危险物品,应当经公安机关批准后,按指定的时间、路线、速度行驶,悬挂警示标志并采取必要的安全措施。

第九十九条 有下列行为之一的,由公安机关交通管理部门处二百元以上二千元以下罚款:

(一)未取得机动车驾驶证、机动车驾驶证被吊销或者机动车驾驶证被暂扣期间驾驶机动车的;

(二)将机动车交由未取得机动车驾驶证或者机动车驾驶证被吊销、暂扣的人驾驶的;

(三)造成交通事故后逃逸,尚不构成犯罪的;

(四)机动车行驶超过规定时速百分之五十的;

(五)强迫机动车驾驶人违反道路交通安全法律、法规和机动车安全驾驶要求驾驶机动车,造成交通事故,尚不构成犯罪的;

（六）违反交通管制的规定强行通行，不听劝阻的；

（七）故意损毁、移动、涂改交通设施，造成危害后果，尚不构成犯罪的；

（八）非法拦截、扣留机动车辆，不听劝阻，造成交通严重阻塞或者较大财产损失的。

行为人有前款第二项、第四项情形之一的，可以并处吊销机动车驾驶证；有第一项、第三项、第五项至第八项情形之一的，可以并处十五日以下拘留。

第一百零二条 对六个月内发生二次以上特大交通事故负有主要责任或者全部责任的专业运输单位，由公安机关交通管理部门责令消除安全隐患，未消除安全隐患的机动车，禁止上道路行驶。

中华人民共和国消防法(节选)

1998年4月29日第九届全国人民代表大会常务委员会第二次会议通过,2008年10月28日第十一届全国人民代表大会常务委员会第五次会议修订。

第二十二条 生产、储存、装卸易燃易爆危险品的工厂、仓库和专用车站、码头的设置,应当符合消防技术标准。易燃易爆气体和液体的充装站、供应站、调压站,应当设置在符合消防安全要求的位置,并符合防火防爆要求。

已经设置的生产、储存、装卸易燃易爆危险品的工厂、仓库和专用车站、码头,易燃易爆气体和液体的充装站、供应站、调压站,不再符合前款规定的,地方人民政府应当组织、协调有关部门、单位限期解决,消除安全隐患。

第二十三条 生产、储存、运输、销售、使用、销毁易燃易爆危险品,必须执行消防技术标准和管理规定。

进入生产、储存易燃易爆危险品的场所,必须执行消防安全规定。禁止非法携带易燃易爆危险品进入公共场所或者乘坐公共交通工具。

储存可燃物资仓库的管理,必须执行消防技术标准和管理规定。

第六十二条 有下列行为之一的,依照《中华人民共和国治安管理处罚法》的规定处罚:

(一)违反有关消防技术标准和管理规定生产、储存、运输、销售、使用、销毁易燃易爆危险品的;

(二)非法携带易燃易爆危险品进入公共场所或者乘坐公共交通工具的;

(三)谎报火警的;

(四)阻碍消防车、消防艇执行任务的;

(五)阻碍公安机关消防机构的工作人员依法执行职务的。

中华人民共和国安全生产法(节选)

2002年6月29日第九届全国人民代表大会常务委员会第二十八次会议通过,根据2009年8月27日第十一届全国人民代表大会常务委员会第十次会议关于《关于修改部分法律的决定》第一次修正,根据2014年8月31日第十二届全国人民代表大会常务委员会第十次会议《关于修改〈中华人民共和国安全生产法〉的决定》第二次修正。

第五条 生产经营单位的主要负责人对本单位的安全生产工作全面负责。

第十七条 生产经营单位应当具备本法和有关法律、行政法规和国家标准或者行业标准规定的安全生产条件;不具备安全生产条件的,不得从事生产经营活动。

第十八条 生产经营单位的主要负责人对本单位安全生产工作负有下列职责:

(一)建立、健全本单位安全生产责任制;

(二)组织制定本单位安全生产规章制度和操作规程;

(三)组织制定并实施本单位安全生产教育和培训计划;

(四)保证本单位安全生产投入的有效实施;

(五)督促、检查本单位的安全生产工作,及时消除生产安全事故隐患;

(六)组织制定并实施本单位的生产安全事故应急救援预案;

(七)及时、如实报告生产安全事故。

第十九条 生产经营单位的安全生产责任制应当明确各岗位的责任人员、责任范围和考核标准等内容。

生产经营单位应当建立相应的机制,加强对安全生产责任制落实情况的监督考核,保证安全生产责任制的落实。

第二十一条 矿山、金属冶炼、建筑施工、道路运输单位和危险物品的生产、经营、储存单位,应当设置安全生产管理机构或者配备专职安全生产管理人员。

前款规定以外的其他生产经营单位,从业人员超过一百人的,应当设置安全生产管理机构或者配备专职安全生产管理人员;从业人员在一百人以下的,应当配备专职或者兼职的安全生产管理人员。

第二十二条 生产经营单位的安全生产管理机构以及安全生产管理人员履行下列职责:

(一)组织或者参与拟订本单位安全生产规章制度、操作规程和生产安全事故应急

救援预案;

(二)组织或者参与本单位安全生产教育和培训,如实记录安全生产教育和培训情况;

(三)督促落实本单位重大危险源的安全管理措施;

(四)组织或者参与本单位应急救援演练;

(五)检查本单位的安全生产状况,及时排查生产安全事故隐患,提出改进安全生产管理的建议;

(六)制止和纠正违章指挥、强令冒险作业、违反操作规程的行为;

(七)督促落实本单位安全生产整改措施。

第二十五条 生产经营单位应当对从业人员进行安全生产教育和培训,保证从业人员具备必要的安全生产知识,熟悉有关的安全生产规章制度和安全操作规程,掌握本岗位的安全操作技能,了解事故应急处理措施,知悉自身在安全生产方面的权利和义务。未经安全生产教育和培训合格的从业人员,不得上岗作业。

生产经营单位使用被派遣劳动者的,应当将被派遣劳动者纳入本单位从业人员统一管理,对被派遣劳动者进行岗位安全操作规程和安全操作技能的教育和培训。劳务派遣单位应当对被派遣劳动者进行必要的安全生产教育和培训。

生产经营单位接收中等职业学校、高等学校学生实习的,应当对实习学生进行相应的安全生产教育和培训,提供必要的劳动防护用品。学校应当协助生产经营单位对实习学生进行安全生产教育和培训。

生产经营单位应当建立安全生产教育和培训档案,如实记录安全生产教育和培训的时间、内容、参加人员以及考核结果等情况。

第二十七条 生产经营单位的特种作业人员必须按照国家有关规定经专门的安全作业培训,取得相应资格,方可上岗作业。

特种作业人员的范围由国务院安全生产监督管理部门会同国务院有关部门确定。

第三十一条 矿山、金属冶炼建设项目和用于生产、储存、装卸危险物品的建设项目的施工单位必须按照批准的安全设施设计施工,并对安全设施的工程质量负责。

矿山、金属冶炼建设项目和用于生产、储存危险物品的建设项目竣工投入生产或者使用前,应当由建设单位负责组织对安全设施进行验收;验收合格后,方可投入生产和使用。安全生产监督管理部门应当加强对建设单位验收活动和验收结果的监督核查。

第三十四条 生产经营单位使用的危险物品的容器、运输工具,以及涉及人身安全、危险性较大的海洋石油开采特种设备和矿山井下特种设备,必须按照国家有关规定,由专业生产单位生产,并经具有专业资质的检测、检验机构检测、检验合格,取得安全使用证或者安全标志,方可投入使用。检测、检验机构对检测、检验结果负责。

第三十六条 生产、经营、运输、储存、使用危险物品或者处置废弃危险物品的,由有关主管部门依照有关法律、法规的规定和国家标准或者行业标准审批并实施监督管理。

生产经营单位生产、经营、运输、储存、使用危险物品或者处置废弃危险物品,必须执行有关法律、法规和国家标准或者行业标准,建立专门的安全管理制度,采取可靠的安全措施,接受有关主管部门依法实施的监督管理。

第三十七条 生产经营单位对重大危险源应当登记建档,进行定期检测、评估、监控,并制定应急预案,告知从业人员和相关人员在紧急情况下应当采取的应急措施。

生产经营单位应当按照国家有关规定将本单位重大危险源及有关安全措施、应急措施报有关地方人民政府安全生产监督管理部门和有关部门备案。

第三十八条 生产经营单位应当建立健全生产安全事故隐患排查治理制度,采取技术、管理措施,及时发现并消除事故隐患。事故隐患排查治理情况应当如实记录,并向从业人员通报。

县级以上地方各级人民政府负有安全生产监督管理职责的部门应当建立健全重大事故隐患治理督办制度,督促生产经营单位消除重大事故隐患。

第四十一条 生产经营单位应当教育和督促从业人员严格执行本单位的安全生产规章制度和安全操作规程;并向从业人员如实告知作业场所和工作岗位存在的危险因素、防范措施以及事故应急措施。

第四十七条 生产经营单位发生生产安全事故时,单位的主要负责人应当立即组织抢救,并不得在事故调查处理期间擅离职守。

第五十四条 从业人员在作业过程中,应当严格遵守本单位的安全生产规章制度和操作规程,服从管理,正确佩戴和使用劳动防护用品。

第五十六条 从业人员发现事故隐患或者其他不安全因素,应当立即向现场安全生产管理人员或者本单位负责人报告;接到报告的人员应当及时予以处理。

第六十二条 安全生产监督管理部门和其他负有安全生产监督管理职责的部门依法开展安全生产行政执法工作,对生产经营单位执行有关安全生产的法律、法规和国家标准或者行业标准的情况进行监督检查,行使以下职权:

(一)进入生产经营单位进行检查,调阅有关资料,向有关单位和人员了解情况;

(二)对检查中发现的安全生产违法行为,当场予以纠正或者要求限期改正;对依法应当给予行政处罚的行为,依照本法和其他有关法律、行政法规的规定作出行政处罚决定;

(三)对检查中发现的事故隐患,应当责令立即排除;重大事故隐患排除前或者排除过程中无法保证安全的,应当责令从危险区域内撤出作业人员,责令暂时停产停业或者停止使用相关设施、设备;重大事故隐患排除后,经审查同意,方可恢复生产经营和使用;

（四）对有根据认为不符合保障安全生产的国家标准或者行业标准的设施、设备、器材以及违法生产、储存、使用、经营、运输的危险物品予以查封或者扣押，对违法生产、储存、使用、经营危险物品的作业场所予以查封，并依法作出处理决定。

监督检查不得影响被检查单位的正常生产经营活动。

第七十八条 生产经营单位应当制定本单位生产安全事故应急救援预案，与所在地县级以上地方人民政府组织制定的生产安全事故应急救援预案相衔接，并定期组织演练。

第七十九条 危险物品的生产、经营、储存单位以及矿山、金属冶炼、城市轨道交通运营、建筑施工单位应当建立应急救援组织；生产经营规模较小的，可以不建立应急救援组织，但应当指定兼职的应急救援人员。

危险物品的生产、经营、储存、运输单位以及矿山、金属冶炼、城市轨道交通运营、建筑施工单位应当配备必要的应急救援器材、设备和物资，并进行经常性维护、保养，保证正常运转。

第九十条 生产经营单位的决策机构、主要负责人或者个人经营的投资人不依照本法规定保证安全生产所必需的资金投入，致使生产经营单位不具备安全生产条件的，责令限期改正，提供必需的资金；逾期未改正的，责令生产经营单位停产停业整顿。

有前款违法行为，导致发生生产安全事故的，对生产经营单位的主要负责人给予撤职处分，对个人经营的投资人处二万元以上二十万元以下的罚款；构成犯罪的，依照刑法有关规定追究刑事责任。

第九十一条 生产经营单位的主要负责人未履行本法规定的安全生产管理职责的，责令限期改正；逾期未改正的，处二万元以上五万元以下的罚款，责令生产经营单位停产停业整顿。

生产经营单位的主要负责人有前款违法行为，导致发生生产安全事故的，给予撤职处分；构成犯罪的，依照刑法有关规定追究刑事责任。

生产经营单位的主要负责人依照前款规定受刑事处罚或者撤职处分的，自刑罚执行完毕或者受处分之日起，五年内不得担任任何生产经营单位的主要负责人；对重大、特别重大生产安全事故负有责任的，终身不得担任本行业生产经营单位的主要负责人。

第九十二条 生产经营单位的主要负责人未履行本法规定的安全生产管理职责，导致发生生产安全事故的，由安全生产监督管理部门依照下列规定处以罚款：

（一）发生一般事故的，处上一年年收入百分之三十的罚款；

（二）发生较大事故的，处上一年年收入百分之四十的罚款；

（三）发生重大事故的，处上一年年收入百分之六十的罚款；

（四）发生特别重大事故的，处上一年年收入百分之八十的罚款。

第九十三条 生产经营单位的安全生产管理人员未履行本法规定的安全生产管理职责的,责令限期改正;导致发生生产安全事故的,暂停或者撤销其与安全生产有关的资格;构成犯罪的,依照刑法有关规定追究刑事责任。

第九十四条 生产经营单位有下列行为之一的,责令限期改正,可以处五万元以下的罚款;逾期未改正的,责令停产停业整顿,并处五万元以上十万元以下的罚款,对其直接负责的主管人员和其他直接责任人员处一万元以上二万元以下的罚款:

(一)未按照规定设置安全生产管理机构或者配备安全生产管理人员的;

(二)危险物品的生产、经营、储存单位以及矿山、金属冶炼、建筑施工、道路运输单位的主要负责人和安全生产管理人员未按照规定经考核合格的;

(三)未按照规定对从业人员、被派遣劳动者、实习学生进行安全生产教育和培训,或者未按照规定如实告知有关的安全生产事项的;

(四)未如实记录安全生产教育和培训情况的;

(五)未将事故隐患排查治理情况如实记录或者未向从业人员通报的;

(六)未按照规定制定生产安全事故应急救援预案或者未定期组织演练的;

(七)特种作业人员未按照规定经专门的安全作业培训并取得相应资格,上岗作业的。

第九十六条 生产经营单位有下列行为之一的,责令限期改正,可以处五万元以下的罚款;逾期未改正的,处五万元以上二十万元以下的罚款,对其直接负责的主管人员和其他直接责任人员处一万元以上二万元以下的罚款;情节严重的,责令停产停业整顿;构成犯罪的,依照刑法有关规定追究刑事责任:

(一)未在有较大危险因素的生产经营场所和有关设施、设备上设置明显的安全警示标志的;

(二)安全设备的安装、使用、检测、改造和报废不符合国家标准或者行业标准的;

(三)未对安全设备进行经常性维护、保养和定期检测的;

(四)未为从业人员提供符合国家标准或者行业标准的劳动防护用品的;

(五)危险物品的容器、运输工具,以及涉及人身安全、危险性较大的海洋石油开采特种设备和矿山井下特种设备未经具有专业资质的机构检测、检验合格,取得安全使用证或者安全标志,投入使用的;

(六)使用应当淘汰的危及生产安全的工艺、设备的。

第九十七条 未经依法批准,擅自生产、经营、运输、储存、使用危险物品或者处置废弃危险物品的,依照有关危险物品安全管理的法律、行政法规的规定予以处罚;构成犯罪的,依照刑法有关规定追究刑事责任。

第九十八条 生产经营单位有下列行为之一的,责令限期改正,可以处十万元以下的罚款;逾期未改正的,责令停产停业整顿,并处十万元以上二十万元以下的罚款,对其直接负责的主管人员和其他直接责任人员处二万元以上五万元以下的罚款;构成犯罪的,依照刑法有关规定追究刑事责任:

(一)生产、经营、运输、储存、使用危险物品或者处置废弃危险物品,未建立专门安全管理制度、未采取可靠的安全措施的;

(二)对重大危险源未登记建档,或者未进行评估、监控,或者未制定应急预案的;

(三)进行爆破、吊装以及国务院安全生产监督管理部门会同国务院有关部门规定的其他危险作业,未安排专门人员进行现场安全管理的;

(四)未建立事故隐患排查治理制度的。

第九十九条 生产经营单位未采取措施消除事故隐患的,责令立即消除或者限期消除;生产经营单位拒不执行的,责令停产停业整顿,并处十万元以上五十万元以下的罚款,对其直接负责的主管人员和其他直接责任人员处二万元以上五万元以下的罚款。

第一百条 生产经营单位将生产经营项目、场所、设备发包或者出租给不具备安全生产条件或者相应资质的单位或者个人的,责令限期改正,没收违法所得;违法所得十万元以上的,并处违法所得二倍以上五倍以下的罚款;没有违法所得或者违法所得不足十万元的,单处或者并处十万元以上二十万元以下的罚款;对其直接负责的主管人员和其他直接责任人员处一万元以上二万元以下的罚款;导致发生生产安全事故给他人造成损害的,与承包方、承租方承担连带赔偿责任。

生产经营单位未与承包单位、承租单位签订专门的安全生产管理协议或者未在承包合同、租赁合同中明确各自的安全生产管理职责,或者未对承包单位、承租单位的安全生产统一协调、管理的,责令限期改正,可以处五万元以下的罚款,对其直接负责的主管人员和其他直接责任人员可以处一万元以下的罚款;逾期未改正的,责令停产停业整顿。

第一百零四条 生产经营单位的从业人员不服从管理、违反安全生产规章制度或者操作规程的,由生产经营单位给予批评教育,依照有关规章制度给予处分;构成犯罪的,依照刑法有关规定追究刑事责任。

第一百零六条 生产经营单位的主要负责人在本单位发生生产安全事故时,不立即组织抢救或者在事故调查处理期间擅离职守或者逃匿的,给予降级、撤职的处分,并由安全生产监督管理部门处上一年年收入百分之六十至百分之一百的罚款;对逃匿的处十五日以下拘留;构成犯罪的,依照刑法有关规定追究刑事责任。

生产经营单位的主要负责人对生产安全事故隐瞒不报、谎报或者迟报的,依照前款规定处罚。

第一百零八条 生产经营单位不具备本法和其他有关法律、行政法规和国家标准或者行业标准规定的安全生产条件,经停产停业整顿仍不具备安全生产条件的,予以关闭;有关部门应当依法吊销其有关证照。

第一百零九条 发生生产安全事故,对负有责任的生产经营单位除要求其依法承担相应的赔偿等责任外,由安全生产监督管理部门依照下列规定处以罚款:

(一)发生一般事故的,处二十万元以上五十万元以下的罚款;

(二)发生较大事故的,处五十万元以上一百万元以下的罚款;

(三)发生重大事故的,处一百万元以上五百万元以下的罚款;

(四)发生特别重大事故的,处五百万元以上一千万元以下的罚款;情节特别严重的,处一千万元以上二千万元以下的罚款。

第一百一十一条 生产经营单位发生生产安全事故造成人员伤亡、他人财产损失的,应当依法承担赔偿责任;拒不承担或者其负责人逃匿的,由人民法院依法强制执行。

生产安全事故的责任人未依法承担赔偿责任,经人民法院依法采取执行措施后,仍不能对受害人给予足额赔偿的,应当继续履行赔偿义务;受害人发现责任人有其他财产的,可以随时请求人民法院执行。

中华人民共和国反恐怖主义法(节选)

2015年12月27日第十二届全国人民代表大会常务委员会第十八次会议通过。

第二十条 铁路、公路、水上、航空的货运和邮政、快递等物流运营单位应当实行安全查验制度,对客户身份进行查验,依照规定对运输、寄递物品进行安全检查或者开封验视。对禁止运输、寄递,存在重大安全隐患,或者客户拒绝安全查验的物品,不得运输、寄递。

前款规定的物流运营单位,应当实行运输、寄递客户身份、物品信息登记制度。

第二十二条 生产和进口单位应当依照规定对枪支等武器、弹药、管制器具、危险化学品、民用爆炸物品、核与放射物品作出电子追踪标识,对民用爆炸物品添加安检示踪标识物。

运输单位应当依照规定对运营中的危险化学品、民用爆炸物品、核与放射物品的运输工具通过定位系统实行监控。

有关单位应当依照规定对传染病病原体等物质实行严格的监督管理,严密防范传染病病原体等物质扩散或者流入非法渠道。

对管制器具、危险化学品、民用爆炸物品,国务院有关主管部门或者省级人民政府根据需要,在特定区域、特定时间,可以决定对生产、进出口、运输、销售、使用、报废实施管制,可以禁止使用现金、实物进行交易或者对交易活动作出其他限制。

第二十三条 发生枪支等武器、弹药、危险化学品、民用爆炸物品、核与放射物品、传染病病原体等物质被盗、被抢、丢失或者其他流失的情形,案发单位应当立即采取必要的控制措施,并立即向公安机关报告,同时依照规定向有关主管部门报告。公安机关接到报告后,应当及时开展调查。有关主管部门应当配合公安机关开展工作。

任何单位和个人不得非法制作、生产、储存、运输、进出口、销售、提供、购买、使用、持有、报废、销毁前款规定的物品。公安机关发现的,应当予以扣押;其他主管部门发现的,应当予以扣押,并立即通报公安机关;其他单位、个人发现的,应当立即向公安机关报告。

第八十七条 违反本法规定,有下列情形之一的,由主管部门给予警告,并责令改正;拒不改正的,处十万元以下罚款,并对其直接负责的主管人员和其他直接责任人员处一万元以下罚款:

(一)未依照规定对枪支等武器、弹药、管制器具、危险化学品、民用爆炸物品、核与

放射物品作出电子追踪标识,对民用爆炸物品添加安检示踪标识物的;

(二)未依照规定对运营中的危险化学品、民用爆炸物品、核与放射物品的运输工具通过定位系统实行监控的;

(三)未依照规定对传染病病原体等物质实行严格的监督管理,情节严重的;

(四)违反国务院有关主管部门或者省级人民政府对管制器具、危险化学品、民用爆炸物品决定的管制或者限制交易措施的。

中华人民共和国突发事件应对法(节选)

2007年8月30日第十届全国人民代表大会常务委员会第二十九次会议通过。

第二十三条 矿山、建筑施工单位和易燃易爆物品、危险化学品、放射性物品等危险物品的生产、经营、储运、使用单位,应当制定具体应急预案,并对生产经营场所、有危险物品的建筑物、构筑物及周边环境开展隐患排查,及时采取措施消除隐患,防止发生突发事件。

第二十四条 公共交通工具、公共场所和其他人员密集场所的经营单位或者管理单位应当制定具体应急预案,为交通工具和有关场所配备报警装置和必要的应急救援设备、设施,注明其使用方法,并显著标明安全撤离的通道、路线,保证安全通道、出口的畅通。

有关单位应当定期检测、维护其报警装置和应急救援设备、设施,使其处于良好状态,确保正常使用。

中华人民共和国固体废物污染环境防治法(节选)

1995年10月30日第八届全国人民代表大会常务委员会第十六次会议通过,2004年12月29日第十届全国人民代表大会常务委员会第十三次会议修订,根据2013年6月29日第十二届全国人民代表大会常务委员会第三次会议《关于修改〈中华人民共和国文物保护法〉等十二部法律的决定》第一次修正,根据2015年4月24日第十二届全国人民代表大会常务委员会第十四次会议《关于修改〈中华人民共和国港口法〉等七部法律的决定》第二次修正,根据2016年11月7日第十二届全国人民代表大会常务委员会第二十四次会议《关于修改〈中华人民共和国对外贸易法〉等十二部法律的决定》第三次修正。

第十七条 收集、贮存、运输、利用、处置固体废物的单位和个人,必须采取防扬散、防流失、防渗漏或者其他防止污染环境的措施;不得擅自倾倒、堆放、丢弃、遗撒固体废物。

禁止任何单位或者个人向江河、湖泊、运河、渠道、水库及其最高水位线以下的滩地和岸坡等法律、法规规定禁止倾倒、堆放废弃物的地点倾倒、堆放固体废物。

第二十一条 对收集、贮存、运输、处置固体废物的设施、设备和场所,应当加强管理和维护,保证其正常运行和使用。

第五十二条 对危险废物的容器和包装物以及收集、贮存、运输、处置危险废物的设施、场所,必须设置危险废物识别标志。

第五十八条 收集、贮存危险废物,必须按照危险废物特性分类进行。禁止混合收集、贮存、运输、处置性质不相容而未经安全性处置的危险废物。

贮存危险废物必须采取符合国家环境保护标准的防护措施,并不得超过一年;确需延长期限的,必须报经原批准经营许可证的环境保护行政主管部门批准;法律、行政法规另有规定的除外。

禁止将危险废物混入非危险废物中贮存。

第六十条 运输危险废物,必须采取防止污染环境的措施,并遵守国家有关危险货物运输管理的规定。

禁止将危险废物与旅客在同一运输工具上载运。

第六十二条 产生、收集、贮存、运输、利用、处置危险废物的单位,应当制定意外事故的防范措施和应急预案,并向所在地县级以上地方人民政府环境保护行政主管部门备案;环境保护行政主管部门应当进行检查。

中华人民共和国道路运输条例(节选)

2004年4月30日中华人民共和国国务院令第406号公布,根据2012年11月9日《国务院关于修改和废止部分行政法规的决定》第一次修订,根据2016年2月6日《国务院关于修改部分行政法规的决定》第二次修订。

第二十三条 申请从事危险货物运输经营的,还应当具备下列条件:
(一)有5辆以上经检测合格的危险货物运输专用车辆、设备;
(二)有经所在地设区的市级人民政府交通主管部门考试合格,取得上岗资格证的驾驶人员、装卸管理人员、押运人员;
(三)危险货物运输专用车辆配有必要的通讯工具;
(四)有健全的安全生产管理制度。

第二十四条 申请从事货运经营的,应当依法向工商行政管理机关办理有关登记手续后,按照下列规定提出申请并分别提交符合本条例第二十一条、第二十三条规定条件的相关材料:
(一)从事危险货物运输经营以外的货运经营的,向县级道路运输管理机构提出申请;
(二)从事危险货物运输经营的,向设区的市级道路运输管理机构提出申请。

依照前款规定收到申请的道路运输管理机构,应当自受理申请之日起20日内审查完毕,作出许可或者不予许可的决定。予以许可的,向申请人颁发道路运输经营许可证,并向申请人投入运输的车辆配发车辆营运证;不予许可的,应当书面通知申请人并说明理由。

货运经营者应当持道路运输经营许可证依法向工商行政管理机关办理有关登记手续。

第二十五条 货运经营者不得运输法律、行政法规禁止运输的货物。

法律、行政法规规定必须办理有关手续后方可运输的货物,货运经营者应当查验有关手续。

第二十六条 国家鼓励货运经营者实行封闭式运输,保证环境卫生和货物运输安全。

货运经营者应当采取必要措施,防止货物脱落、扬撒等。

运输危险货物应当采取必要措施,防止危险货物燃烧、爆炸、辐射、泄漏等。

第二十七条 运输危险货物应当配备必要的押运人员,保证危险货物处于押运人员的监管之下,并悬挂明显的危险货物运输标志。

托运危险货物的,应当向货运经营者说明危险货物的品名、性质、应急处置方法等情况,并严格按照国家有关规定包装,设置明显标志。

第二十八条 客运经营者、货运经营者应当加强对从业人员的安全教育、职业道德教育,确保道路运输安全。

道路运输从业人员应当遵守道路运输操作规程,不得违章作业。驾驶人员连续驾驶时间不得超过4个小时。

第二十九条 生产(改装)客运车辆、货运车辆的企业应当按照国家规定标定车辆的核定人数或者载重量,严禁多标或者少标车辆的核定人数或者载重量。

客运经营者、货运经营者应当使用符合国家规定标准的车辆从事道路运输经营。

第三十条 客运经营者、货运经营者应当加强对车辆的维护和检测,确保车辆符合国家规定的技术标准;不得使用报废的、擅自改装的和其他不符合国家规定的车辆从事道路运输经营。

第三十一条 客运经营者、货运经营者应当制定有关交通事故、自然灾害以及其他突发事件的道路运输应急预案。应急预案应当包括报告程序、应急指挥、应急车辆和设备的储备以及处置措施等内容。

第三十三条 道路运输车辆应当随车携带车辆营运证,不得转让、出租。

第三十五条 客运经营者、危险货物运输经营者应当分别为旅客或者危险货物投保承运人责任险。

第六十三条 违反本条例的规定,未取得道路运输经营许可,擅自从事道路运输经营的,由县级以上道路运输管理机构责令停止经营;有违法所得的,没收违法所得,处违法所得2倍以上10倍以下的罚款;没有违法所得或者违法所得不足2万元的,处3万元以上10万元以下的罚款;构成犯罪的,依法追究刑事责任。

第六十六条 违反本条例的规定,客运经营者、货运经营者、道路运输相关业务经营者非法转让、出租道路运输许可证件的,由县级以上道路运输管理机构责令停止违法行为,收缴有关证件,处2000元以上1万元以下的罚款;有违法所得的,没收违法所得。

第六十七条 违反本条例的规定,客运经营者、危险货物运输经营者未按规定投保承运人责任险的,由县级以上道路运输管理机构责令限期投保;拒不投保的,由原许可机关吊销道路运输经营许可证。

危险化学品安全管理条例

2002年1月26日中华人民共和国国务院令第344号公布,2011年2月16日国务院第144次常务会议修订通过,根据2013年12月7日《国务院关于修改部分行政法规的决定》修订。

第一章 总 则

第一条 为了加强危险化学品的安全管理,预防和减少危险化学品事故,保障人民群众生命财产安全,保护环境,制定本条例。

第二条 危险化学品生产、储存、使用、经营和运输的安全管理,适用本条例。

废弃危险化学品的处置,依照有关环境保护的法律、行政法规和国家有关规定执行。

第三条 本条例所称危险化学品,是指具有毒害、腐蚀、爆炸、燃烧、助燃等性质,对人体、设施、环境具有危害的剧毒化学品和其他化学品。

危险化学品目录,由国务院安全生产监督管理部门会同国务院工业和信息化、公安、环境保护、卫生、质量监督检验检疫、交通运输、铁路、民用航空、农业主管部门,根据化学品危险特性的鉴别和分类标准确定、公布,并适时调整。

第四条 危险化学品安全管理,应当坚持安全第一、预防为主、综合治理的方针,强化和落实企业的主体责任。

生产、储存、使用、经营、运输危险化学品的单位(以下统称危险化学品单位)的主要负责人对本单位的危险化学品安全管理工作全面负责。

危险化学品单位应当具备法律、行政法规规定和国家标准、行业标准要求的安全条件,建立、健全安全管理规章制度和岗位安全责任制度,对从业人员进行安全教育、法制教育和岗位技术培训。从业人员应当接受教育和培训,考核合格后上岗作业;对有资格要求的岗位,应当配备依法取得相应资格的人员。

第五条 任何单位和个人不得生产、经营、使用国家禁止生产、经营、使用的危险化学品。

国家对危险化学品的使用有限制性规定的,任何单位和个人不得违反限制性规定使用危险化学品。

第六条 对危险化学品的生产、储存、使用、经营、运输实施安全监督管理的有关部门(以下统称负有危险化学品安全监督管理职责的部门),依照下列规定履行职责:

（一）安全生产监督管理部门负责危险化学品安全监督管理综合工作,组织确定、公布、调整危险化学品目录,对新建、改建、扩建生产、储存危险化学品(包括使用长输管道输送危险化学品,下同)的建设项目进行安全条件审查,核发危险化学品安全生产许可证、危险化学品安全使用许可证和危险化学品经营许可证,并负责危险化学品登记工作。

（二）公安机关负责危险化学品的公共安全管理,核发剧毒化学品购买许可证、剧毒化学品道路运输通行证,并负责危险化学品运输车辆的道路交通安全管理。

（三）质量监督检验检疫部门负责核发危险化学品及其包装物、容器(不包括储存危险化学品的固定式大型储罐,下同)生产企业的工业产品生产许可证,并依法对其产品质量实施监督,负责对进出口危险化学品及其包装实施检验。

（四）环境保护主管部门负责废弃危险化学品处置的监督管理,组织危险化学品的环境危害性鉴定和环境风险程度评估,确定实施重点环境管理的危险化学品,负责危险化学品环境管理登记和新化学物质环境管理登记;依照职责分工调查相关危险化学品环境污染事故和生态破坏事件,负责危险化学品事故现场的应急环境监测。

（五）交通运输主管部门负责危险化学品道路运输、水路运输的许可以及运输工具的安全管理,对危险化学品水路运输安全实施监督,负责危险化学品道路运输企业、水路运输企业驾驶人员、船员、装卸管理人员、押运人员、申报人员、集装箱装箱现场检查员的资格认定。铁路监管部门负责危险化学品铁路运输及其运输工具的安全管理。民用航空主管部门负责危险化学品航空运输以及航空运输企业及其运输工具的安全管理。

（六）卫生主管部门负责危险化学品毒性鉴定的管理,负责组织、协调危险化学品事故受伤人员的医疗卫生救援工作。

（七）工商行政管理部门依据有关部门的许可证件,核发危险化学品生产、储存、经营、运输企业营业执照,查处危险化学品经营企业违法采购危险化学品的行为。

（八）邮政管理部门负责依法查处寄递危险化学品的行为。

第七条 负有危险化学品安全监督管理职责的部门依法进行监督检查,可以采取下列措施：

（一）进入危险化学品作业场所实施现场检查,向有关单位和人员了解情况,查阅、复制有关文件、资料;

（二）发现危险化学品事故隐患,责令立即消除或者限期消除;

（三）对不符合法律、行政法规、规章规定或者国家标准、行业标准要求的设施、设备、装置、器材、运输工具,责令立即停止使用;

（四）经本部门主要负责人批准,查封违法生产、储存、使用、经营危险化学品的场所,扣押违法生产、储存、使用、经营、运输的危险化学品以及用于违法生产、使用、运输危险化学品的原材料、设备、运输工具;

(五)发现影响危险化学品安全的违法行为,当场予以纠正或者责令限期改正。

负有危险化学品安全监督管理职责的部门依法进行监督检查,监督检查人员不得少于2人,并应当出示执法证件;有关单位和个人对依法进行的监督检查应当予以配合,不得拒绝、阻碍。

第八条 县级以上人民政府应当建立危险化学品安全监督管理工作协调机制,支持、督促负有危险化学品安全监督管理职责的部门依法履行职责,协调、解决危险化学品安全监督管理工作中的重大问题。

负有危险化学品安全监督管理职责的部门应当相互配合、密切协作,依法加强对危险化学品的安全监督管理。

第九条 任何单位和个人对违反本条例规定的行为,有权向负有危险化学品安全监督管理职责的部门举报。负有危险化学品安全监督管理职责的部门接到举报,应当及时依法处理;对不属于本部门职责的,应当及时移送有关部门处理。

第十条 国家鼓励危险化学品生产企业和使用危险化学品从事生产的企业采用有利于提高安全保障水平的先进技术、工艺、设备以及自动控制系统,鼓励对危险化学品实行专门储存、统一配送、集中销售。

第二章 生产、储存安全

第十一条 国家对危险化学品的生产、储存实行统筹规划、合理布局。

国务院工业和信息化主管部门以及国务院其他有关部门依据各自职责,负责危险化学品生产、储存的行业规划和布局。

地方人民政府组织编制城乡规划,应当根据本地区的实际情况,按照确保安全的原则,规划适当区域专门用于危险化学品的生产、储存。

第十二条 新建、改建、扩建生产、储存危险化学品的建设项目(以下简称建设项目),应当由安全生产监督管理部门进行安全条件审查。

建设单位应当对建设项目进行安全条件论证,委托具备国家规定的资质条件的机构对建设项目进行安全评价,并将安全条件论证和安全评价的情况报告报建设项目所在地设区的市级以上人民政府安全生产监督管理部门;安全生产监督管理部门应当自收到报告之日起45日内作出审查决定,并书面通知建设单位。具体办法由国务院安全生产监督管理部门制定。

新建、改建、扩建储存、装卸危险化学品的港口建设项目,由港口行政管理部门按照国务院交通运输主管部门的规定进行安全条件审查。

第十三条 生产、储存危险化学品的单位,应当对其铺设的危险化学品管道设置明显标志,并对危险化学品管道定期检查、检测。

进行可能危及危险化学品管道安全的施工作业,施工单位应当在开工的 7 日前书面通知管道所属单位,并与管道所属单位共同制定应急预案,采取相应的安全防护措施。管道所属单位应当指派专门人员到现场进行管道安全保护指导。

第十四条 危险化学品生产企业进行生产前,应当依照《安全生产许可证条例》的规定,取得危险化学品安全生产许可证。

生产列入国家实行生产许可证制度的工业产品目录的危险化学品的企业,应当依照《中华人民共和国工业产品生产许可证管理条例》的规定,取得工业产品生产许可证。

负责颁发危险化学品安全生产许可证、工业产品生产许可证的部门,应当将其颁发许可证的情况及时向同级工业和信息化主管部门、环境保护主管部门和公安机关通报。

第十五条 危险化学品生产企业应当提供与其生产的危险化学品相符的化学品安全技术说明书,并在危险化学品包装(包括外包装件)上粘贴或者拴挂与包装内危险化学品相符的化学品安全标签。化学品安全技术说明书和化学品安全标签所载明的内容应当符合国家标准的要求。

危险化学品生产企业发现其生产的危险化学品有新的危险特性的,应当立即公告,并及时修订其化学品安全技术说明书和化学品安全标签。

第十六条 生产实施重点环境管理的危险化学品的企业,应当按照国务院环境保护主管部门的规定,将该危险化学品向环境中释放等相关信息向环境保护主管部门报告。环境保护主管部门可以根据情况采取相应的环境风险控制措施。

第十七条 危险化学品的包装应当符合法律、行政法规、规章的规定以及国家标准、行业标准的要求。

危险化学品包装物、容器的材质以及危险化学品包装的形式、规格、方法和单件质量(重量),应当与所包装的危险化学品的性质和用途相适应。

第十八条 生产列入国家实行生产许可证制度的工业产品目录的危险化学品包装物、容器的企业,应当依照《中华人民共和国工业产品生产许可证管理条例》的规定,取得工业产品生产许可证;其生产的危险化学品包装物、容器经国务院质量监督检验检疫部门认定的检验机构检验合格,方可出厂销售。

运输危险化学品的船舶及其配载的容器,应当按照国家船舶检验规范进行生产,并经海事管理机构认定的船舶检验机构检验合格,方可投入使用。

对重复使用的危险化学品包装物、容器,使用单位在重复使用前应当进行检查;发现存在安全隐患的,应当维修或者更换。使用单位应当对检查情况作出记录,记录的保存期限不得少于 2 年。

第十九条 危险化学品生产装置或者储存数量构成重大危险源的危险化学品储存设施(运输工具加油站、加气站除外),与下列场所、设施、区域的距离应当符合国家有关规定：

（一）居住区以及商业中心、公园等人员密集场所；

（二）学校、医院、影剧院、体育场（馆）等公共设施；

（三）饮用水源、水厂以及水源保护区；

（四）车站、码头（依法经许可从事危险化学品装卸作业的除外）、机场以及通信干线、通信枢纽、铁路线路、道路交通干线、水路交通干线、地铁风亭以及地铁站出入口；

（五）基本农田保护区、基本草原、畜禽遗传资源保护区、畜禽规模化养殖场（养殖小区）、渔业水域以及种子、种畜禽、水产苗种生产基地；

（六）河流、湖泊、风景名胜区、自然保护区；

（七）军事禁区、军事管理区；

（八）法律、行政法规规定的其他场所、设施、区域。

已建的危险化学品生产装置或者储存数量构成重大危险源的危险化学品储存设施不符合前款规定的，由所在地设区的市级人民政府安全生产监督管理部门会同有关部门监督其所属单位在规定期限内进行整改；需要转产、停产、搬迁、关闭的，由本级人民政府决定并组织实施。

储存数量构成重大危险源的危险化学品储存设施的选址，应当避开地震活动断层和容易发生洪灾、地质灾害的区域。

本条例所称重大危险源，是指生产、储存、使用或者搬运危险化学品，且危险化学品的数量等于或者超过临界量的单元（包括场所和设施）。

第二十条 生产、储存危险化学品的单位，应当根据其生产、储存的危险化学品的种类和危险特性，在作业场所设置相应的监测、监控、通风、防晒、调温、防火、灭火、防爆、泄压、防毒、中和、防潮、防雷、防静电、防腐、防泄漏以及防护围堤或者隔离操作等安全设施、设备，并按照国家标准、行业标准或者国家有关规定对安全设施、设备进行经常性维护、保养，保证安全设施、设备的正常使用。

生产、储存危险化学品的单位，应当在其作业场所和安全设施、设备上设置明显的安全警示标志。

第二十一条 生产、储存危险化学品的单位，应当在其作业场所设置通信、报警装置，并保证处于适用状态。

第二十二条 生产、储存危险化学品的企业，应当委托具备国家规定的资质条件的机构，对本企业的安全生产条件每3年进行一次安全评价，提出安全评价报告。安全评价报告的内容应当包括对安全生产条件存在的问题进行整改的方案。

生产、储存危险化学品的企业，应当将安全评价报告以及整改方案的落实情况报所在地县级人民政府安全生产监督管理部门备案。在港区内储存危险化学品的企业，应当将安全评价报告以及整改方案的落实情况报港口行政管理部门备案。

第二十三条 生产、储存剧毒化学品或者国务院公安部门规定的可用于制造爆炸物品的危险化学品(以下简称易制爆危险化学品)的单位,应当如实记录其生产、储存的剧毒化学品、易制爆危险化学品的数量、流向,并采取必要的安全防范措施,防止剧毒化学品、易制爆危险化学品丢失或者被盗;发现剧毒化学品、易制爆危险化学品丢失或者被盗的,应当立即向当地公安机关报告。

生产、储存剧毒化学品、易制爆危险化学品的单位,应当设置治安保卫机构,配备专职治安保卫人员。

第二十四条 危险化学品应当储存在专用仓库、专用场地或者专用储存室(以下统称专用仓库)内,并由专人负责管理;剧毒化学品以及储存数量构成重大危险源的其他危险化学品,应当在专用仓库内单独存放,并实行双人收发、双人保管制度。

危险化学品的储存方式、方法以及储存数量应当符合国家标准或者国家有关规定。

第二十五条 储存危险化学品的单位应当建立危险化学品出入库核查、登记制度。

对剧毒化学品以及储存数量构成重大危险源的其他危险化学品,储存单位应当将其储存数量、储存地点以及管理人员的情况,报所在地县级人民政府安全生产监督管理部门(在港区内储存的,报港口行政管理部门)和公安机关备案。

第二十六条 危险化学品专用仓库应当符合国家标准、行业标准的要求,并设置明显的标志。储存剧毒化学品、易制爆危险化学品的专用仓库,应当按照国家有关规定设置相应的技术防范设施。

储存危险化学品的单位应当对其危险化学品专用仓库的安全设施、设备定期进行检测、检验。

第二十七条 生产、储存危险化学品的单位转产、停产、停业或者解散的,应当采取有效措施,及时、妥善处置其危险化学品生产装置、储存设施以及库存的危险化学品,不得丢弃危险化学品;处置方案应当报所在地县级人民政府安全生产监督管理部门、工业和信息化主管部门、环境保护主管部门和公安机关备案。安全生产监督管理部门应当会同环境保护主管部门和公安机关对处置情况进行监督检查,发现未依照规定处置的,应当责令其立即处置。

第三章 使 用 安 全

第二十八条 使用危险化学品的单位,其使用条件(包括工艺)应当符合法律、行政法规的规定和国家标准、行业标准的要求,并根据所使用的危险化学品的种类、危险特性以及使用量和使用方式,建立、健全使用危险化学品的安全管理规章制度和安全操作规程,保证危险化学品的安全使用。

第二十九条 使用危险化学品从事生产并且使用量达到规定数量的化工企业(属于危险化学品生产企业的除外,下同),应当依照本条例的规定取得危险化学品安全使用许可证。

前款规定的危险化学品使用量的数量标准,由国务院安全生产监督管理部门会同国务院公安部门、农业主管部门确定并公布。

第三十条 申请危险化学品安全使用许可证的化工企业,除应当符合本条例第二十八条的规定外,还应当具备下列条件:

(一)有与所使用的危险化学品相适应的专业技术人员;

(二)有安全管理机构和专职安全管理人员;

(三)有符合国家规定的危险化学品事故应急预案和必要的应急救援器材、设备;

(四)依法进行了安全评价。

第三十一条 申请危险化学品安全使用许可证的化工企业,应当向所在地设区的市级人民政府安全生产监督管理部门提出申请,并提交其符合本条例第三十条规定条件的证明材料。设区的市级人民政府安全生产监督管理部门应当依法进行审查,自收到证明材料之日起45日内作出批准或者不予批准的决定。予以批准的,颁发危险化学品安全使用许可证;不予批准的,书面通知申请人并说明理由。

安全生产监督管理部门应当将其颁发危险化学品安全使用许可证的情况及时向同级环境保护主管部门和公安机关通报。

第三十二条 本条例第十六条关于生产实施重点环境管理的危险化学品的企业的规定,适用于使用实施重点环境管理的危险化学品从事生产的企业;第二十条、第二十一条、第二十三条第一款、第二十七条关于生产、储存危险化学品的单位的规定,适用于使用危险化学品的单位;第二十二条关于生产、储存危险化学品的企业的规定,适用于使用危险化学品从事生产的企业。

第四章 经 营 安 全

第三十三条 国家对危险化学品经营(包括仓储经营,下同)实行许可制度。未经许可,任何单位和个人不得经营危险化学品。

依法设立的危险化学品生产企业在其厂区范围内销售本企业生产的危险化学品,不需要取得危险化学品经营许可。

依照《中华人民共和国港口法》的规定取得港口经营许可证的港口经营人,在港区内从事危险化学品仓储经营,不需要取得危险化学品经营许可。

第三十四条 从事危险化学品经营的企业应当具备下列条件:

(一)有符合国家标准、行业标准的经营场所,储存危险化学品的,还应当有符合国家标准、行业标准的储存设施；

（二）从业人员经过专业技术培训并经考核合格；

（三）有健全的安全管理规章制度；

（四）有专职安全管理人员；

（五）有符合国家规定的危险化学品事故应急预案和必要的应急救援器材、设备；

（六）法律、法规规定的其他条件。

第三十五条 从事剧毒化学品、易制爆危险化学品经营的企业，应当向所在地设区的市级人民政府安全生产监督管理部门提出申请，从事其他危险化学品经营的企业，应当向所在地县级人民政府安全生产监督管理部门提出申请（有储存设施的，应当向所在地设区的市级人民政府安全生产监督管理部门提出申请）。申请人应当提交其符合本条例第三十四条规定条件的证明材料。设区的市级人民政府安全生产监督管理部门或者县级人民政府安全生产监督管理部门应当依法进行审查，并对申请人的经营场所、储存设施进行现场核查，自收到证明材料之日起30日内作出批准或者不予批准的决定。予以批准的，颁发危险化学品经营许可证；不予批准的，书面通知申请人并说明理由。

设区的市级人民政府安全生产监督管理部门和县级人民政府安全生产监督管理部门应当将其颁发危险化学品经营许可证的情况及时向同级环境保护主管部门和公安机关通报。

申请人持危险化学品经营许可证向工商行政管理部门办理登记手续后，方可从事危险化学品经营活动。法律、行政法规或者国务院规定经营危险化学品还需要经其他有关部门许可的，申请人向工商行政管理部门办理登记手续时还应当持相应的许可证件。

第三十六条 危险化学品经营企业储存危险化学品的，应当遵守本条例第二章关于储存危险化学品的规定。危险化学品商店内只能存放民用小包装的危险化学品。

第三十七条 危险化学品经营企业不得向未经许可从事危险化学品生产、经营活动的企业采购危险化学品，不得经营没有化学品安全技术说明书或者化学品安全标签的危险化学品。

第三十八条 依法取得危险化学品安全生产许可证、危险化学品安全使用许可证、危险化学品经营许可证的企业，凭相应的许可证件购买剧毒化学品、易制爆危险化学品。民用爆炸物品生产企业凭民用爆炸物品生产许可证购买易制爆危险化学品。

前款规定以外的单位购买剧毒化学品的，应当向所在地县级人民政府公安机关申请取得剧毒化学品购买许可证；购买易制爆危险化学品的，应当持本单位出具的合法用途说明。

个人不得购买剧毒化学品（属于剧毒化学品的农药除外）和易制爆危险化学品。

第三十九条 申请取得剧毒化学品购买许可证,申请人应当向所在地县级人民政府公安机关提交下列材料:

(一)营业执照或者法人证书(登记证书)的复印件;

(二)拟购买的剧毒化学品品种、数量的说明;

(三)购买剧毒化学品用途的说明;

(四)经办人的身份证明。

县级人民政府公安机关应当自收到前款规定的材料之日起3日内,作出批准或者不予批准的决定。予以批准的,颁发剧毒化学品购买许可证;不予批准的,书面通知申请人并说明理由。

剧毒化学品购买许可证管理办法由国务院公安部门制定。

第四十条 危险化学品生产企业、经营企业销售剧毒化学品、易制爆危险化学品,应当查验本条例第三十八条第一款、第二款规定的相关许可证件或者证明文件,不得向不具有相关许可证件或者证明文件的单位销售剧毒化学品、易制爆危险化学品。对持剧毒化学品购买许可证购买剧毒化学品的,应当按照许可证载明的品种、数量销售。

禁止向个人销售剧毒化学品(属于剧毒化学品的农药除外)和易制爆危险化学品。

第四十一条 危险化学品生产企业、经营企业销售剧毒化学品、易制爆危险化学品,应当如实记录购买单位的名称、地址、经办人的姓名、身份证号码以及所购买的剧毒化学品、易制爆危险化学品的品种、数量、用途。销售记录以及经办人的身份证明复印件、相关许可证件复印件或者证明文件的保存期限不得少于1年。

剧毒化学品、易制爆危险化学品的销售企业、购买单位应当在销售、购买后5日内,将所销售、购买的剧毒化学品、易制爆危险化学品的品种、数量以及流向信息报所在地县级人民政府公安机关备案,并输入计算机系统。

第四十二条 使用剧毒化学品、易制爆危险化学品的单位不得出借、转让其购买的剧毒化学品、易制爆危险化学品;因转产、停产、搬迁、关闭等确需转让的,应当向具有本条例第三十八条第一款、第二款规定的相关许可证件或者证明文件的单位转让,并在转让后将有关情况及时向所在地县级人民政府公安机关报告。

第五章 运输安全

第四十三条 从事危险化学品道路运输、水路运输的,应当分别依照有关道路运输、水路运输的法律、行政法规的规定,取得危险货物道路运输许可、危险货物水路运输许可,并向工商行政管理部门办理登记手续。

危险化学品道路运输企业、水路运输企业应当配备专职安全管理人员。

第四十四条 危险化学品道路运输企业、水路运输企业的驾驶人员、船员、装卸管理人员、押运人员、申报人员、集装箱装箱现场检查员应当经交通运输主管部门考核合格,取得从业资格。具体办法由国务院交通运输主管部门制定。

危险化学品的装卸作业应当遵守安全作业标准、规程和制度,并在装卸管理人员的现场指挥或者监控下进行。水路运输危险化学品的集装箱装箱作业应当在集装箱装箱现场检查员的指挥或者监控下进行,并符合积载、隔离的规范和要求;装箱作业完毕后,集装箱装箱现场检查员应当签署装箱证明书。

第四十五条 运输危险化学品,应当根据危险化学品的危险特性采取相应的安全防护措施,并配备必要的防护用品和应急救援器材。

用于运输危险化学品的槽罐以及其他容器应当封口严密,能够防止危险化学品在运输过程中因温度、湿度或者压力的变化发生渗漏、洒漏;槽罐以及其他容器的溢流和泄压装置应当设置准确、起闭灵活。

运输危险化学品的驾驶人员、船员、装卸管理人员、押运人员、申报人员、集装箱装箱现场检查员,应当了解所运输的危险化学品的危险特性及其包装物、容器的使用要求和出现危险情况时的应急处置方法。

第四十六条 通过道路运输危险化学品的,托运人应当委托依法取得危险货物道路运输许可的企业承运。

第四十七条 通过道路运输危险化学品的,应当按照运输车辆的核定载质量装载危险化学品,不得超载。

危险化学品运输车辆应当符合国家标准要求的安全技术条件,并按照国家有关规定定期进行安全技术检验。

危险化学品运输车辆应当悬挂或者喷涂符合国家标准要求的警示标志。

第四十八条 通过道路运输危险化学品的,应当配备押运人员,并保证所运输的危险化学品处于押运人员的监控之下。

运输危险化学品途中因住宿或者发生影响正常运输的情况,需要较长时间停车的,驾驶人员、押运人员应当采取相应的安全防范措施;运输剧毒化学品或者易制爆危险化学品的,还应当向当地公安机关报告。

第四十九条 未经公安机关批准,运输危险化学品的车辆不得进入危险化学品运输车辆限制通行的区域。危险化学品运输车辆限制通行的区域由县级人民政府公安机关划定,并设置明显的标志。

第五十条 通过道路运输剧毒化学品的,托运人应当向运输始发地或者目的地县级人民政府公安机关申请剧毒化学品道路运输通行证。

申请剧毒化学品道路运输通行证,托运人应当向县级人民政府公安机关提交下列材料:

(一)拟运输的剧毒化学品品种、数量的说明;

(二)运输始发地、目的地、运输时间和运输路线的说明;

(三)承运人取得危险货物道路运输许可、运输车辆取得营运证以及驾驶人员、押运人员取得上岗资格的证明文件;

(四)本条例第三十八条第一款、第二款规定的购买剧毒化学品的相关许可证件,或者海关出具的进出口证明文件。

县级人民政府公安机关应当自收到前款规定的材料之日起7日内,作出批准或者不予批准的决定。予以批准的,颁发剧毒化学品道路运输通行证;不予批准的,书面通知申请人并说明理由。

剧毒化学品道路运输通行证管理办法由国务院公安部门制定。

第五十一条 剧毒化学品、易制爆危险化学品在道路运输途中丢失、被盗、被抢或者出现流散、泄漏等情况的,驾驶人员、押运人员应当立即采取相应的警示措施和安全措施,并向当地公安机关报告。公安机关接到报告后,应当根据实际情况立即向安全生产监督管理部门、环境保护主管部门、卫生主管部门通报。有关部门应当采取必要的应急处置措施。

第五十二条 通过水路运输危险化学品的,应当遵守法律、行政法规以及国务院交通运输主管部门关于危险货物水路运输安全的规定。

第五十三条 海事管理机构应当根据危险化学品的种类和危险特性,确定船舶运输危险化学品的相关安全运输条件。

拟交付船舶运输的化学品的相关安全运输条件不明确的,货物所有人或者代理人应当委托相关技术机构进行评估,明确相关安全运输条件并经海事管理机构确认后,方可交付船舶运输。

第五十四条 禁止通过内河封闭水域运输剧毒化学品以及国家规定禁止通过内河运输的其他危险化学品。

前款规定以外的内河水域,禁止运输国家规定禁止通过内河运输的剧毒化学品以及其他危险化学品。

禁止通过内河运输的剧毒化学品以及其他危险化学品的范围,由国务院交通运输主管部门会同国务院环境保护主管部门、工业和信息化主管部门、安全生产监督管理部门,根据危险化学品的危险特性、危险化学品对人体和水环境的危害程度以及消除危害后果的难易程度等因素规定并公布。

第五十五条 国务院交通运输主管部门应当根据危险化学品的危险特性,对通过内河运输本条例第五十四条规定以外的危险化学品(以下简称通过内河运输危险化学品)实行分类管理,对各类危险化学品的运输方式、包装规范和安全防护措施等分别作出规定并监督实施。

第五十六条 通过内河运输危险化学品,应当由依法取得危险货物水路运输许可的水路运输企业承运,其他单位和个人不得承运。托运人应当委托依法取得危险货物水路运输许可的水路运输企业承运,不得委托其他单位和个人承运。

第五十七条 通过内河运输危险化学品,应当使用依法取得危险货物适装证书的运输船舶。水路运输企业应当针对所运输的危险化学品的危险特性,制定运输船舶危险化学品事故应急救援预案,并为运输船舶配备充足、有效的应急救援器材和设备。

通过内河运输危险化学品的船舶,其所有人或者经营人应当取得船舶污染损害责任保险证书或者财务担保证明。船舶污染损害责任保险证书或者财务担保证明的副本应当随船携带。

第五十八条 通过内河运输危险化学品,危险化学品包装物的材质、形式、强度以及包装方法应当符合水路运输危险化学品包装规范的要求。国务院交通运输主管部门对单船运输的危险化学品数量有限制性规定的,承运人应当按照规定安排运输数量。

第五十九条 用于危险化学品运输作业的内河码头、泊位应当符合国家有关安全规范,与饮用水取水口保持国家规定的距离。有关管理单位应当制定码头、泊位危险化学品事故应急预案,并为码头、泊位配备充足、有效的应急救援器材和设备。

用于危险化学品运输作业的内河码头、泊位,经交通运输主管部门按照国家有关规定验收合格后方可投入使用。

第六十条 船舶载运危险化学品进出内河港口,应当将危险化学品的名称、危险特性、包装以及进出港时间等事项,事先报告海事管理机构。海事管理机构接到报告后,应当在国务院交通运输主管部门规定的时间内作出是否同意的决定,通知报告人,同时通报港口行政管理部门。定船舶、定航线、定货种的船舶可以定期报告。

在内河港口内进行危险化学品的装卸、过驳作业,应当将危险化学品的名称、危险特性、包装和作业的时间、地点等事项报告港口行政管理部门。港口行政管理部门接到报告后,应当在国务院交通运输主管部门规定的时间内作出是否同意的决定,通知报告人,同时通报海事管理机构。

载运危险化学品的船舶在内河航行,通过过船建筑物的,应当提前向交通运输主管部门申报,并接受交通运输主管部门的管理。

第六十一条 载运危险化学品的船舶在内河航行、装卸或者停泊,应当悬挂专用的警示标志,按照规定显示专用信号。

载运危险化学品的船舶在内河航行,按照国务院交通运输主管部门的规定需要引航的,应当申请引航。

第六十二条 载运危险化学品的船舶在内河航行,应当遵守法律、行政法规和国家其他有关饮用水水源保护的规定。内河航道发展规划应当与依法经批准的饮用水水源保护区划定方案相协调。

第六十三条 托运危险化学品的,托运人应当向承运人说明所托运的危险化学品的种类、数量、危险特性以及发生危险情况的应急处置措施,并按照国家有关规定对所托运的危险化学品妥善包装,在外包装上设置相应的标志。

运输危险化学品需要添加抑制剂或者稳定剂的,托运人应当添加,并将有关情况告知承运人。

第六十四条 托运人不得在托运的普通货物中夹带危险化学品,不得将危险化学品匿报或者谎报为普通货物托运。

任何单位和个人不得交寄危险化学品或者在邮件、快件内夹带危险化学品,不得将危险化学品匿报或者谎报为普通物品交寄。邮政企业、快递企业不得收寄危险化学品。

对涉嫌违反本条第一款、第二款规定的,交通运输主管部门、邮政管理部门可以依法开拆查验。

第六十五条 通过铁路、航空运输危险化学品的安全管理,依照有关铁路、航空运输的法律、行政法规、规章的规定执行。

第六章 危险化学品登记与事故应急救援

第六十六条 国家实行危险化学品登记制度,为危险化学品安全管理以及危险化学品事故预防和应急救援提供技术、信息支持。

第六十七条 危险化学品生产企业、进口企业,应当向国务院安全生产监督管理部门负责危险化学品登记的机构(以下简称危险化学品登记机构)办理危险化学品登记。

危险化学品登记包括下列内容:

(一)分类和标签信息;

(二)物理、化学性质;

(三)主要用途;

(四)危险特性;

(五)储存、使用、运输的安全要求;

(六)出现危险情况的应急处置措施。

对同一企业生产、进口的同一品种的危险化学品,不进行重复登记。危险化学品生产企业、进口企业发现其生产、进口的危险化学品有新的危险特性的,应当及时向危险化学品登记机构办理登记内容变更手续。

危险化学品登记的具体办法由国务院安全生产监督管理部门制定。

第六十八条 危险化学品登记机构应当定期向工业和信息化、环境保护、公安、卫生、交通运输、铁路、质量监督检验检疫等部门提供危险化学品登记的有关信息和资料。

第六十九条 县级以上地方人民政府安全生产监督管理部门应当会同工业和信息化、环境保护、公安、卫生、交通运输、铁路、质量监督检验检疫等部门,根据本地区实际情况,制定危险化学品事故应急预案,报本级人民政府批准。

第七十条 危险化学品单位应当制定本单位危险化学品事故应急预案,配备应急救援人员和必要的应急救援器材、设备,并定期组织应急救援演练。

危险化学品单位应当将其危险化学品事故应急预案报所在地设区的市级人民政府安全生产监督管理部门备案。

第七十一条 发生危险化学品事故,事故单位主要负责人应当立即按照本单位危险化学品应急预案组织救援,并向当地安全生产监督管理部门和环境保护、公安、卫生主管部门报告;道路运输、水路运输过程中发生危险化学品事故的,驾驶人员、船员或者押运人员还应当向事故发生地交通运输主管部门报告。

第七十二条 发生危险化学品事故,有关地方人民政府应当立即组织安全生产监督管理、环境保护、公安、卫生、交通运输等有关部门,按照本地区危险化学品事故应急预案组织实施救援,不得拖延、推诿。

有关地方人民政府及其有关部门应当按照下列规定,采取必要的应急处置措施,减少事故损失,防止事故蔓延、扩大:

(一)立即组织营救和救治受害人员,疏散、撤离或者采取其他措施保护危害区域内的其他人员;

(二)迅速控制危害源,测定危险化学品的性质、事故的危害区域及危害程度;

(三)针对事故对人体、动植物、土壤、水源、大气造成的现实危害和可能产生的危害,迅速采取封闭、隔离、洗消等措施;

(四)对危险化学品事故造成的环境污染和生态破坏状况进行监测、评估,并采取相应的环境污染治理和生态修复措施。

第七十三条 有关危险化学品单位应当为危险化学品事故应急救援提供技术指导和必要的协助。

第七十四条 危险化学品事故造成环境污染的,由设区的市级以上人民政府环境保护主管部门统一发布有关信息。

第七章 法 律 责 任

第七十五条 生产、经营、使用国家禁止生产、经营、使用的危险化学品的,由安全生产监督管理部门责令停止生产、经营、使用活动,处20万元以上50万元以下的罚款,有违法所得的,没收违法所得;构成犯罪的,依法追究刑事责任。

有前款规定行为的,安全生产监督管理部门还应当责令其对所生产、经营、使用的危险化学品进行无害化处理。

违反国家关于危险化学品使用的限制性规定使用危险化学品的,依照本条第一款的规定处理。

第七十六条 未经安全条件审查,新建、改建、扩建生产、储存危险化学品的建设项目的,由安全生产监督管理部门责令停止建设,限期改正;逾期不改正的,处50万元以上100万元以下的罚款;构成犯罪的,依法追究刑事责任。

未经安全条件审查,新建、改建、扩建储存、装卸危险化学品的港口建设项目的,由港口行政管理部门依照前款规定予以处罚。

第七十七条 未依法取得危险化学品安全生产许可证从事危险化学品生产,或者未依法取得工业产品生产许可证从事危险化学品及其包装物、容器生产的,分别依照《安全生产许可证条例》《中华人民共和国工业产品生产许可证管理条例》的规定处罚。

违反本条例规定,化工企业未取得危险化学品安全使用许可证,使用危险化学品从事生产的,由安全生产监督管理部门责令限期改正,处10万元以上20万元以下的罚款;逾期不改正的,责令停产整顿。

违反本条例规定,未取得危险化学品经营许可证从事危险化学品经营的,由安全生产监督管理部门责令停止经营活动,没收违法经营的危险化学品以及违法所得,并处10万元以上20万元以下的罚款;构成犯罪的,依法追究刑事责任。

第七十八条 有下列情形之一的,由安全生产监督管理部门责令改正,可以处5万元以下的罚款;拒不改正的,处5万元以上10万元以下的罚款;情节严重的,责令停产停业整顿:

(一)生产、储存危险化学品的单位未对其铺设的危险化学品管道设置明显的标志,或者未对危险化学品管道定期检查、检测的;

(二)进行可能危及危险化学品管道安全的施工作业,施工单位未按照规定书面通知管道所属单位,或者未与管道所属单位共同制定应急预案、采取相应的安全防护措施,或者管道所属单位未指派专门人员到现场进行管道安全保护指导的;

(三)危险化学品生产企业未提供化学品安全技术说明书,或者未在包装(包括外包装件)上粘贴、拴挂化学品安全标签的;

(四)危险化学品生产企业提供的化学品安全技术说明书与其生产的危险化学品不相符,或者在包装(包括外包装件)粘贴、拴挂的化学品安全标签与包装内危险化学品不相符,或者化学品安全技术说明书、化学品安全标签所载明的内容不符合国家标准要求的;

(五)危险化学品生产企业发现其生产的危险化学品有新的危险特性不立即公告,

或者不及时修订其化学品安全技术说明书和化学品安全标签的；

（六）危险化学品经营企业经营没有化学品安全技术说明书和化学品安全标签的危险化学品的；

（七）危险化学品包装物、容器的材质以及包装的形式、规格、方法和单件质量（重量）与所包装的危险化学品的性质和用途不相适应的；

（八）生产、储存危险化学品的单位未在作业场所和安全设施、设备上设置明显的安全警示标志，或者未在作业场所设置通信、报警装置的；

（九）危险化学品专用仓库未设专人负责管理，或者对储存的剧毒化学品以及储存数量构成重大危险源的其他危险化学品未实行双人收发、双人保管制度的；

（十）储存危险化学品的单位未建立危险化学品出入库核查、登记制度的；

（十一）危险化学品专用仓库未设置明显标志的；

（十二）危险化学品生产企业、进口企业不办理危险化学品登记，或者发现其生产、进口的危险化学品有新的危险特性不办理危险化学品登记内容变更手续的。

从事危险化学品仓储经营的港口经营人有前款规定情形的，由港口行政管理部门依照前款规定予以处罚。储存剧毒化学品、易制爆危险化学品的专用仓库未按照国家有关规定设置相应的技术防范设施的，由公安机关依照前款规定予以处罚。

生产、储存剧毒化学品、易制爆危险化学品的单位未设置治安保卫机构、配备专职治安保卫人员的，依照《企业事业单位内部治安保卫条例》的规定处罚。

第七十九条 危险化学品包装物、容器生产企业销售未经检验或者经检验不合格的危险化学品包装物、容器的，由质量监督检验检疫部门责令改正，处10万元以上20万元以下的罚款，有违法所得的，没收违法所得；拒不改正的，责令停产停业整顿；构成犯罪的，依法追究刑事责任。

将未经检验合格的运输危险化学品的船舶及其配载的容器投入使用的，由海事管理机构依照前款规定予以处罚。

第八十条 生产、储存、使用危险化学品的单位有下列情形之一的，由安全生产监督管理部门责令改正，处5万元以上10万元以下的罚款；拒不改正的，责令停产停业整顿直至由原发证机关吊销其相关许可证件，并由工商行政管理部门责令其办理经营范围变更登记或者吊销其营业执照；有关责任人员构成犯罪的，依法追究刑事责任：

（一）对重复使用的危险化学品包装物、容器，在重复使用前不进行检查的；

（二）未根据其生产、储存的危险化学品的种类和危险特性，在作业场所设置相关安全设施、设备，或者未按照国家标准、行业标准或者国家有关规定对安全设施、设备进行经常性维护、保养的；

（三）未依照本条例规定对其安全生产条件定期进行安全评价的；

（四）未将危险化学品储存在专用仓库内，或者未将剧毒化学品以及储存数量构成重大危险源的其他危险化学品在专用仓库内单独存放的；

（五）危险化学品的储存方式、方法或者储存数量不符合国家标准或者国家有关规定的；

（六）危险化学品专用仓库不符合国家标准、行业标准的要求的；

（七）未对危险化学品专用仓库的安全设施、设备定期进行检测、检验的。

从事危险化学品仓储经营的港口经营人有前款规定情形的，由港口行政管理部门依照前款规定予以处罚。

第八十一条 有下列情形之一的，由公安机关责令改正，可以处 1 万元以下的罚款；拒不改正的，处 1 万元以上 5 万元以下的罚款：

（一）生产、储存、使用剧毒化学品、易制爆危险化学品的单位不如实记录生产、储存、使用的剧毒化学品、易制爆危险化学品的数量、流向的；

（二）生产、储存、使用剧毒化学品、易制爆危险化学品的单位发现剧毒化学品、易制爆危险化学品丢失或者被盗，不立即向公安机关报告的；

（三）储存剧毒化学品的单位未将剧毒化学品的储存数量、储存地点以及管理人员的情况报所在地县级人民政府公安机关备案的；

（四）危险化学品生产企业、经营企业不如实记录剧毒化学品、易制爆危险化学品购买单位的名称、地址、经办人的姓名、身份证号码以及所购买的剧毒化学品、易制爆危险化学品的品种、数量、用途，或者保存销售记录和相关材料的时间少于 1 年的；

（五）剧毒化学品、易制爆危险化学品的销售企业、购买单位未在规定的时限内将所销售、购买的剧毒化学品、易制爆危险化学品的品种、数量以及流向信息报所在地县级人民政府公安机关备案的；

（六）使用剧毒化学品、易制爆危险化学品的单位依照本条例规定转让其购买的剧毒化学品、易制爆危险化学品，未将有关情况向所在地县级人民政府公安机关报告的。

生产、储存危险化学品的企业或者使用危险化学品从事生产的企业未按照本条例规定将安全评价报告以及整改方案的落实情况报安全生产监督管理部门或者港口行政管理部门备案，或者储存危险化学品的单位未将其剧毒化学品以及储存数量构成重大危险源的其他危险化学品的储存数量、储存地点以及管理人员的情况报安全生产监督管理部门或者港口行政管理部门备案的，分别由安全生产监督管理部门或者港口行政管理部门依照前款规定予以处罚。

生产实施重点环境管理的危险化学品的企业或者使用实施重点环境管理的危险化学品从事生产的企业未按照规定将相关信息向环境保护主管部门报告的，由环境保护主管部门依照本条第一款的规定予以处罚。

第八十二条 生产、储存、使用危险化学品的单位转产、停产、停业或者解散,未采取有效措施及时、妥善处置其危险化学品生产装置、储存设施以及库存的危险化学品,或者丢弃危险化学品的,由安全生产监督管理部门责令改正,处5万元以上10万元以下的罚款;构成犯罪的,依法追究刑事责任。

生产、储存、使用危险化学品的单位转产、停产、停业或者解散,未依照本条例规定将其危险化学品生产装置、储存设施以及库存危险化学品的处置方案报有关部门备案的,分别由有关部门责令改正,可以处1万元以下的罚款;拒不改正的,处1万元以上5万元以下的罚款。

第八十三条 危险化学品经营企业向未经许可违法从事危险化学品生产、经营活动的企业采购危险化学品的,由工商行政管理部门责令改正,处10万元以上20万元以下的罚款;拒不改正的,责令停业整顿直至由原发证机关吊销其危险化学品经营许可证,并由工商行政管理部门责令其办理经营范围变更登记或者吊销其营业执照。

第八十四条 危险化学品生产企业、经营企业有下列情形之一的,由安全生产监督管理部门责令改正,没收违法所得,并处10万元以上20万元以下的罚款;拒不改正的,责令停产停业整顿直至吊销其危险化学品安全生产许可证、危险化学品经营许可证,并由工商行政管理部门责令其办理经营范围变更登记或者吊销其营业执照:

(一)向不具有本条例第三十八条第一款、第二款规定的相关许可证件或者证明文件的单位销售剧毒化学品、易制爆危险化学品的;

(二)不按照剧毒化学品购买许可证载明的品种、数量销售剧毒化学品的;

(三)向个人销售剧毒化学品(属于剧毒化学品的农药除外)、易制爆危险化学品的。

不具有本条例第三十八条第一款、第二款规定的相关许可证件或者证明文件的单位购买剧毒化学品、易制爆危险化学品,或者个人购买剧毒化学品(属于剧毒化学品的农药除外)、易制爆危险化学品的,由公安机关没收所购买的剧毒化学品、易制爆危险化学品,可以并处5000元以下的罚款。

使用剧毒化学品、易制爆危险化学品的单位出借或者向不具有本条例第三十八条第一款、第二款规定的相关许可证件的单位转让其购买的剧毒化学品、易制爆危险化学品,或者向个人转让其购买的剧毒化学品(属于剧毒化学品的农药除外)、易制爆危险化学品的,由公安机关责令改正,处10万元以上20万元以下的罚款;拒不改正的,责令停产停业整顿。

第八十五条 未依法取得危险货物道路运输许可、危险货物水路运输许可,从事危险化学品道路运输、水路运输的,分别依照有关道路运输、水路运输的法律、行政法规的规定处罚。

第八十六条 有下列情形之一的,由交通运输主管部门责令改正,处5万元以上10

万元以下的罚款;拒不改正的,责令停产停业整顿;构成犯罪的,依法追究刑事责任:

(一)危险化学品道路运输企业、水路运输企业的驾驶人员、船员、装卸管理人员、押运人员、申报人员、集装箱装箱现场检查员未取得从业资格上岗作业的;

(二)运输危险化学品,未根据危险化学品的危险特性采取相应的安全防护措施,或者未配备必要的防护用品和应急救援器材的;

(三)使用未依法取得危险货物适装证书的船舶,通过内河运输危险化学品的;

(四)通过内河运输危险化学品的承运人违反国务院交通运输主管部门对单船运输的危险化学品数量的限制性规定运输危险化学品的;

(五)用于危险化学品运输作业的内河码头、泊位不符合国家有关安全规范,或者未与饮用水取水口保持国家规定的安全距离,或者未经交通运输主管部门验收合格投入使用的;

(六)托运人不向承运人说明所托运的危险化学品的种类、数量、危险特性以及发生危险情况的应急处置措施,或者未按照国家有关规定对所托运的危险化学品妥善包装并在外包装上设置相应标志的;

(七)运输危险化学品需要添加抑制剂或者稳定剂,托运人未添加或者未将有关情况告知承运人的。

第八十七条 有下列情形之一的,由交通运输主管部门责令改正,处 10 万元以上 20 万元以下的罚款,有违法所得的,没收违法所得;拒不改正的,责令停产停业整顿;构成犯罪的,依法追究刑事责任:

(一)委托未依法取得危险货物道路运输许可、危险货物水路运输许可的企业承运危险化学品的;

(二)通过内河封闭水域运输剧毒化学品以及国家规定禁止通过内河运输的其他危险化学品的;

(三)通过内河运输国家规定禁止通过内河运输的剧毒化学品以及其他危险化学品的;

(四)在托运的普通货物中夹带危险化学品,或者将危险化学品谎报或者匿报为普通货物托运的。

在邮件、快件内夹带危险化学品,或者将危险化学品谎报为普通物品交寄的,依法给予治安管理处罚;构成犯罪的,依法追究刑事责任。

邮政企业、快递企业收寄危险化学品的,依照《中华人民共和国邮政法》的规定处罚。

第八十八条 有下列情形之一的,由公安机关责令改正,处 5 万元以上 10 万元以下的罚款;构成违反治安管理行为的,依法给予治安管理处罚;构成犯罪的,依法追究刑事责任：

（一）超过运输车辆的核定载质量装载危险化学品的；

（二）使用安全技术条件不符合国家标准要求的车辆运输危险化学品的；

（三）运输危险化学品的车辆未经公安机关批准进入危险化学品运输车辆限制通行的区域的；

（四）未取得剧毒化学品道路运输通行证，通过道路运输剧毒化学品的。

第八十九条 有下列情形之一的，由公安机关责令改正，处1万元以上5万元以下的罚款；构成违反治安管理行为的，依法给予治安管理处罚：

（一）危险化学品运输车辆未悬挂或者喷涂警示标志，或者悬挂或者喷涂的警示标志不符合国家标准要求的；

（二）通过道路运输危险化学品，不配备押运人员的；

（三）运输剧毒化学品或者易制爆危险化学品途中需要较长时间停车，驾驶人员、押运人员不向当地公安机关报告的；

（四）剧毒化学品、易制爆危险化学品在道路运输途中丢失、被盗、被抢或者发生流散、泄露等情况，驾驶人员、押运人员不采取必要的警示措施和安全措施，或者不向当地公安机关报告的。

第九十条 对发生交通事故负有全部责任或者主要责任的危险化学品道路运输企业，由公安机关责令消除安全隐患，未消除安全隐患的危险化学品运输车辆，禁止上道路行驶。

第九十一条 有下列情形之一的，由交通运输主管部门责令改正，可以处1万元以下的罚款；拒不改正的，处1万元以上5万元以下的罚款：

（一）危险化学品道路运输企业、水路运输企业未配备专职安全管理人员的；

（二）用于危险化学品运输作业的内河码头、泊位的管理单位未制定码头、泊位危险化学品事故应急救援预案，或者未为码头、泊位配备充足、有效的应急救援器材和设备的。

第九十二条 有下列情形之一的，依照《中华人民共和国内河交通安全管理条例》的规定处罚：

（一）通过内河运输危险化学品的水路运输企业未制定运输船舶危险化学品事故应急救援预案，或者未为运输船舶配备充足、有效的应急救援器材和设备的；

（二）通过内河运输危险化学品的船舶的所有人或者经营人未取得船舶污染损害责任保险证书或者财务担保证明的；

（三）船舶载运危险化学品进出内河港口，未将有关事项事先报告海事管理机构并经其同意的；

（四）载运危险化学品的船舶在内河航行、装卸或者停泊，未悬挂专用的警示标志，或者未按照规定显示专用信号，或者未按照规定申请引航的。

未向港口行政管理部门报告并经其同意，在港口内进行危险化学品的装卸、过驳作业的，依照《中华人民共和国港口法》的规定处罚。

第九十三条 伪造、变造或者出租、出借、转让危险化学品安全生产许可证、工业产品生产许可证，或者使用伪造、变造的危险化学品安全生产许可证、工业产品生产许可证的，分别依照《安全生产许可证条例》《中华人民共和国工业产品生产许可证管理条例》的规定处罚。

伪造、变造或者出租、出借、转让本条例规定的其他许可证，或者使用伪造、变造的本条例规定的其他许可证的，分别由相关许可证的颁发管理机关处10万元以上20万元以下的罚款，有违法所得的，没收违法所得；构成违反治安管理行为的，依法给予治安管理处罚；构成犯罪的，依法追究刑事责任。

第九十四条 危险化学品单位发生危险化学品事故，其主要负责人不立即组织救援或者不立即向有关部门报告的，依照《生产安全事故报告和调查处理条例》的规定处罚。

危险化学品单位发生危险化学品事故，造成他人人身伤害或者财产损失的，依法承担赔偿责任。

第九十五条 发生危险化学品事故，有关地方人民政府及其有关部门不立即组织实施救援，或者不采取必要的应急处置措施减少事故损失，防止事故蔓延、扩大的，对直接负责的主管人员和其他直接责任人员依法给予处分；构成犯罪的，依法追究刑事责任。

第九十六条 负有危险化学品安全监督管理职责的部门的工作人员，在危险化学品安全监督管理工作中滥用职权、玩忽职守、徇私舞弊，构成犯罪的，依法追究刑事责任；尚不构成犯罪的，依法给予处分。

第八章 附 则

第九十七条 监控化学品、属于危险化学品的药品和农药的安全管理，依照本条例的规定执行；法律、行政法规另有规定的，依照其规定。

民用爆炸物品、烟花爆竹、放射性物品、核能物质以及用于国防科研生产的危险化学品的安全管理，不适用本条例。

法律、行政法规对燃气的安全管理另有规定的，依照其规定。

危险化学品容器属于特种设备的，其安全管理依照有关特种设备安全的法律、行政法规的规定执行。

第九十八条 危险化学品的进出口管理，依照有关对外贸易的法律、行政法规、规章的规定执行;进口的危险化学品的储存、使用、经营、运输的安全管理,依照本条例的规定执行。

危险化学品环境管理登记和新化学物质环境管理登记,依照有关环境保护的法律、行政法规、规章的规定执行。危险化学品环境管理登记,按照国家有关规定收取费用。

第九十九条 公众发现、捡拾的无主危险化学品,由公安机关接收。公安机关接收或者有关部门依法没收的危险化学品,需要进行无害化处理的,交由环境保护主管部门组织其认定的专业单位进行处理,或者交由有关危险化学品生产企业进行处理。处理所需费用由国家财政负担。

第一百条 化学品的危险特性尚未确定的,由国务院安全生产监督管理部门、国务院环境保护主管部门、国务院卫生主管部门分别负责组织对该化学品的物理危险性、环境危害性、毒理特性进行鉴定。根据鉴定结果,需要调整危险化学品目录的,依照本条例第三条第二款的规定办理。

第一百零一条 本条例施行前已经使用危险化学品从事生产的化工企业,依照本条例规定需要取得危险化学品安全使用许可证的,应当在国务院安全生产监督管理部门规定的期限内,申请取得危险化学品安全使用许可证。

第一百零二条 本条例自 2011 年 12 月 1 日起施行。

易制毒化学品管理条例(节选)

国务院令第 666 号

经 2005 年 8 月 17 日国务院第 102 次常务会议通过,自 2005 年 11 月 1 日起施行。根据 2014 年 7 月 29 日《国务院关于修改部分行政法规的决定》第一次修改,根据 2016 年 2 月 6 日《国务院关于修改部分行政法规的决定》第二次修改。

第二条 国家对易制毒化学品的生产、经营、购买、运输和进口、出口实行分类管理和许可制度。

易制毒化学品分为三类。第一类是可以用于制毒的主要原料,第二类、第三类是可以用于制毒的化学配剂。易制毒化学品的具体分类和品种,由本条例附表列示。

易制毒化学品的分类和品种需要调整的,由国务院公安部门会同国务院食品药品监督管理部门、安全生产监督管理部门、商务主管部门、卫生主管部门和海关总署提出方案,报国务院批准。

省、自治区、直辖市人民政府认为有必要在本行政区域内调整分类或者增加本条例规定以外的品种的,应当向国务院公安部门提出,由国务院公安部门会同国务院有关行政主管部门提出方案,报国务院批准。

第五条 易制毒化学品的生产、经营、购买、运输和进口、出口,除应当遵守本条例的规定外,属于药品和危险化学品的,还应当遵守法律、其他行政法规对药品和危险化学品的有关规定。

禁止走私或者非法生产、经营、购买、转让、运输易制毒化学品。

禁止使用现金或者实物进行易制毒化学品交易。但是,个人合法购买第一类中的药品类易制毒化学品药品制剂和第三类易制毒化学品的除外。

生产、经营、购买、运输和进口、出口易制毒化学品的单位,应当建立单位内部易制毒化学品管理制度。

第二十条 跨设区的市级行政区域(直辖市为跨市界)或者在国务院公安部门确定的禁毒形势严峻的重点地区跨县级行政区域运输第一类易制毒化学品的,由运出地的设区的市级人民政府公安机关审批;运输第二类易制毒化学品的,由运出地的县级人民政府公安机关审批。经审批取得易制毒化学品运输许可证后,方可运输。

运输第三类易制毒化学品的,应当在运输前向运出地的县级人民政府公安机关备案。公安机关应当于收到备案材料的当日发给备案证明。

第二十一条 申请易制毒化学品运输许可,应当提交易制毒化学品的购销合同,货主是企业的,应当提交营业执照;货主是其他组织的,应当提交登记证书(成立批准文件);货主是个人的,应当提交其个人身份证明。经办人还应当提交本人的身份证明。

公安机关应当自收到第一类易制毒化学品运输许可申请之日起 10 日内,收到第二类易制毒化学品运输许可申请之日起 3 日内,对申请人提交的申请材料进行审查。对符合规定的,发给运输许可证;不予许可的,应当书面说明理由。

审查第一类易制毒化学品运输许可申请材料时,根据需要,可以进行实地核查。

第二十二条 对许可运输第一类易制毒化学品的,发给一次有效的运输许可证。

对许可运输第二类易制毒化学品的,发给 3 个月有效的运输许可证;6 个月内运输安全状况良好的,发给 12 个月有效的运输许可证。

易制毒化学品运输许可证应当载明拟运输的易制毒化学品的品种、数量、运入地、货主及收货人、承运人情况以及运输许可证种类。

第二十三条 运输供教学、科研使用的 100 克以下的麻黄素样品和供医疗机构制剂配方使用的小包装麻黄素以及医疗机构或者麻醉药品经营企业购买麻黄素片剂 6 万片以下、注射剂 1.5 万支以下,货主或者承运人持有依法取得的购买许可证明或者麻醉药品调拨单的,无须申请易制毒化学品运输许可。

第二十四条 接受货主委托运输的,承运人应当查验货主提供的运输许可证或者备案证明,并查验所运货物与运输许可证或者备案证明载明的易制毒化学品品种等情况是否相符;不相符的,不得承运。

运输易制毒化学品,运输人员应当自启运起全程携带运输许可证或者备案证明。公安机关应当在易制毒化学品的运输过程中进行检查。

运输易制毒化学品,应当遵守国家有关货物运输的规定。

第三十六条 生产、经营、购买、运输或者进口、出口易制毒化学品的单位,应当于每年 3 月 31 日前向许可或者备案的行政主管部门和公安机关报告本单位上年度易制毒化学品的生产、经营、购买、运输或者进口、出口情况;有条件的生产、经营、购买、运输或者进口、出口单位,可以与有关行政主管部门建立计算机联网,及时通报有关经营情况。

第三十八条 违反本条例规定,未经许可或者备案擅自生产、经营、购买、运输易制毒化学品,伪造申请材料骗取易制毒化学品生产、经营、购买或者运输许可证,使用他人的或者伪造、变造、失效的许可证生产、经营、购买、运输易制毒化学品的,由公安机关没收非法生产、经营、购买或者运输的易制毒化学品、用于非法生产易制毒化学品的原料以及非法生产、经营、购买或者运输易制毒化学品的设备、工具,处非法生产、经营、购买或者运输的易制毒化学品货值10倍以上20倍以下的罚款,货值的20倍不足1万元的,按1万元罚款;有违法所得的,没收违法所得;有营业执照的,由工商行政管理部门吊销营业执照;构成犯罪的,依法追究刑事责任。

对有前款规定违法行为的单位或者个人,有关行政主管部门可以自作出行政处罚决定之日起3年内,停止受理其易制毒化学品生产、经营、购买、运输或者进口、出口许可申请。

第四十条 违反本条例规定,有下列行为之一的,由负有监督管理职责的行政主管部门给予警告,责令限期改正,处1万元以上5万元以下的罚款;对违反规定生产、经营、购买的易制毒化学品可以予以没收;逾期不改正的,责令限期停产停业整顿;逾期整顿不合格的,吊销相应的许可证:

(一)易制毒化学品生产、经营、购买、运输或者进口、出口单位未按规定建立安全管理制度的;

(二)将许可证或者备案证明转借他人使用的;

(三)超出许可的品种、数量生产、经营、购买易制毒化学品的;

(四)生产、经营、购买单位不记录或者不如实记录交易情况、不按规定保存交易记录或者不如实、不及时向公安机关和有关行政主管部门备案销售情况的;

(五)易制毒化学品丢失、被盗、被抢后未及时报告,造成严重后果的;

(六)除个人合法购买第一类中的药品类易制毒化学品药品制剂以及第三类易制毒化学品外,使用现金或者实物进行易制毒化学品交易的;

(七)易制毒化学品的产品包装和使用说明书不符合本条例规定要求的;

(八)生产、经营易制毒化学品的单位不如实或者不按时向有关行政主管部门和公安机关报告年度生产、经销和库存等情况的。

企业的易制毒化学品生产经营许可被依法吊销后,未及时到工商行政管理部门办理经营范围变更或者企业注销登记的,依照前款规定,对易制毒化学品予以没收,并处罚款。

第四十一条 运输的易制毒化学品与易制毒化学品运输许可证或者备案证明载明的品种、数量、运入地、货主及收货人、承运人等情况不符,运输许可证种类不当,或者运输人员未全程携带运输许可证或者备案证明的,由公安机关责令停运整改,处5000元以上5万元以下的罚款;有危险物品运输资质的,运输主管部门可以依法吊销其运输资质。

个人携带易制毒化学品不符合品种、数量规定的,没收易制毒化学品,处1000元以上5000元以下的罚款。

第四十二条 生产、经营、购买、运输或者进口、出口易制毒化学品的单位或者个人拒不接受有关行政主管部门监督检查的,由负有监督管理职责的行政主管部门责令改正,对直接负责的主管人员以及其他直接责任人员给予警告;情节严重的,对单位处1万元以上5万元以下的罚款,对直接负责的主管人员以及其他直接责任人员处1000元以上5000元以下的罚款;有违反治安管理行为的,依法给予治安管理处罚;构成犯罪的,依法追究刑事责任。

道路危险货物运输管理规定(节选)

交通运输部令 2013 年第 2 号

2013 年 1 月 23 日交通运输部发布,根据 2016 年 4 月 11 日交通运输部令 2016 年第 36 号《交通运输部关于修改〈道路危险货物运输管理规定〉的决定》修正。

第一章 总 则

第二条 从事道路危险货物运输活动,应当遵守本规定。军事危险货物运输除外。

法律、行政法规对民用爆炸物品、烟花爆竹、放射性物品等特定种类危险货物的道路运输另有规定的,从其规定。

第三条 本规定所称危险货物,是指具有爆炸、易燃、毒害、感染、腐蚀等危险特性,在生产、经营、运输、储存、使用和处置中,容易造成人身伤亡、财产损毁或者环境污染而需要特别防护的物质和物品。危险货物以列入国家标准《危险货物品名表》(GB 12268)的为准,未列入《危险货物品名表》的,以有关法律、行政法规的规定或者国务院有关部门公布的结果为准。

本规定所称道路危险货物运输,是指使用载货汽车通过道路运输危险货物的作业全过程。

本规定所称道路危险货物运输车辆,是指满足特定技术条件和要求,从事道路危险货物运输的载货汽车(以下简称专用车辆)。

第四条 危险货物的分类、分项、品名和品名编号应当按照国家标准《危险货物分类和品名编号》(GB 6944)、《危险货物品名表》(GB 12268)执行。危险货物的危险程度依据国家标准《危险货物运输包装通用技术条件》(GB 12463),分为Ⅰ、Ⅱ、Ⅲ等级。

第二章 道路危险货物运输许可

第八条 申请从事道路危险货物运输经营,应当具备下列条件:

(一)有符合下列要求的专用车辆及设备:

1.自有专用车辆(挂车除外)5 辆以上;运输剧毒化学品、爆炸品的,自有专用车辆(挂车除外)10 辆以上。

2.专用车辆的技术要求应当符合《道路运输车辆技术管理规定》有关规定。

3.配备有效的通讯工具。

4.专用车辆应当安装具有行驶记录功能的卫星定位装置。

5.运输剧毒化学品、爆炸品、易制爆危险化学品的,应当配备罐式、厢式专用车辆或者压力容器等专用容器。

6.罐式专用车辆的罐体应当经质量检验部门检验合格,且罐体载货后总质量与专用车辆核定载质量相匹配。运输爆炸品、强腐蚀性危险货物的罐式专用车辆的罐体容积不得超过20立方米,运输剧毒化学品的罐式专用车辆的罐体容积不得超过10立方米,但符合国家有关标准的罐式集装箱除外。

7.运输剧毒化学品、爆炸品、强腐蚀性危险货物的非罐式专用车辆,核定载质量不得超过10吨,但符合国家有关标准的集装箱运输专用车辆除外。

8.配备与运输的危险货物性质相适应的安全防护、环境保护和消防设施设备。

(二)有符合下列要求的停车场地:

1.自有或者租借期限为3年以上,且与经营范围、规模相适应的停车场地,停车场地应当位于企业注册地市级行政区域内。

2.运输剧毒化学品、爆炸品专用车辆以及罐式专用车辆,数量为20辆(含)以下的,停车场地面积不低于车辆正投影面积的1.5倍,数量为20辆以上的,超过部分,每辆车的停车场地面积不低于车辆正投影面积;运输其他危险货物的,专用车辆数量为10辆(含)以下的,停车场地面积不低于车辆正投影面积的1.5倍;数量为10辆以上的,超过部分,每辆车的停车场地面积不低于车辆正投影面积。

3.停车场地应当封闭并设立明显标志,不得妨碍居民生活和威胁公共安全。

(三)有符合下列要求的从业人员和安全管理人员:

1.专用车辆的驾驶人员取得相应机动车驾驶证,年龄不超过60周岁。

2.从事道路危险货物运输的驾驶人员、装卸管理人员、押运人员应当经所在地设区的市级人民政府交通运输主管部门考试合格,并取得相应的从业资格证;从事剧毒化学品、爆炸品道路运输的驾驶人员、装卸管理人员、押运人员,应当经考试合格,取得注明为"剧毒化学品运输"或者"爆炸品运输"类别的从业资格证。

3.企业应当配备专职安全管理人员。

(四)有健全的安全生产管理制度:

1.企业主要负责人、安全管理部门负责人、专职安全管理人员安全生产责任制度。

2.从业人员安全生产责任制度。

3.安全生产监督检查制度。

4.安全生产教育培训制度。

5.从业人员、专用车辆、设备及停车场地安全管理制度。

6.应急救援预案制度。

7.安全生产作业规程。

8.安全生产考核与奖惩制度。

9.安全事故报告、统计与处理制度。

第九条 符合下列条件的企事业单位,可以使用自备专用车辆从事为本单位服务的非经营性道路危险货物运输:

(一)属于下列企事业单位之一:

1.省级以上安全生产监督管理部门批准设立的生产、使用、储存危险化学品的企业。

2.有特殊需求的科研、军工等企事业单位。

(二)具备第八条规定的条件,但自有专用车辆(挂车除外)的数量可以少于5辆。

第十四条 被许可人应当按照承诺期限落实拟投入的专用车辆、设备。

原许可机关应当对被许可人落实的专用车辆、设备予以核实,对符合许可条件的专用车辆配发《道路运输证》,并在《道路运输证》经营范围栏内注明允许运输的危险货物类别、项别或者品名,如果为剧毒化学品应标注"剧毒";对从事非经营性道路危险货物运输的车辆,还应当加盖"非经营性危险货物运输专用章"。

被许可人未在承诺期限内落实专用车辆、设备的,原许可机关应当撤销许可决定,并收回已核发的许可证明文件。

第十五条 被许可人应当按照承诺期限落实拟聘用的专职安全管理人员、驾驶人员、装卸管理人员和押运人员。

被许可人未在承诺期限内按照承诺聘用专职安全管理人员、驾驶人员、装卸管理人员和押运人员的,原许可机关应当撤销许可决定,并收回已核发的许可证明文件。

第十七条 中外合资、中外合作、外商独资形式投资道路危险货物运输的,应当同时遵守《外商投资道路运输业管理规定》。

第十八条 道路危险货物运输企业设立子公司从事道路危险货物运输的,应当向子公司注册地设区的市级道路运输管理机构申请运输许可。设立分公司的,应当向分公司注册地设区的市级道路运输管理机构备案。

第十九条 道路危险货物运输企业或者单位需要变更许可事项的,应当向原许可机关提出申请,按照本章有关许可的规定办理。

道路危险货物运输企业或者单位变更法定代表人、名称、地址等工商登记事项的,应当在30日内向原许可机关备案。

第二十条 道路危险货物运输企业或者单位终止危险货物运输业务的,应当在终止之日的30日前告知原许可机关,并在停业后10日内将《道路运输经营许可证》或者《道路危险货物运输许可证》以及《道路运输证》交回原许可机关。

第三章　专用车辆、设备管理

第二十一条　道路危险货物运输企业或者单位应当按照《道路运输车辆技术管理规定》中有关车辆管理的规定,维护、检测、使用和管理专用车辆,确保专用车辆技术状况良好。

第二十三条　禁止使用报废的、擅自改装的、检测不合格的、车辆技术等级达不到一级的和其他不符合国家规定的车辆从事道路危险货物运输。

除铰接列车、具有特殊装置的大型物件运输专用车辆外,严禁使用货车列车从事危险货物运输;倾卸式车辆只能运输散装硫磺、萘饼、粗蒽、煤焦沥青等危险货物。

禁止使用移动罐体(罐式集装箱除外)从事危险货物运输。

第二十四条　用于装卸危险货物的机械及工具的技术状况应当符合行业标准《汽车运输危险货物规则》(JT 617)规定的技术要求。

第二十五条　罐式专用车辆的常压罐体应当符合国家标准《道路运输液体危险货物罐式车辆第1部分:金属常压罐体技术要求》(GB 18564.1)、《道路运输液体危险货物罐式车辆第2部分:非金属常压罐体技术要求》(GB 18564.2)等有关技术要求。

使用压力容器运输危险货物的,应当符合国家特种设备安全监督管理部门制订并公布的《移动式压力容器安全技术监察规程》(TSG R0005)等有关技术要求。

压力容器和罐式专用车辆应当在质量检验部门出具的压力容器或者罐体检验合格的有效期内承运危险货物。

第二十六条　道路危险货物运输企业或者单位对重复使用的危险货物包装物、容器,在重复使用前应当进行检查;发现存在安全隐患的,应当维修或者更换。

道路危险货物运输企业或者单位应当对检查情况作出记录,记录的保存期限不得少于2年。

第二十七条　道路危险货物运输企业或者单位应当到具有污染物处理能力的机构对常压罐体进行清洗(置换)作业,将废气、污水等污染物集中收集,消除污染,不得随意排放,污染环境。

第四章　道路危险货物运输

第二十八条　道路危险货物运输企业或者单位应当严格按照道路运输管理机构决定的许可事项从事道路危险货物运输活动,不得转让、出租道路危险货物运输许可证件。

严禁非经营性道路危险货物运输单位从事道路危险货物运输经营活动。

第二十九条　危险货物托运人应当委托具有道路危险货物运输资质的企业承运。

危险货物托运人应当对托运的危险货物种类、数量和承运人等相关信息予以记录,记录的保存期限不得少于1年。

第三十条 危险货物托运人应当严格按照国家有关规定妥善包装并在外包装设置标志,并向承运人说明危险货物的品名、数量、危害、应急措施等情况。需要添加抑制剂或者稳定剂的,托运人应当按照规定添加,并告知承运人相关注意事项。

危险货物托运人托运危险化学品的,还应当提交与托运的危险化学品完全一致的安全技术说明书和安全标签。

第三十一条 不得使用罐式专用车辆或者运输有毒、感染性、腐蚀性危险货物的专用车辆运输普通货物。

其他专用车辆可以从事食品、生活用品、药品、医疗器具以外的普通货物运输,但应当由运输企业对专用车辆进行消除危害处理,确保不对普通货物造成污染、损害。

不得将危险货物与普通货物混装运输。

第三十二条 专用车辆应当按照国家标准《道路运输危险货物车辆标志》(GB 13392)的要求悬挂标志。

第三十三条 运输剧毒化学品、爆炸品的企业或者单位,应当配备专用停车区域,并设立明显的警示标牌。

第三十四条 专用车辆应当配备符合有关国家标准以及与所载运的危险货物相适应的应急处理器材和安全防护设备。

第三十五条 道路危险货物运输企业或者单位不得运输法律、行政法规禁止运输的货物。

法律、行政法规规定的限运、凭证运输货物,道路危险货物运输企业或者单位应当按照有关规定办理相关运输手续。

法律、行政法规规定托运人必须办理有关手续后方可运输的危险货物,道路危险货物运输企业应当查验有关手续齐全有效后方可承运。

第三十六条 道路危险货物运输企业或者单位应当采取必要措施,防止危险货物脱落、扬散、丢失以及燃烧、爆炸、泄漏等。

第三十七条 驾驶人员应当随车携带《道路运输证》。驾驶人员或者押运人员应当按照《汽车运输危险货物规则》(JT 617)的要求,随车携带《道路运输危险货物安全卡》。

第三十八条 在道路危险货物运输过程中,除驾驶人员外,还应当在专用车辆上配备押运人员,确保危险货物处于押运人员监管之下。

第三十九条 道路危险货物运输途中,驾驶人员不得随意停车。

因住宿或者发生影响正常运输的情况需要较长时间停车的,驾驶人员、押运人员应当设置警戒带,并采取相应的安全防范措施。

运输剧毒化学品或者易制爆危险化学品需要较长时间停车的,驾驶人员或者押运人员应当向当地公安机关报告。

第四十一条 驾驶人员、装卸管理人员和押运人员上岗时应当随身携带从业资格证。

第四十二条 严禁专用车辆违反国家有关规定超载、超限运输。

道路危险货物运输企业或者单位使用罐式专用车辆运输货物时,罐体载货后的总质量应当和专用车辆核定载质量相匹配;使用牵引车运输货物时,挂车载货后的总质量应当与牵引车的准牵引总质量相匹配。

第四十三条 道路危险货物运输企业或者单位应当要求驾驶人员和押运人员在运输危险货物时,严格遵守有关部门关于危险货物运输线路、时间、速度方面的有关规定,并遵守有关部门关于剧毒、爆炸危险品道路运输车辆在重大节假日通行高速公路的相关规定。

第四十四条 道路危险货物运输企业或者单位应当通过卫星定位监控平台或者监控终端及时纠正和处理超速行驶、疲劳驾驶、不按规定线路行驶等违法违规驾驶行为。

监控数据应当至少保存3个月,违法驾驶信息及处理情况应当至少保存3年。

第四十五条 道路危险货物运输从业人员必须熟悉有关安全生产的法规、技术标准和安全生产规章制度、安全操作规程,了解所装运危险货物的性质、危害特性、包装物或者容器的使用要求和发生意外事故时的处置措施,并严格执行《汽车运输危险货物规则》(JT 617)、《汽车运输、装卸危险货物作业规程》(JT 618)等标准,不得违章作业。

第四十六条 道路危险货物运输企业或者单位应当通过岗前培训、例会、定期学习等方式,对从业人员进行经常性安全生产、职业道德、业务知识和操作规程的教育培训。

第四十七条 道路危险货物运输企业或者单位应当加强安全生产管理,制定突发事件应急预案,配备应急救援人员和必要的应急救援器材、设备,并定期组织应急救援演练,严格落实各项安全制度。

第四十八条 道路危险货物运输企业或者单位应当委托具备资质条件的机构,对本企业或单位的安全管理情况每3年至少进行一次安全评估,出具安全评估报告。

第四十九条 在危险货物运输过程中发生燃烧、爆炸、污染、中毒或者被盗、丢失、流散、泄漏等事故,驾驶人员、押运人员应当立即根据应急预案和《道路运输危险货物安全卡》的要求采取应急处置措施,并向事故发生地公安部门、交通运输主管部门和本运输企业或者单位报告。运输企业或者单位接到事故报告后,应当按照本单位危险货物应急预案组织救援,并向事故发生地安全生产监督管理部门和环境保护、卫生主管部门报告。

道路危险货物运输管理机构应当公布事故报告电话。

第五十一条 道路危险货物运输企业或者单位应当为其承运的危险货物投保承运

人责任险。

第五十二条 道路危险货物运输企业异地经营（运输线路起讫点均不在企业注册地市域内）累计3个月以上的，应当向经营地设区的市级道路运输管理机构备案并接受其监管。

第六章 法律责任

第五十七条 违反本规定，有下列情形之一的，由县级以上道路运输管理机构责令停止运输经营，有违法所得的，没收违法所得，处违法所得2倍以上10倍以下的罚款；没有违法所得或者违法所得不足2万元的，处3万元以上10万元以下的罚款；构成犯罪的，依法追究刑事责任：

（一）未取得道路危险货物运输许可，擅自从事道路危险货物运输的；

（二）使用失效、伪造、变造、被注销等无效道路危险货物运输许可证件从事道路危险货物运输的；

（三）超越许可事项，从事道路危险货物运输的；

（四）非经营性道路危险货物运输单位从事道路危险货物运输经营的。

第五十八条 违反本规定，道路危险货物运输企业或者单位非法转让、出租道路危险货物运输许可证件的，由县级以上道路运输管理机构责令停止违法行为，收缴有关证件，处2000元以上1万元以下的罚款；有违法所得的，没收违法所得。

第五十九条 违反本规定，道路危险货物运输企业或者单位有下列行为之一，由县级以上道路运输管理机构责令限期投保；拒不投保的，由原许可机关吊销《道路运输经营许可证》或者《道路危险货物运输许可证》，或者吊销相应的经营范围：

（一）未投保危险货物承运人责任险的；

（二）投保的危险货物承运人责任险已过期，未继续投保的。

第六十条 违反本规定，道路危险货物运输企业或者单位不按照规定随车携带《道路运输证》的，由县级以上道路运输管理机构责令改正，处警告或者20元以上200元以下的罚款。

第六十一条 违反本规定，道路危险货物运输企业或者单位以及托运人有下列情形之一的，由县级以上道路运输管理机构责令改正，并处5万元以上10万元以下的罚款，拒不改正的，责令停产停业整顿；构成犯罪的，依法追究刑事责任：

（一）驾驶人员、装卸管理人员、押运人员未取得从业资格上岗作业的；

（二）托运人不向承运人说明所托运的危险化学品的种类、数量、危险特性以及发生危险情况的应急处置措施，或者未按照国家有关规定对所托运的危险化学品妥善包装并在外包装上设置相应标志的；

(三)未根据危险化学品的危险特性采取相应的安全防护措施,或者未配备必要的防护用品和应急救援器材的;

(四)运输危险化学品需要添加抑制剂或者稳定剂,托运人未添加或者未将有关情况告知承运人的。

第六十二条 违反本规定,道路危险货物运输企业或者单位未配备专职安全管理人员的,由县级以上道路运输管理机构责令改正,可以处1万元以下的罚款;拒不改正的,对危险化学品运输企业或单位处1万元以上5万元以下的罚款,对运输危险化学品以外其他危险货物的企业或单位处1万元以上2万元以下的罚款。

第六十三条 违反本规定,道路危险化学品运输托运人有下列行为之一的,由县级以上道路运输管理机构责令改正,处10万元以上20万元以下的罚款,有违法所得的,没收违法所得;拒不改正的,责令停产停业整顿;构成犯罪的,依法追究刑事责任:

(一)委托未依法取得危险货物道路运输许可的企业承运危险化学品的;

(二)在托运的普通货物中夹带危险化学品,或者将危险化学品谎报或者匿报为普通货物托运的。

第六十四条 违反本规定,道路危险货物运输企业擅自改装已取得《道路运输证》的专用车辆及罐式专用车辆罐体的,由县级以上道路运输管理机构责令改正,并处5000元以上2万元以下的罚款。

道路货物运输及站场管理规定(节选)

交通运输部令 2016 年第 35 号

2005 年 6 月 16 日交通部发布,根据 2008 年 7 月 23 日交通运输部《关于修改〈道路货物运输及站场管理规定〉的决定》第一次修正,根据 2009 年 4 月 20 日交通运输部《关于修改〈道路货物运输及站场管理规定〉的决定》第二次修正,根据 2012 年 3 月 14 日交通运输部《关于修改〈道路货物运输及站场管理规定〉的决定》第三次修正,根据 2016 年 4 月 11 日交通运输部令 2016 年第 35 号交通运输部《关于修改〈道路货物运输及站场管理规定〉的决定》第四次修正。

第十八条 道路货物运输经营者应当按照《道路运输经营许可证》核定的经营范围从事货物运输经营,不得转让、出租道路运输经营许可证件。

第十九条 道路货物运输经营者应当对从业人员进行经常性的安全、职业道德教育和业务知识、操作规程培训。

第二十条 道路货物运输经营者应当按照国家有关规定在其重型货运车辆、牵引车上安装、使用行驶记录仪,并采取有效措施,防止驾驶人员连续驾驶时间超过 4 个小时。

第二十四条 运输的货物应当符合货运车辆核定的载质量,载物的长、宽、高不得违反装载要求。禁止货运车辆违反国家有关规定超限、超载运输。

禁止使用货运车辆运输旅客。

第三十五条 货运站经营者应当依法加强安全管理,完善安全生产条件,健全和落实安全生产责任制。

货运站经营者应当对出站车辆进行安全检查,防止超载车辆或者未经安全检查的车辆出站,保证安全生产。

第四十四条 货运站经营者不得超限、超载配货,不得为无道路运输经营许可证或证照不全者提供服务;不得违反国家有关规定,为运输车辆装卸国家禁运、限运的物品。

第五十六条 违反本规定,有下列行为之一的,由县级以上道路运输管理机构责令停止经营;有违法所得的,没收违法所得,处违法所得 2 倍以上 10 倍以下的罚款;没有违法所得或者违法所得不足 2 万元的,处 3 万元以上 10 万元以下的罚款;构成犯罪的,依法追究刑事责任:

(一)未取得道路货物运输经营许可,擅自从事道路货物运输经营的;

(二)使用失效、伪造、变造、被注销等无效的道路运输经营许可证件从事道路货物运输经营的;

(三)超越许可的事项,从事道路货物运输经营的。

第六十二条 违反本规定,货运站经营者对超限、超载车辆配载,放行出站的,由县级以上道路运输管理机构责令改正,处1万元以上3万元以下的罚款。

剧毒化学品购买和公路运输许可证件管理办法(节选)

公安部令第 77 号

《剧毒化学品购买和公路运输许可证件管理办法》经 2005 年 4 月 21 日公安部部长办公会议通过,自 2005 年 8 月 1 日起施行。

第二条 除个人购买农药、灭鼠药、灭虫药以外,在中华人民共和国境内购买和通过公路运输剧毒化学品的,应当遵守本办法。

本办法所称剧毒化学品,按照国务院安全生产监督管理部门会同国务院公安、环保、卫生、质检、交通部门确定并公布的剧毒化学品目录执行。

第三条 国家对购买和通过公路运输剧毒化学品行为施行许可管理制度。购买和通过公路运输剧毒化学品,应当依照本办法申请取得《剧毒化学品购买凭证》《剧毒化学品准购证》和《剧毒化学品公路运输通行证》。未取得上述许可证件,任何单位和个人不得购买、通过公路运输剧毒化学品。

任何单位或者个人不得伪造、变造、买卖、出借或者以其他方式转让《剧毒化学品购买凭证》《剧毒化学品准购证》和《剧毒化学品公路运输通行证》,不得使用作废的上述许可证件。

第七条 对需要通过公路运输剧毒化学品的,以及单车运输气态、液态剧毒化学品超过五吨的,由签发《剧毒化学品购买凭证》《剧毒化学品准购证》的公安机关治安管理部门将证件编号、发证机关、剧毒化学品品名、数量等有关信息,向运输目的地县级人民政府公安机关交通管理部门通报并录入剧毒化学品公路运输安全管理数据库。具体通报办法由省级人民政府公安机关制定。

第八条 需要通过公路运输剧毒化学品的,应当向运输目的地县级人民政府公安机关交通管理部门申领《剧毒化学品公路运输通行证》。申领时,托运人应当如实填写《剧毒化学品公路运输通行证申请表》,同时提交下列证明文件和资料,并接受公安机关交通管理部门对运输车辆和驾驶人、押运人员的查验、审核:

(一)《剧毒化学品购买凭证》或者《剧毒化学品准购证》。

运输进口或者出口剧毒化学品的,应当提交危险化学品进口或者出口登记证。

(二)承运单位从事危险货物道路运输的经营(运输)许可证(复印件)、机动车行驶证、运输车辆从事危险货物道路运输的道路运输证。

运输剧毒化学品的车辆必须设置安装剧毒化学品道路运输专用标识和安全标示牌。安全标示牌应当标明剧毒化学品品名、种类、罐体容积、载质量、施救方法、运输企业联系电话。

（三）驾驶人的机动车驾驶证,驾驶人、押运人员的身份证件以及从事危险货物道路运输的上岗资格证。

（四）随《剧毒化学品公路运输通行证申请表》附运输企业对每辆运输车辆制作的运输路线图和运行时间表,每辆车拟运输的载质量。

承运单位不在目的地的,可以向运输目的地县级人民政府公安机关交通管理部门提出申请,委托运输始发地县级人民政府公安机关交通管理部门受理核发《剧毒化学品公路运输通行证》,但不得跨省（自治区、直辖市）委托。具体委托办法由省级人民政府公安机关制定。

第十八条 通过公路运输剧毒化学品的,应当遵守《中华人民共和国道路交通安全法》《危险化学品安全管理条例》等法律、法规对剧毒化学品运输安全的管理规定,悬挂警示标志,采取必要的安全措施,并按照《剧毒化学品公路运输通行证》载明的运输车辆、驾驶人、押运人员、装载数量、有效期限、指定的路线、时间和速度运输,禁止超载、超速行驶;押运人员应当随车携带《剧毒化学品公路运输通行证》,以备查验。

运输车辆行驶速度在不超过限速标志的前提下,在高速公路上不低于每小时70公里、不高于每小时90公里,在其他道路上不超过每小时60公里。

剧毒化学品运达目的地后,收货单位应当在《剧毒化学品公路运输通行证》上签注接收情况,并在收到货物后的7日内将《剧毒化学品公路运输通行证》送目的地县级人民政府公安机关治安管理部门备案存查。

第十九条 填写《剧毒化学品购买凭证》《剧毒化学品准购证》或者《剧毒化学品公路运输通行证》发生错误时,应当注明作废并保留存档备查,不得涂改;填写错误的《剧毒化学品购买凭证》,由持证单位负责交回原发证公安机关核查存档。

填写《剧毒化学品购买凭证》或者《剧毒化学品准购证》回执第一联、回执第二联发生错误确需涂改的,应当在涂改处加盖销售单位印章予以确认。

第二十条 未申领《剧毒化学品购买凭证》《剧毒化学品准购证》《剧毒化学品公路运输通行证》,擅自购买、通过公路运输剧毒化学品的,由公安机关依法采取措施予以制止,处以1万元以上3万元以下罚款;对已经购买了剧毒化学品的,责令退回原销售单位;对已经实施运输的,扣留运输车辆,责令购买、使用和承运单位共同派员接受处理;对发生重大事故,造成严重后果的,依法追究刑事责任。

第二十一条 提供虚假证明文件、采取其他欺骗手段或者贿赂等不正当手段,取得

《剧毒化学品购买凭证》《剧毒化学品准购证》《剧毒化学品公路运输通行证》的,由发证的公安机关依法撤销许可证件,处以1000元以上1万元以下罚款。

对利用骗取的许可证件购买了剧毒化学品的,责令退回原销售单位。

利用骗取的许可证件通过公路运输剧毒化学品的,由公安机关依照《危险化学品安全管理条例》第六十七条第(一)项的规定予以处罚。

第二十二条　伪造、变造、买卖、出借或者以其他方式转让《剧毒化学品购买凭证》《剧毒化学品准购证》和《剧毒化学品公路运输通行证》,或者使用作废的上述许可证件的,由公安机关依照《危险化学品安全管理条例》第六十四条的规定予以处罚。

第二十四条　通过公路运输剧毒化学品未随车携带《剧毒化学品公路运输通行证》的,由公安机关责令提供已依法领取《剧毒化学品公路运输通行证》的证明,处以500元以上1000元以下罚款。

除不可抗力外,未按《剧毒化学品公路运输通行证》核准载明的运输车辆、驾驶人、押运人员、装载数量、有效期限、指定的路线、时间和速度运输剧毒化学品的,尚未造成严重后果的,由公安机关对单位处1000元以上1万元以下罚款,对直接责任人员依法给予治安处罚;构成犯罪的,依法追究刑事责任。

第二十五条　违反本办法的规定,有下列行为之一的,由原发证公安机关责令改正,处以500元以上1000元以下罚款:

(一)除不可抗力外,未在规定时限内将《剧毒化学品购买凭证》《剧毒化学品准购证》的回执交原发证公安机关或者销售单位所在地县级人民政府公安机关核查存档的;

(二)除不可抗力外,未在规定时限内将《剧毒化学品公路运输通行证》交目的地县级人民政府公安机关备案存查的;

(三)未按规定将已经使用的《剧毒化学品购买凭证》的存根或者因故不再需要使用的《剧毒化学品购买凭证》交回原发证公安机关核查存档的;

(四)未按规定将填写错误的《剧毒化学品购买凭证》注明作废并保留交回原发证公安机关核查存档的。

第二十八条　本办法规定的《剧毒化学品购买凭证》《剧毒化学品准购证》和《剧毒化学品公路运输通行证》由公安部统一印制;其他法律文书式样由公安部制定,各发证公安机关自行印制;各类申请书式样由公安部制定,申领单位根据需要自行印制。

道路运输车辆动态监督管理办法(节选)

交通运输部令 2016 年第 55 号

2014 年 1 月 28 日交通运输部、公安部、国家安全生产监督管理总局发布,根据 2016 年 4 月 20 日交通运输部令 2016 年第 55 号《交通运输部 公安部 国家安全生产监督管理总局关于修改〈道路运输车辆动态监督管理办法〉的决定》修正。

第三条 本办法所称道路运输车辆,包括用于公路营运的载客汽车、危险货物运输车辆、半挂牵引车以及重型载货汽车(总质量为 12 吨及以上的普通货运车辆)。

第九条 道路旅客运输企业、道路危险货物运输企业和拥有 50 辆及以上重型载货汽车或者牵引车的道路货物运输企业应当按照标准建设道路运输车辆动态监控平台,或者使用符合条件的社会化卫星定位系统监控平台(以下统称监控平台),对所属道路运输车辆和驾驶员运行过程进行实时监控和管理。

第十二条 旅游客车、包车客车、三类以上班线客车和危险货物运输车辆在出厂前应当安装符合标准的卫星定位装置。重型载货汽车和半挂牵引车在出厂前应当安装符合标准的卫星定位装置,并接入全国道路货运车辆公共监管与服务平台(以下简称道路货运车辆公共平台)。

车辆制造企业为道路运输车辆安装符合标准的卫星定位装置后,应当随车附带相关安装证明材料。

第十五条 道路旅客运输企业和道路危险货物运输企业监控平台应当接入全国重点营运车辆联网联控系统(以下简称联网联控系统),并按照要求将车辆行驶的动态信息和企业、驾驶人员、车辆的相关信息逐级上传至全国道路运输车辆动态信息公共交换平台。

道路货运企业监控平台应当与道路货运车辆公共平台对接,按照要求将企业、驾驶人员、车辆的相关信息上传至道路货运车辆公共平台,并接收道路货运车辆公共平台转发的货运车辆行驶的动态信息。

第十七条 对新出厂车辆已安装的卫星定位装置,任何单位和个人不得随意拆卸。除危险货物运输车辆接入联网联控系统监控平台时按照有关标准要求进行相应设置以外,不得改变货运车辆车载终端监控中心的域名设置。

第二十二条 道路旅客运输企业、道路危险货物运输企业和拥有 50 辆及以上重型载货汽车或牵引车的道路货物运输企业应当配备专职监控人员。专职监控人员配置原则上按照监控平台每接入100辆车设1人的标准配备,最低不少于2人。

监控人员应当掌握国家相关法规和政策,经运输企业培训、考试合格后上岗。

第二十六条 监控人员应当实时分析、处理车辆行驶动态信息,及时提醒驾驶员纠正超速行驶、疲劳驾驶等违法行为,并记录存档至动态监控台账;对经提醒仍然继续违法驾驶的驾驶员,应当及时向企业安全管理机构报告,安全管理机构应当立即采取措施制止;对拒不执行制止措施仍然继续违法驾驶的,道路运输企业应当及时报告公安机关交通管理部门,并在事后解聘驾驶员。

动态监控数据应当至少保存6个月,违法驾驶信息及处理情况应当至少保存3年。对存在交通违法信息的驾驶员,道路运输企业在事后应当及时给予处理。

第二十七条 道路运输经营者应当确保卫星定位装置正常使用,保持车辆运行实时在线。

卫星定位装置出现故障不能保持在线的道路运输车辆,道路运输经营者不得安排其从事道路运输经营活动。

第三十六条 违反本办法的规定,道路运输企业有下列情形之一的,由县级以上道路运输管理机构责令改正。拒不改正的,处3000元以上8000元以下罚款:

(一)道路运输企业未使用符合标准的监控平台、监控平台未接入联网联控系统、未按规定上传道路运输车辆动态信息的;

(二)未建立或者未有效执行交通违法动态信息处理制度、对驾驶员交通违法处理率低于90%的;

(三)未按规定配备专职监控人员的。

第三十九条 违反本办法的规定,发生道路交通事故的,具有第三十六条、第三十七条、第三十八条情形之一的,依法追究相关人员的责任;构成犯罪的,依法追究刑事责任。

道路运输从业人员管理规定(节选)

交通运输部 2016 年第 52 号令

2006 年 9 月 5 日经第 11 次部务会议通过,现予公布,自 2007 年 3 月 1 日起施行。根据 2016 年 4 月 21 日交通运输部令 2016 年第 52 号《交通运输部关于修改〈道路运输从业人员管理规定〉的决定》修正。

第二条 本规定所称道路运输从业人员是指经营性道路客货运输驾驶员、道路危险货物运输从业人员、机动车维修技术人员、机动车驾驶培训教练员、道路运输经理人和其他道路运输从业人员。

经营性道路客货运输驾驶员包括经营性道路旅客运输驾驶员和经营性道路货物运输驾驶员。

道路危险货物运输从业人员包括道路危险货物运输驾驶员、装卸管理人员和押运人员。

……

第十一条 道路危险货物运输驾驶员应当符合下列条件:
(一)取得相应的机动车驾驶证;
(二)年龄不超过 60 周岁;
(三)3 年内无重大以上交通责任事故;
(四)取得经营性道路旅客运输或者货物运输驾驶员从业资格 2 年以上或者接受全日制驾驶职业教育的;
(五)接受相关法规、安全知识、专业技术、职业卫生防护和应急救援知识的培训,了解危险货物性质、危害特征、包装容器的使用特性和发生意外时的应急措施;
(六)经考试合格,取得相应的从业资格证件。

第十二条 道路危险货物运输装卸管理人员和押运人员应当符合下列条件:
(一)年龄不超过 60 周岁;
(二)初中以上学历;
(三)接受相关法规、安全知识、专业技术、职业卫生防护和应急救援知识的培训,了解危险货物性质、危害特征、包装容器的使用特性和发生意外时的应急措施;
(四)经考试合格,取得相应的从业资格证件。

第三十八条 经营性道路客货运输驾驶员和道路危险货物运输驾驶员不得超限、超载运输,连续驾驶时间不得超过4个小时。

第四十一条 道路危险货物运输驾驶员应当按照道路交通安全主管部门指定的行车时间和路线运输危险货物。

道路危险货物运输装卸管理人员应当按照安全作业规程对道路危险货物装卸作业进行现场监督,确保装卸安全。

道路危险货物运输押运人员应当对道路危险货物运输进行全程监管。

道路危险货物运输从业人员应当严格按照《汽车运输危险货物规则》(JT 617)、《汽车运输、装卸危险货物作业规程》(JT 618)操作,不得违章作业。

第四十七条 道路运输从业人员有下列不具备安全条件情形之一的,由发证机关吊销其从业资格证件:

(一)经营性道路客货运输驾驶员、道路危险货物运输从业人员身体健康状况不符合有关机动车驾驶和相关从业要求且没有主动申请注销从业资格的;

(二)经营性道路客货运输驾驶员、道路危险货物运输驾驶员发生重大以上交通事故,且负主要责任的;

(三)发现重大事故隐患,不立即采取消除措施,继续作业的。

被吊销的从业资格证件应当由发证机关公告作废并登记归档。

道路交通安全违法行为处理程序规定(节选)

公安部令第105号

修订后的《道路交通安全违法行为处理程序规定》已经2008年11月17日公安部部长办公会议通过,现予发布,自2009年4月1日起施行。

第二十五条 有下列情形之一的,依法扣留车辆:

(一)上道路行驶的机动车未悬挂机动车号牌,未放置检验合格标志、保险标志,或者未随车携带机动车行驶证、驾驶证的;

(二)有伪造、变造或者使用伪造、变造的机动车登记证书、号牌、行驶证、检验合格标志、保险标志、驾驶证或者使用其他车辆的机动车登记证书、号牌、行驶证、检验合格标志、保险标志嫌疑的;

(三)未按照国家规定投保机动车交通事故责任强制保险的;

(四)公路客运车辆或者货运机动车超载的;

(五)机动车有被盗抢嫌疑的;

(六)机动车有拼装或者达到报废标准嫌疑的;

(七)未申领《剧毒化学品公路运输通行证》通过公路运输剧毒化学品的;

(八)非机动车驾驶人拒绝接受罚款处罚的。

对发生道路交通事故,因收集证据需要的,可以依法扣留事故车辆。

机动车驾驶证申领和使用规定(节选)

公安部令第 139 号

根据 2016 年 1 月 29 日公安部令第 139 号修改。

第七十五条 机动车驾驶人在实习期内不得驾驶公共汽车、营运客车或者执行任务的警车、消防车、救护车、工程救险车以及载有爆炸物品、易燃易爆化学物品、剧毒或者放射性等危险物品的机动车;驾驶的机动车不得牵引挂车。

驾驶人在实习期内驾驶机动车上高速公路行驶,应当由持相应或者更高准驾车型驾驶证三年以上的驾驶人陪同。其中,驾驶残疾人专用小型自动挡载客汽车的,可以由持有小型自动挡载客汽车以上准驾车型驾驶证的驾驶人陪同。

在增加准驾车型后的实习期内,驾驶原准驾车型的机动车时不受上述限制。

附件 4

道路交通安全违法行为记分分值

一、机动车驾驶人有下列违法行为之一,一次记 12 分:

……

(九)驾驶中型以上载客载货汽车、校车、危险物品运输车辆在高速公路、城市快速路上行驶超过规定时速 20%以上或者在高速公路、城市快速路以外的道路上行驶超过规定时速 50%以上,以及驾驶其他机动车行驶超过规定时速 50%以上的;

(十)连续驾驶中型以上载客汽车、危险物品运输车辆超过 4 小时未停车休息或者停车休息时间少于 20 分钟的;

……

二、机动车驾驶人有下列违法行为之一,一次记 6 分:

……

(四)驾驶中型以上载客载货汽车、校车、危险物品运输车辆在高速公路、城市快速路上行驶超过规定时速未达 20%的;

(五)驾驶中型以上载客载货汽车、校车、危险物品运输车辆在高速公路、城市快速路以外的道路上行驶或者驾驶其他机动车行驶超过规定时速 20%以上未达到 50%的;

(六)驾驶货车载物超过核定载质量 30%以上或者违反规定载客的;

……

(十一)驾驶机动车载运爆炸物品、易燃易爆化学物品以及剧毒、放射性等危险物品,未按指定的时间、路线、速度行驶或者未悬挂警示标志并采取必要的安全措施的;

……

(十三)连续驾驶中型以上载客汽车、危险物品运输车辆以外的机动车超过4小时未停车休息或者停车休息时间少于20分钟的;

……

三、机动车驾驶人有下列违法行为之一,一次记3分:

……

(二)驾驶中型以上载客载货汽车、危险物品运输车辆在高速公路、城市快速路以外的道路上行驶或者驾驶其他机动车行驶超过规定时速未达20%的;

(三)驾驶货车载物超过核定载质量未达30%的;

……

机动车强制报废标准规定(节选)

商务部、发改委、公安部、环境保护部令 2012 年第 12 号

第五条 各类机动车使用年限分别如下:

……

(八)三轮汽车、装用单缸发动机的低速货车使用9年,装用多缸发动机的低速货车以及微型载货汽车使用12年,危险品运输载货汽车使用10年,其他载货汽车(包括半挂牵引车和全挂牵引车)使用15年;

(九)有载货功能的专项作业车使用15年,无载货功能的专项作业车使用30年;

(十)全挂车、危险品运输半挂车使用10年,集装箱半挂车20年,其他半挂车使用15年;

……

第六条 变更使用性质或者转移登记的机动车应当按照下列有关要求确定使用年限和报废:

……

(四)危险品运输载货汽车、半挂车与其他载货汽车、半挂车相互转换的,按照危险品运输载货车、半挂车的规定报废。

第七条 国家对达到一定行驶里程的机动车引导报废。

达到下列行驶里程的机动车,其所有人可以将机动车交售给报废机动车回收拆解企业,由报废机动车回收拆解企业按规定进行登记、拆解、销毁等处理,并将报废的机动车登记证书、号牌、行驶证交公安机关交通管理部门注销:

(八)微型载货汽车行驶50万千米,中、轻型载货汽车行驶60万千米,重型载货汽车(包括半挂牵引车和全挂牵引车)行驶70万千米,危险品运输载货汽车行驶40万千米,装用多缸发动机的低速货车行驶30万千米;

第八条 本规定所称机动车是指上道路行驶的汽车、挂车、摩托车和轮式专用机械车;非营运载客汽车是指个人或者单位不以获取利润为目的的自用载客汽车;危险品运输载货汽车是指专门用于运输剧毒化学品、爆炸品、放射性物品、腐蚀性物品等危险品的车辆;变更使用性质是指使用性质由营运转为非营运或者由非营运转为营运,小、微型出租、租赁、教练等不同类型的营运载客汽车之间的相互转换,以及危险品运输载货汽车转为其他载货汽车。本规定所称检验周期是指《中华人民共和国道路交通安全法实施条例》规定的机动车安全技术检验周期。

国务院关于加强道路交通安全工作的意见(节选)

国发〔2012〕30号

二、强化道路运输企业安全管理

(三)规范道路运输企业生产经营行为。严格道路运输市场准入管理,对新设立运输企业,要严把安全管理制度和安全生产条件审核关。强化道路运输企业安全主体责任,鼓励客运企业实行规模化、公司化经营,积极培育集约化、网络化经营的货运龙头企业。严禁客运车辆、危险品运输车辆挂靠经营。推进道路运输企业诚信体系建设,将诚信考核结果与客运线路招投标、运力投放以及保险费率、银行信贷等挂钩,不断完善企业安全管理的激励约束机制。鼓励运输企业采用交通安全统筹等形式,加强行业互助,提高企业抗风险能力。

(四)加强企业安全生产标准化建设。道路运输企业要建立健全安全生产管理机构,加强安全班组建设,严格执行安全生产制度、规范和技术标准,强化对车辆和驾驶人的安全管理,持续加大道路交通安全投入,提足、用好安全生产费用。建立专业运输企业交通安全质量管理体系,健全客运、危险品运输企业安全评估制度,对安全管理混乱、存在重大安全隐患的企业,依法责令停业整顿,对整改不达标的按规定取消其相应资质。

……

(六)加强运输车辆动态监管。抓紧制定道路运输车辆动态监督管理办法,规范卫星定位装置安装、使用行为。旅游包车、三类以上班线客车、危险品运输车和校车应严格按规定安装使用具有行驶记录功能的卫星定位装置,卧铺客车应同时安装车载视频装置,鼓励农村客运车辆安装使用卫星定位装置。重型载货汽车和半挂牵引车应在出厂前安装卫星定位装置,并接入道路货运车辆公共监管与服务平台。运输企业要落实安全监控主体责任,切实加强对所属车辆和驾驶人的动态监管,确保车载卫星定位装置工作正常、监控有效。对不按规定使用或故意损坏卫星定位装置的,要追究相关责任人和企业负责人的责任。

……

七、强化道路交通安全执法

(十八)严厉整治道路交通违法行为。加强公路巡逻管控,加大客运、旅游包车、危险品运输车等重点车辆检查力度,严厉打击和整治超速超员超载、疲劳驾驶、酒后驾驶、吸毒后驾驶、货车违法占道行驶、不按规定使用安全带等各类交通违法行为,严禁三轮汽车、低速货车和拖拉机违法载人。依法加强校车安全管理,保障乘坐校车学生安全。健全和完善治理车辆超限超载工作长效机制。研究推动将客货运车辆严重超速、超员、超限超载等行为列入以危险方法危害公共安全行为,追究驾驶人刑事责任。制定客货运车辆和驾驶人严重交通违法行为有奖举报办法,并将车辆动态监控系统记录的交通违法信息作为执法依据,定期进行检查,依法严格处罚。大力推进文明交通示范公路创建活动,加强城市道路通行秩序整治,规范机动车通行和停放,严格非机动车、行人交通管理。

国务院办公厅关于印发危险化学品安全综合治理方案的通知(节选)

国办发〔2016〕88号

五、治理内容、工作措施及分工

(二)有效防范遏制危险化学品重特大事故

7.加强危险化学品运输安全管控。健全安全监管责任体系,严格按照我国有关法律、法规和强制性国家标准等规定的危险货物包装、装卸、运输和管理要求,落实各部门、各企业和单位的责任,提高危险化学品(危险货物)运输企业准入门槛,督促危险化学品生产、储存、经营企业建立装货前运输车辆、人员、罐体及单据等查验制度,严把装卸关,加强日常监管。(交通运输部、国家铁路局牵头,工业和信息化部、公安部、质检总局、安全监管总局、中国民航局、国家邮政局等按职责分工负责,2018年3月底前取得阶段性成果,2018年4月至2019年10月深化提升)

(六)依法推动企业落实主体责任

19.加强安全生产有关法律法规贯彻落实。梳理涉及危险化学品安全管理的法律法规,对施行3年以上的开展执行效果评估并推动修订完善。加强相关法律法规和标准规范的宣传贯彻,督促企业进一步增强安全生产法治意识,定期对照安全生产法律法规进行符合性审核,提高企业依法生产经营的自觉性、主动性。(各有关部门按职责分工负责,持续推进)

20.认真落实"一书一签"要求。督促危险化学品生产企业和进出口单位严格执行"一书一签"(安全技术说明书、安全标签)要求,确保将危险特性和处置要求等安全信息及时、准确、全面地传递给下游企业、用户、使用人员以及应急处置人员。危险化学品(危险货物)托运人要采取措施及时将危险化学品(危险货物)相关信息传递给相关部门和人员。(工业和信息化部、公安部、交通运输部、商务部、质检总局、安全监管总局等按职责分工负责,持续推进)

22.深入推进安全生产标准化建设。根据不同行业特点,积极采取扶持措施,引导鼓励危险化学品企业持续开展安全生产标准化建设;选树一批典型标杆,充分发挥示范引领作用,推动危险化学品企业落实安全生产主体责任。(各有关部门按职责分工负责,持续推进)

24.依法严肃追究责任。加大对发生事故的危险化学品企业的责任追究力度,依法严肃追究事故企业法定代表人、实际控制人、主要负责人、有关管理人员的责任,推动企业自觉履行安全生产责任。(各有关部门按职责分工负责,持续推进)

25.建立实施"黑名单"制度。督促各地区加强企业安全生产诚信体系建设,建立危险化学品企业"黑名单"制度,及时将列入黑名单的企业在"信用中国"网站和企业信用信息公示系统公示,定期在媒体曝光,并作为工伤保险、安全生产责任保险费率调整确定的重要依据;充分利用全国信用信息共享平台,进一步健全失信联合惩戒机制。(安全监管总局牵头,国家发展改革委、工业和信息化部、公安部、财政部、人力资源社会保障部、国土资源部、环境保护部、人民银行、税务总局、工商总局、保监会等按职责分工负责,2018年3月底前完成)

国家安全生产监督管理总局、公安部、交通部关于加强危险化学品道路运输安全管理的紧急通知(节选)

安监总危化〔2006〕119号

二、危险化学品道路运输承运人应当遵守的规定

(一)承运人必须取得交通部门认定的危险化学品运输资质。

(二)承运人必须定期将运输车辆、运输工具、罐车罐体和配载容器送质量监督部门认可的机构进行检测检验,取得检测检验合格证明;为运输车辆配备应急处置器材和防护用品;运输车辆必须安装符合《道路运输危险货物车辆标志》(GB 13393—2005)要求的标志灯、标志牌;运输剧毒化学品的车辆还要安装载明品名、种类、施救方法等内容的安全标示牌。

(三)承运人必须为运输车辆配备押运人员。驾驶人和押运人员应经交通部门安全知识培训,考核合格取得上岗资格证,并随身携带上岗证件。

(四)承运人应查收托运人提交的承运的危险化学品安全技术说明书或其品名、危险特性、应急处置措施、应急电话等材料。不提交的,不得承运。

(五)运输剧毒化学品的,承运人必须向托运人索取公安部门核发的剧毒化学品公路运输通行证。

(六)运输剧毒化学品的,运输车辆的驾驶人和押运人员必须在剧毒化学品公路运输通行证规定的有效期内,按照指定的路线、时间和速度行驶。

(七)驾驶人必须遵守道路交通安全和道路运输法律法规,并随车携带本单位的营业执照、危险货物运输资质、运输车辆(包括运输工具、罐车罐体和配载容器)定期检验合格证等有效证件的复印件和本单位负责人姓名、托运单位名称和联系人、联系方式等材料。

(八)运输剧毒化学品的押运人员应当随车携带有效的剧毒化学品公路运输通行证。

(九)运输车辆发生交通事故或者剧毒化学品发生被盗、丢失、流散、泄漏等情况时,承运人、押运人员必须立即向当地公安部门报告,向本单位负责人、托运人报告,并及时采取一切可能的应急处置和警示措施。

(十)运输车辆途中需要停车住宿或者无法正常行驶时,驾驶人、押运人员必须向当地公安部门报告。

交通运输部关于进一步加强道路危险货物运输安全管理工作的通知

交运发〔2014〕88号

一、严格落实道路危险货物运输企业安全生产主体责任

道路危险货物运输企业是安全生产的责任主体。各级交通运输主管部门要督促企业按照《安全生产法》《危险化学品安全管理条例》《道路运输条例》等法律、行政法规的各项要求,全面落实安全生产主体责任,切实强化企业经理人、企业安全生产管理岗位及其人员的工作职责,加大安全生产经费投入和隐患排查整治力度;完善并严格落实各项安全生产管理制度,有效履行对企业所属从业人员、运输车辆及设施设备的安全管理责任,提升企业安全生产风险防控能力;努力提高运输生产组织化水平,推进公司化运营模式,严禁对道路危险货物运输车辆及从业人员"包而不管""以包代管"。

道路危险货物运输企业应当根据《危险化学品管理条例》和《道路危险货物运输管理规定》(交通运输部令2013年第2号)的要求配备专职安全管理人员。专职安全管理人员应当熟悉相关危险货物道路运输安全管理的法律、法规、规章和标准,掌握危险货物运输安全技术、运输装卸作业流程、危险特性、安全防护和应急处置等专业知识,具有较丰富的安全管理工作资历和经验。专职安全管理人员应当组织编制企业安全生产规章制度、从业人员操作规程、事故应急预案,监督运输车辆和设备的配备和使用,参与从业人员的招聘和日常考核,组织从业人员教育培训,做好运输作业过程监管,并定期对企业的运输安全管理进行评估,对存在的安全隐患及时建议企业进行整改。

道路危险货物运输企业载运爆炸物品、易燃易爆化学物品以及剧毒、放射性等危险物品的,应当按照《道路交通安全法》《公路安全保护条例》的规定,向公安机关提出通行许可申请,按照指定的时间、路线、速度行驶。同时,应当根据其运输线路、运输货品的不同情况,有针对性地制定运输方案及安全运营保障措施;必要时应当进行路线勘察,辨识沿途可能存在的运营风险;运输途中因住宿、交通拥堵或者发生影响正常运输的情况,需较长时间停车的,应当采取相应的安全防范和警示措施;运输剧毒化学品或者易制爆危险化学品的,还应当向当地公安机关报告。

二、加强道路危险货物运输从业人员管理

各级交通运输主管部门要根据《道路运输条例》和《道路危险货物运输管理规定》的

要求,严格道路危险货物运输从业人员考试与证件发放管理制度,杜绝考试和发证过程中弄虚作假、徇私舞弊等行为。要按照《交通运输部关于印发道路运输经理人从业资格实施办法的通知》(交运发〔2011〕281号)的要求,加快建立道路危险货物运输经理人从业资格制度,加强道路危险货物运输经理人管理,提高企业主要负责人的安全管理能力。要加强与公安机关交通管理部门的信息共享,及时掌握道路危险货物运输从业人员违章信息,建立道路危险货物运输从业人员黑名单制度,督促运输企业将违法违章频次高、安全意识薄弱的从业人员予以清除,特别是对一个记分周期内被公安机关交通管理部门扣满12分的驾驶员,要吊销其从业资格证件,3年内不予重新核发。

道路危险货物运输企业要切实加强对所属从业人员的管理,发挥专职安全管理人员的作用,严格从业人员聘用、培训教育、考核奖惩管理制度。一是要严格从业人员的聘用管理。企业拟聘用驾驶员时,要对其从业经历、驾驶安全事故记录进行核查,严格把关,防止具有严重违章、责任事故记录的驾驶员进入道路危险货物运输从业队伍;要根据所运危险货物的特性,对从业人员进行有针对性的岗前培训,要求驾驶员、押运员充分了解掌握所运货物的危险特性、包装物容器使用要求、突发事件应急处置、操作技能等知识,考核合格后方可上岗。二是强化从业人员的培训教育。企业要制定日常培训计划,经常性地开展安全教育培训及应急演练,重点培训有关法律法规、标准规范、典型事故案例、防御性驾驶技术等内容,切实提高安全驾驶和应急处置能力。近期,要以"晋济高速公路山西晋城段岩后隧道'3·1'重大道路交通危化品燃爆事故"为典型案例,对从业人员进行一次专题安全警示教育。三是加强从业人员的动态管理。在运输作业前,企业专职安全管理人员应当了解驾驶员身体状况,防止带病驾驶、疲劳驾驶、酒后驾驶等情形发生,并告知安全生产注意事项,检查安全防护措施和消防设备;监督从业人员随车携带《道路运输危险货物安全卡》,并按照法律法规和运输方案要求进行运输作业;要充分利用车辆卫星定位装置,强化对车辆行驶线路、速度和运行时间的安全监管,及时发现问题,即刻督促整改。四是严格从业人员安全奖惩制度。要建立道路危险货物运输从业人员奖惩机制,将安全生产和违法违规情况作为收入分配的重要依据,实行重奖重罚。

三、严格道路危险货物运输装备管理

道路危险货物运输企业要购置、使用符合有关法律法规及标准要求的危险货物运输车辆和设备,不得擅自改装车辆。要按照有关部门的要求定期对车辆和设备进行检验、维护和保养,保证车辆和设备技术状况完好。罐式车辆的罐体必须持有质量检验部门认定的检测机构出具的出厂检验合格证书,压力容器还应当定期到符合条件的检测机构参加年度审验。道路危险货物运输企业不得擅自变更罐式车辆罐体产品公告时的充装介质;对于使用常压罐体的,应当保障其卸料管根部球阀在运输时处于关闭状态;

对于罐式车辆罐体使用过程中发现的质量缺陷及年度审验过程中存在的问题,应当依法向有关质量检验部门及时报告。

各地交通运输主管部门要督促道路危险货物运输企业严格按照《道路运输车辆动态监督管理办法》(交通运输部、公安部、国家安全生产监督管理总局令2014年第5号)的各项要求,建设道路车辆动态监控平台,或者使用符合条件的社会化卫星定位系统监控平台;加强对卫星定位装置的日常维护,保持终端设备技术状况良好,有效接入全国重点营运车辆联网联控系统;对监控平台必须配备专人值守,实时了解掌握车辆的位置及运行状况,及时发现、提醒和纠正驾驶员超速行驶、疲劳驾驶、不按规定线路行驶等违法违规行为;对发生违法违规行为的驾驶员事后要及时进行批评教育,并作出处理;要贯彻落实《国务院关于加强道路交通安全工作的意见》(国发〔2012〕30号)及《道路运输车辆动态监督管理办法》要求,对雨雪雾等恶劣天气车辆行驶速度、夜间行驶速度及连续驾驶时间等进行限制。

四、强化对道路危险货物运输监督检查

各级交通运输主管部门要按照"谁许可,谁负责;管业务,必须管安全"的原则,切实履行安全监管责任,加强道路危险货物运输企业安全生产的监督检查,重点检查企业安全生产责任制和安全生产管理制度的建立及落实情况,从业人员资质、安全教育培训、应急演练和奖惩情况,车辆和设备的技术状况、检验及维护保养记录,卫星定位装置的安装、使用及维护情况;监督企业执行《道路运输危险货物车辆标志》(GB 13392—2005)、《汽车运输危险货物规则》(JT 617—2004)、《汽车运输、装卸危险货物作业规程》(JT 618—2004)等有关安全生产的国家标准及行业标准。对安全生产状况较差、安全生产主体责任落实不到位、驾驶员违章多、安全隐患大的企业,要加大检查力度,进行重点监督。检查监督过程发现问题的,要立即下发整改通知书,督促企业限期进行整改;整改不合格仍存在安全隐患、达不到行政许可条件的,原许可机关要注销相关车辆《道路运输证》或吊销《道路运输经营许可证》。

交通运输部、公安部、国家安全监管总局关于进一步加强道路运输安全管理工作的通知(节选)

交运明电〔2016〕35号

三、严格液体危险货物装卸安全管理

危险化学品生产、经营和储存企业应当建立并执行发货和装载查验、登记、核准制度,按照强制性标准进行装载作业,需要添加抑制剂或者稳定剂的,应当按照规定添加,并告知承运人相关注意事项,不得为不具备危险货物道路运输资质的车辆充装危险货物。危险货物道路运输企业要严格按照设计用途使用槽罐车,不得随意变更充装介质。

交通运输管理部门、安全生产监督管理部门要加强联合检查,重点对危险化学品生产、经营和储存企业非法托运危险化学品、不执行发货和装载查验、登记、核准制度及违规装载等行为进行监督检查。交通运输管理部门要重点对危险货物道路运输企业安全生产责任制和安全生产管理制度落实情况、从业人员资质及教育培训情况进行监督检查。交通运输管理部门及安全监督管理部门在监督检查过程中发现问题的,要依法进行处罚,并按照职责分工立即下发整改通知书督促企业进行整改。

五、严格"两客一危"车辆运行安全管理

危险货物道路运输企业应当按照《危险化学品安全管理条例》《道路危险货物运输管理规定》等有关法规、标准要求,加强对槽罐车运行过程的安全管理。道路运输危险货物过程中,槽罐车卸料管根部球阀需处于关闭状态,驾驶人员不得随意停车。因住宿或者发生影响正常运输的情况需要较长时间停车的,驾驶人员、押运人员应当设置警戒带,并采取相应的安全防范措施;运输剧毒化学品或者易制爆危险化学品需要较长时间停车的,驾驶人员、押运人员应当向当地公安机关报告;运输剧毒化学品的,驾驶人应当按照公安机关批准的指定路线、时间行驶。

道路客运企业要切实做好驾驶人安全教育和车辆检查维护工作,严格执行凌晨2时—5时停车休息制度或实行接驳运输,防止疲劳驾驶。客运站要做好恶劣天气下的应急保障工作,严格落实"三不进站、六不出站"制度。

各级公安机关交通管理部门要依托公路交警执法站和机动车辑查布控系统,加强对"两客一危"车辆的检查,严查超速、超员、超载、疲劳驾驶,不按规定路线行驶等交通违法行为,严管"两客一危"车辆道路通行秩序。各级交通运输管理部门要督促"两客一危"道路运输企业严格按照《道路运输车辆动态监督管理办法》的各项要求,加强对所属道路运输车辆和驾驶员的实时监控和管理,及时发现、提醒和纠正驾驶员超速行驶、疲劳驾驶、不按规定线路行驶等违法违规行为。

六、强化对"两客一危"道路运输企业信用监管

各级交通运输、公安、安全生产监督管理部门,要抓紧联合建立对"两客一危"道路运输企业的信用监管体系,加快促进部门间企业资质、执法监督等各类监管数据的交换与共享,健全对"两客一危"道路运输企业的信用评价和信用记录,将屡次违法违规的失信道路运输企业纳入黑名单,实施联合惩戒。

道路运输车辆技术管理规定(节选)

交通运输部令 2016 年第 1 号

第四条 道路运输经营者是道路运输车辆技术管理的责任主体,负责对道路运输车辆实行择优选配、正确使用、周期维护、视情修理、定期检测和适时更新,保证投入道路运输经营的车辆符合技术要求。

第十四条 道路运输经营者应当建立车辆技术档案制度,实行一车一档。档案内容应当主要包括:车辆基本信息,车辆技术等级评定、客车类型等级评定或者年度类型等级评定复核、车辆维护和修理(含《机动车维修竣工出厂合格证》)、车辆主要零部件更换、车辆变更、行驶里程、对车辆造成损伤的交通事故等记录。档案内容应当准确、详实。

车辆所有权转移、转籍时,车辆技术档案应当随车移交。

道路运输经营者应当运用信息化技术做好道路运输车辆技术档案管理工作。

第十八条 道路运输经营者用于运输剧毒化学品、爆炸品的专用车辆及罐式专用车辆(含罐式挂车),应当到具备道路危险货物运输车辆维修资质的企业进行维修。

前款规定专用车辆的牵引车和其他运输危险货物的车辆由道路运输经营者消除危险货物的危害后,可以到具备一般车辆维修资质的企业进行维修。

第二十条 道路运输经营者应当自道路运输车辆首次取得《道路运输证》当月起,按照下列周期和频次,委托汽车综合性能检测机构进行综合性能检测和技术等级评定:

(一)客车、危货运输车自首次经国家机动车辆注册登记主管部门登记注册不满 60 个月的,每 12 个月进行 1 次检测和评定;超过 60 个月的,每 6 个月进行 1 次检测和评定。

(二)其他运输车辆自首次经国家机动车辆注册登记主管部门登记注册的,每 12 个月进行 1 次检测和评定。

第二十一条 客车、危货运输车的综合性能检测应当委托车籍所在地汽车综合性能检测机构进行。

货车的综合性能检测可以委托运输驻在地汽车综合性能检测机构进行。

第三十一条 违反本规定,道路运输经营者有下列行为之一的,县级以上道路运输管理机构应当责令改正,给予警告;情节严重的,处以 1000 元以上 5000 元以下罚款:

(一)道路运输车辆技术状况未达到《道路运输车辆综合性能要求和检验方法》(GB 18565)的;

(二)使用报废、擅自改装、拼装、检测不合格以及其他不符合国家规定的车辆从事道路运输经营活动的;

(三)未按照规定的周期和频次进行车辆综合性能检测和技术等级评定的;

(四)未建立道路运输车辆技术档案或者档案不符合规定的;

(五)未做好车辆维护记录的。

交通运输部办公厅关于全国道路客运、危货运输安全生产整治实施工作的通知(节选)

交办运〔2014〕179号

一、重点任务

(二)深入整治道路危险货物运输问题

1. 加大对在用液体危险货物罐车加装紧急切断装置监管。要对在用液体危险货物罐车数量、已安装紧急切断装置的罐车数量等情况进行摸底排查。要督促、指导危险货物道路运输企业按照《国家安全监管总局 工业和信息化部公安部 交通运输部 国家质检总局 关于在用液体危险货物罐车加装紧急切断装置有关事项的通知》(安监总管三〔2014〕74号)要求,确保今年12月31日前为在用液体危险货物罐车加装紧急切断装置。对于已加装紧急切断装置且具有安全技术检验合格证明的液体危险货物罐车,要做好登记工作。要加强与当地安监、工信、质检、公安等部门的沟通协调,积极解决加装过程中存在的问题。自2015年1月1日起,仍没有按照要求加装紧急切断装置且无安全技术检验合格证明的液体危险货物罐车,各地交通运输部门要收回道路运输证或公告注销道路运输证。

2. 严格查处危险货物违法托运行为。要按照《危险化学品安全管理条例》的规定,协调本辖区安全监督管理部门提供危险化学品生产、储存、经营和充装企业(单位)的目录。要对相关情况进行分析评估,梳理出本地区高风险的危险化学品种类及本次整治工作检查企业(单位)名单。要根据抽查名单,深入企业(单位)开展检查工作。检查中,要对企业(单位)1年内与危险货物托运有关的台账等资料进行核查。对发现托运人委托的承运人不具有危险货物道路运输资质、承运车辆所装载的危险货物与道路运输证所标注的经营范围不符等非法行为,要立即责令改正;拒不改正的,要严格按照《危险化学品安全管理条例》第八十七条对托运人进行处罚,并将处罚情况抄告同级安全监督管理部门。对装载危险化学品超过运输车辆的核定载质量等违法情况,应及时向公安部门通报。

(三)严格整治重点营运车辆动态监控存在的问题

1. 严格落实重点营运车辆接入联网联控系统的清查工作。要督促运输企业对所属的"两客一危"车辆安装车载卫星定位装置和接入系统平台的情况进行自检自查,对于设备运行情况不良,无法确保行驶过程中车辆实时信息的有效上传的,不得安排发车任务。运输企业要将自查情况以书面材料报所属地道路运输管理机构。各地道路运输管理机构要结合运输企业上报的自查情况对所属地的"两客一危"车辆安装和接入情况进行梳理清查,凡应装未装、应接入而未接入的车辆,或者已装监控系统但不能正常使用的车辆,一律停运整改。2014年8月31日前仍未按要求并接入系统的车辆,停业整顿一个月;一个月后整改不到位的,取消车辆的营运资格。各地道路运输管理机构要督促运输企业对行驶过程中的车载设备运行情况进行实时监控,对于突发设备故障情况,运输企业及时与车辆安全员取得联系,确保车载设备在车辆行驶过程中的正常运行。对于故意损毁、屏蔽系统的,一经发现要立即对相关车辆进行停业整顿,对相关人员开展培训教育。发生两次及以上上述行为的,取消相应营运资质和从业资格。

2.加快推进联网联控数据完整性建设。各省按照《道路运政系统基础数据》格式要求,在2014年底前完成省内"两客一危"车辆经营业户信息、营运车辆信息、从业人员信息、班车线路牌信息等基础数据清理和上报工作。

……

在工作时要加强部门协作,开展联合执法。要加强与公安交警、安监、质检、工商等部门合作,加大对非法营运和各种违法违章行为的打击、查处力度。要与公安交警部门建立常态化联合执法和信息交换、共享机制。加强与安监部门合作,严格查处危化品生产、经营、使用单位将危险货物托运给不具备危险货物运输资质的企业、车辆,从源头上消除危险品运输事故隐患。

国家安全监管总局、工业和信息化部、公安部、交通运输部、国家质检总局关于在用液体危险货物罐车加装紧急切断装置有关事项的通知

安监总管三〔2014〕74号

各省、自治区、直辖市及新疆生产建设兵团安全生产监督管理局、工业和信息化主管部门、公安厅(局)、交通运输厅(局、委)、质量技术监督局：

为深刻吸取晋济高速公路山西晋城段岩后隧道"3·1"特别重大道路交通危化品燃爆事故的教训，贯彻落实《国务院安委会办公室关于加强危险化学品道路运输和公路隧道安全工作的紧急通知》(安委办明电〔2014〕4号)的要求，切实做好液体危险货物罐车紧急切断装置加装工作，有效减少液体危险货物罐车安全隐患，现就有关事项通知如下：

一、液体危险货物罐车生产企业、改装企业和使用单位要认真做好紧急切断装置加装工作

(一)根据《道路运输液体危险货物罐式车辆 第1部分：金属常压罐体技术要求》(GB18564.1—2006)，2006年11月1日以后出厂的液体危险货物罐车应当安装紧急切断装置，否则是不合格产品。液体危险货物罐车生产企业、改装企业要制定详细的加装工作方案，采取发布公告或者逐车落实的方式，合理安排加装时间，按期分批通知罐车使用单位回厂免费安装紧急切断装置，并承担由此支出的合理开支。罐车使用单位要配合罐车生产企业和改装企业做好紧急切断装置加装工作。

(二)在销售合同或技术确认书中没有明确为运输液体危险货物但实际用于运输液体危险货物、没有安装紧急切断装置的液体危险货物罐车，或者罐车生产企业已经倒闭的，以及2006年11月1日以前出厂仍在使用的、没有安装紧急切断装置的液体危险货物罐车，罐车使用单位要出资委托符合条件的罐车生产企业或改装企业认定可以运输液体危险货物并加装紧急切断装置。

(三)液体危险货物罐车生产企业、改装企业和使用单位必须依据标准规范要求限期加装紧急切断装置。紧急切断装置应符合《道路运输液体危险货物罐式车辆紧急切断阀》(QC/T932—2012)的要求，加装要由改装单位重新设计核定后实施，并出具改装检验合格证明。

(四)液体危险货物罐车生产企业生产的罐车、改装企业改装的罐车要符合工业和

信息化部公告的车型。罐体容积、壁厚、允许装载的介质等应与该车型公告参数保持一致。未经过公告的车型不得生产或改装。

液体危险货物罐车生产企业要建立液体危险货物罐车生产销售台账,一车一档,准确记录车辆设计、生产、安全附件加装、维修、买方信息等情况,确保液体危险货物罐车身份明确、可追溯。

改装的液体危险货物罐车要依法经具备相应液体危险货物罐体检验资质(指危险化学品包装物、容器产品生产许可证检验资质或压力容器汽车罐体检验资质,下同)的检验机构检验合格,并获得检验合格证明。

液体危险货物罐车使用单位要依法取得交通运输部门颁发的道路运输经营许可证或者道路危险货物运输许可证以及道路运输证。

二、各有关主管部门要认真落实液体危险货物罐车安全监督管理职责

(一)工业和信息化主管部门依法对液体危险货物罐车的产品型号进行准入审查和公告;对液体危险货物罐车改装工作进行指导,督促企业贯彻执行《道路运输液体危险货物罐式车辆 第1部分:金属常压罐体技术要求》(GB18564.1—2006)强制性标准要求,保证液体危险货物罐车装有紧急切断装置并质量合格。

(二)质检部门依法核发罐体的工业产品生产许可证;督促检验机构准确把握《道路运输液体危险货物罐式车辆 第1部分:金属常压罐体技术要求》(GB18564.1—2006)要求,严格落实强制性标准要求,严把检验关;具备液体危险货物罐体检验资质的检验机构要根据标准要求,对液体危险货物罐体及其加装紧急切断装置情况进行检验,对符合标准要求的出具检验合格证明,对不符合标准要求的,一律不予检验通过。

(三)机动车安全技术检验机构要严格检查液体危险货物罐车是否安装紧急切断装置,自2015年1月1日起,对未按规定安装的,不得出具安全技术检验合格证明。质检部门、公安部门要监督机动车安全技术检验机构严格落实液体危险货物罐车安全技术检验项目和要求。

(四)交通运输部门要进一步加强液体危险货物罐车年审工作。自2015年1月1日起,没有加装紧急切断装置且无安全技术检验合格证明的液体危险货物罐车,年审一律不予通过,并注销其道路运输证。

(五)各地区安全监管部门要协调工业和信息化、质检、公安、交通运输等部门对辖区内液体危险货物罐车紧急切断装置安装情况进行全面摸底排查,严格督查,集中进行整改,并适时开展专项检查。

三、液体危险货物罐车使用单位和改装单位要切实加强罐车紧急切断装置加装过程安全管理

(一)液体危险货物罐车使用单位和改装单位要建立完善安全生产责任制、安全管理制度和针对涉及的液体危险货物的操作规程、应急预案等,落实安全生产主体责任,加强液体危险货物罐车改装过程的安全管理,严控改装过程中的事故风险。

(二)液体危险货物罐车使用单位在委托进行车辆改装前,要严格按照操作规程要求对液体危险货物罐车进行倒空、置换、清洗工作,并检测分析合格。委托改装时要将车辆运输液体危险货物种类、危险性、检测分析结果等相关信息向改装单位交底。

(三)液体危险货物罐车改装单位要严格按照操作规程要求完成液体危险货物罐车改装等工作,改装前要再次进行检测分析,依照《化学品生产单位动火作业安全规范》(AQ3022—2008)等标准要求,加强动火及进入受限空间等特殊作业环节的安全管理,保障改装工作的安全。

(四)液体危险货物罐车使用单位和改装单位应组织员工分别就倒空、置换、清洗和改装过程中涉及到的液体危险货物的危险性、操作规程、应急处置措施等进行培训,提升员工的安全意识和能力。

四、液体危险货物罐车紧急切断装置加装工作要求

(一)自本通知发布之日起,新生产液体危险货物罐车均应装有紧急切断装置,未按规定安装的,按照《缺陷汽车产品召回管理条例》(国务院令第626号)予以召回,并严格追究生产企业法律责任。在用液体危险货物罐车应于2014年12月31日前完成紧急切断装置加装工作。2015年1月1日起未按标准规范要求对液体危险货物罐车加装紧急切断装置的,对未加装紧急切断装置或紧急切断装置不合格但出具罐体检验合格证明的,对未加装紧急切断装置或无罐体检验合格证明但通过机动车安全技术检验机构检验、交通运输部门年审的,要严格依法追究有关单位责任。

(二)县级以上地方各级人民政府有关部门应组织研究相应实施办法,大力支持本地区液体危险货物罐车紧急切断装置加装工作。

各有关单位要按照相关法律法规、标准规范及本通知要求,强化液体危险货物罐车安全管理,提升液体危险货物罐车本质安全水平。

请各省级安全监管、工业和信息化、公安、交通运输、质检主管部门分别及时将本通知要求传达至本行政区域内各级对应主管部门及有关单位。

交通运输部关于加强危险品运输安全监督管理的若干意见

交安监发〔2014〕211号

各省、自治区、直辖市、新疆生产建设兵团交通运输厅（局、委），中远、中海、招商局、中交建设、中外运长航集团，部属各单位：

近年来，危险品运输安全生产重特大事故时有发生，特别是山西"3·1"特别重大道路交通危化品燃爆事故、浙江杭州桐庐县境内化学品泄漏事故以及湖南"7·19"特别重大道路交通运输事故，引起了党中央国务院高度重视和社会广泛关注。为坚决遏制危险品运输安全生产事故的发生，现就加强危险品运输安全监督管理提出以下意见：

一、严格危险品运输市场准入

（一）严格企业准入管理。严格危险品运输资质许可，认真审核申请企业的安全生产和经营条件。一是2015年底前，暂停审批道路危险品运输企业。做好"挂而不管、以包代管、包而不管"安全责任不落实车辆的清理，实现道路危险品运输企业全部车辆公司化经营。二是2017年底前，暂停审批内河水路油品、化学品运输单船公司。三是严格新建、改建、扩建的港口危险品罐区（储罐）、库（堆）场、危险品码头和输送管线项目的安全设施设计审查和验收，凡未通过安全生产条件审查的，一律不得开工；未通过项目验收、取得危险品码头作业附证的，一律不得运营生产。落实工程质量安全终身责任制。四是危险品运输企业未取得安全生产标准化达标证书的，限期予以整改，并根据相关法律、法规规定对仍未达标的企业不得新增运力和扩大经营范围；水路危险品运输企业未按规定取得DOC证书的，不得从事运输经营。

（二）严格运输工具准入管理。一是严格道路危险品运输车辆准入前材料审核和年度审验，禁止不合格车辆准入。二是自2015年1月1日起，无紧急切断装置且无安全技术检验合格证明的液体危险品罐车，根据相关法律、法规规定不予通过年审，并注销其道路运输证。三是加强危险品运输船舶准入，严格船舶检验，未取得船舶检验证书的，不得从事运输经营。四是逐步淘汰"两横一纵两网十八线"的内河单壳散装液体危险品运输船舶，自2016年1月1日起，长江干线全面禁止单壳化学品船、600载重吨以上的单壳油船进入，危险品运输船舶船型标准化率达到70%。

（三）严格从业人员准入管理。一是严把道路水路危险品运输从业人员考试与证件发放关,严禁考试和发证过程中弄虚作假、徇私舞弊等行为,一经发现严肃处理。二是从事道路危险品运输的驾驶员、押运员,从事水路危险品运输的船员、装卸管理人员、申报人员、集装箱装箱检查员必须持相应的资格证上岗。三是按照有关规定建立和落实道路运输(危险品)经理人从业资格制度和专职安全管理人员制度。四是严格驾驶员从业资格管理,及时掌握驾驶员的违章、事故记录及诚信考核、继续教育等情况,对于记分周期内扣满12分的驾驶员,要根据相关法律、法规规定吊销其从业资格证件,三年内不予重新核发。

二、强化危险品运输安全监督管理

(四)加强危险品运输作业过程监督管理。一是严格危险货物车辆联网联控系统的接入管理,凡应接入而尚未接入的车辆、已装监控系统但不能正常使用的车辆以及故意损毁、屏蔽系统的,责令其整顿,未按要求进行整改的,按照《安全生产法》和《道路运输车辆动态监督管理办法》的相关规定予以从严处罚。二是港口危险品罐区(储罐)、库(堆)场、危险品码头应按相关规定配备消防、防雷电、防静电、防污染等相关设施设备,并做到监测监控全覆盖,安排专人实时监控。三是加强船舶载运危险品进出港口申报管理,加强对进入船舶交通管理中心控制水域的载运危险品船舶的跟踪监管。严格按照国家规定禁止通过内河封闭水域运输剧毒化学品以及国家规定禁止通过内河运输的其他危险品;除上述外的内河水域,禁止运输国家规定禁止通过内河运输的剧毒化学品以及其他危险品。四是从事危险品运输的企业要严格执行相关法律法规,按照运输车船的核定载质量(重量)装载危险品,不得超载、谎报和瞒报。

(五)加强危险品运输督查检查。一是定期深入企业、深入基层、深入现场开展督查检查,重点检查企业安全生产主体责任和基层一线安全生产措施落实等情况。二是严格查处危险货物托运人未依法将危险货物委托具备危险货物运输资质的企业(车船)承运危险货物的行为。三是严格按照相关法律法规和交通运输安全生产约谈、重点监管名单、挂牌督办等相关规定,严厉查处违法违规从事危险品运输的企业、车船和从业人员,对未按约谈、挂牌督办要求整改的或纳入重点监管名单仍然违法违规运输的应依法依规严肃处理并从严追究责任。

(六)深化危险品运输安全专项整治行动。针对道路水路危险品运输、港口危险品罐区和油气输送管线等重点领域,开展危险品专项整治行动,建立健全隐患排查治理体系,对重大隐患实行挂牌督办,凡整改仍达不到要求的,根据相关法律、法规规定停产停业整顿。严厉打击危险品运输非法违规行为,重点打击无证经营、越范围经营、超速超载、疲劳驾驶、非法改装和非法夹带危险品运输等行为。

三、推进危险品运输安全生产风险管控

(七)开展危险品运输风险防控。一是建立安全生产风险管理制度,开展风险源辨识、评估、确定风险等级,制定具体控制措施。二是细化落实重大风险源安全管控责任制,建立风险源数据库,并按照有关规定做好重大风险源报备工作,实时掌握重大风险源变化情况,采取有针对性的管控措施,实现全过程控制。

(八)加强危险品运输事故应急处置。一是各级交通运输管理部门要完善道路水路危险品运输事故应急预案,纳入地方政府事故应急处置体系,建立应急联动机制,并按规定开展应急演练。二是危险品运输企业要编制具体的危险品运输事故应急预案和操作手册,并发放到相关车船和一线从业人员。三是加强应急救援能力建设,配备应急装备设施和物资,加强专兼职应急救援力量建设,有条件的应建立专业应急救援队伍。

四、加强从业人员培训和监管队伍建设

(九)强化从业人员教育培训。一是督促企业健全并落实安全教育培训制度,切实抓好从业人员岗前培训、在岗培训和继续教育。二是重点要强化危险品运输企业主要负责人、安全管理人员、驾驶员(船员)、装卸管理人员、押运人员等人员的教育培训。三是各级交通运输管理部门要严格执行考培分离制度,严把考试发证质量关,凡符合考试条件要求的可不通过培训直接考试。

(十)加强危险品运输安全监管队伍建设。一是各级交通运输管理部门、特别是负有港口危险品罐区监管职责的管理部门,要加强危险品运输安全监管队伍建设,配备具有专业知识的监管人员。二是部、省交通运输管理部门要建立危险品运输安全生产专家库,让专家参与技术咨询、督促检查和参谋决策等工作。

五、严肃危险品运输安全生产事故调查处理

(十一)加大事故查处力度。一是切实做好水上危险品运输安全生产事故调查处理工作,依法严格追究相关责任单位、责任人的责任。加强对事故调查处置情况的监督,确保事故调查处理从严、据实、及时结案。二是积极主动参与和协助公安、安监等部门做好危险品道路运输、港口储运和装卸作业等安全生产事故的调查处理工作。

(十二)加强事故的警示教育。一是按时上报危险品运输事故信息,及时发布事故警示通报。二是加强事故统计、分析,深度剖析典型事故案例,总结事故教训;举一反三,制定有效措施,防范类似事故再次发生。

六、建立危险品运输安全生产长效机制

(十三)加强危险品运输安全生产法规建设。一是认真梳理并进一步完善危险品运输安全生产法规制度,及时废止不必要的法规。二是各地交通运输管理部门和海事管理机构要结合当地的实际情况,加强与地方人大、政府及相关部门的沟通协调,加快危险品运输相关法规的制修订工作。

(十四)加强危险品运输安全生产技术和信息化应用。一是充分发挥全国道路危险品运输联网联控信息系统的管控作用,提高联网联控系统在过程管理、监管执法、信息共享等方面的应用水平。二是加快推进长江危险品运输、港口危险品码头和港口危险品罐区监测监控等信息系统建设和完善。三是加强物联网、车联网、船联网等关键技术在危险品运输安全监督管理工作中的应用,加大危险品运输防泄漏、应急处置等关键技术研发和应用力度,积极引导使用安全技术性能高的运输工具和设施装备。四是建设全国重点监管企业、车船、人员信息数据库;积极推进道路水路危险品运输重要信息与路网、通航信息以及相关重要监督管理信息跨区域、跨部门的共享。

(十五)加强区域和相关部门协作配合。加强与公安、安监、环保、海关、质检等相关部门和周边地区的沟通协作、密切配合,进一步建立健全协调联动工作机制和应急反应机制,特别要在当地政府统一领导下,加强对港口危险品罐区、库(堆)场和油气输送管线,道路危化品和烟花爆竹等易燃易爆物品以及剧毒和放射性物质运输等领域的联合执法,切实解决危险品运输安全生产方面存在的深层次问题。

道路交通事故深度调查实战常用法律规范汇编

第一分册 道路运输相关法律规范

公安部道路交通安全研究中心 编

人民交通出版社股份有限公司
China Communications Press Co.,Ltd.

图书在版编目(CIP)数据

道路交通事故深度调查实战常用法律规范汇编.1，道路运输相关法律规范/公安部道路交通安全研究中心编.—北京：人民交通出版社股份有限公司，2018.1（2024.12重印）
ISBN 978-7-114-14479-0

Ⅰ.①道… Ⅱ.①公… Ⅲ.①道路交通安全法—汇编—中国 ②道路运输—法规—汇编—中国 Ⅳ.①D922.149

中国版本图书馆 CIP 数据核字（2018）第 004142 号

Daolu Jiaotong Shigu Shendu Diaocha Shizhan Changyong Falü Guifan Huibian

书　名：	道路交通事故深度调查实战常用法律规范汇编
	第一分册　道路运输相关法律规范
著 作 者：	公安部道路交通安全研究中心
责任编辑：	赵瑞琴　陈　鹏　徐　菲
出版发行：	人民交通出版社股份有限公司
地　　址：	（100011）北京市朝阳区安定门外外馆斜街 3 号
网　　址：	http://www.ccpcl.com.cn
销售电话：	（010）85285857
总 经 销：	人民交通出版社股份有限公司发行部
经　　销：	各地新华书店
印　　刷：	北京科印技术咨询服务有限公司数码印刷分部
开　　本：	787×1092　1/16
印　　张：	9.625
字　　数：	171 千
版　　次：	2018 年 1 月　第 1 版
印　　次：	2024 年 12 月　第 4 次印刷
书　　号：	ISBN 978-7-114-14479-0
定　　价：	125.00 元（共 5 册）

（有印刷、装订质量问题的图书由本公司负责调换）

前　言

2017年6月以来，公安部交通管理局部署各地公安机关交通管理部门在全国范围内贯彻实施《道路交通事故深度调查工作规范(试行)》，各地积极行动，大力推进道路交通事故深度调查工作。从各地反映情况看，道路交通事故深度调查涉及的法律规范"体系庞杂""分布散乱""适用复杂"，办案中普遍存在查找难、理解难、适用难等问题，亟须将深度调查工作中常用的法律规范进行全面系统梳理，提炼汇编成册，供各地实战应用。

习近平总书记在党的十九大报告中指出，要"坚持依法治国、依法执政、依法行政共同推进，坚持法治国家、法治政府、法治社会一体建设"，强调"树立安全发展理念，弘扬生命至上、安全第一的思想，坚决遏制重特大安全事故"。因此，如何运用好道路交通事故深度调查制度，提升办案水平，严格责任落实，切实推动政府进一步强化交通安全综合治理工作，是摆在各地公安机关交通管理部门面前的重要任务。为此，公安部道路交通安全研究中心从"推动良法实施、促进善治共治"出发，运用"检察官思维"和"法官思维"，从司法实践入手，深入分析了50余起一次死亡3人以上典型事故判例，结合5起在办案件，对事故深度调查工作中暴露出来的问题进行了梳理和剖析。在江苏、湖北、四川交警总队，武汉、深圳交警支队等执法规范化建设合作基地领导的支持和指导下，公安部道路交通安全研究中心与5个单位的执法和事故骨干深入细致地剖析梳理了道路交通事故深度调查过程中法律规范的适用规律、频次和方法。最终收集整理了道路交通事故深度调查相关的81部法律规范，梳理汇编形成了《道路交通事故深度调查实战常用法律规范汇编》，为各地办案提供参考和索引。

本汇编分为5册：《道路运输相关法律规范》《车辆管理相关法律规范》《道路管理相关法律规范》《客运企业法律责任相关法律规范》《危险货物运输企业法律责任相关法律规范》，内容涵盖"道路运输""车辆管理""道路管理"三大行业领

域以及"客运企业"和"危险货物运输企业"两大责任主体,涉及刑事、行政、民事三大法律责任的追究,汇总了法律、行政法规、部门规章、规范性文件以及司法解释等最新规定,方便查阅参考。

在编纂过程中,云南交警总队和高速交警支队为本汇编提供了有力支持,在此表示感谢。

汇编如有遗漏和不当之处,欢迎广大读者批评指正。

公安部道路交通安全研究中心
2017 年 11 月

《道路交通事故深度调查实战常用法律规范汇编》相关人员名单

编审委员会主任：尚　炜

编审委员会副主任：李晓东　陈玉峰　姚　俊　叶建昆　徐　炜

主　　　　编：黄金晶　赵司聪　罗芳芳

副　主　　编：戴　帅　周文辉　周志强　刘　君　刘　艳
　　　　　　　王大珊　顾志坚　廖　峻　陶劲松　项　辉
　　　　　　　黎晓波　宋　嵘　陈建华　陈　俊　胡　希

参　编　人　员：黄　婷　韩　雪　张得杰　王颂勃　王晓兴
　　　　　　　贾进雷　杨　洋　王　奉　邹　艺　王　婧
　　　　　　　刘金广　舒　强　丛浩哲　胡伟超　饶众博
　　　　　　　毛圣明

总 目 录

第一分册 道路运输相关法律规范

中华人民共和国道路运输条例 国务院令第666号
道路运输车辆动态监督管理办法 交通运输部令2016年第55号
道路货物运输及站场管理规定 交通运输部令2016年第35号
道路旅客运输及客运站管理规定 交通运输部令2016年第82号
道路旅客运输企业安全管理规范(试行) 交运发〔2012〕33号
道路危险货物运输管理规定 交通运输部令2016年第36号
危险化学品安全管理条例
放射性物品运输安全管理条例 国务院令第562号
放射性物品道路运输管理规定 交通运输部令2016年第71号
易制毒化学品管理条例 国务院令第666号
剧毒化学品购买和公路运输许可证件管理办法 公安部令第77号
民用爆炸物品安全管理条例 国务院令第653号
道路运输从业人员管理规定 交通运输部令2016年第52号

第二分册 车辆管理相关法律规范

车辆生产企业及产品生产一致性监督管理办法 工业和信息化部令第109号
关于进一步加强道路机动车辆生产一致性监督管理和注册登记工作的通知
　　工信部联产业〔2010〕453号
商用车生产企业及产品准入管理规则 工产业〔2010〕第132号
专用汽车和挂车生产企业及产品准入管理规则 工产业〔2009〕第45号
罐式车辆生产企业及产品准入管理要求 工业和信息化部公告2014年第48号
新能源汽车生产企业及产品准入管理规定 工业和信息化部令第39号
摩托车生产准入管理办法 国家经济贸易委员会令第43号
摩托车生产准入管理办法实施细则 国家经济贸易委员会公告2002年第110号
机动车登记规定 公安部令第124号

二手车流通管理办法　商务部、公安部、国家工商行政管理总局、国家税务总局
　2005年第2号令
机动车安全技术检验机构监督管理办法　国家质量监督检验检疫总局令第121号
道路运输车辆燃料消耗量检测和监督管理办法　交通运输部令2009年第11号
机动车维修管理规定　交通运输部令2016年第37号
机动车强制报废标准规定　商务部、发改委、公安部、环境保护部令2012年第12号
报废汽车回收管理办法　国务院令第307号
缺陷汽车产品召回管理条例　国务院令第626号
家用汽车产品修理、更换、退货责任规定　国家质量监督检验检疫总局令第150号
摩托车商品修理更换退货责任实施细则
校车安全管理条例　国务院令第617号
中华人民共和国大气污染防治法
农业机械安全监督管理条例　国务院令第563号
中华人民共和国特种设备安全法
特种设备安全监察条例　国务院令第549号

第三分册　道路管理相关法律规范

中华人民共和国公路法
公路安全保护条例　国务院令第593号
城市道路管理条例　国务院令第676号
公路建设监督管理办法　交通部令2006年第6号
农村公路建设管理办法　交通部令2006年第3号
收费公路管理条例　国务院令第417号
公路水运工程质量监督管理规定　交通运输部令2017年第28号
公路工程竣(交)工验收办法　交通部令〔2004〕年第3号
公路工程竣(交)工验收办法实施细则　交公路发〔2010〕65号
公路养护工程管理办法　交公路发〔2001〕327号
建设工程勘察设计管理条例　国务院令第662号
建设工程质量管理条例　国务院令第279号
路政管理规定　交通运输部令2016年第81号
城市照明管理规定　住房和城乡建设部令第4号
超限运输车辆行驶公路管理规定　交通运输部令2016年第62号
公路超限检测站管理办法　交通运输部令2011年第7号

第四分册 客运企业法律责任相关法律规范

中华人民共和国刑法(节选)及相关司法解释、规范性文件
中华人民共和国民法通则(节选)及相关司法解释
中华人民共和国侵权责任法(节选)及相关司法解释、规范性文件
中华人民共和国合同法(节选)
中华人民共和国旅游法(节选)
中华人民共和国安全生产法(节选)
中华人民共和国道路交通安全法(节选)
中华人民共和国道路交通安全法实施条例(节选)
中华人民共和国道路运输条例(节选) 国务院令第666号
生产安全事故报告和调查处理条例(节选)
道路旅客运输企业安全管理规范(试行) 交运发〔2012〕33号
道路运输车辆动态监督管理办法(节选) 交通运输部令2016年第55号
道路运输车辆技术管理规定(节选) 交通运输部令2016年第1号
道路运输从业人员管理规定(节选) 交通运输部令2016年第52号
道路旅客运输及客运站管理规定(节选) 交通运输部令2016年第82号
国务院关于加强道路交通安全工作的意见(节选) 国发〔2012〕30号
公安部、交通运输部关于进一步加强客货运驾驶人安全管理工作的意见(节选)
　　公通字〔2012〕5号
交通部关于加强节假日汽车旅游客运安全管理等有关事宜的通知
　　交公路发〔2000〕196号
交通运输部关于进一步加强道路包车客运管理的通知(节选)
　　交运发〔2012〕738号
交通运输部、公安部关于进一步加强长途客运接驳运输试点工作的通知
　　交运发〔2014〕2号
交通运输部关于加强长途客运接驳运输动态管理有关工作的通知(节选)
　　交运函〔2015〕658号
交通运输部、公安部、国家安全监管总局关于进一步加强和改进道路客运
　　安全工作的通知 交运发〔2010〕210号
交通运输部关于印发《道路客运接驳运输管理办法(试行)》的通知
　　交运发〔2017〕208号
交通运输部关于深化改革加快推进道路客运转型升级的指导意见(节选)
　　交运发〔2016〕240号

交通运输部办公厅关于全国道路客运、危货运输安全生产整治实施工作的通知(节选)
  交办运〔2014〕179号

第五分册　危险货物运输企业法律责任相关法律规范

中华人民共和国刑法(节选)及相关司法解释、规范性文件
中华人民共和国民法通则(节选)及相关司法解释
中华人民共和国侵权责任法(节选)及相关司法解释
中华人民共和国治安管理处罚法(节选)
中华人民共和国道路交通安全法(节选)
中华人民共和国消防法(节选)
中华人民共和国安全生产法(节选)
中华人民共和国反恐怖主义法(节选)
中华人民共和国突发事件应对法(节选)
中华人民共和国固体废物污染环境防治法(节选)
中华人民共和国道路运输条例(节选)
危险化学品安全管理条例
易制毒化学品管理条例(节选)　国务院令第666号
道路危险货物运输管理规定(节选)　交通运输部2013年第2号
道路货物运输及站场管理规定(节选)　交通运输部令2016年第35号
剧毒化学品购买和公路运输许可证件管理办法(节选)　公安部令第77号
道路运输车辆动态监督管理办法(节选)　交通运输部令2016年第55号
道路运输从业人员管理规定(节选)　交通运输部2016年第52号令
道路交通安全违法行为处理程序规定(节选)　公安部令第105号
机动车驾驶证申领和使用规定(节选)　公安部令第139号
机动车强制报废标准规定(节选)　商务部、发改委、公安部、环境保护部令2012年
  第12号
国务院关于加强道路交通安全工作的意见(节选)　国发〔2012〕30号
国务院办公厅关于印发危险化学品安全综合治理方案的通知(节选)
  国办发〔2016〕88号
国家安全生产监督管理总局、公安部、交通部关于加强危险化学品道路运输安全
  管理的紧急通知(节选)　安监总危化〔2006〕119号
交通运输部关于进一步加强道路危险货物运输安全管理工作的通知
  交运发〔2014〕88号
交通运输部、公安部、国家安全监管总局关于进一步加强道路运输安全管理工作的

通知(节选) 交运明电〔2016〕35号

道路运输车辆技术管理规定(节选) 交通运输部令2016年第1号

交通运输部办公厅关于全国道路客运、危货运输安全生产整治实施工作的通知(节选)
　　交办运〔2014〕179号

国家安全监管总局、工业和信息化部、公安部、交通运输部、国家质检总局关于在用液体
　　危险货物罐车加装紧急切断装置有关事项的通知　安监总管三〔2014〕74号

交通运输部关于加强危险品运输安全监督管理的若干意见
　　交安监发〔2014〕211号

目 录

中华人民共和国道路运输条例　国务院令第666号	1
道路运输车辆动态监督管理办法　交通运输部令2016年第55号	11
道路货物运输及站场管理规定　交通运输部令2016年第35号	16
道路旅客运输及客运站管理规定　交通运输部令2016年第82号	25
道路旅客运输企业安全管理规范(试行)　交运发〔2012〕33号	41
道路危险货物运输管理规定　交通运输部令2016年第36号	52
危险化学品安全管理条例	63
放射性物品运输安全管理条例　国务院令第562号	85
放射性物品道路运输管理规定　交通运输部令2016年第71号	97
易制毒化学品管理条例　国务院令第666号	105
剧毒化学品购买和公路运输许可证件管理办法　公安部令第77号	115
民用爆炸物品安全管理条例　国务院令第653号	122
道路运输从业人员管理规定　交通运输部令2016年第52号	132

中华人民共和国道路运输条例

国务院令第666号

《中华人民共和国道路运输条例》已经2004年4月14日国务院第48次常务会议通过,根据2016年2月6日《国务院关于修改部分行政法规的决定》第二次修订。该《条例》分总则、道路运输经营、道路运输相关业务、国际道路运输、执法监督、法律责任、附则7章82条。

第一章 总 则

第一条 为了维护道路运输市场秩序,保障道路运输安全,保护道路运输有关各方当事人的合法权益,促进道路运输业的健康发展,制定本条例。

第二条 从事道路运输经营以及道路运输相关业务的,应当遵守本条例。

前款所称道路运输经营包括道路旅客运输经营(以下简称客运经营)和道路货物运输经营(以下简称货运经营);道路运输相关业务包括站(场)经营、机动车维修经营、机动车驾驶员培训。

第三条 从事道路运输经营以及道路运输相关业务,应当依法经营,诚实信用,公平竞争。

第四条 道路运输管理,应当公平、公正、公开和便民。

第五条 国家鼓励发展乡村道路运输,并采取必要的措施提高乡镇和行政村的通班车率,满足广大农民的生活和生产需要。

第六条 国家鼓励道路运输企业实行规模化、集约化经营。任何单位和个人不得封锁或者垄断道路运输市场。

第七条 国务院交通主管部门主管全国道路运输管理工作。

县级以上地方人民政府交通主管部门负责组织领导本行政区域的道路运输管理工作。

县级以上道路运输管理机构负责具体实施道路运输管理工作。

第二章 道路运输经营

第一节 客 运

第八条 申请从事客运经营的,应当具备下列条件:

(一)有与其经营业务相适应并经检测合格的车辆;
(二)有符合本条例第九条规定条件的驾驶人员;
(三)有健全的安全生产管理制度。

申请从事班线客运经营的,还应当有明确的线路和站点方案。

第九条　从事客运经营的驾驶人员,应当符合下列条件:

(一)取得相应的机动车驾驶证;
(二)年龄不超过60周岁;
(三)3年内无重大以上交通责任事故记录;
(四)经设区的市级道路运输管理机构对有关客运法律法规、机动车维修和旅客急救基本知识考试合格。

第十条　申请从事客运经营的,应当依法向工商行政管理机关办理有关登记手续后,按照下列规定提出申请并提交符合本条例第八条规定条件的相关材料:

(一)从事县级行政区域内客运经营的,向县级道路运输管理机构提出申请;
(二)从事省、自治区、直辖市行政区域内跨2个县级以上行政区域客运经营的,向其共同的上一级道路运输管理机构提出申请;
(三)从事跨省、自治区、直辖市行政区域客运经营的,向所在地的省、自治区、直辖市道路运输管理机构提出申请。

依照前款规定收到申请的道路运输管理机构,应当自受理申请之日起20日内审查完毕,作出许可或者不予许可的决定。予以许可的,向申请人颁发道路运输经营许可证,并向申请人投入运输的车辆配发车辆营运证;不予许可的,应当书面通知申请人并说明理由。

对从事跨省、自治区、直辖市行政区域客运经营的申请,有关省、自治区、直辖市道路运输管理机构依照本条第二款规定颁发道路运输经营许可证前,应当与运输线路目的地的省、自治区、直辖市道路运输管理机构协商;协商不成的,应当报国务院交通主管部门决定。

第十一条　取得道路运输经营许可证的客运经营者,需要增加客运班线的,应当依照本条例第十条的规定办理有关手续。

第十二条　县级以上道路运输管理机构在审查客运申请时,应当考虑客运市场的供求状况、普遍服务和方便群众等因素。

同一线路有3个以上申请人时,可以通过招标的形式作出许可决定。

第十三条　县级以上道路运输管理机构应当定期公布客运市场供求状况。

第十四条　客运班线的经营期限为4年到8年。经营期限届满需要延续客运班线经营许可的,应当重新提出申请。

第十五条　客运经营者需要终止客运经营的,应当在终止前30日内告知原许可机关。

第十六条　客运经营者应当为旅客提供良好的乘车环境,保持车辆清洁、卫生,并采取必要的措施防止在运输过程中发生侵害旅客人身、财产安全的违法行为。

第十七条　旅客应当持有效客票乘车,遵守乘车秩序,讲究文明卫生,不得携带国家规定的危险物品及其他禁止携带的物品乘车。

第十八条　班线客运经营者取得道路运输经营许可证后,应当向公众连续提供运输服务,不得擅自暂停、终止或者转让班线运输。

第十九条　从事包车客运的,应当按照约定的起始地、目的地和线路运输。

从事旅游客运的,应当在旅游区域按照旅游线路运输。

第二十条　客运经营者不得强迫旅客乘车,不得甩客、敲诈旅客;不得擅自更换运输车辆。

第二节　货　　运

第二十一条　申请从事货运经营的,应当具备下列条件:

(一)有与其经营业务相适应并经检测合格的车辆;

(二)有符合本条例第二十二条规定条件的驾驶人员;

(三)有健全的安全生产管理制度。

第二十二条　从事货运经营的驾驶人员,应当符合下列条件:

(一)取得相应的机动车驾驶证;

(二)年龄不超过60周岁;

(三)经设区的市级道路运输管理机构对有关货运法律法规、机动车维修和货物装载保管基本知识考试合格。

第二十三条　申请从事危险货物运输经营的,还应当具备下列条件:

(一)有5辆以上经检测合格的危险货物运输专用车辆、设备;

(二)有经所在地设区的市级人民政府交通主管部门考试合格,取得上岗资格证的驾驶人员、装卸管理人员、押运人员;

(三)危险货物运输专用车辆配有必要的通信工具;

(四)有健全的安全生产管理制度。

第二十四条　申请从事货运经营的,应当依法向工商行政管理机关办理有关登记手续后,按照下列规定提出申请并分别提交符合本条例第二十一条、第二十三条规定条件的相关材料:

(一)从事危险货物运输经营以外的货运经营的,向县级道路运输管理机构提出申请;

(二)从事危险货物运输经营的,向设区的市级道路运输管理机构提出申请。

依照前款规定收到申请的道路运输管理机构,应当自受理申请之日起20日内审查完毕,作出许可或者不予许可的决定。予以许可的,向申请人颁发道路运输经营许可证,并向申请人投入运输的车辆配发车辆营运证;不予许可的,应当书面通知申请人并说明理由。

货运经营者应当持道路运输经营许可证依法向工商行政管理机关办理有关登记手续。

第二十五条 货运经营者不得运输法律、行政法规禁止运输的货物。

法律、行政法规规定必须办理有关手续后方可运输的货物,货运经营者应当查验有关手续。

第二十六条 国家鼓励货运经营者实行封闭式运输,保证环境卫生和货物运输安全。

货运经营者应当采取必要措施,防止货物脱落、扬撒等。

运输危险货物应当采取必要措施,防止危险货物燃烧、爆炸、辐射、泄漏等。

第二十七条 运输危险货物应当配备必要的押运人员,保证危险货物处于押运人员的监管之下,并悬挂明显的危险货物运输标志。

托运危险货物的,应当向货运经营者说明危险货物的品名、性质、应急处置方法等情况,并严格按照国家有关规定包装,设置明显标志。

第三节 客运和货运的共同规定

第二十八条 客运经营者、货运经营者应当加强对从业人员的安全教育、职业道德教育,确保道路运输安全。

道路运输从业人员应当遵守道路运输操作规程,不得违章作业。驾驶人员连续驾驶时间不得超过4个小时。

第二十九条 生产(改装)客运车辆、货运车辆的企业应当按照国家规定标定车辆的核定人数或者载重量,严禁多标或者少标车辆的核定人数或者载重量。

客运经营者、货运经营者应当使用符合国家规定标准的车辆从事道路运输经营。

第三十条 客运经营者、货运经营者应当加强对车辆的维护和检测,确保车辆符合国家规定的技术标准;不得使用报废的、擅自改装的和其他不符合国家规定的车辆从事道路运输经营。

第三十一条 客运经营者、货运经营者应当制定有关交通事故、自然灾害以及其他突发事件的道路运输应急预案。应急预案应当包括报告程序、应急指挥、应急车辆和设备的储备以及处置措施等内容。

第三十二条 发生交通事故、自然灾害以及其他突发事件,客运经营者和货运经营者应当服从县级以上人民政府或者有关部门的统一调度、指挥。

第三十三条 道路运输车辆应当随车携带车辆营运证,不得转让、出租。

第三十四条 道路运输车辆运输旅客的,不得超过核定的人数,不得违反规定载货;运输货物的,不得运输旅客,运输的货物应当符合核定的载重量,严禁超载;载物的长、宽、高不得违反装载要求。

违反前款规定的,由公安机关交通管理部门依照《中华人民共和国道路交通安全法》的有关规定进行处罚。

第三十五条 客运经营者、危险货物运输经营者应当分别为旅客或者危险货物投保承运人责任险。

第三章 道路运输相关业务

第三十六条 申请从事道路运输站(场)经营的,应当具备下列条件:

(一)有经验收合格的运输站(场);

(二)有相应的专业人员和管理人员;

(三)有相应的设备、设施;

(四)有健全的业务操作规程和安全管理制度。

第三十七条 申请从事机动车维修经营的,应当具备下列条件:

(一)有相应的机动车维修场地;

(二)有必要的设备、设施和技术人员;

(三)有健全的机动车维修管理制度;

(四)有必要的环境保护措施。

第三十八条 申请从事机动车驾驶员培训的,应当具备下列条件:

(一)取得企业法人资格;

(二)有健全的培训机构和管理制度;

(三)有与培训业务相适应的教学人员、管理人员;

(四)有必要的教学车辆和其他教学设施、设备、场地。

第三十九条 申请从事道路运输站(场)经营、机动车维修经营和机动车驾驶员培训业务的,应当在依法向工商行政管理机关办理有关登记手续后,向所在地县级道路运输管理机构提出申请,并分别附送符合本条例第三十六条、第三十七条、第三十八条规定条件的相关材料。县级道路运输管理机构应当自受理申请之日起15日内审查完毕,作出许可或者不予许可的决定,并书面通知申请人。

第四十条 道路运输站(场)经营者应当对出站的车辆进行安全检查,禁止无证经营的车辆进站从事经营活动,防止超载车辆或者未经安全检查的车辆出站。

道路运输站(场)经营者应当公平对待使用站(场)的客运经营者和货运经营者,无正当理由不得拒绝道路运输车辆进站从事经营活动。

道路运输站(场)经营者应当向旅客和货主提供安全、便捷、优质的服务;保持站(场)卫生、清洁;不得随意改变站(场)用途和服务功能。

第四十一条 道路旅客运输站(场)经营者应当为客运经营者合理安排班次,公布其运输线路、起止经停站点、运输班次、始发时间、票价,调度车辆进站、发车,疏导旅客,维持上下车秩序。

道路旅客运输站(场)经营者应当设置旅客购票、候车、行李寄存和托运等服务设施,按照车辆核定载客限额售票,并采取措施防止携带危险品的人员进站乘车。

第四十二条 道路货物运输站(场)经营者应当按照国务院交通主管部门规定的业务操作规程装卸、储存、保管货物。

第四十三条 机动车维修经营者应当按照国家有关技术规范对机动车进行维修,保证维修质量,不得使用假冒伪劣配件维修机动车。

机动车维修经营者应当公布机动车维修工时定额和收费标准,合理收取费用。

第四十四条 机动车维修经营者对机动车进行二级维护、总成修理或者整车修理的,应当进行维修质量检验。检验合格的,维修质量检验人员应当签发机动车维修合格证。

机动车维修实行质量保证期制度。质量保证期内因维修质量原因造成机动车无法正常使用的,机动车维修经营者应当无偿返修。

机动车维修质量保证期制度的具体办法,由国务院交通主管部门制定。

第四十五条 机动车维修经营者不得承修已报废的机动车,不得擅自改装机动车。

第四十六条 机动车驾驶员培训机构应当按照国务院交通主管部门规定的教学大纲进行培训,确保培训质量。培训结业的,应当向参加培训的人员颁发培训结业证书。

第四章 国际道路运输

第四十七条 国务院交通主管部门应当及时向社会公布中国政府与有关国家政府签署的双边或者多边道路运输协定确定的国际道路运输线路。

第四十八条 申请从事国际道路运输经营的,应当具备下列条件:

(一)依照本条例第十条、第二十四条规定取得道路运输经营许可证的企业法人;

(二)在国内从事道路运输经营满3年,且未发生重大以上道路交通责任事故。

第四十九条 申请从事国际道路运输的,应当向省、自治区、直辖市道路运输管理机构提出申请并提交符合本条例第四十八条规定条件的相关材料。省、自治区、直辖市道路运输管理机构应当自受理申请之日起20日内审查完毕,作出批准或者不予批准的决定。予以批准的,应当向国务院交通主管部门备案;不予批准的,应当向当事人说明理由。

国际道路运输经营者应当持批准文件依法向有关部门办理相关手续。

第五十条 中国国际道路运输经营者应当在其投入运输车辆的显著位置,标明中国国籍识别标志。

外国国际道路运输经营者的车辆在中国境内运输,应当标明本国国籍识别标志,并按照规定的运输线路行驶;不得擅自改变运输线路,不得从事起止地都在中国境内的道路运输经营。

第五十一条 在口岸设立的国际道路运输管理机构应当加强对出入口岸的国际道路运输的监督管理。

第五十二条 外国国际道路运输经营者依法在中国境内设立的常驻代表机构不得从事经营活动。

第五章 执法监督

第五十三条 县级以上人民政府交通主管部门应当加强对道路运输管理机构实施道路运输管理工作的指导监督。

第五十四条 道路运输管理机构应当加强执法队伍建设,提高其工作人员的法制、业务素质。

道路运输管理机构的工作人员应当接受法制和道路运输管理业务培训、考核,考核不合格的,不得上岗执行职务。

第五十五条 上级道路运输管理机构应当对下级道路运输管理机构的执法活动进行监督。

道路运输管理机构应当建立健全内部监督制度,对其工作人员执法情况进行监督检查。

第五十六条 道路运输管理机构及其工作人员执行职务时,应当自觉接受社会和公民的监督。

第五十七条 道路运输管理机构应当建立道路运输举报制度,公开举报电话号码、通信地址或者电子邮件信箱。

任何单位和个人都有权对道路运输管理机构的工作人员滥用职权、徇私舞弊的行为进行举报。交通主管部门、道路运输管理机构及其他有关部门收到举报后,应当依法及时查处。

第五十八条 道路运输管理机构的工作人员应当严格按照职责权限和程序进行监督检查,不得乱设卡、乱收费、乱罚款。

道路运输管理机构的工作人员应当重点在道路运输及相关业务经营场所、客货集散地进行监督检查。

道路运输管理机构的工作人员在公路路口进行监督检查时,不得随意拦截正常行驶的道路运输车辆。

第五十九条 道路运输管理机构的工作人员实施监督检查时,应当有 2 名以上人员参加,并向当事人出示执法证件。

第六十条 道路运输管理机构的工作人员实施监督检查时,可以向有关单位和个人了解情况,查阅、复制有关资料。但是,应当保守被调查单位和个人的商业秘密。

被监督检查的单位和个人应当接受依法实施的监督检查,如实提供有关资料或者情况。

第六十一条 道路运输管理机构的工作人员在实施道路运输监督检查过程中,发现车辆超载行为的,应当立即予以制止,并采取相应措施安排旅客改乘或者强制卸货。

第六十二条 道路运输管理机构的工作人员在实施道路运输监督检查过程中,对没有车辆营运证又无法当场提供其他有效证明的车辆予以暂扣的,应当妥善保管,不得使用,不得收取或者变相收取保管费用。

第六章　法　律　责　任

第六十三条 违反本条例的规定,未取得道路运输经营许可,擅自从事道路运输经营的,由县级以上道路运输管理机构责令停止经营;有违法所得的,没收违法所得,处违法所得 2 倍以上 10 倍以下的罚款;没有违法所得或者违法所得不足 2 万元的,处 3 万元以上 10 万元以下的罚款;构成犯罪的,依法追究刑事责任。

第六十四条 不符合本条例第九条、第二十二条规定条件的人员驾驶道路运输经营车辆的,由县级以上道路运输管理机构责令改正,处 200 元以上 2000 元以下的罚款;构成犯罪的,依法追究刑事责任。

第六十五条 违反本条例的规定,未经许可擅自从事道路运输站(场)经营、机动车维修经营、机动车驾驶员培训的,由县级以上道路运输管理机构责令停止经营;有违法所得的,没收违法所得,处违法所得 2 倍以上 10 倍以下的罚款;没有违法所得或者违法所得不足 1 万元的,处 2 万元以上 5 万元以下的罚款;构成犯罪的,依法追究刑事责任。

第六十六条 违反本条例的规定,客运经营者、货运经营者、道路运输相关业务经营者非法转让、出租道路运输许可证件的,由县级以上道路运输管理机构责令停止违法行为,收缴有关证件,处 2000 元以上 1 万元以下的罚款;有违法所得的,没收违法所得。

第六十七条 违反本条例的规定,客运经营者、危险货物运输经营者未按规定投保承运人责任险的,由县级以上道路运输管理机构责令限期投保;拒不投保的,由原许可机关吊销道路运输经营许可证。

第六十八条 违反本条例的规定,客运经营者、货运经营者不按照规定携带车辆营运证的,由县级以上道路运输管理机构责令改正,处警告或者20元以上200元以下的罚款。

第六十九条 违反本条例的规定,客运经营者、货运经营者有下列情形之一的,由县级以上道路运输管理机构责令改正,处1000元以上3000元以下的罚款;情节严重的,由原许可机关吊销道路运输经营许可证:

(一)不按批准的客运站点停靠或者不按规定的线路、公布的班次行驶的;

(二)强行招揽旅客、货物的;

(三)在旅客运输途中擅自变更运输车辆或者将旅客移交他人运输的;

(四)未报告原许可机关,擅自终止客运经营的;

(五)没有采取必要措施防止货物脱落、扬撒等的。

第七十条 违反本条例的规定,客运经营者、货运经营者不按规定维护和检测运输车辆的,由县级以上道路运输管理机构责令改正,处1000元以上5000元以下的罚款。

违反本条例的规定,客运经营者、货运经营者擅自改装已取得车辆营运证的车辆的,由县级以上道路运输管理机构责令改正,处5000元以上2万元以下的罚款。

第七十一条 违反本条例的规定,道路运输站(场)经营者允许无证经营的车辆进站从事经营活动以及超载车辆、未经安全检查的车辆出站或者无正当理由拒绝道路运输车辆进站从事经营活动的,由县级以上道路运输管理机构责令改正,处1万元以上3万元以下的罚款。

违反本条例的规定,道路运输站(场)经营者擅自改变道路运输站(场)的用途和服务功能,或者不公布运输线路、起止经停站点、运输班次、始发时间、票价的,由县级以上道路运输管理机构责令改正;拒不改正的,处3000元的罚款;有违法所得的,没收违法所得。

第七十二条 违反本条例的规定,机动车维修经营者使用假冒伪劣配件维修机动车,承修已报废的机动车或者擅自改装机动车的,由县级以上道路运输管理机构责令改正;有违法所得的,没收违法所得,处违法所得2倍以上10倍以下的罚款;没有违法所得或者违法所得不足1万元的,处2万元以上5万元以下的罚款,没收假冒伪劣配件及报废车辆;情节严重的,由原许可机关吊销其经营许可;构成犯罪的,依法追究刑事责任。

第七十三条 违反本条例的规定,机动车维修经营者签发虚假的机动车维修合格证,由县级以上道路运输管理机构责令改正;有违法所得的,没收违法所得,处违法所得2倍以上10倍以下的罚款;没有违法所得或者违法所得不足3000元的,处5000元以上2万元以下的罚款;情节严重的,由原许可机关吊销其经营许可;构成犯罪的,依法追究刑事责任。

第七十四条 违反本条例的规定,机动车驾驶员培训机构不严格按照规定进行培训或者在培训结业证书发放时弄虚作假的,由县级以上道路运输管理机构责令改正;拒不改正的,由原许可机关吊销其经营许可。

第七十五条 违反本条例的规定,外国国际道路运输经营者未按照规定的线路运输,擅自从事中国境内道路运输或者未标明国籍识别标志的,由省、自治区、直辖市道路运输管理机构责令停止运输;有违法所得的,没收违法所得,处违法所得2倍以上10倍以下的罚款;没有违法所得或者违法所得不足1万元的,处3万元以上6万元以下的罚款。

第七十六条 违反本条例的规定,道路运输管理机构的工作人员有下列情形之一的,依法给予行政处分;构成犯罪的,依法追究刑事责任:

(一)不依照本条例规定的条件、程序和期限实施行政许可的;

(二)参与或者变相参与道路运输经营以及道路运输相关业务的;

(三)发现违法行为不及时查处的;

(四)违反规定拦截、检查正常行驶的道路运输车辆的;

(五)违法扣留运输车辆、车辆营运证的;

(六)索取、收受他人财物,或者谋取其他利益的;

(七)其他违法行为。

第七章 附 则

第七十七条 内地与香港特别行政区、澳门特别行政区之间的道路运输,参照本条例的有关规定执行。

第七十八条 外商可以依照有关法律、行政法规和国家有关规定,在中华人民共和国境内采用中外合资、中外合作、独资形式投资有关的道路运输经营以及道路运输相关业务。

第七十九条 从事非经营性危险货物运输的,应当遵守本条例有关规定。

第八十条 道路运输管理机构依照本条例发放经营许可证件和车辆营运证,可以收取工本费。工本费的具体收费标准由省、自治区、直辖市人民政府财政部门、价格主管部门会同同级交通主管部门核定。

第八十一条 出租车客运和城市公共汽车客运的管理办法由国务院另行规定。

第八十二条 本条例自2004年7月1日起施行。

道路运输车辆动态监督管理办法

交通运输部令 2016 年第 55 号

2014 年 1 月 28 日交通运输部、公安部、国家安全生产监督管理总局发布,根据 2016 年 4 月 20 日交通运输部令 2016 年第 55 号《交通运输部 公安部 国家安全生产监督管理总局关于修改〈道路运输车辆动态监督管理办法〉的决定》修正。

第一章 总 则

第一条 为加强道路运输车辆动态监督管理,预防和减少道路交通事故,依据《中华人民共和国安全生产法》《中华人民共和国道路交通安全法实施条例》《中华人民共和国道路运输条例》等有关法律法规,制定本办法。

第二条 道路运输车辆安装、使用具有行驶记录功能的卫星定位装置(以下简称卫星定位装置)以及相关安全监督管理活动,适用本办法。

第三条 本办法所称道路运输车辆,包括用于公路营运的载客汽车、危险货物运输车辆、半挂牵引车以及重型载货汽车(总质量为 12 吨及以上的普通货运车辆)。

第四条 道路运输车辆动态监督管理应当遵循企业监控、政府监管、联网联控的原则。

第五条 道路运输管理机构、公安机关交通管理部门、安全监管部门依据法定职责,对道路运输车辆动态监控工作实施联合监督管理。

第二章 系统建设

第六条 道路运输车辆卫星定位系统平台应当符合以下标准要求:
(一)《道路运输车辆卫星定位系统平台技术要求》(JT/T 796);
(二)《道路运输车辆卫星定位系统终端通讯协议及数据格式》(JT/T 808);
(三)《道路运输车辆卫星定位系统平台数据交换》(JT/T 809)。

第七条 在道路运输车辆上安装的卫星定位装置应符合以下标准要求:
(一)《道路运输车辆卫星定位系统车载终端技术要求》(JT/T 794);
(二)《道路运输车辆卫星定位系统终端通讯协议及数据格式》(JT/T 808);
(三)《机动车运行安全技术条件》(GB 7258);
(四)《汽车行驶记录仪》(GB/T 19056)。

第八条 道路运输车辆卫星定位系统平台和车载终端应当通过有关专业机构的标准符合性技术审查。对通过标准符合性技术审查的系统平台和车载终端,由交通运输部发布公告。

第九条 道路旅客运输企业、道路危险货物运输企业和拥有50辆及以上重型载货汽车或者牵引车的道路货物运输企业应当按照标准建设道路运输车辆动态监控平台,或者使用符合条件的社会化卫星定位系统监控平台(以下统称监控平台),对所属道路运输车辆和驾驶员运行过程进行实时监控和管理。

第十条 道路运输企业新建或者变更监控平台,在投入使用前应当通过有关专业机构的系统平台标准符合性技术审查,并向原发放《道路运输经营许可证》的道路运输管理机构备案。

第十一条 提供道路运输车辆动态监控社会化服务的,应当向省级道路运输管理机构备案,并提供以下材料:

(一)营业执照;

(二)服务格式条款、服务承诺;

(三)履行服务能力的相关证明材料;

(四)通过系统平台标准符合性技术审查的证明材料。

第十二条 旅游客车、包车客车、三类以上班线客车和危险货物运输车辆在出厂前应当安装符合标准的卫星定位装置。重型载货汽车和半挂牵引车在出厂前应当安装符合标准的卫星定位装置,并接入全国道路货运车辆公共监管与服务平台(以下简称道路货运车辆公共平台)。

车辆制造企业为道路运输车辆安装符合标准的卫星定位装置后,应当随车附带相关安装证明材料。

第十三条 道路运输经营者应当选购安装符合标准的卫星定位装置的车辆,并接入符合要求的监控平台。

第十四条 道路运输企业应当在监控平台中完整、准确地录入所属道路运输车辆和驾驶人员的基础资料等信息,并及时更新。

第十五条 道路旅客运输企业和道路危险货物运输企业监控平台应当接入全国重点营运车辆联网联控系统(以下简称联网联控系统),并按照要求将车辆行驶的动态信息和企业、驾驶人员、车辆的相关信息逐级上传至全国道路运输车辆动态信息公共交换平台。

道路货运企业监控平台应当与道路货运车辆公共平台对接,按照要求将企业、驾驶人员、车辆的相关信息上传至道路货运车辆公共平台,并接收道路货运车辆公共平台转发的货运车辆行驶的动态信息。

第十六条 道路运输管理机构在办理营运手续时,应当对道路运输车辆安装卫星定位装置及接入系统平台的情况进行审核。

第十七条 对新出厂车辆已安装的卫星定位装置,任何单位和个人不得随意拆卸。除危险货物运输车辆接入联网联控系统监控平台时按照有关标准要求进行相应设置以外,不得改变货运车辆车载终端监控中心的域名设置。

第十八条 道路运输管理机构负责建设和维护道路运输车辆动态信息公共服务平台,落实维护经费,向地方人民政府争取纳入年度预算。道路运输管理机构应当建立逐级考核和通报制度,保证联网联控系统长期稳定运行。

第十九条 道路运输管理机构、公安机关交通管理部门、安全监管部门间应当建立信息共享机制。

公安机关交通管理部门、安全监管部门根据需要可以通过道路运输车辆动态信息公共服务平台,随时或者定期调取系统数据。

第二十条 任何单位、个人不得擅自泄露、删除、篡改卫星定位系统平台的历史和实时动态数据。

第三章 车辆监控

第二十一条 道路运输企业是道路运输车辆动态监控的责任主体。

第二十二条 道路旅客运输企业、道路危险货物运输企业和拥有50辆及以上重型载货汽车或牵引车的道路货物运输企业应当配备专职监控人员。专职监控人员配置原则上按照监控平台每接入100辆车设1人的标准配备,最低不少于2人。

监控人员应当掌握国家相关法规和政策,经运输企业培训、考试合格后上岗。

第二十三条 道路货运车辆公共平台负责对个体货运车辆和小型道路货物运输企业(拥有50辆以下重型载货汽车或牵引车)的货运车辆进行动态监控。道路货运车辆公共平台设置监控超速行驶和疲劳驾驶的限值,自动提醒驾驶员纠正超速行驶、疲劳驾驶等违法行为。

第二十四条 道路运输企业应当建立健全动态监控管理相关制度,规范动态监控工作:

(一)系统平台的建设、维护及管理制度;

(二)车载终端安装、使用及维护制度;

(三)监控人员岗位职责及管理制度;

(四)交通违法动态信息处理和统计分析制度;

(五)其他需要建立的制度。

第二十五条 道路运输企业应当根据法律法规的相关规定以及车辆行驶道路的实际情况,按照规定设置监控超速行驶和疲劳驾驶的限值,以及核定运营线路、区域及夜间行驶时间等,在所属车辆运行期间对车辆和驾驶员进行实时监控和管理。

设置超速行驶和疲劳驾驶的限值,应当符合客运驾驶员24小时累计驾驶时间原则上不超过8小时,日间连续驾驶不超过4小时,夜间连续驾驶不超过2小时,每次停车休息时间不少于20分钟,客运车辆夜间行驶速度不得超过日间限速80%的要求。

第二十六条　监控人员应当实时分析、处理车辆行驶动态信息,及时提醒驾驶员纠正超速行驶、疲劳驾驶等违法行为,并记录存档至动态监控台账;对经提醒仍然继续违法驾驶的驾驶员,应当及时向企业安全管理机构报告,安全管理机构应当立即采取措施制止;对拒不执行制止措施仍然继续违法驾驶的,道路运输企业应当及时报告公安机关交通管理部门,并在事后解聘驾驶员。

动态监控数据应当至少保存6个月,违法驾驶信息及处理情况应当至少保存3年。对存在交通违法信息的驾驶员,道路运输企业在事后应当及时给予处理。

第二十七条　道路运输经营者应当确保卫星定位装置正常使用,保持车辆运行实时在线。

卫星定位装置出现故障不能保持在线的道路运输车辆,道路运输经营者不得安排其从事道路运输经营活动。

第二十八条　任何单位和个人不得破坏卫星定位装置以及恶意人为干扰、屏蔽卫星定位装置信号,不得篡改卫星定位装置数据。

第二十九条　卫星定位系统平台应当提供持续、可靠的技术服务,保证车辆动态监控数据真实、准确,确保提供监控服务的系统平台安全、稳定运行。

第四章　监督检查

第三十条　道路运输管理机构应当充分发挥监控平台的作用,定期对道路运输企业动态监控工作的情况进行监督考核,并将其纳入企业质量信誉考核的内容,作为运输企业班线招标和年度审验的重要依据。

第三十一条　公安机关交通管理部门可以将道路运输车辆动态监控系统记录的交通违法信息作为执法依据,依法查处。

第三十二条　安全监管部门应当按照有关规定认真开展事故调查工作,严肃查处违反本办法规定的责任单位和人员。

第三十三条　道路运输管理机构、公安机关交通管理部门、安全监管部门监督检查人员可以向被检查单位和个人了解情况,查阅和复制有关材料。被监督检查的单位和个人应当积极配合监督检查,如实提供有关资料和说明情况。

道路运输车辆发生交通事故的,道路运输企业或者道路货运车辆公共平台负责单位应当在接到事故信息后立即封存车辆动态监控数据,配合事故调查,如实提供肇事车辆动态监控数据;肇事车辆安装车载视频装置的,还应当提供视频资料。

第三十四条 鼓励各地利用卫星定位装置,对营运驾驶员安全行驶里程进行统计分析,开展安全行车驾驶员竞赛活动。

第五章 法 律 责 任

第三十五条 道路运输管理机构对未按照要求安装卫星定位装置,或者已安装卫星定位装置但未能在联网联控系统(重型载货汽车和半挂牵引车未能在道路货运车辆公共平台)正常显示的车辆,不予发放或者审验《道路运输证》。

第三十六条 违反本办法的规定,道路运输企业有下列情形之一的,由县级以上道路运输管理机构责令改正。拒不改正的,处3000元以上8000元以下罚款:

(一)道路运输企业未使用符合标准的监控平台、监控平台未接入联网联控系统、未按规定上传道路运输车辆动态信息的;

(二)未建立或者未有效执行交通违法动态信息处理制度、对驾驶员交通违法处理率低于90%的;

(三)未按规定配备专职监控人员的。

第三十七条 违反本办法的规定,道路运输经营者使用卫星定位装置出现故障不能保持在线的运输车辆从事经营活动的,由县级以上道路运输管理机构责令改正。拒不改正的,处800元罚款。

第三十八条 违反本办法的规定,有下列情形之一的,由县级以上道路运输管理机构责令改正,处2000元以上5000元以下罚款:

(一)破坏卫星定位装置以及恶意人为干扰、屏蔽卫星定位装置信号的;

(二)伪造、篡改、删除车辆动态监控数据的。

第三十九条 违反本办法的规定,发生道路交通事故的,具有第三十六条、第三十七条、第三十八条情形之一的,依法追究相关人员的责任;构成犯罪的,依法追究刑事责任。

第四十条 道路运输管理机构、公安机关交通管理部门、安全监管部门工作人员执行本办法过程中玩忽职守、滥用职权、徇私舞弊的,给予行政处分;构成犯罪的,依法追究刑事责任。

第六章 附 则

第四十一条 在本办法实施前已经进入运输市场的重型载货汽车和半挂牵引车,应当于2015年12月31日前全部安装、使用卫星定位装置,并接入道路货运车辆公共平台。

农村客运车辆动态监督管理可参照本办法执行。

第四十二条 本办法自2014年7月1日起施行。

道路货物运输及站场管理规定

交通运输部令 2016 年第 35 号

2005年6月16日交通部发布,根据2008年7月23日交通运输部《关于修改〈道路货物运输及站场管理规定〉的决定》第一次修正,根据2009年4月20日交通运输部《关于修改〈道路货物运输及站场管理规定〉的决定》第二次修正,根据2012年3月14日交通运输部《关于修改〈道路货物运输及站场管理规定〉的决定》第三次修正,根据2016年4月11日交通运输部令2016年第35号交通运输部《关于修改〈道路货物运输及站场管理规定〉的决定》第四次修正。

第一章 总 则

第一条 为规范道路货物运输和道路货物运输站(场)经营活动,维护道路货物运输市场秩序,保障道路货物运输安全,保护道路货物运输和道路货物运输站(场)有关各方当事人的合法权益,根据《中华人民共和国道路运输条例》及有关法律、行政法规的规定,制定本规定。

第二条 从事道路货物运输经营和道路货物运输站(场)经营的,应当遵守本规定。

本规定所称道路货物运输经营,是指为社会提供公共服务、具有商业性质的道路货物运输活动。道路货物运输包括道路普通货运、道路货物专用运输、道路大型物件运输和道路危险货物运输。

本规定所称道路货物专用运输,是指使用集装箱、冷藏保鲜设备、罐式容器等专用车辆进行的货物运输。

本规定所称道路货物运输站(场)(以下简称"货运站"),是指以场地设施为依托,为社会提供有偿服务的具有仓储、保管、配载、信息服务、装卸、理货等功能的综合货运站(场)、零担货运站、集装箱中转站、物流中心等经营场所。

第三条 道路货物运输和货运站经营者应当依法经营,诚实信用,公平竞争。

道路货物运输管理应当公平、公正、公开和便民。

第四条 鼓励道路货物运输实行集约化、网络化经营。鼓励采用集装箱、封闭厢式车和多轴重型车运输。

第五条 交通运输部主管全国道路货物运输和货运站管理工作。

县级以上地方人民政府交通运输主管部门负责组织领导本行政区域的道路货物运

输和货运站管理工作。

县级以上道路运输管理机构具体实施本行政区域的道路货物运输和货运站管理工作。

第二章 经营许可

第六条 申请从事道路货物运输经营的,应当具备下列条件:

(一)有与其经营业务相适应并经检测合格的运输车辆;

1.车辆技术要求应当符合《道路运输车辆技术管理规定》有关规定。

2.车辆其他要求:

(1)从事大型物件运输经营的,应当具有与所运输大型物件相适应的超重型车组;

(2)从事冷藏保鲜、罐式容器等专用运输的,应当具有与运输货物相适应的专用容器、设备、设施,并固定在专用车辆上;

(3)从事集装箱运输的,车辆还应当有固定集装箱的转锁装置。

(二)有符合规定条件的驾驶人员:

1.取得与驾驶车辆相应的机动车驾驶证;

2.年龄不超过60周岁;

3.经设区的市级道路运输管理机构对有关道路货物运输法规、机动车维修和货物及装载保管基本知识考试合格,并取得从业资格证。

(三)有健全的安全生产管理制度,包括安全生产责任制度、安全生产业务操作规程、安全生产监督检查制度、驾驶员和车辆安全生产管理制度等。

第七条 申请从事货运站经营的,应当具备下列条件:

(一)有与其经营规模相适应的货运站房、生产调度办公室、信息管理中心、仓库、仓储库棚、场地和道路等设施,并经有关部门组织的工程竣工验收合格;

(二)有与其经营规模相适应的安全、消防、装卸、通讯、计量等设备;

(三)有与其经营规模、经营类别相适应的管理人员和专业技术人员;

(四)有健全的业务操作规程和安全生产管理制度。

第八条 申请从事道路货物运输经营的,应当依法向工商行政管理机关办理有关登记手续后,向县级道路运输管理机构提出申请,并提供以下材料:

(一)《道路货物运输经营申请表》(见附件1);

(二)负责人身份证明,经办人的身份证明和委托书;

(三)机动车辆行驶证、车辆技术等级评定结论复印件;拟投入运输车辆的承诺书,承诺书应当包括车辆数量、类型、技术性能、投入时间等内容;

(四)聘用或者拟聘用驾驶员的机动车驾驶证、从业资格证及其复印件;

（五）安全生产管理制度文本；

（六）法律、法规规定的其他材料。

第九条 申请从事货运站经营的，应当依法向工商行政管理机关办理有关登记手续后，向县级道路运输管理机构提出申请，并提供以下材料：

（一）《道路货物运输站（场）经营申请表》（见附件2）；

（二）负责人身份证明，经办人的身份证明和委托书；

（三）经营道路货运站的土地、房屋的合法证明；

（四）货运站竣工验收证明；

（五）与业务相适应的专业人员和管理人员的身份证明、专业证书；

（六）业务操作规程和安全生产管理制度文本。

第十条 道路运输管理机构应当按照《中华人民共和国道路运输条例》《交通行政许可实施程序规定》和本规定规范的程序实施道路货物运输经营和货运站经营的行政许可。

第十一条 道路运输管理机构对道路货运经营申请予以受理的，应当自受理之日起20日内作出许可或者不予许可的决定；道路运输管理机构对货运站经营申请予以受理的，应当自受理之日起15日内作出许可或者不予许可的决定。

第十二条 道路运输管理机构对符合法定条件的道路货物运输经营申请作出准予行政许可决定的，应当出具《道路货物运输经营行政许可决定书》（见附件3），明确许可事项。在10日内向被许可人颁发《道路运输经营许可证》，在《道路运输经营许可证》上注明经营范围。

道路运输管理机构对符合法定条件的货运站经营申请作出准予行政许可决定的，应当出具《道路货物运输站（场）经营行政许可决定书》（见附件4），明确许可事项。在10日内向被许可人颁发《道路运输经营许可证》，在《道路运输经营许可证》上注明经营范围。

对道路货物运输和货运站经营不予许可的，应当向申请人出具《不予交通行政许可决定书》。

第十三条 被许可人应当按照承诺书的要求投入运输车辆。购置车辆或者已有车辆经道路运输管理机构核实并符合条件的，道路运输管理机构向投入运输的车辆配发《道路运输证》。

第十四条 道路货物运输经营者设立子公司的，应当向设立地的道路运输管理机构申请经营许可；设立分公司的，应当向设立地的道路运输管理机构报备。

第十五条 从事货运代理（代办）等货运相关服务的经营者，应当依法到工商行政管理机关办理有关登记手续，并持有关登记证件到设立地的道路运输管理机构备案。

第十六条　道路货物运输和货运站经营者需要终止经营的,应当在终止经营之日30日前告知原许可的道路运输管理机构,并办理有关注销手续。

第十七条　道路货物运输经营者变更许可事项、扩大经营范围的,按本章有关许可规定办理。

道路货物运输和货运站经营者变更名称、地址等,应当向作出原许可决定的道路运输管理机构备案。

第三章　货运经营管理

第十八条　道路货物运输经营者应当按照《道路运输经营许可证》核定的经营范围从事货物运输经营,不得转让、出租道路运输经营许可证件。

第十九条　道路货物运输经营者应当对从业人员进行经常性的安全、职业道德教育和业务知识、操作规程培训。

第二十条　道路货物运输经营者应当按照国家有关规定在其重型货运车辆、牵引车上安装、使用行驶记录仪,并采取有效措施,防止驾驶人员连续驾驶时间超过4个小时。

第二十一条　道路货物运输经营者应当要求其聘用的车辆驾驶员随车携带《道路运输证》。

《道路运输证》不得转让、出租、涂改、伪造。

第二十二条　道路货物运输经营者应当聘用持有从业资格证的驾驶人员。

第二十三条　营运驾驶员应当驾驶与其从业资格类别相符的车辆。驾驶营运车辆时,应当随身携带从业资格证。

第二十四条　运输的货物应当符合货运车辆核定的载质量,载物的长、宽、高不得违反装载要求。禁止货运车辆违反国家有关规定超限、超载运输。

禁止使用货运车辆运输旅客。

第二十五条　道路货物运输经营者运输大型物件,应当制定道路运输组织方案。涉及超限运输的应当按照交通部颁布的《超限运输车辆行驶公路管理规定》办理相应的审批手续。

第二十六条　从事大型物件运输的车辆,应当按照规定装置统一的标志和悬挂标志旗;夜间行驶和停车休息时应当设置标志灯。

第二十七条　道路货物运输经营者不得运输法律、行政法规禁止运输的货物。

道路货物运输经营者在受理法律、行政法规规定限运、凭证运输的货物时,应当查验并确认有关手续齐全有效后方可运输。

货物托运人应当按照有关法律、行政法规的规定办理限运、凭证运输手续。

第二十八条 道路货物运输经营者不得采取不正当手段招揽货物、垄断货源。不得阻碍其他货运经营者开展正常的运输经营活动。

道路货物运输经营者应当采取有效措施，防止货物变质、腐烂、短少或者损失。

第二十九条 道路货物运输经营者和货物托运人应当按照《合同法》的要求，订立道路货物运输合同。

道路货物运输可以采用交通部颁布的《汽车货物运输规则》所推荐的道路货物运单签订运输合同。

第三十条 国家鼓励实行封闭式运输。道路货物运输经营者应当采取有效的措施，防止货物脱落、扬撒等情况发生。

第三十一条 道路货物运输经营者应当制定有关交通事故、自然灾害、公共卫生以及其他突发公共事件的道路运输应急预案。应急预案应当包括报告程序、应急指挥、应急车辆和设备的储备以及处置措施等内容。

第三十二条 发生交通事故、自然灾害、公共卫生以及其他突发公共事件，道路货物运输经营者应当服从县级以上人民政府或者有关部门的统一调度、指挥。

第三十三条 道路货物运输经营者应当严格遵守国家有关价格法律、法规和规章的规定，不得恶意压价竞争。

第四章 货运站经营管理

第三十四条 货运站经营者应当按照经营许可证核定的许可事项经营，不得随意改变货运站用途和服务功能。

第三十五条 货运站经营者应当依法加强安全管理，完善安全生产条件，健全和落实安全生产责任制。

货运站经营者应当对出站车辆进行安全检查，防止超载车辆或者未经安全检查的车辆出站，保证安全生产。

第三十六条 货运站经营者应当按照货物的性质、保管要求进行分类存放，危险货物应当单独存放，保证货物完好无损。

第三十七条 货物运输包装应当按照国家规定的货物运输包装标准作业，包装物和包装技术、质量要符合运输要求。

第三十八条 货运站经营者应当按照规定的业务操作规程进行货物的搬运装卸。搬运装卸作业应当轻装、轻卸，堆放整齐，防止混杂、撒漏、破损，严禁有毒、易污染物品与食品混装。

第三十九条 货运站经营者应当严格执行价格规定，在经营场所公布收费项目和收费标准。严禁乱收费。

第四十条 进入货运站经营的经营业户及车辆,经营手续必须齐全。

货运站经营者应当公平对待使用货运站的道路货物运输经营者,禁止无证经营的车辆进站从事经营活动,无正当理由不得拒绝道路货物运输经营者进站从事经营活动。

第四十一条 货运站经营者不得垄断货源、抢装货物、扣押货物。

第四十二条 货运站要保持清洁卫生,各项服务标志醒目。

第四十三条 货运站经营者经营配载服务应当坚持自愿原则,提供的货源信息和运力信息应当真实、准确。

第四十四条 货运站经营者不得超限、超载配货,不得为无道路运输经营许可证或证照不全者提供服务;不得违反国家有关规定,为运输车辆装卸国家禁运、限运的物品。

第四十五条 货运站经营者应当制定有关突发公共事件的应急预案。应急预案应当包括报告程序、应急指挥、应急车辆和设备的储备以及处置措施等内容。

第四十六条 货运站经营者应当建立和完善各类台账和档案,并按要求报送有关信息。

第五章 监 督 检 查

第四十七条 道路运输管理机构应当加强对道路货物运输经营和货运站经营活动的监督检查。

道路运输管理机构工作人员应当严格按照职责权限和法定程序进行监督检查。

第四十八条 县级以上道路运输管理机构应当定期对货运车辆进行审验,每年审验一次。审验内容包括车辆技术等级评定情况、车辆结构及尺寸变动情况和违章记录等。

审验符合要求的,道路运输管理机构在《道路运输证》审验记录中或者IC卡注明;不符合要求的,应当责令限期改正或者办理变更手续。

第四十九条 道路运输管理机构及其工作人员应当重点在货运站、货物集散地对道路货物运输、货运站经营活动实施监督检查。此外,根据管理需要,可以在公路路口实施监督检查,但不得随意拦截正常行驶的道路运输车辆,不得双向拦截车辆进行检查。

第五十条 道路运输管理机构的工作人员实施监督检查时,应当有2名以上人员参加,并向当事人出示交通运输部统一制式的交通行政执法证件。

第五十一条 道路运输管理机构的工作人员可以向被检查单位和个人了解情况,查阅和复制有关材料。但是,应当保守被调查单位和个人的商业秘密。

被监督检查的单位和个人应当接受道路运输管理机构及其工作人员依法实施的监督检查,如实提供有关情况或者资料。

第五十二条 道路运输管理人员在货运站、货物集散地实施监督检查过程中,发现货运车辆有超载行为的,应当立即予以制止,装载符合标准后方可放行。

第五十三条 道路货物运输经营者在许可的道路运输管理机构管辖区域外违法从事经营活动的,违法行为发生地的道路运输管理机构应当依法将当事人的违法事实、处罚结果记录到《道路运输证》上,并抄告作出道路运输经营许可的道路运输管理机构。

第五十四条 道路货物运输经营者违反本规定的,县级以上道路运输管理机构在作出行政处罚决定的过程中,可以按照行政处罚法的规定将其违法证据先行登记保存。作出行政处罚决定后,道路货物运输经营者拒不履行的,作出行政处罚决定的道路运输管理机构可以将其拒不履行行政处罚决定的事实通知违法车辆车籍所在地道路运输管理机构,作为能否通过车辆年度审验和决定质量信誉考核结果的重要依据。

第五十五条 道路运输管理机构的工作人员在实施道路运输监督检查过程中,对没有《道路运输证》又无法当场提供其他有效证明的货运车辆可以予以暂扣,并出具《道路运输车辆暂扣凭证》(见附件5)。对暂扣车辆应当妥善保管,不得使用,不得收取或者变相收取保管费用。

违法当事人应当在暂扣凭证规定时间内到指定地点接受处理。逾期不接受处理的,道路运输管理机构可依法作出处罚决定,并将处罚决定书送达当事人。当事人无正当理由逾期不履行处罚决定的,道路运输管理机构可申请人民法院强制执行。

第六章 法 律 责 任

第五十六条 违反本规定,有下列行为之一的,由县级以上道路运输管理机构责令停止经营;有违法所得的,没收违法所得,处违法所得2倍以上10倍以下的罚款;没有违法所得或者违法所得不足2万元的,处3万元以上10万元以下的罚款;构成犯罪的,依法追究刑事责任:

(一)未取得道路货物运输经营许可,擅自从事道路货物运输经营的;

(二)使用失效、伪造、变造、被注销等无效的道路运输经营许可证件从事道路货物运输经营的;

(三)超越许可的事项,从事道路货物运输经营的。

第五十七条 违反本规定,道路货物运输和货运站经营者非法转让、出租道路运输经营许可证件的,由县级以上道路运输管理机构责令停止违法行为,收缴有关证件,处2000元以上1万元以下的罚款;有违法所得的,没收违法所得。

第五十八条 违反本规定,取得道路货物运输经营许可的道路货物运输经营者使用无道路运输证的车辆参加货物运输的,由县级以上道路运输管理机构责令改正,处3000元以上1万元以下的罚款。

违反本规定,道路货物运输经营者不按照规定携带《道路运输证》的,由县级以上道路运输管理机构责令改正,处警告或者20元以上200元以下的罚款。

第五十九条 违反本规定,道路货物运输经营者、货运站经营者已不具备开业要求的有关安全条件、存在重大运输安全隐患的,由县级以上道路运输管理机构限期责令改正;在规定时间内不能按要求改正且情节严重的,由原许可机关吊销《道路运输经营许可证》或者吊销其相应的经营范围。

第六十条 违反本规定,道路货物运输经营者有下列情形之一的,由县级以上道路运输管理机构责令改正,处1000元以上3000元以下的罚款;情节严重的,由原许可机关吊销道路运输经营许可证或者吊销其相应的经营范围:

(一)强行招揽货物的;

(二)没有采取必要措施防止货物脱落、扬撒的。

第六十一条 违反本规定,有下列行为之一的,由县级以上道路运输管理机构责令停止经营;有违法所得的,没收违法所得,处违法所得2倍以上10倍以下的罚款;没有违法所得或者违法所得不足1万元的,处2万元以上5万元以下的罚款;构成犯罪的,依法追究刑事责任:

(一)未取得货运站经营许可,擅自从事货运站经营的;

(二)使用失效、伪造、变造、被注销等无效的道路运输经营许可证件从事货运站经营的;

(三)超越许可的事项,从事货运站经营的。

第六十二条 违反本规定,货运站经营者对超限、超载车辆配载,放行出站的,由县级以上道路运输管理机构责令改正,处1万元以上3万元以下的罚款。

第六十三条 违反本规定,货运站经营者擅自改变道路运输站(场)的用途和服务功能,由县级以上道路运输管理机构责令改正;拒不改正的,处3000元的罚款;有违法所得的,没收违法所得。

第六十四条 违反本规定,有下列行为之一的,由县级以上道路运输管理机构责令限期整改,整改不合格的,予以通报:

(一)没有按照国家有关规定在货运车辆上安装符合标准的具有行驶记录功能的卫星定位装置的;

(二)大型物件运输车辆不按规定悬挂、标明运输标志的;

(三)发生公共突发性事件,不接受当地政府统一调度安排的;

(四)因配载造成超限、超载的;

(五)运输没有限运证明物资的;

(六)未查验禁运、限运物资证明,配载禁运、限运物资的。

第六十五条 道路运输管理机构的工作人员违反本规定,有下列情形之一的,依法

给予相应的行政处分;构成犯罪的,依法追究刑事责任:

(一)不依照本规定规定的条件、程序和期限实施行政许可的;

(二)参与或者变相参与道路货物运输和货运站经营的;

(三)发现违法行为不及时查处的;

(四)违反规定拦截、检查正常行驶的道路运输车辆的;

(五)违法扣留运输车辆、《道路运输证》的;

(六)索取、收受他人财物,或者谋取其他利益的;

(七)其他违法行为。

第七章　附　则

第六十六条　道路货物运输经营者从事国际道路货物运输经营、危险货物运输活动,除一般行为规范适用本规定外,有关从业条件等特殊要求应当适用交通部制定的国际道路运输管理规定、道路危险货物运输管理规定。

第六十七条　中外合资、中外合作、独资形式投资道路货物运输和货运站经营业务的,按照《外商投资道路运输业管理规定》办理。

第六十八条　道路运输管理机构依照规定发放道路货物运输经营许可证件和《道路运输证》,可以收取工本费。工本费的具体收费标准由省级人民政府财政、价格主管部门会同同级交通运输主管部门核定。

第六十九条　本规定自 2005 年 8 月 1 日起施行。交通部 1993 年 5 月 19 日发布的《道路货物运输业户开业技术经济条件(试行)》(交运发〔1993〕531 号)、1996 年 12 月 2 日发布的《道路零担货物运输管理办法》(交公路发〔1996〕1039 号)、1997 年 5 月 22 日发布的《道路货物运单使用和管理办法》(交通部令 1997 年第 4 号)、2001 年 4 月 5 日发布的《道路货物运输企业经营资质管理规定(试行)》(交公路发〔2001〕154 号)同时废止。

道路旅客运输及客运站管理规定

交通运输部令 2016 年第 82 号

2005 年 7 月 12 日交通部发布,根据 2008 年 7 月 23 日交通运输部《关于修改〈道路旅客运输及客运站管理规定〉的决定》第一次修正,根据 2009 年 4 月 20 日交通运输部《关于修改〈道路旅客运输及客运站管理规定〉的决定》第二次修正,根据 2012 年 3 月 14 日交通运输部《关于修改〈道路旅客运输及客运站管理规定〉的决定》第三次修正,根据 2012 年 12 月 11 日交通运输部《关于修改〈道路旅客运输及客运站管理规定〉的决定》第四次修正,根据 2016 年 4 月 11 日交通运输部《关于修改〈道路旅客运输及客运站管理规定〉的决定》第五次修正根据 2016 年 12 月 6 日交通运输部令 2016 年第 82 号交通运输部《关于修改〈道路旅客运输及客运站管理规定〉的决定》第六次修正。

第一章 总 则

第一条 为规范道路旅客运输及道路旅客运输站经营活动,维护道路旅客运输市场秩序,保障道路旅客运输安全,保护旅客和经营者的合法权益,依据《中华人民共和国道路运输条例》及有关法律、行政法规的规定,制定本规定。

第二条 从事道路旅客运输(以下简称道路客运)经营以及道路旅客运输站(以下简称客运站)经营的,应当遵守本规定。

第三条 本规定所称道路客运经营,是指用客车运送旅客、为社会公众提供服务、具有商业性质的道路客运活动,包括班车(加班车)客运、包车客运、旅游客运。

(一)班车客运是指营运客车在城乡道路上按照固定的线路、时间、站点、班次运行的一种客运方式,包括直达班车客运和普通班车客运。加班车客运是班车客运的一种补充形式,是在客运班车不能满足需要或者无法正常运营时,临时增加或者调配客车按客运班车的线路、站点运行的方式。

(二)包车客运是指以运送团体旅客为目的,将客车包租给用户安排使用,提供驾驶劳务,按照约定的起始地、目的地和路线行驶,按行驶里程或者包用时间计费并统一支付费用的一种客运方式。

(三)旅游客运是指以运送旅游观光的旅客为目的,在旅游景区内运营或者其线路至少有一端在旅游景区(点)的一种客运方式。

本规定所称客运站经营,是指以站场设施为依托,为道路客运经营者和旅客提供有关运输服务的经营活动。

第四条 道路客运和客运站管理应当坚持以人为本、安全第一的宗旨,遵循公平、公正、公开、便民的原则,打破地区封锁和垄断,促进道路运输市场的统一、开放、竞争、有序,满足广大人民群众的出行需求。

道路客运及客运站经营者应当依法经营,诚实信用,公平竞争,优质服务。

第五条 国家实行道路客运企业等级评定制度和质量信誉考核制度,鼓励道路客运经营者实行规模化、集约化、公司化经营,禁止挂靠经营。

第六条 交通运输部主管全国道路客运及客运站管理工作。

县级以上地方人民政府交通运输主管部门负责组织领导本行政区域的道路客运及客运站管理工作。

县级以上道路运输管理机构负责具体实施道路客运及客运站管理工作。

第二章 经营许可

第七条 班车客运的线路根据经营区域和营运线路长度分为以下四种类型:

一类客运班线:地区所在地与地区所在地之间的客运班线或者营运线路长度在800公里以上的客运班线。

二类客运班线:地区所在地与县之间的客运班线。

三类客运班线:非毗邻县之间的客运班线。

四类客运班线:毗邻县之间的客运班线或者县境内的客运班线。

本规定所称地区所在地,是指设区的市、州、盟人民政府所在城市市区;本规定所称县,包括县、旗、县级市和设区的市、州、盟下辖乡镇的区。

县城城区与地区所在地城市市区相连或者重叠的,按起讫客运站所在地确定班线起讫点所属的行政区域。

第八条 包车客运按照其经营区域分为省际包车客运和省内包车客运,省内包车客运分为市际包车客运、县际包车客运和县内包车客运。

第九条 旅游客运按照营运方式分为定线旅游客运和非定线旅游客运。

定线旅游客运按照班车客运管理,非定线旅游客运按照包车客运管理。

第十条 申请从事道路客运经营的,应当具备下列条件:

(一)有与其经营业务相适应并经检测合格的客车:

1.客车技术要求应当符合《道路运输车辆技术管理规定》有关规定。

2.客车类型等级要求:

从事高速公路客运、旅游客运和营运线路长度在800公里以上的客运车辆,其车辆类型等级应当达到行业标准《营运客车类型划分及等级评定》(JT/T 325)规定的中级以上。

3.客车数量要求：

（1）经营一类客运班线的班车客运经营者应当自有营运客车 100 辆以上、客位 3000 个以上，其中高级客车在 30 辆以上、客位 900 个以上；或者自有高级营运客车 40 辆以上、客位 1200 个以上；

（2）经营二类客运班线的班车客运经营者应当自有营运客车 50 辆以上、客位 1500 个以上，其中中高级客车在 15 辆以上、客位 450 个以上；或者自有高级营运客车 20 辆以上、客位 600 个以上；

（3）经营三类客运班线的班车客运经营者应当自有营运客车 10 辆以上、客位 200 个以上；

（4）经营四类客运班线的班车客运经营者应当自有营运客车 1 辆以上；

（5）经营省际包车客运的经营者，应当自有中高级营运客车 20 辆以上、客位 600 个以上；

（6）经营省内包车客运的经营者，应当自有营运客车 5 辆以上、客位 100 个以上。

（二）从事客运经营的驾驶人员，应当符合《道路运输从业人员管理规定》有关规定。

（三）有健全的安全生产管理制度，包括安全生产操作规程、安全生产责任制、安全生产监督检查、驾驶人员和车辆安全生产管理的制度。

（四）申请从事道路客运班线经营，还应当有明确的线路和站点方案。

第十一条 申请从事客运站经营的，应当具备下列条件：

（一）客运站经有关部门组织的工程竣工验收合格，并且经道路运输管理机构组织的站级验收合格；

（二）有与业务量相适应的专业人员和管理人员；

（三）有相应的设备、设施，具体要求按照行业标准《汽车客运站级别划分及建设要求》（JT/T 200）的规定执行；

（四）有健全的业务操作规程和安全管理制度，包括服务规范、安全生产操作规程、车辆发车前例检、安全生产责任制、危险品查堵、安全生产监督检查的制度。

第十二条 申请从事道路客运经营的，应当依法向工商行政管理机关办理有关登记手续后，按照下列规定提出申请：

（一）从事县级行政区域内客运经营的，向县级道路运输管理机构提出申请；

（二）从事省、自治区、直辖市行政区域内跨 2 个县级以上行政区域客运经营的，向其共同的上一级道路运输管理机构提出申请；

（三）从事跨省、自治区、直辖市行政区域客运经营的，向所在地的省、自治区、直辖市道路运输管理机构提出申请。

第十三条　申请从事客运站经营的,应当依法向工商行政管理机关办理有关登记手续后,向所在地县级道路运输管理机构提出申请。

第十四条　申请从事道路客运经营的,应当提供下列材料:

(一)申请开业的相关材料:

1.《道路旅客运输经营申请表》(见附件1);

2.企业章程文本;

3.投资人、负责人身份证明及其复印件,经办人的身份证明及其复印件和委托书;

4.安全生产管理制度文本;

5.拟投入车辆承诺书,包括客车数量、类型及等级、技术等级、座位数以及客车外廓长、宽、高等。如果拟投入客车属于已购置或者现有的,应当提供行驶证、车辆技术等级评定结论、客车类型等级评定证明及其复印件;

6.已聘用或者拟聘用驾驶人员的驾驶证和从业资格证及其复印件,公安部门出具的3年内无重大以上交通责任事故的证明。

(二)同时申请道路客运班线经营的,还应当提供下列材料:

1.《道路旅客运输班线经营申请表》(见附件2);

2.可行性报告,包括申请客运班线客流状况调查、运营方案、效益分析以及可能对其他相关经营者产生的影响等;

3.进站方案。已与起讫点客运站和停靠站签订进站意向书的,应当提供进站意向书;

4.运输服务质量承诺书。

第十五条　已获得相应道路班车客运经营许可的经营者,申请新增客运班线时,除提供第十四条第(二)项规定的材料外,还应当提供下列材料:

(一)《道路运输经营许可证》复印件;

(二)与所申请客运班线类型相适应的企业自有营运客车的行驶证、《道路运输证》复印件;

(三)拟投入车辆承诺书,包括客车数量、类型及等级、技术等级、座位数以及客车外廓长、宽、高等。如果拟投入客车属于已购置或者现有的,应当提供行驶证、车辆技术等级评定结论、客车类型等级评定证明及其复印件;

(四)拟聘用驾驶人员的驾驶证和从业资格证及其复印件,公安部门出具的3年内无重大以上交通责任事故的证明;

(五)经办人的身份证明及其复印件,所在单位的工作证明或者委托书。

第十六条　申请从事客运站经营的,应当提供下列材料:

(一)《道路旅客运输站经营申请表》(见附件3);

（二）客运站竣工验收证明和站级验收证明；

（三）拟招聘的专业人员、管理人员的身份证明和专业证书及其复印件；

（四）负责人身份证明及其复印件，经办人的身份证明及其复印件和委托书；

（五）业务操作规程和安全管理制度文本。

第十七条 县级以上道路运输管理机构应当定期向社会公布本行政区域内的客运运力投放、客运线路布局、主要客流流向和流量等情况。

道路运输管理机构在审查客运申请时，应当考虑客运市场的供求状况、普遍服务和方便群众等因素。

第十八条 道路运输管理机构应当按照《中华人民共和国道路运输条例》和《交通行政许可实施程序规定》以及本规定规范的程序实施道路客运经营、道路客运班线经营和客运站经营的行政许可。

第十九条 道路运输管理机构对道路客运经营申请、道路客运班线经营申请予以受理的，应当自受理之日起20日内作出许可或者不予许可的决定；道路运输管理机构对客运站经营申请予以受理的，应当自受理之日起15日内作出许可或者不予许可的决定。

道路运输管理机构对符合法定条件的道路客运经营申请作出准予行政许可决定的，应当出具《道路客运经营行政许可决定书》（见附件4），明确许可事项，许可事项为经营范围、车辆数量及要求、客运班线类型；并在10日内向被许可人发放《道路运输经营许可证》，并告知被许可人所在地道路运输管理机构。

道路运输管理机构对符合法定条件的道路客运班线经营申请作出准予行政许可决定的，应当出具《道路客运班线经营行政许可决定书》（见附件5），明确许可事项，许可事项为经营主体、班车类别、起讫地、途经路线及停靠站点、日发班次、车辆数量及要求、经营期限，其中对成立线路公司的道路客运班线或者实行区域经营的，其停靠站点及日发班次可以由其经营者自行决定，并告知原许可机关；并在10日内向被许可人发放《道路客运班线经营许可证明》（见附件8），告知班线起讫地道路运输管理机构；属于跨省客运班线的，应当将《道路客运班线经营行政许可决定书》抄告途经上下旅客的和终到的省级道路运输管理机构。

道路运输管理机构对符合法定条件的客运站经营申请作出准予行政许可决定的，应当出具《道路旅客运输站经营行政许可决定书》（见附件6），并明确许可事项，许可事项为经营者名称、站场地址、站场级别和经营范围；并在10日内向被许可人发放《道路运输经营许可证》。

道路运输管理机构对不符合法定条件的申请作出不予行政许可决定的，应当向申请人出具《不予交通行政许可决定书》。

第二十条 受理跨省客运班线经营申请的省级道路运输管理机构，应当在受理申请后 7 日内发征求意见函并附《道路旅客运输班线经营申请表》给途经上下旅客的和目的地省级道路运输管理机构征求意见;相关省级道路运输管理机构应当在 10 日内将意见给受理申请的省级道路运输管理机构,不予同意的,应当依法注明理由,逾期不予答复的,视为同意。

受理毗邻市、毗邻县间道路客运班线经营申请的道路运输管理机构,原则上按照毗邻市、毗邻县道路运输管理机构协商一致的意见作出许可或者不予许可的决定。

相关省级道路运输管理机构对跨省客运班线经营申请持不同意见且协商不成的,由受理申请的省级道路运输管理机构通过其隶属的省级交通运输主管部门将各方书面意见和相关材料报交通运输部决定,并书面通知申请人。交通运输部应当自受理之日起 20 日内作出决定,并书面通知相关省级交通运输主管部门,由受理申请的省级道路运输管理机构按本规定第十九条、第二十二条的规定为申请人办理有关手续。

跨省客运班线经营者申请延续经营的,受理申请的省级道路运输管理机构不需向途经上下旅客和目的地省级道路运输管理机构再次征求意见。

第二十一条　被许可人应当按确定的时间落实拟投入车辆承诺书。道路运输管理机构已核实被许可人落实了拟投入车辆承诺书且车辆符合许可要求后,应当为投入运输的客车配发《道路运输证》;属于客运班车的,应当同时配发班车客运标志牌(见附件 7)。正式班车客运标志牌尚未制作完毕的,应当先配发临时客运标志牌。

第二十二条　已取得相应道路班车客运经营许可的经营者需要增加客运班线的,应当按本规定第十二条的规定进行申请。

第二十三条　向不同级别的道路运输管理机构申请道路运输经营的,应当由最高一级道路运输管理机构核发《道路运输经营许可证》,并注明各级道路运输管理机构许可的经营范围,下级道路运输管理机构不再核发《道路运输经营许可证》。下级道路运输管理机构已向被许可人发放《道路运输经营许可证》的,上级道路运输管理机构应当按上述要求予以换发。

第二十四条　中外合资、中外合作、外商独资形式投资道路客运和客运站经营的,应当同时遵守《外商投资道路运输业管理规定》。

第二十五条　道路客运经营者设立子公司的,应当按规定向设立地道路运输管理机构申请经营许可;设立分公司的,应当向设立地道路运输管理机构报备。

第二十六条　客运班线经营及包车客运许可原则上应当通过服务质量招投标的方式实施,并签订经营服务协议。申请人数量达不到招投标要求的,道路运输管理机构应当按许可条件择优确定客运经营者。

相关省级道路运输管理机构协商确定通过服务质量招投标方式,实施跨省客运班线经营许可的,可采取联合招标、各自分别招标等方式进行。一省不实行招投标的,不影响另外一省进行招投标。

道路客运经营服务质量招投标管理办法另行制定。

第二十七条 在道路客运班线经营许可过程中,任何单位和个人不得以对等投放运力等不正当理由拒绝、阻挠实施客运班线经营许可。

第二十八条 客运经营者、客运站经营者需要变更许可事项或者终止经营的,应当向原许可机关提出申请,按本章有关规定办理。按照第十九条规定由经营者自行决定停靠站点及日发班次的,车辆数量的变更不需提出申请,但应当告知原许可机关。

客运班线的经营主体、起讫地和日发班次变更和客运站经营主体、站址变更按照重新许可办理。

客运经营者和客运站经营者在取得全部经营许可证件后无正当理由超过180天不投入运营或者运营后连续180天以上停运的,视为自动终止经营。

第二十九条 客运班线的经营期限由省级道路运输管理机构按《中华人民共和国道路运输条例》的有关规定确定。

第三十条 客运班线经营者在经营期限内暂停、终止班线经营,应当提前30日向原许可机关申请。经营期限届满,需要延续客运班线经营的,应当在届满前60日提出申请。原许可机关应当依据本章有关规定作出许可或者不予许可的决定。予以许可的,重新办理有关手续。

客运经营者终止经营,应当在终止经营后10日内,将相关的《道路运输经营许可证》和《道路运输证》、客运标志牌交回原发放机关。

第三十一条 客运站经营者终止经营的,应当提前30日告知原许可机关和进站经营者。原许可机关发现关闭客运站可能对社会公众利益造成重大影响的,应当采取措施对进站车辆进行分流,并向社会公告。客运站经营者应当在终止经营后10日内将《道路运输经营许可证》交回原发放机关。

第三十二条 客运经营者在客运班线经营期限届满后申请延续经营,符合下列条件的,应当予以优先许可:

(一)经营者符合本规定第十条规定;

(二)经营者在经营该客运班线过程中,无特大运输安全责任事故;

(三)经营者在经营该客运班线过程中,无情节恶劣的服务质量事件;

(四)经营者在经营该客运班线过程中,无严重违法经营行为;

(五)按规定履行了普遍服务的义务。

第三章 客运经营管理

第三十三条 客运经营者应当按照道路运输管理机构决定的许可事项从事客运经

营活动,不得转让、出租道路运输经营许可证件。

第三十四条 道路客运企业的全资或者绝对控股的经营道路客运的子公司,其自有营运客车在 10 辆以上或者自有中高级营运客车 5 辆以上时,可按照其母公司取得的经营许可从事客运经营活动。

本条所称绝对控股是指母公司控制子公司实际资产 51%以上。

第三十五条 道路客运班线属于国家所有的公共资源。班线客运经营者取得经营许可后,应当向公众提供连续运输服务,不得擅自暂停、终止或者转让班线运输。

第三十六条 客运班车应当按照许可的线路、班次、站点运行,在规定的途经站点进站上下旅客,无正当理由不得改变行驶线路,不得站外上客或者沿途揽客。

经许可机关同意,在农村客运班线上运营的班车可采取区域经营、循环运行、设置临时发车点等灵活的方式运营。

本规定所称农村客运班线,是指县内或者毗邻县间至少有一端在乡村的客运班线。

第三十七条 省际、市际客运班线的经营者或者其委托的售票单位、起讫点和中途停靠站点客运站,应当实行客票实名售票和实名查验(以下统称实名制管理)。其他客运班线及客运站实行实名制管理的范围,由省级交通运输主管部门确定。

第三十八条 实行实名制管理的,售票时应当由购票人提供旅客的有效身份证件原件,并由售票人在客票上记载旅客的身份信息。携带免票儿童的,应当凭免票儿童的有效身份证件同时免费申领实名制客票。通过网络、电话等方式实名购票的,购票人应当提供真实准确的旅客有效身份证件信息,并在取票时提供旅客的有效身份证件原件。

旅客遗失客票的,经核实其身份信息后,售票人应当免费为其补办客票。

第三十九条 客运经营者不得强迫旅客乘车,不得中途将旅客交给他人运输或者甩客,不得敲诈旅客,不得擅自更换客运车辆,不得阻碍其他经营者的正常经营活动。

第四十条 严禁客运车辆超载运行,在载客人数已满的情况下,允许再搭乘不超过核定载客人数 10%的免票儿童。

客运车辆不得违反规定载货。

第四十一条 客运经营者应当遵守有关运价规定,使用规定的票证,不得乱涨价、恶意压价、乱收费。

第四十二条 客运经营者应当在客运车辆外部的适当位置喷印企业名称或者标识,在车厢内显著位置公示道路运输管理机构监督电话、票价和里程表。

第四十三条 客运经营者应当为旅客提供良好的乘车环境,确保车辆设备、设施齐全有效,保持车辆清洁、卫生,并采取必要的措施防止在运输过程中发生侵害旅客人身、财产安全的违法行为。

当运输过程中发生侵害旅客人身、财产安全的治安违法行为时,客运经营者在自身能力许可的情况下,应当及时向公安机关报告并配合公安机关及时终止治安违法行为。

客运经营者不得在客运车辆上从事播放淫秽录像等不健康的活动。

第四十四条 鼓励客运经营者使用配置下置行李舱的客车从事道路客运。没有下置行李舱或者行李舱容积不能满足需要的客车车辆,可在客车车厢内设立专门的行李堆放区,但行李堆放区和乘客区必须隔离,并采取相应的安全措施。严禁行李堆放区载客。

第四十五条 客运经营者应当为旅客投保承运人责任险。

第四十六条 客运经营者应当加强对从业人员的安全、职业道德教育和业务知识、操作规程培训。并采取有效措施,防止驾驶人员连续驾驶时间超过4个小时。

客运车辆驾驶人员应当遵守道路运输法规和道路运输驾驶员操作规程,安全驾驶,文明服务。

第四十七条 客运经营者应当制定突发公共事件的道路运输应急预案。应急预案应当包括报告程序、应急指挥、应急车辆和设备的储备以及处置措施等内容。

发生突发公共事件时,客运经营者应当服从县级及以上人民政府或者有关部门的统一调度、指挥。

第四十八条 客运经营者应当建立和完善各类台账和档案,并按要求及时报送有关资料和信息。

第四十九条 旅客应当持有效客票乘车,遵守乘车秩序,文明礼貌。不得携带国家规定的危险物品及其他禁止携带的物品乘车。

实行实名制管理的客运班线及客运站,旅客应当出示有效客票和本人有效身份证件原件,配合工作人员查验。旅客乘车前,客运站经营者应当对车票记载的身份信息与旅客及其有效身份证件原件(以下简称票、人、证)进行一致性核对并记录有关信息。对拒不提供本人有效身份证件原件或者票、人、证不一致的,不得允许其乘车。

第五十条 实行实名制管理的客运班线经营者及客运站经营者应当配备必要的设施设备,并加强实名制管理相关人员的培训和相关系统及设施设备的管理,确保符合国家相关法律法规规定。

第五十一条 客运班线经营者及客运站经营者对实行实名制管理所登记采集的旅客身份信息及乘车信息,应当依公安机关的要求向其如实提供。对旅客身份信息及乘车信息自采集之日起保存期限不得少于1年,涉及视频图像信息的,自采集之日起保存期限不得少于90日。

客运班线经营者及客运站经营者对实行实名制管理所获得的旅客身份信息及乘车

信息,应当予以保密。

第五十二条 客运班线经营者或者其委托的售票单位、起讫点和中途停靠站点客运站应当针对客流高峰、恶劣天气及设备系统故障,重大安保活动等特殊情况下实名制管理的特点,制定有效的应急预案。

第五十三条 客运车辆驾驶人员应当随车携带《道路运输证》、从业资格证等有关证件,在规定位置放置客运标志牌。客运班车驾驶人员还应当随车携带《道路客运班线经营许可证明》。

第五十四条 遇有下列情况之一,客运车辆可凭临时客运标志牌运行:

(一)原有正班车已经满载,需要开行加班车的;

(二)因车辆抛锚、维护等原因,需要接驳或者顶班的;

(三)正式班车客运标志牌正在制作或者不慎灭失,等待领取的。

第五十五条 凭临时客运标志牌运营的客车应当按正班车的线路和站点运行。属于加班或者顶班的,还应当持有始发站签章并注明事由的当班行车路单;班车客运标志牌正在制作或者灭失的,还应当持有该条班线的《道路客运班线经营许可证明》或者《道路客运班线经营行政许可决定书》的复印件。

第五十六条 客运包车应当凭车籍所在地道路运输管理机构核发的包车客运标志牌,按照约定的时间、起始地、目的地和线路运行,并持有包车票或者包车合同,不得按班车模式定点定线运营,不得招揽包车合同外的旅客乘车。

客运包车除执行道路运输管理机构下达的紧急包车任务外,其线路一端应当在车籍所在地。省际、市际客运包车的车籍所在地为车籍所在的地区,县际客运包车的车籍所在地为车籍所在的县。

非定线旅游客车可持注明客运事项的旅游客票或者旅游合同取代包车票或者包车合同。

第五十七条 省际临时客运标志牌(见附件9)、省际包车客运标志牌(见附件10)由省级道路运输管理机构按照交通运输部的统一式样印制,交由当地县以上道路运输管理机构向客运经营者核发。省际包车客运标志牌和加班车、顶班车、接驳车使用的省际临时客运标志牌在一个运次所需的时间内有效,因班车客运标志牌正在制作或者灭失而使用的省际临时客运标志牌有效期不得超过30天。

从事省际包车客运的企业应按照交通运输部的统一要求,通过运政管理信息系统向车籍地道路运输管理机构备案后方可使用包车标志牌。

省内临时客运标志牌、省内包车客运标志牌样式及管理要求由各省级交通运输主管部门自行规定。

第五十八条 在春运、旅游"黄金周"或者发生突发事件等客流高峰期运力不足时，道路运输管理机构可临时调用车辆技术等级不低于二级的营运客车和社会非营运客车开行包车或者加班车。非营运客车凭县级以上道路运输管理机构开具的证明运行。

第四章 客运站经营

第五十九条 客运站经营者应当按照道路运输管理机构决定的许可事项从事客运站经营活动，不得转让、出租客运站经营许可证件，不得改变客运站用途和服务功能。

客运站经营者应当维护好各种设施、设备，保持其正常使用。

第六十条 客运站经营者和进站发车的客运经营者应当依法自愿签订服务合同，双方按合同的规定履行各自的权利和义务。

客运站经营者应当按月和客运经营者结算运费。

第六十一条 客运站经营者应当依法加强安全管理，完善安全生产条件，健全和落实安全生产责任制。

客运站经营者应当对出站客车进行安全检查，采取措施防止危险品进站上车，按照车辆核定载客限额售票，严禁超载车辆或者未经安全检查的车辆出站，保证安全生产。

第六十二条 客运站经营者应当禁止无证经营的车辆进站从事经营活动，无正当理由不得拒绝合法客运车辆进站经营。

客运站经营者应当坚持公平、公正原则，合理安排发车时间，公平售票。

客运经营者在发车时间安排上发生纠纷，客运站经营者协调无效时，由当地县级以上道路运输管理机构裁定。

第六十三条 客运站经营者应当公布进站客车的班车类别、客车类型等级、运输线路、起讫停靠站点、班次、发车时间、票价等信息，调度车辆进站发车，疏导旅客，维持秩序。

第六十四条 进站客运经营者应当在发车30分钟前备齐相关证件进站等待发车，不得误班、脱班、停班。进站客运经营者不按时派车辆应班，1小时以内视为误班，1小时以上视为脱班。但因车辆维修、肇事、丢失或者交通堵塞等特殊原因不能按时应班、并且已提前告知客运站经营者的除外。

进站客运经营者因故不能发班的，应当提前1日告知客运站经营者，双方要协商调度车辆顶班。

对无故停班达3日以上的进站班车，客运站经营者应当报告当地道路运输管理机构。

第六十五条 客运站经营者应当设置旅客购票、候车、乘车指示、行李寄存和托运、公共卫生等服务设施，向旅客提供安全、便捷、优质的服务，加强宣传，保持站场卫生、清洁。

在客运站从事客运站经营以外的其他经营活动时,应当遵守相应的法律、行政法规的规定。

第六十六条 客运站经营者应当严格执行价格管理规定,在经营场所公示收费项目和标准,严禁乱收费。

第六十七条 客运站经营者应当按规定的业务操作规程装卸、储存、保管行包。

第六十八条 客运站经营者应当制定公共突发事件应急预案。应急预案应当包括报告程序、应急指挥、应急设备的储备以及处置措施等内容。

第六十九条 客运站经营者应当建立和完善各类台账和档案,并按要求报送有关信息。

第五章 监督检查

第七十条 道路运输管理机构应当加强对道路客运和客运站经营活动的监督检查。道路运输管理机构工作人员应当严格按照法定职责权限和程序进行监督检查。

第七十一条 县级以上道路运输管理机构应当定期对客运车辆进行审验,每年审验一次。审验内容包括:

(一)车辆违章记录;

(二)车辆技术等级评定情况;

(三)客车类型等级评定情况;

(四)按规定安装、使用符合标准的具有行驶记录功能的卫星定位装置情况;

(五)客运经营者为客运车辆投保承运人责任险情况。

审验符合要求的,道路运输管理机构在《道路运输证》审验记录栏中或者IC卡注明;不符合要求的,应当责令限期改正或者办理变更手续。

第七十二条 道路运输管理机构及其工作人员应当重点在客运站、旅客集散地对道路客运、客运站经营活动实施监督检查。此外,根据管理需要,可以在公路路口实施监督检查,但不得随意拦截正常行驶的道路运输车辆,不得双向拦截车辆进行检查。

第七十三条 道路运输管理机构的工作人员实施监督检查时,应当有2名以上人员参加,并向当事人出示交通运输部统一制式的交通行政执法证件。

第七十四条 道路运输管理机构的工作人员可以向被检查单位和个人了解情况,查阅和复制有关材料。但应当保守被调查单位和个人的商业秘密。

被监督检查的单位和个人应当接受道路运输管理机构及其工作人员依法实施的监督检查,如实提供有关资料或者说明情况。

第七十五条 道路运输管理机构的工作人员在实施道路运输监督检查过程中,发现客运车辆有超载行为的,应当立即予以制止,并采取相应措施安排旅客改乘。

第七十六条 客运经营者在许可的道路运输管理机构管辖区域外违法从事经营活动的,违法行为发生地的道路运输管理机构应当依法将当事人的违法事实、处罚结果记录到《道路运输证》上,并抄告作出道路客运经营许可的道路运输管理机构。

第七十七条 客运经营者违反本规定的,县级以上道路运输管理机构在作出行政处罚决定的过程中,可以按照行政处罚法的规定将其违法证据先行登记保存。作出行政处罚决定后,客运经营者拒不履行的,作出行政处罚决定的道路运输管理机构可以将其拒不履行行政处罚决定的事实通知违法车辆车籍所在地道路运输管理机构,作为能否通过车辆年度审验和决定质量信誉考核结果的重要依据。

第七十八条 道路运输管理机构的工作人员在实施道路运输监督检查过程中,对没有《道路运输证》又无法当场提供其他有效证明的客运车辆可以予以暂扣,并出具《道路运输车辆暂扣凭证》(见附件12)。对暂扣车辆应当妥善保管,不得使用,不得收取或者变相收取保管费用。

违法当事人应当在暂扣凭证规定的时间内到指定地点接受处理。逾期不接受处理的,道路运输管理机构可依法作出处罚决定,并将处罚决定书送达当事人。当事人无正当理由逾期不履行处罚决定的,道路运输管理机构可申请人民法院强制执行。

第六章 法 律 责 任

第七十九条 违反本规定,有下列行为之一的,由县级以上道路运输管理机构责令停止经营;有违法所得的,没收违法所得,处违法所得2倍以上10倍以下的罚款;没有违法所得或者违法所得不足2万元的,处3万元以上10万元以下的罚款;构成犯罪的,依法追究刑事责任:

(一)未取得道路客运经营许可,擅自从事道路客运经营的;

(二)未取得道路客运班线经营许可,擅自从事班车客运经营的;

(三)使用失效、伪造、变造、被注销等无效的道路客运许可证件从事道路客运经营的;

(四)超越许可事项,从事道路客运经营的。

第八十条 违反本规定,有下列行为之一的,由县级以上道路运输管理机构责令停止经营;有违法所得的,没收违法所得,处违法所得2倍以上10倍以下的罚款;没有违法所得或者违法所得不足1万元的,处2万元以上5万元以下的罚款;构成犯罪的,依法追究刑事责任:

(一)未取得客运站经营许可,擅自从事客运站经营的;

(二)使用失效、伪造、变造、被注销等无效的客运站许可证件从事客运站经营的;

(三)超越许可事项,从事客运站经营的。

第八十一条 违反本规定,客运经营者、客运站经营者非法转让、出租道路运输经营许可证件的,由县级以上道路运输管理机构责令停止违法行为,收缴有关证件,处2000元以上1万元以下的罚款;有违法所得的,没收违法所得。

第八十二条 违反本规定,客运经营者有下列行为之一,由县级以上道路运输管理机构责令限期投保;拒不投保的,由原许可机关吊销《道路运输经营许可证》或者吊销相应的经营范围:

(一)未为旅客投保承运人责任险的;

(二)未按最低投保限额投保的;

(三)投保的承运人责任险已过期,未继续投保的。

第八十三条 违反本规定,取得客运经营许可的客运经营者使用无《道路运输证》的车辆参加客运经营的,由县级以上道路运输管理机构责令改正,处3000元以上1万元以下的罚款。

违反本规定,客运经营者不按照规定携带《道路运输证》的,由县级以上道路运输管理机构责令改正,处警告或者20元以上200元以下的罚款。

第八十四条 违反本规定,客运经营者(含国际道路客运经营者)、客运站经营者及客运相关服务经营者不按规定使用道路运输业专用票证或者转让、倒卖、伪造道路运输业专用票证的,由县级以上道路运输管理机构责令改正,处1000元以上3000元以下的罚款。

第八十五条 省际、市际客运班线的经营者或者其委托的售票单位、起讫点和中途停靠站点客运站经营者未按规定对旅客身份进行查验,或者对身份不明、拒绝提供身份信息的旅客提供服务的,由县级以上道路运输管理机构责令改正;拒不改正的,处10万元以上50万元以下罚款,并对其直接负责的主管人员和其他直接责任人员处10万元以下罚款;情节严重的,由县级以上道路运输管理机构责令其停止从事相关道路旅客运输或者客运站经营业务;造成严重后果的,由原许可机关吊销有关道路旅客运输或者客运站经营许可证件。

第八十六条 违反本规定,客运经营者有下列情形之一的,由县级以上道路运输管理机构责令改正,处1000元以上3000元以下的罚款;情节严重的,由原许可机关吊销《道路运输经营许可证》或者吊销相应的经营范围:

(一)客运班车不按批准的客运站点停靠或者不按规定的线路、班次行驶的;

(二)加班车、顶班车、接驳车无正当理由不按原正班车的线路、站点、班次行驶的;

(三)客运包车未持有效的包车客运标志牌进行经营的,不按照包车客运标志牌载明的事项运行的,线路两端均不在车籍所在地的,按班车模式定点定线运营的,招揽包车合同以外的旅客乘车的；

（四）以欺骗、暴力等手段招揽旅客的；

（五）在旅客运输途中擅自变更运输车辆或者将旅客移交他人运输的；

（六）未报告原许可机关，擅自终止道路客运经营的。

第八十七条 违反本规定，客运经营者、客运站经营者已不具备开业要求的有关安全条件、存在重大运输安全隐患的，由县级以上道路运输管理机构责令限期改正；在规定时间内不能按要求改正且情节严重的，由原许可机关吊销《道路运输经营许可证》或者吊销相应的经营范围。

第八十八条 违反本规定，客运站经营者有下列情形之一的，由县级以上道路运输管理机构责令改正，处1万元以上3万元以下的罚款：

（一）允许无经营许可证件的车辆进站从事经营活动的；

（二）允许超载车辆出站的；

（三）允许未经安全检查或者安全检查不合格的车辆发车的；

（四）无正当理由拒绝客运车辆进站从事经营活动的。

第八十九条 违反本规定，客运站经营者有下列情形之一的，由县级以上道路运输管理机构责令改正；拒不改正的，处3000元的罚款；有违法所得的，没收违法所得：

（一）擅自改变客运站的用途和服务功能的；

（二）不公布运输线路、起讫停靠站点、班次、发车时间、票价的。

第九十条 道路运输管理机构工作人员违反本规定，有下列情形之一的，依法给予行政处分；构成犯罪的，依法追究刑事责任：

（一）不依照规定的条件、程序和期限实施行政许可的；

（二）参与或者变相参与道路客运经营以及客运站经营的；

（三）发现违法行为不及时查处的；

（四）违反规定拦截、检查正常行驶的运输车辆的；

（五）违法扣留运输车辆、《道路运输证》的；

（六）索取、收受他人财物，或者谋取其他利益的；

（七）其他违法行为。

第七章 附 则

第九十一条 出租汽车客运、城市公共汽车客运管理根据国务院的有关规定执行。

第九十二条 客运经营者从事国际道路旅客运输经营活动，除一般行为规范适用本规定外，有关从业条件等特殊要求应当适用交通运输部制定的国际道路运输管理规定。

第九十三条 道路运输管理机构依照本规定发放的道路运输经营许可证件和《道路运输证》,可以收取工本费。工本费的具体收费标准由省、自治区、直辖市人民政府财政、价格主管部门会同同级交通运输主管部门核定。

第九十四条 本规定自2005年8月1日起施行。交通部1995年9月6日发布的《省际道路旅客运输管理办法》(交公路发〔1995〕828号)、1998年11月26日发布的《高速公路旅客运输管理规定》(交通部令1998年第8号)、1995年5月9日发布的《汽车客运站管理规定》(交通部令1995年第2号)、2000年4月27日发布的《道路旅客运输企业经营资质管理规定(试行)》(交公路发〔2000〕225号)、1993年5月19日发布的《道路旅客运输业户开业技术经济条件(试行)》(交运发〔1993〕531号)同时废止。

道路旅客运输企业安全管理规范(试行)

交运发[2012]33号

2012年1月19日,交通运输部、公安部、国家安全生产监督管理总局发布。

第一章 总 则

第一条 为加强和规范道路旅客运输企业的安全生产工作,提高企业安全管理水平,全面落实道路旅客运输企业安全主体责任,预防和减少道路交通事故,根据《中华人民共和国安全生产法》、《中华人民共和国道路交通安全法》、《中华人民共和国道路交通安全法实施条例》、《中华人民共和国道路运输条例》等有关法律、法规,制定本规范。

第二条 本规范适用于所有从事道路旅客运输的企业。

第三条 道路旅客运输企业是安全生产的责任主体,应当坚持"安全第一、预防为主、综合治理"的方针,严格遵守安全生产、道路交通和运输管理等有关法律、法规、规章和标准,建立健全安全生产责任制、岗位责任制和安全生产管理各项制度,完善安全生产条件,严格执行各项安全生产操作规程,加强车辆技术管理和客运驾驶人等从业人员管理,保障道路旅客运输安全。

第四条 道路旅客运输企业应当接受交通运输、公安和安全监管等有关部门对其安全主体责任履行情况依法实施的监督管理。

第五条 道路旅客运输企业应当推行安全标准化管理,积极采用新技术、新工艺和新设备,不断改善安全生产条件。

第二章 安全生产基础保障

第六条 道路旅客运输企业及分支机构应当依法设置安全生产领导机构和管理机构,配备与本单位安全生产工作相适应的专职安全管理人员。

道路旅客运输企业安全生产领导机构应当包括企业主要负责人,运输经营、安全管理、车辆管理、从业人员管理等部门负责人及分支机构的主要负责人。

拥有10辆以上(含)营运客车的道路旅客运输企业应当设置专门的安全生产管理机构,配备专职安全管理人员。拥有10辆以下营运客车的道路旅客运输企业应当配备专职安全管理人员。原则上按照每20辆车1人的标准配备专职安全管理人员,最低不少于1人。

第七条　安全管理人员应当具有高中以上文化程度,具有在道路客运行业3年以上从业经历,掌握道路旅客运输安全生产相关政策和法规,经相关部门统一培训且考核合格,持证上岗。

第八条　安全管理人员应当定期参加相关管理部门组织的培训,且每年参加脱产培训的时间不少于24学时。

第九条　道路旅客运输企业应当定期召开安全生产工作会议和例会,分析安全形势,安排各项安全生产工作,研究解决安全生产中的重大问题。安全工作会议至少每季度召开一次,安全例会至少每月召开一次。特别是发生较大及以上事故后,应及时召开安全分析通报会。

安全生产工作会议和例会应当有会议记录,会议记录应建档保存,保存期不少于3年。

第十条　道路旅客运输企业应当保障安全生产投入,按照《高危行业企业安全生产费用财务管理暂行办法》或地方政府的有关规定,按不低于营业收入的0.5%的比例提取、设立安全生产专项资金。

安全生产专项资金主要用于完善、改造、维护安全运营设施和设备,配备应急救援器材、设备和人员安全防护用品,开展安全宣传教育、安全培训,进行安全检查与隐患治理,开展应急救援演练等各项工作的费用支出。安全生产专项资金的使用应建立独立的台账。

第十一条　道路旅客运输企业应当按照《机动车交通事故责任强制保险条例》和《中华人民共和国道路运输条例》的规定,为营运车辆投保机动车交通事故责任强制保险以及为旅客投保承运人责任险。

第十二条　鼓励道路旅客运输企业积极探索、完善安全统筹行业互助形式,提高企业抗风险的能力。

第三章　安全生产管理职责

第十三条　道路旅客运输企业应当依法建立健全安全生产目标管理,并将本单位的安全生产责任目标分解到各部门、各岗位,明确责任人员、责任内容和考核奖惩要求。

安全生产目标管理内容应当包括:

(一)主要负责人的安全生产责任、目标;

(二)分管安全生产和运输经营的负责人的安全生产责任、目标;

(三)管理科室、分公司等部门及其负责人的安全生产责任、目标;

(四)车队和车队队长的安全生产责任、目标;

(五)岗位从业人员的安全生产责任、目标。

第十四条 道路旅客运输企业应当与各分支机构层层签订安全生产目标责任书,制定明确的考核指标,定期考核并公布考核结果及奖惩情况。

第十五条 道路旅客运输企业应实行安全生产一岗双责。道路旅客运输企业的主要负责人是安全生产的第一责任人,负有安全生产的全面责任;分管安全生产的负责人协助主要负责人履行安全生产职责,对安全生产工作负组织实施和综合管理及监督的责任;其他负责人对各自职责范围内的安全生产工作负直接管理责任。企业各职能部门、各岗位人员在职责范围内承担相应的安全生产职责。

第十六条 道路旅客运输企业的主要负责人对本单位安全生产工作负有下列职责:

(一)严格执行安全生产的法律、法规、规章、规范和标准,组织落实相关管理部门的工作部署和要求;

(二)建立健全本单位安全生产责任制,组织制定并落实本单位安全生产规章制度、客运驾驶人和车辆安全生产管理办法,落实安全生产操作规程;

(三)依法建立适应安全生产工作需要的安全生产管理机构,确定符合条件的分管安全生产的负责人、技术负责人,配备专职安全管理人员;

(四)按规定足额提取安全生产专项资金,保证本单位安全生产投入的有效实施;

(五)督促、检查本单位安全生产工作,及时消除生产安全事故隐患;

(六)组织开展本单位的安全生产教育培训工作;

(七)组织开展安全生产标准化建设;

(八)组织制定并实施本单位的生产安全事故应急救援预案,建立应急救援组织,开展应急救援演练;

(九)定期组织分析企业安全生产形势,研究解决重大问题;

(十)按相关规定报告道路旅客运输生产安全事故,严格按照"事故原因不查清不放过、事故责任者得不到处理不放过、整改措施不落实不放过、教训不吸取不放过"原则,严肃处理事故责任人,落实生产安全事故处理的有关工作;

(十一)实行安全生产目标管理,定期公布本单位安全生产情况,认真听取和积极采纳工会、职工关于安全生产的合理化建议和要求。

第十七条 道路旅客运输企业的安全生产管理机构及安全管理人员,负有下列职责:

(一)监督执行安全生产法律、法规和标准,参与企业安全生产决策;

(二)制定本单位安全生产规章制度、客运驾驶人和车辆安全生产管理办法、操作规程和相关技术规范,明确各部门、各岗位的安全生产职责,督促贯彻执行;

(三)制定本单位安全生产年度管理目标和安全生产管理工作计划,组织实施考核工作,参与本单位安全生产事故应急预案的制定和演练,参与企业营运车辆的选型和客

运驾驶人的招聘等安全运营工作;

(四)制定本单位安全生产经费投入计划和安全技术措施计划,组织实施或监督相关部门实施;

(五)组织开展本单位的安全生产检查,对检查出的安全隐患及其他安全问题应当督促相关部门立即处理,情况严重的,责令停止生产活动,并立即上报。对相关管理部门抄告、通报的车辆和客运驾驶人交通违法行为,进行及时处理;

(六)组织实施本单位安全生产宣传、教育和培训,总结和推广安全生产工作的先进经验;

(七)发生生产安全事故时,按照《生产安全事故报告和调查处理条例》等有关规定,及时报告相关部门;组织或者参与本单位生产安全事故的调查处理,承担生产安全事故统计和分析工作;

(八)其他安全生产管理工作。

第十八条 道路旅客运输企业应当履行法律、法规规定的其他安全生产职责。

第四章 安全生产管理制度

第一节 客运驾驶人管理

第十九条 道路旅客运输企业应当建立客运驾驶人聘用制度。依照劳动合同法,严格客运驾驶人录用条件,统一录用程序,对客运驾驶人进行面试,审核客运驾驶人安全行车经历和从业资格条件,积极实施驾驶适宜性检测,明确新录用客运驾驶人的试用期。客运驾驶人的录用应当经过企业安全生产管理部门的审核,并录入企业动态监控平台(或监控端)。

对3年内发生道路交通事故致人死亡且负同等以上责任的,交通违法记分有满分记录的,以及有酒后驾驶、超员20%、超速50%或12个月内有3次以上超速违法记录的驾驶人,道路旅客运输企业不得聘用其驾驶客运车辆。

第二十条 道路旅客运输企业应当建立客运驾驶人岗前培训制度。

岗前培训的主要内容包括:国家道路交通安全和安全生产相关法律法规、安全行车知识、典型交通事故案例警示教育、职业道德、安全告知知识、应急处置知识、企业有关安全运营管理的规定等。客运驾驶人岗前理论培训不少于12学时,实际驾驶操作不少于30学时,并要提前熟悉和了解客运车辆性能和客运线路情况。

第二十一条 道路旅客运输企业应当建立客运驾驶人安全教育、培训及考核制度。定期对客运驾驶人开展法律法规、典型交通事故案例警示、技能训练、应急处置等教育培训。客运驾驶人应当每月接受不少于2次,每次不少于1小时的教育培训。道路旅客运输企业应当组织和督促本企业的客运驾驶人参加继续教育,保证客运驾驶人参加教育和培训的时间,提供必要的学习条件。

道路旅客运输企业应在客运驾驶人接受教育与培训后,对客运驾驶人教育与培训的效果进行考核。客运驾驶人教育与培训考核的有关资料应纳入客运驾驶人教育与培训档案。客运驾驶人教育与培训档案的内容应包括:教育或培训的内容、培训时间、培训地点、授课人、参加培训人员的签名、考核人员、安全管理人员的签名、培训考试情况等。档案保存期限不少于3年。

道路旅客运输企业应当每月查询一次客运驾驶人的违法和事故信息,及时进行针对性的教育和处理。

第二十二条 道路旅客运输企业应当建立客运驾驶人从业行为定期考核制度。客运驾驶人从业行为定期考核的内容主要包括:客运驾驶人违法驾驶情况、交通事故情况、服务质量、安全运营情况、安全操作规程执行情况、参加教育与培训情况以及客运驾驶人心理和生理健康状况等。考核的周期不大于3个月。客运驾驶人从业行为定期考核的结果应与企业安全生产奖惩制度挂钩。

第二十三条 道路旅客运输企业应当建立客运驾驶人信息档案管理制度。客运驾驶人信息档案实行一人一档,包括客运驾驶人基本信息、客运驾驶人体检表、安全驾驶信息、诚信考核信息等情况。

第二十四条 道路旅客运输企业应当建立客运驾驶人调离和辞退制度。对交通违法记满分、诚信考核不合格以及从业资格证被吊销的客运驾驶人要及时调离或辞退。

第二十五条 道路旅客运输企业应当建立客运驾驶人安全告诫制度。安全管理人员对客运驾驶人出车前进行问询、告知,督促客运驾驶人做好对车辆的日常维护和检查,防止客运驾驶人酒后、带病或者带不良情绪上岗。

第二十六条 道路旅客运输企业应当建立防止客运驾驶人疲劳驾驶制度。关心客运驾驶人的身心健康,定期组织客运驾驶人进行体检,为客运驾驶人创造良好的工作环境,合理安排运输任务,防止客运驾驶人疲劳驾驶。

第二节 车辆管理

第二十七条 道路旅客运输企业应当加强车辆技术管理,确保营运车辆处于良好的技术状况。

第二十八条 道路旅客运输企业不得使用已达到报废标准、检测不合格、非法拼(改)装等不符合运行安全技术条件的客车以及其他不符合国家规定的车辆从事道路旅客运输经营。

第二十九条 道路旅客运输企业应当设立负责车辆技术管理的机构,配备专业车辆技术管理人员。

拥有10辆以上(含)营运客车的道路旅客运输企业应当设置专门的车辆技术管理

机构,配备专业车辆技术管理人员;拥有10辆以下营运客车的道路旅客运输企业应当配备专业车辆技术管理人员。

第三十条 道路旅客运输企业应当按照国家规定建立营运车辆技术档案,实行一车一档,实现车辆从购置到退出市场的全过程管理。

道路旅客运输企业应当逐步建立车辆技术信息化管理系统,完善营运车辆的技术管理。

第三十一条 道路旅客运输企业应当建立车辆维护制度,企业车辆技术管理机构应制定车辆维护计划,保证车辆按照国家有关规定、技术规范以及企业的相关规定进行维护。

车辆的日常维护由客运驾驶人或专门人员在每日出车前、行车中、收车后执行。一级维护和二级维护应由具备资质条件的车辆维修企业执行。

第三十二条 道路旅客运输企业应当定期检查车内安全带、安全锤、灭火器、故障车警告标志的配备是否齐全有效,确保安全出口通道畅通,应急门、应急顶窗开启装置有效,开启顺畅,并在车内明显位置标示客运车辆行驶区间和线路、经批准的停靠站点。

道路旅客运输企业应当在车厢内前部、中部、后部明显位置标示客运车辆车牌号码、核定载客人数和投诉举报座机、手机电话,方便旅客监督举报。

第三十三条 道路旅客运输企业应当按照国家有关规定建立车辆安全技术状况检测和年度审验、检验制度,严格执行营运车辆综合性能检测和技术等级评定制度,确保车辆符合安全技术条件。逾期未年审、年检或年审、年检不合格的车辆禁止上路行驶。

第三十四条 道路旅客运输车辆改型与报废应当严格执行国家规定的条件要求。对达到国家规定的报废标准或者检测不符合国家强制性要求的客运车辆,不得继续从事客运经营。道路旅客运输企业应当在车辆报废期满前,将车辆交售给机动车回收企业,并及时办理车辆注销登记。车辆报废相关材料应至少保存2年。

第三十五条 道路旅客运输企业应当对客运车辆牌证统一管理,建立派车单制度。车辆发班前,企业应对车辆的技术状况进行检查,合格后,企业签发派车单,由客运驾驶人领取派车单和车辆运营牌证。在营运中,客运驾驶人应如实填写派车单相关内容,营运客车完成运输任务后,企业及时收回派车单和运营单证。

派车单的主要内容包括:由企业填写的车辆、客运驾驶人、线路基本信息,始发点(站),中途停靠点(站),终点(站),批准签发人。由客运驾驶人填写的旅客人数,运行距离和时间,途中休息时间,天气和道路状况,以及行车中发生的车辆故障、事故等。派车单应存档保存,时间不少于1年。

第三十六条 道路旅客运输企业应自备或租用停车场所,对停放的营运车辆进行统一管理。

第三节 动态监控

第三十七条 道路旅客运输企业应当按相关规定,为其营运客车安装符合标准的卫星定位装置(卧铺客车应安装符合标准且具有视频功能的卫星定位装置),接入符合标准的监控平台或监控端,并有效接入全国重点营运车辆联网联控系统。

第三十八条 道路旅客运输企业应当建立卫星定位装置及监控平台的安装、使用管理制度,建立动态监控工作台账,规范卫星定位装置及监控平台的安装、管理、使用工作,履行监控主体责任。

第三十九条 道路旅客运输企业应当配备或聘请专职人员负责实时监控车辆行驶动态,记录分析处理动态信息,及时提醒、提示违规行为。对违法驾驶信息及处理情况要留存在案,其中监控数据应当至少保存1个月,违法驾驶信息及处理情况应当至少保存3年。

第四十条 道路旅客运输企业应当按照法律规定设置的道路通行最高车速限值以及车辆行驶道路的实际情况,合理设置相应路段的车辆行驶速度限速标准。对异常停车、超速行驶、疲劳驾驶、逆向行驶、不按规定线路行驶等违法、违规行为及时给予警告和纠正,并事后进行处理。

第四十一条 道路旅客运输企业应当确保卫星定位装置正常使用,保持车辆运行时在线。

道路旅客运输企业应当对故意遮挡车载卫星定位装置信号、破坏车载卫星定位装置的驾驶人员,以及不严格监控车辆行驶动态的值守人员给予处罚,严重的应调离相应岗位,直至辞退。

第四十二条 道路旅客运输企业应当运用动态监控手段做好营运车辆的组织调度,并及时发送重特大道路交通事故通报、安全提示、预警信息。

第四十三条 鼓励有条件的道路旅客运输企业积极通过科技手段,加强动态监控工作。

第四节 运输组织

第四十四条 道路旅客运输企业在申请线路经营时应当进行实际线路考察,按照许可的要求投放营运车辆。

道路旅客运输企业应当建立每一条客运线路的交通状况、限速情况、气候条件、沿线安全隐患路段情况等信息台账,并提供给客运驾驶人。

第四十五条 道路旅客运输企业在安排运输任务时应当严格要求客运驾驶人在24小时内累计驾驶时间不得超过8小时(特殊情况下可延长2小时,但每月延长的总时间不超过36小时),连续驾驶时间不得超过4小时,每次停车休息时间不少于20分钟。

对于单程运行里程超过400公里(高速公路直达客运600公里)的客运车辆,企业应当配备2名以上客运驾驶人。对于超长线路运行的客运车辆,企业要积极探索接驳运输的方式,创造条件,保证客运驾驶人停车换人、落地休息。对于长途卧铺客车,企业要合理安排班次,尽量减少夜间运行时间。

第四十六条 对于三级以下(含三级)山区公路达不到夜间安全通行要求的路段,道路旅客运输企业不应在夜间(晚22时至早6时)安排营运客车在该路段运行。

第四十七条 道路旅客运输企业应当规范运输经营行为。

班线客车要严格按照许可的线路、班次、站点运行,在规定的停靠站点上下旅客,不得随意站外上客或揽客,不得超员运输。驾乘人员要对途中上车的旅客进行危险品检查,行李堆放区和乘客区要隔离,不得在行李堆放区内载客。

客运包车要凭包车客运标志牌,按照约定的时间、起始地、目的地和线路,持包车票或包车合同运行,不得承运包车合同约定之外的旅客。驾乘人员要对旅客携带物品进行安全检查。

道路旅客运输企业不得挂靠经营,不得违法转租、转让客运车辆和线路牌。

第四十八条 道路旅客运输企业应当对途经高速公路的营运客车乘客座椅安装符合标准的安全带。驾乘人员负责做好宣传工作,发车前、行驶中要督促乘客系好安全带。

第四十九条 道路旅客运输企业应当与汽车客运站签订进站协议,明确双方的安全责任,严格遵守汽车客运站安全生产的有关规定。

第五节 安全生产操作规程

第五十条 道路旅客运输企业应当根据关键岗位的特点,分类制定安全生产操作规程,并监督员工严格执行,推行安全生产标准化作业。

第五十一条 道路旅客运输企业应当制定客运驾驶人行车操作规程,客运驾驶人行车操作规程的内容应至少包括:"出车前、行车中、收车后"的车辆技术状况检查、开车前向旅客的安全告知、高速公路及特殊路段行车注意事项、恶劣天气下的行车注意事项、夜间行车注意事项、应急驾驶操作程序、进出客运站注意事项等。

第五十二条 道路运输企业应当制定车辆日常安全检查操作规程,车辆日常安全检查操作规程的内容应至少包括:轮胎、制动、转向、灯光等安全部件检查要求和检查程序,安检不合格车辆返修及复检程序等。

第五十三条 道路旅客运输企业应当制定车辆动态监控操作规程,车辆动态监控操作规程的内容应至少包括:卫星定位系统车载终端、监控平台设备的检修和维护要求,监控信息采集、分析、处理规范和流程、违章信息统计、报送及处理要求及程序,监控信息保存要求和程序等。

第五十四条 道路旅客运输企业应当建立乘务员安全服务操作规程,乘务员安全服务操作规程的内容应至少包括:乘务员值乘工作规范,值乘途中安全检查要求,车辆行驶中相关信息报送等。

第五十五条 道路旅客运输企业应当根据安全运营实际需求,制定其他相关安全运营操作规程。

第六节 其他安全生产管理制度

第五十六条 道路旅客运输企业应当建立安全生产基础档案制度,明确安全生产管理资料的归档、查阅。

第五十七条 道路旅客运输企业应当建立安全生产奖惩制度。对各部门、各岗位人员进行日常管理和安全运营的全过程考核,定期通报奖惩情况,根据考核结果做出奖惩处理。

第五十八条 道路旅客运输企业应当建立安全生产事故应急处置制度。发生安全生产事故后,道路旅客运输企业应当立即采取有效措施,组织抢救,防止事故扩大,减少人员伤亡和财产损失。

对于在旅客运输过程中发生的行车安全事故,客运驾驶人应及时向事发地的公安部门以及所属的道路旅客运输企业报告,道路旅客运输企业应当按规定时间、程序、内容向事故发生地和企业所属地县级以上的安监、公安、交通运输等相关职能部门报告事故情况,并启动安全生产事故应急处置预案。

道路运输企业应当定期进行安全生产事故统计和分析,总结事故特点和原因,提出针对性的事故预防措施。

第五十九条 道路旅客运输企业应当建立安全生产事故责任倒查制度。按照"事故原因不查清不放过、事故责任者得不到处理不放过、整改措施不落实不放过、教训不吸取不放过"的原则,对相关责任人进行严肃处理。

道路旅客运输企业应当认真吸取事故教训,落实防范和整改措施,防止事故再次发生。

第六十条 道路旅客运输企业应当建立应急救援制度。健全应急救援组织体系,建立应急救援队伍,制定完善应急救援预案,开展应急救援演练。

第六十一条 道路旅客运输企业应当建立安全生产宣传和教育制度。普及安全知识,强化员工安全生产操作技能,提高员工安全生产能力。

道路旅客运输企业应当配备和完善开展安全宣传、教育活动的设施和设备,定期更新宣传、教育的内容。安全宣传、教育与培训应予以记录并建档保存,保存期限应至少为3年。

第六十二条 道路旅客运输企业应当建立健全安全生产社会监督机制,规范道路客运旅客安全告知制度,公开举报电话号码、通信地址或者电子邮件信箱,完善举报制度,充分发挥乘客、新闻媒体及社会各界的监督作用。对接到的举报和投诉,企业应当及时予以调查和处理。

第六十三条 道路旅客运输企业还应当建立本企业安全生产管理所需要的其他制度。

第五章 安全隐患排查与治理

第六十四条 道路旅客运输企业应当建立事故隐患排查治理制度,依据相关法律法规及自身管理规定,对营运车辆、客运驾驶人、运输线路、运营过程等安全生产各要素和环节进行安全隐患排查,及时消除安全隐患。

第六十五条 道路旅客运输企业应根据安全生产的需要和特点,采用综合检查、专业检查、季节性检查、节假日检查、日常检查等方式进行隐患排查。

第六十六条 道路旅客运输企业应对排查出的安全隐患进行登记和治理,落实整改措施、责任、资金、时限和预案,及时消除事故隐患。

对于能够立即整改的一般安全隐患,由运输企业立即组织整改;对于不能立即整改的重大安全隐患,运输企业应组织制定安全隐患治理方案,依据方案及时进行整改;对于自身不能解决的重大安全隐患,运输企业应立即向有关部门报告,依据有关规定进行整改。

第六十七条 道路旅客运输企业应当建立安全隐患排查治理档案,档案应包括以下内容:隐患排查治理日期;隐患排查的具体部位或场所;发现事故隐患的数量、类别和具体情况;事故隐患治理意见;参加隐患排查治理的人员及其签字;事故隐患治理情况、复查情况、复查时间、复查人员及其签字。

第六十八条 道路旅客运输企业应当每季、每年对本单位事故隐患排查治理情况进行统计,分析隐患形成的原因、特点及规律,建立事故隐患排查治理长效机制。

第六十九条 道路旅客运输企业应当建立安全隐患报告和举报奖励制度,鼓励、发动职工发现和排除事故隐患,鼓励社会公众举报。对发现、排除和举报事故隐患的有功人员,应当给予物质奖励和表彰。

第七十条 道路旅客运输企业应当积极配合有关部门的监督检查人员依法进行的安全隐患监督检查,不得拒绝和阻挠。

第六章 目 标 考 核

第七十一条 道路旅客运输企业应当根据相关管理部门的要求和自身实际情况,制定年度安全生产目标。安全生产目标应至少包括道路交通责任事故起数、死亡人数、受伤人数、财产损失、万车公里事故起数、万车公里伤亡人数等指标。

第七十二条 道路旅客运输企业应当建立安全生产年度考核与奖惩制度。针对年度目标,对各部门、各岗位人员进行安全绩效考核,通报考核结果。

道路旅客运输企业应根据安全生产年终考核结果,对安全生产相关部门、岗位工作人员给予一定的奖惩。对全年无事故、无交通违法记录、无旅客投诉的文明安全驾驶人予以表彰奖励。

第七十三条 道路旅客运输企业应当建立安全生产内部评价机制,每年至少进行1次安全生产内部评价。评价内容应包括安全生产目标、安全生产责任制、安全投入、安全教育培训、从业人员管理、车辆管理、生产安全监督与检查、应急响应与救援、事故处理与统计报告等各项安全生产制度的适宜性、充分性及有效性。

道路旅客运输企业应当根据相关规定定期聘请第三方机构对本单位的安全生产管理情况进行评估。

道路旅客运输企业应当根据与第三方机构评估结果和安全生产内部评价结果及时改进安全生产管理工作内容和方法,修订和完善各项安全生产制度,持续改进和提高安全管理水平。

第七章　附　　则

第七十四条 本规范自发布之日起施行。

道路危险货物运输管理规定

交通运输部令 2016 年第 36 号

《道路危险货物运输管理规定》已于 2012 年 12 月 31 日经第 10 次部务会议通过,自 2013 年 7 月 1 日起施行。根据 2016 年 4 月 11 日交通运输部令 2016 年第 36 号《交通运输部关于修改〈道路危险货物运输管理规定〉的决定》修正。

第一章 总 则

第一条 为规范道路危险货物运输市场秩序,保障人民生命财产安全,保护环境,维护道路危险货物运输各方当事人的合法权益,根据《中华人民共和国道路运输条例》和《危险化学品安全管理条例》等有关法律、行政法规,制定本规定。

第二条 从事道路危险货物运输活动,应当遵守本规定。军事危险货物运输除外。

法律、行政法规对民用爆炸物品、烟花爆竹、放射性物品等特定种类危险货物的道路运输另有规定的,从其规定。

第三条 本规定所称危险货物,是指具有爆炸、易燃、毒害、感染、腐蚀等危险特性,在生产、经营、运输、储存、使用和处置中,容易造成人身伤亡、财产损毁或者环境污染而需要特别防护的物质和物品。危险货物以列入国家标准《危险货物品名表》(GB 12268)的为准,未列入《危险货物品名表》的,以有关法律、行政法规的规定或者国务院有关部门公布的结果为准。

本规定所称道路危险货物运输,是指使用载货汽车通过道路运输危险货物的作业全过程。

本规定所称道路危险货物运输车辆,是指满足特定技术条件和要求,从事道路危险货物运输的载货汽车(以下简称专用车辆)。

第四条 危险货物的分类、分项、品名和品名编号应当按照国家标准《危险货物分类和品名编号》(GB 6944)、《危险货物品名表》(GB 12268)执行。危险货物的危险程度依据国家标准《危险货物运输包装通用技术条件》(GB 12463),分为Ⅰ、Ⅱ、Ⅲ等级。

第五条 从事道路危险货物运输应当保障安全,依法运输,诚实信用。

第六条 国家鼓励技术力量雄厚、设备和运输条件好的大型专业危险化学品生产企业从事道路危险货物运输,鼓励道路危险货物运输企业实行集约化、专业化经营,鼓励使用厢式、罐式和集装箱等专用车辆运输危险货物。

第七条 交通运输部主管全国道路危险货物运输管理工作。

县级以上地方人民政府交通运输主管部门负责组织领导本行政区域的道路危险货物运输管理工作。

县级以上道路运输管理机构负责具体实施道路危险货物运输管理工作。

第二章 道路危险货物运输许可

第八条 申请从事道路危险货物运输经营,应当具备下列条件:

(一)有符合下列要求的专用车辆及设备:

1.自有专用车辆(挂车除外)5辆以上;运输剧毒化学品、爆炸品的,自有专用车辆(挂车除外)10辆以上。

2.专用车辆的技术要求应当符合《道路运输车辆技术管理规定》有关规定。

3.配备有效的通讯工具。

4.专用车辆应当安装具有行驶记录功能的卫星定位装置。

5.运输剧毒化学品、爆炸品、易制爆危险化学品的,应当配备罐式、厢式专用车辆或者压力容器等专用容器。

6.罐式专用车辆的罐体应当经质量检验部门检验合格,且罐体载货后总质量与专用车辆核定载质量相匹配。运输爆炸品、强腐蚀性危险货物的罐式专用车辆的罐体容积不得超过20立方米,运输剧毒化学品的罐式专用车辆的罐体容积不得超过10立方米,但符合国家有关标准的罐式集装箱除外。

7.运输剧毒化学品、爆炸品、强腐蚀性危险货物的非罐式专用车辆,核定载质量不得超过10吨,但符合国家有关标准的集装箱运输专用车辆除外。

8.配备与运输的危险货物性质相适应的安全防护、环境保护和消防设施设备。

(二)有符合下列要求的停车场地:

1.自有或者租借期限为3年以上,且与经营范围、规模相适应的停车场地,停车场地应当位于企业注册地市级行政区域内。

2.运输剧毒化学品、爆炸品专用车辆以及罐式专用车辆,数量为20辆(含)以下的,停车场地面积不低于车辆正投影面积的1.5倍,数量为20辆以上的,超过部分,每辆车的停车场地面积不低于车辆正投影面积;运输其他危险货物的,专用车辆数量为10辆(含)以下的,停车场地面积不低于车辆正投影面积的1.5倍;数量为10辆以上的,超过部分,每辆车的停车场地面积不低于车辆正投影面积。

3.停车场地应当封闭并设立明显标志,不得妨碍居民生活和威胁公共安全。

(三)有符合下列要求的从业人员和安全管理人员:

1.专用车辆的驾驶人员取得相应机动车驾驶证,年龄不超过60周岁。

2.从事道路危险货物运输的驾驶人员、装卸管理人员、押运人员应当经所在地设区的市级人民政府交通运输主管部门考试合格,并取得相应的从业资格证;从事剧毒化学品、爆炸品道路运输的驾驶人员、装卸管理人员、押运人员,应当经考试合格,取得注明为"剧毒化学品运输"或者"爆炸品运输"类别的从业资格证。

3.企业应当配备专职安全管理人员。

(四)有健全的安全生产管理制度:

1.企业主要负责人、安全管理部门负责人、专职安全管理人员安全生产责任制度。

2.从业人员安全生产责任制度。

3.安全生产监督检查制度。

4.安全生产教育培训制度。

5.从业人员、专用车辆、设备及停车场地安全管理制度。

6.应急救援预案制度。

7.安全生产作业规程。

8.安全生产考核与奖惩制度。

9.安全事故报告、统计与处理制度。

第九条 符合下列条件的企事业单位,可以使用自备专用车辆从事为本单位服务的非经营性道路危险货物运输:

(一)属于下列企事业单位之一:

1.省级以上安全生产监督管理部门批准设立的生产、使用、储存危险化学品的企业。

2.有特殊需求的科研、军工等企事业单位。

(二)具备第八条规定的条件,但自有专用车辆(挂车除外)的数量可以少于5辆。

第十条 申请从事道路危险货物运输经营的企业,应当依法向工商行政管理机关办理有关登记手续后,向所在地设区的市级道路运输管理机构提出申请,并提交以下材料:

(一)《道路危险货物运输经营申请表》,包括申请人基本信息、申请运输的危险货物范围(类别、项别或品名,如果为剧毒化学品应当标注"剧毒")等内容。

(二)拟担任企业法定代表人的投资人或者负责人的身份证明及其复印件,经办人身份证明及其复印件和书面委托书。

(三)企业章程文本。

(四)证明专用车辆、设备情况的材料,包括:

1.未购置专用车辆、设备的,应当提交拟投入专用车辆、设备承诺书。承诺书内容应当包括车辆数量、类型、技术等级、总质量、核定载质量、车轴数以及车辆外廓尺寸;通讯工具和卫星定位装置配备情况;罐式专用车辆的罐体容积;罐式专用车辆罐体载货后的总质量与车辆核定载质量相匹配情况;运输剧毒化学品、爆炸品、易制爆危险化学品的专用车辆核定载质量等有关情况。承诺期限不得超过1年。

2.已购置专用车辆、设备的,应当提供车辆行驶证、车辆技术等级评定结论;通讯工具和卫星定位装置配备;罐式专用车辆的罐体检测合格证或者检测报告及复印件等有关材料。

(五)拟聘用专职安全管理人员、驾驶人员、装卸管理人员、押运人员的,应当提交拟聘用承诺书,承诺期限不得超过1年;已聘用的应当提交从业资格证及其复印件以及驾驶证及其复印件。

(六)停车场地的土地使用证、租借合同、场地平面图等材料。

(七)相关安全防护、环境保护、消防设施设备的配备情况清单。

(八)有关安全生产管理制度文本。

第十一条 申请从事非经营性道路危险货物运输的单位,向所在地设区的市级道路运输管理机构提出申请时,除提交第十条第(四)项至第(八)项规定的材料外,还应当提交以下材料:

(一)《道路危险货物运输申请表》,包括申请人基本信息、申请运输的物品范围(类别、项别或品名,如果为剧毒化学品应当标注"剧毒")等内容。

(二)下列形式之一的单位基本情况证明:

1.省级以上安全生产监督管理部门颁发的危险化学品生产、使用等证明。

2.能证明科研、军工等企事业单位性质或者业务范围的有关材料。

(三)特殊运输需求的说明材料。

(四)经办人的身份证明及其复印件以及书面委托书。

第十二条 设区的市级道路运输管理机构应当按照《中华人民共和国道路运输条例》和《交通行政许可实施程序规定》,以及本规定所明确的程序和时限实施道路危险货物运输行政许可,并进行实地核查。

决定准予许可的,应当向被许可人出具《道路危险货物运输行政许可决定书》,注明许可事项,具体内容应当包括运输危险货物的范围(类别、项别或品名,如果为剧毒化学品应当标注"剧毒"),专用车辆数量、要求以及运输性质,并在10日内向道路危险货物运输经营申请人发放《道路运输经营许可证》,向非经营性道路危险货物运输申请人发放《道路危险货物运输许可证》。

市级道路运输管理机构应当将准予许可的企业或单位的许可事项等,及时以书面形式告知县级道路运输管理机构。

决定不予许可的,应当向申请人出具《不予交通行政许可决定书》。

第十三条 被许可人已获得其他道路运输经营许可的,设区的市级道路运输管理机构应当为其换发《道路运输经营许可证》,并在经营范围中加注新许可的事项。如果原《道路运输经营许可证》是由省级道路运输管理机构发放的,由原许可机关按照上述要求予以换发。

第十四条 被许可人应当按照承诺期限落实拟投入的专用车辆、设备。

原许可机关应当对被许可人落实的专用车辆、设备予以核实,对符合许可条件的专用车辆配发《道路运输证》,并在《道路运输证》经营范围栏内注明允许运输的危险货物类别、项别或者品名,如果为剧毒化学品应标注"剧毒";对从事非经营性道路危险货物运输的车辆,还应当加盖"非经营性危险货物运输专用章"。

被许可人未在承诺期限内落实专用车辆、设备的,原许可机关应当撤销许可决定,并收回已核发的许可证明文件。

第十五条 被许可人应当按照承诺期限落实拟聘用的专职安全管理人员、驾驶人员、装卸管理人员和押运人员。

被许可人未在承诺期限内按照承诺聘用专职安全管理人员、驾驶人员、装卸管理人员和押运人员的,原许可机关应当撤销许可决定,并收回已核发的许可证明文件。

第十六条 道路运输管理机构不得许可一次性、临时性的道路危险货物运输。

第十七条 中外合资、中外合作、外商独资形式投资道路危险货物运输的,应当同时遵守《外商投资道路运输业管理规定》。

第十八条 道路危险货物运输企业设立子公司从事道路危险货物运输的,应当向子公司注册地设区的市级道路运输管理机构申请运输许可。设立分公司的,应当向分公司注册地设区的市级道路运输管理机构备案。

第十九条 道路危险货物运输企业或者单位需要变更许可事项的,应当向原许可机关提出申请,按照本章有关许可的规定办理。

道路危险货物运输企业或者单位变更法定代表人、名称、地址等工商登记事项的,应当在30日内向原许可机关备案。

第二十条 道路危险货物运输企业或者单位终止危险货物运输业务的,应当在终止之日的30日前告知原许可机关,并在停业后10日内将《道路运输经营许可证》或者《道路危险货物运输许可证》以及《道路运输证》交回原许可机关。

第三章 专用车辆、设备管理

第二十一条 道路危险货物运输企业或者单位应当按照《道路运输车辆技术管理规定》中有关车辆管理的规定,维护、检测、使用和管理专用车辆,确保专用车辆技术状况良好。

第二十二条 设区的市级道路运输管理机构应当定期对专用车辆进行审验,每年

审验一次。审验按照《道路运输车辆技术管理规定》进行,并增加以下审验项目:

(一)专用车辆投保危险货物承运人责任险情况;

(二)必需的应急处理器材、安全防护设施设备和专用车辆标志的配备情况;

(三)具有行驶记录功能的卫星定位装置的配备情况。

第二十三条　禁止使用报废的、擅自改装的、检测不合格的、车辆技术等级达不到一级的和其他不符合国家规定的车辆从事道路危险货物运输。

除铰接列车、具有特殊装置的大型物件运输专用车辆外,严禁使用货车列车从事危险货物运输;倾卸式车辆只能运输散装硫磺、萘饼、粗蒽、煤焦沥青等危险货物。

禁止使用移动罐体(罐式集装箱除外)从事危险货物运输。

第二十四条　用于装卸危险货物的机械及工具的技术状况应当符合行业标准《汽车运输危险货物规则》(JT 617)规定的技术要求。

第二十五条　罐式专用车辆的常压罐体应当符合国家标准《道路运输液体危险货物罐式车辆　第1部分:金属常压罐体技术要求》(GB 18564.1)、《道路运输液体危险货物罐式车辆　第2部分:非金属常压罐体技术要求》(GB 18564.2)等有关技术要求。

使用压力容器运输危险货物的,应当符合国家特种设备安全监督管理部门制订并公布的《移动式压力容器安全技术监察规程》(TSG R0005)等有关技术要求。

压力容器和罐式专用车辆应当在质量检验部门出具的压力容器或者罐体检验合格的有效期内承运危险货物。

第二十六条　道路危险货物运输企业或者单位对重复使用的危险货物包装物、容器,在重复使用前应当进行检查;发现存在安全隐患的,应当维修或者更换。

道路危险货物运输企业或者单位应当对检查情况作出记录,记录的保存期限不得少于2年。

第二十七条　道路危险货物运输企业或者单位应当到具有污染物处理能力的机构对常压罐体进行清洗(置换)作业,将废气、污水等污染物集中收集,消除污染,不得随意排放,污染环境。

第四章　道路危险货物运输

第二十八条　道路危险货物运输企业或者单位应当严格按照道路运输管理机构决定的许可事项从事道路危险货物运输活动,不得转让、出租道路危险货物运输许可证件。

严禁非经营性道路危险货物运输单位从事道路危险货物运输经营活动。

第二十九条　危险货物托运人应当委托具有道路危险货物运输资质的企业承运。

危险货物托运人应当对托运的危险货物种类、数量和承运人等相关信息予以记录,记录的保存期限不得少于1年。

第三十条　危险货物托运人应当严格按照国家有关规定妥善包装并在外包装设置标志,并向承运人说明危险货物的品名、数量、危害、应急措施等情况。需要添加抑制剂或者稳定剂的,托运人应当按照规定添加,并告知承运人相关注意事项。

危险货物托运人托运危险化学品的,还应当提交与托运的危险化学品完全一致的安全技术说明书和安全标签。

第三十一条　不得使用罐式专用车辆或者运输有毒、感染性、腐蚀性危险货物的专用车辆运输普通货物。

其他专用车辆可以从事食品、生活用品、药品、医疗器具以外的普通货物运输,但应当由运输企业对专用车辆进行消除危害处理,确保不对普通货物造成污染、损害。

不得将危险货物与普通货物混装运输。

第三十二条　专用车辆应当按照国家标准《道路运输危险货物车辆标志》(GB 13392)的要求悬挂标志。

第三十三条　运输剧毒化学品、爆炸品的企业或者单位,应当配备专用停车区域,并设立明显的警示标牌。

第三十四条　专用车辆应当配备符合有关国家标准以及与所载运的危险货物相适应的应急处理器材和安全防护设备。

第三十五条　道路危险货物运输企业或者单位不得运输法律、行政法规禁止运输的货物。

法律、行政法规规定的限运、凭证运输货物,道路危险货物运输企业或者单位应当按照有关规定办理相关运输手续。

法律、行政法规规定托运人必须办理有关手续后方可运输的危险货物,道路危险货物运输企业应当查验有关手续齐全有效后方可承运。

第三十六条　道路危险货物运输企业或者单位应当采取必要措施,防止危险货物脱落、扬散、丢失以及燃烧、爆炸、泄漏等。

第三十七条　驾驶人员应当随车携带《道路运输证》。驾驶人员或者押运人员应当按照《汽车运输危险货物规则》(JT 617)的要求,随车携带《道路运输危险货物安全卡》。

第三十八条　在道路危险货物运输过程中,除驾驶人员外,还应当在专用车辆上配备押运人员,确保危险货物处于押运人员监管之下。

第三十九条　道路危险货物运输途中,驾驶人员不得随意停车。

因住宿或者发生影响正常运输的情况需要较长时间停车的,驾驶人员、押运人员应当设置警戒带,并采取相应的安全防范措施。

运输剧毒化学品或者易制爆危险化学品需要较长时间停车的,驾驶人员或者押运人员应当向当地公安机关报告。

第四十条 危险货物的装卸作业应当遵守安全作业标准、规程和制度,并在装卸管理人员的现场指挥或者监控下进行。

危险货物运输托运人和承运人应当按照合同约定指派装卸管理人员;若合同未予约定,则由负责装卸作业的一方指派装卸管理人员。

第四十一条 驾驶人员、装卸管理人员和押运人员上岗时应当随身携带从业资格证。

第四十二条 严禁专用车辆违反国家有关规定超载、超限运输。

道路危险货物运输企业或者单位使用罐式专用车辆运输货物时,罐体载货后的总质量应当和专用车辆核定载质量相匹配;使用牵引车运输货物时,挂车载货后的总质量应当与牵引车的准牵引总质量相匹配。

第四十三条 道路危险货物运输企业或者单位应当要求驾驶人员和押运人员在运输危险货物时,严格遵守有关部门关于危险货物运输线路、时间、速度方面的有关规定,并遵守有关部门关于剧毒、爆炸危险品道路运输车辆在重大节假日通行高速公路的相关规定。

第四十四条 道路危险货物运输企业或者单位应当通过卫星定位监控平台或者监控终端及时纠正和处理超速行驶、疲劳驾驶、不按规定线路行驶等违法违规驾驶行为。

监控数据应当至少保存3个月,违法驾驶信息及处理情况应当至少保存3年。

第四十五条 道路危险货物运输从业人员必须熟悉有关安全生产的法规、技术标准和安全生产规章制度、安全操作规程,了解所装运危险货物的性质、危害特性、包装物或者容器的使用要求和发生意外事故时的处置措施,并严格执行《汽车运输危险货物规则》(JT 617)、《汽车运输、装卸危险货物作业规程》(JT 618)等标准,不得违章作业。

第四十六条 道路危险货物运输企业或者单位应当通过岗前培训、例会、定期学习等方式,对从业人员进行经常性安全生产、职业道德、业务知识和操作规程的教育培训。

第四十七条 道路危险货物运输企业或者单位应当加强安全生产管理,制定突发事件应急预案,配备应急救援人员和必要的应急救援器材、设备,并定期组织应急救援演练,严格落实各项安全制度。

第四十八条 道路危险货物运输企业或者单位应当委托具备资质条件的机构,对本企业或单位的安全管理情况每3年至少进行一次安全评估,出具安全评估报告。

第四十九条 在危险货物运输过程中发生燃烧、爆炸、污染、中毒或者被盗、丢失、流散、泄漏等事故,驾驶人员、押运人员应当立即根据应急预案和《道路运输危险货物安全卡》的要求采取应急处置措施,并向事故发生地公安部门、交通运输主管部门和本运输企业或者单位报告。运输企业或者单位接到事故报告后,应当按照本单位危险货物应急预案组织救援,并向事故发生地安全生产监督管理部门和环境保护、卫生主管部门报告。

道路危险货物运输管理机构应当公布事故报告电话。

第五十条 在危险货物装卸过程中,应当根据危险货物的性质,轻装轻卸,堆码整齐,防止混杂、撒漏、破损,不得与普通货物混合堆放。

第五十一条 道路危险货物运输企业或者单位应当为其承运的危险货物投保承运人责任险。

第五十二条 道路危险货物运输企业异地经营(运输线路起讫点均不在企业注册地市域内)累计3个月以上的,应当向经营地设区的市级道路运输管理机构备案并接受其监管。

第五章 监督检查

第五十三条 道路危险货物运输监督检查按照《道路货物运输及站场管理规定》执行。

道路运输管理机构工作人员应当定期或者不定期对道路危险货物运输企业或者单位进行现场检查。

第五十四条 道路运输管理机构工作人员对在异地取得从业资格的人员监督检查时,可以向原发证机关申请提供相应的从业资格档案资料,原发证机关应当予以配合。

第五十五条 道路运输管理机构在实施监督检查过程中,经本部门主要负责人批准,可以对没有随车携带《道路运输证》又无法当场提供其他有效证明文件的危险货物运输专用车辆予以扣押。

第五十六条 任何单位和个人对违反本规定的行为,有权向道路危险货物运输管理机构举报。

道路危险货物运输管理机构应当公布举报电话,并在接到举报后及时依法处理;对不属于本部门职责的,应当及时移送有关部门处理。

第六章 法律责任

第五十七条 违反本规定,有下列情形之一的,由县级以上道路运输管理机构责令停止运输经营,有违法所得的,没收违法所得,处违法所得2倍以上10倍以下的罚款;没有违法所得或者违法所得不足2万元的,处3万元以上10万元以下的罚款;构成犯罪的,依法追究刑事责任:

(一)未取得道路危险货物运输许可,擅自从事道路危险货物运输的;

(二)使用失效、伪造、变造、被注销等无效道路危险货物运输许可证件从事道路危险货物运输的;

(三)超越许可事项,从事道路危险货物运输的;

(四)非经营性道路危险货物运输单位从事道路危险货物运输经营的。

第五十八条 违反本规定,道路危险货物运输企业或者单位非法转让、出租道路危险货物运输许可证件的,由县级以上道路运输管理机构责令停止违法行为,收缴有关证件,处2000元以上1万元以下的罚款;有违法所得的,没收违法所得。

第五十九条 违反本规定,道路危险货物运输企业或者单位有下列行为之一,由县级以上道路运输管理机构责令限期投保;拒不投保的,由原许可机关吊销《道路运输经营许可证》或者《道路危险货物运输许可证》,或者吊销相应的经营范围:

(一)未投保危险货物承运人责任险的;

(二)投保的危险货物承运人责任险已过期,未继续投保的。

第六十条 违反本规定,道路危险货物运输企业或者单位不按照规定随车携带《道路运输证》的,由县级以上道路运输管理机构责令改正,处警告或者20元以上200元以下的罚款。

第六十一条 违反本规定,道路危险货物运输企业或者单位以及托运人有下列情形之一的,由县级以上道路运输管理机构责令改正,并处5万元以上10万元以下的罚款,拒不改正的,责令停产停业整顿;构成犯罪的,依法追究刑事责任:

(一)驾驶人员、装卸管理人员、押运人员未取得从业资格上岗作业的;

(二)托运人不向承运人说明所托运的危险化学品的种类、数量、危险特性以及发生危险情况的应急处置措施,或者未按照国家有关规定对所托运的危险化学品妥善包装并在外包装上设置相应标志的;

(三)未根据危险化学品的危险特性采取相应的安全防护措施,或者未配备必要的防护用品和应急救援器材的;

(四)运输危险化学品需要添加抑制剂或者稳定剂,托运人未添加或者未将有关情况告知承运人的。

第六十二条 违反本规定,道路危险货物运输企业或者单位未配备专职安全管理人员的,由县级以上道路运输管理机构责令改正,可以处1万元以下的罚款;拒不改正的,对危险化学品运输企业或单位处1万元以上5万元以下的罚款,对运输危险化学品以外其他危险货物的企业或单位处1万元以上2万元以下的罚款。

第六十三条 违反本规定,道路危险化学品运输托运人有下列行为之一的,由县级以上道路运输管理机构责令改正,处10万元以上20万元以下的罚款,有违法所得的,没收违法所得;拒不改正的,责令停产停业整顿;构成犯罪的,依法追究刑事责任:

(一)委托未依法取得危险货物道路运输许可的企业承运危险化学品的;

(二)在托运的普通货物中夹带危险化学品,或者将危险化学品谎报或者匿报为普通货物托运的。

第六十四条 违反本规定,道路危险货物运输企业擅自改装已取得《道路运输证》的专用车辆及罐式专用车辆罐体的,由县级以上道路运输管理机构责令改正,并处5000元以上2万元以下的罚款。

第七章 附 则

第六十五条 本规定对道路危险货物运输经营未作规定的,按照《道路货物运输及站场管理规定》执行;对非经营性道路危险货物运输未作规定的,参照《道路货物运输及站场管理规定》执行。

第六十六条 道路危险货物运输许可证件和《道路运输证》工本费的具体收费标准由省、自治区、直辖市人民政府财政、价格主管部门会同同级交通运输主管部门核定。

第六十七条 交通运输部可以根据相关行业协会的申请,经组织专家论证后,统一公布可以按照普通货物实施道路运输管理的危险货物。

第六十八条 本规定自2013年7月1日起施行。交通部2005年发布的《道路危险货物运输管理规定》(交通部令2005年第9号)及交通运输部2010年发布的《关于修改〈道路危险货物运输管理规定〉的决定》(交通运输部令2010年第5号)同时废止。

危险化学品安全管理条例

2002年1月26日中华人民共和国国务院令第344号公布 2011年2月16日国务院第144次常务会议修订通过 根据2013年12月7日《国务院关于修改部分行政法规的决定》修订。

第一章 总 则

第一条 为了加强危险化学品的安全管理,预防和减少危险化学品事故,保障人民群众生命财产安全,保护环境,制定本条例。

第二条 危险化学品生产、储存、使用、经营和运输的安全管理,适用本条例。

废弃危险化学品的处置,依照有关环境保护的法律、行政法规和国家有关规定执行。

第三条 本条例所称危险化学品,是指具有毒害、腐蚀、爆炸、燃烧、助燃等性质,对人体、设施、环境具有危害的剧毒化学品和其他化学品。

危险化学品目录,由国务院安全生产监督管理部门会同国务院工业和信息化、公安、环境保护、卫生、质量监督检验检疫、交通运输、铁路、民用航空、农业主管部门,根据化学品危险特性的鉴别和分类标准确定、公布,并适时调整。

第四条 危险化学品安全管理,应当坚持安全第一、预防为主、综合治理的方针,强化和落实企业的主体责任。

生产、储存、使用、经营、运输危险化学品的单位(以下统称危险化学品单位)的主要负责人对本单位的危险化学品安全管理工作全面负责。

危险化学品单位应当具备法律、行政法规规定和国家标准、行业标准要求的安全条件,建立、健全安全管理规章制度和岗位安全责任制度,对从业人员进行安全教育、法制教育和岗位技术培训。从业人员应当接受教育和培训,考核合格后上岗作业;对有资格要求的岗位,应当配备依法取得相应资格的人员。

第五条 任何单位和个人不得生产、经营、使用国家禁止生产、经营、使用的危险化学品。

国家对危险化学品的使用有限制性规定的,任何单位和个人不得违反限制性规定使用危险化学品。

第六条 对危险化学品的生产、储存、使用、经营、运输实施安全监督管理的有关部

门(以下统称负有危险化学品安全监督管理职责的部门),依照下列规定履行职责:

(一)安全生产监督管理部门负责危险化学品安全监督管理综合工作,组织确定、公布、调整危险化学品目录,对新建、改建、扩建生产、储存危险化学品(包括使用长输管道输送危险化学品,下同)的建设项目进行安全条件审查,核发危险化学品安全生产许可证、危险化学品安全使用许可证和危险化学品经营许可证,并负责危险化学品登记工作。

(二)公安机关负责危险化学品的公共安全管理,核发剧毒化学品购买许可证、剧毒化学品道路运输通行证,并负责危险化学品运输车辆的道路交通安全管理。

(三)质量监督检验检疫部门负责核发危险化学品及其包装物、容器(不包括储存危险化学品的固定式大型储罐,下同)生产企业的工业产品生产许可证,并依法对其产品质量实施监督,负责对进出口危险化学品及其包装实施检验。

(四)环境保护主管部门负责废弃危险化学品处置的监督管理,组织危险化学品的环境危害性鉴定和环境风险程度评估,确定实施重点环境管理的危险化学品,负责危险化学品环境管理登记和新化学物质环境管理登记;依照职责分工调查相关危险化学品环境污染事故和生态破坏事件,负责危险化学品事故现场的应急环境监测。

(五)交通运输主管部门负责危险化学品道路运输、水路运输的许可以及运输工具的安全管理,对危险化学品水路运输安全实施监督,负责危险化学品道路运输企业、水路运输企业驾驶人员、船员、装卸管理人员、押运人员、申报人员、集装箱装箱现场检查员的资格认定。铁路监管部门负责危险化学品铁路运输及其运输工具的安全管理。民用航空主管部门负责危险化学品航空运输以及航空运输企业及其运输工具的安全管理。

(六)卫生主管部门负责危险化学品毒性鉴定的管理,负责组织、协调危险化学品事故受伤人员的医疗卫生救援工作。

(七)工商行政管理部门依据有关部门的许可证件,核发危险化学品生产、储存、经营、运输企业营业执照,查处危险化学品经营企业违法采购危险化学品的行为。

(八)邮政管理部门负责依法查处寄递危险化学品的行为。

第七条 负有危险化学品安全监督管理职责的部门依法进行监督检查,可以采取下列措施:

(一)进入危险化学品作业场所实施现场检查,向有关单位和人员了解情况,查阅、复制有关文件、资料;

(二)发现危险化学品事故隐患,责令立即消除或者限期消除;

(三)对不符合法律、行政法规、规章规定或者国家标准、行业标准要求的设施、设备、装置、器材、运输工具,责令立即停止使用;

(四)经本部门主要负责人批准,查封违法生产、储存、使用、经营危险化学品的场所,扣押违法生产、储存、使用、经营、运输的危险化学品以及用于违法生产、使用、运输危险化学品的原材料、设备、运输工具；

（五）发现影响危险化学品安全的违法行为,当场予以纠正或者责令限期改正。

负有危险化学品安全监督管理职责的部门依法进行监督检查,监督检查人员不得少于2人,并应当出示执法证件;有关单位和个人对依法进行的监督检查应当予以配合,不得拒绝、阻碍。

第八条 县级以上人民政府应当建立危险化学品安全监督管理工作协调机制,支持、督促负有危险化学品安全监督管理职责的部门依法履行职责,协调、解决危险化学品安全监督管理工作中的重大问题。

负有危险化学品安全监督管理职责的部门应当相互配合、密切协作,依法加强对危险化学品的安全监督管理。

第九条 任何单位和个人对违反本条例规定的行为,有权向负有危险化学品安全监督管理职责的部门举报。负有危险化学品安全监督管理职责的部门接到举报,应当及时依法处理;对不属于本部门职责的,应当及时移送有关部门处理。

第十条 国家鼓励危险化学品生产企业和使用危险化学品从事生产的企业采用有利于提高安全保障水平的先进技术、工艺、设备以及自动控制系统,鼓励对危险化学品实行专门储存、统一配送、集中销售。

第二章　生产、储存安全

第十一条 国家对危险化学品的生产、储存实行统筹规划、合理布局。

国务院工业和信息化主管部门以及国务院其他有关部门依据各自职责,负责危险化学品生产、储存的行业规划和布局。

地方人民政府组织编制城乡规划,应当根据本地区的实际情况,按照确保安全的原则,规划适当区域专门用于危险化学品的生产、储存。

第十二条 新建、改建、扩建生产、储存危险化学品的建设项目（以下简称建设项目）,应当由安全生产监督管理部门进行安全条件审查。

建设单位应当对建设项目进行安全条件论证,委托具备国家规定的资质条件的机构对建设项目进行安全评价,并将安全条件论证和安全评价的情况报告报建设项目所在地设区的市级以上人民政府安全生产监督管理部门;安全生产监督管理部门应当自收到报告之日起45日内作出审查决定,并书面通知建设单位。具体办法由国务院安全生产监督管理部门制定。

新建、改建、扩建储存、装卸危险化学品的港口建设项目,由港口行政管理部门按照国务院交通运输主管部门的规定进行安全条件审查。

第十三条 生产、储存危险化学品的单位,应当对其铺设的危险化学品管道设置明显标志,并对危险化学品管道定期检查、检测。

进行可能危及危险化学品管道安全的施工作业,施工单位应当在开工的 7 日前书面通知管道所属单位,并与管道所属单位共同制定应急预案,采取相应的安全防护措施。管道所属单位应当指派专门人员到现场进行管道安全保护指导。

第十四条 危险化学品生产企业进行生产前,应当依照《安全生产许可证条例》的规定,取得危险化学品安全生产许可证。

生产列入国家实行生产许可证制度的工业产品目录的危险化学品的企业,应当依照《中华人民共和国工业产品生产许可证管理条例》的规定,取得工业产品生产许可证。

负责颁发危险化学品安全生产许可证、工业产品生产许可证的部门,应当将其颁发许可证的情况及时向同级工业和信息化主管部门、环境保护主管部门和公安机关通报。

第十五条 危险化学品生产企业应当提供与其生产的危险化学品相符的化学品安全技术说明书,并在危险化学品包装(包括外包装件)上粘贴或者拴挂与包装内危险化学品相符的化学品安全标签。化学品安全技术说明书和化学品安全标签所载明的内容应当符合国家标准的要求。

危险化学品生产企业发现其生产的危险化学品有新的危险特性的,应当立即公告,并及时修订其化学品安全技术说明书和化学品安全标签。

第十六条 生产实施重点环境管理的危险化学品的企业,应当按照国务院环境保护主管部门的规定,将该危险化学品向环境中释放等相关信息向环境保护主管部门报告。环境保护主管部门可以根据情况采取相应的环境风险控制措施。

第十七条 危险化学品的包装应当符合法律、行政法规、规章的规定以及国家标准、行业标准的要求。

危险化学品包装物、容器的材质以及危险化学品包装的形式、规格、方法和单件质量(重量),应当与所包装的危险化学品的性质和用途相适应。

第十八条 生产列入国家实行生产许可证制度的工业产品目录的危险化学品包装物、容器的企业,应当依照《中华人民共和国工业产品生产许可证管理条例》的规定,取得工业产品生产许可证;其生产的危险化学品包装物、容器经国务院质量监督检验检疫部门认定的检验机构检验合格,方可出厂销售。

运输危险化学品的船舶及其配载的容器,应当按照国家船舶检验规范进行生产,并经海事管理机构认定的船舶检验机构检验合格,方可投入使用。

对重复使用的危险化学品包装物、容器,使用单位在重复使用前应当进行检查;发现存在安全隐患的,应当维修或者更换。使用单位应当对检查情况作出记录,记录的保存期限不得少于 2 年。

第十九条 危险化学品生产装置或者储存数量构成重大危险源的危险化学品储存

设施(运输工具加油站、加气站除外),与下列场所、设施、区域的距离应当符合国家有关规定:

(一)居住区以及商业中心、公园等人员密集场所;

(二)学校、医院、影剧院、体育场(馆)等公共设施;

(三)饮用水源、水厂以及水源保护区;

(四)车站、码头(依法经许可从事危险化学品装卸作业的除外)、机场以及通信干线、通信枢纽、铁路线路、道路交通干线、水路交通干线、地铁风亭以及地铁站出入口;

(五)基本农田保护区、基本草原、畜禽遗传资源保护区、畜禽规模化养殖场(养殖小区)、渔业水域以及种子、种畜禽、水产苗种生产基地;

(六)河流、湖泊、风景名胜区、自然保护区;

(七)军事禁区、军事管理区;

(八)法律、行政法规规定的其他场所、设施、区域。

已建的危险化学品生产装置或者储存数量构成重大危险源的危险化学品储存设施不符合前款规定的,由所在地设区的市级人民政府安全生产监督管理部门会同有关部门监督其所属单位在规定期限内进行整改;需要转产、停产、搬迁、关闭的,由本级人民政府决定并组织实施。

储存数量构成重大危险源的危险化学品储存设施的选址,应当避开地震活动断层和容易发生洪灾、地质灾害的区域。

本条例所称重大危险源,是指生产、储存、使用或者搬运危险化学品,且危险化学品的数量等于或者超过临界量的单元(包括场所和设施)。

第二十条 生产、储存危险化学品的单位,应当根据其生产、储存的危险化学品的种类和危险特性,在作业场所设置相应的监测、监控、通风、防晒、调温、防火、灭火、防爆、泄压、防毒、中和、防潮、防雷、防静电、防腐、防泄漏以及防护围堤或者隔离操作等安全设施、设备,并按照国家标准、行业标准或者国家有关规定对安全设施、设备进行经常性维护、保养,保证安全设施、设备的正常使用。

生产、储存危险化学品的单位,应当在其作业场所和安全设施、设备上设置明显的安全警示标志。

第二十一条 生产、储存危险化学品的单位,应当在其作业场所设置通信、报警装置,并保证处于适用状态。

第二十二条 生产、储存危险化学品的企业,应当委托具备国家规定的资质条件的机构,对本企业的安全生产条件每3年进行一次安全评价,提出安全评价报告。安全评价报告的内容应当包括对安全生产条件存在的问题进行整改的方案。

生产、储存危险化学品的企业,应当将安全评价报告以及整改方案的落实情况报所在地县级人民政府安全生产监督管理部门备案。在港区内储存危险化学品的企业,应当将安全评价报告以及整改方案的落实情况报港口行政管理部门备案。

第二十三条 生产、储存剧毒化学品或者国务院公安部门规定的可用于制造爆炸物品的危险化学品(以下简称易制爆危险化学品)的单位,应当如实记录其生产、储存的剧毒化学品、易制爆危险化学品的数量、流向,并采取必要的安全防范措施,防止剧毒化学品、易制爆危险化学品丢失或者被盗;发现剧毒化学品、易制爆危险化学品丢失或者被盗的,应当立即向当地公安机关报告。

生产、储存剧毒化学品、易制爆危险化学品的单位,应当设置治安保卫机构,配备专职治安保卫人员。

第二十四条 危险化学品应当储存在专用仓库、专用场地或者专用储存室(以下统称专用仓库)内,并由专人负责管理;剧毒化学品以及储存数量构成重大危险源的其他危险化学品,应当在专用仓库内单独存放,并实行双人收发、双人保管制度。

危险化学品的储存方式、方法以及储存数量应当符合国家标准或者国家有关规定。

第二十五条 储存危险化学品的单位应当建立危险化学品出入库核查、登记制度。

对剧毒化学品以及储存数量构成重大危险源的其他危险化学品,储存单位应当将其储存数量、储存地点以及管理人员的情况,报所在地县级人民政府安全生产监督管理部门(在港区内储存的,报港口行政管理部门)和公安机关备案。

第二十六条 危险化学品专用仓库应当符合国家标准、行业标准的要求,并设置明显的标志。储存剧毒化学品、易制爆危险化学品的专用仓库,应当按照国家有关规定设置相应的技术防范设施。

储存危险化学品的单位应当对其危险化学品专用仓库的安全设施、设备定期进行检测、检验。

第二十七条 生产、储存危险化学品的单位转产、停产、停业或者解散的,应当采取有效措施,及时、妥善处置其危险化学品生产装置、储存设施以及库存的危险化学品,不得丢弃危险化学品;处置方案应当报所在地县级人民政府安全生产监督管理部门、工业和信息化主管部门、环境保护主管部门和公安机关备案。安全生产监督管理部门应当会同环境保护主管部门和公安机关对处置情况进行监督检查,发现未依照规定处置的,应当责令其立即处置。

第三章 使用安全

第二十八条 使用危险化学品的单位,其使用条件(包括工艺)应当符合法律、行政法规的规定和国家标准、行业标准的要求,并根据所使用的危险化学品的种类、危险特性以及使用量和使用方式,建立、健全使用危险化学品的安全管理规章制度和安全操作规程,保证危险化学品的安全使用。

第二十九条 使用危险化学品从事生产并且使用量达到规定数量的化工企业(属于危险化学品生产企业的除外,下同),应当依照本条例的规定取得危险化学品安全使用许可证。

前款规定的危险化学品使用量的数量标准,由国务院安全生产监督管理部门会同国务院公安部门、农业主管部门确定并公布。

第三十条 申请危险化学品安全使用许可证的化工企业,除应当符合本条例第二十八条的规定外,还应当具备下列条件:

(一)有与所使用的危险化学品相适应的专业技术人员;

(二)有安全管理机构和专职安全管理人员;

(三)有符合国家规定的危险化学品事故应急预案和必要的应急救援器材、设备;

(四)依法进行了安全评价。

第三十一条 申请危险化学品安全使用许可证的化工企业,应当向所在地设区的市级人民政府安全生产监督管理部门提出申请,并提交其符合本条例第三十条规定条件的证明材料。设区的市级人民政府安全生产监督管理部门应当依法进行审查,自收到证明材料之日起45日内作出批准或者不予批准的决定。予以批准的,颁发危险化学品安全使用许可证;不予批准的,书面通知申请人并说明理由。

安全生产监督管理部门应当将其颁发危险化学品安全使用许可证的情况及时向同级环境保护主管部门和公安机关通报。

第三十二条 本条例第十六条关于生产实施重点环境管理的危险化学品的企业的规定,适用于使用实施重点环境管理的危险化学品从事生产的企业;第二十条、第二十一条、第二十三条第一款、第二十七条关于生产、储存危险化学品的单位的规定,适用于使用危险化学品的单位;第二十二条关于生产、储存危险化学品的企业的规定,适用于使用危险化学品从事生产的企业。

第四章 经 营 安 全

第三十三条 国家对危险化学品经营(包括仓储经营,下同)实行许可制度。未经许可,任何单位和个人不得经营危险化学品。

依法设立的危险化学品生产企业在其厂区范围内销售本企业生产的危险化学品,不需要取得危险化学品经营许可。

依照《中华人民共和国港口法》的规定取得港口经营许可证的港口经营人,在港区内从事危险化学品仓储经营,不需要取得危险化学品经营许可。

第三十四条 从事危险化学品经营的企业应当具备下列条件:

（一）有符合国家标准、行业标准的经营场所，储存危险化学品的，还应当有符合国家标准、行业标准的储存设施；

（二）从业人员经过专业技术培训并经考核合格；

（三）有健全的安全管理规章制度；

（四）有专职安全管理人员；

（五）有符合国家规定的危险化学品事故应急预案和必要的应急救援器材、设备；

（六）法律、法规规定的其他条件。

第三十五条 从事剧毒化学品、易制爆危险化学品经营的企业，应当向所在地设区的市级人民政府安全生产监督管理部门提出申请，从事其他危险化学品经营的企业，应当向所在地县级人民政府安全生产监督管理部门提出申请（有储存设施的，应当向所在地设区的市级人民政府安全生产监督管理部门提出申请）。申请人应当提交其符合本条例第三十四条规定条件的证明材料。设区的市级人民政府安全生产监督管理部门或者县级人民政府安全生产监督管理部门应当依法进行审查，并对申请人的经营场所、储存设施进行现场核查，自收到证明材料之日起30日内作出批准或者不予批准的决定。予以批准的，颁发危险化学品经营许可证；不予批准的，书面通知申请人并说明理由。

设区的市级人民政府安全生产监督管理部门和县级人民政府安全生产监督管理部门应当将其颁发危险化学品经营许可证的情况及时向同级环境保护主管部门和公安机关通报。

申请人持危险化学品经营许可证向工商行政管理部门办理登记手续后，方可从事危险化学品经营活动。法律、行政法规或者国务院规定经营危险化学品还需要经其他有关部门许可的，申请人向工商行政管理部门办理登记手续时还应当持相应的许可证件。

第三十六条 危险化学品经营企业储存危险化学品的，应当遵守本条例第二章关于储存危险化学品的规定。危险化学品商店内只能存放民用小包装的危险化学品。

第三十七条 危险化学品经营企业不得向未经许可从事危险化学品生产、经营活动的企业采购危险化学品，不得经营没有化学品安全技术说明书或者化学品安全标签的危险化学品。

第三十八条 依法取得危险化学品安全生产许可证、危险化学品安全使用许可证、危险化学品经营许可证的企业，凭相应的许可证件购买剧毒化学品、易制爆危险化学品。民用爆炸物品生产企业凭民用爆炸物品生产许可证购买易制爆危险化学品。

前款规定以外的单位购买剧毒化学品的，应当向所在地县级人民政府公安机关申请取得剧毒化学品购买许可证；购买易制爆危险化学品的，应当持本单位出具的合法用途说明。

个人不得购买剧毒化学品(属于剧毒化学品的农药除外)和易制爆危险化学品。

第三十九条 申请取得剧毒化学品购买许可证,申请人应当向所在地县级人民政府公安机关提交下列材料:

(一)营业执照或者法人证书(登记证书)的复印件;

(二)拟购买的剧毒化学品品种、数量的说明;

(三)购买剧毒化学品用途的说明;

(四)经办人的身份证明。

县级人民政府公安机关应当自收到前款规定的材料之日起3日内,作出批准或者不予批准的决定。予以批准的,颁发剧毒化学品购买许可证;不予批准的,书面通知申请人并说明理由。

剧毒化学品购买许可证管理办法由国务院公安部门制定。

第四十条 危险化学品生产企业、经营企业销售剧毒化学品、易制爆危险化学品,应当查验本条例第三十八条第一款、第二款规定的相关许可证件或者证明文件,不得向不具有相关许可证件或者证明文件的单位销售剧毒化学品、易制爆危险化学品。对持剧毒化学品购买许可证购买剧毒化学品的,应当按照许可证载明的品种、数量销售。

禁止向个人销售剧毒化学品(属于剧毒化学品的农药除外)和易制爆危险化学品。

第四十一条 危险化学品生产企业、经营企业销售剧毒化学品、易制爆危险化学品,应当如实记录购买单位的名称、地址、经办人的姓名、身份证号码以及所购买的剧毒化学品、易制爆危险化学品的品种、数量、用途。销售记录以及经办人的身份证明复印件、相关许可证件复印件或者证明文件的保存期限不得少于1年。

剧毒化学品、易制爆危险化学品的销售企业、购买单位应当在销售、购买后5日内,将所销售、购买的剧毒化学品、易制爆危险化学品的品种、数量以及流向信息报所在地县级人民政府公安机关备案,并输入计算机系统。

第四十二条 使用剧毒化学品、易制爆危险化学品的单位不得出借、转让其购买的剧毒化学品、易制爆危险化学品;因转产、停产、搬迁、关闭等确需转让的,应当向具有本条例第三十八条第一款、第二款规定的相关许可证件或者证明文件的单位转让,并在转让后将有关情况及时向所在地县级人民政府公安机关报告。

第五章 运输安全

第四十三条 从事危险化学品道路运输、水路运输的,应当分别依照有关道路运输、水路运输的法律、行政法规的规定,取得危险货物道路运输许可、危险货物水路运输许可,并向工商行政管理部门办理登记手续。

危险化学品道路运输企业、水路运输企业应当配备专职安全管理人员。

第四十四条 危险化学品道路运输企业、水路运输企业的驾驶人员、船员、装卸管理人员、押运人员、申报人员、集装箱装箱现场检查员应当经交通运输主管部门考核合格,取得从业资格。具体办法由国务院交通运输主管部门制定。

危险化学品的装卸作业应当遵守安全作业标准、规程和制度,并在装卸管理人员的现场指挥或者监控下进行。水路运输危险化学品的集装箱装箱作业应当在集装箱装箱现场检查员的指挥或者监控下进行,并符合积载、隔离的规范和要求;装箱作业完毕后,集装箱装箱现场检查员应当签署装箱证明书。

第四十五条 运输危险化学品,应当根据危险化学品的危险特性采取相应的安全防护措施,并配备必要的防护用品和应急救援器材。

用于运输危险化学品的槽罐以及其他容器应当封口严密,能够防止危险化学品在运输过程中因温度、湿度或者压力的变化发生渗漏、洒漏;槽罐以及其他容器的溢流和泄压装置应当设置准确、起闭灵活。

运输危险化学品的驾驶人员、船员、装卸管理人员、押运人员、申报人员、集装箱装箱现场检查员,应当了解所运输的危险化学品的危险特性及其包装物、容器的使用要求和出现危险情况时的应急处置方法。

第四十六条 通过道路运输危险化学品的,托运人应当委托依法取得危险货物道路运输许可的企业承运。

第四十七条 通过道路运输危险化学品的,应当按照运输车辆的核定载质量装载危险化学品,不得超载。

危险化学品运输车辆应当符合国家标准要求的安全技术条件,并按照国家有关规定定期进行安全技术检验。

危险化学品运输车辆应当悬挂或者喷涂符合国家标准要求的警示标志。

第四十八条 通过道路运输危险化学品的,应当配备押运人员,并保证所运输的危险化学品处于押运人员的监控之下。

运输危险化学品途中因住宿或者发生影响正常运输的情况,需要较长时间停车的,驾驶人员、押运人员应当采取相应的安全防范措施;运输剧毒化学品或者易制爆危险化学品的,还应当向当地公安机关报告。

第四十九条 未经公安机关批准,运输危险化学品的车辆不得进入危险化学品运输车辆限制通行的区域。危险化学品运输车辆限制通行的区域由县级人民政府公安机关划定,并设置明显的标志。

第五十条 通过道路运输剧毒化学品的,托运人应当向运输始发地或者目的地县级人民政府公安机关申请剧毒化学品道路运输通行证。

申请剧毒化学品道路运输通行证,托运人应当向县级人民政府公安机关提交下列材料:

(一)拟运输的剧毒化学品品种、数量的说明;

(二)运输始发地、目的地、运输时间和运输路线的说明;

(三)承运人取得危险货物道路运输许可、运输车辆取得营运证以及驾驶人员、押运人员取得上岗资格的证明文件;

(四)本条例第三十八条第一款、第二款规定的购买剧毒化学品的相关许可证件,或者海关出具的进出口证明文件。

县级人民政府公安机关应当自收到前款规定的材料之日起7日内,作出批准或者不予批准的决定。予以批准的,颁发剧毒化学品道路运输通行证;不予批准的,书面通知申请人并说明理由。

剧毒化学品道路运输通行证管理办法由国务院公安部门制定。

第五十一条 剧毒化学品、易制爆危险化学品在道路运输途中丢失、被盗、被抢或者出现流散、泄漏等情况的,驾驶人员、押运人员应当立即采取相应的警示措施和安全措施,并向当地公安机关报告。公安机关接到报告后,应当根据实际情况立即向安全生产监督管理部门、环境保护主管部门、卫生主管部门通报。有关部门应当采取必要的应急处置措施。

第五十二条 通过水路运输危险化学品的,应当遵守法律、行政法规以及国务院交通运输主管部门关于危险货物水路运输安全的规定。

第五十三条 海事管理机构应当根据危险化学品的种类和危险特性,确定船舶运输危险化学品的相关安全运输条件。

拟交付船舶运输的化学品的相关安全运输条件不明确的,货物所有人或者代理人应当委托相关技术机构进行评估,明确相关安全运输条件并经海事管理机构确认后,方可交付船舶运输。

第五十四条 禁止通过内河封闭水域运输剧毒化学品以及国家规定禁止通过内河运输的其他危险化学品。

前款规定以外的内河水域,禁止运输国家规定禁止通过内河运输的剧毒化学品以及其他危险化学品。

禁止通过内河运输的剧毒化学品以及其他危险化学品的范围,由国务院交通运输主管部门会同国务院环境保护主管部门、工业和信息化主管部门、安全生产监督管理部门,根据危险化学品的危险特性、危险化学品对人体和水环境的危害程度以及消除危害后果的难易程度等因素规定并公布。

第五十五条 国务院交通运输主管部门应当根据危险化学品的危险特性,对通过内河运输本条例第五十四条规定以外的危险化学品(以下简称通过内河运输危险化学品)实行分类管理,对各类危险化学品的运输方式、包装规范和安全防护措施等分别作出规定并监督实施。

第五十六条 通过内河运输危险化学品,应当由依法取得危险货物水路运输许可的水路运输企业承运,其他单位和个人不得承运。托运人应当委托依法取得危险货物水路运输许可的水路运输企业承运,不得委托其他单位和个人承运。

第五十七条 通过内河运输危险化学品,应当使用依法取得危险货物适装证书的运输船舶。水路运输企业应当针对所运输的危险化学品的危险特性,制定运输船舶危险化学品事故应急救援预案,并为运输船舶配备充足、有效的应急救援器材和设备。

通过内河运输危险化学品的船舶,其所有人或者经营人应当取得船舶污染损害责任保险证书或者财务担保证明。船舶污染损害责任保险证书或者财务担保证明的副本应当随船携带。

第五十八条 通过内河运输危险化学品,危险化学品包装物的材质、形式、强度以及包装方法应当符合水路运输危险化学品包装规范的要求。国务院交通运输主管部门对单船运输的危险化学品数量有限制性规定的,承运人应当按照规定安排运输数量。

第五十九条 用于危险化学品运输作业的内河码头、泊位应当符合国家有关安全规范,与饮用水取水口保持国家规定的距离。有关管理单位应当制定码头、泊位危险化学品事故应急预案,并为码头、泊位配备充足、有效的应急救援器材和设备。

用于危险化学品运输作业的内河码头、泊位,经交通运输主管部门按照国家有关规定验收合格后方可投入使用。

第六十条 船舶载运危险化学品进出内河港口,应当将危险化学品的名称、危险特性、包装以及进出港时间等事项,事先报告海事管理机构。海事管理机构接到报告后,应当在国务院交通运输主管部门规定的时间内作出是否同意的决定,通知报告人,同时通报港口行政管理部门。定船舶、定航线、定货种的船舶可以定期报告。

在内河港口内进行危险化学品的装卸、过驳作业,应当将危险化学品的名称、危险特性、包装和作业的时间、地点等事项报告港口行政管理部门。港口行政管理部门接到报告后,应当在国务院交通运输主管部门规定的时间内作出是否同意的决定,通知报告人,同时通报海事管理机构。

载运危险化学品的船舶在内河航行,通过过船建筑物的,应当提前向交通运输主管部门申报,并接受交通运输主管部门的管理。

第六十一条 载运危险化学品的船舶在内河航行、装卸或者停泊,应当悬挂专用的警示标志,按照规定显示专用信号。

载运危险化学品的船舶在内河航行,按照国务院交通运输主管部门的规定需要引航的,应当申请引航。

第六十二条 载运危险化学品的船舶在内河航行,应当遵守法律、行政法规和国家其他有关饮用水水源保护的规定。内河航道发展规划应当与依法经批准的饮用水水源保护区划定方案相协调。

第六十三条 托运危险化学品的,托运人应当向承运人说明所托运的危险化学品的种类、数量、危险特性以及发生危险情况的应急处置措施,并按照国家有关规定对所托运的危险化学品妥善包装,在外包装上设置相应的标志。

运输危险化学品需要添加抑制剂或者稳定剂的,托运人应当添加,并将有关情况告知承运人。

第六十四条 托运人不得在托运的普通货物中夹带危险化学品,不得将危险化学品匿报或者谎报为普通货物托运。

任何单位和个人不得交寄危险化学品或者在邮件、快件内夹带危险化学品,不得将危险化学品匿报或者谎报为普通物品交寄。邮政企业、快递企业不得收寄危险化学品。

对涉嫌违反本条第一款、第二款规定的,交通运输主管部门、邮政管理部门可以依法开拆查验。

第六十五条 通过铁路、航空运输危险化学品的安全管理,依照有关铁路、航空运输的法律、行政法规、规章的规定执行。

第六章 危险化学品登记与事故应急救援

第六十六条 国家实行危险化学品登记制度,为危险化学品安全管理以及危险化学品事故预防和应急救援提供技术、信息支持。

第六十七条 危险化学品生产企业、进口企业,应当向国务院安全生产监督管理部门负责危险化学品登记的机构(以下简称危险化学品登记机构)办理危险化学品登记。

危险化学品登记包括下列内容:

(一)分类和标签信息;

(二)物理、化学性质;

(三)主要用途;

(四)危险特性;

(五)储存、使用、运输的安全要求;

(六)出现危险情况的应急处置措施。

对同一企业生产、进口的同一品种的危险化学品,不进行重复登记。危险化学品生产企业、进口企业发现其生产、进口的危险化学品有新的危险特性的,应当及时向危险化学品登记机构办理登记内容变更手续。

危险化学品登记的具体办法由国务院安全生产监督管理部门制定。

第六十八条 危险化学品登记机构应当定期向工业和信息化、环境保护、公安、卫生、交通运输、铁路、质量监督检验检疫等部门提供危险化学品登记的有关信息和资料。

第六十九条 县级以上地方人民政府安全生产监督管理部门应当会同工业和信息化、环境保护、公安、卫生、交通运输、铁路、质量监督检验检疫等部门,根据本地区实际情况,制定危险化学品事故应急预案,报本级人民政府批准。

第七十条 危险化学品单位应当制定本单位危险化学品事故应急预案,配备应急救援人员和必要的应急救援器材、设备,并定期组织应急救援演练。

危险化学品单位应当将其危险化学品事故应急预案报所在地设区的市级人民政府安全生产监督管理部门备案。

第七十一条 发生危险化学品事故,事故单位主要负责人应当立即按照本单位危险化学品应急预案组织救援,并向当地安全生产监督管理部门和环境保护、公安、卫生主管部门报告;道路运输、水路运输过程中发生危险化学品事故的,驾驶人员、船员或者押运人员还应当向事故发生地交通运输主管部门报告。

第七十二条 发生危险化学品事故,有关地方人民政府应当立即组织安全生产监督管理、环境保护、公安、卫生、交通运输等有关部门,按照本地区危险化学品事故应急预案组织实施救援,不得拖延、推诿。

有关地方人民政府及其有关部门应当按照下列规定,采取必要的应急处置措施,减少事故损失,防止事故蔓延、扩大:

(一)立即组织营救和救治受害人员,疏散、撤离或者采取其他措施保护危害区域内的其他人员;

(二)迅速控制危害源,测定危险化学品的性质、事故的危害区域及危害程度;

(三)针对事故对人体、动植物、土壤、水源、大气造成的现实危害和可能产生的危害,迅速采取封闭、隔离、洗消等措施;

(四)对危险化学品事故造成的环境污染和生态破坏状况进行监测、评估,并采取相应的环境污染治理和生态修复措施。

第七十三条 有关危险化学品单位应当为危险化学品事故应急救援提供技术指导和必要的协助。

第七十四条 危险化学品事故造成环境污染的,由设区的市级以上人民政府环境保护主管部门统一发布有关信息。

第七章 法律责任

第七十五条 生产、经营、使用国家禁止生产、经营、使用的危险化学品的,由安全生产监督管理部门责令停止生产、经营、使用活动,处 20 万元以上 50 万元以下的罚款,有违法所得的,没收违法所得;构成犯罪的,依法追究刑事责任。

有前款规定行为的,安全生产监督管理部门还应当责令其对所生产、经营、使用的危险化学品进行无害化处理。

违反国家关于危险化学品使用的限制性规定使用危险化学品的,依照本条第一款的规定处理。

第七十六条 未经安全条件审查,新建、改建、扩建生产、储存危险化学品的建设项目的,由安全生产监督管理部门责令停止建设,限期改正;逾期不改正的,处 50 万元以上 100 万元以下的罚款;构成犯罪的,依法追究刑事责任。

未经安全条件审查,新建、改建、扩建储存、装卸危险化学品的港口建设项目的,由港口行政管理部门依照前款规定予以处罚。

第七十七条 未依法取得危险化学品安全生产许可证从事危险化学品生产,或者未依法取得工业产品生产许可证从事危险化学品及其包装物、容器生产的,分别依照《安全生产许可证条例》《中华人民共和国工业产品生产许可证管理条例》的规定处罚。

违反本条例规定,化工企业未取得危险化学品安全使用许可证,使用危险化学品从事生产的,由安全生产监督管理部门责令限期改正,处 10 万元以上 20 万元以下的罚款;逾期不改正的,责令停产整顿。

违反本条例规定,未取得危险化学品经营许可证从事危险化学品经营的,由安全生产监督管理部门责令停止经营活动,没收违法经营的危险化学品以及违法所得,并处 10 万元以上 20 万元以下的罚款;构成犯罪的,依法追究刑事责任。

第七十八条 有下列情形之一的,由安全生产监督管理部门责令改正,可以处 5 万元以下的罚款;拒不改正的,处 5 万元以上 10 万元以下的罚款;情节严重的,责令停产停业整顿:

(一)生产、储存危险化学品的单位未对其铺设的危险化学品管道设置明显的标志,或者未对危险化学品管道定期检查、检测的;

(二)进行可能危及危险化学品管道安全的施工作业,施工单位未按照规定书面通知管道所属单位,或者未与管道所属单位共同制定应急预案、采取相应的安全防护措施,或者管道所属单位未指派专门人员到现场进行管道安全保护指导的;

(三)危险化学品生产企业未提供化学品安全技术说明书,或者未在包装(包括外包装件)上粘贴、拴挂化学品安全标签的;

(四)危险化学品生产企业提供的化学品安全技术说明书与其生产的危险化学品不相符,或者在包装(包括外包装件)粘贴、拴挂的化学品安全标签与包装内危险化学品不相符,或者化学品安全技术说明书、化学品安全标签所载明的内容不符合国家标准要

求的;

(五)危险化学品生产企业发现其生产的危险化学品有新的危险特性不立即公告,或者不及时修订其化学品安全技术说明书和化学品安全标签的;

(六)危险化学品经营企业经营没有化学品安全技术说明书和化学品安全标签的危险化学品的;

(七)危险化学品包装物、容器的材质以及包装的形式、规格、方法和单件质量(重量)与所包装的危险化学品的性质和用途不相适应的;

(八)生产、储存危险化学品的单位未在作业场所和安全设施、设备上设置明显的安全警示标志,或者未在作业场所设置通信、报警装置的;

(九)危险化学品专用仓库未设专人负责管理,或者对储存的剧毒化学品以及储存数量构成重大危险源的其他危险化学品未实行双人收发、双人保管制度的;

(十)储存危险化学品的单位未建立危险化学品出入库核查、登记制度的;

(十一)危险化学品专用仓库未设置明显标志的;

(十二)危险化学品生产企业、进口企业不办理危险化学品登记,或者发现其生产、进口的危险化学品有新的危险特性不办理危险化学品登记内容变更手续的。

从事危险化学品仓储经营的港口经营人有前款规定情形的,由港口行政管理部门依照前款规定予以处罚。储存剧毒化学品、易制爆危险化学品的专用仓库未按照国家有关规定设置相应的技术防范设施的,由公安机关依照前款规定予以处罚。

生产、储存剧毒化学品、易制爆危险化学品的单位未设置治安保卫机构、配备专职治安保卫人员的,依照《企业事业单位内部治安保卫条例》的规定处罚。

第七十九条 危险化学品包装物、容器生产企业销售未经检验或者经检验不合格的危险化学品包装物、容器的,由质量监督检验检疫部门责令改正,处10万元以上20万元以下的罚款,有违法所得的,没收违法所得;拒不改正的,责令停产停业整顿;构成犯罪的,依法追究刑事责任。

将未经检验合格的运输危险化学品的船舶及其配载的容器投入使用的,由海事管理机构依照前款规定予以处罚。

第八十条 生产、储存、使用危险化学品的单位有下列情形之一的,由安全生产监督管理部门责令改正,处5万元以上10万元以下的罚款;拒不改正的,责令停产停业整顿直至由原发证机关吊销其相关许可证件,并由工商行政管理部门责令其办理经营范围变更登记或者吊销其营业执照;有关责任人员构成犯罪的,依法追究刑事责任:

(一)对重复使用的危险化学品包装物、容器,在重复使用前不进行检查的;

(二)未根据其生产、储存的危险化学品的种类和危险特性,在作业场所设置相关安全设施、设备,或者未按照国家标准、行业标准或者国家有关规定对安全设施、设备进行

经常性维护、保养的;

(三)未依照本条例规定对其安全生产条件定期进行安全评价的;

(四)未将危险化学品储存在专用仓库内,或者未将剧毒化学品以及储存数量构成重大危险源的其他危险化学品在专用仓库内单独存放的;

(五)危险化学品的储存方式、方法或者储存数量不符合国家标准或者国家有关规定的;

(六)危险化学品专用仓库不符合国家标准、行业标准的要求的;

(七)未对危险化学品专用仓库的安全设施、设备定期进行检测、检验的。

从事危险化学品仓储经营的港口经营人有前款规定情形的,由港口行政管理部门依照前款规定予以处罚。

第八十一条 有下列情形之一的,由公安机关责令改正,可以处 1 万元以下的罚款;拒不改正的,处 1 万元以上 5 万元以下的罚款:

(一)生产、储存、使用剧毒化学品、易制爆危险化学品的单位不如实记录生产、储存、使用的剧毒化学品、易制爆危险化学品的数量、流向的;

(二)生产、储存、使用剧毒化学品、易制爆危险化学品的单位发现剧毒化学品、易制爆危险化学品丢失或者被盗,不立即向公安机关报告的;

(三)储存剧毒化学品的单位未将剧毒化学品的储存数量、储存地点以及管理人员的情况报所在地县级人民政府公安机关备案的;

(四)危险化学品生产企业、经营企业不如实记录剧毒化学品、易制爆危险化学品购买单位的名称、地址、经办人的姓名、身份证号码以及所购买的剧毒化学品、易制爆危险化学品的品种、数量、用途,或者保存销售记录和相关材料的时间少于 1 年的;

(五)剧毒化学品、易制爆危险化学品的销售企业、购买单位未在规定的时限内将所销售、购买的剧毒化学品、易制爆危险化学品的品种、数量以及流向信息报所在地县级人民政府公安机关备案的;

(六)使用剧毒化学品、易制爆危险化学品的单位依照本条例规定转让其购买的剧毒化学品、易制爆危险化学品,未将有关情况向所在地县级人民政府公安机关报告的。

生产、储存危险化学品的企业或者使用危险化学品从事生产的企业未按照本条例规定将安全评价报告以及整改方案的落实情况报安全生产监督管理部门或者港口行政管理部门备案,或者储存危险化学品的单位未将其剧毒化学品以及储存数量构成重大危险源的其他危险化学品的储存数量、储存地点以及管理人员的情况报安全生产监督管理部门或者港口行政管理部门备案的,分别由安全生产监督管理部门或者港口行政管理部门依照前款规定予以处罚。

生产实施重点环境管理的危险化学品的企业或者使用实施重点环境管理的危险化

学品从事生产的企业未按照规定将相关信息向环境保护主管部门报告的,由环境保护主管部门依照本条第一款的规定予以处罚。

第八十二条 生产、储存、使用危险化学品的单位转产、停产、停业或者解散,未采取有效措施及时、妥善处置其危险化学品生产装置、储存设施以及库存的危险化学品,或者丢弃危险化学品的,由安全生产监督管理部门责令改正,处5万元以上10万元以下的罚款;构成犯罪的,依法追究刑事责任。

生产、储存、使用危险化学品的单位转产、停产、停业或者解散,未依照本条例规定将其危险化学品生产装置、储存设施以及库存危险化学品的处置方案报有关部门备案的,分别由有关部门责令改正,可以处1万元以下的罚款;拒不改正的,处1万元以上5万元以下的罚款。

第八十三条 危险化学品经营企业向未经许可违法从事危险化学品生产、经营活动的企业采购危险化学品的,由工商行政管理部门责令改正,处10万元以上20万元以下的罚款;拒不改正的,责令停业整顿直至由原发证机关吊销其危险化学品经营许可证,并由工商行政管理部门责令其办理经营范围变更登记或者吊销其营业执照。

第八十四条 危险化学品生产企业、经营企业有下列情形之一的,由安全生产监督管理部门责令改正,没收违法所得,并处10万元以上20万元以下的罚款;拒不改正的,责令停产停业整顿直至吊销其危险化学品安全生产许可证、危险化学品经营许可证,并由工商行政管理部门责令其办理经营范围变更登记或者吊销其营业执照:

(一)向不具有本条例第三十八条第一款、第二款规定的相关许可证件或者证明文件的单位销售剧毒化学品、易制爆危险化学品的;

(二)不按照剧毒化学品购买许可证载明的品种、数量销售剧毒化学品的;

(三)向个人销售剧毒化学品(属于剧毒化学品的农药除外)、易制爆危险化学品的。

不具有本条例第三十八条第一款、第二款规定的相关许可证件或者证明文件的单位购买剧毒化学品、易制爆危险化学品,或者个人购买剧毒化学品(属于剧毒化学品的农药除外)、易制爆危险化学品的,由公安机关没收所购买的剧毒化学品、易制爆危险化学品,可以并处5000元以下的罚款。

使用剧毒化学品、易制爆危险化学品的单位出借或者向不具有本条例第三十八条第一款、第二款规定的相关许可证件的单位转让其购买的剧毒化学品、易制爆危险化学品,或者向个人转让其购买的剧毒化学品(属于剧毒化学品的农药除外)、易制爆危险化学品的,由公安机关责令改正,处10万元以上20万元以下的罚款;拒不改正的,责令停产停业整顿。

第八十五条 未依法取得危险货物道路运输许可、危险货物水路运输许可,从事危险化学品道路运输、水路运输的,分别依照有关道路运输、水路运输的法律、行政法规的规定处罚。

第八十六条 有下列情形之一的,由交通运输主管部门责令改正,处 5 万元以上 10 万元以下的罚款;拒不改正的,责令停产停业整顿;构成犯罪的,依法追究刑事责任:

(一)危险化学品道路运输企业、水路运输企业的驾驶人员、船员、装卸管理人员、押运人员、申报人员、集装箱装箱现场检查员未取得从业资格上岗作业的;

(二)运输危险化学品,未根据危险化学品的危险特性采取相应的安全防护措施,或者未配备必要的防护用品和应急救援器材的;

(三)使用未依法取得危险货物适装证书的船舶,通过内河运输危险化学品的;

(四)通过内河运输危险化学品的承运人违反国务院交通运输主管部门对单船运输的危险化学品数量的限制性规定运输危险化学品的;

(五)用于危险化学品运输作业的内河码头、泊位不符合国家有关安全规范,或者未与饮用水取水口保持国家规定的安全距离,或者未经交通运输主管部门验收合格投入使用的;

(六)托运人不向承运人说明所托运的危险化学品的种类、数量、危险特性以及发生危险情况的应急处置措施,或者未按照国家有关规定对所托运的危险化学品妥善包装并在外包装上设置相应标志的;

(七)运输危险化学品需要添加抑制剂或者稳定剂,托运人未添加或者未将有关情况告知承运人的。

第八十七条 有下列情形之一的,由交通运输主管部门责令改正,处 10 万元以上 20 万元以下的罚款,有违法所得的,没收违法所得;拒不改正的,责令停产停业整顿;构成犯罪的,依法追究刑事责任:

(一)委托未依法取得危险货物道路运输许可、危险货物水路运输许可的企业承运危险化学品的;

(二)通过内河封闭水域运输剧毒化学品以及国家规定禁止通过内河运输的其他危险化学品的;

(三)通过内河运输国家规定禁止通过内河运输的剧毒化学品以及其他危险化学品的;

(四)在托运的普通货物中夹带危险化学品,或者将危险化学品谎报或者匿报为普通货物托运的。

在邮件、快件内夹带危险化学品,或者将危险化学品谎报为普通物品交寄的,依法给予治安管理处罚;构成犯罪的,依法追究刑事责任。

邮政企业、快递企业收寄危险化学品的,依照《中华人民共和国邮政法》的规定处罚。

第八十八条 有下列情形之一的,由公安机关责令改正,处 5 万元以上 10 万元以下的罚款;构成违反治安管理行为的,依法给予治安管理处罚;构成犯罪的,依法追究刑事责任:

(一)超过运输车辆的核定载质量装载危险化学品的;

(二)使用安全技术条件不符合国家标准要求的车辆运输危险化学品的;

(三)运输危险化学品的车辆未经公安机关批准进入危险化学品运输车辆限制通行的区域的;

(四)未取得剧毒化学品道路运输通行证,通过道路运输剧毒化学品的。

第八十九条 有下列情形之一的,由公安机关责令改正,处 1 万元以上 5 万元以下的罚款;构成违反治安管理行为的,依法给予治安管理处罚:

(一)危险化学品运输车辆未悬挂或者喷涂警示标志,或者悬挂或者喷涂的警示标志不符合国家标准要求的;

(二)通过道路运输危险化学品,不配备押运人员的;

(三)运输剧毒化学品或者易制爆危险化学品途中需要较长时间停车,驾驶人员、押运人员不向当地公安机关报告的;

(四)剧毒化学品、易制爆危险化学品在道路运输途中丢失、被盗、被抢或者发生流散、泄露等情况,驾驶人员、押运人员不采取必要的警示措施和安全措施,或者不向当地公安机关报告的。

第九十条 对发生交通事故负有全部责任或者主要责任的危险化学品道路运输企业,由公安机关责令消除安全隐患,未消除安全隐患的危险化学品运输车辆,禁止上道路行驶。

第九十一条 有下列情形之一的,由交通运输主管部门责令改正,可以处 1 万元以下的罚款;拒不改正的,处 1 万元以上 5 万元以下的罚款:

(一)危险化学品道路运输企业、水路运输企业未配备专职安全管理人员的;

(二)用于危险化学品运输作业的内河码头、泊位的管理单位未制定码头、泊位危险化学品事故应急救援预案,或者未为码头、泊位配备充足、有效的应急救援器材和设备的。

第九十二条 有下列情形之一的,依照《中华人民共和国内河交通安全管理条例》的规定处罚:

(一)通过内河运输危险化学品的水路运输企业未制定运输船舶危险化学品事故应急救援预案,或者未为运输船舶配备充足、有效的应急救援器材和设备的;

(二)通过内河运输危险化学品的船舶的所有人或者经营人未取得船舶污染损害责任保险证书或者财务担保证明的;

（三）船舶载运危险化学品进出内河港口，未将有关事项事先报告海事管理机构并经其同意的；

（四）载运危险化学品的船舶在内河航行、装卸或者停泊，未悬挂专用的警示标志，或者未按照规定显示专用信号，或者未按照规定申请引航的。

未向港口行政管理部门报告并经其同意，在港口内进行危险化学品的装卸、过驳作业的，依照《中华人民共和国港口法》的规定处罚。

第九十三条 伪造、变造或者出租、出借、转让危险化学品安全生产许可证、工业产品生产许可证，或者使用伪造、变造的危险化学品安全生产许可证、工业产品生产许可证的，分别依照《安全生产许可证条例》《中华人民共和国工业产品生产许可证管理条例》的规定处罚。

伪造、变造或者出租、出借、转让本条例规定的其他许可证，或者使用伪造、变造的本条例规定的其他许可证的，分别由相关许可证的颁发管理机关处10万元以上20万元以下的罚款，有违法所得的，没收违法所得；构成违反治安管理行为的，依法给予治安管理处罚；构成犯罪的，依法追究刑事责任。

第九十四条 危险化学品单位发生危险化学品事故，其主要负责人不立即组织救援或者不立即向有关部门报告的，依照《生产安全事故报告和调查处理条例》的规定处罚。

危险化学品单位发生危险化学品事故，造成他人人身伤害或者财产损失的，依法承担赔偿责任。

第九十五条 发生危险化学品事故，有关地方人民政府及其有关部门不立即组织实施救援，或者不采取必要的应急处置措施减少事故损失，防止事故蔓延、扩大的，对直接负责的主管人员和其他直接责任人员依法给予处分；构成犯罪的，依法追究刑事责任。

第九十六条 负有危险化学品安全监督管理职责的部门的工作人员，在危险化学品安全监督管理工作中滥用职权、玩忽职守、徇私舞弊，构成犯罪的，依法追究刑事责任；尚不构成犯罪的，依法给予处分。

第八章 附 则

第九十七条 监控化学品、属于危险化学品的药品和农药的安全管理，依照本条例的规定执行；法律、行政法规另有规定的，依照其规定。

民用爆炸物品、烟花爆竹、放射性物品、核能物质以及用于国防科研生产的危险化学品的安全管理，不适用本条例。

法律、行政法规对燃气的安全管理另有规定的，依照其规定。

危险化学品容器属于特种设备的，其安全管理依照有关特种设备安全的法律、行政法规的规定执行。

第九十八条 危险化学品的进出口管理,依照有关对外贸易的法律、行政法规、规章的规定执行;进口的危险化学品的储存、使用、经营、运输的安全管理,依照本条例的规定执行。

危险化学品环境管理登记和新化学物质环境管理登记,依照有关环境保护的法律、行政法规、规章的规定执行。危险化学品环境管理登记,按照国家有关规定收取费用。

第九十九条 公众发现、捡拾的无主危险化学品,由公安机关接收。公安机关接收或者有关部门依法没收的危险化学品,需要进行无害化处理的,交由环境保护主管部门组织其认定的专业单位进行处理,或者交由有关危险化学品生产企业进行处理。处理所需费用由国家财政负担。

第一百条 化学品的危险特性尚未确定的,由国务院安全生产监督管理部门、国务院环境保护主管部门、国务院卫生主管部门分别负责组织对该化学品的物理危险性、环境危害性、毒理特性进行鉴定。根据鉴定结果,需要调整危险化学品目录的,依照本条例第三条第二款的规定办理。

第一百零一条 本条例施行前已经使用危险化学品从事生产的化工企业,依照本条例规定需要取得危险化学品安全使用许可证的,应当在国务院安全生产监督管理部门规定的期限内,申请取得危险化学品安全使用许可证。

第一百零二条 本条例自 2011 年 12 月 1 日起施行。

放射性物品运输安全管理条例

国务院令第 562 号

2009年9月7日国务院第80次常务会议通过,自2010年1月1日起施行。

第一章 总 则

第一条 为了加强对放射性物品运输的安全管理,保障人体健康,保护环境,促进核能、核技术的开发与和平利用,根据《中华人民共和国放射性污染防治法》,制定本条例。

第二条 放射性物品的运输和放射性物品运输容器的设计、制造等活动,适用本条例。

本条例所称放射性物品,是指含有放射性核素,并且其活度和比活度均高于国家规定的豁免值的物品。

第三条 根据放射性物品的特性及其对人体健康和环境的潜在危害程度,将放射性物品分为一类、二类和三类。

一类放射性物品,是指Ⅰ类放射源、高水平放射性废物、乏燃料等释放到环境后对人体健康和环境产生重大辐射影响的放射性物品。

二类放射性物品,是指Ⅱ类和Ⅲ类放射源、中等水平放射性废物等释放到环境后对人体健康和环境产生一般辐射影响的放射性物品。

三类放射性物品,是指Ⅳ类和Ⅴ类放射源、低水平放射性废物、放射性药品等释放到环境后对人体健康和环境产生较小辐射影响的放射性物品。

放射性物品的具体分类和名录,由国务院核安全监管部门会同国务院公安、卫生、海关、交通运输、铁路、民航、核工业行业主管部门制定。

第四条 国务院核安全监管部门对放射性物品运输的核与辐射安全实施监督管理。

国务院公安、交通运输、铁路、民航等有关主管部门依照本条例规定和各自的职责,负责放射性物品运输安全的有关监督管理工作。

县级以上地方人民政府环境保护主管部门和公安、交通运输等有关主管部门,依照本条例规定和各自的职责,负责本行政区域放射性物品运输安全的有关监督管理工作。

第五条 运输放射性物品,应当使用专用的放射性物品运输包装容器(以下简称运输容器)。

放射性物品的运输和放射性物品运输容器的设计、制造,应当符合国家放射性物品运输安全标准。

国家放射性物品运输安全标准,由国务院核安全监管部门制定,由国务院核安全监管部门和国务院标准化主管部门联合发布。国务院核安全监管部门制定国家放射性物品运输安全标准,应当征求国务院公安、卫生、交通运输、铁路、民航、核工业行业主管部门的意见。

第六条 放射性物品运输容器的设计、制造单位应当建立健全责任制度,加强质量管理,并对所从事的放射性物品运输容器的设计、制造活动负责。

放射性物品的托运人(以下简称托运人)应当制定核与辐射事故应急方案,在放射性物品运输中采取有效的辐射防护和安全保卫措施,并对放射性物品运输中的核与辐射安全负责。

第七条 任何单位和个人对违反本条例规定的行为,有权向国务院核安全监管部门或者其他依法履行放射性物品运输安全监督管理职责的部门举报。

接到举报的部门应当依法调查处理,并为举报人保密。

第二章 放射性物品运输容器的设计

第八条 放射性物品运输容器设计单位应当建立健全和有效实施质量保证体系,按照国家放射性物品运输安全标准进行设计,并通过试验验证或者分析论证等方式,对设计的放射性物品运输容器的安全性能进行评价。

第九条 放射性物品运输容器设计单位应当建立健全档案制度,按照质量保证体系的要求,如实记录放射性物品运输容器的设计和安全性能评价过程。

进行一类放射性物品运输容器设计,应当编制设计安全评价报告书;进行二类放射性物品运输容器设计,应当编制设计安全评价报告表。

第十条 一类放射性物品运输容器的设计,应当在首次用于制造前报国务院核安全监管部门审查批准。

申请批准一类放射性物品运输容器的设计,设计单位应当向国务院核安全监管部门提出书面申请,并提交下列材料:

(一)设计总图及其设计说明书;

(二)设计安全评价报告书;

(三)质量保证大纲。

第十一条 国务院核安全监管部门应当自受理申请之日起45个工作日内完成审查,对符合国家放射性物品运输安全标准的,颁发一类放射性物品运输容器设计批准书,并公告批准文号;对不符合国家放射性物品运输安全标准的,书面通知申请单位并说明理由。

第十二条 设计单位修改已批准的一类放射性物品运输容器设计中有关安全内容的,应当按照原申请程序向国务院核安全监管部门重新申请领取一类放射性物品运输容器设计批准书。

第十三条 二类放射性物品运输容器的设计,设计单位应当在首次用于制造前,将设计总图及其设计说明书、设计安全评价报告表报国务院核安全监管部门备案。

第十四条 三类放射性物品运输容器的设计,设计单位应当编制设计符合国家放射性物品运输安全标准的证明文件并存档备查。

第三章 放射性物品运输容器的制造与使用

第十五条 放射性物品运输容器制造单位,应当按照设计要求和国家放射性物品运输安全标准,对制造的放射性物品运输容器进行质量检验,编制质量检验报告。

未经质量检验或者经检验不合格的放射性物品运输容器,不得交付使用。

第十六条 从事一类放射性物品运输容器制造活动的单位,应当具备下列条件:

(一)有与所从事的制造活动相适应的专业技术人员;

(二)有与所从事的制造活动相适应的生产条件和检测手段;

(三)有健全的管理制度和完善的质量保证体系。

第十七条 从事一类放射性物品运输容器制造活动的单位,应当申请领取一类放射性物品运输容器制造许可证(以下简称制造许可证)。

申请领取制造许可证的单位,应当向国务院核安全监管部门提出书面申请,并提交其符合本条例第十六条规定条件的证明材料和申请制造的运输容器型号。

禁止无制造许可证或者超出制造许可证规定的范围从事一类放射性物品运输容器的制造活动。

第十八条 国务院核安全监管部门应当自受理申请之日起45个工作日内完成审查,对符合条件的,颁发制造许可证,并予以公告;对不符合条件的,书面通知申请单位并说明理由。

第十九条 制造许可证应当载明下列内容:

(一)制造单位名称、住所和法定代表人;

(二)许可制造的运输容器的型号;

(三)有效期限;

(四)发证机关、发证日期和证书编号。

第二十条 一类放射性物品运输容器制造单位变更单位名称、住所或者法定代表人的,应当自工商变更登记之日起20日内,向国务院核安全监管部门办理制造许可证变更手续。

一类放射性物品运输容器制造单位变更制造的运输容器型号的,应当按照原申请程序向国务院核安全监管部门重新申请领取制造许可证。

第二十一条 制造许可证有效期为5年。

制造许可证有效期届满,需要延续的,一类放射性物品运输容器制造单位应当于制造许可证有效期届满6个月前,向国务院核安全监管部门提出延续申请。

国务院核安全监管部门应当在制造许可证有效期届满前作出是否准予延续的决定。

第二十二条 从事二类放射性物品运输容器制造活动的单位,应当在首次制造活动开始30日前,将其具备与所从事的制造活动相适应的专业技术人员、生产条件、检测手段,以及具有健全的管理制度和完善的质量保证体系的证明材料,报国务院核安全监管部门备案。

第二十三条 一类、二类放射性物品运输容器制造单位,应当按照国务院核安全监管部门制定的编码规则,对其制造的一类、二类放射性物品运输容器统一编码,并于每年1月31日前将上一年度的运输容器编码清单报国务院核安全监管部门备案。

第二十四条 从事三类放射性物品运输容器制造活动的单位,应当于每年1月31日前将上一年度制造的运输容器的型号和数量报国务院核安全监管部门备案。

第二十五条 放射性物品运输容器使用单位应当对其使用的放射性物品运输容器定期进行保养和维护,并建立保养和维护档案;放射性物品运输容器达到设计使用年限,或者发现放射性物品运输容器存在安全隐患的,应当停止使用,进行处理。

一类放射性物品运输容器使用单位还应当对其使用的一类放射性物品运输容器每两年进行一次安全性能评价,并将评价结果报国务院核安全监管部门备案。

第二十六条 使用境外单位制造的一类放射性物品运输容器的,应当在首次使用前报国务院核安全监管部门审查批准。

申请使用境外单位制造的一类放射性物品运输容器的单位,应当向国务院核安全监管部门提出书面申请,并提交下列材料:

(一)设计单位所在国核安全监管部门颁发的设计批准文件的复印件;

(二)设计安全评价报告书;

(三)制造单位相关业绩的证明材料;

(四)质量合格证明;

(五)符合中华人民共和国法律、行政法规规定,以及国家放射性物品运输安全标准或者经国务院核安全监管部门认可的标准的说明材料。

国务院核安全监管部门应当自受理申请之日起45个工作日内完成审查,对符合国家放射性物品运输安全标准的,颁发使用批准书;对不符合国家放射性物品运输安全标准的,书面通知申请单位并说明理由。

第二十七条 使用境外单位制造的二类放射性物品运输容器的,应当在首次使用前将运输容器质量合格证明和符合中华人民共和国法律、行政法规规定,以及国家放射性物品运输安全标准或者经国务院核安全监管部门认可的标准的说明材料,报国务院核安全监管部门备案。

第二十八条 国务院核安全监管部门办理使用境外单位制造的一类、二类放射性物品运输容器审查批准和备案手续,应当同时为运输容器确定编码。

第四章 放射性物品的运输

第二十九条 托运放射性物品的,托运人应当持有生产、销售、使用或者处置放射性物品的有效证明,使用与所托运的放射性物品类别相适应的运输容器进行包装,配备必要的辐射监测设备、防护用品和防盗、防破坏设备,并编制运输说明书、核与辐射事故应急响应指南、装卸作业方法、安全防护指南。

运输说明书应当包括放射性物品的品名、数量、物理化学形态、危害风险等内容。

第三十条 托运一类放射性物品的,托运人应当委托有资质的辐射监测机构对其表面污染和辐射水平实施监测,辐射监测机构应当出具辐射监测报告。

托运二类、三类放射性物品的,托运人应当对其表面污染和辐射水平实施监测,并编制辐射监测报告。

监测结果不符合国家放射性物品运输安全标准的,不得托运。

第三十一条 承运放射性物品应当取得国家规定的运输资质。承运人的资质管理,依照有关法律、行政法规和国务院交通运输、铁路、民航、邮政主管部门的规定执行。

第三十二条 托运人和承运人应当对直接从事放射性物品运输的工作人员进行运输安全和应急响应知识的培训,并进行考核;考核不合格的,不得从事相关工作。

托运人和承运人应当按照国家放射性物品运输安全标准和国家有关规定,在放射性物品运输容器和运输工具上设置警示标志。

国家利用卫星定位系统对一类、二类放射性物品运输工具的运输过程实行在线监控。具体办法由国务院核安全监管部门会同国务院有关部门制定。

第三十三条 托运人和承运人应当按照国家职业病防治的有关规定,对直接从事放射性物品运输的工作人员进行个人剂量监测,建立个人剂量档案和职业健康监护档案。

第三十四条 托运人应当向承运人提交运输说明书、辐射监测报告、核与辐射事故应急响应指南、装卸作业方法、安全防护指南,承运人应当查验、收存。托运人提交文件不齐全的,承运人不得承运。

第三十五条　托运一类放射性物品的,托运人应当编制放射性物品运输的核与辐射安全分析报告书,报国务院核安全监管部门审查批准。

放射性物品运输的核与辐射安全分析报告书应当包括放射性物品的品名、数量、运输容器型号、运输方式、辐射防护措施、应急措施等内容。

国务院核安全监管部门应当自受理申请之日起 45 个工作日内完成审查,对符合国家放射性物品运输安全标准的,颁发核与辐射安全分析报告批准书;对不符合国家放射性物品运输安全标准的,书面通知申请单位并说明理由。

第三十六条　放射性物品运输的核与辐射安全分析报告批准书应当载明下列主要内容:

(一)托运人的名称、地址、法定代表人;

(二)运输放射性物品的品名、数量;

(三)运输放射性物品的运输容器型号和运输方式;

(四)批准日期和有效期限。

第三十七条　一类放射性物品启运前,托运人应当将放射性物品运输的核与辐射安全分析报告批准书、辐射监测报告,报启运地的省、自治区、直辖市人民政府环境保护主管部门备案。

收到备案材料的环境保护主管部门应当及时将有关情况通报放射性物品运输的途经地和抵达地的省、自治区、直辖市人民政府环境保护主管部门。

第三十八条　通过道路运输放射性物品的,应当经公安机关批准,按照指定的时间、路线、速度行驶,并悬挂警示标志,配备押运人员,使放射性物品处于押运人员的监管之下。

通过道路运输核反应堆乏燃料的,托运人应当报国务院公安部门批准。通过道路运输其他放射性物品的,托运人应当报启运地县级以上人民政府公安机关批准。具体办法由国务院公安部门商国务院核安全监管部门制定。

第三十九条　通过水路运输放射性物品的,按照水路危险货物运输的法律、行政法规和规章的有关规定执行。

通过铁路、航空运输放射性物品的,按照国务院铁路、民航主管部门的有关规定执行。

禁止邮寄一类、二类放射性物品。邮寄三类放射性物品的,按照国务院邮政管理部门的有关规定执行。

第四十条　生产、销售、使用或者处置放射性物品的单位,可以依照《中华人民共和国道路运输条例》的规定,向设区的市级人民政府道路运输管理机构申请非营业性道路危险货物运输资质,运输本单位的放射性物品,并承担本条例规定的托运人和承运人的义务。

申请放射性物品非营业性道路危险货物运输资质的单位,应当具备下列条件:

(一)持有生产、销售、使用或者处置放射性物品的有效证明;

(二)有符合本条例规定要求的放射性物品运输容器;

(三)有具备辐射防护与安全防护知识的专业技术人员和经考试合格的驾驶人员;

(四)有符合放射性物品运输安全防护要求,并经检测合格的运输工具、设施和设备;

(五)配备必要的防护用品和依法经定期检定合格的监测仪器;

(六)有运输安全和辐射防护管理规章制度以及核与辐射事故应急措施。

放射性物品非营业性道路危险货物运输资质的具体条件,由国务院交通运输主管部门会同国务院核安全监管部门制定。

第四十一条 一类放射性物品从境外运抵中华人民共和国境内,或者途经中华人民共和国境内运输的,托运人应当编制放射性物品运输的核与辐射安全分析报告书,报国务院核安全监管部门审查批准。审查批准程序依照本条例第三十五条第三款的规定执行。

二类、三类放射性物品从境外运抵中华人民共和国境内,或者途经中华人民共和国境内运输的,托运人应当编制放射性物品运输的辐射监测报告,报国务院核安全监管部门备案。

托运人、承运人或者其代理人向海关办理有关手续,应当提交国务院核安全监管部门颁发的放射性物品运输的核与辐射安全分析报告批准书或者放射性物品运输的辐射监测报告备案证明。

第四十二条 县级以上人民政府组织编制的突发环境事件应急预案,应当包括放射性物品运输中可能发生的核与辐射事故应急响应的内容。

第四十三条 放射性物品运输中发生核与辐射事故的,承运人、托运人应当按照核与辐射事故应急响应指南的要求,做好事故应急工作,并立即报告事故发生地的县级以上人民政府环境保护主管部门。接到报告的环境保护主管部门应当立即派人赶赴现场,进行现场调查,采取有效措施控制事故影响,并及时向本级人民政府报告,通报同级公安、卫生、交通运输等有关主管部门。

接到报告的县级以上人民政府及其有关主管部门应当按照应急预案做好应急工作,并按照国家突发事件分级报告的规定及时上报核与辐射事故信息。

核反应堆乏燃料运输的核事故应急准备与响应,还应当遵守国家核应急的有关规定。

第五章 监督检查

第四十四条 国务院核安全监管部门和其他依法履行放射性物品运输安全监督管理职责的部门,应当依据各自职责对放射性物品运输安全实施监督检查。

国务院核安全监管部门应当将其已批准或者备案的一类、二类、三类放射性物品运输容器的设计、制造情况和放射性物品运输情况通报设计、制造单位所在地和运输途经地的省、自治区、直辖市人民政府环境保护主管部门。省、自治区、直辖市人民政府环境保护主管部门应当加强对本行政区域放射性物品运输安全的监督检查和监督性监测。

被检查单位应当予以配合,如实反映情况,提供必要的资料,不得拒绝和阻碍。

第四十五条 国务院核安全监管部门和省、自治区、直辖市人民政府环境保护主管部门以及其他依法履行放射性物品运输安全监督管理职责的部门进行监督检查,监督检查人员不得少于2人,并应当出示有效的行政执法证件。

国务院核安全监管部门和省、自治区、直辖市人民政府环境保护主管部门以及其他依法履行放射性物品运输安全监督管理职责的部门的工作人员,对监督检查中知悉的商业秘密负有保密义务。

第四十六条 监督检查中发现经批准的一类放射性物品运输容器设计确有重大设计安全缺陷的,由国务院核安全监管部门责令停止该型号运输容器的制造或者使用,撤销一类放射性物品运输容器设计批准书。

第四十七条 监督检查中发现放射性物品运输活动有不符合国家放射性物品运输安全标准情形的,或者一类放射性物品运输容器制造单位有不符合制造许可证规定条件情形的,应当责令限期整改;发现放射性物品运输活动可能对人体健康和环境造成核与辐射危害的,应当责令停止运输。

第四十八条 国务院核安全监管部门和省、自治区、直辖市人民政府环境保护主管部门以及其他依法履行放射性物品运输安全监督管理职责的部门,对放射性物品运输活动实施监测,不得收取监测费用。

国务院核安全监管部门和省、自治区、直辖市人民政府环境保护主管部门以及其他依法履行放射性物品运输安全监督管理职责的部门,应当加强对监督管理人员辐射防护与安全防护知识的培训。

第六章 法律责任

第四十九条 国务院核安全监管部门和省、自治区、直辖市人民政府环境保护主管部门或者其他依法履行放射性物品运输安全监督管理职责的部门有下列行为之一的,对直接负责的主管人员和其他直接责任人员依法给予处分;直接负责的主管人员和其

他直接责任人员构成犯罪的,依法追究刑事责任:

(一)未依照本条例规定作出行政许可或者办理批准文件的;

(二)发现违反本条例规定的行为不予查处,或者接到举报不依法处理的;

(三)未依法履行放射性物品运输核与辐射事故应急职责的;

(四)对放射性物品运输活动实施监测收取监测费用的;

(五)其他不依法履行监督管理职责的行为。

第五十条 放射性物品运输容器设计、制造单位有下列行为之一的,由国务院核安全监管部门责令停止违法行为,处50万元以上100万元以下的罚款;有违法所得的,没收违法所得:

(一)将未取得设计批准书的一类放射性物品运输容器设计用于制造的;

(二)修改已批准的一类放射性物品运输容器设计中有关安全内容,未重新取得设计批准书即用于制造的。

第五十一条 放射性物品运输容器设计、制造单位有下列行为之一的,由国务院核安全监管部门责令停止违法行为,处5万元以上10万元以下的罚款;有违法所得的,没收违法所得:

(一)将不符合国家放射性物品运输安全标准的二类、三类放射性物品运输容器设计用于制造的;

(二)将未备案的二类放射性物品运输容器设计用于制造的。

第五十二条 放射性物品运输容器设计单位有下列行为之一的,由国务院核安全监管部门责令限期改正;逾期不改正的,处1万元以上5万元以下的罚款:

(一)未对二类、三类放射性物品运输容器的设计进行安全性能评价的;

(二)未如实记录二类、三类放射性物品运输容器设计和安全性能评价过程的;

(三)未编制三类放射性物品运输容器设计符合国家放射性物品运输安全标准的证明文件并存档备查的。

第五十三条 放射性物品运输容器制造单位有下列行为之一的,由国务院核安全监管部门责令停止违法行为,处50万元以上100万元以下的罚款;有违法所得的,没收违法所得:

(一)未取得制造许可证从事一类放射性物品运输容器制造活动的;

(二)制造许可证有效期届满,未按照规定办理延续手续,继续从事一类放射性物品运输容器制造活动的;

(三)超出制造许可证规定的范围从事一类放射性物品运输容器制造活动的;

(四)变更制造的一类放射性物品运输容器型号,未按照规定重新领取制造许可证的;

（五）将未经质量检验或者经检验不合格的一类放射性物品运输容器交付使用的。

有前款第（三）项、第（四）项和第（五）项行为之一，情节严重的，吊销制造许可证。

第五十四条 一类放射性物品运输容器制造单位变更单位名称、住所或者法定代表人，未依法办理制造许可证变更手续的，由国务院核安全监管部门责令限期改正；逾期不改正的，处2万元的罚款。

第五十五条 放射性物品运输容器制造单位有下列行为之一的，由国务院核安全监管部门责令停止违法行为，处5万元以上10万元以下的罚款；有违法所得的，没收违法所得：

（一）在二类放射性物品运输容器首次制造活动开始前，未按照规定将有关证明材料报国务院核安全监管部门备案的；

（二）将未经质量检验或者经检验不合格的二类、三类放射性物品运输容器交付使用的。

第五十六条 放射性物品运输容器制造单位有下列行为之一的，由国务院核安全监管部门责令限期改正；逾期不改正的，处1万元以上5万元以下的罚款：

（一）未按照规定对制造的一类、二类放射性物品运输容器统一编码的；

（二）未按照规定将制造的一类、二类放射性物品运输容器编码清单报国务院核安全监管部门备案的；

（三）未按照规定将制造的三类放射性物品运输容器的型号和数量报国务院核安全监管部门备案的。

第五十七条 放射性物品运输容器使用单位未按照规定对使用的一类放射性物品运输容器进行安全性能评价，或者未将评价结果报国务院核安全监管部门备案的，由国务院核安全监管部门责令限期改正；逾期不改正的，处1万元以上5万元以下的罚款。

第五十八条 未按照规定取得使用批准书使用境外单位制造的一类放射性物品运输容器的，由国务院核安全监管部门责令停止违法行为，处50万元以上100万元以下的罚款。

未按照规定办理备案手续使用境外单位制造的二类放射性物品运输容器的，由国务院核安全监管部门责令停止违法行为，处5万元以上10万元以下的罚款。

第五十九条 托运人未按照规定编制放射性物品运输说明书、核与辐射事故应急响应指南、装卸作业方法、安全防护指南的，由国务院核安全监管部门责令限期改正；逾期不改正的，处1万元以上5万元以下的罚款。

托运人未按照规定将放射性物品运输的核与辐射安全分析报告批准书、辐射监测报告备案的，由启运地的省、自治区、直辖市人民政府环境保护主管部门责令限期改正；逾期不改正的，处1万元以上5万元以下的罚款。

第六十条 托运人或者承运人在放射性物品运输活动中,有违反有关法律、行政法规关于危险货物运输管理规定行为的,由交通运输、铁路、民航等有关主管部门依法予以处罚。

违反有关法律、行政法规规定邮寄放射性物品的,由公安机关和邮政管理部门依法予以处罚。在邮寄进境物品中发现放射性物品的,由海关依照有关法律、行政法规的规定处理。

第六十一条 托运人未取得放射性物品运输的核与辐射安全分析报告批准书托运一类放射性物品的,由国务院核安全监管部门责令停止违法行为,处 50 万元以上 100 万元以下的罚款。

第六十二条 通过道路运输放射性物品,有下列行为之一的,由公安机关责令限期改正,处 2 万元以上 10 万元以下的罚款;构成犯罪的,依法追究刑事责任:

(一)未经公安机关批准通过道路运输放射性物品的;

(二)运输车辆未按照指定的时间、路线、速度行驶或者未悬挂警示标志的;

(三)未配备押运人员或者放射性物品脱离押运人员监管的。

第六十三条 托运人有下列行为之一的,由启运地的省、自治区、直辖市人民政府环境保护主管部门责令停止违法行为,处 5 万元以上 20 万元以下的罚款:

(一)未按照规定对托运的放射性物品表面污染和辐射水平实施监测的;

(二)将经监测不符合国家放射性物品运输安全标准的放射性物品交付托运的;

(三)出具虚假辐射监测报告的。

第六十四条 未取得放射性物品运输的核与辐射安全分析报告批准书或者放射性物品运输的辐射监测报告备案证明,将境外的放射性物品运抵中华人民共和国境内,或者途经中华人民共和国境内运输的,由海关责令托运人退运该放射性物品,并依照海关法律、行政法规给予处罚;构成犯罪的,依法追究刑事责任。托运人不明的,由承运人承担退运该放射性物品的责任,或者承担该放射性物品的处置费用。

第六十五条 违反本条例规定,在放射性物品运输中造成核与辐射事故的,由县级以上地方人民政府环境保护主管部门处以罚款,罚款数额按照核与辐射事故造成的直接损失的 20% 计算;构成犯罪的,依法追究刑事责任。

托运人、承运人未按照核与辐射事故应急响应指南的要求,做好事故应急工作并报告事故的,由县级以上地方人民政府环境保护主管部门处 5 万元以上 20 万元以下的罚款。

因核与辐射事故造成他人损害的,依法承担民事责任。

第六十六条 拒绝、阻碍国务院核安全监管部门或者其他依法履行放射性物品运输安全监督管理职责的部门进行监督检查,或者在接受监督检查时弄虚作假的,由监督检查部门责令改正,处 1 万元以上 2 万元以下的罚款;构成违反治安管理行为的,由公安机关依法给予治安管理处罚;构成犯罪的,依法追究刑事责任。

第七章 附 则

第六十七条 军用放射性物品运输安全的监督管理,依照《中华人民共和国放射性污染防治法》第六十条的规定执行。

第六十八条 本条例自 2010 年 1 月 1 日起施行。

放射性物品道路运输管理规定

交通运输部令 2016 年第 71 号

《放射性物品道路运输管理规定》已于 2010 年 10 月 8 日经第 9 次部务会议通过,自 2011 年 1 月 1 日起施行。根据 2016 年 9 月 2 日交通运输部令 2016 年第 71 号《交通运输部关于修改〈放射性物品道路运输管理规定〉的决定》修正。

第一章 总 则

第一条 为了规范放射性物品道路运输活动,保障人民生命财产安全,保护环境,根据《道路运输条例》和《放射性物品运输安全管理条例》,制定本规定。

第二条 从事放射性物品道路运输活动的,应当遵守本规定。

第三条 本规定所称放射性物品,是指含有放射性核素,并且其活度和比活度均高于国家规定的豁免值的物品。

本规定所称放射性物品道路运输专用车辆(以下简称专用车辆),是指满足特定技术条件和要求,用于放射性物品道路运输的载货汽车。

本规定所称放射性物品道路运输,是指使用专用车辆通过道路运输放射性物品的作业过程。

第四条 根据放射性物品的特性及其对人体健康和环境的潜在危害程度,将放射性物品分为一类、二类和三类。

一类放射性物品,是指Ⅰ类放射源、高水平放射性废物、乏燃料等释放到环境后对人体健康和环境产生重大辐射影响的放射性物品。

二类放射性物品,是指Ⅱ类和Ⅲ类放射源、中等水平放射性废物等释放到环境后对人体健康和环境产生一般辐射影响的放射性物品。

三类放射性物品,是指Ⅳ类和Ⅴ类放射源、低水平放射性废物、放射性药品等释放到环境后对人体健康和环境产生较小辐射影响的放射性物品。

放射性物品的具体分类和名录,按照国务院核安全监管部门会同国务院公安、卫生、海关、交通运输、铁路、民航、核工业行业主管部门制定的放射性物品具体分类和名录执行。

第五条 从事放射性物品道路运输应当保障安全,依法运输,诚实信用。

第六条 国务院交通运输主管部门主管全国放射性物品道路运输管理工作。

县级以上地方人民政府交通运输主管部门负责组织领导本行政区域放射性物品道路运输管理工作。

县级以上道路运输管理机构负责具体实施本行政区域放射性物品道路运输管理工作。

第二章　运输资质许可

第七条　申请从事放射性物品道路运输经营的,应当具备下列条件:

(一)有符合要求的专用车辆和设备。

1.专用车辆要求。

(1)专用车辆的技术要求应当符合《道路运输车辆技术管理规定》有关规定;

(2)车辆为企业自有,且数量为5辆以上;

(3)核定载质量在1吨及以下的车辆为厢式或者封闭货车;

(4)车辆配备满足在线监控要求,且具有行驶记录仪功能的卫星定位系统。

2.设备要求。

(1)配备有效的通讯工具;

(2)配备必要的辐射防护用品和依法经定期检定合格的监测仪器。

(二)有符合要求的从业人员。

1.专用车辆的驾驶人员取得相应机动车驾驶证,年龄不超过60周岁;

2.从事放射性物品道路运输的驾驶人员、装卸管理人员、押运人员经所在地设区的市级人民政府交通运输主管部门考试合格,取得注明从业资格类别为"放射性物品道路运输"的道路运输从业资格证(以下简称道路运输从业资格证);

3.有具备辐射防护与相关安全知识的安全管理人员。

(三)有健全的安全生产管理制度。

1.有关安全生产应急预案;

2.从业人员、车辆、设备及停车场地安全管理制度;

3.安全生产作业规程和辐射防护管理措施;

4.安全生产监督检查和责任制度。

第八条　生产、销售、使用或者处置放射性物品的单位(含在放射性废物收贮过程中的从事放射性物品运输的省、自治区、直辖市城市放射性废物库营运单位),符合下列条件的,可以使用自备专用车辆从事为本单位服务的非经营性放射性物品道路运输活动:

(一)持有有关部门依法批准的生产、销售、使用、处置放射性物品的有效证明;

(二)有符合国家规定要求的放射性物品运输容器;

（三）有具备辐射防护与安全防护知识的专业技术人员；

（四）具备满足第七条规定条件的驾驶人员、专用车辆、设备和安全生产管理制度，但专用车辆的数量可以少于5辆。

第九条 国家鼓励技术力量雄厚、设备和运输条件好的生产、销售、使用或者处置放射性物品的单位按照第八条规定的条件申请从事非经营性放射性物品道路运输。

第十条 申请从事放射性物品道路运输经营的企业，应当向所在地设区的市级道路运输管理机构提出申请，并提交下列材料：

（一）《放射性物品道路运输经营申请表》，包括申请人基本信息、拟申请运输的放射性物品范围（类别或者品名）等内容；

（二）企业负责人身份证明及复印件，经办人身份证明及复印件和委托书；

（三）证明专用车辆、设备情况的材料，包括：

1.未购置车辆的，应当提交拟投入车辆承诺书。内容包括拟购车辆数量、类型、技术等级、总质量、核定载质量、车轴数以及车辆外廓尺寸等有关情况；

2.已购置车辆的，应当提供车辆行驶证、车辆技术等级评定结论及复印件等有关材料；

3.对辐射防护用品、监测仪器等设备配置情况的说明材料。

（四）有关驾驶人员、装卸管理人员、押运人员的道路运输从业资格证及复印件，驾驶人员的驾驶证及复印件，安全管理人员的工作证明；

（五）企业经营方案及相关安全生产管理制度文本。

第十一条 申请从事非经营性放射性物品道路运输的单位，向所在地设区的市级道路运输管理机构提出申请时，除提交第十条第（三）项、第（五）项规定的材料外，还应当提交下列材料：

（一）《放射性物品道路运输申请表》，包括申请人基本信息、拟申请运输的放射性物品范围（类别或者品名）等内容；

（二）单位负责人身份证明及复印件，经办人身份证明及复印件和委托书；

（三）有关部门依法批准生产、销售、使用或者处置放射性物品的有效证明；

（四）放射性物品运输容器、监测仪器检测合格证明；

（五）对放射性物品运输需求的说明材料；

（六）有关驾驶人员的驾驶证、道路运输从业资格证及复印件；

（七）有关专业技术人员的工作证明，依法应当取得相关从业资格证件的，还应当提交有效的从业资格证件及复印件。

第十二条 设区的市级道路运输管理机构应当按照《道路运输条例》和《交通运输行政许可实施程序规定》以及本规定规范的程序实施行政许可。

决定准予许可的,应当向被许可人作出准予行政许可的书面决定,并在10日内向放射性物品道路运输经营申请人发放《道路运输经营许可证》,向非经营性放射性物品道路运输申请人颁发《放射性物品道路运输许可证》。决定不予许可的,应当书面通知申请人并说明理由。

第十三条 对申请时未购置专用车辆,但提交拟投入车辆承诺书的,被许可人应当自收到《道路运输经营许可证》或者《放射性物品道路运输许可证》之日起半年内落实拟投入车辆承诺书。做出许可决定的道路运输管理机构对被许可人落实拟投入车辆承诺书的落实情况进行核实,符合许可要求的,应当为专用车辆配发《道路运输证》。

对申请时已购置专用车辆,且按照第十条、第十一条规定提交了专用车辆有关材料的,做出许可决定的道路运输管理机构应当对专用车辆情况进行核实,符合许可要求的,应当在向被许可人颁发《道路运输经营许可证》或者《放射性物品道路运输许可证》的同时,为专用车辆配发《道路运输证》。

做出许可决定的道路运输管理机构应当在《道路运输证》有关栏目内注明允许运输放射性物品的范围(类别或者品名)。对从事非经营性放射性物品道路运输的,还应当在《道路运输证》上加盖"非经营性放射性物品道路运输专用章"。

第十四条 放射性物品道路运输企业或者单位终止放射性物品运输业务的,应当在终止之日30日前书面告知做出原许可决定的道路运输管理机构。属于经营性放射性物品道路运输业务的,做出原许可决定的道路运输管理机构应当在接到书面告知之日起10日内向将放射性道路运输企业终止放射性物品运输业务的有关情况向社会公布。

放射性物品道路运输企业或者单位应当在终止放射性物品运输业务之日起10日内将相关许可证件缴回原发证机关。

第三章 专用车辆、设备管理

第十五条 放射性物品道路运输企业或者单位应当按照有关车辆及设备管理的标准和规定,维护、检测、使用和管理专用车辆和设备,确保专用车辆和设备技术状况良好。

第十六条 设区的市级道路运输管理机构应当按照《道路运输车辆技术管理规定》的规定定期对专用车辆是否符合第七条、第八条规定的许可条件进行审验,每年审验一次。

第十七条 设区的市级道路运输管理机构应当对监测仪器定期检定合格证明和专用车辆投保危险货物承运人责任险情况进行检查。检查可以结合专用车辆定期审验的频率一并进行。

第十八条 禁止使用报废的、擅自改装的、检测不合格的或者其他不符合国家规定要求的车辆、设备从事放射性物品道路运输活动。

第十九条　禁止专用车辆用于非放射性物品运输,但集装箱运输车(包括牵引车、挂车)、甩挂运输的牵引车以及运输放射性药品的专用车辆除外。

按照本条第一款规定使用专用车辆运输非放射性物品的,不得将放射性物品与非放射性物品混装。

第四章　放射性物品运输

第二十条　道路运输放射性物品的托运人(以下简称托运人)应当制定核与辐射事故应急方案,在放射性物品运输中采取有效的辐射防护和安全保卫措施,并对放射性物品运输中的核与辐射安全负责。

第二十一条　道路运输放射性物品的承运人(以下简称承运人)应当取得相应的放射性物品道路运输资质,并对承运事项是否符合本企业或者单位放射性物品运输资质许可的运输范围负责。

第二十二条　非经营性放射性物品道路运输单位应当按照《放射性物品运输安全管理条例》《道路运输条例》和本规定的要求履行托运人和承运人的义务,并负相应责任。

非经营性放射性物品道路运输单位不得从事放射性物品道路运输经营活动。

第二十三条　承运人与托运人订立放射性物品道路运输合同前,应当查验、收存托运人提交的下列材料:

(一)运输说明书,包括放射性物品的品名、数量、物理化学形态、危害风险等内容;

(二)辐射监测报告,其中一类放射性物品的辐射监测报告由托运人委托有资质的辐射监测机构出具;二、三类放射性物品的辐射监测报告由托运人出具;

(三)核与辐射事故应急响应指南;

(四)装卸作业方法指南;

(五)安全防护指南。

托运人将本条第一款第(四)项、第(五)项要求的内容在运输说明书中一并作出说明的,可以不提交第(四)项、第(五)项要求的材料。

托运人提交材料不齐全的,或者托运的物品经监测不符合国家放射性物品运输安全标准的,承运人不得与托运人订立放射性物品道路运输合同。

第二十四条　一类放射性物品启运前,承运人应当向托运人查验国务院核安全主管部门关于核与辐射安全分析报告书的审批文件以及公安部门关于准予道路运输放射性物品的审批文件。

二、三类放射性物品启运前,承运人应当向托运人查验公安部门关于准予道路运输放射性物品的审批文件。

第二十五条 托运人应当按照《放射性物质安全运输规程》(GB 11806)等有关国家标准和规定,在放射性物品运输容器上设置警示标志。

第二十六条 专用车辆运输放射性物品过程中,应当悬挂符合国家标准《道路危险货物运输车辆标志》(GB 13392)要求的警示标志。

第二十七条 专用车辆不得违反国家有关规定超载、超限运输放射性物品。

第二十八条 在放射性物品道路运输过程中,除驾驶人员外,还应当在专用车辆上配备押运人员,确保放射性物品处于押运人员监管之下。运输一类放射性物品的,承运人必要时可以要求托运人随车提供技术指导。

第二十九条 驾驶人员、装卸管理人员和押运人员上岗时应当随身携带道路运输从业资格证,专用车辆驾驶人员还应当随车携带《道路运输证》。

第三十条 驾驶人员、装卸管理人员和押运人员应当按照托运人所提供的资料了解所运输的放射性物品的性质、危害特性、包装物或者容器的使用要求、装卸要求以及发生突发事件时的处置措施。

第三十一条 放射性物品运输中发生核与辐射事故的,承运人、托运人应当按照核与辐射事故应急响应指南的要求,结合本企业安全生产应急预案的有关内容,做好事故应急工作,并立即报告事故发生地的县级以上人民政府环境保护主管部门。

第三十二条 放射性物品道路运输企业或者单位应当聘用具有相应道路运输从业资格证的驾驶人员、装卸管理人员和押运人员,并定期对驾驶人员、装卸管理人员和押运人员进行运输安全生产和基本应急知识等方面的培训,确保驾驶人员、装卸管理人员和押运人员熟悉有关安全生产法规、标准以及相关操作规程等业务知识和技能。

放射性物品道路运输企业或者单位应当对驾驶人员、装卸管理人员和押运人员进行运输安全生产和基本应急知识等方面的考核;考核不合格的,不得从事相关工作。

第三十三条 放射性物品道路运输企业或者单位应当按照国家职业病防治的有关规定,对驾驶人员、装卸管理人员和押运人员进行个人剂量监测,建立个人剂量档案和职业健康监护档案。

第三十四条 放射性物品道路运输企业或者单位应当投保危险货物承运人责任险。

第三十五条 放射性物品道路运输企业或者单位不得转让、出租、出借放射性物品道路运输许可证件。

第三十六条 县级以上道路运输管理机构应当督促放射性物品道路运输企业或者单位对专用车辆、设备及安全生产制度等安全条件建立相应的自检制度,并加强监督检查。

县级以上道路运输管理机构工作人员依法对放射性物品道路运输活动进行监督检查的,应当按照劳动保护规定配备必要的安全防护设备。

第五章 法 律 责 任

第三十七条 拒绝、阻碍道路运输管理机构依法履行放射性物品运输安全监督检查,或者在接受监督检查时弄虚作假的,由县级以上道路运输管理机构责令改正,处1万元以上2万元以下的罚款;构成违反治安管理行为的,交由公安机关依法给予治安管理处罚;构成犯罪的,依法追究刑事责任。

第三十八条 违反本规定,未取得有关放射性物品道路运输资质许可,有下列情形之一的,由县级以上道路运输管理机构责令停止运输,有违法所得的,没收违法所得,处违法所得2倍以上10倍以下的罚款;没有违法所得或者违法所得不足2万元的,处3万元以上10万元以下的罚款。构成犯罪的,依法追究刑事责任:

(一)无资质许可擅自从事放射性物品道路运输的;

(二)使用失效、伪造、变造、被注销等无效放射性物品道路运输许可证件从事放射性物品道路运输的;

(三)超越资质许可事项,从事放射性物品道路运输的;

(四)非经营性放射性物品道路运输单位从事放射性物品道路运输经营的。

第三十九条 违反本规定,放射性物品道路运输企业或者单位擅自改装已取得《道路运输证》的专用车辆的,由县级以上道路运输管理机构责令改正,处5000元以上2万元以下的罚款。

第四十条 违反本规定,未随车携带《道路运输证》的,由县级以上道路运输管理机构责令改正,对放射性物品道路运输企业或者单位处警告或者20元以上200元以下的罚款。

第四十一条 放射性物品道路运输活动中,由不符合本规定第七条、第八条规定条件的人员驾驶专用车辆的,由县级以上道路运输管理机构责令改正,处200元以上2000元以下的罚款;构成犯罪的,依法追究刑事责任。

第四十二条 违反本规定,放射性物品道路运输企业或者单位有下列行为之一,由县级以上道路运输管理机构责令限期投保;拒不投保的,由原许可的设区的市级道路运输管理机构吊销《道路运输经营许可证》或者《放射性物品道路运输许可证》,或者在许可证件上注销相应的许可范围:

(一)未投保危险货物承运人责任险的;

(二)投保的危险货物承运人责任险已过期,未继续投保的。

第四十三条 违反本规定,放射性物品道路运输企业或者单位非法转让、出租放射性物品道路运输许可证件的,由县级以上道路运输管理机构责令停止违法行为,收缴有关证件,处2000元以上1万元以下的罚款;有违法所得的,没收违法所得。

第四十四条　违反本规定,放射性物品道路运输企业或者单位已不具备许可要求的有关安全条件,存在重大运输安全隐患的,由县级以上道路运输管理机构责令限期改正;在规定时间内不能按要求改正且情节严重的,由原许可机关吊销《道路运输经营许可证》或者《放射性物品道路运输许可证》,或者在许可证件上注销相应的许可范围。

第四十五条　县级以上道路运输管理机构工作人员在实施道路运输监督检查过程中,发现放射性物品道路运输企业或者单位有违规情形,且按照《放射性物品运输安全管理条例》等有关法律法规的规定,应当由公安部门、核安全监管部门或者环境保护等部门处罚情形的,应当通报有关部门依法处理。

第六章　附　　则

第四十六条　军用放射性物品道路运输不适用于本规定。

第四十七条　本规定自 2011 年 1 月 1 日起施行。

易制毒化学品管理条例

国务院令第 666 号

经 2005 年 8 月 17 日国务院第 102 次常务会议通过,自 2005 年 11 月 1 日起施行。根据 2014 年 7 月 29 日《国务院关于修改部分行政法规的决定》第一次修改,根据 2016 年 2 月 6 日《国务院关于修改部分行政法规的决定》第二次修改。

第一章 总 则

第一条 为了加强易制毒化学品管理,规范易制毒化学品的生产、经营、购买、运输和进口、出口行为,防止易制毒化学品被用于制造毒品,维护经济和社会秩序,制定本条例。

第二条 国家对易制毒化学品的生产、经营、购买、运输和进口、出口实行分类管理和许可制度。

易制毒化学品分为三类。第一类是可以用于制毒的主要原料,第二类、第三类是可以用于制毒的化学配剂。易制毒化学品的具体分类和品种,由本条例附表列示。

易制毒化学品的分类和品种需要调整的,由国务院公安部门会同国务院食品药品监督管理部门、安全生产监督管理部门、商务主管部门、卫生主管部门和海关总署提出方案,报国务院批准。

省、自治区、直辖市人民政府认为有必要在本行政区域内调整分类或者增加本条例规定以外的品种的,应当向国务院公安部门提出,由国务院公安部门会同国务院有关行政主管部门提出方案,报国务院批准。

第三条 国务院公安部门、食品药品监督管理部门、安全生产监督管理部门、商务主管部门、卫生主管部门、海关总署、价格主管部门、铁路主管部门、交通主管部门、工商行政管理部门、环境保护主管部门在各自的职责范围内,负责全国的易制毒化学品有关管理工作;县级以上地方各级人民政府有关行政主管部门在各自的职责范围内,负责本行政区域内的易制毒化学品有关管理工作。

县级以上地方各级人民政府应当加强对易制毒化学品管理工作的领导,及时协调解决易制毒化学品管理工作中的问题。

第四条 易制毒化学品的产品包装和使用说明书,应当标明产品的名称(含学名和通用名)、化学分子式和成分。

第五条 易制毒化学品的生产、经营、购买、运输和进口、出口,除应当遵守本条例的规定外,属于药品和危险化学品的,还应当遵守法律、其他行政法规对药品和危险化学品的有关规定。

禁止走私或者非法生产、经营、购买、转让、运输易制毒化学品。

禁止使用现金或者实物进行易制毒化学品交易。但是,个人合法购买第一类中的药品类易制毒化学品药品制剂和第三类易制毒化学品的除外。

生产、经营、购买、运输和进口、出口易制毒化学品的单位,应当建立单位内部易制毒化学品管理制度。

第六条 国家鼓励向公安机关等有关行政主管部门举报涉及易制毒化学品的违法行为。接到举报的部门应当为举报者保密。对举报属实的,县级以上人民政府及有关行政主管部门应当给予奖励。

第二章 生产、经营管理

第七条 申请生产第一类易制毒化学品,应当具备下列条件,并经本条例第八条规定的行政主管部门审批,取得生产许可证后,方可进行生产:

(一)属依法登记的化工产品生产企业或者药品生产企业;

(二)有符合国家标准的生产设备、仓储设施和污染物处理设施;

(三)有严格的安全生产管理制度和环境突发事件应急预案;

(四)企业法定代表人和技术、管理人员具有安全生产和易制毒化学品的有关知识,无毒品犯罪记录;

(五)法律、法规、规章规定的其他条件。

申请生产第一类中的药品类易制毒化学品,还应当在仓储场所等重点区域设置电视监控设施以及与公安机关联网的报警装置。

第八条 申请生产第一类中的药品类易制毒化学品的,由省、自治区、直辖市人民政府食品药品监督管理部门审批;申请生产第一类中的非药品类易制毒化学品的,由省、自治区、直辖市人民政府安全生产监督管理部门审批。

前款规定的行政主管部门应当自收到申请之日起60日内,对申请人提交的申请材料进行审查。对符合规定的,发给生产许可证,或者在企业已经取得的有关生产许可证件上标注;不予许可的,应当书面说明理由。

审查第一类易制毒化学品生产许可申请材料时,根据需要,可以进行实地核查和专家评审。

第九条 申请经营第一类易制毒化学品,应当具备下列条件,并经本条例第十条规定的行政主管部门审批,取得经营许可证后,方可进行经营:

(一)属依法登记的化工产品经营企业或者药品经营企业；

(二)有符合国家规定的经营场所,需要储存、保管易制毒化学品的,还应当有符合国家技术标准的仓储设施；

(三)有易制毒化学品的经营管理制度和健全的销售网络；

(四)企业法定代表人和销售、管理人员具有易制毒化学品的有关知识,无毒品犯罪记录；

(五)法律、法规、规章规定的其他条件。

第十条 申请经营第一类中的药品类易制毒化学品的,由省、自治区、直辖市人民政府食品药品监督管理部门审批；申请经营第一类中的非药品类易制毒化学品的,由省、自治区、直辖市人民政府安全生产监督管理部门审批。

前款规定的行政主管部门应当自收到申请之日起30日内,对申请人提交的申请材料进行审查。对符合规定的,发给经营许可证,或者在企业已经取得的有关经营许可证件上标注；不予许可的,应当书面说明理由。

审查第一类易制毒化学品经营许可申请材料时,根据需要,可以进行实地核查。

第十一条 取得第一类易制毒化学品生产许可或者依照本条例第十三条第一款规定已经履行第二类、第三类易制毒化学品备案手续的生产企业,可以经销自产的易制毒化学品。但是,在厂外设立销售网点经销第一类易制毒化学品的,应当依照本条例的规定取得经营许可。

第一类中的药品类易制毒化学品药品单方制剂,由麻醉药品定点经营企业经销,且不得零售。

第十二条 取得第一类易制毒化学品生产、经营许可的企业,应当凭生产、经营许可证到工商行政管理部门办理经营范围变更登记。未经变更登记,不得进行第一类易制毒化学品的生产、经营。

第一类易制毒化学品生产、经营许可证被依法吊销的,行政主管部门应当自作出吊销决定之日起5日内通知工商行政管理部门；被吊销许可证的企业,应当及时到工商行政管理部门办理经营范围变更或者企业注销登记。

第十三条 生产第二类、第三类易制毒化学品的,应当自生产之日起30日内,将生产的品种、数量等情况,向所在地的设区的市级人民政府安全生产监督管理部门备案。

经营第二类易制毒化学品的,应当自经营之日起30日内,将经营的品种、数量、主要流向等情况,向所在地的设区的市级人民政府安全生产监督管理部门备案；经营第三类易制毒化学品的,应当自经营之日起30日内,将经营的品种、数量、主要流向等情况,向所在地的县级人民政府安全生产监督管理部门备案。

前两款规定的行政主管部门应当于收到备案材料的当日发给备案证明。

第三章 购买管理

第十四条 申请购买第一类易制毒化学品,应当提交下列证件,经本条例第十五条规定的行政主管部门审批,取得购买许可证:

(一)经营企业提交企业营业执照和合法使用需要证明;

(二)其他组织提交登记证书(成立批准文件)和合法使用需要证明。

第十五条 申请购买第一类中的药品类易制毒化学品的,由所在地的省、自治区、直辖市人民政府食品药品监督管理部门审批;申请购买第一类中的非药品类易制毒化学品的,由所在地的省、自治区、直辖市人民政府公安机关审批。

前款规定的行政主管部门应当自收到申请之日起10日内,对申请人提交的申请材料和证件进行审查。对符合规定的,发给购买许可证;不予许可的,应当书面说明理由。

审查第一类易制毒化学品购买许可申请材料时,根据需要,可以进行实地核查。

第十六条 持有麻醉药品、第一类精神药品购买印鉴卡的医疗机构购买第一类中的药品类易制毒化学品的,无须申请第一类易制毒化学品购买许可证。

个人不得购买第一类、第二类易制毒化学品。

第十七条 购买第二类、第三类易制毒化学品的,应当在购买前将所需购买的品种、数量,向所在地的县级人民政府公安机关备案。个人自用购买少量高锰酸钾的,无须备案。

第十八条 经营单位销售第一类易制毒化学品时,应当查验购买许可证和经办人的身份证明。对委托代购的,还应当查验购买人持有的委托文书。

经营单位在查验无误、留存上述证明材料的复印件后,方可出售第一类易制毒化学品;发现可疑情况的,应当立即向当地公安机关报告。

第十九条 经营单位应当建立易制毒化学品销售台账,如实记录销售的品种、数量、日期、购买方等情况。销售台账和证明材料复印件应当保存2年备查。

第一类易制毒化学品的销售情况,应当自销售之日起5日内报当地公安机关备案;第一类易制毒化学品的使用单位,应当建立使用台账,并保存2年备查。

第二类、第三类易制毒化学品的销售情况,应当自销售之日起30日内报当地公安机关备案。

第四章 运输管理

第二十条 跨设区的市级行政区域(直辖市为跨市界)或者在国务院公安部门确定的禁毒形势严峻的重点地区跨县级行政区域运输第一类易制毒化学品的,由运出地的设区的市级人民政府公安机关审批;运输第二类易制毒化学品的,由运出地的县级人民政府公安机关审批。经审批取得易制毒化学品运输许可证后,方可运输。

运输第三类易制毒化学品的,应当在运输前向运出地的县级人民政府公安机关备案。公安机关应当于收到备案材料的当日发给备案证明。

第二十一条 申请易制毒化学品运输许可,应当提交易制毒化学品的购销合同,货主是企业的,应当提交营业执照;货主是其他组织的,应当提交登记证书(成立批准文件);货主是个人的,应当提交其个人身份证明。经办人还应当提交本人的身份证明。

公安机关应当自收到第一类易制毒化学品运输许可申请之日起10日内,收到第二类易制毒化学品运输许可申请之日起3日内,对申请人提交的申请材料进行审查。对符合规定的,发给运输许可证;不予许可的,应当书面说明理由。

审查第一类易制毒化学品运输许可申请材料时,根据需要,可以进行实地核查。

第二十二条 对许可运输第一类易制毒化学品的,发给一次有效的运输许可证。

对许可运输第二类易制毒化学品的,发给3个月有效的运输许可证;6个月内运输安全状况良好的,发给12个月有效的运输许可证。

易制毒化学品运输许可证应当载明拟运输的易制毒化学品的品种、数量、运入地、货主及收货人、承运人情况以及运输许可证种类。

第二十三条 运输供教学、科研使用的100克以下的麻黄素样品和供医疗机构制剂配方使用的小包装麻黄素以及医疗机构或者麻醉药品经营企业购买麻黄素片剂6万片以下、注射剂1.5万支以下,货主或者承运人持有依法取得的购买许可证明或者麻醉药品调拨单的,无须申请易制毒化学品运输许可。

第二十四条 接受货主委托运输的,承运人应当查验货主提供的运输许可证或者备案证明,并查验所运货物与运输许可证或者备案证明载明的易制毒化学品品种等情况是否相符;不相符的,不得承运。

运输易制毒化学品,运输人员应当自启运起全程携带运输许可证或者备案证明。公安机关应当在易制毒化学品的运输过程中进行检查。

运输易制毒化学品,应当遵守国家有关货物运输的规定。

第二十五条 因治疗疾病需要,患者、患者近亲属或者患者委托的人凭医疗机构出具的医疗诊断书和本人的身份证明,可以随身携带第一类中的药品类易制毒化学品药品制剂,但是不得超过医用单张处方的最大剂量。

医用单张处方最大剂量,由国务院卫生主管部门规定、公布。

第五章 进口、出口管理

第二十六条 申请进口或者出口易制毒化学品,应当提交下列材料,经国务院商务主管部门或者其委托的省、自治区、直辖市人民政府商务主管部门审批,取得进口或者

出口许可证后,方可从事进口、出口活动:

(一)对外贸易经营者备案登记证明复印件;

(二)营业执照副本;

(三)易制毒化学品生产、经营、购买许可证或者备案证明;

(四)进口或者出口合同(协议)副本;

(五)经办人的身份证明。

申请易制毒化学品出口许可的,还应当提交进口方政府主管部门出具的合法使用易制毒化学品的证明或者进口方合法使用的保证文件。

第二十七条 受理易制毒化学品进口、出口申请的商务主管部门应当自收到申请材料之日起20日内,对申请材料进行审查,必要时可以进行实地核查。对符合规定的,发给进口或者出口许可证;不予许可的,应当书面说明理由。

对进口第一类中的药品类易制毒化学品的,有关的商务主管部门在作出许可决定前,应当征得国务院食品药品监督管理部门的同意。

第二十八条 麻黄素等属于重点监控物品范围的易制毒化学品,由国务院商务主管部门会同国务院有关部门核定的企业进口、出口。

第二十九条 国家对易制毒化学品的进口、出口实行国际核查制度。易制毒化学品国际核查目录及核查的具体办法,由国务院商务主管部门会同国务院公安部门规定、公布。

国际核查所用时间不计算在许可期限之内。

对向毒品制造、贩运情形严重的国家或者地区出口易制毒化学品以及本条例规定品种以外的化学品的,可以在国际核查措施以外实施其他管制措施,具体办法由国务院商务主管部门会同国务院公安部门、海关总署等有关部门规定、公布。

第三十条 进口、出口或者过境、转运、通运易制毒化学品的,应当如实向海关申报,并提交进口或者出口许可证。海关凭许可证办理通关手续。

易制毒化学品在境外与保税区、出口加工区等海关特殊监管区域、保税场所之间进出的,适用前款规定。

易制毒化学品在境内与保税区、出口加工区等海关特殊监管区域、保税场所之间进出的,或者在上述海关特殊监管区域、保税场所之间进出的,无须申请易制毒化学品进口或者出口许可证。

进口第一类中的药品类易制毒化学品,还应当提交食品药品监督管理部门出具的进口药品通关单。

第三十一条 进出境人员随身携带第一类中的药品类易制毒化学品药品制剂和高锰酸钾,应当以自用且数量合理为限,并接受海关监管。

进出境人员不得随身携带前款规定以外的易制毒化学品。

第六章 监督检查

第三十二条 县级以上人民政府公安机关、食品药品监督管理部门、安全生产监督管理部门、商务主管部门、卫生主管部门、价格主管部门、铁路主管部门、交通主管部门、工商行政管理部门、环境保护主管部门和海关,应当依照本条例和有关法律、行政法规的规定,在各自的职责范围内,加强对易制毒化学品生产、经营、购买、运输、价格以及进口、出口的监督检查;对非法生产、经营、购买、运输易制毒化学品,或者走私易制毒化学品的行为,依法予以查处。

前款规定的行政主管部门在进行易制毒化学品监督检查时,可以依法查看现场、查阅和复制有关资料、记录有关情况、扣押相关的证据材料和违法物品;必要时,可以临时查封有关场所。

被检查的单位或者个人应当如实提供有关情况和材料、物品,不得拒绝或者隐匿。

第三十三条 对依法收缴、查获的易制毒化学品,应当在省、自治区、直辖市或者设区的市级人民政府公安机关、海关或者环境保护主管部门的监督下,区别易制毒化学品的不同情况进行保管、回收,或者依照环境保护法律、行政法规的有关规定,由有资质的单位在环境保护主管部门的监督下销毁。其中,对收缴、查获的第一类中的药品类易制毒化学品,一律销毁。

易制毒化学品违法单位或者个人无力提供保管、回收或者销毁费用的,保管、回收或者销毁的费用在回收所得中开支,或者在有关行政主管部门的禁毒经费中列支。

第三十四条 易制毒化学品丢失、被盗、被抢的,发案单位应当立即向当地公安机关报告,并同时报告当地的县级人民政府食品药品监督管理部门、安全生产监督管理部门、商务主管部门或者卫生主管部门。接到报案的公安机关应当及时立案查处,并向上级公安机关报告;有关行政主管部门应当逐级上报并配合公安机关的查处。

第三十五条 有关行政主管部门应当将易制毒化学品许可以及依法吊销许可的情况通报有关公安机关和工商行政管理部门;工商行政管理部门应当将生产、经营易制毒化学品企业依法变更或者注销登记的情况通报有关公安机关和行政主管部门。

第三十六条 生产、经营、购买、运输或者进口、出口易制毒化学品的单位,应当于每年3月31日前向许可或者备案的行政主管部门和公安机关报告本单位上年度易制毒化学品的生产、经营、购买、运输或者进口、出口情况;有条件的生产、经营、购买、运输或者进口、出口单位,可以与有关行政主管部门建立计算机联网,及时通报有关经营情况。

第三十七条 县级以上人民政府有关行政主管部门应当加强协调合作,建立易制毒化学品管理情况、监督检查情况以及案件处理情况的通报、交流机制。

第七章 法律责任

第三十八条 违反本条例规定,未经许可或者备案擅自生产、经营、购买、运输易制毒化学品,伪造申请材料骗取易制毒化学品生产、经营、购买或者运输许可证,使用他人的或者伪造、变造、失效的许可证生产、经营、购买、运输易制毒化学品的,由公安机关没收非法生产、经营、购买或者运输的易制毒化学品、用于非法生产易制毒化学品的原料以及非法生产、经营、购买或者运输易制毒化学品的设备、工具,处非法生产、经营、购买或者运输的易制毒化学品货值10倍以上20倍以下的罚款,货值的20倍不足1万元的,按1万元罚款;有违法所得的,没收违法所得;有营业执照的,由工商行政管理部门吊销营业执照;构成犯罪的,依法追究刑事责任。

对有前款规定违法行为的单位或者个人,有关行政主管部门可以自作出行政处罚决定之日起3年内,停止受理其易制毒化学品生产、经营、购买、运输或者进口、出口许可申请。

第三十九条 违反本条例规定,走私易制毒化学品的,由海关没收走私的易制毒化学品;有违法所得的,没收违法所得,并依照海关法律、行政法规给予行政处罚;构成犯罪的,依法追究刑事责任。

第四十条 违反本条例规定,有下列行为之一的,由负有监督管理职责的行政主管部门给予警告,责令限期改正,处1万元以上5万元以下的罚款;对违反规定生产、经营、购买的易制毒化学品可以予以没收;逾期不改正的,责令限期停产停业整顿;逾期整顿不合格的,吊销相应的许可证:

(一)易制毒化学品生产、经营、购买、运输或者进口、出口单位未按规定建立安全管理制度的;

(二)将许可证或者备案证明转借他人使用的;

(三)超出许可的品种、数量生产、经营、购买易制毒化学品的;

(四)生产、经营、购买单位不记录或者不如实记录交易情况、不按规定保存交易记录或者不如实、不及时向公安机关和有关行政主管部门备案销售情况的;

(五)易制毒化学品丢失、被盗、被抢后未及时报告,造成严重后果的;

(六)除个人合法购买第一类中的药品类易制毒化学品药品制剂以及第三类易制毒化学品外,使用现金或者实物进行易制毒化学品交易的;

(七)易制毒化学品的产品包装和使用说明书不符合本条例规定要求的;

(八)生产、经营易制毒化学品的单位不如实或者不按时向有关行政主管部门和公安机关报告年度生产、经销和库存等情况的。

企业的易制毒化学品生产经营许可被依法吊销后,未及时到工商行政管理部门办理经营范围变更或者企业注销登记的,依照前款规定,对易制毒化学品予以没收,并处罚款。

第四十一条 运输的易制毒化学品与易制毒化学品运输许可证或者备案证明载明的品种、数量、运入地、货主及收货人、承运人等情况不符,运输许可证种类不当,或者运输人员未全程携带运输许可证或者备案证明的,由公安机关责令停运整改,处5000元以上5万元以下的罚款;有危险物品运输资质的,运输主管部门可以依法吊销其运输资质。

个人携带易制毒化学品不符合品种、数量规定的,没收易制毒化学品,处1000元以上5000元以下的罚款。

第四十二条 生产、经营、购买、运输或者进口、出口易制毒化学品的单位或者个人拒不接受有关行政主管部门监督检查的,由负有监督管理职责的行政主管部门责令改正,对直接负责的主管人员以及其他直接责任人员给予警告;情节严重的,对单位处1万元以上5万元以下的罚款,对直接负责的主管人员以及其他直接责任人员处1000元以上5000元以下的罚款;有违反治安管理行为的,依法给予治安管理处罚;构成犯罪的,依法追究刑事责任。

第四十三条 易制毒化学品行政主管部门工作人员在管理工作中有应当许可而不许可、不应当许可而滥许可,不依法受理备案,以及其他滥用职权、玩忽职守、徇私舞弊行为的,依法给予行政处分;构成犯罪的,依法追究刑事责任。

第八章 附 则

第四十四条 易制毒化学品生产、经营、购买、运输和进口、出口许可证,由国务院有关行政主管部门根据各自的职责规定式样并监制。

第四十五条 本条例自2005年11月1日起施行。

本条例施行前已经从事易制毒化学品生产、经营、购买、运输或者进口、出口业务的,应当自本条例施行之日起6个月内,依照本条例的规定重新申请许可。

附表:

易制毒化学品的分类和品种目录

第一类
1.1-苯基-2-丙酮
2.3,4-亚甲基二氧苯基-2-丙酮
3.胡椒醛

4.黄樟素

5.黄樟油

6.异黄樟素

7.N-乙酰邻氨基苯酸

8.邻氨基苯甲酸

9.麦角酸*

10.麦角胺*

11.麦角新碱*

12.麻黄素、伪麻黄素、消旋麻黄素、去甲麻黄素、甲基麻黄素、麻黄浸膏、麻黄浸膏粉等麻黄素类物质*

第二类

1.苯乙酸

2.醋酸酐

3.三氯甲烷

4.乙醚

5.哌啶

第三类

1.甲苯

2.丙酮

3.甲基乙基酮

4.高锰酸钾

5.硫酸

6.盐酸

说明：

一、第一类、第二类所列物质可能存在的盐类，也纳入管制。

二、带有*标记的品种为第一类中的药品类易制毒化学品，第一类中的药品类易制毒化学品包括原料药及其单方制剂。

剧毒化学品购买和公路运输许可证件管理办法

公安部令第 77 号

《剧毒化学品购买和公路运输许可证件管理办法》经 2005 年 4 月 21 日公安部部长办公会议通过,自 2005 年 8 月 1 日起施行。

第一条 为加强对剧毒化学品购买和公路运输的监督管理,保障国家财产和公民生命财产安全,根据《中华人民共和国道路交通安全法》《危险化学品安全管理条例》等法律、法规的规定,制定本办法。

第二条 除个人购买农药、灭鼠药、灭虫药以外,在中华人民共和国境内购买和通过公路运输剧毒化学品的,应当遵守本办法。

本办法所称剧毒化学品,按照国务院安全生产监督管理部门会同国务院公安、环保、卫生、质检、交通部门确定并公布的剧毒化学品目录执行。

第三条 国家对购买和通过公路运输剧毒化学品行为施行许可管理制度。购买和通过公路运输剧毒化学品,应当依照本办法申请取得《剧毒化学品购买凭证》《剧毒化学品准购证》和《剧毒化学品公路运输通行证》。未取得上述许可证件,任何单位和个人不得购买、通过公路运输剧毒化学品。

任何单位或者个人不得伪造、变造、买卖、出借或者以其他方式转让《剧毒化学品购买凭证》《剧毒化学品准购证》和《剧毒化学品公路运输通行证》,不得使用作废的上述许可证件。

第四条 公安机关应当坚持公开、公平、公正的原则,严格依照本办法审查核发剧毒化学品购买和公路运输许可证件,建立健全审查核发许可证件的管理档案,公开办理许可证件的公安机关主管部门的通信地址、联系电话、传真号码和电子信箱,并监督指导从业单位严格执行剧毒化学品购买和公路运输许可管理规定。

省级公安机关对核发的剧毒化学品购买凭证、准购证和公路运输通行证应当建立计算机数据库,包括证件编号、购买企业、运输企业、运输车辆、驾驶人、押运人员、剧毒化学品品名和数量、目的地、始发地、行驶路线等内容。数据库的项目和数据的格式应当全国统一。治安管理、交通管理部门应当建立信息共享或者通报制度。

第五条 经常需要购买、使用剧毒化学品的,购买方应当持销售单位生产或者经营剧毒化学品资质证明复印件,购买方向购买单位所在地设区的市级人民政府公安机关治安管理部门提出申请。符合要求的,由设区的市级人民政府公安机关负责人审批后,将盖有公安机关印章的《剧毒化学品购买凭证》成册发给购买或者使用单位保管、填写。

（一）生产危险化学品的企业申领《剧毒化学品购买凭证》时,应当如实填写《剧毒化学品购买凭证申请表》,并提交危险化学品生产企业安全生产许可证或者批准书的复印件。

（二）经营剧毒化学品的企业申领《剧毒化学品购买凭证》时,应当如实填写《剧毒化学品购买凭证申请表》,并提交危险化学品经营许可证(甲种)的复印件。

（三）其他生产、科研、医疗等经常需要使用剧毒化学品的单位申领《剧毒化学品购买凭证》时,应当如实填写《剧毒化学品购买凭证申请表》,并提交使用、接触剧毒化学品从业人员的上岗资格证的复印件。使用剧毒化学品从事生产的单位还应当提交危险化学品使用许可证、批准书或者其他相应的从业许可证明。

第六条 临时需要购买、使用剧毒化学品的,应当持销售单位生产或者经营剧毒化学品资质证明复印件,向购买单位所在地设区的市级人民政府公安机关治安管理部门提出申请。符合要求的,由设区的市级人民政府公安机关负责人审批签发《剧毒化学品准购证》。

申领《剧毒化学品准购证》时,应当如实填写《剧毒化学品准购证申请表》,并提交注明品名、数量、用途的单位证明。

第七条 对需要通过公路运输剧毒化学品的,以及单车运输气态、液态剧毒化学品超过五吨的,由签发《剧毒化学品购买凭证》《剧毒化学品准购证》的公安机关治安管理部门将证件编号、发证机关、剧毒化学品品名、数量等有关信息,向运输目的地县级人民政府公安机关交通管理部门通报并录入剧毒化学品公路运输安全管理数据库。具体通报办法由省级人民政府公安机关制定。

第八条 需要通过公路运输剧毒化学品的,应当向运输目的地县级人民政府公安机关交通管理部门申领《剧毒化学品公路运输通行证》。申领时,托运人应当如实填写《剧毒化学品公路运输通行证申请表》,同时提交下列证明文件和资料,并接受公安机关交通管理部门对运输车辆和驾驶人、押运人员的查验、审核：

（一）《剧毒化学品购买凭证》或者《剧毒化学品准购证》。

运输进口或者出口剧毒化学品的,应当提交危险化学品进口或者出口登记证。

（二）承运单位从事危险货物道路运输的经营(运输)许可证(复印件)、机动车行驶证、运输车辆从事危险货物道路运输的道路运输证。

运输剧毒化学品的车辆必须设置安装剧毒化学品道路运输专用标识和安全标示牌。安全标示牌应当标明剧毒化学品品名、种类、罐体容积、载质量、施救方法、运输企业联系电话。

(三)驾驶人的机动车驾驶证,驾驶人、押运人员的身份证件以及从事危险货物道路运输的上岗资格证。

(四)随《剧毒化学品公路运输通行证申请表》附运输企业对每辆运输车辆制作的运输路线图和运行时间表,每辆车拟运输的载质量。

承运单位不在目的地的,可以向运输目的地县级人民政府公安机关交通管理部门提出申请,委托运输始发地县级人民政府公安机关交通管理部门受理核发《剧毒化学品公路运输通行证》,但不得跨省(自治区、直辖市)委托。具体委托办法由省级人民政府公安机关制定。

第九条 公安机关交通管理部门受理申请后,应当及时审核和查验以下事项:

(一)审核证明文件的真实性,并与省级人民政府公安机关建立的剧毒化学品公路运输安全管理数据库进行比对,审核证明文件与运输单位、运输车辆、驾驶人和押运人员的同一性。

(二)审核驾驶人在一个记分周期内是否有交通违法记分满12分,或者有2次以上驾驶剧毒化学品运输车辆超载、超速记录。

(三)审核申请的通行路线和时间是否可能对公共安全构成威胁。

(四)查验运输车辆是否设置安装了剧毒化学品道路运输专用标识和安全标示牌,是否配备了主管部门规定的应急处理器材和防护用品,是否有非法改装行为,轮胎花纹深度是否符合国家标准,车辆定期检验周期的时间是否在有效期内。

(五)审核单车运输的数量是否超过行驶证核定载质量。

第十条 公安机关交通管理部门经过审核和查验后,应当按照下列情况分别处理:

(一)对证明文件真实有效,运输单位、运输车辆、驾驶人和押运人员符合规定,通行路线和时间对公共安全不构成威胁的,报本级公安机关负责人批准签发《剧毒化学品公路运输通行证》,每次运输一车一证,有效期不超过15天。

(二)对其他申请条件符合要求,但通行路线和时间有可能对公共安全构成威胁的,由公安机关交通管理部门变更通行路线和时间后,再予批准签发《剧毒化学品公路运输通行证》。

(三)对车辆定期检验合格标志已超过有效期或者在运输过程中将超过有效期的,没有设置专用标识、安全标示牌的,或者没有配备应急处理器材和防护用品,应当经过检验合格,补充有关设置,配齐有关器材和用品后,重新受理申请。

(四)对证明文件过期或者失效的,证明文件与计算机数据库记录比对结果不一致或者没有记录的,承运单位不具备运输危险化学品资质的,驾驶人、押运人员不具备上岗资格的,驾驶人交通违法记录不符合本办法要求的,或者车辆有非法改装行为或者安全状况不符合国家安全技术标准的,不予批准。

行驶路线跨越本县(市、区、旗)的,应当由县级人民政府公安机关交通管理部门报送上一级公安机关交通管理部门核准;行驶路线跨越本地(市、州、盟)或者跨省(自治区、直辖市)的,应当逐级上报到省级人民政府公安机关交通管理部门核准。由县级人民政府公安机关交通管理部门按照核准后的路线指定。对跨省(自治区、直辖市)行驶路线的指定,应当由所在地省级人民政府公安机关交通管理部门征得途径地省级人民政府公安机关交通管理部门同意。

第十一条　签发通行证后,发证的公安机关交通管理部门应当及时将发证信息发送到省级人民政府公安机关建立的剧毒化学品公路运输安全管理数据库,并通过书面或者信息系统通报沿线公安机关交通管理部门。跨县(市、区、旗)运输的,由设区的市级人民政府公安机关交通管理部门通报,跨地(市、州、盟)和跨省(自治区、直辖市)运输的,由省级人民政府公安机关交通管理部门通报。

对气态、液态剧毒化学品单车运输超过5吨的,签发通行证的公安机关交通管理部门应当报上一级公安机关交通管理部门备案。

具体通报和备案办法由省级人民政府公安机关制定。

第十二条　目的地、始发地和途径地公安机关交通管理部门应当通过信息系统或者采取其他方式及时了解剧毒化学品运输信息,加强对剧毒化学品运输车辆、驾驶人遵守道路交通安全法律规定情况的监督检查。

第十三条　申领《剧毒化学品购买凭证》《剧毒化学品准购证》的申请人或者申请人委托的代理人可以直接到公安机关提出书面申请,也可以通过信函、传真、电子邮件等形式提出申请。

第十四条　公安机关对申领单位提交的申请材料,应当按照下列规定分别处理:

(一)对符合申领条件的,应当当场受理并出具书面凭证。

(二)对申请材料不齐全或者不符合法定形式的,应当当场一次性告知需要补正的全部内容;申请材料存在的错误,可以当场更正的,应当允许申请人当场更正。

(三)对不属于本机关职权范围或者本办法所规定的许可事项的,应当即时作出不予受理的决定并出具书面凭证。

第十五条　对已经受理的申请,公安机关应当及时进行审查,并在3个工作日内作出批准或者不予批准的决定;对申请跨省(自治区、直辖市)运输需要勘察核定行驶线路的,应当在10个工作日内作出批准或者不予批准的决定。对批准的,应当即时填发剧毒化学品购买和公路运输许可证件,并于当日送达或者通知申请人领取;对不予批准的,应当告知申请人不予批准的理由,并出具不予批准的书面凭证。

第十六条　《剧毒化学品购买凭证》由发证公安机关成册核发给购买或者使用单位的,由该单位负责人按照制度规定审核签批使用。持证单位用完后应当及时将购买凭证的存根交回原发证公安机关核查存档。

已经领取《剧毒化学品购买凭证》的单位,应当建立规范的购买凭证保管、填写、审核、签批、使用制度,严格管理。因故不再需要使用时,应当及时将尚未使用的购买凭证连同已经使用的购买凭证的存根交回原发证公安机关核查存档。

第十七条 销售单位销售剧毒化学品时,应当收验《剧毒化学品购买凭证》或者《剧毒化学品准购证》,按照购买凭证或者准购证许可的品名、数量销售,并如实填写《剧毒化学品购买凭证》或者《剧毒化学品准购证》回执第一联和回执第二联,由购买经办人签字确认。

回执第一联由购买单位带回,并在保管人员签注接收情况后的7日内交原发证公安机关核查存档;回执第二联由销售单位在销售后的7日内交所在地县级人民政府公安机关治安管理部门核查存档。

第十八条 通过公路运输剧毒化学品的,应当遵守《中华人民共和国道路交通安全法》《危险化学品安全管理条例》等法律、法规对剧毒化学品运输安全的管理规定,悬挂警示标志,采取必要的安全措施,并按照《剧毒化学品公路运输通行证》载明的运输车辆、驾驶人、押运人员、装载数量、有效期限、指定的路线、时间和速度运输,禁止超载、超速行驶;押运人员应当随车携带《剧毒化学品公路运输通行证》,以备查验。

运输车辆行驶速度在不超过限速标志的前提下,在高速公路上不低于每小时70公里、不高于每小时90公里,在其他道路上不超过每小时60公里。

剧毒化学品运达目的地后,收货单位应当在《剧毒化学品公路运输通行证》上签注接收情况,并在收到货物后的7日内将《剧毒化学品公路运输通行证》送目的地县级人民政府公安机关治安管理部门备案存查。

第十九条 填写《剧毒化学品购买凭证》《剧毒化学品准购证》或者《剧毒化学品公路运输通行证》发生错误时,应当注明作废并保留存档备查,不得涂改;填写错误的《剧毒化学品购买凭证》,由持证单位负责交回原发证公安机关核查存档。

填写《剧毒化学品购买凭证》或者《剧毒化学品准购证》回执第一联、回执第二联发生错误确需涂改的,应当在涂改处加盖销售单位印章予以确认。

第二十条 未申领《剧毒化学品购买凭证》《剧毒化学品准购证》《剧毒化学品公路运输通行证》,擅自购买、通过公路运输剧毒化学品的,由公安机关依法采取措施予以制止,处以1万元以上3万元以下罚款;对已经购买了剧毒化学品的,责令退回原销售单位;对已经实施运输的,扣留运输车辆,责令购买、使用和承运单位共同派员接受处理;对发生重大事故,造成严重后果的,依法追究刑事责任。

第二十一条 提供虚假证明文件、采取其他欺骗手段或者贿赂等不正当手段,取得《剧毒化学品购买凭证》《剧毒化学品准购证》《剧毒化学品公路运输通行证》的,由发证的公安机关依法撤销许可证件,处以1000元以上1万元以下罚款。

对利用骗取的许可证件购买了剧毒化学品的,责令退回原销售单位。

利用骗取的许可证件通过公路运输剧毒化学品的,由公安机关依照《危险化学品安全管理条例》第六十七条第(一)项的规定予以处罚。

第二十二条 伪造、变造、买卖、出借或者以其他方式转让《剧毒化学品购买凭证》《剧毒化学品准购证》和《剧毒化学品公路运输通行证》,或者使用作废的上述许可证件的,由公安机关依照《危险化学品安全管理条例》第六十四条的规定予以处罚。

第二十三条 《剧毒化学品购买凭证》或者《剧毒化学品准购证》回执第一联、回执第二联填写错误时,未按规定在涂改处加盖销售单位印章予以确认的,由公安机关责令改正,处以500元以上1000元以下罚款。

未按规定填写《剧毒化学品购买凭证》和《剧毒化学品准购证》回执记录剧毒化学品销售、购买信息的,由公安机关依照《危险化学品安全管理条例》第六十一条的规定予以处罚。

第二十四条 通过公路运输剧毒化学品未随车携带《剧毒化学品公路运输通行证》的,由公安机关责令提供已依法领取《剧毒化学品公路运输通行证》的证明,处以500元以上1000元以下罚款。

除不可抗力外,未按《剧毒化学品公路运输通行证》核准载明的运输车辆、驾驶人、押运人员、装载数量、有效期限、指定的路线、时间和速度运输剧毒化学品的,尚未造成严重后果的,由公安机关对单位处以1000元以上1万元以下罚款,对直接责任人员依法给予治安处罚;构成犯罪的,依法追究刑事责任。

第二十五条 违反本办法的规定,有下列行为之一的,由原发证公安机关责令改正,处以500元以上1000元以下罚款:

(一)除不可抗力外,未在规定时限内将《剧毒化学品购买凭证》《剧毒化学品准购证》的回执交原发证公安机关或者销售单位所在地县级人民政府公安机关核查存档的;

(二)除不可抗力外,未在规定时限内将《剧毒化学品公路运输通行证》交目的地县级人民政府公安机关备案存查的;

(三)未按规定将已经使用的《剧毒化学品购买凭证》的存根或者因故不再需要使用的《剧毒化学品购买凭证》交回原发证公安机关核查存档的;

(四)未按规定将填写错误的《剧毒化学品购买凭证》注明作废并保留交回原发证公安机关核查存档的。

第二十六条 当事人对公安机关依照本办法作出的具体行政行为不服的,可以依法申请行政复议或者提起行政诉讼。

第二十七条 公安机关及其人民警察在工作中,有下列行为之一的,对直接负责的

主管人员和其他直接责任人员依法给予行政处分;构成犯罪的,依法追究刑事责任:

(一)为不符合申领条件的单位发证的;

(二)除不可抗力外,不按本办法规定的时限办理许可证件的;

(三)索取、收受当事人贿赂或者谋取其他利益的;

(四)对违反本办法的行为不依法追究法律责任的;

(五)违反法律、法规、本办法的规定实施处罚或者收取费用的;

(六)其他滥用职权、玩忽职守、徇私舞弊的。

第二十八条 本办法规定的《剧毒化学品购买凭证》《剧毒化学品准购证》和《剧毒化学品公路运输通行证》由公安部统一印制;其他法律文书式样由公安部制定,各发证公安机关自行印制;各类申请书式样由公安部制定,申领单位根据需要自行印制。

第二十九条 在中华人民共和国境内通过城市道路运输剧毒化学品的,参照本办法关于通过公路运输剧毒化学品的规定执行。

第三十条 本办法自2005年8月1日起施行。

民用爆炸物品安全管理条例

国务院令第 653 号

2006年4月26日国务院第134次常务会议通过,自2006年9月1日起施行。根据2014年7月29日《国务院关于修改部分行政法规的决定》修订。

第一章 总 则

第一条 为了加强对民用爆炸物品的安全管理,预防爆炸事故发生,保障公民生命、财产安全和公共安全,制定本条例。

第二条 民用爆炸物品的生产、销售、购买、进出口、运输、爆破作业和储存以及硝酸铵的销售、购买,适用本条例。

本条例所称民用爆炸物品,是指用于非军事目的、列入民用爆炸物品品名表的各类火药、炸药及其制品和雷管、导火索等点火、起爆器材。

民用爆炸物品品名表,由国务院民用爆炸物品行业主管部门会同国务院公安部门制订、公布。

第三条 国家对民用爆炸物品的生产、销售、购买、运输和爆破作业实行许可证制度。

未经许可,任何单位或者个人不得生产、销售、购买、运输民用爆炸物品,不得从事爆破作业。

严禁转让、出借、转借、抵押、赠送、私藏或者非法持有民用爆炸物品。

第四条 民用爆炸物品行业主管部门负责民用爆炸物品生产、销售的安全监督管理。

公安机关负责民用爆炸物品公共安全管理和民用爆炸物品购买、运输、爆破作业的安全监督管理,监控民用爆炸物品流向。

安全生产监督、铁路、交通、民用航空主管部门依照法律、行政法规的规定,负责做好民用爆炸物品的有关安全监督管理工作。

民用爆炸物品行业主管部门、公安机关、工商行政管理部门按照职责分工,负责组织查处非法生产、销售、购买、储存、运输、邮寄、使用民用爆炸物品的行为。

第五条 民用爆炸物品生产、销售、购买、运输和爆破作业单位(以下称民用爆炸物品从业单位)的主要负责人是本单位民用爆炸物品安全管理责任人,对本单位的民用爆炸物品安全管理工作全面负责。

民用爆炸物品从业单位是治安保卫工作的重点单位,应当依法设置治安保卫机构或者配备治安保卫人员,设置技术防范设施,防止民用爆炸物品丢失、被盗、被抢。

民用爆炸物品从业单位应当建立安全管理制度、岗位安全责任制度,制订安全防范措施和事故应急预案,设置安全管理机构或者配备专职安全管理人员。

第六条 无民事行为能力人、限制民事行为能力人或者曾因犯罪受过刑事处罚的人,不得从事民用爆炸物品的生产、销售、购买、运输和爆破作业。

民用爆炸物品从业单位应当加强对本单位从业人员的安全教育、法制教育和岗位技术培训,从业人员经考核合格的,方可上岗作业;对有资格要求的岗位,应当配备具有相应资格的人员。

第七条 国家建立民用爆炸物品信息管理系统,对民用爆炸物品实行标识管理,监控民用爆炸物品流向。

民用爆炸物品生产企业、销售企业和爆破作业单位应当建立民用爆炸物品登记制度,如实将本单位生产、销售、购买、运输、储存、使用民用爆炸物品的品种、数量和流向信息输入计算机系统。

第八条 任何单位或者个人都有权举报违反民用爆炸物品安全管理规定的行为;接到举报的主管部门、公安机关应当立即查处,并为举报人员保密,对举报有功人员给予奖励。

第九条 国家鼓励民用爆炸物品从业单位采用提高民用爆炸物品安全性能的新技术,鼓励发展民用爆炸物品生产、配送、爆破作业一体化的经营模式。

第二章 生　　产

第十条 设立民用爆炸物品生产企业,应当遵循统筹规划、合理布局的原则。

第十一条 申请从事民用爆炸物品生产的企业,应当具备下列条件:

(一)符合国家产业结构规划和产业技术标准;

(二)厂房和专用仓库的设计、结构、建筑材料、安全距离以及防火、防爆、防雷、防静电等安全设备、设施符合国家有关标准和规范;

(三)生产设备、工艺符合有关安全生产的技术标准和规程;

(四)有具备相应资格的专业技术人员、安全生产管理人员和生产岗位人员;

(五)有健全的安全管理制度、岗位安全责任制度;

(六)法律、行政法规规定的其他条件。

第十二条 申请从事民用爆炸物品生产的企业,应当向国务院民用爆炸物品行业主管部门提交申请书、可行性研究报告以及能够证明其符合本条例第十一条规定条件的有关材料。国务院民用爆炸物品行业主管部门应当自受理申请之日起45日内进行审查,对符合条件的,核发《民用爆炸物品生产许可证》;对不符合条件的,不予核发《民用爆炸物品生产许可证》,书面向申请人说明理由。

民用爆炸物品生产企业为调整生产能力及品种进行改建、扩建的,应当依照前款规定申请办理《民用爆炸物品生产许可证》。

民用爆炸物品生产企业持《民用爆炸物品生产许可证》到工商行政管理部门办理工商登记,并在办理工商登记后3日内,向所在地县级人民政府公安机关备案。

第十三条　取得《民用爆炸物品生产许可证》的企业应当在基本建设完成后,向省、自治区、直辖市人民政府民用爆炸物品行业主管部门申请安全生产许可。省、自治区、直辖市人民政府民用爆炸物品行业主管部门应当依照《安全生产许可证条例》的规定对其进行查验,对符合条件的,核发《民用爆炸物品安全生产许可证》。民用爆炸物品生产企业取得《民用爆炸物品安全生产许可证》后,方可生产民用爆炸物品。

第十四条　民用爆炸物品生产企业应当严格按照《民用爆炸物品生产许可证》核定的品种和产量进行生产,生产作业应当严格执行安全技术规程的规定。

第十五条　民用爆炸物品生产企业应当对民用爆炸物品做出警示标识、登记标识,对雷管编码打号。民用爆炸物品警示标识、登记标识和雷管编码规则,由国务院公安部门会同国务院民用爆炸物品行业主管部门规定。

第十六条　民用爆炸物品生产企业应当建立健全产品检验制度,保证民用爆炸物品的质量符合相关标准。民用爆炸物品的包装,应当符合法律、行政法规的规定以及相关标准。

第十七条　试验或者试制民用爆炸物品,必须在专门场地或者专门的试验室进行。严禁在生产车间或者仓库内试验或者试制民用爆炸物品。

第三章　销售和购买

第十八条　申请从事民用爆炸物品销售的企业,应当具备下列条件:

(一)符合对民用爆炸物品销售企业规划的要求;

(二)销售场所和专用仓库符合国家有关标准和规范;

(三)有具备相应资格的安全管理人员、仓库管理人员;

(四)有健全的安全管理制度、岗位安全责任制度;

(五)法律、行政法规规定的其他条件。

第十九条　申请从事民用爆炸物品销售的企业,应当向所在地省、自治区、直辖市人民政府民用爆炸物品行业主管部门提交申请书、可行性研究报告以及能够证明其符合本条例第十八条规定条件的有关材料。省、自治区、直辖市人民政府民用爆炸物品行业主管部门应当自受理申请之日起 30 日内进行审查,并对申请单位的销售场所和专用仓库等经营设施进行查验,对符合条件的,核发《民用爆炸物品销售许可证》;对不符合条件的,不予核发《民用爆炸物品销售许可证》,书面向申请人说明理由。

民用爆炸物品销售企业持《民用爆炸物品销售许可证》到工商行政管理部门办理工商登记后,方可销售民用爆炸物品。

民用爆炸物品销售企业应当在办理工商登记后 3 日内,向所在地县级人民政府公安机关备案。

第二十条 民用爆炸物品生产企业凭《民用爆炸物品生产许可证》,可以销售本企业生产的民用爆炸物品。

民用爆炸物品生产企业销售本企业生产的民用爆炸物品,不得超出核定的品种、产量。

第二十一条 民用爆炸物品使用单位申请购买民用爆炸物品的,应当向所在地县级人民政府公安机关提出购买申请,并提交下列有关材料:

(一)工商营业执照或者事业单位法人证书;
(二)《爆破作业单位许可证》或者其他合法使用的证明;
(三)购买单位的名称、地址、银行账户;
(四)购买的品种、数量和用途说明。

受理申请的公安机关应当自受理申请之日起 5 日内对提交的有关材料进行审查,对符合条件的,核发《民用爆炸物品购买许可证》;对不符合条件的,不予核发《民用爆炸物品购买许可证》,书面向申请人说明理由。

《民用爆炸物品购买许可证》应当载明许可购买的品种、数量、购买单位以及许可的有效期限。

第二十二条 民用爆炸物品生产企业凭《民用爆炸物品生产许可证》购买属于民用爆炸物品的原料,民用爆炸物品销售企业凭《民用爆炸物品销售许可证》向民用爆炸物品生产企业购买民用爆炸物品,民用爆炸物品使用单位凭《民用爆炸物品购买许可证》购买民用爆炸物品,还应当提供经办人的身份证明。

销售民用爆炸物品的企业,应当查验前款规定的许可证和经办人的身份证明;对持《民用爆炸物品购买许可证》购买的,应当按照许可的品种、数量销售。

第二十三条 销售、购买民用爆炸物品,应当通过银行账户进行交易,不得使用现金或者实物进行交易。

销售民用爆炸物品的企业,应当将购买单位的许可证、银行账户转账凭证、经办人的身份证明复印件保存 2 年备查。

第二十四条 销售民用爆炸物品的企业,应当自民用爆炸物品买卖成交之日起 3 日内,将销售的品种、数量和购买单位向所在地省、自治区、直辖市人民政府民用爆炸物品行业主管部门和所在地县级人民政府公安机关备案。

购买民用爆炸物品的单位,应当自民用爆炸物品买卖成交之日起3日内,将购买的品种、数量向所在地县级人民政府公安机关备案。

第二十五条 进出口民用爆炸物品,应当经国务院民用爆炸物品行业主管部门审批。进出口民用爆炸物品审批办法,由国务院民用爆炸物品行业主管部门会同国务院公安部门、海关总署规定。

进出口单位应当将进出口的民用爆炸物品的品种、数量向收货地或者出境口岸所在地县级人民政府公安机关备案。

第四章 运 输

第二十六条 运输民用爆炸物品,收货单位应当向运达地县级人民政府公安机关提出申请,并提交包括下列内容的材料:

(一)民用爆炸物品生产企业、销售企业、使用单位以及进出口单位分别提供的《民用爆炸物品生产许可证》、《民用爆炸物品销售许可证》、《民用爆炸物品购买许可证》或者进出口批准证明;

(二)运输民用爆炸物品的品种、数量、包装材料和包装方式;

(三)运输民用爆炸物品的特性、出现险情的应急处置方法;

(四)运输时间、起始地点、运输路线、经停地点。

受理申请的公安机关应当自受理申请之日起3日内对提交的有关材料进行审查,对符合条件的,核发《民用爆炸物品运输许可证》;对不符合条件的,不予核发《民用爆炸物品运输许可证》,书面向申请人说明理由。

《民用爆炸物品运输许可证》应当载明收货单位、销售企业、承运人,一次性运输有效期限、起始地点、运输路线、经停地点,民用爆炸物品的品种、数量。

第二十七条 运输民用爆炸物品的,应当凭《民用爆炸物品运输许可证》,按照许可的品种、数量运输。

第二十八条 经由道路运输民用爆炸物品的,应当遵守下列规定:

(一)携带《民用爆炸物品运输许可证》;

(二)民用爆炸物品的装载符合国家有关标准和规范,车厢内不得载人;

(三)运输车辆安全技术状况应当符合国家有关安全技术标准的要求,并按照规定悬挂或者安装符合国家标准的易燃易爆危险物品警示标志;

(四)运输民用爆炸物品的车辆应当保持安全车速;

(五)按照规定的路线行驶,途中经停应当有专人看守,并远离建筑设施和人口稠密

的地方,不得在许可以外的地点经停;

(六)按照安全操作规程装卸民用爆炸物品,并在装卸现场设置警戒,禁止无关人员进入;

(七)出现危险情况立即采取必要的应急处置措施,并报告当地公安机关。

第二十九条 民用爆炸物品运达目的地,收货单位应当进行验收后在《民用爆炸物品运输许可证》上签注,并在 3 日内将《民用爆炸物品运输许可证》交回发证机关核销。

第三十条 禁止携带民用爆炸物品搭乘公共交通工具或者进入公共场所。

禁止邮寄民用爆炸物品,禁止在托运的货物、行李、包裹、邮件中夹带民用爆炸物品。

第五章 爆破作业

第三十一条 申请从事爆破作业的单位,应当具备下列条件:

(一)爆破作业属于合法的生产活动;

(二)有符合国家有关标准和规范的民用爆炸物品专用仓库;

(三)有具备相应资格的安全管理人员、仓库管理人员和具备国家规定执业资格的爆破作业人员;

(四)有健全的安全管理制度、岗位安全责任制度;

(五)有符合国家标准、行业标准的爆破作业专用设备;

(六)法律、行政法规规定的其他条件。

第三十二条 申请从事爆破作业的单位,应当按照国务院公安部门的规定,向有关人民政府公安机关提出申请,并提供能够证明其符合本条例第三十一条规定条件的有关材料。受理申请的公安机关应当自受理申请之日起 20 日内进行审查,对符合条件的,核发《爆破作业单位许可证》;对不符合条件的,不予核发《爆破作业单位许可证》,书面向申请人说明理由。

营业性爆破作业单位持《爆破作业单位许可证》到工商行政管理部门办理工商登记后,方可从事营业性爆破作业活动。

爆破作业单位应当在办理工商登记后 3 日内,向所在地县级人民政府公安机关备案。

第三十三条 爆破作业单位应当对本单位的爆破作业人员、安全管理人员、仓库管理人员进行专业技术培训。爆破作业人员应当经设区的市级人民政府公安机关考核合格,取得《爆破作业人员许可证》后,方可从事爆破作业。

第三十四条 爆破作业单位应当按照其资质等级承接爆破作业项目,爆破作业人员应当按照其资格等级从事爆破作业。爆破作业的分级管理办法由国务院公安部门规定。

第三十五条 在城市、风景名胜区和重要工程设施附近实施爆破作业的,应当向爆破作业所在地设区的市级人民政府公安机关提出申请,提交《爆破作业单位许可证》和具有相应资质的安全评估企业出具的爆破设计、施工方案评估报告。受理申请的公安机关应当自受理申请之日起 20 日内对提交的有关材料进行审查,对符合条件的,作出批准的决定;对不符合条件的,作出不予批准的决定,并书面向申请人说明理由。

实施前款规定的爆破作业,应当由具有相应资质的安全监理企业进行监理,由爆破作业所在地县级人民政府公安机关负责组织实施安全警戒。

第三十六条 爆破作业单位跨省、自治区、直辖市行政区域从事爆破作业的,应当事先将爆破作业项目的有关情况向爆破作业所在地县级人民政府公安机关报告。

第三十七条 爆破作业单位应当如实记载领取、发放民用爆炸物品的品种、数量、编号以及领取、发放人员姓名。领取民用爆炸物品的数量不得超过当班用量,作业后剩余的民用爆炸物品必须当班清退回库。

爆破作业单位应当将领取、发放民用爆炸物品的原始记录保存 2 年备查。

第三十八条 实施爆破作业,应当遵守国家有关标准和规范,在安全距离以外设置警示标志并安排警戒人员,防止无关人员进入;爆破作业结束后应当及时检查、排除未引爆的民用爆炸物品。

第三十九条 爆破作业单位不再使用民用爆炸物品时,应当将剩余的民用爆炸物品登记造册,报所在地县级人民政府公安机关组织监督销毁。

发现、拣拾无主民用爆炸物品的,应当立即报告当地公安机关。

第六章 储　　存

第四十条 民用爆炸物品应当储存在专用仓库内,并按照国家规定设置技术防范设施。

第四十一条 储存民用爆炸物品应当遵守下列规定:

(一)建立出入库检查、登记制度,收存和发放民用爆炸物品必须进行登记,做到账目清楚,账物相符;

(二)储存的民用爆炸物品数量不得超过储存设计容量,对性质相抵触的民用爆炸物品必须分库储存,严禁在库房内存放其他物品;

(三)专用仓库应当指定专人管理、看护,严禁无关人员进入仓库区内,严禁在仓库区内吸烟和用火,严禁把其他容易引起燃烧、爆炸的物品带入仓库区内,严禁在库房内住宿和进行其他活动;

(四)民用爆炸物品丢失、被盗、被抢,应当立即报告当地公安机关。

第四十二条 在爆破作业现场临时存放民用爆炸物品的,应当具备临时存放民用爆炸物品的条件,并设专人管理、看护,不得在不具备安全存放条件的场所存放民用爆炸物品。

第四十三条 民用爆炸物品变质和过期失效的,应当及时清理出库,并予以销毁。销毁前应当登记造册,提出销毁实施方案,报省、自治区、直辖市人民政府民用爆炸物品行业主管部门、所在地县级人民政府公安机关组织监督销毁。

第七章 法 律 责 任

第四十四条 非法制造、买卖、运输、储存民用爆炸物品,构成犯罪的,依法追究刑事责任;尚不构成犯罪,有违反治安管理行为的,依法给予治安管理处罚。

违反本条例规定,在生产、储存、运输、使用民用爆炸物品中发生重大事故,造成严重后果或者后果特别严重,构成犯罪的,依法追究刑事责任。

违反本条例规定,未经许可生产、销售民用爆炸物品的,由民用爆炸物品行业主管部门责令停止非法生产、销售活动,处10万元以上50万元以下的罚款,并没收非法生产、销售的民用爆炸物品及其违法所得。

违反本条例规定,未经许可购买、运输民用爆炸物品或者从事爆破作业的,由公安机关责令停止非法购买、运输、爆破作业活动,处5万元以上20万元以下的罚款,并没收非法购买、运输以及从事爆破作业使用的民用爆炸物品及其违法所得。

民用爆炸物品行业主管部门、公安机关对没收的非法民用爆炸物品,应当组织销毁。

第四十五条 违反本条例规定,生产、销售民用爆炸物品的企业有下列行为之一的,由民用爆炸物品行业主管部门责令限期改正,处10万元以上50万元以下的罚款;逾期不改正的,责令停产停业整顿;情节严重的,吊销《民用爆炸物品生产许可证》或者《民用爆炸物品销售许可证》:

(一)超出生产许可的品种、产量进行生产、销售的;

(二)违反安全技术规程生产作业的;

(三)民用爆炸物品的质量不符合相关标准的;

(四)民用爆炸物品的包装不符合法律、行政法规的规定以及相关标准的;

(五)超出购买许可的品种、数量销售民用爆炸物品的;

(六)向没有《民用爆炸物品生产许可证》、《民用爆炸物品销售许可证》、《民用爆炸物品购买许可证》的单位销售民用爆炸物品的;

(七)民用爆炸物品生产企业销售本企业生产的民用爆炸物品未按照规定向民用爆炸物品行业主管部门备案的;

(八)未经审批进出口民用爆炸物品的。

第四十六条 违反本条例规定,有下列情形之一的,由公安机关责令限期改正,处5

万元以上 20 万元以下的罚款;逾期不改正的,责令停产停业整顿:

(一)未按照规定对民用爆炸物品做出警示标识、登记标识或者未对雷管编码打号的;

(二)超出购买许可的品种、数量购买民用爆炸物品的;

(三)使用现金或者实物进行民用爆炸物品交易的;

(四)未按照规定保存购买单位的许可证、银行账户转账凭证、经办人的身份证明复印件的;

(五)销售、购买、进出口民用爆炸物品,未按照规定向公安机关备案的;

(六)未按照规定建立民用爆炸物品登记制度,如实将本单位生产、销售、购买、运输、储存、使用民用爆炸物品的品种、数量和流向信息输入计算机系统的;

(七)未按照规定将《民用爆炸物品运输许可证》交回发证机关核销的。

第四十七条 违反本条例规定,经由道路运输民用爆炸物品,有下列情形之一的,由公安机关责令改正,处 5 万元以上 20 万元以下的罚款:

(一)违反运输许可事项的;

(二)未携带《民用爆炸物品运输许可证》的;

(三)违反有关标准和规范混装民用爆炸物品的;

(四)运输车辆未按照规定悬挂或者安装符合国家标准的易燃易爆危险物品警示标志的;

(五)未按照规定的路线行驶,途中经停没有专人看守或者在许可以外的地点经停的;

(六)装载民用爆炸物品的车厢载人的;

(七)出现危险情况未立即采取必要的应急处置措施、报告当地公安机关的。

第四十八条 违反本条例规定,从事爆破作业的单位有下列情形之一的,由公安机关责令停止违法行为或者限期改正,处 10 万元以上 50 万元以下的罚款;逾期不改正的,责令停产停业整顿;情节严重的,吊销《爆破作业单位许可证》:

(一)爆破作业单位未按照其资质等级从事爆破作业的;

(二)营业性爆破作业单位跨省、自治区、直辖市行政区域实施爆破作业,未按照规定事先向爆破作业所在地的县级人民政府公安机关报告的;

(三)爆破作业单位未按照规定建立民用爆炸物品领取登记制度、保存领取登记记录的;

(四)违反国家有关标准和规范实施爆破作业的。

爆破作业人员违反国家有关标准和规范的规定实施爆破作业的,由公安机关责令限期改正,情节严重的,吊销《爆破作业人员许可证》。

第四十九条 违反本条例规定,有下列情形之一的,由民用爆炸物品行业主管部门、公安机关按照职责责令限期改正,可以并处 5 万元以上 20 万元以下的罚款;逾期不改正的,责令停产停业整顿;情节严重的,吊销许可证:

(一)未按照规定在专用仓库设置技术防范设施的;

(二)未按照规定建立出入库检查、登记制度或者收存和发放民用爆炸物品,致使账物不符的;

(三)超量储存、在非专用仓库储存或者违反储存标准和规范储存民用爆炸物品的;

(四)有本条例规定的其他违反民用爆炸物品储存管理规定行为的。

第五十条 违反本条例规定,民用爆炸物品从业单位有下列情形之一的,由公安机关处 2 万元以上 10 万元以下的罚款;情节严重的,吊销其许可证;有违反治安管理行为的,依法给予治安管理处罚:

(一)违反安全管理制度,致使民用爆炸物品丢失、被盗、被抢的;

(二)民用爆炸物品丢失、被盗、被抢,未按照规定向当地公安机关报告或者故意隐瞒不报的;

(三)转让、出借、转借、抵押、赠送民用爆炸物品的。

第五十一条 违反本条例规定,携带民用爆炸物品搭乘公共交通工具或者进入公共场所,邮寄或者在托运的货物、行李、包裹、邮件中夹带民用爆炸物品,构成犯罪的,依法追究刑事责任;尚不构成犯罪的,由公安机关依法给予治安管理处罚,没收非法的民用爆炸物品,处 1000 元以上 1 万元以下的罚款。

第五十二条 民用爆炸物品从业单位的主要负责人未履行本条例规定的安全管理责任,导致发生重大伤亡事故或者造成其他严重后果,构成犯罪的,依法追究刑事责任;尚不构成犯罪的,对主要负责人给予撤职处分,对个人经营的投资人处 2 万元以上 20 万元以下的罚款。

第五十三条 民用爆炸物品行业主管部门、公安机关、工商行政管理部门的工作人员,在民用爆炸物品安全监督管理工作中滥用职权、玩忽职守或者徇私舞弊,构成犯罪的,依法追究刑事责任;尚不构成犯罪的,依法给予行政处分。

第八章 附 则

第五十四条 《民用爆炸物品生产许可证》《民用爆炸物品销售许可证》,由国务院民用爆炸物品行业主管部门规定式样;《民用爆炸物品购买许可证》《民用爆炸物品运输许可证》《爆破作业单位许可证》《爆破作业人员许可证》,由国务院公安部门规定式样。

第五十五条 本条例自 2006 年 9 月 1 日起施行。1984 年 1 月 6 日国务院发布的《中华人民共和国民用爆炸物品管理条例》同时废止。

道路运输从业人员管理规定

交通运输部令 2016 年第 52 号

2006年11月23日交通部发布,根据2016年4月21日交通运输部令2016年第52号《交通运输部关于修改〈道路运输从业人员管理规定〉的决定》修正。

第一章 总 则

第一条 为加强道路运输从业人员管理,提高道路运输从业人员综合素质,根据《中华人民共和国道路运输条例》《危险化学品安全管理条例》以及有关法律、行政法规,制定本规定。

第二条 本规定所称道路运输从业人员是指经营性道路客货运输驾驶员、道路危险货物运输从业人员、机动车维修技术人员、机动车驾驶培训教练员、道路运输经理人和其他道路运输从业人员。

经营性道路客货运输驾驶员包括经营性道路旅客运输驾驶员和经营性道路货物运输驾驶员。

道路危险货物运输从业人员包括道路危险货物运输驾驶员、装卸管理人员和押运人员。

机动车维修技术人员包括机动车维修技术负责人员、质量检验人员以及从事机修、电器、钣金、涂漆、车辆技术评估(含检测)作业的技术人员。

机动车驾驶培训教练员包括理论教练员、驾驶操作教练员、道路客货运输驾驶员从业资格培训教练员和危险货物运输驾驶员从业资格培训教练员。

道路运输经理人包括道路客货运输企业、道路客货运输站(场)、机动车驾驶员培训机构、机动车维修企业的管理人员。

其他道路运输从业人员是指除上述人员以外的道路运输从业人员,包括道路客运乘务员、机动车驾驶员培训机构教学负责人及结业考核人员、机动车维修企业价格结算员及业务接待员。

第三条 道路运输从业人员应当依法经营,诚实信用,规范操作,文明从业。

第四条 道路运输从业人员管理工作应当公平、公正、公开和便民。

第五条 交通运输部负责全国道路运输从业人员管理工作。

县级以上地方人民政府交通运输主管部门负责组织领导本行政区域内的道路运输

从业人员管理工作,并具体负责本行政区域内道路危险货物运输从业人员的管理工作。

县级以上道路运输管理机构具体负责本行政区域内经营性道路客货运输驾驶员、机动车维修技术人员、机动车驾驶培训教练员、道路运输经理人和其他道路运输从业人员的管理工作。

第二章　从业资格管理

第六条　国家对经营性道路客货运输驾驶员、道路危险货物运输从业人员实行从业资格考试制度。其他已实施国家职业资格制度的道路运输从业人员,按照国家职业资格的有关规定执行。

从业资格是对道路运输从业人员所从事的特定岗位职业素质的基本评价。

经营性道路客货运输驾驶员和道路危险货物运输从业人员必须取得相应从业资格,方可从事相应的道路运输活动。

鼓励机动车维修企业、机动车驾驶员培训机构优先聘用取得国家职业资格的从业人员从事机动车维修和机动车驾驶员培训工作。

第七条　道路运输从业人员从业资格考试应当按照交通运输部编制的考试大纲、考试题库、考核标准、考试工作规范和程序组织实施。

第八条　经营性道路客货运输驾驶员从业资格考试由设区的市级道路运输管理机构组织实施,每月组织一次考试。

道路危险货物运输从业人员从业资格考试由设区的市级人民政府交通运输主管部门组织实施,每季度组织一次考试。

第九条　经营性道路旅客运输驾驶员应当符合下列条件:

(一)取得相应的机动车驾驶证1年以上;

(二)年龄不超过60周岁;

(三)3年内无重大以上交通责任事故;

(四)掌握相关道路旅客运输法规、机动车维修和旅客急救基本知识;

(五)经考试合格,取得相应的从业资格证件。

第十条　经营性道路货物运输驾驶员应当符合下列条件:

(一)取得相应的机动车驾驶证;

(二)年龄不超过60周岁;

(三)掌握相关道路货物运输法规、机动车维修和货物装载保管基本知识;

(四)经考试合格,取得相应的从业资格证件。

第十一条　道路危险货物运输驾驶员应当符合下列条件:

(一)取得相应的机动车驾驶证;

(二)年龄不超过60周岁；

(三)3年内无重大以上交通责任事故；

(四)取得经营性道路旅客运输或者货物运输驾驶员从业资格2年以上或者接受全日制驾驶职业教育的；

(五)接受相关法规、安全知识、专业技术、职业卫生防护和应急救援知识的培训,了解危险货物性质、危害特征、包装容器的使用特性和发生意外时的应急措施；

(六)经考试合格,取得相应的从业资格证件。

第十二条 道路危险货物运输装卸管理人员和押运人员应当符合下列条件：

(一)年龄不超过60周岁；

(二)初中以上学历；

(三)接受相关法规、安全知识、专业技术、职业卫生防护和应急救援知识的培训,了解危险货物性质、危害特征、包装容器的使用特性和发生意外时的应急措施；

(四)经考试合格,取得相应的从业资格证件。

第十三条 机动车维修技术人员应当符合下列条件：

(一)技术负责人员

1.具有机动车维修或者相关专业大专以上学历,或者具有机动车维修或相关专业中级以上专业技术职称；

2.熟悉机动车维修业务,掌握机动车维修及相关政策法规和技术规范。

(二)质量检验人员

1.具有高中以上学历；

2.熟悉机动车维修检测作业规范,掌握机动车维修故障诊断和质量检验的相关技术,熟悉机动车维修服务收费标准及相关政策法规和技术规范。

(三)从事机修、电器、钣金、涂漆、车辆技术评估(含检测)作业的技术人员

1.具有初中以上学历；

2.熟悉所从事工种的维修技术和操作规范,并了解机动车维修及相关政策法规。

第十四条 机动车驾驶培训教练员应当符合下列条件：

(一)理论教练员

1.取得相应的机动车驾驶证,具有2年以上安全驾驶经历；

2.具有汽车及相关专业中专以上学历或者汽车及相关专业中级以上技术职称；

3.掌握道路交通安全法规、驾驶理论、机动车构造、交通安全心理学、常用伤员急救等安全驾驶知识,了解车辆环保和节约能源的有关知识,了解教育学、教育心理学的基本教学知识,具备编写教案、规范讲解的授课能力。

(二)驾驶操作教练员

1.取得相应的机动车驾驶证,符合安全驾驶经历和相应车型驾驶经历的要求;

2.年龄不超过60周岁;

3.掌握道路交通安全法规、驾驶理论、机动车构造、交通安全心理学和应急驾驶的基本知识,熟悉车辆维护和常见故障诊断、车辆环保和节约能源的有关知识,具备驾驶要领讲解、驾驶动作示范、指导驾驶的教学能力。

(三)道路客货运输驾驶员从业资格培训教练员

1.具有汽车及相关专业大专以上学历或者汽车及相关专业高级以上技术职称;

2.掌握道路旅客运输法规、货物运输法规以及机动车维修、货物装卸保管和旅客急救等相关知识,具备相应的授课能力;

3.具有2年以上从事普通机动车驾驶员培训的教学经历,且近2年无不良的教学记录。

(四)危险货物运输驾驶员从业资格培训教练员

1.具有化工及相关专业大专以上学历或者化工及相关专业高级以上技术职称;

2.掌握危险货物运输法规、危险化学品特性、包装容器使用方法、职业安全防护和应急救援等知识,具备相应的授课能力;

3.具有2年以上化工及相关专业的教学经历,且近2年无不良的教学记录。

第十五条 申请参加经营性道路客货运输驾驶员从业资格考试的人员,应当向其户籍地或者暂住地设区的市级道路运输管理机构提出申请,填写《经营性道路客货运输驾驶员从业资格考试申请表》(式样见附件1),并提供下列材料:

(一)身份证明及复印件;

(二)机动车驾驶证及复印件;

(三)申请参加道路旅客运输驾驶员从业资格考试的,还应当提供道路交通安全主管部门出具的3年内无重大以上交通责任事故记录证明。

第十六条 申请参加道路危险货物运输驾驶员从业资格考试的,应当向其户籍地或者暂住地设区的市级交通运输主管部门提出申请,填写《道路危险货物运输从业人员从业资格考试申请表》(式样见附件2),并提供下列材料:

(一)身份证明及复印件;

(二)机动车驾驶证及复印件;

(三)道路旅客运输驾驶员从业资格证件或者道路货物运输驾驶员从业资格证件及复印件或者全日制驾驶职业教育学籍证明;

(四)相关培训证明及复印件;

(五)道路交通安全主管部门出具的3年内无重大以上交通责任事故记录证明。

第十七条 申请参加道路危险货物运输装卸管理人员和押运人员从业资格考试

的,应当向其户籍地或者暂住地设区的市级交通运输主管部门提出申请,填写《道路危险货物运输从业人员从业资格考试申请表》,并提供下列材料:

(一)身份证明及复印件;

(二)学历证明及复印件;

(三)相关培训证明及复印件。

第十八条　交通运输主管部门和道路运输管理机构对符合申请条件的申请人应当安排考试。

第十九条　交通运输主管部门和道路运输管理机构应当在考试结束10日内公布考试成绩。对考试合格人员,应当自公布考试成绩之日起10日内颁发相应的道路运输从业人员从业资格证件。

第二十条　道路运输从业人员从业资格考试成绩有效期为1年,考试成绩逾期作废。

第二十一条　申请人在从业资格考试中有舞弊行为的,取消当次考试资格,考试成绩无效。

第二十二条　交通运输主管部门或者道路运输管理机构应当建立道路运输从业人员从业资格管理档案。

道路运输从业人员从业资格管理档案包括:从业资格考试申请材料,从业资格考试及从业资格证件记录,从业资格证件换发、补发、变更记录,违章、事故及诚信考核、继续教育记录等。

第二十三条　交通运输主管部门和道路运输管理机构应当向社会提供道路运输从业人员相关从业信息的查询服务。

第三章　从业资格证件管理

第二十四条　经营性道路客货运输驾驶员、道路危险货物运输从业人员经考试合格后,取得《中华人民共和国道路运输从业人员从业资格证》(式样见附件3)。

第二十五条　道路运输从业人员从业资格证件全国通用。

第二十六条　已获得从业资格证件的人员需要增加相应从业资格类别的,应当向原发证机关提出申请,并按照规定参加相应培训和考试。

第二十七条　道路运输从业人员从业资格证件由交通运输部统一印制并编号。

道路危险货物运输从业人员从业资格证件由设区的市级交通运输主管部门发放和管理。

经营性道路客货运输驾驶员从业资格证件由设区的市级道路运输管理机构发放和管理。

第二十八条 交通运输主管部门和道路运输管理机构应当建立道路运输从业人员从业资格证件管理数据库,使用全国统一的管理软件核发从业资格证件,并逐步采用电子存取和防伪技术,确保有关信息实时输入、输出和存储。

交通运输主管部门和道路运输管理机构应当结合道路运输从业人员从业资格证件的管理工作,建立道路运输从业人员管理信息系统,并逐步实现异地稽查信息共享和动态资格管理。

第二十九条 道路运输从业人员从业资格证件有效期为6年。道路运输从业人员应当在从业资格证件有效期届满30日前到原发证机关办理换证手续。

道路运输从业人员从业资格证件遗失、毁损的,应当到原发证机关办理证件补发手续。

道路运输从业人员服务单位变更的,应当到交通运输主管部门或者道路运输管理机构办理从业资格证件变更手续。

道路运输从业人员从业资格档案应当由原发证机关在变更手续办结后30日内移交户籍迁入地或者现居住地的交通运输主管部门或者道路运输管理机构。

第三十条 道路运输从业人员办理换证、补证和变更手续,应当填写《道路运输从业人员从业资格证件换发、补发、变更登记表》(式样见附件4)。

第三十一条 交通运输主管部门和道路运输管理机构应当对符合要求的从业资格证件换发、补发、变更申请予以办理。

申请人违反相关从业资格管理规定且尚未接受处罚的,受理机关应当在其接受处罚后换发、补发、变更相应的从业资格证件。

第三十二条 道路运输从业人员有下列情形之一的,由发证机关注销其从业资格证件:

(一)持证人死亡的;

(二)持证人申请注销的;

(三)经营性道路客货运输驾驶员、道路危险货物运输从业人员年龄超过60周岁的;

(四)经营性道路客货运输驾驶员、道路危险货物运输驾驶员的机动车驾驶证被注销或者被吊销的;

(五)超过从业资格证件有效期180日未申请换证的。

凡被注销的从业资格证件,应当由发证机关予以收回,公告作废并登记归档;无法收回的,从业资格证件自行作废。

第三十三条 交通运输主管部门和道路运输管理机构应当将经营性道路客货运输驾驶员、道路危险货物运输从业人员的违章行为记录在《中华人民共和国道路运输从业人员从业资格证》的违章记录栏内,并通报发证机关。发证机关应当将该记录作为道路运输从业人员诚信考核和计分考核的依据,并存入管理档案。机动车维修技术人员、机动车驾驶培训教练员违章记录直接记入诚信管理档案,并作为诚信考核的重要内容。

第三十四条 道路运输从业人员诚信考核和计分考核周期为12个月,从初次领取从业资格证件之日起计算。诚信考核等级分为优良、合格、基本合格和不合格,分别用AAA级、AA级、A级和B级表示。在考核周期内,累计计分超过规定的,诚信考核等级为B级。

省级交通运输主管部门和道路运输管理机构应当将道路运输从业人员每年的诚信考核和计分考核结果向社会公布,供公众查阅。

道路运输从业人员诚信考核和计分考核具体办法另行制定。

第四章 从业行为规定

第三十五条 经营性道路客货运输驾驶员以及道路危险货物运输从业人员应当在从业资格证件许可的范围内从事道路运输活动。道路危险货物运输驾驶员除可以驾驶道路危险货物运输车辆外,还可以驾驶原从业资格证件许可的道路旅客运输车辆或者道路货物运输车辆。

第三十六条 道路运输从业人员在从事道路运输活动时,应当携带相应的从业资格证件,并应当遵守国家相关法规和道路运输安全操作规程,不得违法经营、违章作业。

第三十七条 道路运输从业人员应当按照规定参加国家相关法规、职业道德及业务知识培训。

经营性道路客货运输驾驶员和道路危险货物运输驾驶员在岗从业期间,应当按照规定参加继续教育。

第三十八条 经营性道路客货运输驾驶员和道路危险货物运输驾驶员不得超限、超载运输,连续驾驶时间不得超过4个小时。

第三十九条 经营性道路旅客运输驾驶员和道路危险货物运输驾驶员应当按照规定填写行车日志。行车日志式样由省级道路运输管理机构统一制定。

第四十条 经营性道路旅客运输驾驶员应当采取必要措施保证旅客的人身和财产安全,发生紧急情况时,应当积极进行救护。

经营性道路货物运输驾驶员应当采取必要措施防止货物脱落、扬撒等。

严禁驾驶道路货物运输车辆从事经营性道路旅客运输活动。

第四十一条 道路危险货物运输驾驶员应当按照道路交通安全主管部门指定的行车时间和路线运输危险货物。

道路危险货物运输装卸管理人员应当按照安全作业规程对道路危险货物装卸作业

进行现场监督,确保装卸安全。

道路危险货物运输押运人员应当对道路危险货物运输进行全程监管。

道路危险货物运输从业人员应当严格按照《汽车运输危险货物规则》(JT 617)、《汽车运输、装卸危险货物作业规程》(JT 618)操作,不得违章作业。

第四十二条 在道路危险货物运输过程中发生燃烧、爆炸、污染、中毒或者被盗、丢失、流散、泄漏等事故,道路危险货物运输驾驶员、押运人员应当立即向当地公安部门和所在运输企业或者单位报告,说明事故情况、危险货物品名和特性,并采取一切可能的警示措施和应急措施,积极配合有关部门进行处置。

第四十三条 机动车维修技术人员应当按照维修规范和程序作业,不得擅自扩大维修项目,不得使用假冒伪劣配件,不得擅自改装机动车,不得承修已报废的机动车,不得利用配件拼装机动车。

第四十四条 机动车驾驶培训教练员应当按照全国统一的教学大纲实施教学,规范填写教学日志和培训记录,不得擅自减少学时和培训内容。

第五章　法　律　责　任

第四十五条 违反本规定,有下列行为之一的人员,由县级以上道路运输管理机构责令改正,处 200 元以上 2000 元以下的罚款;构成犯罪的,依法追究刑事责任:

(一)未取得相应从业资格证件,驾驶道路客货运输车辆的;

(二)使用失效、伪造、变造的从业资格证件,驾驶道路客货运输车辆的;

(三)超越从业资格证件核定范围,驾驶道路客货运输车辆的。

第四十六条 违反本规定,有下列行为之一的人员,由设区的市级人民政府交通运输主管部门处 2 万元以上 10 万元以下的罚款;构成犯罪的,依法追究刑事责任:

(一)未取得相应从业资格证件,从事道路危险货物运输活动的;

(二)使用失效、伪造、变造的从业资格证件,从事道路危险货物运输活动的;

(三)超越从业资格证件核定范围,从事道路危险货物运输活动的。

第四十七条 道路运输从业人员有下列不具备安全条件情形之一的,由发证机关吊销其从业资格证件:

(一)经营性道路客货运输驾驶员、道路危险货物运输从业人员身体健康状况不符合有关机动车驾驶和相关从业要求且没有主动申请注销从业资格的;

(二)经营性道路客货运输驾驶员、道路危险货物运输驾驶员发生重大以上交通事故,且负主要责任的;

(三)发现重大事故隐患,不立即采取消除措施,继续作业的。

被吊销的从业资格证件应当由发证机关公告作废并登记归档。

第四十八条 违反本规定,交通运输主管部门及道路运输管理机构工作人员有下列情形之一的,依法给予行政处分;构成犯罪的,依法追究刑事责任:

(一)不按规定的条件、程序和期限组织从业资格考试的;

(二)发现违法行为未及时查处的;

(三)索取、收受他人财物及谋取其他不正当利益的;

(四)其他违法行为。

第六章 附 则

第四十九条 从业资格考试收费标准和从业资格证件工本费由省级以上交通运输主管部门会同同级财政部门、物价部门核定。

第五十条 本规定自2007年3月1日起施行。2001年9月6日公布的《营业性道路运输驾驶员职业培训管理规定》(交通部令2001年第7号)同时废止。